《民法典》

配套司法解释

（一）

人民出版社

编 写 说 明

2021 年 1 月 1 日，新中国成立以来第一部以法典命名、具有里程碑意义的法律，《中华人民共和国民法典》开始施行。最高人民法院也对新中国成立以来现行的 591 件司法解释及相关规范性文件进行了全面清理，其中，未作修改、继续适用的共 364 件，需要对名称和部分条款进行修改的共 111 件，决定废止的司法解释及相关规范性文件共 116 件。同时，按照"统一规划、分批制定，急用先行、重点推进"原则，制定了与民法典配套的第一批新的司法解释，包括关于适用民法典时间效力的司法解释、关于适用民法典担保制度的司法解释以及涉及物权、婚姻家庭、继承、建筑工程合同、劳动争议等方面的 7 个司法解释。

为了配合最高人民法院的司法解释工作，我们搜集整理了最高人民法院近期发布的相关司法解释和规范性文件，汇编成《〈民法典〉配套司法解释（一）》一书。希望本书的出版，能够为切实推动民法典实施、为中国特色社会主义法治建设贡献一份力量。

目　录

最高人民法院关于审理食品安全民事
纠纷案件适用法律若干问题的解释(一)

法释〔2020〕14 号

(2020 年 10 月 19 日最高人民法院审判委员会
第 1813 次会议通过,自 2021 年 1 月 1 日起施行)

　　为正确审理食品安全民事纠纷案件,保障公众身体健康和生命安全,根据《中华人民共和国民法典》《中华人民共和国食品安全法》《中华人民共和国消费者权益保护法》《中华人民共和国民事诉讼法》等法律的规定,结合民事审判实践,制定本解释。

　　第一条　消费者因不符合食品安全标准的食品受到损害,依据食品安全法第一百四十八条第一款规定诉请食品生产者或者经营者赔偿损失,被诉的生产者或者经营者以赔偿责任应由生产经营者中的另一方承担为由主张免责的,人民法院不予支持。属于生产者责任的,经营者赔偿后有权向生产者追偿;属于经营者责任的,生产者赔偿后有权向经营者追偿。

　　第二条　电子商务平台经营者以标记自营业务方式所销售的食品或者虽未标记自营但实际开展自营业务所销售的食品不符合食品安全标准,消费者依据食品安全法第一百四十八条规定主张电子商务平台经营者承担作为食品经营者的赔偿责任的,人民法院应予支持。

　　电子商务平台经营者虽非实际开展自营业务,但其所作标识等足以误导消费者让消费者相信系电子商务平台经营者自营,消费者依据食品安全法第一百四十八条规定主张电子商务平台经营者承担作为食品经营者的赔偿责任的,人民法院应予支持。

　　第三条　电子商务平台经营者违反食品安全法第六十二条和第一百三十

一条规定,未对平台内食品经营者进行实名登记、审查许可证,或者未履行报告、停止提供网络交易平台服务等义务,使消费者的合法权益受到损害,消费者主张电子商务平台经营者与平台内食品经营者承担连带责任的,人民法院应予支持。

第四条　公共交通运输的承运人向旅客提供的食品不符合食品安全标准,旅客主张承运人依据食品安全法第一百四十八条规定承担作为食品生产者或者经营者的赔偿责任的,人民法院应予支持;承运人以其不是食品的生产经营者或者食品是免费提供为由进行免责抗辩的,人民法院不予支持。

第五条　有关单位或者个人明知食品生产经营者从事食品安全法第一百二十三条第一款规定的违法行为而仍为其提供设备、技术、原料、销售渠道、运输、储存或者其他便利条件,消费者主张该单位或者个人依据食品安全法第一百二十三条第二款的规定与食品生产经营者承担连带责任的,人民法院应予支持。

第六条　食品经营者具有下列情形之一,消费者主张构成食品安全法第一百四十八条规定的"明知"的,人民法院应予支持:

（一）已过食品标明的保质期但仍然销售的;

（二）未能提供所售食品的合法进货来源的;

（三）以明显不合理的低价进货且无合理原因的;

（四）未依法履行进货查验义务的;

（五）虚假标注、更改食品生产日期、批号的;

（六）转移、隐匿、非法销毁食品进销货记录或者故意提供虚假信息的;

（七）其他能够认定为明知的情形。

第七条　消费者认为生产经营者生产经营不符合食品安全标准的食品同时构成欺诈的,有权选择依据食品安全法第一百四十八条第二款或者消费者权益保护法第五十五条第一款规定主张食品生产者或者经营者承担惩罚性赔偿责任。

第八条　经营者经营明知是不符合食品安全标准的食品,但向消费者承诺的赔偿标准高于食品安全法第一百四十八条规定的赔偿标准,消费者主张经营者按照承诺赔偿的,人民法院应当依法予以支持。

第九条　食品符合食品安全标准但未达到生产经营者承诺的质量标准,

消费者依照民法典、消费者权益保护法等法律规定主张生产经营者承担责任的,人民法院应予支持,但消费者主张生产经营者依据食品安全法第一百四十八条规定承担赔偿责任的,人民法院不予支持。

第十条 食品不符合食品安全标准,消费者主张生产者或者经营者依据食品安全法第一百四十八条第二款规定承担惩罚性赔偿责任,生产者或者经营者以未造成消费者人身损害为由抗辩的,人民法院不予支持。

第十一条 生产经营未标明生产者名称、地址、成分或者配料表,或者未清晰标明生产日期、保质期的预包装食品,消费者主张生产者或者经营者依据食品安全法第一百四十八条第二款规定承担惩罚性赔偿责任的,人民法院应予支持,但法律、行政法规、食品安全国家标准对标签标注事项另有规定的除外。

第十二条 进口的食品不符合我国食品安全国家标准或者国务院卫生行政部门决定暂予适用的标准,消费者主张销售者、进口商等经营者依据食品安全法第一百四十八条规定承担赔偿责任,销售者、进口商等经营者仅以进口的食品符合出口地食品安全标准或者已经过我国出入境检验检疫机构检验检疫为由进行免责抗辩的,人民法院不予支持。

第十三条 生产经营不符合食品安全标准的食品,侵害众多消费者合法权益,损害社会公共利益,民事诉讼法、消费者权益保护法等法律规定的机关和有关组织依法提起公益诉讼的,人民法院应予受理。

第十四条 本解释自 2021 年 1 月 1 日起施行。

本解释施行后人民法院正在审理的一审、二审案件适用本解释。

本解释施行前已经终审,本解释施行后当事人申请再审或者按照审判监督程序决定再审的案件,不适用本解释。

最高人民法院以前发布的司法解释与本解释不一致的,以本解释为准。

最高人民法院关于适用
《中华人民共和国民法典》
时间效力的若干规定

法释〔2020〕15 号

（2020 年 12 月 14 日最高人民法院审判委员会
第 1821 次会议通过，自 2021 年 1 月 1 日起施行）

根据《中华人民共和国立法法》《中华人民共和国民法典》等法律规定，就人民法院在审理民事纠纷案件中有关适用民法典时间效力问题作出如下规定。

一、一般规定

第一条 民法典施行后的法律事实引起的民事纠纷案件，适用民法典的规定。

民法典施行前的法律事实引起的民事纠纷案件，适用当时的法律、司法解释的规定，但是法律、司法解释另有规定的除外。

民法典施行前的法律事实持续至民法典施行后，该法律事实引起的民事纠纷案件，适用民法典的规定，但是法律、司法解释另有规定的除外。

第二条 民法典施行前的法律事实引起的民事纠纷案件，当时的法律、司法解释有规定，适用当时的法律、司法解释的规定，但是适用民法典的规定更有利于保护民事主体合法权益，更有利于维护社会和经济秩序，更有利于弘扬社会主义核心价值观的除外。

第三条 民法典施行前的法律事实引起的民事纠纷案件，当时的法律、司法解释没有规定而民法典有规定的，可以适用民法典的规定，但是明显减损当事人合法权益、增加当事人法定义务或者背离当事人合理预期的除外。

第四条　民法典施行前的法律事实引起的民事纠纷案件,当时的法律、司法解释仅有原则性规定而民法典有具体规定的,适用当时的法律、司法解释的规定,但是可以依据民法典具体规定进行裁判说理。

第五条　民法典施行前已经终审的案件,当事人申请再审或者按照审判监督程序决定再审的,不适用民法典的规定。

二、溯及适用的具体规定

第六条　《中华人民共和国民法总则》施行前,侵害英雄烈士等的姓名、肖像、名誉、荣誉,损害社会公共利益引起的民事纠纷案件,适用民法典第一百八十五条的规定。

第七条　民法典施行前,当事人在债务履行期限届满前约定债务人不履行到期债务时抵押财产或者质押财产归债权人所有的,适用民法典第四百零一条和第四百二十八条的规定。

第八条　民法典施行前成立的合同,适用当时的法律、司法解释的规定合同无效而适用民法典的规定合同有效的,适用民法典的相关规定。

第九条　民法典施行前订立的合同,提供格式条款一方未履行提示或者说明义务,涉及格式条款效力认定的,适用民法典第四百九十六条的规定。

第十条　民法典施行前,当事人一方未通知对方而直接以提起诉讼方式依法主张解除合同的,适用民法典第五百六十五条第二款的规定。

第十一条　民法典施行前成立的合同,当事人一方不履行非金钱债务或者履行非金钱债务不符合约定,对方可以请求履行,但是有民法典第五百八十条第一款第一项、第二项、第三项除外情形之一,致使不能实现合同目的,当事人请求终止合同权利义务关系的,适用民法典第五百八十条第二款的规定。

第十二条　民法典施行前订立的保理合同发生争议的,适用民法典第三编第十六章的规定。

第十三条　民法典施行前,继承人有民法典第一千一百二十五条第一款第四项和第五项规定行为之一,对该继承人是否丧失继承权发生争议的,适用民法典第一千一百二十五条第一款和第二款的规定。

民法典施行前,受遗赠人有民法典第一千一百二十五条第一款规定行为之一,对受遗赠人是否丧失受遗赠权发生争议的,适用民法典第一千一百二十五条第一款和第三款的规定。

第十四条　被继承人在民法典施行前死亡,遗产无人继承又无人受遗赠,其兄弟姐妹的子女请求代位继承的,适用民法典第一千一百二十八条第二款和第三款的规定,但是遗产已经在民法典施行前处理完毕的除外。

第十五条　民法典施行前,遗嘱人以打印方式立的遗嘱,当事人对该遗嘱效力发生争议的,适用民法典第一千一百三十六条的规定,但是遗产已经在民法典施行前处理完毕的除外。

第十六条　民法典施行前,受害人自愿参加具有一定风险的文体活动受到损害引起的民事纠纷案件,适用民法典第一千一百七十六条的规定。

第十七条　民法典施行前,受害人为保护自己合法权益采取扣留侵权人的财物等措施引起的民事纠纷案件,适用民法典第一千一百七十七条的规定。

第十八条　民法典施行前,因非营运机动车发生交通事故造成无偿搭乘人损害引起的民事纠纷案件,适用民法典第一千二百一十七条的规定。

第十九条　民法典施行前,从建筑物中抛掷物品或者从建筑物上坠落的物品造成他人损害引起的民事纠纷案件,适用民法典第一千二百五十四条的规定。

三、衔接适用的具体规定

第二十条　民法典施行前成立的合同,依照法律规定或者当事人约定该合同的履行持续至民法典施行后,因民法典施行前履行合同发生争议的,适用当时的法律、司法解释的规定;因民法典施行后履行合同发生争议的,适用民法典第三编第四章和第五章的相关规定。

第二十一条　民法典施行前租赁期限届满,当事人主张适用民法典第七百三十四条第二款规定的,人民法院不予支持;租赁期限在民法典施行后届满,当事人主张适用民法典第七百三十四条第二款规定的,人民法院依法予以支持。

第二十二条　民法典施行前,经人民法院判决不准离婚后,双方又分居满一年,一方再次提起离婚诉讼的,适用民法典第一千零七十九条第五款的规定。

第二十三条　被继承人在民法典施行前立有公证遗嘱,民法典施行后又立有新遗嘱,其死亡后,因该数份遗嘱内容相抵触发生争议的,适用民法典第一千一百四十二条第三款的规定。

第二十四条　侵权行为发生在民法典施行前,但是损害后果出现在民法典施行后的民事纠纷案件,适用民法典的规定。

第二十五条　民法典施行前成立的合同,当时的法律、司法解释没有规定且当事人没有约定解除权行使期限,对方当事人也未催告的,解除权人在民法典施行前知道或者应当知道解除事由,自民法典施行之日起一年内不行使的,人民法院应当依法认定该解除权消灭;解除权人在民法典施行后知道或者应当知道解除事由的,适用民法典第五百六十四条第二款关于解除权行使期限的规定。

第二十六条　当事人以民法典施行前受胁迫结婚为由请求人民法院撤销婚姻的,撤销权的行使期限适用民法典第一千零五十二条第二款的规定。

第二十七条　民法典施行前成立的保证合同,当事人对保证期间约定不明确,主债务履行期限届满至民法典施行之日不满二年,当事人主张保证期间为主债务履行期限届满之日起二年的,人民法院依法予以支持;当事人对保证期间没有约定,主债务履行期限届满至民法典施行之日不满六个月,当事人主张保证期间为主债务履行期限届满之日起六个月的,人民法院依法予以支持。

四、附则

第二十八条　本规定自 2021 年 1 月 1 日起施行。

本规定施行后,人民法院尚未审结的一审、二审案件适用本规定。

最高人民法院关于废止部分司法解释及相关规范性文件的决定

法释〔2020〕16 号

（2020 年 12 月 23 日最高人民法院审判委员会
第 1823 次会议通过，自 2021 年 1 月 1 日起施行）

为切实实施民法典，保证国家法律统一正确适用，根据《中华人民共和国民法典》等法律规定，结合审判实际，现决定废止《最高人民法院关于适用〈中华人民共和国民法总则〉诉讼时效制度若干问题的解释》等 116 件司法解释及相关规范性文件（目录附后）。

本决定自 2021 年 1 月 1 日起施行。

最高人民法院决定废止的部分司法解释及相关规范性文件的目录

序号	标题	发文日期及文号
1	最高人民法院关于人民法院司法统计工作的若干规定	1985 年 11 月 21 日
2	最高人民法院印发《处理涉台刑事申诉、民事案件座谈会纪要》的通知 附一：处理涉台刑事申诉、民事案件座谈会纪要（节录） 附二：关于人民法院处理涉台民事案件的几个法律问题	1988 年 8 月 5 日 法（办）发〔1988〕18 号
3	最高人民法院关于各级人民法院与港方签订有关法律事务协议的须先报经最高人民法院审查批准的通知	1988 年 8 月 25 日 高法明电〔1988〕62 号
4	最高人民法院关于学习宣传贯彻《中华人民共和国未成年人保护法》的通知	1991 年 12 月 24 日 法（研）发〔1991〕44 号
5	最高人民法院关于印发《法官考评委员会暂行组织办法》和《初任审判员助理审判员考试暂行办法》的通知 附：法官考评委员会暂行组织办法 初任审判员、助理审判员考试暂行办法	1996 年 6 月 26 日 法发〔1996〕20 号

序号	标题	发文日期及文号
6	最高人民法院关于适用《中华人民共和国民法总则》诉讼时效制度若干问题的解释	2018 年 7 月 18 日 法释〔2018〕12 号
7	最高人民法院印发《关于贯彻执行〈中华人民共和国民法通则〉若干问题的意见(试行)》的通知 附:最高人民法院关于贯彻执行《中华人民共和国民法通则》若干问题的意见(试行)	1988 年 4 月 2 日 法(办)发〔1988〕6 号
8	最高人民法院关于适用《中华人民共和国物权法》若干问题的解释(一)	2016 年 2 月 22 日 法释〔2016〕5 号
9	最高人民法院关于适用《中华人民共和国担保法》若干问题的解释	2000 年 12 月 8 日 法释〔2000〕44 号
10	最高人民法院关于国有工业企业以机器设备等财产为抵押物与债权人签订的抵押合同的效力问题的批复	2002 年 6 月 18 日 法释〔2002〕14 号
11	最高人民法院关于审理出口退税托管账户质押贷款案件有关问题的规定	2004 年 11 月 22 日 法释〔2004〕18 号
12	最高人民法院关于执行《民事政策法律若干问题的意见》中几个涉及房屋典当问题的函	1985 年 2 月 24 日 法(民)函〔1985〕8 号
13	最高人民法院关于典当房屋被视为绝卖以后确认产权程序问题的批复	1989 年 7 月 24 日 〔1989〕法民字第 17 号
14	最高人民法院关于私房改造中典当双方都是被改造户的回赎案件应如何处理问题的批复	1990 年 7 月 25 日 法民〔1990〕6 号
15	最高人民法院关于会计师事务所为企业出具虚假验资证明应如何承担责任问题的批复	1998 年 6 月 26 日 法释〔1998〕13 号
16	最高人民法院关于适用《中华人民共和国合同法》若干问题的解释(一)	1999 年 12 月 29 日 法释〔1999〕19 号
17	最高人民法院关于适用《中华人民共和国合同法》若干问题的解释(二)	2009 年 4 月 24 日 法释〔2009〕5 号
18	最高人民法院关于单位负责人被追究刑事责任后单位应否承担返还其预收货款的责任问题的批复	1989 年 1 月 3 日 法(经)复〔1989〕1 号
19	最高人民法院关于逾期付款违约金应当按照何种标准计算问题的批复	1999 年 2 月 12 日 法释〔1999〕8 号
20	最高人民法院关于修改《最高人民法院关于逾期付款违约金应当按照何种标准计算问题的批复》的批复	2000 年 11 月 15 日 法释〔2000〕34 号
21	最高人民法院关于郑立本与青岛市建筑安装工程公司追索赔偿金纠纷一案的复函 附:山东省高级人民法院关于审理郑立本与青岛市建筑安装工程公司追索赔偿金纠纷一案的请示	1993 年 7 月 13 日 〔1993〕民他字第 14 号
22	最高人民法院关于建设工程价款优先受偿权问题的批复	2002 年 6 月 20 日 法释〔2002〕16 号

序号	标题	发文日期及文号
23	最高人民法院关于审理建设工程施工合同纠纷案件适用法律问题的解释	2004 年 10 月 25 日法释〔2004〕14 号
24	最高人民法院关于审理建设工程施工合同纠纷案件适用法律问题的解释(二)	2018 年 12 月 29 日法释〔2018〕20 号
25	最高人民法院关于银行、信用社扣划预付货款收贷应否退还问题的批复	1994 年 3 月 9 日法复〔1994〕1 号
26	最高人民法院关于乡政府与其他单位签订的联营协议效力问题的批复	1988 年 1 月 9 日法(经)复〔1988〕3 号
27	最高人民法院关于印发《关于审理联营合同纠纷案件若干问题的解答》的通知 附:最高人民法院关于审理联营合同纠纷案件若干问题的解答	1990 年 11 月 12 日法(经)发〔1990〕27 号
28	最高人民法院关于作为保证人的合伙组织被撤销后自行公告期限清理债权债务的,债权人在诉讼时效期间内有权要求合伙人承担保证责任问题的批复	1988 年 10 月 18 日法(经)复〔1988〕46 号
29	最高人民法院关于审理经济合同纠纷案件有关保证的若干问题的规定	1994 年 4 月 15 日法发〔1994〕8 号
30	最高人民法院关于因法院错判导致债权利息损失扩大保证人应否承担责任问题的批复	2000 年 8 月 8 日法释〔2000〕24 号
31	最高人民法院关于涉及担保纠纷案件的司法解释的适用和保证责任方式认定问题的批复	2002 年 11 月 23 日法释〔2002〕38 号
32	最高人民法院关于已承担保证责任的保证人向其他保证人行使追偿权问题的批复	2002 年 11 月 23 日法释〔2002〕37 号
33	最高人民法院关于人民法院应当如何认定保证人在保证期间届满后又在催款通知书上签字问题的批复	2004 年 4 月 14 日法释〔2004〕4 号
34	最高人民法院关于审理名誉权案件若干问题的解答	1993 年 8 月 7 日法发〔1993〕15 号
35	最高人民法院关于审理名誉权案件若干问题的解释	1998 年 8 月 31 日法释〔1998〕26 号
36	最高人民法院印发《关于人民法院审理离婚案件如何认定夫妻感情确已破裂的若干具体意见》《关于人民法院审理未办结婚登记而以夫妻名义同居生活案件的若干意见》的通知 附:最高人民法院关于人民法院审理离婚案件如何认定夫妻感情确已破裂的若干具体意见 关于人民法院审理未办结婚登记而以夫妻名义同居生活案件的若干意见	1989 年 12 月 13 日法(民)发〔1989〕38 号
37	最高人民法院关于人民法院审理离婚案件处理财产分割问题的若干具体意见	1993 年 11 月 3 日法发〔1993〕32 号

序号	标题	发文日期及文号
38	最高人民法院关于人民法院审理离婚案件处理子女抚养问题的若干具体意见	1993 年 11 月 3 日 法发〔1993〕30 号
39	最高人民法院印发《关于审理离婚案件中公房使用、承租若干问题的解答》的通知 附:最高人民法院关于审理离婚案件中公房使用、承租若干问题的解答	1996 年 2 月 5 日 法发〔1996〕4 号
40	最高人民法院关于适用《中华人民共和国婚姻法》若干问题的解释(一)	2001 年 12 月 24 日 法释〔2001〕30 号
41	最高人民法院关于适用《中华人民共和国婚姻法》若干问题的解释(二)	2003 年 12 月 25 日 法释〔2003〕19 号
42	最高人民法院关于适用《中华人民共和国婚姻法》若干问题的解释(三)	2011 年 8 月 9 日 法释〔2011〕18 号
43	最高人民法院关于适用《中华人民共和国婚姻法》若干问题的解释(二)的补充规定	2017 年 2 月 28 日 法释〔2017〕6 号
44	最高人民法院关于审理涉及夫妻债务纠纷案件适用法律有关问题的解释	2018 年 1 月 16 日 法释〔2018〕2 号
45	最高人民法院关于违反计划生育政策的超生子女可否列为职工的供养直系亲属等问题的复函 附:劳动部保险福利司关于违反计划生育政策的超生子女可否列为职工的供养直系亲属等问题的征求意见函	1990 年 8 月 13 日 〔1990〕法民字第 17 号
46	最高人民法院关于夫妻离婚后人工授精所生子女的法律地位如何确定的复函 附:河北省高级人民法院关于夫妻离婚后人工授精所生子女的法律地位如何确定的请示	1991 年 7 月 8 日 〔1991〕民他字第 12 号
47	最高人民法院关于认真学习宣传和贯彻执行继承法的通知	1985 年 6 月 12 日 法(民)发〔1985〕13 号
48	最高人民法院关于贯彻执行《中华人民共和国继承法》若干问题的意见	1985 年 9 月 11 日 法(民)发〔1985〕22 号
49	最高人民法院关于保险金能否作为被保险人遗产的批复	1988 年 3 月 24 日 〔1987〕民他字第 52 号
50	最高人民法院关于被继承人死亡后没有法定继承人分享遗产人能否分得全部遗产的复函	1992 年 10 月 11 日 〔1992〕民他字第 25 号
51	最高人民法院关于如何处理农村五保对象遗产问题的批复	2000 年 7 月 25 日 法释〔2000〕23 号
52	最高人民法院关于刊登侵害他人名誉权小说的出版单位在作者已被判刑后还应否承担民事责任的复函	1992 年 8 月 14 日 〔1992〕民他字第 1 号
53	最高人民法院关于审理中外合资经营合同纠纷案件如何清算合资企业问题的批复	1998 年 1 月 15 日 法释〔1998〕1 号

序号	标题	发文日期及文号
54	最高人民法院关于审计(师)事务所执业审计师可以接受清算组的聘任参与企业破产清算的通知	1993年8月28日 法〔1993〕72号
55	最高人民法院关于对企业法人破产还债程序终结的裁定的抗诉应否受理问题的批复	1997年7月31日 法释〔1997〕2号
56	最高人民法院关于破产清算组在履行职责过程中违约或侵权等民事纠纷案件诉讼管辖问题的批复	2004年6月21日 法释〔2004〕5号
57	最高人民法院关于信用社违反规定手续退汇给他人造成损失应承担民事责任问题的批复	1988年10月18日 法(经)复〔1988〕45号
58	最高人民法院关于出借银行账户的当事人是否承担民事责任问题的批复	1991年9月27日 法(经)复〔1991〕5号
59	最高人民法院经济审判庭关于代理发行企业债券的金融机构应否承担企业债券发行人债务责任问题的复函	1994年4月29日 法经〔1994〕103号
60	最高人民法院关于审理涉及金融资产管理公司收购、管理、处置国有银行不良贷款形成的资产的案件适用法律若干问题的规定	2001年4月11日 法释〔2001〕12号
61	最高人民法院关于如何确定证券回购合同履行地问题的批复	1996年7月4日 法复〔1996〕9号
62	最高人民法院关于审理劳动争议案件适用法律若干问题的解释	2001年4月16日 法释〔2001〕14号
63	最高人民法院关于审理劳动争议案件适用法律若干问题的解释(二)	2006年8月14日 法释〔2006〕6号
64	最高人民法院关于审理劳动争议案件适用法律若干问题的解释(三)	2010年9月13日 法释〔2010〕12号
65	最高人民法院关于审理劳动争议案件适用法律若干问题的解释(四)	2013年1月18日 法释〔2013〕4号
66	最高人民法院关于银行工作人员未按规定办理储户挂失造成储户损失银行是否承担民事责任问题的批复	1990年9月11日 法(民)复〔1990〕13号
67	最高人民法院关于审理合伙型联营体和个人合伙对外债务纠纷案件应否一并确定合伙内部各方的债务份额的复函	1992年3月18日 法函〔1992〕34号
68	最高人民法院关于对私营客车保险期满后发生的车祸事故保险公司应否承担保险责任问题的请示的复函	1993年8月4日 法经〔1993〕161号
69	最高人民法院关于如何适用《中华人民共和国民法通则》第一百三十四条第三款的复函	1993年11月4日
70	最高人民法院关于企业开办的其他企业被撤销或者歇业后民事责任承担问题的批复	1994年3月30日 法复〔1994〕4号
71	最高人民法院关于市政府经济技术协作委员会能否作为诉讼主体独立承担民事责任问题的复函	1996年1月8日 法函〔1996〕9号

序号	标题	发文日期及文号
72	最高人民法院关于银行以折角核对方法核对印鉴应否承担客户存款被骗取的民事责任问题的复函	1996 年 3 月 21 日 法函〔1996〕65 号
73	最高人民法院关于金融机构为行政机关批准开办的公司提供注册资金验资报告不实应当承担责任问题的批复	1996 年 3 月 27 日 法复〔1996〕3 号
74	最高人民法院关于城市街道办事处是否应当独立承担民事责任的批复	1997 年 7 月 14 日 法释〔1997〕1 号
75	最高人民法院关于验资单位对多个案件债权人损失应如何承担责任的批复	1997 年 12 月 31 日 法释〔1997〕10 号
76	最高人民法院关于交通事故中的财产损失是否包括被损车辆停运损失问题的批复	1999 年 2 月 11 日 法释〔1999〕5 号
77	最高人民法院关于被盗机动车辆肇事后由谁承担损害赔偿责任问题的批复	1999 年 6 月 25 日 法释〔1999〕13 号
78	最高人民法院关于托运人主张货损货差而拒付运费应否支付滞纳金的答复	1992 年 2 月 12 日 法函〔1992〕16 号
79	最高人民法院对在审判工作中有关适用民法通则时效的几个问题的批复	1987 年 5 月 22 日 法（研）复〔1987〕18 号
80	最高人民法院关于企业或个人欠国家银行贷款逾期两年未还应当适用民法通则规定的诉讼时效问题的批复	1993 年 2 月 22 日 法复〔1993〕1 号
81	最高人民法院关于超过诉讼时效期间当事人达成的还款协议是否应当受法律保护问题的批复	1997 年 4 月 16 日 法复〔1997〕4 号
82	最高人民法院关于审理第一审专利案件聘请专家担任陪审员的复函	1991 年 6 月 6 日 法（经）函〔1991〕64 号
83	最高人民法院关于在专利侵权诉讼中当事人均拥有专利权应如何处理问题的批复	1993 年 8 月 16 日 〔93〕经他字第 20 号
84	最高人民法院关于对诉前停止侵犯专利权行为适用法律问题的若干规定	2001 年 6 月 7 日 法释〔2001〕20 号
85	最高人民法院关于诉前停止侵犯注册商标专用权行为和保全证据适用法律问题的解释	2002 年 1 月 9 日 法释〔2002〕2 号
86	最高人民法院关于调整司法解释等文件中引用《中华人民共和国民事诉讼法》条文序号的决定	2008 年 12 月 16 日 法释〔2008〕18 号
87	最高人民法院关于行政机关对土地争议的处理决定生效后一方不履行另一方不应以民事侵权向法院起诉的批复	1991 年 7 月 24 日 〔90〕法民字第 2 号
88	最高人民法院关于人民法院应否受理财政、扶贫办等非金融行政机构借款合同纠纷的批复	1993 年 8 月 28 日 法复〔1993〕7 号
89	最高人民法院关于劳动仲裁委员会逾期不作出仲裁裁决或者作出不予受理通知的劳动争议案件，人民法院应否受理的批复	1998 年 9 月 2 日 法释〔1998〕24 号

序号	标题	发文日期及文号
90	最高人民法院关于案件级别管辖几个问题的批复	1996 年 5 月 7 日 法复〔1996〕5 号
91	最高人民法院关于经济合同的名称与内容不一致时如何确定管辖权问题的批复	1996 年 11 月 13 日 法复〔1996〕16 号
92	最高人民法院经济审判庭关于购销合同的双方当事人在合同中约定了交货地点,但部分货物没有在约定的交货地点交付,如何确定管辖权问题的复函	1995 年 7 月 11 日 法经〔1995〕206 号
93	最高人民法院关于如何确定委托贷款协议纠纷诉讼主体资格的批复	1996 年 5 月 16 日 法复〔1996〕6 号
94	最高人民法院关于第一审离婚判决生效后应出具证明书的通知	1991 年 10 月 24 日 法(民)发〔1991〕33 号
95	最高人民法院关于第二审法院裁定按自动撤回上诉处理的案件第一审法院能否再审问题的批复	1998 年 8 月 10 日 法释〔1998〕19 号
96	最高人民法院关于中级人民法院能否适用督促程序的复函	1993 年 11 月 9 日 〔1993〕法民字第 29 号
97	最高人民法院关于适用督促程序若干问题的规定	2001 年 1 月 8 日 法释〔2001〕2 号
98	最高人民法院关于人民法院发现已经受理的申请执行仲裁裁决或不服仲裁裁决而起诉的案件不属本院管辖应如何处理问题的批复	1988 年 1 月 13 日 法(研)复〔1988〕8 号
99	最高人民法院经济审判庭关于信用合作社责任财产范围问题的答复	1991 年 6 月 17 日 法经〔1991〕67 号
100	最高人民法院关于对因妨害民事诉讼被罚款拘留的人不服决定申请复议的期间如何确定问题的批复	1993 年 2 月 23 日 〔93〕法民字第 7 号
101	最高人民法院关于采取诉前保全措施的法院可否超越其级别管辖权限受理诉前保全申请人提起的诉讼问题的复函	1995 年 3 月 7 日 法经〔1995〕64 号
102	最高人民法院关于认真贯彻仲裁法依法执行仲裁裁决的通知	1995 年 10 月 4 日 法发〔1995〕21 号
103	最高人民法院关于当事人因对不予执行仲裁裁决的裁定不服而申请再审人民法院不予受理的批复	1996 年 6 月 26 日 法复〔1996〕8 号
104	最高人民法院关于税务机关是否有义务协助人民法院直接划拨退税款问题的批复	1996 年 7 月 21 日 法复〔1996〕11 号
105	最高人民法院关于如何理解《关于适用〈中华人民共和国民事诉讼法〉若干问题的意见》第 31 条第 2 款的批复	1998 年 4 月 17 日 法释〔1998〕5 号
106	最高人民法院关于对案外人的财产能否进行保全问题的批复	1998 年 5 月 19 日 法释〔1998〕10 号

序号	标题	发文日期及文号
107	最高人民法院关于人民法院执行设定抵押的房屋的规定	2005 年 12 月 14 日 法释〔2005〕14 号
108	最高人民法院关于向外国公司送达司法文书能否向其驻华代表机构送达并适用留置送达问题的批复	2002 年 6 月 18 日 法释〔2002〕15 号
109	最高人民法院关于当事人对仲裁协议的效力提出异议由哪一级人民法院管辖问题的批复	2000 年 8 月 8 日 法释〔2000〕25 号
110	最高人民法院关于解除劳动合同的劳动争议仲裁申请期限应当如何起算问题的批复	2004 年 7 月 26 日 法释〔2004〕8 号
111	最高人民法院关于当事人持台湾地区有关行政或公证部门确认的离婚协议书向人民法院申请认可人民法院是否受理的复函	2000 年 12 月 26 日 〔2000〕民他字第 29 号
112	最高人民法院关于印发国家统计局《关于对职工日平均工资计算问题的复函》的通知	1996 年 2 月 13 日 〔1996〕法赔字第 1 号
113	最高人民法院关于民事、行政诉讼中司法赔偿若干问题的解释	2000 年 9 月 16 日 法释〔2000〕27 号
114	最高人民法院关于印发《马原副院长在全国民事审判工作座谈会上的讲话》和《全国民事审判工作座谈会纪要》的通知	1993 年 11 月 24 日 法发〔1993〕37 号
115	最高人民法院对国务院宗教事务局一司关于僧人遗产处理意见的复函	1994 年 10 月 13 日
116	最高人民法院关于人民法院公开审判非涉外案件是否准许外国人旁听或采访问题的批复	1982 年 7 月 5 日 〔1982〕法研究字第 5 号

最高人民法院关于修改《最高人民法院关于在民事审判工作中适用〈中华人民共和国工会法〉若干问题的解释》等二十七件民事类司法解释的决定

法释〔2020〕17 号

（2020 年 12 月 23 日最高人民法院审判委员会第 1823 次会议通过，自 2021 年 1 月 1 日起施行）

根据审判实践需要，经最高人民法院审判委员会第 1823 次会议决定，对《最高人民法院关于在民事审判工作中适用〈中华人民共和国工会法〉若干问题的解释》等二十七件司法解释作如下修改：

一、修改《最高人民法院关于在民事审判工作中适用〈中华人民共和国工会法〉若干问题的解释》

1. 将引言修改为：

"为正确审理涉及工会经费和财产、工会工作人员权利的民事案件，维护工会和职工的合法权益，根据《中华人民共和国民法典》《中华人民共和国工会法》和《中华人民共和国民事诉讼法》等法律的规定，现就有关法律的适用问题解释如下："

2. 将第六条修改为：

"根据工会法第五十二条规定，人民法院审理涉及职工和工会工作人员因参加工会活动或者履行工会法规定的职责而被解除劳动合同的劳动争议案件，可以根据当事人的请求裁判用人单位恢复其工作，并补发被解除劳动合同期间应得的报酬；或者根据当事人的请求裁判用人单位给予本人年收入二倍的赔偿，并根据劳动合同法第四十六条、第四十七条规定给予解除劳动合同时的经济补偿。"

3. 将第七条修改为：

"对于企业、事业单位无正当理由拖延或者拒不拨缴工会经费的，工会组织向人民法院请求保护其权利的诉讼时效期间，适用民法典第一百八十八条的规定。"

4. 将第八条修改为：

"工会组织就工会经费的拨缴向人民法院申请支付令的，应当按照《诉讼费用交纳办法》第十四条的规定交纳申请费；督促程序终结后，工会组织另行起诉的，按《诉讼费用交纳办法》第十三条规定的财产案件受理费标准交纳诉讼费用。"

二、修改《最高人民法院关于审理矿业权纠纷案件适用法律若干问题的解释》

1. 将引言修改为：

"为正确审理矿业权纠纷案件，依法保护当事人的合法权益，根据《中华人民共和国民法典》《中华人民共和国矿产资源法》《中华人民共和国环境保护法》等法律法规的规定，结合审判实践，制定本解释。"

2. 将第二条修改为：

"县级以上人民政府自然资源主管部门作为出让人与受让人签订的矿业权出让合同，除法律、行政法规另有规定的情形外，当事人请求确认自依法成立之日起生效的，人民法院应予支持。"

3. 将第四条修改为：

"出让人未按照出让合同的约定移交勘查作业区或者矿区、颁发矿产资源勘查许可证或者采矿许可证，受让人请求解除出让合同的，人民法院应予支持。

受让人勘查开采矿产资源未达到自然资源主管部门批准的矿山地质环境保护与土地复垦方案要求，在自然资源主管部门规定的期限内拒不改正，或者因违反法律法规被吊销矿产资源勘查许可证、采矿许可证，或者未按照出让合同的约定支付矿业权出让价款，出让人解除出让合同的，人民法院应予支持。"

4. 将第六条修改为：

"矿业权转让合同自依法成立之日起具有法律约束力。矿业权转让申请未经自然资源主管部门批准，受让人请求转让人办理矿业权变更登记手续的，人民法院不予支持。

当事人仅以矿业权转让申请未经自然资源主管部门批准为由请求确认转让合同无效的，人民法院不予支持。"

5. 将第九条修改为：

"矿业权转让合同约定受让人支付全部或者部分转让款后办理报批手续，转让人在办理报批手续前请求受让人先履行付款义务的，人民法院应予支持，但受让人有确切证据证明存在转让人将同一矿业权转让给第三人、矿业权人将被兼并重组等符合民法典第五百二十七条规定情形的除外。"

6. 将第十条修改为：

"自然资源主管部门不予批准矿业权转让申请致使矿业权转让合同被解除，受让人请求返还已付转让款及利息，采矿权人请求受让人返还获得的矿产品及收益，或者探矿权人请求受让人返还勘查资料和勘查中回收的矿产品及收益的，人民法院应予支持，但受让人可请求扣除相关的成本费用。

当事人一方对矿业权转让申请未获批准有过错的，应赔偿对方因此受到的损失；双方均有过错的，应当各自承担相应的责任。"

7. 将第十一条修改为：

"矿业权转让合同依法成立后、自然资源主管部门批准前，矿业权人又将矿业权转让给第三人并经自然资源主管部门批准、登记，受让人请求解除转让合同、返还已付转让款及利息，并由矿业权人承担违约责任的，人民法院应予支持。"

8. 将第十五条修改为：

"当事人请求确认矿业权之抵押权自依法登记时设立的，人民法院应予支持。

颁发矿产资源勘查许可证或者采矿许可证的自然资源主管部门根据相关规定办理的矿业权抵押备案手续，视为前款规定的登记。"

9. 将第十九条修改为：

"因越界勘查开采矿产资源引发的侵权责任纠纷，涉及自然资源主管部门批准的勘查开采范围重复或者界限不清的，人民法院应告知当事人先向自然资源主管部门申请解决。"

10.将第二十一条修改为：

"勘查开采矿产资源造成环境污染,或者导致地质灾害、植被毁损等生态破坏,国家规定的机关或者法律规定的组织提起环境公益诉讼的,人民法院应依法予以受理。

国家规定的机关或者法律规定的组织为保护国家利益、环境公共利益提起诉讼的,不影响因同一勘查开采行为受到人身、财产损害的自然人、法人和非法人组织依据民事诉讼法第一百一十九条的规定提起诉讼。"

三、修改《最高人民法院关于审理买卖合同纠纷案件适用法律问题的解释》

1.将引言部分修改为：

"为正确审理买卖合同纠纷案件,根据《中华人民共和国民法典》《中华人民共和国民事诉讼法》等法律的规定,结合审判实践,制定本解释。"

2.将"一、买卖合同的成立及效力"修改为：

"一、买卖合同的成立"。

3.删除第二条、第三条、第四条、第十五条、第十六条、第十八条、第二十八条、第三十条、第三十二条、第三十五条、第三十七条、第四十一条、第四十三条。

4.将第五条修改为：

"标的物为无需以有形载体交付的电子信息产品,当事人对交付方式约定不明确,且依照民法典第五百一十条的规定仍不能确定的,买受人收到约定的电子信息产品或者权利凭证即为交付。"

5.将第六条修改为：

"根据民法典第六百二十九条的规定,买受人拒绝接收多交部分标的物的,可以代为保管多交部分标的物。买受人主张出卖人负担代为保管期间的合理费用的,人民法院应予支持。

买受人主张出卖人承担代为保管期间非因买受人故意或者重大过失造成的损失的,人民法院应予支持。"

6.将第七条修改为：

"民法典第五百九十九条规定的'提取标的物单证以外的有关单证和资料',主要应当包括保险单、保修单、普通发票、增值税专用发票、产品合格证、质量保证书、质量鉴定书、品质检验证书、产品进出口检疫书、原产地证明书、使用说明书、装箱单等。"

7. 将第十一条修改为:

"民法典第六百零三条第二款第一项规定的'标的物需要运输的',是指标的物由出卖人负责办理托运,承运人系独立于买卖合同当事人之外的运输业者的情形。标的物毁损、灭失的风险负担,按照民法典第六百零七条第二款的规定处理。"

8. 将第十七条修改为:

"人民法院具体认定民法典第六百二十一条第二款规定的'合理期限'时,应当综合当事人之间的交易性质、交易目的、交易方式、交易习惯、标的物的种类、数量、性质、安装和使用情况、瑕疵的性质、买受人应尽的合理注意义务、检验方法和难易程度、买受人或者检验人所处的具体环境、自身技能以及其他合理因素,依据诚实信用原则进行判断。

民法典第六百二十一条第二款规定的'二年'是最长的合理期限。该期限为不变期间,不适用诉讼时效中止、中断或者延长的规定。"

9. 将第十九条修改为:

"买受人在合理期限内提出异议,出卖人以买受人已经支付价款、确认欠款数额、使用标的物等为由,主张买受人放弃异议的,人民法院不予支持,但当事人另有约定的除外。"

10. 将第二十条修改为:

"民法典第六百二十一条规定的检验期限、合理期限、二年期限经过后,买受人主张标的物的数量或者质量不符合约定的,人民法院不予支持。

出卖人自愿承担违约责任后,又以上述期限经过为由翻悔的,人民法院不予支持。"

11. 将第二十一条修改为:

"买受人依约保留部分价款作为质量保证金,出卖人在质量保证期未及时解决质量问题而影响标的物的价值或者使用效果,出卖人主张支付该部分价款的,人民法院不予支持。"

12. 将第二十二条修改为:

"买受人在检验期限、质量保证期、合理期限内提出质量异议,出卖人未按要求予以修理或者因情况紧急,买受人自行或者通过第三人修理标的物后,主张出卖人负担因此发生的合理费用的,人民法院应予支持。"

13. 将第二十三条修改为:

"标的物质量不符合约定,买受人依照民法典第五百八十二条的规定要求减少价款的,人民法院应予支持。当事人主张以符合约定的标的物和实际交付的标的物按交付时的市场价值计算差价的,人民法院应予支持。

价款已经支付,买受人主张返还减价后多出部分价款的,人民法院应予支持。"

14. 将第二十四条修改为:

"买卖合同对付款期限作出的变更,不影响当事人关于逾期付款违约金的约定,但该违约金的起算点应当随之变更。

买卖合同约定逾期付款违约金,买受人以出卖人接受价款时未主张逾期付款违约金为由拒绝支付该违约金的,人民法院不予支持。

买卖合同约定逾期付款违约金,但对账单、还款协议等未涉及逾期付款责任,出卖人根据对账单、还款协议等主张欠款时请求买受人依约支付逾期付款违约金的,人民法院应予支持,但对账单、还款协议等明确载有本金及逾期付款利息数额或者已经变更买卖合同中关于本金、利息等约定内容的除外。

买卖合同没有约定逾期付款违约金或者该违约金的计算方法,出卖人以买受人违约为由主张赔偿逾期付款损失,违约行为发生在 2019 年 8 月 19 日之前的,人民法院可以中国人民银行同期同类人民币贷款基准利率为基础,参照逾期罚息利率标准计算;违约行为发生在 2019 年 8 月 20 日之后的,人民法院可以违约行为发生时中国人民银行授权全国银行间同业拆借中心公布的一年期贷款市场报价利率(LPR)标准为基础,加计 30—50%计算逾期付款损失。"

15. 将第二十五条修改为:

"出卖人没有履行或者不当履行从给付义务,致使买受人不能实现合同目的,买受人主张解除合同的,人民法院应当根据民法典第五百六十三条第一款第四项的规定,予以支持。"

16. 将第二十六条修改为:

"买卖合同因违约而解除后,守约方主张继续适用违约金条款的,人民法院应予支持;但约定的违约金过分高于造成的损失的,人民法院可以参照民法典第五百八十五条第二款的规定处理。"

17. 将第二十九条修改为：

"买卖合同当事人一方违约造成对方损失,对方主张赔偿可得利益损失的,人民法院在确定违约责任范围时,应当根据当事人的主张,依据民法典第五百八十四条、第五百九十一条、第五百九十二条、本解释第二十三条等规定进行认定。"

18. 将第三十四条修改为：

"买卖合同当事人主张民法典第六百四十一条关于标的物所有权保留的规定适用于不动产的,人民法院不予支持。"

19. 将第三十六条修改为：

"买受人已经支付标的物总价款的百分之七十五以上,出卖人主张取回标的物的,人民法院不予支持。

在民法典第六百四十二条第一款第三项情形下,第三人依据民法典第三百一十一条的规定已经善意取得标的物所有权或者其他物权,出卖人主张取回标的物的,人民法院不予支持。"

20. 将第三十八条修改为：

"民法典第六百三十四条第一款规定的'分期付款',系指买受人将应付的总价款在一定期限内至少分三次向出卖人支付。

分期付款买卖合同的约定违反民法典第六百三十四条第一款的规定,损害买受人利益,买受人主张该约定无效的,人民法院应予支持。"

21. 将第四十二条修改为：

"买卖合同存在下列约定内容之一的,不属于试用买卖。买受人主张属于试用买卖的,人民法院不予支持:

(一)约定标的物经过试用或者检验符合一定要求时,买受人应当购买标的物;

(二)约定第三人经试验对标的物认可时,买受人应当购买标的物;

(三)约定买受人在一定期限内可以调换标的物;

(四)约定买受人在一定期限内可以退还标的物。"

22. 将第四十五条修改为：

"法律或者行政法规对债权转让、股权转让等权利转让合同有规定的,依照其规定;没有规定的,人民法院可以根据民法典第四百六十七条和第六百四十六条的规定,参照适用买卖合同的有关规定。

权利转让或者其他有偿合同参照适用买卖合同的有关规定的,人民法院应当首先引用民法典第六百四十六条的规定,再引用买卖合同的有关规定。"

23. 条文顺序作相应调整。

四、修改《最高人民法院关于审理融资租赁合同纠纷案件适用法律问题的解释》

1. 将引言修改为:

"为正确审理融资租赁合同纠纷案件,根据《中华人民共和国民法典》《中华人民共和国民事诉讼法》等法律的规定,结合审判实践,制定本解释。"

2. 将第一部分标题修改为:

"一、融资租赁合同的认定。"

3. 将第一条修改为:

"人民法院应当根据民法典第七百三十五条的规定,结合标的物的性质、价值、租金的构成以及当事人的合同权利和义务,对是否构成融资租赁法律关系作出认定。

对名为融资租赁合同,但实际不构成融资租赁法律关系的,人民法院应按照其实际构成的法律关系处理。"

4. 删除第三条、第四条、第六条、第七条、第九条、第十条、第十一条、第十五条、第十六条、第十七条、第十八条。

5. 将第五条修改为:

"承租人拒绝受领租赁物,未及时通知出租人,或者无正当理由拒绝受领租赁物,造成出租人损失,出租人向承租人主张损害赔偿的,人民法院应予支持。"

6. 将第十二条修改为:

"有下列情形之一,出租人请求解除融资租赁合同的,人民法院应予支持:

(一)承租人未按照合同约定的期限和数额支付租金,符合合同约定的解除条件,经出租人催告后在合理期限内仍不支付的;

(二)合同对于欠付租金解除合同的情形没有明确约定,但承租人欠付租金达到两期以上,或者数额达到全部租金百分之十五以上,经出租人催告后在

合理期限内仍不支付的;

（三）承租人违反合同约定,致使合同目的不能实现的其他情形。"

7. 将第十九条修改为:

"租赁物不符合融资租赁合同的约定且出租人实施了下列行为之一,承租人依照民法典第七百四十四条、第七百四十七条的规定,要求出租人承担相应责任的,人民法院应予支持:

（一）出租人在承租人选择出卖人、租赁物时,对租赁物的选定起决定作用的;

（二）出租人干预或者要求承租人按照出租人意愿选择出卖人或者租赁物的;

（三）出租人擅自变更承租人已经选定的出卖人或者租赁物的。

承租人主张其系依赖出租人的技能确定租赁物或者出租人干预选择租赁物的,对上述事实承担举证责任。"

8. 将第二十一条修改为:

"出租人既请求承租人支付合同约定的全部未付租金又请求解除融资租赁合同的,人民法院应告知其依照民法典第七百五十二条的规定作出选择。

出租人请求承租人支付合同约定的全部未付租金,人民法院判决后承租人未予履行,出租人再行起诉请求解除融资租赁合同、收回租赁物的,人民法院应予受理。"

9. 将第二十二条修改为:

"出租人依照本解释第六条的规定请求解除融资租赁合同,同时请求收回租赁物并赔偿损失的,人民法院应予支持。

前款规定的损失赔偿范围为承租人全部未付租金及其他费用与收回租赁物价值的差额。合同约定租赁期间届满后租赁物归出租人所有的,损失赔偿范围还应包括融资租赁合同到期后租赁物的残值。"

10. 将第二十五条修改为:

"当事人因融资租赁合同租金欠付争议向人民法院请求保护其权利的诉讼时效期间为三年,自租赁期限届满之日起计算。"

11. 条文顺序作相应调整。

五、修改《最高人民法院关于审理铁路运输损害赔偿案件若干问题的解释》

1. 删除第十一条、第十三条、第十五条。

2. 条文顺序作相应调整。

六、修改《最高人民法院关于审理铁路运输人身损害赔偿纠纷案件适用法律若干问题的解释》

1. 将引言修改为：

"为正确审理铁路运输人身损害赔偿纠纷案件，依法维护各方当事人的合法权益，根据《中华人民共和国民法典》《中华人民共和国铁路法》《中华人民共和国民事诉讼法》等法律的规定，结合审判实践，就有关适用法律问题作如下解释："

2. 将第三条修改为：

"赔偿权利人要求对方当事人承担侵权责任的，由事故发生地、列车最先到达地或者被告住所地铁路运输法院管辖；赔偿权利人依照民法典第三编要求承运人承担违约责任予以人身损害赔偿的，由运输始发地、目的地或者被告住所地铁路运输法院管辖。"

3. 将第十二条修改为：

"铁路旅客运送期间发生旅客人身损害，赔偿权利人要求铁路运输企业承担违约责任的，人民法院应当依照民法典第八百一十一条、第八百二十二条、第八百二十三条等规定，确定铁路运输企业是否承担责任及责任的大小；赔偿权利人要求铁路运输企业承担侵权赔偿责任的，人民法院应当依照有关侵权责任的法律规定，确定铁路运输企业是否承担赔偿责任及责任的大小。"

七、修改《最高人民法院关于审理环境侵权责任纠纷案件适用法律若干问题的解释》

1. 将引言修改为：

"为正确审理环境侵权责任纠纷案件，根据《中华人民共和国民法典》《中华人民共和国环境保护法》《中华人民共和国民事诉讼法》等法律的规定，结合审判实践，制定本解释。"

2. 将第一条修改为：

"因污染环境、破坏生态造成他人损害，不论侵权人有无过错，侵权人应当承担侵权责任。

侵权人以排污符合国家或者地方污染物排放标准为由主张不承担责任的,人民法院不予支持。

侵权人不承担责任或者减轻责任的情形,适用海洋环境保护法、水污染防治法、大气污染防治法等环境保护单行法的规定;相关环境保护单行法没有规定的,适用民法典的规定。"

3. 将第二条修改为:

"两个以上侵权人共同实施污染环境、破坏生态行为造成损害,被侵权人根据民法典第一千一百六十八条规定请求侵权人承担连带责任的,人民法院应予支持。"

4. 将第三条修改为:

"两个以上侵权人分别实施污染环境、破坏生态行为造成同一损害,每一个侵权人的污染环境、破坏生态行为都足以造成全部损害,被侵权人根据民法典第一千一百七十一条规定请求侵权人承担连带责任的,人民法院应予支持。

两个以上侵权人分别实施污染环境、破坏生态行为造成同一损害,每一个侵权人的污染环境、破坏生态行为都不足以造成全部损害,被侵权人根据民法典第一千一百七十二条规定请求侵权人承担责任的,人民法院应予支持。

两个以上侵权人分别实施污染环境、破坏生态行为造成同一损害,部分侵权人的污染环境、破坏生态行为足以造成全部损害,部分侵权人的污染环境、破坏生态行为只造成部分损害,被侵权人根据民法典第一千一百七十一条规定请求足以造成全部损害的侵权人与其他侵权人就共同造成的损害部分承担连带责任,并对全部损害承担责任的,人民法院应予支持。"

5. 将第四条修改为:

"两个以上侵权人污染环境、破坏生态,对侵权人承担责任的大小,人民法院应当根据污染物的种类、浓度、排放量、危害性,有无排污许可证、是否超过污染物排放标准、是否超过重点污染物排放总量控制指标,破坏生态的方式、范围、程度,以及行为对损害后果所起的作用等因素确定。"

6. 将第五条修改为:

"被侵权人根据民法典第一千二百三十三条规定分别或者同时起诉侵权人、第三人的,人民法院应予受理。

被侵权人请求第三人承担赔偿责任的,人民法院应当根据第三人的过错程度确定其相应赔偿责任。

侵权人以第三人的过错污染环境、破坏生态造成损害为由主张不承担责任或者减轻责任的,人民法院不予支持。"

7. 将第六条修改为:

"被侵权人根据民法典第七编第七章的规定请求赔偿的,应当提供证明以下事实的证据材料:

(一)侵权人排放了污染物或者破坏了生态;

(二)被侵权人的损害;

(三)侵权人排放的污染物或者其次生污染物、破坏生态行为与损害之间具有关联性。"

8. 将第七条修改为:

"侵权人举证证明下列情形之一的,人民法院应当认定其污染环境、破坏生态行为与损害之间不存在因果关系:

(一)排放污染物、破坏生态的行为没有造成该损害可能的;

(二)排放的可造成该损害的污染物未到达该损害发生地的;

(三)该损害于排放污染物、破坏生态行为实施之前已发生的;

(四)其他可以认定污染环境、破坏生态行为与损害之间不存在因果关系的情形。"

9. 将第八条修改为:

"对查明环境污染、生态破坏案件事实的专门性问题,可以委托具备相关资格的司法鉴定机构出具鉴定意见或者由负有环境资源保护监督管理职责的部门推荐的机构出具检验报告、检测报告、评估报告或者监测数据。"

10. 将第九条修改为:

"当事人申请通知一至两名具有专门知识的人出庭,就鉴定意见或者污染物认定、损害结果、因果关系、修复措施等专业问题提出意见的,人民法院可以准许。当事人未申请,人民法院认为有必要的,可以进行释明。

具有专门知识的人在法庭上提出的意见,经当事人质证,可以作为认定案件事实的根据。"

11. 将第十条修改为:

"负有环境资源保护监督管理职责的部门或者其委托的机构出具的环境

污染、生态破坏事件调查报告、检验报告、检测报告、评估报告或者监测数据等，经当事人质证，可以作为认定案件事实的根据。"

12. 将第十一条修改为：

"对于突发性或者持续时间较短的环境污染、生态破坏行为，在证据可能灭失或者以后难以取得的情况下，当事人或者利害关系人根据民事诉讼法第八十一条规定申请证据保全的，人民法院应当准许。"

13. 将第十二条修改为：

"被申请人具有环境保护法第六十三条规定情形之一，当事人或者利害关系人根据民事诉讼法第一百条或者第一百零一条规定申请保全的，人民法院可以裁定责令被申请人立即停止侵害行为或者采取防治措施。"

14. 将第十三条修改为：

"人民法院应当根据被侵权人的诉讼请求以及具体案情，合理判定侵权人承担停止侵害、排除妨碍、消除危险、修复生态环境、赔礼道歉、赔偿损失等民事责任。"

15. 将第十四条修改为：

"被侵权人请求修复生态环境的，人民法院可以依法裁判侵权人承担环境修复责任，并同时确定其不履行环境修复义务时应当承担的环境修复费用。

侵权人在生效裁判确定的期限内未履行环境修复义务的，人民法院可以委托其他人进行环境修复，所需费用由侵权人承担。"

16. 将第十五条修改为：

"被侵权人起诉请求侵权人赔偿因污染环境、破坏生态造成的财产损失、人身损害以及为防止损害发生和扩大、清除污染、修复生态环境而采取必要措施所支出的合理费用的，人民法院应予支持。"

17. 删除第十七条。

18. 条文顺序作相应调整。

八、修改《最高人民法院关于审理医疗损害责任纠纷案件适用法律若干问题的解释》

1. 将引言修改为：

"为正确审理医疗损害责任纠纷案件，依法维护当事人的合法权益，推动构建和谐医患关系，促进卫生健康事业发展，根据《中华人民共和国民法典》

《中华人民共和国民事诉讼法》等法律规定,结合审判实践,制定本解释。"

2. 将第一条修改为:

"患者以在诊疗活动中受到人身或者财产损害为由请求医疗机构,医疗产品的生产者、销售者、药品上市许可持有人或者血液提供机构承担侵权责任的案件,适用本解释。

患者以在美容医疗机构或者开设医疗美容科室的医疗机构实施的医疗美容活动中受到人身或者财产损害为由提起的侵权纠纷案件,适用本解释。

当事人提起的医疗服务合同纠纷案件,不适用本解释。"

3. 将第三条修改为:

"患者因缺陷医疗产品受到损害,起诉部分或者全部医疗产品的生产者、销售者、药品上市许可持有人和医疗机构的,应予受理。

患者仅起诉医疗产品的生产者、销售者、药品上市许可持有人、医疗机构中部分主体,当事人依法申请追加其他主体为共同被告或者第三人的,应予准许。必要时,人民法院可以依法追加相关当事人参加诉讼。

患者因输入不合格的血液受到损害提起侵权诉讼的,参照适用前两款规定。"

4. 将第四条修改为:

"患者依据民法典第一千二百一十八条规定主张医疗机构承担赔偿责任的,应当提交到该医疗机构就诊、受到损害的证据。

患者无法提交医疗机构或者其医务人员有过错、诊疗行为与损害之间具有因果关系的证据,依法提出医疗损害鉴定申请的,人民法院应予准许。

医疗机构主张不承担责任的,应当就民法典第一千二百二十四条第一款规定情形等抗辩事由承担举证证明责任。"

5. 将第五条修改为:

"患者依据民法典第一千二百一十九条规定主张医疗机构承担赔偿责任的,应当按照前条第一款规定提交证据。

实施手术、特殊检查、特殊治疗的,医疗机构应当承担说明义务并取得患者或者患者近亲属明确同意,但属于民法典第一千二百二十条规定情形的除外。医疗机构提交患者或者患者近亲属明确同意证据的,人民法院可以认定医疗机构尽到说明义务,但患者有相反证据足以反驳的除外。"

6. 将第六条修改为：

"民法典第一千二百二十二条规定的病历资料包括医疗机构保管的门诊病历、住院志、体温单、医嘱单、检验报告、医学影像检查资料、特殊检查（治疗）同意书、手术同意书、手术及麻醉记录、病理资料、护理记录、出院记录以及国务院卫生行政主管部门规定的其他病历资料。

患者依法向人民法院申请医疗机构提交由其保管的与纠纷有关的病历资料等，医疗机构未在人民法院指定期限内提交的，人民法院可以依照民法典第一千二百二十二条第二项规定推定医疗机构有过错，但是因不可抗力等客观原因无法提交的除外。"

7. 将第七条修改为：

"患者依据民法典第一千二百二十三条规定请求赔偿的，应当提交使用医疗产品或者输入血液、受到损害的证据。

患者无法提交使用医疗产品或者输入血液与损害之间具有因果关系的证据，依法申请鉴定的，人民法院应予准许。

医疗机构，医疗产品的生产者、销售者、药品上市许可持有人或者血液提供机构主张不承担责任的，应当对医疗产品不存在缺陷或者血液合格等抗辩事由承担举证证明责任。"

8. 将第十一条修改为：

"委托鉴定书，应当有明确的鉴定事项和鉴定要求。鉴定人应当按照委托鉴定的事项和要求进行鉴定。

下列专门性问题可以作为申请医疗损害鉴定的事项：

（一）实施诊疗行为有无过错；

（二）诊疗行为与损害后果之间是否存在因果关系以及原因力大小；

（三）医疗机构是否尽到了说明义务、取得患者或者患者近亲属明确同意的义务；

（四）医疗产品是否有缺陷、该缺陷与损害后果之间是否存在因果关系以及原因力的大小；

（五）患者损伤残疾程度；

（六）患者的护理期、休息期、营养期；

（七）其他专门性问题。

鉴定要求包括鉴定人的资质、鉴定人的组成、鉴定程序、鉴定意见、鉴定期限等。"

9. 将第十六条修改为：

"对医疗机构或者其医务人员的过错，应当依据法律、行政法规、规章以及其他有关诊疗规范进行认定，可以综合考虑患者病情的紧急程度、患者个体差异、当地的医疗水平、医疗机构与医务人员资质等因素。"

10. 将第十七条修改为：

"医务人员违反民法典第一千二百一十九条第一款规定义务，但未造成患者人身损害，患者请求医疗机构承担损害赔偿责任的，不予支持。"

11. 将第十八条修改为：

"因抢救生命垂危的患者等紧急情况且不能取得患者意见时，下列情形可以认定为民法典第一千二百二十条规定的不能取得患者近亲属意见：

（一）近亲属不明的；

（二）不能及时联系到近亲属的；

（三）近亲属拒绝发表意见的；

（四）近亲属达不成一致意见的；

（五）法律、法规规定的其他情形。

前款情形，医务人员经医疗机构负责人或者授权的负责人批准立即实施相应医疗措施，患者因此请求医疗机构承担赔偿责任的，不予支持；医疗机构及其医务人员怠于实施相应医疗措施造成损害，患者请求医疗机构承担赔偿责任的，应予支持。"

12. 将第十九条修改为：

"两个以上医疗机构的诊疗行为造成患者同一损害，患者请求医疗机构承担赔偿责任的，应当区分不同情况，依照民法典第一千一百六十八条、第一千一百七十一条或者第一千一百七十二条的规定，确定各医疗机构承担的赔偿责任。"

13. 将第二十一条修改为：

"因医疗产品的缺陷或者输入不合格血液受到损害，患者请求医疗机构、缺陷医疗产品的生产者、销售者、药品上市许可持有人或者血液提供机构承担赔偿责任的，应予支持。

医疗机构承担赔偿责任后,向缺陷医疗产品的生产者、销售者、药品上市许可持有人或者血液提供机构追偿的,应予支持。

因医疗机构的过错使医疗产品存在缺陷或者血液不合格,医疗产品的生产者、销售者、药品上市许可持有人或者血液提供机构承担赔偿责任后,向医疗机构追偿的,应予支持。"

14. 将第二十二条修改为:

"缺陷医疗产品与医疗机构的过错诊疗行为共同造成患者同一损害,患者请求医疗机构与医疗产品的生产者、销售者、药品上市许可持有人承担连带责任的,应予支持。

医疗机构或者医疗产品的生产者、销售者、药品上市许可持有人承担赔偿责任后,向其他责任主体追偿的,应当根据诊疗行为与缺陷医疗产品造成患者损害的原因力大小确定相应的数额。

输入不合格血液与医疗机构的过错诊疗行为共同造成患者同一损害的,参照适用前两款规定。"

15. 将第二十三条修改为:

"医疗产品的生产者、销售者、药品上市许可持有人明知医疗产品存在缺陷仍然生产、销售,造成患者死亡或者健康严重损害,被侵权人请求生产者、销售者、药品上市许可持有人赔偿损失及二倍以下惩罚性赔偿的,人民法院应予支持。"

16. 将第二十五条修改为:

"患者死亡后,其近亲属请求医疗损害赔偿的,适用本解释;支付患者医疗费、丧葬费等合理费用的人请求赔偿该费用的,适用本解释。

本解释所称的'医疗产品'包括药品、消毒产品、医疗器械等。"

九、修改《最高人民法院关于审理生态环境损害赔偿案件的若干规定(试行)》

1. 将引言修改为:

"为正确审理生态环境损害赔偿案件,严格保护生态环境,依法追究损害生态环境责任者的赔偿责任,依据《中华人民共和国民法典》《中华人民共和国环境保护法》《中华人民共和国民事诉讼法》等法律的规定,结合审判工作实际,制定本规定。"

2.将第二条修改为：

"下列情形不适用本规定：

（一）因污染环境、破坏生态造成人身损害、个人和集体财产损失要求赔偿的；

（二）因海洋生态环境损害要求赔偿的。"

3.将第十一条修改为：

"被告违反国家规定造成生态环境损害的，人民法院应当根据原告的诉讼请求以及具体案情，合理判决被告承担修复生态环境、赔偿损失、停止侵害、排除妨碍、消除危险、赔礼道歉等民事责任。"

4.将第十四条修改为：

"原告请求被告承担下列费用的，人民法院根据具体案情予以判决：

（一）实施应急方案、清除污染以及为防止损害的发生和扩大所支出的合理费用；

（二）为生态环境损害赔偿磋商和诉讼支出的调查、检验、鉴定、评估等费用；

（三）合理的律师费以及其他为诉讼支出的合理费用。"

5.将第十八条修改为：

"生态环境损害赔偿诉讼案件的裁判生效后，有权提起民事公益诉讼的国家规定的机关或者法律规定的组织就同一损害生态环境行为有证据证明存在前案审理时未发现的损害，并提起民事公益诉讼的，人民法院应予受理。

民事公益诉讼案件的裁判生效后，有权提起生态环境损害赔偿诉讼的主体就同一损害生态环境行为有证据证明存在前案审理时未发现的损害，并提起生态环境损害赔偿诉讼的，人民法院应予受理。"

6.将第二十一条修改为：

"一方当事人在期限内未履行或者未全部履行发生法律效力的生态环境损害赔偿诉讼案件裁判或者经司法确认的生态环境损害赔偿协议的，对方当事人可以向人民法院申请强制执行。需要修复生态环境的，依法由省级、市地级人民政府及其指定的相关部门、机构组织实施。"

十、修改《最高人民法院关于债务人在约定的期限届满后未履行债务而出具没有还款日期的欠款条诉讼时效期间应从何时开始计算问题的批复》

将第二段修改为：

"据你院报告称，双方当事人原约定，供方交货后，需方立即付款。需方收货后因无款可付，经供方同意写了没有还款日期的欠款条。根据民法典第一百九十五条的规定，应认定诉讼时效中断。如果供方在诉讼时效中断后一直未主张权利，诉讼时效期间则应从供方收到需方所写欠款条之日起重新计算。"

十一、修改《最高人民法院关于审理民事案件适用诉讼时效制度若干问题的规定》

1. 将引言修改为：

"为正确适用法律关于诉讼时效制度的规定，保护当事人的合法权益，依照《中华人民共和国民法典》《中华人民共和国民事诉讼法》等法律的规定，结合审判实践，制定本规定。"

2. 删除第二条、第五条、第二十条。

3. 将第三条修改为：

"当事人未提出诉讼时效抗辩，人民法院不应对诉讼时效问题进行释明。"

4. 将第六条修改为：

"未约定履行期限的合同，依照民法典第五百一十条、第五百一十一条的规定，可以确定履行期限的，诉讼时效期间从履行期限届满之日起计算；不能确定履行期限的，诉讼时效期间从债权人要求债务人履行义务的宽限期届满之日起计算，但债务人在债权人第一次向其主张权利之时明确表示不履行义务的，诉讼时效期间从债务人明确表示不履行义务之日起计算。"

5. 将第七条修改为：

"享有撤销权的当事人一方请求撤销合同的，应适用民法典关于除斥期间的规定。对方当事人对撤销合同请求权提出诉讼时效抗辩的，人民法院不予支持。

合同被撤销，返还财产、赔偿损失请求权的诉讼时效期间从合同被撤销之日起计算。"

6.将第十条修改为：

"具有下列情形之一的,应当认定为民法典第一百九十五条规定的'权利人向义务人提出履行请求',产生诉讼时效中断的效力:

（一）当事人一方直接向对方当事人送交主张权利文书,对方当事人在文书上签名、盖章、按指印或者虽未签名、盖章、按指印但能够以其他方式证明该文书到达对方当事人的;

（二）当事人一方以发送信件或者数据电文方式主张权利,信件或者数据电文到达或者应当到达对方当事人的;

（三）当事人一方为金融机构,依照法律规定或者当事人约定从对方当事人账户中扣收欠款本息的;

（四）当事人一方下落不明,对方当事人在国家级或者下落不明的当事人一方住所地的省级有影响的媒体上刊登具有主张权利内容的公告的,但法律和司法解释另有特别规定的,适用其规定。

前款第(一)项情形中,对方当事人为法人或者其他组织的,签收人可以是其法定代表人、主要负责人、负责收发信件的部门或者被授权主体;对方当事人为自然人的,签收人可以是自然人本人、同住的具有完全行为能力的亲属或者被授权主体。"

7.将第十三条修改为：

"下列事项之一,人民法院应当认定与提起诉讼具有同等诉讼时效中断的效力:

（一）申请支付令;

（二）申请破产、申报破产债权;

（三）为主张权利而申请宣告义务人失踪或死亡;

（四）申请诉前财产保全、诉前临时禁令等诉前措施;

（五）申请强制执行;

（六）申请追加当事人或者被通知参加诉讼;

（七）在诉讼中主张抵销;

（八）其他与提起诉讼具有同等诉讼时效中断效力的事项。"

8.将第十六条修改为：

"义务人作出分期履行、部分履行、提供担保、请求延期履行、制定清偿债务计划等承诺或者行为的,应当认定为民法典第一百九十五条规定的'义务人同意履行义务'。"

9. 将第二十二条修改为:

"诉讼时效期间届满,当事人一方向对方当事人作出同意履行义务的意思表示或者自愿履行义务后,又以诉讼时效期间届满为由进行抗辩的,人民法院不予支持。

当事人双方就原债务达成新的协议,债权人主张义务人放弃诉讼时效抗辩权的,人民法院应予支持。

超过诉讼时效期间,贷款人向借款人发出催收到期贷款通知单,债务人在通知单上签字或者盖章,能够认定借款人同意履行诉讼时效期间已经届满的义务的,对于贷款人关于借款人放弃诉讼时效抗辩权的主张,人民法院应予支持。"

10. 条文顺序作相应调整。

十二、修改《最高人民法院关于在审理经济纠纷案件中涉及经济犯罪嫌疑若干问题的规定》

1. 将引言修改为:

"根据《中华人民共和国民法典》《中华人民共和国刑法》《中华人民共和国民事诉讼法》《中华人民共和国刑事诉讼法》等有关规定,对审理经济纠纷案件中涉及经济犯罪嫌疑问题作以下规定:"

2. 将第一条修改为:

"同一自然人、法人或非法人组织因不同的法律事实,分别涉及经济纠纷和经济犯罪嫌疑的,经济纠纷案件和经济犯罪嫌疑案件应当分开审理。"

3. 将第八条修改为:

"根据《中华人民共和国刑事诉讼法》第一百零一条第一款的规定,被害人或其法定代理人、近亲属对本规定第二条因单位犯罪行为造成经济损失的,对第四条、第五条第一款、第六条应当承担刑事责任的被告人未能返还财物而遭受经济损失提起附带民事诉讼的,受理刑事案件的人民法院应当依法一并审理。被害人或其法定代理人、近亲属因被害人遭受经济损失也有权对单位另行提起民事诉讼。若被害人或其法定代理人、近亲属另行提起民事诉讼的,有管辖权的人民法院应当依法受理。"

十三、修改《最高人民法院关于审理建筑物区分所有权纠纷案件具体应用法律若干问题的解释》

1. 将名称修改为：

"最高人民法院关于审理建筑物区分所有权纠纷案件适用法律若干问题的解释"。

2. 将引言修改为：

"为正确审理建筑物区分所有权纠纷案件，依法保护当事人的合法权益，根据《中华人民共和国民法典》等法律的规定，结合民事审判实践，制定本解释。"

3. 将第一条修改为：

"依法登记取得或者依据民法典第二百二十九条至第二百三十一条规定取得建筑物专有部分所有权的人，应当认定为民法典第二编第六章所称的业主。

基于与建设单位之间的商品房买卖民事法律行为，已经合法占有建筑物专有部分，但尚未依法办理所有权登记的人，可以认定为民法典第二编第六章所称的业主。"

4. 将第二条修改为：

"建筑区划内符合下列条件的房屋，以及车位、摊位等特定空间，应当认定为民法典第二编第六章所称的专有部分：

（一）具有构造上的独立性，能够明确区分；

（二）具有利用上的独立性，可以排他使用；

（三）能够登记成为特定业主所有权的客体。

规划上专属于特定房屋，且建设单位销售时已经根据规划列入该特定房屋买卖合同中的露台等，应当认定为前款所称的专有部分的组成部分。

本条第一款所称房屋，包括整栋建筑物。"

5. 将第三条修改为：

"除法律、行政法规规定的共有部分外，建筑区划内的以下部分，也应当认定为民法典第二编第六章所称的共有部分：

（一）建筑物的基础、承重结构、外墙、屋顶等基本结构部分，通道、楼梯、大堂等公共通行部分，消防、公共照明等附属设施、设备，避难层、设备层或者设备间等结构部分；

（二）其他不属于业主专有部分，也不属于市政公用部分或者其他权利人所有的场所及设施等。

建筑区划内的土地，依法由业主共同享有建设用地使用权，但属于业主专有的整栋建筑物的规划占地或者城镇公共道路、绿地占地除外。"

6.将第五条修改为：

"建设单位按照配置比例将车位、车库，以出售、附赠或者出租等方式处分给业主的，应当认定其行为符合民法典第二百七十六条有关'应当首先满足业主的需要'的规定。

前款所称配置比例是指规划确定的建筑区划内规划用于停放汽车的车位、车库与房屋套数的比例。"

7.将第六条修改为：

"建筑区划内在规划用于停放汽车的车位之外，占用业主共有道路或者其他场地增设的车位，应当认定为民法典第二百七十五条第二款所称的车位。"

8.将第七条修改为：

"处分共有部分，以及业主大会依法决定或者管理规约依法确定应由业主共同决定的事项，应当认定为民法典第二百七十八条第一款第（九）项规定的有关共有和共同管理权利的'其他重大事项'。"

9.将第八条修改为：

"民法典第二百七十八条第二款和第二百八十三条规定的专有部分面积可以按照不动产登记簿记载的面积计算；尚未进行物权登记的，暂按测绘机构的实测面积计算；尚未进行实测的，暂按房屋买卖合同记载的面积计算。"

10.将第九条修改为：

"民法典第二百七十八条第二款规定的业主人数可以按照专有部分的数量计算，一个专有部分按一人计算。但建设单位尚未出售和虽已出售但尚未交付的部分，以及同一买受人拥有一个以上专有部分的，按一人计算。"

11.将第十条修改为：

"业主将住宅改变为经营性用房，未依据民法典第二百七十九条的规定经有利害关系的业主一致同意，有利害关系的业主请求排除妨害、消除危险、恢复原状或者赔偿损失的，人民法院应予支持。

将住宅改变为经营性用房的业主以多数有利害关系的业主同意其行为进行抗辩的,人民法院不予支持。"

12. 将第十一条修改为:

"业主将住宅改变为经营性用房,本栋建筑物内的其他业主,应当认定为民法典第二百七十九条所称'有利害关系的业主'。建筑区划内,本栋建筑物之外的业主,主张与自己有利害关系的,应证明其房屋价值、生活质量受到或者可能受到不利影响。"

13. 将第十二条修改为:

"业主以业主大会或者业主委员会作出的决定侵害其合法权益或者违反了法律规定的程序为由,依据民法典第二百八十条第二款的规定请求人民法院撤销该决定的,应当在知道或者应当知道业主大会或者业主委员会作出决定之日起一年内行使。"

14. 将第十四条修改为:

"建设单位、物业服务企业或者其他管理人等擅自占用、处分业主共有部分、改变其使用功能或者进行经营性活动,权利人请求排除妨害、恢复原状、确认处分行为无效或者赔偿损失的,人民法院应予支持。

属于前款所称擅自进行经营性活动的情形,权利人请求建设单位、物业服务企业或者其他管理人等将扣除合理成本之后的收益用于补充专项维修资金或者业主共同决定的其他用途的,人民法院应予支持。行为人对成本的支出及其合理性承担举证责任。"

15. 将第十五条修改为:

"业主或者其他行为人违反法律、法规、国家相关强制性标准、管理规约,或者违反业主大会、业主委员会依法作出的决定,实施下列行为的,可以认定为民法典第二百八十六条第二款所称的其他'损害他人合法权益的行为':

(一)损害房屋承重结构,损害或者违章使用电力、燃气、消防设施,在建筑物内放置危险、放射性物品等危及建筑物安全或者妨碍建筑物正常使用;

(二)违反规定破坏、改变建筑物外墙面的形状、颜色等损害建筑物外观;

(三)违反规定进行房屋装饰装修;

(四)违章加建、改建,侵占、挖掘公共通道、道路、场地或者其他共有部分。"

十四、修改《最高人民法院关于审理物业服务纠纷案件具体应用法律若干问题的解释》

1. 将名称修改为：

"最高人民法院关于审理物业服务纠纷案件适用法律若干问题的解释"。

2. 将引言修改为：

"为正确审理物业服务纠纷案件，依法保护当事人的合法权益，根据《中华人民共和国民法典》等法律规定，结合民事审判实践，制定本解释。"

3. 删除第一条、第二条、第三条、第六条、第七条、第八条、第十条、第十一条。

4. 将第四条修改为：

"业主违反物业服务合同或者法律、法规、管理规约，实施妨碍物业服务与管理的行为，物业服务人请求业主承担停止侵害、排除妨碍、恢复原状等相应民事责任的，人民法院应予支持。"

5. 将第五条修改为：

"物业服务人违反物业服务合同约定或者法律、法规、部门规章规定，擅自扩大收费范围、提高收费标准或者重复收费，业主以违规收费为由提出抗辩的，人民法院应予支持。

业主请求物业服务人退还其已经收取的违规费用的，人民法院应予支持。"

6. 将第九条修改为：

"物业服务合同的权利义务终止后，业主请求物业服务人退还已经预收，但尚未提供物业服务期间的物业费的，人民法院应予支持。"

7. 将第十二条修改为：

"因物业的承租人、借用人或者其他物业使用人实施违反物业服务合同，以及法律、法规或者管理规约的行为引起的物业服务纠纷，人民法院可以参照关于业主的规定处理。"

8. 条文顺序作相应调整。

十五、修改《最高人民法院关于审理涉及农村土地承包纠纷案件适用法律问题的解释》

1. 将引言修改为：

"为正确审理农村土地承包纠纷案件，依法保护当事人的合法权益，根据

《中华人民共和国民法典》《中华人民共和国农村土地承包法》《中华人民共和国土地管理法》《中华人民共和国民事诉讼法》等法律的规定，结合民事审判实践，制定本解释。"

2. 将第一条修改为：

"下列涉及农村土地承包民事纠纷，人民法院应当依法受理：

（一）承包合同纠纷；

（二）承包经营权侵权纠纷；

（三）土地经营权侵权纠纷；

（四）承包经营权互换、转让纠纷；

（五）土地经营权流转纠纷；

（六）承包地征收补偿费用分配纠纷；

（七）承包经营权继承纠纷；

（八）土地经营权继承纠纷。

农村集体经济组织成员因未实际取得土地承包经营权提起民事诉讼的，人民法院应当告知其向有关行政主管部门申请解决。

农村集体经济组织成员就用于分配的土地补偿费数额提起民事诉讼的，人民法院不予受理。"

3. 将第二条修改为：

"当事人自愿达成书面仲裁协议的，受诉人民法院应当参照《最高人民法院关于适用〈中华人民共和国民事诉讼法〉的解释》第二百一十五条、第二百一十六条的规定处理。

当事人未达成书面仲裁协议，一方当事人向农村土地承包仲裁机构申请仲裁，另一方当事人提起诉讼的，人民法院应予受理，并书面通知仲裁机构。但另一方当事人接受仲裁管辖后又起诉的，人民法院不予受理。

当事人对仲裁裁决不服并在收到裁决书之日起三十日内提起诉讼的，人民法院应予受理。"

4. 将第三条修改为：

"承包合同纠纷，以发包方和承包方为当事人。

前款所称承包方是指以家庭承包方式承包本集体经济组织农村土地的农户，以及以其他方式承包农村土地的组织或者个人。"

5. 将第四条修改为：

"农户成员为多人的,由其代表人进行诉讼。

农户代表人按照下列情形确定：

(一)土地承包经营权证等证书上记载的人；

(二)未依法登记取得土地承包经营权证等证书的,为在承包合同上签名的人；

(三)前两项规定的人死亡、丧失民事行为能力或者因其他原因无法进行诉讼的,为农户成员推选的人。"

6. 将第五条修改为：

"承包合同中有关收回、调整承包地的约定违反农村土地承包法第二十七条、第二十八条、第三十一条规定的,应当认定该约定无效。"

7. 将第八条修改为：

"承包方违反农村土地承包法第十八条规定,未经依法批准将承包地用于非农建设或者对承包地造成永久性损害,发包方请求承包方停止侵害、恢复原状或者赔偿损失的,应予支持。"

8. 将第九条修改为：

"发包方根据农村土地承包法第二十七条规定收回承包地前,承包方已经以出租、入股或者其他形式将其土地经营权流转给第三人,且流转期限尚未届满,因流转价款收取产生的纠纷,按照下列情形,分别处理：

(一)承包方已经一次性收取了流转价款,发包方请求承包方返还剩余流转期限的流转价款的,应予支持；

(二)流转价款为分期支付,发包方请求第三人按照流转合同的约定支付流转价款的,应予支持。"

9. 将第十条修改为：

"承包方交回承包地不符合农村土地承包法第三十条规定程序的,不得认定其为自愿交回。"

10. 将第十一条修改为：

"土地经营权流转中,本集体经济组织成员在流转价款、流转期限等主要内容相同的条件下主张优先权的,应予支持。但下列情形除外：

(一)在书面公示的合理期限内未提出优先权主张的；

（二）未经书面公示，在本集体经济组织以外的人开始使用承包地两个月内未提出优先权主张的。"

11. 将第十二条修改为：

"发包方胁迫承包方将土地经营权流转给第三人，承包方请求撤销其与第三人签订的流转合同的，应予支持。

发包方阻碍承包方依法流转土地经营权，承包方请求排除妨碍、赔偿损失的，应予支持。"

12. 将第十三条修改为：

"承包方未经发包方同意，转让其土地承包经营权的，转让合同无效。但发包方无正当理由不同意或者拖延表态的除外。"

13. 将第十四条修改为：

"承包方依法采取出租、入股或者其他方式流转土地经营权，发包方仅以该土地经营权流转合同未报其备案为由，请求确认合同无效的，不予支持。"

14. 删除第十五条、第二十一条。

15. 将第十七条修改为：

"当事人对出租地流转期限没有约定或者约定不明的，参照民法典第七百三十条规定处理。除当事人另有约定或者属于林地承包经营外，承包地交回的时间应当在农作物收获期结束后或者下一耕种期开始前。

对提高土地生产能力的投入，对方当事人请求承包方给予相应补偿的，应予支持。"

16. 将第十八条修改为：

"发包方或者其他组织、个人擅自截留、扣缴承包收益或者土地经营权流转收益，承包方请求返还的，应予支持。

发包方或者其他组织、个人主张抵销的，不予支持。"

17. 将第十九条修改为：

"本集体经济组织成员在承包费、承包期限等主要内容相同的条件下主张优先承包的，应予支持。但在发包方将农村土地发包给本集体经济组织以外的组织或者个人，已经法律规定的民主议定程序通过，并由乡（镇）人民政府批准后主张优先承包的，不予支持。"

18. 将第二十条修改为：

"发包方就同一土地签订两个以上承包合同,承包方均主张取得土地经营权的,按照下列情形,分别处理:

(一)已经依法登记的承包方,取得土地经营权;

(二)均未依法登记的,生效在先合同的承包方取得土地经营权;

(三)依前两项规定无法确定的,已经根据承包合同合法占有使用承包地的人取得土地经营权,但争议发生后一方强行先占承包地的行为和事实,不得作为确定土地经营权的依据。"

19. 将第二十二条修改为:

"承包地被依法征收,承包方请求发包方给付已经收到的地上附着物和青苗的补偿费的,应予支持。

承包方已将土地经营权以出租、入股或者其他方式流转给第三人的,除当事人另有约定外,青苗补偿费归实际投入人所有,地上附着物补偿费归附着物所有人所有。"

20. 将第二十六条修改为:

"人民法院在审理涉及本解释第五条、第六条第一款第(二)项及第二款、第十五条的纠纷案件时,应当着重进行调解。必要时可以委托人民调解组织进行调解。"

21. 条文顺序作相应调整。

十六、修改《最高人民法院关于审理涉及国有土地使用权合同纠纷案件适用法律问题的解释》

1. 将引言修改为:

"为正确审理国有土地使用权合同纠纷案件,依法保护当事人的合法权益,根据《中华人民共和国民法典》《中华人民共和国土地管理法》《中华人民共和国城市房地产管理法》等法律规定,结合民事审判实践,制定本解释。"

2. 将第一条修改为:

"本解释所称的土地使用权出让合同,是指市、县人民政府自然资源主管部门作为出让方将国有土地使用权在一定年限内让与受让方,受让方支付土地使用权出让金的合同。"

3. 将第二条修改为:

"开发区管理委员会作为出让方与受让方订立的土地使用权出让合同,

应当认定无效。

本解释实施前，开发区管理委员会作为出让方与受让方订立的土地使用权出让合同，起诉前经市、县人民政府自然资源主管部门追认的，可以认定合同有效。"

4.将第七条修改为：

"本解释所称的土地使用权转让合同，是指土地使用权人作为转让方将出让土地使用权转让于受让方，受让方支付价款的合同。"

5.删除第九条、第十一条、第十六条。

6.将第十条修改为：

"土地使用权人作为转让方就同一出让土地使用权订立数个转让合同，在转让合同有效的情况下，受让方均要求履行合同的，按照以下情形分别处理：

（一）已经办理土地使用权变更登记手续的受让方，请求转让方履行交付土地等合同义务的，应予支持；

（二）均未办理土地使用权变更登记手续，已先行合法占有投资开发土地的受让方请求转让方履行土地使用权变更登记等合同义务的，应予支持；

（三）均未办理土地使用权变更登记手续，又未合法占有投资开发土地，先行支付土地转让款的受让方请求转让方履行交付土地和办理土地使用权变更登记等合同义务的，应予支持；

（四）合同均未履行，依法成立在先的合同受让方请求履行合同的，应予支持。

未能取得土地使用权的受让方请求解除合同、赔偿损失的，依照民法典的有关规定处理。"

7.将第十四条修改为：

"本解释所称的合作开发房地产合同，是指当事人订立的以提供出让土地使用权、资金等作为共同投资，共享利润、共担风险合作开发房地产为基本内容的合同。"

8.将第十七条修改为：

"投资数额超出合作开发房地产合同的约定，对增加的投资数额的承担比例，当事人协商不成的，按照当事人的违约情况确定；因不可归责于当事人的事由或者当事人的违约情况无法确定的,按照约定的投资比例确定;没有约定投资比例的,按照约定的利润分配比例确定。"

9.将第十八条修改为:

"房屋实际建筑面积少于合作开发房地产合同的约定,对房屋实际建筑面积的分配比例,当事人协商不成的,按照当事人的违约情况确定;因不可归责于当事人的事由或者当事人违约情况无法确定的,按照约定的利润分配比例确定。"

10.条文顺序作相应调整。

十七、修改《最高人民法院关于审理涉及农村土地承包经营纠纷调解仲裁案件适用法律若干问题的解释》

1.将第七条修改为:

"农村土地承包经营纠纷仲裁中采取的财产保全措施,在申请保全的当事人依法提起诉讼后,自动转为诉讼中的财产保全措施,并适用《最高人民法院关于适用〈中华人民共和国民事诉讼法〉的解释》第四百八十七条关于查封、扣押、冻结期限的规定。"

2.将第十条修改为:

"当事人根据农村土地承包经营纠纷调解仲裁法第四十九条规定,向人民法院申请执行调解书、裁决书,符合《最高人民法院关于人民法院执行工作若干问题的规定(试行)》第十六条规定条件的,人民法院应予受理和执行。"

十八、修改《最高人民法院关于国有土地开荒后用于农耕的土地使用权转让合同纠纷案件如何适用法律问题的批复》

将正文第一段修改为:

"开荒后用于农耕而未交由农民集体使用的国有土地,不属于《中华人民共和国农村土地承包法》第二条规定的农村土地。此类土地使用权的转让,不适用《中华人民共和国农村土地承包法》的规定,应适用《中华人民共和国民法典》和《中华人民共和国土地管理法》等相关法律规定加以规范。"

十九、修改《最高人民法院关于审理旅游纠纷案件适用法律若干问题的规定》

1.将引言修改为:

"为正确审理旅游纠纷案件,依法保护当事人合法权益,根据《中华人民共和国民法典》《中华人民共和国消费者权益保护法》《中华人民共和国旅游法》《中华人民共和国民事诉讼法》等有关法律规定，结合民事审判实践，制定本规定。"

2. 将第三条修改为：

"因旅游经营者方面的同一原因造成旅游者人身损害、财产损失，旅游者选择请求旅游经营者承担违约责任或者侵权责任的，人民法院应当根据当事人选择的案由进行审理。"

3. 将第六条修改为：

"旅游经营者以格式条款、通知、声明、店堂告示等方式作出排除或者限制旅游者权利、减轻或者免除旅游经营者责任、加重旅游者责任等对旅游者不公平、不合理的规定，旅游者依据消费者权益保护法第二十六条的规定请求认定该内容无效的，人民法院应予支持。"

4. 将第九条修改为：

"旅游经营者、旅游辅助服务者以非法收集、存储、使用、加工、传输、买卖、提供、公开等方式处理旅游者个人信息，旅游者请求其承担相应责任的，人民法院应予支持。"

5. 删除第十三条、第十四条、第二十一条。

6. 将第十六条修改为：

"旅游经营者准许他人挂靠其名下从事旅游业务，造成旅游者人身损害、财产损失，旅游者依据民法典第一千一百六十八条的规定请求旅游经营者与挂靠人承担连带责任的，人民法院应予支持。"

7. 将第十七条修改为：

"旅游经营者违反合同约定，有擅自改变旅游行程、遗漏旅游景点、减少旅游服务项目、降低旅游服务标准等行为，旅游者请求旅游经营者赔偿未完成约定旅游服务项目等合理费用的，人民法院应予支持。

旅游经营者提供服务时有欺诈行为，旅游者依据消费者权益保护法第五十五条第一款规定请求旅游经营者承担惩罚性赔偿责任的，人民法院应予支持。"

8. 将第二十二条修改为：

"旅游经营者或者旅游辅助服务者为旅游者代管的行李物品损毁、灭失，

旅游者请求赔偿损失的,人民法院应予支持,但下列情形除外:

(一)损失是由于旅游者未听从旅游经营者或者旅游辅助服务者的事先声明或者提示,未将现金、有价证券、贵重物品由其随身携带而造成的;

(二)损失是由于不可抗力造成的;

(三)损失是由于旅游者的过错造成的;

(四)损失是由于物品的自然属性造成的。"

9. 将第二十五条修改为:

"旅游经营者事先设计,并以确定的总价提供交通、住宿、游览等一项或者多项服务,不提供导游和领队服务,由旅游者自行安排游览行程的旅游过程中,旅游经营者提供的服务不符合合同约定,侵害旅游者合法权益,旅游者请求旅游经营者承担相应责任的,人民法院应予支持。"

10. 条文顺序作相应调整。

二十、修改《最高人民法院关于审理商品房买卖合同纠纷案件适用法律若干问题的解释》

1. 将引言修改为:

"为正确、及时审理商品房买卖合同纠纷案件,根据《中华人民共和国民法典》《中华人民共和国城市房地产管理法》等相关法律,结合民事审判实践,制定本解释。"

2. 将第三条修改为:

"商品房的销售广告和宣传资料为要约邀请,但是出卖人就商品房开发规划范围内的房屋及相关设施所作的说明和允诺具体确定,并对商品房买卖合同的订立以及房屋价格的确定有重大影响的,构成要约。该说明和允诺即使未载入商品房买卖合同,亦应当为合同内容,当事人违反的,应当承担违约责任。"

3. 删除第七条、第八条、第九条、第十四条。

4. 将第十五条修改为:

"根据民法典第五百六十三条的规定,出卖人迟延交付房屋或者买受人迟延支付购房款,经催告后在三个月的合理期限内仍未履行,解除权人请求解除合同的,应予支持,但当事人另有约定的除外。

法律没有规定或者当事人没有约定,经对方当事人催告后,解除权行使的合理期限为三个月。对方当事人没有催告的,解除权人自知道或者应当知道解除事由之日起一年内行使。逾期不行使的,解除权消灭。"

5. 将第十八条修改为:

"由于出卖人的原因,买受人在下列期限届满未能取得不动产权属证书的,除当事人有特殊约定外,出卖人应当承担违约责任:

(一)商品房买卖合同约定的办理不动产登记的期限;

(二)商品房买卖合同的标的物为尚未建成房屋的,自房屋交付使用之日起 90 日;

(三)商品房买卖合同的标的物为已竣工房屋的,自合同订立之日起 90 日。

合同没有约定违约金或者损失数额难以确定的,可以按照已付购房款总额,参照中国人民银行规定的金融机构计收逾期贷款利息的标准计算。"

6. 将第十九条修改为:

"商品房买卖合同约定或者城市房地产开发经营管理条例第三十二条规定的办理不动产登记的期限届满后超过一年,由于出卖人的原因,导致买受人无法办理不动产登记,买受人请求解除合同和赔偿损失的,应予支持。"

7. 将第二十六条修改为:

"买受人未按照商品房担保贷款合同的约定偿还贷款,亦未与担保权人办理不动产抵押登记手续,担保权人起诉买受人,请求处分商品房买卖合同项下买受人合同权利的,应当通知出卖人参加诉讼;担保权人同时起诉出卖人时,如果出卖人为商品房担保贷款合同提供保证的,应当列为共同被告。"

8. 将第二十七条修改为:

"买受人未按照商品房担保贷款合同的约定偿还贷款,但是已经取得不动产权属证书并与担保权人办理了不动产抵押登记手续,抵押权人请求买受人偿还贷款或者就抵押的房屋优先受偿的,不应当追加出卖人为当事人,但出卖人提供保证的除外。"

9. 条文顺序作相应调整。

二十一、修改《最高人民法院关于审理城镇房屋租赁合同纠纷案件具体应用法律若干问题的解释》

1. 将引言修改为:

"为正确审理城镇房屋租赁合同纠纷案件,依法保护当事人的合法权益,根据《中华人民共和国民法典》等法律规定，结合民事审判实践，制定本解释。"

2.删除第四条、第八条、第十五条、第十六条、第十七条、第十九条、第二十一条、第二十三条、第二十四条。

3.将第五条修改为：

"房屋租赁合同无效，当事人请求参照合同约定的租金标准支付房屋占有使用费的，人民法院一般应予支持。

当事人请求赔偿因合同无效受到的损失，人民法院依照民法典第一百五十七条和本解释第七条、第十一条、第十二条的规定处理。"

4.将第六条修改为：

"出租人就同一房屋订立数份租赁合同，在合同均有效的情况下，承租人均主张履行合同的，人民法院按照下列顺序确定履行合同的承租人：

（一）已经合法占有租赁房屋的；

（二）已经办理登记备案手续的；

（三）合同成立在先的。

不能取得租赁房屋的承租人请求解除合同、赔偿损失的，依照民法典的有关规定处理。"

5.将第七条修改为：

"承租人擅自变动房屋建筑主体和承重结构或者扩建，在出租人要求的合理期限内仍不予恢复原状，出租人请求解除合同并要求赔偿损失的，人民法院依照民法典第七百一十一条的规定处理。"

6.将第二十条修改为：

"租赁房屋在承租人按照租赁合同占有期限内发生所有权变动，承租人请求房屋受让人继续履行原租赁合同的，人民法院应予支持。但租赁房屋具有下列情形或者当事人另有约定的除外：

（一）房屋在出租前已设立抵押权，因抵押权人实现抵押权发生所有权变动的；

（二）房屋在出租前已被人民法院依法查封的。"

7.条文顺序作相应调整。

二十二、修改《最高人民法院关于确定民事侵权精神损害赔偿责任若干问题的解释》

1. 将引言修改为：

"为在审理民事侵权案件中正确确定精神损害赔偿责任,根据《中华人民共和国民法典》等有关法律规定,结合审判实践,制定本解释。"

2. 将第一条修改为：

"因人身权益或者具有人身意义的特定物受到侵害,自然人或者其近亲属向人民法院提起诉讼请求精神损害赔偿的,人民法院应当依法予以受理。"

3. 将第三条修改为：

"死者的姓名、肖像、名誉、荣誉、隐私、遗体、遗骨等受到侵害,其近亲属向人民法院提起诉讼请求精神损害赔偿的,人民法院应当依法予以支持。"

4. 删除第四条、第六条、第七条、第八条、第九条、第十一条。

5. 将第五条修改为：

"法人或者非法人组织以名誉权、荣誉权、名称权遭受侵害为由,向人民法院起诉请求精神损害赔偿的,人民法院不予支持。"

6. 将第十条修改为：

"精神损害的赔偿数额根据以下因素确定：

（一）侵权人的过错程度,但是法律另有规定的除外；

（二）侵权行为的目的、方式、场合等具体情节；

（三）侵权行为所造成的后果；

（四）侵权人的获利情况；

（五）侵权人承担责任的经济能力；

（六）受理诉讼法院所在地的平均生活水平。"

7. 条文顺序作相应调整。

二十三、修改《最高人民法院关于审理人身损害赔偿案件适用法律若干问题的解释》

1. 将引言修改为：

"为正确审理人身损害赔偿案件,依法保护当事人的合法权益,根据《中华人民共和国民法典》《中华人民共和国民事诉讼法》等有关法律规定,结合审判实践,制定本解释。"

2．将第一条修改为：

"因生命、身体、健康遭受侵害，赔偿权利人起诉请求赔偿义务人赔偿物质损害和精神损害的，人民法院应予受理。

本条所称'赔偿权利人'，是指因侵权行为或者其他致害原因直接遭受人身损害的受害人以及死亡受害人的近亲属。

本条所称'赔偿义务人'，是指因自己或者他人的侵权行为以及其他致害原因依法应当承担民事责任的自然人、法人或者非法人组织。"

3．删除第二条、第三条、第四条、第六条、第七条、第八条、第九条、第十条、第十一条、第十五条、第十六条、第十七条、第十八条、第三十一条。

4．将第十三条修改为：

"无偿提供劳务的帮工人，在从事帮工活动中致人损害的，被帮工人应当承担赔偿责任。被帮工人承担赔偿责任后向有故意或者重大过失的帮工人追偿的，人民法院应予支持。被帮工人明确拒绝帮工的，不承担赔偿责任。"

5．将第十四条修改为：

"无偿提供劳务的帮工人因帮工活动遭受人身损害的，根据帮工人和被帮工人各自的过错承担相应的责任；被帮工人明确拒绝帮工的，被帮工人不承担赔偿责任，但可以在受益范围内予以适当补偿。

帮工人在帮工活动中因第三人的行为遭受人身损害的，有权请求第三人承担赔偿责任，也有权请求被帮工人予以适当补偿。被帮工人补偿后，可以向第三人追偿。"

6．增加一条作为第十六条：

"被扶养人生活费计入残疾赔偿金或者死亡赔偿金。"

7．将第三十三条修改为：

"赔偿义务人请求以定期金方式给付残疾赔偿金、辅助器具费的，应当提供相应的担保。人民法院可以根据赔偿义务人的给付能力和提供担保的情况，确定以定期金方式给付相关费用。但是，一审法庭辩论终结前已经发生的费用、死亡赔偿金以及精神损害抚慰金，应当一次性给付。"

8．增加一条作为第二十三条：

"精神损害抚慰金适用《最高人民法院关于确定民事侵权精神损害赔偿责任若干问题的解释》予以确定。"

9.条文顺序作相应调整。

二十四、修改《最高人民法院关于审理道路交通事故损害赔偿案件适用法律若干问题的解释》

1.将引言修改为：

"为正确审理道路交通事故损害赔偿案件,根据《中华人民共和国民法典》《中华人民共和国道路交通安全法》《中华人民共和国保险法》《中华人民共和国民事诉讼法》等法律的规定,结合审判实践,制定本解释。"

2.将第一条修改为：

"机动车发生交通事故造成损害,机动车所有人或者管理人有下列情形之一,人民法院应当认定其对损害的发生有过错,并适用民法典第一千二百零九条的规定确定其相应的赔偿责任：

（一）知道或者应当知道机动车存在缺陷,且该缺陷是交通事故发生原因之一的；

（二）知道或者应当知道驾驶人无驾驶资格或者未取得相应驾驶资格的；

（三）知道或者应当知道驾驶人因饮酒、服用国家管制的精神药品或者麻醉药品,或者患有妨碍安全驾驶机动车的疾病等依法不能驾驶机动车的；

（四）其它应当认定机动车所有人或者管理人有过错的。"

3.删除第二条、第三条、第十条。

4.将第四条修改为：

"被多次转让但是未办理登记的机动车发生交通事故造成损害,属于该机动车一方责任,当事人请求由最后一次转让并交付的受让人承担赔偿责任的,人民法院应予支持。"

5.将第九条修改为：

"因道路管理维护缺陷导致机动车发生交通事故造成损害,当事人请求道路管理者承担相应赔偿责任的,人民法院应予支持。但道路管理者能够证明已经依照法律、法规、规章的规定,或者按照国家标准、行业标准、地方标准的要求尽到安全防护、警示等管理维护义务的除外。

依法不得进入高速公路的车辆、行人,进入高速公路发生交通事故造成自身损害,当事人请求高速公路管理者承担赔偿责任的,适用民法典第一千二百四十三条的规定。"

6.将第十二条修改为：

"机动车存在产品缺陷导致交通事故造成损害,当事人请求生产者或者销售者依照民法典第七编第四章的规定承担赔偿责任的,人民法院应予支持。"

7.将第十三条修改为：

"多辆机动车发生交通事故造成第三人损害,当事人请求多个侵权人承担赔偿责任的,人民法院应当区分不同情况,依照民法典第一千一百七十条、第一千一百七十一条、第一千一百七十二条的规定,确定侵权人承担连带责任或者按份责任。"

8.将第十四条修改为：

"道路交通安全法第七十六条规定的'人身伤亡',是指机动车发生交通事故侵害被侵权人的生命权、身体权、健康权等人身权益所造成的损害,包括民法典第一千一百七十九条和第一千一百八十三条规定的各项损害。

道路交通安全法第七十六条规定的'财产损失',是指因机动车发生交通事故侵害被侵权人的财产权益所造成的损失。"

9.将第十六条修改为：

"同时投保机动车第三者责任强制保险(以下简称'交强险')和第三者责任商业保险(以下简称'商业三者险')的机动车发生交通事故造成损害,当事人同时起诉侵权人和保险公司的,人民法院应当依照民法典第一千二百一十三条的规定,确定赔偿责任。

被侵权人或者其近亲属请求承保交强险的保险公司优先赔偿精神损害的,人民法院应予支持。"

10.将第十九条修改为：

"未依法投保交强险的机动车发生交通事故造成损害,当事人请求投保义务人在交强险责任限额范围内予以赔偿的,人民法院应予支持。

投保义务人和侵权人不是同一人,当事人请求投保义务人和侵权人在交强险责任限额范围内承担相应责任的,人民法院应予支持。"

11.条文顺序作相应调整。

二十五、修改《最高人民法院关于审理食品药品纠纷案件适用法律若干问题的规定》

1.将引言修改为：

"为正确审理食品药品纠纷案件，根据《中华人民共和国民法典》《中华人民共和国消费者权益保护法》《中华人民共和国食品安全法》《中华人民共和国药品管理法》《中华人民共和国民事诉讼法》等法律的规定，结合审判实践，制定本规定。"

2.将第六条修改为：

"食品的生产者与销售者应当对于食品符合质量标准承担举证责任。认定食品是否安全，应当以国家标准为依据；对地方特色食品，没有国家标准的，应当以地方标准为依据。没有前述标准的，应当以食品安全法的相关规定为依据。"

3.将第八条修改为：

"集中交易市场的开办者、柜台出租者、展销会举办者未履行食品安全法规定的审查、检查、报告等义务，使消费者的合法权益受到损害的，消费者请求集中交易市场的开办者、柜台出租者、展销会举办者承担连带责任的，人民法院应予支持。"

4.将第九条修改为：

"消费者通过网络交易第三方平台购买食品、药品遭受损害，网络交易第三方平台提供者不能提供食品、药品的生产者或者销售者的真实名称、地址与有效联系方式，消费者请求网络交易第三方平台提供者承担责任的，人民法院应予支持。

网络交易第三方平台提供者承担赔偿责任后，向生产者或者销售者行使追偿权的，人民法院应予支持。

网络交易第三方平台提供者知道或者应当知道食品、药品的生产者、销售者利用其平台侵害消费者合法权益，未采取必要措施，给消费者造成损害，消费者要求其与生产者、销售者承担连带责任的，人民法院应予支持。"

5.将第十条修改为：

"未取得食品生产资质与销售资质的民事主体，挂靠具有相应资质的生产者与销售者,生产、销售食品,造成消费者损害,消费者请求挂靠者与被挂靠者承担连带责任的,人民法院应予支持。

消费者仅起诉挂靠者或者被挂靠者的,必要时人民法院可以追加相关当事人参加诉讼。"

6.将十一条修改为:

"消费者因虚假广告推荐的食品、药品存在质量问题遭受损害,依据消费者权益保护法等法律相关规定请求广告经营者、广告发布者承担连带责任的,人民法院应予支持。

其他民事主体在虚假广告中向消费者推荐食品、药品,使消费者遭受损害,消费者依据消费者权益保护法等法律相关规定请求其与食品、药品的生产者、销售者承担连带责任的,人民法院应予支持。"

7.将第十四条修改为:

"生产、销售的食品、药品存在质量问题,生产者与销售者需同时承担民事责任、行政责任和刑事责任,其财产不足以支付,当事人依照民法典等有关法律规定,请求食品、药品的生产者、销售者首先承担民事责任的,人民法院应予支持。"

8.第十五条修改为:

"生产不符合安全标准的食品或者销售明知是不符合安全标准的食品,消费者除要求赔偿损失外,依据食品安全法等法律规定向生产者、销售者主张赔偿金的,人民法院应予支持。

生产假药、劣药或者明知是假药、劣药仍然销售、使用的,受害人或者其近亲属除请求赔偿损失外,依据药品管理法等法律规定向生产者、销售者主张赔偿金的,人民法院应予支持。"

9.将第十七条修改为:

"消费者与化妆品、保健食品等产品的生产者、销售者、广告经营者、广告发布者、推荐者、检验机构等主体之间的纠纷,参照适用本规定。

法律规定的机关和有关组织依法提起公益诉讼的,参照适用本规定。"

10.增加一条作为第十八条:

"本规定所称的'药品的生产者'包括药品上市许可持有人和药品生产企业,'药品的销售者'包括药品经营企业和医疗机构。"

11.条文顺序作相应调整。

二十六、修改《最高人民法院关于审理利用信息网络侵害人身权益民事纠纷案件适用法律若干问题的规定》

1.将引言修改为:

"为正确审理利用信息网络侵害人身权益民事纠纷案件,根据《中华人民共和国民法典》《全国人民代表大会常务委员会关于加强网络信息保护的决定》《中华人民共和国民事诉讼法》等法律的规定,结合审判实践,制定本规定。"

2.删除第二条、第五条、第八条、第十二条、第十五条、第十六条。

3.将第三条修改为:

"原告依据民法典第一千一百九十五条、第一千一百九十七条的规定起诉网络用户或者网络服务提供者的,人民法院应予受理。

原告仅起诉网络用户,网络用户请求追加涉嫌侵权的网络服务提供者为共同被告或者第三人的,人民法院应予准许。

原告仅起诉网络服务提供者,网络服务提供者请求追加可以确定的网络用户为共同被告或者第三人的,人民法院应予准许。"

4.将第六条修改为:

"人民法院适用民法典第一千一百九十五条第二款的规定,认定网络服务提供者采取的删除、屏蔽、断开链接等必要措施是否及时,应当根据网络服务的类型和性质、有效通知的形式和准确程度、网络信息侵害权益的类型和程度等因素综合判断。"

5.将第七条修改为:

"其发布的信息被采取删除、屏蔽、断开链接等措施的网络用户,主张网络服务提供者承担违约责任或者侵权责任,网络服务提供者以收到民法典第一千一百九十五条第一款规定的有效通知为由抗辩的,人民法院应予支持。"

6.将第九条修改为:

"人民法院依据民法典第一千一百九十七条认定网络服务提供者是否'知道或者应当知道',应当综合考虑下列因素:

(一)网络服务提供者是否以人工或者自动方式对侵权网络信息以推荐、排名、选择、编辑、整理、修改等方式作出处理;

（二）网络服务提供者应当具备的管理信息的能力，以及所提供服务的性质、方式及其引发侵权的可能性大小；

（三）该网络信息侵害人身权益的类型及明显程度；

（四）该网络信息的社会影响程度或者一定时间内的浏览量；

（五）网络服务提供者采取预防侵权措施的技术可能性及其是否采取了相应的合理措施；

（六）网络服务提供者是否针对同一网络用户的重复侵权行为或者同一侵权信息采取了相应的合理措施；

（七）与本案相关的其他因素。"

7. 将第十七条修改为：

"网络用户或者网络服务提供者侵害他人人身权益，造成财产损失或者严重精神损害，被侵权人依据民法典第一千一百八十二条和第一千一百八十三条的规定，请求其承担赔偿责任的，人民法院应予支持。"

8. 将第十八条修改为：

"被侵权人为制止侵权行为所支付的合理开支，可以认定为民法典第一千一百八十二条规定的财产损失。合理开支包括被侵权人或者委托代理人对侵权行为进行调查、取证的合理费用。人民法院根据当事人的请求和具体案情，可以将符合国家有关部门规定的律师费用计算在赔偿范围内。

被侵权人因人身权益受侵害造成的财产损失以及侵权人因此获得的利益难以确定的，人民法院可以根据具体案情在50万元以下的范围内确定赔偿数额。"

9. 条文顺序作相应调整。

二十七、修改《最高人民法院关于审理民间借贷案件适用法律若干问题的规定》

1. 将引言部分修改为：

"为正确审理民间借贷纠纷案件，根据《中华人民共和国民法典》《中华人民共和国民事诉讼法》《中华人民共和国刑事诉讼法》等相关法律之规定，结合审判实践，制定本规定。"

2. 删除第十条。

3. 将第十一条修改为：

"法人之间、非法人组织之间以及它们相互之间为生产、经营需要订立的民间借贷合同,除存在民法典第一百四十六条、第一百五十三条、第一百五十四条以及本规定第十三条规定的情形外,当事人主张民间借贷合同有效的,人民法院应予支持。"

4. 将第十二条修改为:

"法人或者非法人组织在本单位内部通过借款形式向职工筹集资金,用于本单位生产、经营,且不存在民法典第一百四十四条、第一百四十六条、第一百五十三条、第一百五十四条以及本规定第十三条规定的情形,当事人主张民间借贷合同有效的,人民法院应予支持。"

5. 将第十三条修改为:

"借款人或者出借人的借贷行为涉嫌犯罪,或者已经生效的裁判认定构成犯罪,当事人提起民事诉讼的,民间借贷合同并不当然无效。人民法院应当依据民法典第一百四十四条、第一百四十六条、第一百五十三条、第一百五十四条以及本规定第十三条之规定,认定民间借贷合同的效力。

担保人以借款人或者出借人的借贷行为涉嫌犯罪或者已经生效的裁判认定构成犯罪为由,主张不承担民事责任的,人民法院应当依据民间借贷合同与担保合同的效力、当事人的过错程度,依法确定担保人的民事责任。"

6. 将第二十九条修改为:

"借贷双方对逾期利率有约定的,从其约定,但是以不超过合同成立时一年期贷款市场报价利率四倍为限。

未约定逾期利率或者约定不明的,人民法院可以区分不同情况处理:

(一)既未约定借期内利率,也未约定逾期利率,出借人主张借款人自逾期还款之日起参照当时一年期贷款市场报价利率标准计算的利息承担逾期还款违约责任的,人民法院应予支持;

(二)约定了借期内利率但是未约定逾期利率,出借人主张借款人自逾期还款之日起按照借期内利率支付资金占用期间利息的,人民法院应予支持。"

7. 将第三十二条修改为:

本规定施行后,人民法院新受理的一审民间借贷纠纷案件,适用本规定。

2020 年 8 月 20 日之后新受理的一审民间借贷案件,借贷合同成立于 2020 年 8 月 20 日之前,当事人请求适用当时的司法解释计算自合同成立到 2020 年 8 月 19 日的利息部分的,人民法院应予支持;对于自 2020 年 8 月 20

日到借款返还之日的利息部分,适用起诉时本规定的利率保护标准计算。

本规定施行后,最高人民法院以前作出的相关司法解释与本规定不一致的,以本规定为准。

8. 条文顺序作相应调整。

本决定自 2021 年 1 月 1 日起施行。

根据本决定,《最高人民法院关于在民事审判工作中适用〈中华人民共和国工会法〉若干问题的解释》等二十七件民事类司法解释作相应修改后重新公布。

最高人民法院
关于在民事审判工作中适用
《中华人民共和国工会法》若干问题的解释

(2003 年 1 月 9 日最高人民法院审判委员会第 1263 次会议通过，根据 2020 年 12 月 23 日最高人民法院审判委员会第 1823 次会议通过的《最高人民法院关于修改〈最高人民法院关于在民事审判工作中适用《中华人民共和国工会法》若干问题的解释〉等二十七件民事类司法解释的决定》修正)

为正确审理涉及工会经费和财产、工会工作人员权利的民事案件，维护工会和职工的合法权益，根据《中华人民共和国民法典》《中华人民共和国工会法》和《中华人民共和国民事诉讼法》等法律的规定，现就有关法律的适用问题解释如下：

第一条 人民法院审理涉及工会组织的有关案件时，应当认定依照工会法建立的工会组织的社团法人资格。具有法人资格的工会组织依法独立享有民事权利，承担民事义务。建立工会的企业、事业单位、机关与所建工会以及工会投资兴办的企业，根据法律和司法解释的规定，应当分别承担各自的民事责任。

第二条 根据工会法第十八条规定，人民法院审理劳动争议案件，涉及确定基层工会专职主席、副主席或者委员延长的劳动合同期限的，应当自上述人员工会职务任职期限届满之日起计算，延长的期限等于其工会职务任职的期间。

工会法第十八条规定的"个人严重过失"，是指具有《中华人民共和国劳动法》第二十五条第(二)项、第(三)项或者第(四)项规定的情形。

第三条 基层工会或者上级工会依照工会法第四十三条规定向人民法院申请支付令的，由被申请人所在地的基层人民法院管辖。

第四条　人民法院根据工会法第四十三条的规定受理工会提出的拨缴工会经费的支付令申请后,应当先行征询被申请人的意见。被申请人仅对应拨缴经费数额有异议的,人民法院应当就无异议部分的工会经费数额发出支付令。

人民法院在审理涉及工会经费的案件中,需要按照工会法第四十二条第一款第(二)项规定的"全部职工""工资总额"确定拨缴数额的,"全部职工""工资总额"的计算,应当按照国家有关部门规定的标准执行。

第五条　根据工会法第四十三条和民事诉讼法的有关规定,上级工会向人民法院申请支付令或者提起诉讼,要求企业、事业单位拨缴工会经费的,人民法院应当受理。基层工会要求参加诉讼的,人民法院可以准许其作为共同申请人或者共同原告参加诉讼。

第六条　根据工会法第五十二条规定,人民法院审理涉及职工和工会工作人员因参加工会活动或者履行工会法规定的职责而被解除劳动合同的劳动争议案件,可以根据当事人的请求裁判用人单位恢复其工作,并补发被解除劳动合同期间应得的报酬;或者根据当事人的请求裁判用人单位给予本人年收入二倍的赔偿,并根据劳动合同法第四十六条、第四十七条规定给予解除劳动合同时的经济补偿。

第七条　对于企业、事业单位无正当理由拖延或者拒不拨缴工会经费的,工会组织向人民法院请求保护其权利的诉讼时效期间,适用民法典第一百八十八条的规定。

第八条　工会组织就工会经费的拨缴向人民法院申请支付令的,应当按照《诉讼费用交纳办法》第十四条的规定交纳申请费;督促程序终结后,工会组织另行起诉的,按照《诉讼费用交纳办法》第十三条规定的财产案件受理费标准交纳诉讼费用。

最高人民法院
关于审理矿业权纠纷案件适用法律若干问题的解释

(2017 年 2 月 20 日由最高人民法院审判委员会第 1710 次会议通过,根据 2020 年 12 月 23 日最高人民法院审判委员会第 1823 次会议通过的《最高人民法院关于修改〈最高人民法院关于在民事审判工作中适用《中华人民共和国工会法》若干问题的解释〉等二十七件民事类司法解释的决定》修正)

为正确审理矿业权纠纷案件,依法保护当事人的合法权益,根据《中华人民共和国民法典》《中华人民共和国矿产资源法》《中华人民共和国环境保护法》等法律法规的规定,结合审判实践,制定本解释。

第一条 人民法院审理探矿权、采矿权等矿业权纠纷案件,应当依法保护矿业权流转,维护市场秩序和交易安全,保障矿产资源合理开发利用,促进资源节约与环境保护。

第二条 县级以上人民政府自然资源主管部门作为出让人与受让人签订的矿业权出让合同,除法律、行政法规另有规定的情形外,当事人请求确认自依法成立之日起生效的,人民法院应予支持。

第三条 受让人请求自矿产资源勘查许可证、采矿许可证载明的有效期起始日确认其探矿权、采矿权的,人民法院应予支持。

矿业权出让合同生效后、矿产资源勘查许可证或者采矿许可证颁发前,第三人越界或者以其他方式非法勘查开采,经出让人同意已实际占有勘查作业区或者矿区的受让人,请求第三人承担停止侵害、排除妨碍、赔偿损失等侵权责任的,人民法院应予支持。

第四条 出让人未按照出让合同的约定移交勘查作业区或者矿区、颁发矿产资源勘查许可证或者采矿许可证,受让人请求解除出让合同的,人民法院应予支持。

受让人勘查开采矿产资源未达到自然资源主管部门批准的矿山地质环境保护与土地复垦方案要求,在自然资源主管部门规定的期限内拒不改正,或者因违反法律法规被吊销矿产资源勘查许可证、采矿许可证,或者未按照出让合同的约定支付矿业权出让价款,出让人解除出让合同的,人民法院应予支持。

第五条 未取得矿产资源勘查许可证、采矿许可证,签订合同将矿产资源交由他人勘查开采的,人民法院应依法认定合同无效。

第六条 矿业权转让合同自依法成立之日起具有法律约束力。矿业权转让申请未经自然资源主管部门批准,受让人请求转让人办理矿业权变更登记手续的,人民法院不予支持。

当事人仅以矿业权转让申请未经自然资源主管部门批准为由请求确认转让合同无效的,人民法院不予支持。

第七条 矿业权转让合同依法成立后,在不具有法定无效情形下,受让人请求转让人履行报批义务或者转让人请求受让人履行协助报批义务的,人民法院应予支持,但法律上或者事实上不具备履行条件的除外。

人民法院可以依据案件事实和受让人的请求,判决受让人代为办理报批手续,转让人应当履行协助义务,并承担由此产生的费用。

第八条 矿业权转让合同依法成立后,转让人无正当理由拒不履行报批义务,受让人请求解除合同、返还已付转让款及利息,并由转让人承担违约责任的,人民法院应予支持。

第九条 矿业权转让合同约定受让人支付全部或者部分转让款后办理报批手续,转让人在办理报批手续前请求受让人先履行付款义务的,人民法院应予支持,但受让人有确切证据证明存在转让人将同一矿业权转让给第三人、矿业权人将被兼并重组等符合民法典第五百二十七条规定情形的除外。

第十条 自然资源主管部门不予批准矿业权转让申请致使矿业权转让合同被解除,受让人请求返还已付转让款及利息,采矿权人请求受让人返还获得的矿产品及收益,或者探矿权人请求受让人返还勘查资料和勘查中回收的矿产品及收益的,人民法院应予支持,但受让人可请求扣除相关的成本费用。

当事人一方对矿业权转让申请未获批准有过错的,应赔偿对方因此受到的损失;双方均有过错的,应当各自承担相应的责任。

第十一条 矿业权转让合同依法成立后、自然资源主管部门批准前,矿业权人又将矿业权转让给第三人并经自然资源主管部门批准、登记,受让人请求解除转让合同、返还已付转让款及利息,并由矿业权人承担违约责任的,人民法院应予支持。

第十二条 当事人请求确认矿业权租赁、承包合同自依法成立之日起生效的,人民法院应予支持。

矿业权租赁、承包合同约定矿业权人仅收取租金、承包费,放弃矿山管理,不履行安全生产、生态环境修复等法定义务,不承担相应法律责任的,人民法院应依法认定合同无效。

第十三条 矿业权人与他人合作进行矿产资源勘查开采所签订的合同,当事人请求确认自依法成立之日起生效的,人民法院应予支持。

合同中有关矿业权转让的条款适用本解释关于矿业权转让合同的规定。

第十四条 矿业权人为担保自己或者他人债务的履行,将矿业权抵押给债权人的,抵押合同自依法成立之日起生效,但法律、行政法规规定不得抵押的除外。

当事人仅以未经主管部门批准或者登记、备案为由请求确认抵押合同无效的,人民法院不予支持。

第十五条 当事人请求确认矿业权之抵押权自依法登记时设立的,人民法院应予支持。

颁发矿产资源勘查许可证或者采矿许可证的自然资源主管部门根据相关规定办理的矿业权抵押备案手续,视为前款规定的登记。

第十六条 债务人不履行到期债务或者发生当事人约定的实现抵押权的情形,抵押权人依据民事诉讼法第一百九十六条、第一百九十七条规定申请实现抵押权的,人民法院可以拍卖、变卖矿业权或者裁定以矿业权抵债,但矿业权竞买人、受让人应具备相应的资质条件。

第十七条 矿业权抵押期间因抵押人被兼并重组或者矿床被压覆等原因导致矿业权全部或者部分灭失,抵押权人请求就抵押人因此获得的保险金、赔偿金或者补偿金等款项优先受偿或者将该款项予以提存的,人民法院应予支持。

第十八条 当事人约定在自然保护区、风景名胜区、重点生态功能区、生态环境敏感区和脆弱区等区域内勘查开采矿产资源,违反法律、行政法规的强制性规定或者损害环境公共利益的,人民法院应依法认定合同无效。

第十九条　因越界勘查开采矿产资源引发的侵权责任纠纷,涉及自然资源主管部门批准的勘查开采范围重复或者界限不清的,人民法院应告知当事人先向自然资源主管部门申请解决。

第二十条　因他人越界勘查开采矿产资源,矿业权人请求侵权人承担停止侵害、排除妨碍、返还财产、赔偿损失等侵权责任的,人民法院应予支持,但探矿权人请求侵权人返还越界开采的矿产品及收益的除外。

第二十一条　勘查开采矿产资源造成环境污染,或者导致地质灾害、植被毁损等生态破坏,国家规定的机关或者法律规定的组织提起环境公益诉讼的,人民法院应依法予以受理。

国家规定的机关或者法律规定的组织为保护国家利益、环境公共利益提起诉讼的,不影响因同一勘查开采行为受到人身、财产损害的自然人、法人和非法人组织依据民事诉讼法第一百一十九条的规定提起诉讼。

第二十二条　人民法院在审理案件中,发现无证勘查开采,勘查资质、地质资料造假,或者勘查开采未履行生态环境修复义务等违法情形的,可以向有关行政主管部门提出司法建议,由其依法处理;涉嫌犯罪的,依法移送侦查机关处理。

第二十三条　本解释施行后,人民法院尚未审结的一审、二审案件适用本解释规定。本解释施行前已经作出生效裁判的案件,本解释施行后依法再审的,不适用本解释。

最高人民法院
关于审理买卖合同纠纷案件适用法律问题的解释

(2012 年 3 月 31 日由最高人民法院审判委员会第 1545 次会议通过,根据 2020 年 12 月 23 日最高人民法院审判委员会第 1823 次会议通过的《最高人民法院关于修改〈最高人民法院关于在民事审判工作中适用《中华人民共和国工会法》若干问题的解释〉等二十七件民事类司法解释的决定》修正)

为正确审理买卖合同纠纷案件,根据《中华人民共和国民法典》《中华人民共和国民事诉讼法》等法律的规定,结合审判实践,制定本解释。

一、买卖合同的成立

第一条 当事人之间没有书面合同,一方以送货单、收货单、结算单、发票等主张存在买卖合同关系的,人民法院应当结合当事人之间的交易方式、交易习惯以及其他相关证据,对买卖合同是否成立作出认定。

对账确认函、债权确认书等函件、凭证没有记载债权人名称,买卖合同当事人一方以此证明存在买卖合同关系的,人民法院应予支持,但有相反证据足以推翻的除外。

二、标的物交付和所有权转移

第二条 标的物为无需以有形载体交付的电子信息产品,当事人对交付方式约定不明确,且依照民法典第五百一十条的规定仍不能确定的,买受人收到约定的电子信息产品或者权利凭证即为交付。

第三条 根据民法典第六百二十九条的规定,买受人拒绝接收多交部分标的物的,可以代为保管多交部分标的物。买受人主张出卖人负担代为保管期间的合理费用的,人民法院应予支持。

买受人主张出卖人承担代为保管期间非因买受人故意或者重大过失造成的损失的,人民法院应予支持。

第四条　民法典第五百九十九条规定的"提取标的物单证以外的有关单证和资料"，主要应当包括保险单、保修单、普通发票、增值税专用发票、产品合格证、质量保证书、质量鉴定书、品质检验证书、产品进出口检疫书、原产地证明书、使用说明书、装箱单等。

　　第五条　出卖人仅以增值税专用发票及税款抵扣资料证明其已履行交付标的物义务，买受人不认可的，出卖人应当提供其他证据证明交付标的物的事实。

　　合同约定或者当事人之间习惯以普通发票作为付款凭证，买受人以普通发票证明已经履行付款义务的，人民法院应予支持，但有相反证据足以推翻的除外。

　　第六条　出卖人就同一普通动产订立多重买卖合同，在买卖合同均有效的情况下，买受人均要求实际履行合同的，应当按照以下情形分别处理：

　　（一）先行受领交付的买受人请求确认所有权已经转移的，人民法院应予支持；

　　（二）均未受领交付，先行支付价款的买受人请求出卖人履行交付标的物等合同义务的，人民法院应予支持；

　　（三）均未受领交付，也未支付价款，依法成立在先合同的买受人请求出卖人履行交付标的物等合同义务的，人民法院应予支持。

　　第七条　出卖人就同一船舶、航空器、机动车等特殊动产订立多重买卖合同，在买卖合同均有效的情况下，买受人均要求实际履行合同的，应当按照以下情形分别处理：

　　（一）先行受领交付的买受人请求出卖人履行办理所有权转移登记手续等合同义务的，人民法院应予支持；

　　（二）均未受领交付，先行办理所有权转移登记手续的买受人请求出卖人履行交付标的物等合同义务的，人民法院应予支持；

　　（三）均未受领交付，也未办理所有权转移登记手续，依法成立在先合同的买受人请求出卖人履行交付标的物和办理所有权转移登记手续等合同义务的，人民法院应予支持；

　　（四）出卖人将标的物交付给买受人之一，又为其他买受人办理所有权转移登记，已受领交付的买受人请求将标的物所有权登记在自己名下的，人民法院应予支持。

三、标的物风险负担

第八条 民法典第六百零三条第二款第一项规定的"标的物需要运输的",是指标的物由出卖人负责办理托运,承运人系独立于买卖合同当事人之外的运输业者的情形。标的物毁损、灭失的风险负担,按照民法典第六百零七条第二款的规定处理。

第九条 出卖人根据合同约定将标的物运送至买受人指定地点并交付给承运人后,标的物毁损、灭失的风险由买受人负担,但当事人另有约定的除外。

第十条 出卖人出卖交由承运人运输的在途标的物,在合同成立时知道或者应当知道标的物已经毁损、灭失却未告知买受人,买受人主张出卖人负担标的物毁损、灭失的风险的,人民法院应予支持。

第十一条 当事人对风险负担没有约定,标的物为种类物,出卖人未以装运单据、加盖标记、通知买受人等可识别的方式清楚地将标的物特定于买卖合同,买受人主张不负担标的物毁损、灭失的风险的,人民法院应予支持。

四、标的物检验

第十二条 人民法院具体认定民法典第六百二十一条第二款规定的"合理期限"时,应当综合当事人之间的交易性质、交易目的、交易方式、交易习惯、标的物的种类、数量、性质、安装和使用情况、瑕疵的性质、买受人应尽的合理注意义务、检验方法和难易程度、买受人或者检验人所处的具体环境、自身技能以及其他合理因素,依据诚实信用原则进行判断。

民法典第六百二十一条第二款规定的"二年"是最长的合理期限。该期限为不变期间,不适用诉讼时效中止、中断或者延长的规定。

第十三条 买受人在合理期限内提出异议,出卖人以买受人已经支付价款、确认欠款数额、使用标的物等为由,主张买受人放弃异议的,人民法院不予支持,但当事人另有约定的除外。

第十四条 民法典第六百二十一条规定的检验期限、合理期限、二年期限经过后,买受人主张标的物的数量或者质量不符合约定的,人民法院不予支持。

出卖人自愿承担违约责任后,又以上述期限经过为由翻悔的,人民法院不予支持。

五、违约责任

第十五条 买受人依约保留部分价款作为质量保证金,出卖人在质量保证期未及时解决质量问题而影响标的物的价值或者使用效果,出卖人主张支付该部分价款的,人民法院不予支持。

第十六条 买受人在检验期限、质量保证期、合理期限内提出质量异议,出卖人未按要求予以修理或者因情况紧急,买受人自行或者通过第三人修理标的物后,主张出卖人负担因此发生的合理费用的,人民法院应予支持。

第十七条 标的物质量不符合约定,买受人依照民法典第五百八十二条的规定要求减少价款的,人民法院应予支持。当事人主张以符合约定的标的物和实际交付的标的物按交付时的市场价值计算差价的,人民法院应予支持。

价款已经支付,买受人主张返还减价后多出部分价款的,人民法院应予支持。

第十八条 买卖合同对付款期限作出的变更,不影响当事人关于逾期付款违约金的约定,但该违约金的起算点应当随之变更。

买卖合同约定逾期付款违约金,买受人以出卖人接受价款时未主张逾期付款违约金为由拒绝支付该违约金的,人民法院不予支持。

买卖合同约定逾期付款违约金,但对账单、还款协议等未涉及逾期付款责任,出卖人根据对账单、还款协议等主张欠款时请求买受人依约支付逾期付款违约金的,人民法院应予支持,但对账单、还款协议等明确载有本金及逾期付款利息数额或者已经变更买卖合同中关于本金、利息等约定内容的除外。

买卖合同没有约定逾期付款违约金或者该违约金的计算方法,出卖人以买受人违约为由主张赔偿逾期付款损失,违约行为发生在 2019 年 8 月 19 日之前的,人民法院可以中国人民银行同期同类人民币贷款基准利率为基础,参照逾期罚息利率标准计算;违约行为发生在 2019 年 8 月 20 日之后的,人民法院可以违约行为发生时中国人民银行授权全国银行间同业拆借中心公布的一年期贷款市场报价利率(LPR)标准为基础,加计 30—50% 计算逾期付款损失。

第十九条 出卖人没有履行或者不当履行从给付义务,致使买受人不能实现合同目的,买受人主张解除合同的,人民法院应当根据民法典第五百六十三条第一款第四项的规定,予以支持。

第二十条　买卖合同因违约而解除后,守约方主张继续适用违约金条款的,人民法院应予支持;但约定的违约金过分高于造成的损失的,人民法院可以参照民法典第五百八十五条第二款的规定处理。

第二十一条　买卖合同当事人一方以对方违约为由主张支付违约金,对方以合同不成立、合同未生效、合同无效或者不构成违约等为由进行免责抗辩而未主张调整过高的违约金的,人民法院应当就法院若不支持免责抗辩,当事人是否需要主张调整违约金进行释明。

一审法院认为免责抗辩成立且未予释明,二审法院认为应当判决支付违约金的,可以直接释明并改判。

第二十二条　买卖合同当事人一方违约造成对方损失,对方主张赔偿可得利益损失的,人民法院在确定违约责任范围时,应当根据当事人的主张,依据民法典第五百八十四条、第五百九十一条、第五百九十二条、本解释第二十三条等规定进行认定。

第二十三条　买卖合同当事人一方因对方违约而获有利益,违约方主张从损失赔偿额中扣除该部分利益的,人民法院应予支持。

第二十四条　买受人在缔约时知道或者应当知道标的物质量存在瑕疵,主张出卖人承担瑕疵担保责任的,人民法院不予支持,但买受人在缔约时不知道该瑕疵会导致标的物的基本效用显著降低的除外。

六、所有权保留

第二十五条　买卖合同当事人主张民法典第六百四十一条关于标的物所有权保留的规定适用于不动产的,人民法院不予支持。

第二十六条　买受人已经支付标的物总价款的百分之七十五以上,出卖人主张取回标的物的,人民法院不予支持。

在民法典第六百四十二条第一款第三项情形下,第三人依据民法典第三百一十一条的规定已经善意取得标的物所有权或者其他物权,出卖人主张取回标的物的,人民法院不予支持。

七、特种买卖

第二十七条　民法典第六百三十四条第一款规定的"分期付款",系指买受人将应付的总价款在一定期限内至少分三次向出卖人支付。

分期付款买卖合同的约定违反民法典第六百三十四条第一款的规定,损害买受人利益,买受人主张该约定无效的,人民法院应予支持。

第二十八条　分期付款买卖合同约定出卖人在解除合同时可以扣留已受领价金,出卖人扣留的金额超过标的物使用费以及标的物受损赔偿额,买受人请求返还超过部分的,人民法院应予支持。

当事人对标的物的使用费没有约定的,人民法院可以参照当地同类标的物的租金标准确定。

第二十九条　合同约定的样品质量与文字说明不一致且发生纠纷时当事人不能达成合意,样品封存后外观和内在品质没有发生变化的,人民法院应当以样品为准;外观和内在品质发生变化,或者当事人对是否发生变化有争议而又无法查明的,人民法院应当以文字说明为准。

第三十条　买卖合同存在下列约定内容之一的,不属于试用买卖。买受人主张属于试用买卖的,人民法院不予支持:

(一)约定标的物经过试用或者检验符合一定要求时,买受人应当购买标的物;

(二)约定第三人经试验对标的物认可时,买受人应当购买标的物;

(三)约定买受人在一定期限内可以调换标的物;

(四)约定买受人在一定期限内可以退还标的物。

八、其他问题

第三十一条　出卖人履行交付义务后诉请买受人支付价款,买受人以出卖人违约在先为由提出异议的,人民法院应当按照下列情况分别处理:

(一)买受人拒绝支付违约金、拒绝赔偿损失或者主张出卖人应当采取减少价款等补救措施的,属于提出抗辩;

(二)买受人主张出卖人应支付违约金、赔偿损失或者要求解除合同的,应当提起反诉。

第三十二条　法律或者行政法规对债权转让、股权转让等权利转让合同有规定的,依照其规定;没有规定的,人民法院可以根据民法典第四百六十七条和第六百四十六条的规定,参照适用买卖合同的有关规定。

权利转让或者其他有偿合同参照适用买卖合同的有关规定的,人民法院应当首先引用民法典第六百四十六条的规定,再引用买卖合同的有关规定。

第三十三条　本解释施行前本院发布的有关购销合同、销售合同等有偿转移标的物所有权的合同的规定,与本解释抵触的,自本解释施行之日起不再适用。

本解释施行后尚未终审的买卖合同纠纷案件,适用本解释;本解释施行前已经终审,当事人申请再审或者按照审判监督程序决定再审的,不适用本解释。

最高人民法院
关于审理融资租赁合同纠纷案件适用法律问题的解释

（2013 年 11 月 25 日最高人民法院审判委员会第 1597 次会议通过，根据 2020 年 12 月 23 日最高人民法院审判委员会第 1823 次会议通过的《最高人民法院关于修改〈最高人民法院关于在民事审判工作中适用《中华人民共和国工会法》若干问题的解释〉等二十七件民事类司法解释的决定》修正）

为正确审理融资租赁合同纠纷案件，根据《中华人民共和国民法典》《中华人民共和国民事诉讼法》等法律的规定，结合审判实践，制定本解释。

一、融资租赁合同的认定

第一条 人民法院应当根据民法典第七百三十五条的规定，结合标的物的性质、价值、租金的构成以及当事人的合同权利和义务，对是否构成融资租赁法律关系作出认定。

对名为融资租赁合同，但实际不构成融资租赁法律关系的，人民法院应按照其实际构成的法律关系处理。

第二条 承租人将其自有物出卖给出租人，再通过融资租赁合同将租赁物从出租人处租回的，人民法院不应仅以承租人和出卖人系同一人为由认定不构成融资租赁法律关系。

二、合同的履行和租赁物的公示

第三条 承租人拒绝受领租赁物，未及时通知出租人，或者无正当理由拒绝受领租赁物，造成出租人损失，出租人向承租人主张损害赔偿的，人民法院应予支持。

第四条 出租人转让其在融资租赁合同项下的部分或者全部权利，受让方以此为由请求解除或者变更融资租赁合同的，人民法院不予支持。

三、合同的解除

第五条 有下列情形之一,出租人请求解除融资租赁合同的,人民法院应予支持:

(一)承租人未按照合同约定的期限和数额支付租金,符合合同约定的解除条件,经出租人催告后在合理期限内仍不支付的;

(二)合同对于欠付租金解除合同的情形没有明确约定,但承租人欠付租金达到两期以上,或者数额达到全部租金百分之十五以上,经出租人催告后在合理期限内仍不支付的;

(三)承租人违反合同约定,致使合同目的不能实现的其他情形。

第六条 因出租人的原因致使承租人无法占有、使用租赁物,承租人请求解除融资租赁合同的,人民法院应予支持。

第七条 当事人在一审诉讼中仅请求解除融资租赁合同,未对租赁物的归属及损失赔偿提出主张的,人民法院可以向当事人进行释明。

四、违约责任

第八条 租赁物不符合融资租赁合同的约定且出租人实施了下列行为之一,承租人依照民法典第七百四十四条、第七百四十七条的规定,要求出租人承担相应责任的,人民法院应予支持:

(一)出租人在承租人选择出卖人、租赁物时,对租赁物的选定起决定作用的;

(二)出租人干预或者要求承租人按照出租人意愿选择出卖人或者租赁物的;

(三)出租人擅自变更承租人已经选定的出卖人或者租赁物的。

承租人主张其系依赖出租人的技能确定租赁物或者出租人干预选择租赁物的,对上述事实承担举证责任。

第九条 承租人逾期履行支付租金义务或者迟延履行其他付款义务,出租人按照融资租赁合同的约定要求承租人支付逾期利息、相应违约金的,人民法院应予支持。

第十条 出租人既请求承租人支付合同约定的全部未付租金又请求解除融资租赁合同的,人民法院应告知其依照民法典第七百五十二条的规定作出选择。

出租人请求承租人支付合同约定的全部未付租金,人民法院判决后承租人未予履行,出租人再行起诉请求解除融资租赁合同、收回租赁物的,人民法院应予受理。

第十一条 出租人依照本解释第五条的规定请求解除融资租赁合同,同时请求收回租赁物并赔偿损失的,人民法院应予支持。

前款规定的损失赔偿范围为承租人全部未付租金及其他费用与收回租赁物价值的差额。合同约定租赁期间届满后租赁物归出租人所有的,损失赔偿范围还应包括融资租赁合同到期后租赁物的残值。

第十二条 诉讼期间承租人与出租人对租赁物的价值有争议的,人民法院可以按照融资租赁合同的约定确定租赁物价值;融资租赁合同未约定或者约定不明的,可以参照融资租赁合同约定的租赁物折旧以及合同到期后租赁物的残值确定租赁物价值。

承租人或者出租人认为依前款确定的价值严重偏离租赁物实际价值的,可以请求人民法院委托有资质的机构评估或者拍卖确定。

五、其他规定

第十三条 出卖人与买受人因买卖合同发生纠纷,或者出租人与承租人因融资租赁合同发生纠纷,当事人仅对其中一个合同关系提起诉讼,人民法院经审查后认为另一合同关系的当事人与案件处理结果有法律上的利害关系的,可以通知其作为第三人参加诉讼。

承租人与租赁物的实际使用人不一致,融资租赁合同当事人未对租赁物的实际使用人提起诉讼,人民法院经审查后认为租赁物的实际使用人与案件处理结果有法律上的利害关系的,可以通知其作为第三人参加诉讼。

承租人基于买卖合同和融资租赁合同直接向出卖人主张受领租赁物、索赔等买卖合同权利的,人民法院应通知出租人作为第三人参加诉讼。

第十四条 当事人因融资租赁合同租金欠付争议向人民法院请求保护其权利的诉讼时效期间为三年,自租赁期限届满之日起计算。

第十五条 本解释自 2014 年 3 月 1 日起施行。《最高人民法院关于审理融资租赁合同纠纷案件若干问题的规定》(法发〔1996〕19 号)同时废止。

本解释施行后尚未终审的融资租赁合同纠纷案件,适用本解释;本解释施行前已经终审,当事人申请再审或者按照审判监督程序决定再审的,不适用本解释。

最高人民法院
关于审理铁路运输损害赔偿案件若干问题的解释

(1994 年 10 月 27 日印发,根据 2020 年 12 月 23 日最高人民法院审判委员会第 1823 次会议通过的《最高人民法院关于修改〈最高人民法院关于在民事审判工作中适用《中华人民共和国工会法》若干问题的解释〉等二十七件民事类司法解释的决定》修正)

为了正确、及时地审理铁路运输损害赔偿案件,现就审判工作中遇到的一些问题,根据《中华人民共和国铁路法》(以下简称铁路法)和有关的法律规定,结合审判实践,作出如下解释,供在审判工作中执行。

一、实际损失的赔偿范围

铁路法第十七条中的"实际损失",是指因灭失、短少、变质、污染、损坏导致货物、包裹、行李实际价值的损失。

铁路运输企业按照实际损失赔偿时,对灭失、短少的货物、包裹、行李,按照其实际价值赔偿;对变质、污染、损坏降低原有价值的货物、包裹、行李,可按照其受损前后实际价值的差额或者加工、修复费用赔偿。

货物、包裹、行李的赔偿价值按照托运时的实际价值计算。实际价值中未包含已支付的铁路运杂费、包装费、保险费、短途搬运费等费用的,按照损失部分的比例加算。

二、铁路运输企业的重大过失

铁路法第十七条中的"重大过失"是指铁路运输企业或者其受雇人、代理人对承运的货物、包裹、行李明知可能造成损失而轻率地作为或者不作为。

三、保价货物损失的赔偿

铁路法第十七条第一款(一)项中规定的"按照实际损失赔偿,但最高不超过保价额"是指保价运输的货物、包裹、行李在运输中发生损失,无论托运人在办理保价运输时,保价额是否与货物、包裹、行李的实际价值相符,均应在保价额内按照损失部分的实际价值赔偿,实际损失超过保价额的部分不予赔偿。

如果损失是因铁路运输企业的故意或者重大过失造成的,比照铁路法第十七条第一款(二)项的规定,不受保价额的限制,按照实际损失赔偿。

四、保险货物损失的赔偿

投保货物运输险的货物在运输中发生损失,对不属于铁路运输企业免责范围的,适用铁路法第十七条第一款(二)项的规定,由铁路运输企业承担赔偿责任。

保险公司按照保险合同的约定向托运人或收货人先行赔付后,对于铁路运输企业应按货物实际损失承担赔偿责任的,保险公司按照支付的保险金额向铁路运输企业追偿,因不足额保险产生的实际损失与保险金的差额部分,由铁路运输企业赔偿;对于铁路运输企业应按限额承担赔偿责任的,在足额保险的情况下,保险公司向铁路运输企业的追偿额为铁路运输企业的赔偿限额,在不足额保险的情况下,保险公司向铁路运输企业的追偿额在铁路运输企业的赔偿限额内按照投保金额与货物实际价值的比例计算,因不足额保险产生的铁路运输企业的赔偿限额与保险公司在限额内追偿额的差额部分,由铁路运输企业赔偿。

五、保险保价货物损失的赔偿

既保险又保价的货物在运输中发生损失,对不属于铁路运输企业免责范围的,适用铁路法第十七条第一款(一)项的规定由铁路运输企业承担赔偿责任。对于保险公司先行赔付的,比照本解释第四条对保险货物损失的赔偿处理。

六、保险补偿制度的适用

《铁路货物运输实行保险与负责运输相结合的补偿制度的规定(试行)》(简称保险补偿制度),适用于1991年5月1日铁路法实施以前已投保货物运输险的案件。铁路法实施后投保货物运输险的案件,适用铁路法第十七条第一款的规定,保险补偿制度中有关保险补偿的规定不再适用。

七、逾期交付的责任

货物、包裹、行李逾期交付,如果是因铁路逾期运到造成的,由铁路运输企业支付逾期违约金;如果是因收货人或旅客逾期领取造成的,由收货人或旅客支付保管费;既因逾期运到又因收货人或旅客逾期领取造成的,由双方各自承担相应的责任。

铁路逾期运到并且发生损失时,铁路运输企业除支付逾期违约金外,还应当赔偿损失。对收货人或者旅客逾期领取,铁路运输企业在代保管期间因保管不当造成损失的,由铁路运输企业赔偿。

八、误交付的责任

货物、包裹、行李误交付(包括被第三者冒领造成的误交付),铁路运输企业查找超过运到期限的,由铁路运输企业支付逾期违约金。不能交付的,或者交付时有损失的,由铁路运输企业赔偿。铁路运输企业赔付后,再向有责任的第三者追偿。

九、赔偿后又找回原物的处理

铁路运输企业赔付后又找回丢失、被盗、冒领、逾期等按灭失处理的货物、包裹、行李的,在通知托运人,收货人或旅客退还赔款领回原物的期限届满后仍无人领取的,适用铁路法第二十二条按无主货物的规定处理。铁路运输企业未通知托运人,收货人或者旅客而自行处理找回的货物、包裹、行李的,由铁路运输企业赔偿实际损失与已付赔款差额。

十、代办运输货物损失的赔偿

代办运输的货物在铁路运输中发生损失,对代办运输企业接受托运人的委托以自己的名义与铁路运输企业签订运输合同托运或领取货物的,如委托人依据委托合同要求代办运输企业向铁路运输企业索赔的,应予支持。对代办运输企业未及时索赔而超过运输合同索赔时效的,代办运输企业应当赔偿。

十一、铁路旅客运送责任期间

铁路运输企业对旅客运送的责任期间自旅客持有效车票进站时起到旅客出站或者应当出站时止。不包括旅客在候车室内的期间。

十二、第三者责任造成旅客伤亡的赔偿

在铁路旅客运送期间因第三者责任造成旅客伤亡,旅客或者其继承人要求铁路运输企业先予赔偿的,应予支持。铁路运输企业赔付后,有权向有责任的第三者追偿。

最高人民法院
关于审理铁路运输人身损害赔偿纠纷案件
适用法律若干问题的解释

(2010 年 1 月 4 日由最高人民法院审判委员会第 1482 次会议通过,根据 2020 年 12 月 23 日最高人民法院审判委员会第 1823 次会议通过的《最高人民法院关于修改〈最高人民法院关于在民事审判工作中适用《中华人民共和国工会法》若干问题的解释〉等二十七件民事类司法解释的决定》修正)

为正确审理铁路运输人身损害赔偿纠纷案件,依法维护各方当事人的合法权益,根据《中华人民共和国民法典》《中华人民共和国铁路法》《中华人民共和国民事诉讼法》等法律的规定,结合审判实践,就有关适用法律问题作如下解释:

第一条 人民法院审理铁路行车事故及其他铁路运营事故造成的铁路运输人身损害赔偿纠纷案件,适用本解释。

与铁路运输企业建立劳动合同关系或者形成劳动关系的铁路职工在执行职务中发生的人身损害,依照有关调整劳动关系的法律规定及其他相关法律规定处理。

第二条 铁路运输人身损害的受害人、依法由受害人承担扶养义务的被扶养人以及死亡受害人的近亲属为赔偿权利人,有权请求赔偿。

第三条 赔偿权利人要求对方当事人承担侵权责任的,由事故发生地、列车最先到达地或者被告住所地铁路运输法院管辖;赔偿权利人依照民法典第三编要求承运人承担违约责任予以人身损害赔偿的,由运输始发地、目的地或者被告住所地铁路运输法院管辖。

第四条 铁路运输造成人身损害的,铁路运输企业应当承担赔偿责任;法律另有规定的,依照其规定。

第五条　铁路运输中发生人身损害,铁路运输企业举证证明有下列情形之一的,不承担赔偿责任:

(一)不可抗力造成的;

(二)受害人故意以卧轨、碰撞等方式造成的。

第六条　因受害人翻越、穿越、损毁、移动铁路线路两侧防护围墙、栅栏或者其他防护设施穿越铁路线路,偷乘货车,攀附行进中的列车,在未设置人行通道的铁路桥梁、隧道内通行,攀爬高架铁路线路,以及其他未经许可进入铁路线路、车站、货场等铁路作业区域的过错行为,造成人身损害的,应当根据受害人的过错程度适当减轻铁路运输企业的赔偿责任,并按照以下情形分别处理:

(一)铁路运输企业未充分履行安全防护、警示等义务,受害人有上述过错行为的,铁路运输企业应当在全部损失的百分之八十至百分之二十之间承担赔偿责任;

(二)铁路运输企业已充分履行安全防护、警示等义务,受害人仍施以上述过错行为的,铁路运输企业应当在全部损失的百分之二十至百分之十之间承担赔偿责任。

第七条　受害人横向穿越未封闭的铁路线路时存在过错,造成人身损害的,按照前条规定处理。

受害人不听从值守人员劝阻或者无视禁行警示信号、标志硬行通过铁路平交道口、人行过道,或者沿铁路线路纵向行走,或者在铁路线路上坐卧,造成人身损害,铁路运输企业举证证明已充分履行安全防护、警示等义务的,不承担赔偿责任。

第八条　铁路运输造成无民事行为能力人人身损害的,铁路运输企业应当承担赔偿责任;监护人有过错的,按照过错程度减轻铁路运输企业的赔偿责任,但铁路运输企业承担的赔偿责任应当不低于全部损失的百分之五十。

铁路运输造成限制民事行为能力人人身损害的,铁路运输企业应当承担赔偿责任;监护人及受害人自身有过错的,按照过错程度减轻铁路运输企业的赔偿责任,但铁路运输企业承担的赔偿责任应当不低于全部损失的百分之四十。

第九条　铁路机车车辆与机动车发生碰撞造成机动车驾驶人员以外的人

人身损害的,由铁路运输企业与机动车一方对受害人承担连带赔偿责任。铁路运输企业与机动车一方之间,按照各自的过错分担责任;双方均无过错的,按照公平原则分担责任。对受害人实际承担赔偿责任超出应当承担份额的一方,有权向另一方追偿。

铁路机车车辆与机动车发生碰撞造成机动车驾驶人员人身损害的,按照本解释第四条至第七条的规定处理。

第十条 在非铁路运输企业实行监护的铁路无人看守道口发生事故造成人身损害的,由铁路运输企业按照本解释的有关规定承担赔偿责任。道口管理单位有过错的,铁路运输企业对赔偿权利人承担赔偿责任后,有权向道口管理单位追偿。

第十一条 对于铁路桥梁、涵洞等设施负有管理、维护等职责的单位,因未尽职责使该铁路桥梁、涵洞等设施不能正常使用,导致行人、车辆穿越铁路线路造成人身损害的,铁路运输企业按照本解释有关规定承担赔偿责任后,有权向该单位追偿。

第十二条 铁路旅客运送期间发生旅客人身损害,赔偿权利人要求铁路运输企业承担违约责任的,人民法院应当依照民法典第八百一十一条、第八百二十二条、第八百二十三条等规定,确定铁路运输企业是否承担责任及责任的大小;赔偿权利人要求铁路运输企业承担侵权赔偿责任的,人民法院应当依照有关侵权责任的法律规定,确定铁路运输企业是否承担赔偿责任及责任的大小。

第十三条 铁路旅客运送期间因第三人侵权造成旅客人身损害的,由实施侵权行为的第三人承担赔偿责任。铁路运输企业有过错的,应当在能够防止或者制止损害的范围内承担相应的补充赔偿责任。铁路运输企业承担赔偿责任后,有权向第三人追偿。

车外第三人投掷石块等击打列车造成车内旅客人身损害,赔偿权利人要求铁路运输企业先予赔偿的,人民法院应当予以支持。铁路运输企业赔付后,有权向第三人追偿。

第十四条 有权作出事故认定的组织依照《铁路交通事故应急救援和调查处理条例》等有关规定制作的事故认定书,经庭审质证,对于事故认定书所认定的事实,当事人没有相反证据和理由足以推翻的,人民法院应当作为认定事实的根据。

第十五条 在专用铁路及铁路专用线上因运输造成人身损害,依法应当由肇事工具或者设备的所有人、使用人或者管理人承担赔偿责任的,适用本解释。

第十六条 本院以前发布的司法解释与本解释不一致的,以本解释为准。

本解释施行前已经终审,本解释施行后当事人申请再审或者按照审判监督程序决定再审的案件,不适用本解释。

最高人民法院
关于审理环境侵权责任纠纷案件适用法律
若干问题的解释

（2015 年 2 月 9 日由最高人民法院审判委员会第 1644 次会议通过，根据 2020 年 12 月 23 日最高人民法院审判委员会第 1823 次会议通过的《最高人民法院关于修改〈最高人民法院关于在民事审判工作中适用《中华人民共和国工会法》若干问题的解释〉等二十七件民事类司法解释的决定》修正）

为正确审理环境侵权责任纠纷案件，根据《中华人民共和国民法典》《中华人民共和国环境保护法》《中华人民共和国民事诉讼法》等法律的规定，结合审判实践，制定本解释。

第一条 因污染环境、破坏生态造成他人损害，不论侵权人有无过错，侵权人应当承担侵权责任。

侵权人以排污符合国家或者地方污染物排放标准为由主张不承担责任的，人民法院不予支持。

侵权人不承担责任或者减轻责任的情形，适用海洋环境保护法、水污染防治法、大气污染防治法等环境保护单行法的规定；相关环境保护单行法没有规定的，适用民法典的规定。

第二条 两个以上侵权人共同实施污染环境、破坏生态行为造成损害，被侵权人根据民法典第一千一百六十八条规定请求侵权人承担连带责任的，人民法院应予支持。

第三条 两个以上侵权人分别实施污染环境、破坏生态行为造成同一损害，每一个侵权人的污染环境、破坏生态行为都足以造成全部损害，被侵权人根据民法典第一千一百七十一条规定请求侵权人承担连带责任的，人民法院应予支持。

两个以上侵权人分别实施污染环境、破坏生态行为造成同一损害,每一个侵权人的污染环境、破坏生态行为都不足以造成全部损害,被侵权人根据民法典第一千一百七十二条规定请求侵权人承担责任的,人民法院应予支持。

两个以上侵权人分别实施污染环境、破坏生态行为造成同一损害,部分侵权人的污染环境、破坏生态行为足以造成全部损害,部分侵权人的污染环境、破坏生态行为只造成部分损害,被侵权人根据民法典第一千一百七十一条规定请求足以造成全部损害的侵权人与其他侵权人就共同造成的损害部分承担连带责任,并对全部损害承担责任的,人民法院应予支持。

第四条 两个以上侵权人污染环境、破坏生态,对侵权人承担责任的大小,人民法院应当根据污染物的种类、浓度、排放量、危害性、有无排污许可证、是否超过污染物排放标准、是否超过重点污染物排放总量控制指标,破坏生态的方式、范围、程度,以及行为对损害后果所起的作用等因素确定。

第五条 被侵权人根据民法典第一千二百三十三条规定分别或者同时起诉侵权人、第三人的,人民法院应予受理。

被侵权人请求第三人承担赔偿责任的,人民法院应当根据第三人的过错程度确定其相应赔偿责任。

侵权人以第三人的过错污染环境、破坏生态造成损害为由主张不承担责任或者减轻责任的,人民法院不予支持。

第六条 被侵权人根据民法典第七编第七章的规定请求赔偿的,应当提供证明以下事实的证据材料:

(一)侵权人排放了污染物或者破坏了生态;

(二)被侵权人的损害;

(三)侵权人排放的污染物或者其次生污染物、破坏生态行为与损害之间具有关联性。

第七条 侵权人举证证明下列情形之一的,人民法院应当认定其污染环境、破坏生态行为与损害之间不存在因果关系:

(一)排放污染物、破坏生态的行为没有造成该损害可能的;

(二)排放的可造成该损害的污染物未到达该损害发生地的;

(三)该损害于排放污染物、破坏生态行为实施之前已发生的;

(四)其他可以认定污染环境、破坏生态行为与损害之间不存在因果关系的情形。

第八条　对查明环境污染、生态破坏案件事实的专门性问题，可以委托具备相关资格的司法鉴定机构出具鉴定意见或者由负有环境资源保护监督管理职责的部门推荐的机构出具检验报告、检测报告、评估报告或者监测数据。

第九条　当事人申请通知一至两名具有专门知识的人出庭，就鉴定意见或者污染物认定、损害结果、因果关系、修复措施等专业问题提出意见的，人民法院可以准许。当事人未申请，人民法院认为有必要的，可以进行释明。

具有专门知识的人在法庭上提出的意见，经当事人质证，可以作为认定案件事实的根据。

第十条　负有环境资源保护监督管理职责的部门或者其委托的机构出具的环境污染、生态破坏事件调查报告、检验报告、检测报告、评估报告或者监测数据等，经当事人质证，可以作为认定案件事实的根据。

第十一条　对于突发性或者持续时间较短的环境污染、生态破坏行为，在证据可能灭失或者以后难以取得的情况下，当事人或者利害关系人根据民事诉讼法第八十一条规定申请证据保全的，人民法院应当准许。

第十二条　被申请人具有环境保护法第六十三条规定情形之一，当事人或者利害关系人根据民事诉讼法第一百条或者第一百零一条规定申请保全的，人民法院可以裁定责令被申请人立即停止侵害行为或者采取防治措施。

第十三条　人民法院应当根据被侵权人的诉讼请求以及具体案情，合理判定侵权人承担停止侵害、排除妨碍、消除危险、修复生态环境、赔礼道歉、赔偿损失等民事责任。

第十四条　被侵权人请求修复生态环境的，人民法院可以依法裁判侵权人承担环境修复责任，并同时确定其不履行环境修复义务时应当承担的环境修复费用。

侵权人在生效裁判确定的期限内未履行环境修复义务的，人民法院可以委托其他人进行环境修复，所需费用由侵权人承担。

第十五条　被侵权人起诉请求侵权人赔偿因污染环境、破坏生态造成的财产损失、人身损害以及为防止损害发生和扩大、清除污染、修复生态环境而采取必要措施所支出的合理费用的，人民法院应予支持。

第十六条　下列情形之一，应当认定为环境保护法第六十五条规定的弄虚作假：

（一）环境影响评价机构明知委托人提供的材料虚假而出具严重失实的评价文件的；

（二）环境监测机构或者从事环境监测设备维护、运营的机构故意隐瞒委托人超过污染物排放标准或者超过重点污染物排放总量控制指标的事实的；

（三）从事防治污染设施维护、运营的机构故意不运行或者不正常运行环境监测设备或者防治污染设施的；

（四）有关机构在环境服务活动中其他弄虚作假的情形。

第十七条 本解释适用于审理因污染环境、破坏生态造成损害的民事案件，但法律和司法解释对环境民事公益诉讼案件另有规定的除外。

相邻污染侵害纠纷、劳动者在职业活动中因受污染损害发生的纠纷，不适用本解释。

第十八条 本解释施行后，人民法院尚未审结的一审、二审案件适用本解释规定。本解释施行前已经作出生效裁判的案件，本解释施行后依法再审的，不适用本解释。

本解释施行后，最高人民法院以前颁布的司法解释与本解释不一致的，不再适用。

最高人民法院
关于审理医疗损害责任纠纷案件适用法律
若干问题的解释

(2017年3月27日由最高人民法院审判委员会第1713次会议通过,根据2020年12月23日最高人民法院审判委员会第1823次会议通过的《最高人民法院关于修改〈最高人民法院关于在民事审判工作中适用《中华人民共和国工会法》若干问题的解释〉等二十七件民事类司法解释的决定》修正)

为正确审理医疗损害责任纠纷案件,依法维护当事人的合法权益,推动构建和谐医患关系,促进卫生健康事业发展,根据《中华人民共和国民法典》《中华人民共和国民事诉讼法》等法律规定,结合审判实践,制定本解释。

第一条 患者以在诊疗活动中受到人身或者财产损害为由请求医疗机构,医疗产品的生产者、销售者、药品上市许可持有人或者血液提供机构承担侵权责任的案件,适用本解释。

患者以在美容医疗机构或者开设医疗美容科室的医疗机构实施的医疗美容活动中受到人身或者财产损害为由提起的侵权纠纷案件,适用本解释。

当事人提起的医疗服务合同纠纷案件,不适用本解释。

第二条 患者因同一伤病在多个医疗机构接受诊疗受到损害,起诉部分或者全部就诊的医疗机构的,应予受理。

患者起诉部分就诊的医疗机构后,当事人依法申请追加其他就诊的医疗机构为共同被告或者第三人的,应予准许。必要时,人民法院可以依法追加相关当事人参加诉讼。

第三条 患者因缺陷医疗产品受到损害,起诉部分或者全部医疗产品的生产者、销售者、药品上市许可持有人和医疗机构的,应予受理。

患者仅起诉医疗产品的生产者、销售者、药品上市许可持有人、医疗机构中部分主体,当事人依法申请追加其他主体为共同被告或者第三人的,应予准许。必要时,人民法院可以依法追加相关当事人参加诉讼。

患者因输入不合格的血液受到损害提起侵权诉讼的,参照适用前两款规定。

第四条 患者依据民法典第一千二百一十八条规定主张医疗机构承担赔偿责任的,应当提交到该医疗机构就诊、受到损害的证据。

患者无法提交医疗机构或者其医务人员有过错、诊疗行为与损害之间具有因果关系的证据,依法提出医疗损害鉴定申请的,人民法院应予准许。

医疗机构主张不承担责任的,应当就民法典第一千二百二十四条第一款规定情形等抗辩事由承担举证证明责任。

第五条 患者依据民法典第一千二百一十九条规定主张医疗机构承担赔偿责任的,应当按照前条第一款规定提交证据。

实施手术、特殊检查、特殊治疗的,医疗机构应当承担说明义务并取得患者或者患者近亲属明确同意,但属于民法典第一千二百二十条规定情形的除外。医疗机构提交患者或者患者近亲属明确同意证据的,人民法院可以认定医疗机构尽到说明义务,但患者有相反证据足以反驳的除外。

第六条 民法典第一千二百二十二条规定的病历资料包括医疗机构保管的门诊病历、住院志、体温单、医嘱单、检验报告、医学影像检查资料、特殊检查(治疗)同意书、手术同意书、手术及麻醉记录、病理资料、护理记录、出院记录以及国务院卫生行政主管部门规定的其他病历资料。

患者依法向人民法院申请医疗机构提交由其保管的与纠纷有关的病历资料等,医疗机构未在人民法院指定期限内提交的,人民法院可以依照民法典第一千二百二十二条第二项规定推定医疗机构有过错,但是因不可抗力等客观原因无法提交的除外。

第七条 患者依据民法典第一千二百二十三条规定请求赔偿的,应当提交使用医疗产品或者输入血液、受到损害的证据。

患者无法提交使用医疗产品或者输入血液与损害之间具有因果关系的证据,依法申请鉴定的,人民法院应予准许。

医疗机构,医疗产品的生产者、销售者、药品上市许可持有人或者血液提供机构主张不承担责任的,应当对医疗产品不存在缺陷或者血液合格等抗辩事由承担举证证明责任。

第八条　当事人依法申请对医疗损害责任纠纷中的专门性问题进行鉴定的,人民法院应予准许。

当事人未申请鉴定,人民法院对前款规定的专门性问题认为需要鉴定的,应当依职权委托鉴定。

第九条　当事人申请医疗损害鉴定的,由双方当事人协商确定鉴定人。

当事人就鉴定人无法达成一致意见,人民法院提出确定鉴定人的方法,当事人同意的,按照该方法确定;当事人不同意的,由人民法院指定。

鉴定人应当从具备相应鉴定能力、符合鉴定要求的专家中确定。

第十条　委托医疗损害鉴定的,当事人应当按照要求提交真实、完整、充分的鉴定材料。提交的鉴定材料不符合要求的,人民法院应当通知当事人更换或者补充相应材料。

在委托鉴定前,人民法院应当组织当事人对鉴定材料进行质证。

第十一条　委托鉴定书,应当有明确的鉴定事项和鉴定要求。鉴定人应当按照委托鉴定的事项和要求进行鉴定。

下列专门性问题可以作为申请医疗损害鉴定的事项:

(一)实施诊疗行为有无过错;

(二)诊疗行为与损害后果之间是否存在因果关系以及原因力大小;

(三)医疗机构是否尽到了说明义务、取得患者或者患者近亲属明确同意的义务;

(四)医疗产品是否有缺陷、该缺陷与损害后果之间是否存在因果关系以及原因力的大小;

(五)患者损伤残疾程度;

(六)患者的护理期、休息期、营养期;

(七)其他专门性问题。

鉴定要求包括鉴定人的资质、鉴定人的组成、鉴定程序、鉴定意见、鉴定期限等。

第十二条　鉴定意见可以按照导致患者损害的全部原因、主要原因、同等原因、次要原因、轻微原因或者与患者损害无因果关系,表述诊疗行为或者医疗产品等造成患者损害的原因力大小。

第十三条 鉴定意见应当经当事人质证。

当事人申请鉴定人出庭作证,经人民法院审查同意,或者人民法院认为鉴定人有必要出庭的,应当通知鉴定人出庭作证。双方当事人同意鉴定人通过书面说明、视听传输技术或者视听资料等方式作证的,可以准许。

鉴定人因健康原因、自然灾害等不可抗力或者其他正当理由不能按期出庭的,可以延期开庭;经人民法院许可,也可以通过书面说明、视听传输技术或者视听资料等方式作证。

无前款规定理由,鉴定人拒绝出庭作证,当事人对鉴定意见又不认可的,对该鉴定意见不予采信。

第十四条 当事人申请通知一至二名具有医学专门知识的人出庭,对鉴定意见或者案件的其他专门性事实问题提出意见,人民法院准许的,应当通知具有医学专门知识的人出庭。

前款规定的具有医学专门知识的人提出的意见,视为当事人的陈述,经质证可以作为认定案件事实的根据。

第十五条 当事人自行委托鉴定人作出的医疗损害鉴定意见,其他当事人认可的,可予采信。

当事人共同委托鉴定人作出的医疗损害鉴定意见,一方当事人不认可的,应当提出明确的异议内容和理由。经审查,有证据足以证明异议成立的,对鉴定意见不予采信;异议不成立的,应予采信。

第十六条 对医疗机构或者其医务人员的过错,应当依据法律、行政法规、规章以及其他有关诊疗规范进行认定,可以综合考虑患者病情的紧急程度、患者个体差异、当地的医疗水平、医疗机构与医务人员资质等因素。

第十七条 医务人员违反民法典第一千二百一十九条第一款规定义务,但未造成患者人身损害,患者请求医疗机构承担损害赔偿责任的,不予支持。

第十八条 因抢救生命垂危的患者等紧急情况且不能取得患者意见时,下列情形可以认定为民法典第一千二百二十条规定的不能取得患者近亲属意见:

(一)近亲属不明的;

(二)不能及时联系到近亲属的;

(三)近亲属拒绝发表意见的;

（四）近亲属达不成一致意见的；

（五）法律、法规规定的其他情形。

前款情形，医务人员经医疗机构负责人或者授权的负责人批准立即实施相应医疗措施，患者因此请求医疗机构承担赔偿责任的，不予支持；医疗机构及其医务人员怠于实施相应医疗措施造成损害，患者请求医疗机构承担赔偿责任的，应予支持。

第十九条 两个以上医疗机构的诊疗行为造成患者同一损害，患者请求医疗机构承担赔偿责任的，应当区分不同情况，依照民法典第一千一百六十八条、第一千一百七十一条或者第一千一百七十二条的规定，确定各医疗机构承担的赔偿责任。

第二十条 医疗机构邀请本单位以外的医务人员对患者进行诊疗，因受邀医务人员的过错造成患者损害的，由邀请医疗机构承担赔偿责任。

第二十一条 因医疗产品的缺陷或者输入不合格血液受到损害，患者请求医疗机构，缺陷医疗产品的生产者、销售者、药品上市许可持有人或者血液提供机构承担赔偿责任的，应予支持。

医疗机构承担赔偿责任后，向缺陷医疗产品的生产者、销售者、药品上市许可持有人或者血液提供机构追偿的，应予支持。

因医疗机构的过错使医疗产品存在缺陷或者血液不合格，医疗产品的生产者、销售者、药品上市许可持有人或者血液提供机构承担赔偿责任后，向医疗机构追偿的，应予支持。

第二十二条 缺陷医疗产品与医疗机构的过错诊疗行为共同造成患者同一损害，患者请求医疗机构与医疗产品的生产者、销售者、药品上市许可持有人承担连带责任的，应予支持。

医疗机构或者医疗产品的生产者、销售者、药品上市许可持有人承担赔偿责任后，向其他责任主体追偿的，应当根据诊疗行为与缺陷医疗产品造成患者损害的原因力大小确定相应的数额。

输入不合格血液与医疗机构的过错诊疗行为共同造成患者同一损害的，参照适用前两款规定。

第二十三条 医疗产品的生产者、销售者、药品上市许可持有人明知医疗产品存在缺陷仍然生产、销售，造成患者死亡或者健康严重损害，被侵权人请求生产者、销售者、药品上市许可持有人赔偿损失及二倍以下惩罚性赔偿的，人民法院应予支持。

第二十四条 被侵权人同时起诉两个以上医疗机构承担赔偿责任，人民法院经审理，受诉法院所在地的医疗机构依法不承担赔偿责任，其他医疗机构承担赔偿责任的，残疾赔偿金、死亡赔偿金的计算，按下列情形分别处理：

（一）一个医疗机构承担责任的，按照该医疗机构所在地的赔偿标准执行；

（二）两个以上医疗机构均承担责任的，可以按照其中赔偿标准较高的医疗机构所在地标准执行。

第二十五条 患者死亡后，其近亲属请求医疗损害赔偿的，适用本解释；支付患者医疗费、丧葬费等合理费用的人请求赔偿该费用的，适用本解释。

本解释所称的"医疗产品"包括药品、消毒产品、医疗器械等。

第二十六条 本院以前发布的司法解释与本解释不一致的，以本解释为准。

本解释施行后尚未终审的案件，适用本解释；本解释施行前已经终审，当事人申请再审或者按照审判监督程序决定再审的案件，不适用本解释。

最高人民法院
关于审理生态环境损害赔偿案件的若干规定（试行）

（2019 年 5 月 20 日由最高人民法院审判委员会第 1769 次会议通过，根据 2020 年 12 月 23 日最高人民法院审判委员会第 1823 次会议通过的《最高人民法院关于修改〈最高人民法院关于在民事审判工作中适用《中华人民共和国工会法》若干问题的解释〉等二十七件民事类司法解释的决定》修正）

为正确审理生态环境损害赔偿案件，严格保护生态环境，依法追究损害生态环境责任者的赔偿责任，依据《中华人民共和国民法典》《中华人民共和国环境保护法》《中华人民共和国民事诉讼法》等法律的规定，结合审判工作实际，制定本规定。

第一条 具有下列情形之一，省级、市地级人民政府及其指定的相关部门、机构，或者受国务院委托行使全民所有自然资源资产所有权的部门，因与造成生态环境损害的自然人、法人或者其他组织经磋商未达成一致或者无法进行磋商的，可以作为原告提起生态环境损害赔偿诉讼：

（一）发生较大、重大、特别重大突发环境事件的；

（二）在国家和省级主体功能区规划中划定的重点生态功能区、禁止开发区发生环境污染、生态破坏事件的；

（三）发生其他严重影响生态环境后果的。

前款规定的市地级人民政府包括设区的市，自治州、盟、地区，不设区的地级市，直辖市的区、县人民政府。

第二条 下列情形不适用本规定：

（一）因污染环境、破坏生态造成人身损害，个人和集体财产损失要求赔偿的；

（二）因海洋生态环境损害要求赔偿的。

第三条 第一审生态环境损害赔偿诉讼案件由生态环境损害行为实施

地、损害结果发生地或者被告住所地的中级以上人民法院管辖。

经最高人民法院批准,高级人民法院可以在辖区内确定部分中级人民法院集中管辖第一审生态环境损害赔偿诉讼案件。

中级人民法院认为确有必要的,可以在报请高级人民法院批准后,裁定将本院管辖的第一审生态环境损害赔偿诉讼案件交由具备审理条件的基层人民法院审理。

生态环境损害赔偿诉讼案件由人民法院环境资源审判庭或者指定的专门法庭审理。

第四条 人民法院审理第一审生态环境损害赔偿诉讼案件,应当由法官和人民陪审员组成合议庭进行。

第五条 原告提起生态环境损害赔偿诉讼,符合民事诉讼法和本规定并提交下列材料的,人民法院应当登记立案:

(一)证明具备提起生态环境损害赔偿诉讼原告资格的材料;

(二)符合本规定第一条规定情形之一的证明材料;

(三)与被告进行磋商但未达成一致或者因客观原因无法与被告进行磋商的说明;

(四)符合法律规定的起诉状,并按照被告人数提出副本。

第六条 原告主张被告承担生态环境损害赔偿责任的,应当就以下事实承担举证责任:

(一)被告实施了污染环境、破坏生态的行为或者具有其他应当依法承担责任的情形;

(二)生态环境受到损害,以及所需修复费用、损害赔偿等具体数额;

(三)被告污染环境、破坏生态的行为与生态环境损害之间具有关联性。

第七条 被告反驳原告主张的,应当提供证据加以证明。被告主张具有法律规定的不承担责任或者减轻责任情形的,应当承担举证责任。

第八条 已为发生法律效力的刑事裁判所确认的事实,当事人在生态环境损害赔偿诉讼案件中无须举证证明,但有相反证据足以推翻的除外。

对刑事裁判未予确认的事实,当事人提供的证据达到民事诉讼证明标准的,人民法院应当予以认定。

第九条 负有相关环境资源保护监督管理职责的部门或者其委托的机

构在行政执法过程中形成的事件调查报告、检验报告、检测报告、评估报告、监测数据等,经当事人质证并符合证据标准的,可以作为认定案件事实的根据。

第十条　当事人在诉前委托具备环境司法鉴定资质的鉴定机构出具的鉴定意见,以及委托国务院环境资源保护监督管理相关主管部门推荐的机构出具的检验报告、检测报告、评估报告、监测数据等,经当事人质证并符合证据标准的,可以作为认定案件事实的根据。

第十一条　被告违反国家规定造成生态环境损害的,人民法院应当根据原告的诉讼请求以及具体案情,合理判决被告承担修复生态环境、赔偿损失、停止侵害、排除妨碍、消除危险、赔礼道歉等民事责任。

第十二条　受损生态环境能够修复的,人民法院应当依法判决被告承担修复责任,并同时确定被告不履行修复义务时应承担的生态环境修复费用。

生态环境修复费用包括制定、实施修复方案的费用,修复期间的监测、监管费用,以及修复完成后的验收费用、修复效果后评估费用等。

原告请求被告赔偿生态环境受到损害至修复完成期间服务功能损失的,人民法院根据具体案情予以判决。

第十三条　受损生态环境无法修复或者无法完全修复,原告请求被告赔偿生态环境功能永久性损害造成的损失的,人民法院根据具体案情予以判决。

第十四条　原告请求被告承担下列费用的,人民法院根据具体案情予以判决:

(一)实施应急方案、清除污染以及为防止损害的发生和扩大所支出的合理费用;

(二)为生态环境损害赔偿磋商和诉讼支出的调查、检验、鉴定、评估等费用;

(三)合理的律师费以及其他为诉讼支出的合理费用。

第十五条　人民法院判决被告承担的生态环境服务功能损失赔偿资金、生态环境功能永久性损害造成的损失赔偿资金,以及被告不履行生态环境修复义务时所应承担的修复费用,应当依照法律、法规、规章予以缴纳、管理和使用。

第十六条　在生态环境损害赔偿诉讼案件审理过程中,同一损害生态环境行为又被提起民事公益诉讼,符合起诉条件的,应当由受理生态环境损害赔偿诉讼案件的人民法院受理并由同一审判组织审理。

第十七条　人民法院受理因同一损害生态环境行为提起的生态环境损害赔偿诉讼案件和民事公益诉讼案件,应先中止民事公益诉讼案件的审理,待生态环境损害赔偿诉讼案件审理完毕后,就民事公益诉讼案件未被涵盖的诉讼请求依法作出裁判。

第十八条　生态环境损害赔偿诉讼案件的裁判生效后,有权提起民事公益诉讼的国家规定的机关或者法律规定的组织就同一损害生态环境行为有证据证明存在前案审理时未发现的损害,并提起民事公益诉讼的,人民法院应予受理。

民事公益诉讼案件的裁判生效后,有权提起生态环境损害赔偿诉讼的主体就同一损害生态环境行为有证据证明存在前案审理时未发现的损害,并提起生态环境损害赔偿诉讼的,人民法院应予受理。

第十九条　实际支出应急处置费用的机关提起诉讼主张该费用的,人民法院应予受理,但人民法院已经受理就同一损害生态环境行为提起的生态环境损害赔偿诉讼案件且该案原告已经主张应急处置费用的除外。

生态环境损害赔偿诉讼案件原告未主张应急处置费用,因同一损害生态环境行为实际支出应急处置费用的机关提起诉讼主张该费用的,由受理生态环境损害赔偿诉讼案件的人民法院受理并由同一审判组织审理。

第二十条　经磋商达成生态环境损害赔偿协议的,当事人可以向人民法院申请司法确认。

人民法院受理申请后,应当公告协议内容,公告期间不少于三十日。公告期满后,人民法院经审查认为协议的内容不违反法律法规强制性规定且不损害国家利益、社会公共利益的,裁定确认协议有效。裁定书应当写明案件的基本事实和协议内容,并向社会公开。

第二十一条　一方当事人在期限内未履行或者未全部履行发生法律效力的生态环境损害赔偿诉讼案件裁判或者经司法确认的生态环境损害赔偿协议的,对方当事人可以向人民法院申请强制执行。需要修复生态环境的,依法由省级、市地级人民政府及其指定的相关部门、机构组织实施。

第二十二条　人民法院审理生态环境损害赔偿案件,本规定没有规定的,参照适用《最高人民法院关于审理环境民事公益诉讼案件适用法律若干问题的解释》《最高人民法院关于审理环境侵权责任纠纷案件适用法律若干问题的解释》等相关司法解释的规定。

第二十三条　本规定自 2019 年 6 月 5 日起施行。

最高人民法院
关于债务人在约定的期限届满后未履行债务
而出具没有还款日期的欠款条诉讼时效
期间应从何时开始计算问题的批复

(1994 年 3 月 26 日,根据 2020 年 12 月 23 日最高人民法院审判委员会第 1823 次会议通过的《最高人民法院关于修改〈最高人民法院关于在民事审判工作中适用《中华人民共和国工会法》若干问题的解释〉等二十七件民事类司法解释的决定》修正)

山东省高级人民法院:

你院鲁高法〈1992〉70 号请示收悉。关于债务人在约定的期限届满后未履行债务,而出具没有还款日期的欠款条,诉讼时效期间应从何时开始计算的问题,经研究,答复如下:

据你院报告称,双方当事人原约定,供方交货后,需方立即付款。需方收货后因无款可付,经供方同意写了没有还款日期的欠款条。根据民法典第一百九十五条的规定,应认定诉讼时效中断。如果供方在诉讼时效中断后一直未主张权利,诉讼时效期间则应从供方收到需方所写欠款条之日起重新计算。

此复。

最高人民法院
关于审理民事案件适用诉讼时效制度
若干问题的规定

(2008 年 8 月 11 日由最高人民法院审判委员会第 1450 次会议通过,根据 2020 年 12 月 23 日最高人民法院审判委员会第 1823 次会议通过的《最高人民法院关于修改〈最高人民法院关于在民事审判工作中适用《中华人民共和国工会法》若干问题的解释〉等二十七件民事类司法解释的决定》修正)

为正确适用法律关于诉讼时效制度的规定,保护当事人的合法权益,依照《中华人民共和国民法典》《中华人民共和国民事诉讼法》等法律的规定,结合审判实践,制定本规定。

第一条 当事人可以对债权请求权提出诉讼时效抗辩,但对下列债权请求权提出诉讼时效抗辩的,人民法院不予支持:

(一)支付存款本金及利息请求权;

(二)兑付国债、金融债券以及向不特定对象发行的企业债券本息请求权;

(三)基于投资关系产生的缴付出资请求权;

(四)其他依法不适用诉讼时效规定的债权请求权。

第二条 当事人未提出诉讼时效抗辩,人民法院不应对诉讼时效问题进行释明。

第三条 当事人在一审期间未提出诉讼时效抗辩,在二审期间提出的,人民法院不予支持,但其基于新的证据能够证明对方当事人的请求权已过诉讼时效期间的情形除外。

当事人未按照前款规定提出诉讼时效抗辩,以诉讼时效期间届满为由申请再审或者提出再审抗辩的,人民法院不予支持。

第四条　未约定履行期限的合同,依照民法典第五百一十条、第五百一十一条的规定,可以确定履行期限的,诉讼时效期间从履行期限届满之日起计算;不能确定履行期限的,诉讼时效期间从债权人要求债务人履行义务的宽限期届满之日起计算,但债务人在债权人第一次向其主张权利之时明确表示不履行义务的,诉讼时效期间从债务人明确表示不履行义务之日起计算。

第五条　享有撤销权的当事人一方请求撤销合同的,应适用民法典关于除斥期间的规定。对方当事人对撤销合同请求权提出诉讼时效抗辩的,人民法院不予支持。

合同被撤销,返还财产、赔偿损失请求权的诉讼时效期间从合同被撤销之日起计算。

第六条　返还不当得利请求权的诉讼时效期间,从当事人一方知道或者应当知道不当得利事实及对方当事人之日起计算。

第七条　管理人因无因管理行为产生的给付必要管理费用、赔偿损失请求权的诉讼时效期间,从无因管理行为结束并且管理人知道或者应当知道本人之日起计算。

本人因不当无因管理行为产生的赔偿损失请求权的诉讼时效期间,从其知道或者应当知道管理人及损害事实之日起计算。

第八条　具有下列情形之一的,应当认定为民法典第一百九十五条规定的“权利人向义务人提出履行请求”,产生诉讼时效中断的效力:

(一)当事人一方直接向对方当事人送交主张权利文书,对方当事人在文书上签名、盖章、按指印或者虽未签名、盖章、按指印但能够以其他方式证明该文书到达对方当事人的;

(二)当事人一方以发送信件或者数据电文方式主张权利,信件或者数据电文到达或者应当到达对方当事人的;

(三)当事人一方为金融机构,依照法律规定或者当事人约定从对方当事人账户中扣收欠款本息的;

(四)当事人一方下落不明,对方当事人在国家级或者下落不明的当事人一方住所地的省级有影响的媒体上刊登具有主张权利内容的公告的,但法律和司法解释另有特别规定的,适用其规定。

前款第(一)项情形中,对方当事人为法人或者其他组织的,签收人可以是其法定代表人、主要负责人、负责收发信件的部门或者被授权主体;对方当事人为自然人的,签收人可以是自然人本人、同住的具有完全行为能力的亲属或者被授权主体。

第九条 权利人对同一债权中的部分债权主张权利,诉讼时效中断的效力及于剩余债权,但权利人明确表示放弃剩余债权的情形除外。

第十条 当事人一方向人民法院提交起诉状或者口头起诉的,诉讼时效从提交起诉状或者口头起诉之日起中断。

第十一条 下列事项之一,人民法院应当认定与提起诉讼具有同等诉讼时效中断的效力:

(一)申请支付令;

(二)申请破产、申报破产债权;

(三)为主张权利而申请宣告义务人失踪或死亡;

(四)申请诉前财产保全、诉前临时禁令等诉前措施;

(五)申请强制执行;

(六)申请追加当事人或者被通知参加诉讼;

(七)在诉讼中主张抵销;

(八)其他与提起诉讼具有同等诉讼时效中断效力的事项。

第十二条 权利人向人民调解委员会以及其他依法有权解决相关民事纠纷的国家机关、事业单位、社会团体等社会组织提出保护相应民事权利的请求,诉讼时效从提出请求之日起中断。

第十三条 权利人向公安机关、人民检察院、人民法院报案或者控告,请求保护其民事权利的,诉讼时效从其报案或者控告之日起中断。

上述机关决定不立案、撤销案件、不起诉的,诉讼时效期间从权利人知道或者应当知道不立案、撤销案件或者不起诉之日起重新计算;刑事案件进入审理阶段,诉讼时效期间从刑事裁判文书生效之日起重新计算。

第十四条 义务人作出分期履行、部分履行、提供担保、请求延期履行、制定清偿债务计划等承诺或者行为的,应当认定为民法典第一百九十五条规定的"义务人同意履行义务"。

第十五条 对于连带债权人中的一人发生诉讼时效中断效力的事由,应当认定对其他连带债权人也发生诉讼时效中断的效力。

对于连带债务人中的一人发生诉讼时效中断效力的事由,应当认定对其他连带债务人也发生诉讼时效中断的效力。

第十六条　债权人提起代位权诉讼的,应当认定对债权人的债权和债务人的债权均发生诉讼时效中断的效力。

第十七条　债权转让的,应当认定诉讼时效从债权转让通知到达债务人之日起中断。

债务承担情形下,构成原债务人对债务承认的,应当认定诉讼时效从债务承担意思表示到达债权人之日起中断。

第十八条　主债务诉讼时效期间届满,保证人享有主债务人的诉讼时效抗辩权。

保证人未主张前述诉讼时效抗辩权,承担保证责任后向主债务人行使追偿权的,人民法院不予支持,但主债务人同意给付的情形除外。

第十九条　诉讼时效期间届满,当事人一方向对方当事人作出同意履行义务的意思表示或者自愿履行义务后,又以诉讼时效期间届满为由进行抗辩的,人民法院不予支持。

当事人双方就原债务达成新的协议,债权人主张义务人放弃诉讼时效抗辩权的,人民法院应予支持。

超过诉讼时效期间,贷款人向借款人发出催收到期贷款通知单,债务人在通知单上签字或者盖章,能够认定借款人同意履行诉讼时效期间已经届满的义务的,对于贷款人关于借款人放弃诉讼时效抗辩权的主张,人民法院应予支持。

第二十条　本规定施行后,案件尚在一审或者二审阶段的,适用本规定;本规定施行前已经终审的案件,人民法院进行再审时,不适用本规定。

第二十一条　本规定施行前本院作出的有关司法解释与本规定相抵触的,以本规定为准。

最高人民法院
关于在审理经济纠纷案件中涉及经济犯罪嫌疑
若干问题的规定

(1998 年 4 月 9 日由最高人民法院审判委员会第 974 次会议
通过,根据 2020 年 12 月 23 日最高人民法院审判委员会第
1823 次会议通过的《最高人民法院关于修改〈最高人民法院
关于在民事审判工作中适用《中华人民共和国工会法》若干
问题的解释〉等二十七件民事类司法解释的决定》修正)

根据《中华人民共和国民法典》《中华人民共和国刑法》《中华人民共和国
民事诉讼法》《中华人民共和国刑事诉讼法》等有关规定,对审理经济纠纷案
件中涉及经济犯罪嫌疑问题作以下规定:

第一条 同一自然人、法人或非法人组织因不同的法律事实,分别涉及经
济纠纷和经济犯罪嫌疑的,经济纠纷案件和经济犯罪嫌疑案件应当分开审理。

第二条 单位直接负责的主管人员和其他直接责任人员,以为单位骗取
财物为目的,采取欺骗手段对外签订经济合同,骗取的财物被该单位占有、使
用或处分构成犯罪的,除依法追究有关人员的刑事责任,责令该单位返还骗取
的财物外,如给被害人造成经济损失的,单位应当承担赔偿责任。

第三条 单位直接负责的主管人员和其他直接责任人员,以该单位的名
义对外签订经济合同,将取得的财物部分或全部占为己有构成犯罪的,除依法
追究行为人的刑事责任外,该单位对行为人因签订、履行该经济合同造成的后
果,依法应当承担民事责任。

第四条 个人借用单位的业务介绍信、合同专用章或者盖有公章的空白
合同书,以出借单位名义签订经济合同,骗取财物归个人占有、使用、处分或者
进行其他犯罪活动,给对方造成经济损失构成犯罪的,除依法追究借用人的刑
事责任外,出借业务介绍信、合同专用章或者盖有公章的空白合同书的单位,

依法应当承担赔偿责任。但是,有证据证明被害人明知签订合同对方当事人是借用行为,仍与之签订合同的除外。

第五条　行为人盗窃、盗用单位的公章、业务介绍信、盖有公章的空白合同书,或者私刻单位的公章签订经济合同,骗取财物归个人占有、使用、处分或者进行其他犯罪活动构成犯罪的,单位对行为人该犯罪行为所造成的经济损失不承担民事责任。

行为人私刻单位公章或者擅自使用单位公章、业务介绍信、盖有公章的空白合同书以签订经济合同的方法进行的犯罪行为,单位有明显过错,且该过错行为与被害人的经济损失之间具有因果关系的,单位对该犯罪行为所造成的经济损失,依法应当承担赔偿责任。

第六条　企业承包、租赁经营合同期满后,企业按规定办理了企业法定代表人的变更登记,而企业法人未采取有效措施收回其公章、业务介绍信、盖有公章的空白合同书,或者没有及时采取措施通知相对人,致原企业承包人、租赁人得以用原承包、租赁企业的名义签订经济合同,骗取财物占为己有构成犯罪的,该企业对被害人的经济损失,依法应当承担赔偿责任。但是,原承包人、承租人利用擅自保留的公章、业务介绍信、盖有公章的空白合同书以原承包、租赁企业的名义签订经济合同,骗取财物占为己有构成犯罪的,企业一般不承担民事责任。

单位聘用的人员被解聘后,或者受单位委托保管公章的人员被解除委托后,单位未及时收回其公章,行为人擅自利用保留的原单位公章签订经济合同,骗取财物占为己有构成犯罪,如给被害人造成经济损失的,单位应当承担赔偿责任。

第七条　单位直接负责的主管人员和其他直接责任人员,将单位进行走私或其他犯罪活动所得财物以签订经济合同的方法予以销售,买方明知或者应当知道的,如因此造成经济损失,其损失由买方自负。但是,如果买方不知该经济合同的标的物是犯罪行为所得财物而购买的,卖方对买方所造成的经济损失应当承担民事责任。

第八条　根据《中华人民共和国刑事诉讼法》第一百零一条第一款的规定,被害人或其法定代理人、近亲属对本规定第二条因单位犯罪行为造成经济损失的,对第四条、第五条第一款、第六条应当承担刑事责任的被告人未能返还财物而遭受经济损失提起附带民事诉讼的,受理刑事案件的人民法院应当依法一并审理。被害人或其法定代理人、近亲属因被害人遭受经济损失也有权对单位另行提起民事诉讼。若被害人或其法定代理人、近亲属另行提起民事诉讼的,有管辖权的人民法院应当依法受理。

第九条 被害人请求保护其民事权利的诉讼时效在公安机关、检察机关查处经济犯罪嫌疑期间中断。如果公安机关决定撤销涉嫌经济犯罪案件或者检察机关决定不起诉的,诉讼时效从撤销案件或决定不起诉之次日起重新计算。

第十条 人民法院在审理经济纠纷案件中,发现与本案有牵连,但与本案不是同一法律关系的经济犯罪嫌疑线索、材料,应将犯罪嫌疑线索、材料移送有关公安机关或检察机关查处,经济纠纷案件继续审理。

第十一条 人民法院作为经济纠纷受理的案件,经审理认为不属经济纠纷案件而有经济犯罪嫌疑的,应当裁定驳回起诉,将有关材料移送公安机关或检察机关。

第十二条 人民法院已立案审理的经济纠纷案件,公安机关或检察机关认为有经济犯罪嫌疑,并说明理由附有关材料函告受理该案的人民法院的,有关人民法院应当认真审查。经过审查,认为确有经济犯罪嫌疑的,应当将案件移送公安机关或检察机关,并书面通知当事人,退还案件受理费;如认为确属经济纠纷案件的,应当依法继续审理,并将结果函告有关公安机关或检察机关。

最高人民法院
关于审理建筑物区分所有权纠纷案件适用法律
若干问题的解释

(2009 年 3 月 23 日由最高人民法院审判委员会第 1464 次会议通过,根据 2020 年 12 月 23 日最高人民法院审判委员会第 1823 次会议通过的《最高人民法院关于修改〈最高人民法院关于在民事审判工作中适用《中华人民共和国工会法》若干问题的解释〉等二十七件民事类司法解释的决定》修正)

为正确审理建筑物区分所有权纠纷案件,依法保护当事人的合法权益,根据《中华人民共和国民法典》等法律的规定,结合民事审判实践,制定本解释。

第一条 依法登记取得或者依据民法典第二百二十九条至第二百三十一条规定取得建筑物专有部分所有权的人,应当认定为民法典第二编第六章所称的业主。

基于与建设单位之间的商品房买卖民事法律行为,已经合法占有建筑物专有部分,但尚未依法办理所有权登记的人,可以认定为民法典第二编第六章所称的业主。

第二条 建筑区划内符合下列条件的房屋,以及车位、摊位等特定空间,应当认定为民法典第二编第六章所称的专有部分:

(一)具有构造上的独立性,能够明确区分;

(二)具有利用上的独立性,可以排他使用;

(三)能够登记成为特定业主所有权的客体。

规划上专属于特定房屋,且建设单位销售时已经根据规划列入该特定房屋买卖合同中的露台等,应当认定为前款所称的专有部分的组成部分。

本条第一款所称房屋,包括整栋建筑物。

第三条 除法律、行政法规规定的共有部分外,建筑区划内的以下部分,也应当认定为民法典第二编第六章所称的共有部分：

（一）建筑物的基础、承重结构、外墙、屋顶等基本结构部分，通道、楼梯、大堂等公共通行部分，消防、公共照明等附属设施、设备，避难层、设备层或者设备间等结构部分；

（二）其他不属于业主专有部分，也不属于市政公用部分或者其他权利人所有的场所及设施等。

建筑区划内的土地，依法由业主共同享有建设用地使用权，但属于业主专有的整栋建筑物的规划占地或者城镇公共道路、绿地占地除外。

第四条 业主基于对住宅、经营性用房等专有部分特定使用功能的合理需要，无偿利用屋顶以及与其专有部分相对应的外墙面等共有部分的，不应认定为侵权。但违反法律、法规、管理规约，损害他人合法权益的除外。

第五条 建设单位按照配置比例将车位、车库，以出售、附赠或者出租等方式处分给业主的，应当认定其行为符合民法典第二百七十六条有关"应当首先满足业主的需要"的规定。

前款所称配置比例是指规划确定的建筑区划内规划用于停放汽车的车位、车库与房屋套数的比例。

第六条 建筑区划内在规划用于停放汽车的车位之外，占用业主共有道路或者其他场地增设的车位，应当认定为民法典第二百七十五条第二款所称的车位。

第七条 处分共有部分，以及业主大会依法决定或者管理规约依法确定应由业主共同决定的事项，应当认定为民法典第二百七十八条第一款第（九）项规定的有关共有和共同管理权利的"其他重大事项"。

第八条 民法典第二百七十八条第二款和第二百八十三条规定的专有部分面积可以按照不动产登记簿记载的面积计算；尚未进行物权登记的，暂按测绘机构的实测面积计算；尚未进行实测的，暂按房屋买卖合同记载的面积计算。

第九条 民法典第二百七十八条第二款规定的业主人数可以按照专有部分的数量计算，一个专有部分按一人计算。但建设单位尚未出售和虽已出售但尚未交付的部分，以及同一买受人拥有一个以上专有部分的，按一人计算。

第十条 业主将住宅改变为经营性用房，未依据民法典第二百七十九条的规定经有利害关系的业主一致同意,有利害关系的业主请求排除妨害、消除危险、恢复原状或者赔偿损失的,人民法院应予支持。

将住宅改变为经营性用房的业主以多数有利害关系的业主同意其行为进行抗辩的,人民法院不予支持。

第十一条　业主将住宅改变为经营性用房,本栋建筑物内的其他业主,应当认定为民法典第二百七十九条所称"有利害关系的业主"。建筑区划内,本栋建筑物之外的业主,主张与自己有利害关系的,应证明其房屋价值、生活质量受到或者可能受到不利影响。

第十二条　业主以业主大会或者业主委员会作出的决定侵害其合法权益或者违反了法律规定的程序为由,依据民法典第二百八十条第二款的规定请求人民法院撤销该决定的,应当在知道或者应当知道业主大会或者业主委员会作出决定之日起一年内行使。

第十三条　业主请求公布、查阅下列应当向业主公开的情况和资料的,人民法院应予支持:

(一)建筑物及其附属设施的维修资金的筹集、使用情况;

(二)管理规约、业主大会议事规则,以及业主大会或者业主委员会的决定及会议记录;

(三)物业服务合同、共有部分的使用和收益情况;

(四)建筑区划内规划用于停放汽车的车位、车库的处分情况;

(五)其他应当向业主公开的情况和资料。

第十四条　建设单位、物业服务企业或者其他管理人等擅自占用、处分业主共有部分、改变其使用功能或者进行经营性活动,权利人请求排除妨害、恢复原状、确认处分行为无效或者赔偿损失的,人民法院应予支持。

属于前款所称擅自进行经营性活动的情形,权利人请求建设单位、物业服务企业或者其他管理人等将扣除合理成本之后的收益用于补充专项维修资金或者业主共同决定的其他用途的,人民法院应予支持。行为人对成本的支出及其合理性承担举证责任。

第十五条　业主或者其他行为人违反法律、法规、国家相关强制性标准、管理规约,或者违反业主大会、业主委员会依法作出的决定,实施下列行为的,可以认定为民法典第二百八十六条第二款所称的其他"损害他人合法权益的

行为":

（一）损害房屋承重结构，损害或者违章使用电力、燃气、消防设施，在建筑物内放置危险、放射性物品等危及建筑物安全或者妨碍建筑物正常使用；

（二）违反规定破坏、改变建筑物外墙面的形状、颜色等损害建筑物外观；

（三）违反规定进行房屋装饰装修；

（四）违章加建、改建，侵占、挖掘公共通道、道路、场地或者其他共有部分。

第十六条　建筑物区分所有权纠纷涉及专有部分的承租人、借用人等物业使用人的，参照本解释处理。

专有部分的承租人、借用人等物业使用人，根据法律、法规、管理规约、业主大会或者业主委员会依法作出的决定，以及其与业主的约定，享有相应权利，承担相应义务。

第十七条　本解释所称建设单位，包括包销期满，按照包销合同约定的包销价格购买尚未销售的物业后，以自己名义对外销售的包销人。

第十八条　人民法院审理建筑物区分所有权案件中，涉及有关物权归属争议的，应当以法律、行政法规为依据。

第十九条　本解释自 2009 年 10 月 1 日起施行。

因物权法施行后实施的行为引起的建筑物区分所有权纠纷案件，适用本解释。

本解释施行前已经终审，本解释施行后当事人申请再审或者按照审判监督程序决定再审的案件，不适用本解释。

最高人民法院
关于审理物业服务纠纷案件适用法律
若干问题的解释

(2009 年 4 月 20 日由最高人民法院审判委员会第 1466 次会议通过,根据 2020 年 12 月 23 日最高人民法院审判委员会第 1823 次会议通过的《最高人民法院关于修改〈最高人民法院关于在民事审判工作中适用《中华人民共和国工会法》若干问题的解释〉等二十七件民事类司法解释的决定》修正)

为正确审理物业服务纠纷案件,依法保护当事人的合法权益,根据《中华人民共和国民法典》等法律规定,结合民事审判实践,制定本解释。

第一条 业主违反物业服务合同或者法律、法规、管理规约,实施妨碍物业服务与管理的行为,物业服务人请求业主承担停止侵害、排除妨碍、恢复原状等相应民事责任的,人民法院应予支持。

第二条 物业服务人违反物业服务合同约定或者法律、法规、部门规章规定,擅自扩大收费范围、提高收费标准或者重复收费,业主以违规收费为由提出抗辩的,人民法院应予支持。

业主请求物业服务人退还其已经收取的违规费用的,人民法院应予支持。

第三条 物业服务合同的权利义务终止后,业主请求物业服务人退还已经预收,但尚未提供物业服务期间的物业费的,人民法院应予支持。

第四条 因物业的承租人、借用人或者其他物业使用人实施违反物业服务合同,以及法律、法规或者管理规约的行为引起的物业服务纠纷,人民法院可以参照关于业主的规定处理。

第五条 本解释自 2009 年 10 月 1 日起施行。

本解释施行前已经终审,本解释施行后当事人申请再审或者按照审判监督程序决定再审的案件,不适用本解释。

最高人民法院
关于审理涉及农村土地承包纠纷案件
适用法律问题的解释

（2005 年 3 月 29 日由最高人民法院审判委员会第 1346 次会议通过，根据 2020 年 12 月 23 日最高人民法院审判委员会第 1823 次会议通过的《最高人民法院关于修改〈最高人民法院关于在民事审判工作中适用《中华人民共和国工会法》若干问题的解释〉等二十七件民事类司法解释的决定》修正）

为正确审理农村土地承包纠纷案件，依法保护当事人的合法权益，根据《中华人民共和国民法典》《中华人民共和国农村土地承包法》《中华人民共和国土地管理法》《中华人民共和国民事诉讼法》等法律的规定，结合民事审判实践，制定本解释。

一、受理与诉讼主体

第一条 下列涉及农村土地承包民事纠纷，人民法院应当依法受理：

（一）承包合同纠纷；

（二）承包经营权侵权纠纷；

（三）土地经营权侵权纠纷；

（四）承包经营权互换、转让纠纷；

（五）土地经营权流转纠纷；

（六）承包地征收补偿费用分配纠纷；

（七）承包经营权继承纠纷；

（八）土地经营继承纠纷。

农村集体经济组织成员因未实际取得土地承包经营权提起民事诉讼的，人民法院应当告知其向有关行政主管部门申请解决。

农村集体经济组织成员就用于分配的土地补偿费数额提起民事诉讼的，

113

人民法院不予受理。

第二条 当事人自愿达成书面仲裁协议的,受诉人民法院应当参照《最高人民法院关于适用〈中华人民共和国民事诉讼法〉的解释》第二百一十五条、第二百一十六条的规定处理。

当事人未达成书面仲裁协议,一方当事人向农村土地承包仲裁机构申请仲裁,另一方当事人提起诉讼的,人民法院应予受理,并书面通知仲裁机构。但另一方当事人接受仲裁管辖后又起诉的,人民法院不予受理。

当事人对仲裁裁决不服并在收到裁决书之日起三十日内提起诉讼的,人民法院应予受理。

第三条 承包合同纠纷,以发包方和承包方为当事人。

前款所称承包方是指以家庭承包方式承包本集体经济组织农村土地的农户,以及以其他方式承包农村土地的组织或者个人。

第四条 农户成员为多人的,由其代表人进行诉讼。

农户代表人按照下列情形确定:

(一)土地承包经营权证等证书上记载的人;

(二)未依法登记取得土地承包经营权证等证书的,为在承包合同上签名的人;

(三)前两项规定的人死亡、丧失民事行为能力或者因其他原因无法进行诉讼的,为农户成员推选的人。

二、家庭承包纠纷案件的处理

第五条 承包合同中有关收回、调整承包地的约定违反农村土地承包法第二十七条、第二十八条、第三十一条规定的,应当认定该约定无效。

第六条 因发包方违法收回、调整承包地,或者因发包方收回承包方弃耕、撂荒的承包地产生的纠纷,按照下列情形,分别处理:

(一)发包方未将承包地另行发包,承包方请求返还承包地的,应予支持;

(二)发包方已将承包地另行发包给第三人,承包方以发包方和第三人为共同被告,请求确认其所签订的承包合同无效、返还承包地并赔偿损失的,应予支持。但属于承包方弃耕、撂荒情形的,对其赔偿损失的诉讼请求,不予支持。

前款第(二)项所称的第三人,请求受益方补偿其在承包地上的合理投入的,应予支持。

第七条 承包合同约定或者土地承包经营权证等证书记载的承包期限短于农村土地承包法规定的期限,承包方请求延长的,应予支持。

第八条 承包方违反农村土地承包法第十八条规定,未经依法批准将承包地用于非农建设或者对承包地造成永久性损害,发包方请求承包方停止侵害、恢复原状或者赔偿损失的,应予支持。

第九条 发包方根据农村土地承包法第二十七条规定收回承包地前,承包方已经以出租、入股或者其他形式将其土地经营权流转给第三人,且流转期限尚未届满,因流转价款收取产生的纠纷,按照下列情形,分别处理:

(一)承包方已经一次性收取了流转价款,发包方请求承包方返还剩余流转期限的流转价款的,应予支持;

(二)流转价款为分期支付,发包方请求第三人按照流转合同的约定支付流转价款的,应予支持。

第十条 承包方交回承包地不符合农村土地承包法第三十条规定程序的,不得认定其为自愿交回。

第十一条 土地经营权流转中,本集体经济组织成员在流转价款、流转期限等主要内容相同的条件下主张优先权的,应予支持。但下列情形除外:

(一)在书面公示的合理期限内未提出优先权主张的;

(二)未经书面公示,在本集体经济组织以外的人开始使用承包地两个月内未提出优先权主张的。

第十二条 发包方胁迫承包方将土地经营权流转给第三人,承包方请求撤销其与第三人签订的流转合同的,应予支持。

发包方阻碍承包方依法流转土地经营权,承包方请求排除妨碍、赔偿损失的,应予支持。

第十三条 承包方未经发包方同意,转让其土地承包经营权的,转让合同无效。但发包方无法定理由不同意或者拖延表态的除外。

第十四条 承包方依法采取出租、入股或者其他方式流转土地经营权,发包方仅以该土地经营权流转合同未报其备案为由,请求确认合同无效的,不予支持。

第十五条 因承包方不收取流转价款或者向对方支付费用的约定产生纠

纷,当事人协商变更无法达成一致,且继续履行又显失公平的,人民法院可以根据发生变更的客观情况,按照公平原则处理。

第十六条　当事人对出租地流转期限没有约定或者约定不明的,参照民法典第七百三十条规定处理。除当事人另有约定或者属于林地承包经营外,承包地交回的时间应当在农作物收获期结束后或者下一耕种期开始前。

对提高土地生产能力的投入,对方当事人请求承包方给予相应补偿的,应予支持。

第十七条　发包方或者其他组织、个人擅自截留、扣缴承包收益或者土地经营权流转收益,承包方请求返还的,应予支持。

发包方或者其他组织、个人主张抵销的,不予支持。

三、其他方式承包纠纷的处理

第十八条　本集体经济组织成员在承包费、承包期限等主要内容相同的条件下主张优先承包的,应予支持。但在发包方将农村土地发包给本集体经济组织以外的组织或者个人,已经法律规定的民主议定程序通过,并由乡(镇)人民政府批准后主张优先承包的,不予支持。

第十九条　发包方就同一土地签订两个以上承包合同,承包方均主张取得土地经营权的,按照下列情形,分别处理:

(一)已经依法登记的承包方,取得土地经营权;

(二)均未依法登记的,生效在先合同的承包方取得土地经营权;

(三)依前两项规定无法确定的,已经根据承包合同合法占有使用承包地的人取得土地经营权,但争议发生后一方强行先占承包地的行为和事实,不得作为确定土地经营权的依据。

四、土地征收补偿费用分配及土地承包经营权继承纠纷的处理

第二十条　承包地被依法征收,承包方请求发包方给付已经收到的地上附着物和青苗的补偿费的,应予支持。

承包方已将土地经营权以出租、入股或者其他方式流转给第三人的,除当事人另有约定外,青苗补偿费归实际投入人所有,地上附着物补偿费归附着物所有人所有。

第二十一条　承包地被依法征收,放弃统一安置的家庭承包方,请求发包方给付已经收到的安置补助费的,应予支持。

第二十二条　农村集体经济组织或者村民委员会、村民小组,可以依照法律规定的民主议定程序,决定在本集体经济组织内部分配已经收到的土地补偿费。征地补偿安置方案确定时已经具有本集体经济组织成员资格的人,请求支付相应份额的,应予支持。但已报全国人大常委会、国务院备案的地方性法规、自治条例和单行条例、地方政府规章对土地补偿费在农村集体经济组织内部的分配办法另有规定的除外。

第二十三条　林地家庭承包中,承包方的继承人请求在承包期内继续承包的,应予支持。

其他方式承包中,承包方的继承人或者权利义务承受者请求在承包期内继续承包的,应予支持。

五、其他规定

第二十四条　人民法院在审理涉及本解释第五条、第六条第一款第(二)项及第二款、第十五条的纠纷案件时,应当着重进行调解。必要时可以委托人民调解组织进行调解。

第二十五条　本解释自 2005 年 9 月 1 日起施行。施行后受理的第一审案件,适用本解释的规定。

施行前已经生效的司法解释与本解释不一致的,以本解释为准。

最高人民法院
关于审理涉及国有土地使用权合同纠纷案件
适用法律问题的解释

(2004 年 11 月 23 日由最高人民法院审判委员会第 1334 次
会议通过,根据 2020 年 12 月 23 日最高人民法院审判委员会
第 1823 次会议通过的《最高人民法院关于修改〈最高人民法
院关于在民事审判工作中适用《中华人民共和国工会法》若
干问题的解释〉等二十七件民事类司法解释的决定》修正)

为正确审理国有土地使用权合同纠纷案件,依法保护当事人的合法权益,
根据《中华人民共和国民法典》《中华人民共和国土地管理法》《中华人民共和
国城市房地产管理法》等法律规定,结合民事审判实践,制定本解释。

一、土地使用权出让合同纠纷

第一条 本解释所称的土地使用权出让合同,是指市、县人民政府自然资
源主管部门作为出让方将国有土地使用权在一定年限内让与受让方,受让方
支付土地使用权出让金的合同。

第二条 开发区管理委员会作为出让方与受让方订立的土地使用权出让
合同,应当认定无效。

本解释实施前,开发区管理委员会作为出让方与受让方订立的土地使用
权出让合同,起诉前经市、县人民政府自然资源主管部门追认的,可以认定合
同有效。

第三条 经市、县人民政府批准同意以协议方式出让的土地使用权,土地
使用权出让金低于订立合同时当地政府按照国家规定确定的最低价的,应当
认定土地使用权出让合同约定的价格条款无效。

当事人请求按照订立合同时的市场评估价格交纳土地使用权出让金的,
应予支持;受让方不同意按照市场评估价格补足,请求解除合同的,应予支持。

因此造成的损失,由当事人按照过错承担责任。

第四条　土地使用权出让合同的出让方因未办理土地使用权出让批准手续而不能交付土地,受让方请求解除合同的,应予支持。

第五条　受让方经出让方和市、县人民政府城市规划行政主管部门同意,改变土地使用权出让合同约定的土地用途,当事人请求按照起诉时同种用途的土地出让金标准调整土地出让金的,应予支持。

第六条　受让方擅自改变土地使用权出让合同约定的土地用途,出让方请求解除合同的,应予支持。

二、土地使用权转让合同纠纷

第七条　本解释所称的土地使用权转让合同,是指土地使用权人作为转让方将出让土地使用权转让于受让方,受让方支付价款的合同。

第八条　土地使用权人作为转让方与受让方订立土地使用权转让合同后,当事人一方以双方之间未办理土地使用权变更登记手续为由,请求确认合同无效的,不予支持。

第九条　土地使用权人作为转让方就同一出让土地使用权订立数个转让合同,在转让合同有效的情况下,受让方均要求履行合同的,按照以下情形分别处理:

(一)已经办理土地使用权变更登记手续的受让方,请求转让方履行交付土地等合同义务的,应予支持;

(二)均未办理土地使用权变更登记手续,已先行合法占有投资开发土地的受让方请求转让方履行土地使用权变更登记等合同义务的,应予支持;

(三)均未办理土地使用权变更登记手续,又未合法占有投资开发土地,先行支付土地转让款的受让方请求转让方履行交付土地和办理土地使用权变更登记等合同义务的,应予支持;

(四)合同均未履行,依法成立在先的合同受让方请求履行合同的,应予支持。

未能取得土地使用权的受让方请求解除合同、赔偿损失的,依照民法典的有关规定处理。

第十条　土地使用权人与受让方订立合同转让划拨土地使用权,起诉前经有批准权的人民政府同意转让,并由受让方办理土地使用权出让手续的,土地使用权人与受让方订立的合同可以按照补偿性质的合同处理。

第十一条　土地使用权人与受让方订立合同转让划拨土地使用权,起诉前经有批准权的人民政府决定不办理土地使用权出让手续,并将该划拨土地使用权直接划拨给受让方使用的,土地使用权人与受让方订立的合同可以按照补偿性质的合同处理。

三、合作开发房地产合同纠纷

第十二条　本解释所称的合作开发房地产合同,是指当事人订立的以提供出让土地使用权、资金等作为共同投资,共享利润、共担风险合作开发房地产为基本内容的合同。

第十三条　合作开发房地产合同的当事人一方具备房地产开发经营资质的,应当认定合同有效。

当事人双方均不具备房地产开发经营资质的,应当认定合同无效。但起诉前当事人一方已经取得房地产开发经营资质或者已依法合作成立具有房地产开发经营资质的房地产开发企业的,应当认定合同有效。

第十四条　投资数额超出合作开发房地产合同的约定,对增加的投资数额的承担比例,当事人协商不成的,按照当事人的违约情况确定;因不可归责于当事人的事由或者当事人的违约情况无法确定的,按照约定的投资比例确定;没有约定投资比例的,按照约定的利润分配比例确定。

第十五条　房屋实际建筑面积少于合作开发房地产合同的约定,对房屋实际建筑面积的分配比例,当事人协商不成的,按照当事人的违约情况确定;因不可归责于当事人的事由或者当事人违约情况无法确定的,按照约定的利润分配比例确定。

第十六条　在下列情形下,合作开发房地产合同的当事人请求分配房地产项目利益的,不予受理;已经受理的,驳回起诉:

(一)依法需经批准的房地产建设项目未经有批准权的人民政府主管部门批准;

(二)房地产建设项目未取得建设工程规划许可证;

(三)擅自变更建设工程规划。

因当事人隐瞒建设工程规划变更的事实所造成的损失,由当事人按照过错承担。

第十七条　房屋实际建筑面积超出规划建筑面积,经有批准权的人民政府主管部门批准后,当事人对超出部分的房屋分配比例协商不成的,按照约定的利润分配比例确定。对增加的投资数额的承担比例,当事人协商不成的,按照约定的投资比例确定;没有约定投资比例的,按照约定的利润分配比例确定。

第十八条　当事人违反规划开发建设的房屋,被有批准权的人民政府主管部门认定为违法建筑责令拆除,当事人对损失承担协商不成的,按照当事人过错确定责任;过错无法确定的,按照约定的投资比例确定责任;没有约定投资比例的,按照约定的利润分配比例确定责任。

第十九条　合作开发房地产合同约定仅以投资数额确定利润分配比例,当事人未足额交纳出资的,按照当事人的实际投资比例分配利润。

第二十条　合作开发房地产合同的当事人要求将房屋预售款充抵投资参与利润分配的,不予支持。

第二十一条　合作开发房地产合同约定提供土地使用权的当事人不承担经营风险,只收取固定利益的,应当认定为土地使用权转让合同。

第二十二条　合作开发房地产合同约定提供资金的当事人不承担经营风险,只分配固定数量房屋的,应当认定为房屋买卖合同。

第二十三条　合作开发房地产合同约定提供资金的当事人不承担经营风险,只收取固定数额货币的,应当认定为借款合同。

第二十四条　合作开发房地产合同约定提供资金的当事人不承担经营风险,只以租赁或者其他形式使用房屋的,应当认定为房屋租赁合同。

四、其它

第二十五条　本解释自 2005 年 8 月 1 日起施行;施行后受理的第一审案件适用本解释。

本解释施行前最高人民法院发布的司法解释与本解释不一致的,以本解释为准。

最高人民法院
关于审理涉及农村土地承包经营纠纷调解仲裁案件
适用法律若干问题的解释

(2013 年 12 月 27 日由最高人民法院审判委员会第 1601 次
会议通过,根据 2020 年 12 月 23 日最高人民法院审判委员会
第 1823 次会议通过的《最高人民法院关于修改〈最高人民法
院关于在民事审判工作中适用《中华人民共和国工会法》若
干问题的解释〉等二十七件民事类司法解释的决定》修正)

为正确审理涉及农村土地承包经营纠纷调解仲裁案件,根据《中华人民
共和国农村土地承包法》《中华人民共和国农村土地承包经营纠纷调解仲裁
法》《中华人民共和国民事诉讼法》等法律的规定,结合民事审判实践,就审理
涉及农村土地承包经营纠纷调解仲裁案件适用法律的若干问题,制定本解释。

第一条 农村土地承包仲裁委员会根据农村土地承包经营纠纷调解仲裁
法第十八条规定,以超过申请仲裁的时效期间为由驳回申请后,当事人就同一
纠纷提起诉讼的,人民法院应予受理。

第二条 当事人在收到农村土地承包仲裁委员会作出的裁决书之日起三
十日后或者签收农村土地承包仲裁委员会作出的调解书后,就同一纠纷向人
民法院提起诉讼的,裁定不予受理;已经受理的,裁定驳回起诉。

第三条 当事人在收到农村土地承包仲裁委员会作出的裁决书之日起三
十日内,向人民法院提起诉讼,请求撤销仲裁裁决的,人民法院应当告知当事
人就原纠纷提起诉讼。

第四条 农村土地承包仲裁委员会依法向人民法院提交当事人财产保全
申请的,申请财产保全的当事人为申请人。

农村土地承包仲裁委员会应当提交下列材料:

(一)财产保全申请书;

(二)农村土地承包仲裁委员会发出的受理案件通知书;

（三）申请人的身份证明；

（四）申请保全财产的具体情况。

人民法院采取保全措施，可以责令申请人提供担保，申请人不提供担保的，裁定驳回申请。

第五条 人民法院对农村土地承包仲裁委员会提交的财产保全申请材料，应当进行审查。符合前条规定的，应予受理；申请材料不齐全或不符合规定的，人民法院应当告知农村土地承包仲裁委员会需要补齐的内容。

人民法院决定受理的，应当于三日内向当事人送达受理通知书并告知农村土地承包仲裁委员会。

第六条 人民法院受理财产保全申请后，应当在十日内作出裁定。因特殊情况需要延长的，经本院院长批准，可以延长五日。

人民法院接受申请后，对情况紧急的，必须在四十八小时内作出裁定；裁定采取保全措施的，应当立即开始执行。

第七条 农村土地承包经营纠纷仲裁中采取的财产保全措施，在申请保全的当事人依法提起诉讼后，自动转为诉讼中的财产保全措施，并适用《最高人民法院关于适用〈中华人民共和国民事诉讼法〉的解释》第四百八十七条关于查封、扣押、冻结期限的规定。

第八条 农村土地承包仲裁委员会依法向人民法院提交当事人证据保全申请的，应当提供下列材料：

（一）证据保全申请书；

（二）农村土地承包仲裁委员会发出的受理案件通知书；

（三）申请人的身份证明；

（四）申请保全证据的具体情况。

对证据保全的具体程序事项，适用本解释第五、六、七条关于财产保全的规定。

第九条 农村土地承包仲裁委员会作出先行裁定后，一方当事人依法向被执行人住所地或者被执行的财产所在地基层人民法院申请执行的，人民法院应予受理和执行。

申请执行先行裁定的，应当提供以下材料：

（一）申请执行书；

（二）农村土地承包仲裁委员会作出的先行裁定书；

（三）申请执行人的身份证明；

（四）申请执行人提供的担保情况；

（五）其他应当提交的文件或证件。

第十条　当事人根据农村土地承包经营纠纷调解仲裁法第四十九条规定,向人民法院申请执行调解书、裁决书,符合《最高人民法院执行工作若干问题的规定(试行)》第十六条规定条件的,人民法院应予受理和执行。

第十一条　当事人因不服农村土地承包仲裁委员会作出的仲裁裁决向人民法院提起诉讼的,起诉期从其收到裁决书的次日起计算。

第十二条　本解释施行后,人民法院尚未审结的一审、二审案件适用本解释规定。本解释施行前已经作出生效裁判的案件,本解释施行后依法再审的,不适用本解释规定。

最高人民法院
关于国有土地开荒后用于农耕的土地使用权
转让合同纠纷案件如何适用法律问题的批复

(2011 年 11 月 21 日由最高人民法院审判委员会第 1532 次
会议通过,根据 2020 年 12 月 23 日最高人民法院审判委员会
第 1823 次会议通过的《最高人民法院关于修改〈最高人民法
院关于在民事审判工作中适用《中华人民共和国工会法》若
干问题的解释〉等二十七件民事类司法解释的决定》修正)

甘肃省高级人民法院:

你院《关于对国有土地经营权转让如何适用法律的请示》(甘高法〔2010〕
84 号)收悉。经研究,答复如下:

开荒后用于农耕而未交由农民集体使用的国有土地,不属于《中华人民
共和国农村土地承包法》第二条规定的农村土地。此类土地使用权的转让,
不适用《中华人民共和国农村土地承包法》的规定,应适用《中华人民共和国
民法典》和《中华人民共和国土地管理法》等相关法律规定加以规范。

对于国有土地开荒后用于农耕的土地使用权转让合同,不违反法律、行政
法规的强制性规定的,当事人仅以转让方未取得土地使用权证书为由请求确
认合同无效的,人民法院依法不予支持;当事人根据合同约定主张对方当事人
履行办理土地使用权证书义务的,人民法院依法应予支持。

最高人民法院
关于审理旅游纠纷案件适用法律
若干问题的规定

（2010 年 9 月 13 日由最高人民法院审判委员会第 1496 次会议通过，根据 2020 年 12 月 23 日最高人民法院审判委员会第 1823 次会议通过的《最高人民法院关于修改〈最高人民法院关于在民事审判工作中适用《中华人民共和国工会法》若干问题的解释〉等二十七件民事类司法解释的决定》修正）

为正确审理旅游纠纷案件，依法保护当事人合法权益，根据《中华人民共和国民法典》《中华人民共和国消费者权益保护法》《中华人民共和国旅游法》《中华人民共和国民事诉讼法》等有关法律规定，结合民事审判实践，制定本规定。

第一条 本规定所称的旅游纠纷，是指旅游者与旅游经营者、旅游辅助服务者之间因旅游发生的合同纠纷或者侵权纠纷。

"旅游经营者"是指以自己的名义经营旅游业务，向公众提供旅游服务的人。

"旅游辅助服务者"是指与旅游经营者存在合同关系，协助旅游经营者履行旅游合同义务，实际提供交通、游览、住宿、餐饮、娱乐等旅游服务的人。

旅游者在自行旅游过程中与旅游景点经营者因旅游发生的纠纷，参照适用本规定。

第二条 以单位、家庭等集体形式与旅游经营者订立旅游合同，在履行过程中发生纠纷，除集体以合同一方当事人名义起诉外，旅游者个人提起旅游合同纠纷诉讼的，人民法院应予受理。

第三条 因旅游经营者方面的同一原因造成旅游者人身损害、财产损失，旅游者选择请求旅游经营者承担违约责任或者侵权责任的，人民法院应当根据当事人选择的案由进行审理。

第四条 因旅游辅助服务者的原因导致旅游经营者违约,旅游者仅起诉旅游经营者的,人民法院可以将旅游辅助服务者追加为第三人。

第五条 旅游经营者已投保责任险,旅游者因保险责任事故仅起诉旅游经营者的,人民法院可以应当事人的请求将保险公司列为第三人。

第六条 旅游经营者以格式条款、通知、声明、店堂告示等方式作出排除或者限制旅游者权利、减轻或者免除旅游经营者责任、加重旅游者责任等对旅游者不公平、不合理的规定,旅游者依据消费者权益保护法第二十六条的规定请求认定该内容无效的,人民法院应予支持。

第七条 旅游经营者、旅游辅助服务者未尽到安全保障义务,造成旅游者人身损害、财产损失,旅游者请求旅游经营者、旅游辅助服务者承担责任的,人民法院应予支持。

因第三人的行为造成旅游者人身损害、财产损失,由第三人承担责任;旅游经营者、旅游辅助服务者未尽安全保障义务,旅游者请求其承担相应补充责任的,人民法院应予支持。

第八条 旅游经营者、旅游辅助服务者对可能危及旅游者人身、财产安全的旅游项目未履行告知、警示义务,造成旅游者人身损害、财产损失,旅游者请求旅游经营者、旅游辅助服务者承担责任的,人民法院应予支持。

旅游者未按旅游经营者、旅游辅助服务者的要求提供与旅游活动相关的个人健康信息并履行如实告知义务,或者不听从旅游经营者、旅游辅助服务者的告知、警示,参加不适合自身条件的旅游活动,导致旅游过程中出现人身损害、财产损失,旅游者请求旅游经营者、旅游辅助服务者承担责任的,人民法院不予支持。

第九条 旅游经营者、旅游辅助服务者以非法收集、存储、使用、加工、传输、买卖、提供、公开等方式处理旅游者个人信息,旅游者请求其承担相应责任的,人民法院应予支持。

第十条 旅游经营者将旅游业务转让给其他旅游经营者,旅游者不同意转让,请求解除旅游合同、追究旅游经营者违约责任的,人民法院应予支持。

旅游经营者擅自将其旅游业务转让给其他旅游经营者,旅游者在旅游过程中遭受损害,请求与其签订旅游合同的旅游经营者和实际提供旅游服务的旅游经营者承担连带责任的,人民法院应予支持。

第十一条　除合同性质不宜转让或者合同另有约定之外,在旅游行程开始前的合理期间内,旅游者将其在旅游合同中的权利义务转让给第三人,请求确认转让合同效力的,人民法院应予支持。

因前款所述原因,旅游经营者请求旅游者、第三人给付增加的费用或者旅游者请求旅游经营者退还减少的费用的,人民法院应予支持。

第十二条　旅游行程开始前或者进行中,因旅游者单方解除合同,旅游者请求旅游经营者退还尚未实际发生的费用,或者旅游经营者请求旅游者支付合理费用的,人民法院应予支持。

第十三条　签订旅游合同的旅游经营者将其部分旅游业务委托旅游目的地的旅游经营者,因受托方未尽旅游合同义务,旅游者在旅游过程中受到损害,要求作出委托的旅游经营者承担赔偿责任的,人民法院应予支持。

旅游经营者委托除前款规定以外的人从事旅游业务,发生旅游纠纷,旅游者起诉旅游经营者的,人民法院应予受理。

第十四条　旅游经营者准许他人挂靠其名下从事旅游业务,造成旅游者人身损害、财产损失,旅游者依据民法典第一千一百六十八条的规定请求旅游经营者与挂靠人承担连带责任的,人民法院应予支持。

第十五条　旅游经营者违反合同约定,有擅自改变旅游行程、遗漏旅游景点、减少旅游服务项目、降低旅游服务标准等行为,旅游者请求旅游经营者赔偿未完成约定旅游服务项目等合理费用的,人民法院应予支持。

旅游经营者提供服务时有欺诈行为,旅游者依据消费者权益保护法第五十五条第一款规定请求旅游经营者承担惩罚性赔偿责任的,人民法院应予支持。

第十六条　因飞机、火车、班轮、城际客运班车等公共客运交通工具延误,导致合同不能按照约定履行,旅游者请求旅游经营者退还未实际发生的费用的,人民法院应予支持。合同另有约定的除外。

第十七条　旅游者在自行安排活动期间遭受人身损害、财产损失,旅游经营者未尽到必要的提示义务、救助义务,旅游者请求旅游经营者承担相应责任的,人民法院应予支持。

前款规定的自行安排活动期间,包括旅游经营者安排的在旅游行程中独立的自由活动期间、旅游者不参加旅游行程的活动期间以及旅游者经导游或者领队同意暂时离队的个人活动期间等。

第十八条 旅游者在旅游行程中未经导游或者领队许可,故意脱离团队,遭受人身损害、财产损失,请求旅游经营者赔偿损失的,人民法院不予支持。

第十九条 旅游经营者或者旅游辅助服务者为旅游者代管的行李物品损毁、灭失,旅游者请求赔偿损失的,人民法院应予支持,但下列情形除外:

(一)损失是由于旅游者未听从旅游经营者或者旅游辅助服务者的事先声明或者提示,未将现金、有价证券、贵重物品由其随身携带而造成的;

(二)损失是由于不可抗力造成的;

(三)损失是由于旅游者的过错造成的;

(四)损失是由于物品的自然属性造成的。

第二十条 旅游者要求旅游经营者返还下列费用的,人民法院应予支持:

(一)因拒绝旅游经营者安排的购物活动或者另行付费的项目被增收的费用;

(二)在同一旅游行程中,旅游经营者提供相同服务,因旅游者的年龄、职业等差异而增收的费用。

第二十一条 旅游经营者因过错致其代办的手续、证件存在瑕疵,或者未尽妥善保管义务而遗失、毁损,旅游者请求旅游经营者补办或者协助补办相关手续、证件并承担相应费用的,人民法院应予支持。

因上述行为影响旅游行程,旅游者请求旅游经营者退还尚未发生的费用、赔偿损失的,人民法院应予支持。

第二十二条 旅游经营者事先设计,并以确定的总价提供交通、住宿、游览等一项或者多项服务,不提供导游和领队服务,由旅游者自行安排游览行程的旅游过程中,旅游经营者提供的服务不符合合同约定,侵害旅游者合法权益,旅游者请求旅游经营者承担相应责任的,人民法院应予支持。

第二十三条 本规定施行前已经终审,本规定施行后当事人申请再审或者按照审判监督程序决定再审的案件,不适用本规定。

最高人民法院
关于审理商品房买卖合同纠纷案件适用法律
若干问题的解释

（2003 年 3 月 24 日由最高人民法院审判委员会第 1267 次会议通过，根据 2020 年 12 月 23 日最高人民法院审判委员会第 1823 次会议通过的《最高人民法院关于修改〈最高人民法院关于在民事审判工作中适用《中华人民共和国工会法》若干问题的解释〉等二十七件民事类司法解释的决定》修正）

为正确、及时审理商品房买卖合同纠纷案件，根据《中华人民共和国民法典》《中华人民共和国城市房地产管理法》等相关法律，结合民事审判实践，制定本解释。

第一条 本解释所称的商品房买卖合同，是指房地产开发企业（以下统称为出卖人）将尚未建成或者已竣工的房屋向社会销售并转移房屋所有权于买受人，买受人支付价款的合同。

第二条 出卖人未取得商品房预售许可证明，与买受人订立的商品房预售合同，应当认定无效，但是在起诉前取得商品房预售许可证明的，可以认定有效。

第三条 商品房的销售广告和宣传资料为要约邀请，但是出卖人就商品房开发规划范围内的房屋及相关设施所作的说明和允诺具体确定，并对商品房买卖合同的订立以及房屋价格的确定有重大影响的，构成要约。该说明和允诺即使未载入商品房买卖合同，亦应当为合同内容，当事人违反的，应当承担违约责任。

第四条 出卖人通过认购、订购、预订等方式向买受人收受定金作为订立商品房买卖合同担保的，如果因当事人一方原因未能订立商品房买卖合同，应当按照法律关于定金的规定处理；因不可归责于当事人双方的事由，导致商品房买卖合同未能订立的,出卖人应当将定金返还买受人。

第五条 商品房的认购、订购、预订等协议具备《商品房销售管理办法》第十六条规定的商品房买卖合同的主要内容,并且出卖人已经按照约定收受购房款的,该协议应当认定为商品房买卖合同。

第六条 当事人以商品房预售合同未按照法律、行政法规规定办理登记备案手续为由,请求确认合同无效的,不予支持。

当事人约定以办理登记备案手续为商品房预售合同生效条件的,从其约定,但当事人一方已经履行主要义务,对方接受的除外。

第七条 买受人以出卖人与第三人恶意串通,另行订立商品房买卖合同并将房屋交付使用,导致其无法取得房屋为由,请求确认出卖人与第三人订立的商品房买卖合同无效的,应予支持。

第八条 对房屋的转移占有,视为房屋的交付使用,但当事人另有约定的除外。

房屋毁损、灭失的风险,在交付使用前由出卖人承担,交付使用后由买受人承担;买受人接到出卖人的书面交房通知,无正当理由拒绝接收的,房屋毁损、灭失的风险自书面交房通知确定的交付使用之日起由买受人承担,但法律另有规定或者当事人另有约定的除外。

第九条 因房屋主体结构质量不合格不能交付使用,或者房屋交付使用后,房屋主体结构质量经核验确属不合格,买受人请求解除合同和赔偿损失的,应予支持。

第十条 因房屋质量问题严重影响正常居住使用,买受人请求解除合同和赔偿损失的,应予支持。

交付使用的房屋存在质量问题,在保修期内,出卖人应当承担修复责任;出卖人拒绝修复或者在合理期限内拖延修复的,买受人可以自行或者委托他人修复。修复费用及修复期间造成的其他损失由出卖人承担。

第十一条 根据民法典第五百六十三条的规定,出卖人迟延交付房屋或者买受人迟延支付购房款,经催告后在三个月的合理期限内仍未履行,解除权人请求解除合同的,应予支持,但当事人另有约定的除外。

法律没有规定或者当事人没有约定,经对方当事人催告后,解除权行使的合理期限为三个月。对方当事人没有催告的,解除权人自知道或者应当知道解除事由之日起一年内行使。逾期不行使的,解除权消灭。

第十二条　当事人以约定的违约金过高为由请求减少的,应当以违约金超过造成的损失30%为标准适当减少;当事人以约定的违约金低于造成的损失为由请求增加的,应当以违约造成的损失确定违约金数额。

第十三条　商品房买卖合同没有约定违约金数额或者损失赔偿额计算方法,违约金数额或者损失赔偿额可以参照以下标准确定:

逾期付款的,按照未付购房款总额,参照中国人民银行规定的金融机构计收逾期贷款利息的标准计算。

逾期交付使用房屋的,按照逾期交付使用房屋期间有关主管部门公布或者有资格的房地产评估机构评定的同地段同类房屋租金标准确定。

第十四条　由于出卖人的原因,买受人在下列期限届满未能取得不动产权属证书的,除当事人有特殊约定外,出卖人应当承担违约责任:

(一)商品房买卖合同约定的办理不动产登记的期限;

(二)商品房买卖合同的标的物为尚未建成房屋的,自房屋交付使用之日起90日;

(三)商品房买卖合同的标的物为已竣工房屋的,自合同订立之日起90日。

合同没有约定违约金或者损失数额难以确定的,可以按照已付购房款总额,参照中国人民银行规定的金融机构计收逾期贷款利息的标准计算。

第十五条　商品房买卖合同约定或者城市房地产开发经营管理条例第三十二条规定的办理不动产登记的期限届满后超过一年,由于出卖人的原因,导致买受人无法办理不动产登记,买受人请求解除合同和赔偿损失的,应予支持。

第十六条　出卖人与包销人订立商品房包销合同,约定出卖人将其开发建设的房屋交由包销人以出卖人的名义销售的,包销期满未销售的房屋,由包销人按照合同约定的包销价格购买,但当事人另有约定的除外。

第十七条　出卖人自行销售已经约定由包销人包销的房屋,包销人请求出卖人赔偿损失的,应予支持,但当事人另有约定的除外。

第十八条　对于买受人因商品房买卖合同与出卖人发生的纠纷,人民法院应当通知包销人参加诉讼;出卖人、包销人和买受人对各自的权利义务有明确约定的,按照约定的内容确定各方的诉讼地位。

第十九条 商品房买卖合同约定,买受人以担保贷款方式付款、因当事人一方原因未能订立商品房担保贷款合同并导致商品房买卖合同不能继续履行的,对方当事人可以请求解除合同和赔偿损失。因不可归责于当事人双方的事由未能订立商品房担保贷款合同并导致商品房买卖合同不能继续履行的,当事人可以请求解除合同,出卖人应当将收受的购房款本金及其利息或者定金返还买受人。

第二十条 因商品房买卖合同被确认无效或者被撤销、解除,致使商品房担保贷款合同的目的无法实现,当事人请求解除商品房担保贷款合同的,应予支持。

第二十一条 以担保贷款为付款方式的商品房买卖合同的当事人一方请求确认商品房买卖合同无效或者撤销、解除合同的,如果担保权人作为有独立请求权第三人提出诉讼请求,应当与商品房担保贷款合同纠纷合并审理;未提出诉讼请求的,仅处理商品房买卖合同纠纷。担保权人就商品房担保贷款合同纠纷另行起诉的,可以与商品房买卖合同纠纷合并审理。

商品房买卖合同被确认无效或者被撤销、解除后,商品房担保贷款合同也被解除的、出卖人应当将收受的购房贷款和购房款的本金及利息分别返还担保权人和买受人。

第二十二条 买受人未按照商品房担保贷款合同的约定偿还贷款,亦未与担保权人办理不动产抵押登记手续,担保权人起诉买受人,请求处分商品房买卖合同项下买受人合同权利的,应当通知出卖人参加诉讼;担保权人同时起诉出卖人时,如果出卖人为商品房担保贷款合同提供保证的,应当列为共同被告。

第二十三条 买受人未按照商品房担保贷款合同的约定偿还贷款,但是已经取得不动产权属证书并与担保权人办理了不动产抵押登记手续,抵押权人请求买受人偿还贷款或者就抵押的房屋优先受偿的,不应当追加出卖人为当事人,但出卖人提供保证的除外。

第二十四条 本解释自 2003 年 6 月 1 日起施行。

城市房地产管理法施行后订立的商品房买卖合同发生的纠纷案件,本解释公布施行后尚在一审、二审阶段的,适用本解释。

城市房地产管理法施行后订立的商品房买卖合同发生的纠纷案件,在本解释公布施行前已经终审,当事人申请再审或者按照审判监督程序决定再审的,不适用本解释。

城市房地产管理法施行前发生的商品房买卖行为,适用当时的法律、法规和《最高人民法院〈关于审理房地产管理法施行前房地产开发经营案件若干问题的解答〉》。

最高人民法院

关于审理城镇房屋租赁合同纠纷案件具体应用法律若干问题的解释

（2009 年 6 月 22 日由最高人民法院审判委员会第 1469 次会议通过，根据 2020 年 12 月 23 日最高人民法院审判委员会第 1823 次会议通过的《最高人民法院关于修改〈最高人民法院关于在民事审判工作中适用《中华人民共和国工会法》若干问题的解释〉等二十七件民事类司法解释的决定》修正）

为正确审理城镇房屋租赁合同纠纷案件，依法保护当事人的合法权益，根据《中华人民共和国民法典》等法律规定，结合民事审判实践，制定本解释。

第一条 本解释所称城镇房屋，是指城市、镇规划区内的房屋。

乡、村庄规划区内的房屋租赁合同纠纷案件，可以参照本解释处理。但法律另有规定的，适用其规定。

当事人依照国家福利政策租赁公有住房、廉租住房、经济适用住房产生的纠纷案件，不适用本解释。

第二条 出租人就未取得建设工程规划许可证或者未按照建设工程规划许可证的规定建设的房屋，与承租人订立的租赁合同无效。但在一审法庭辩论终结前取得建设工程规划许可证或者经主管部门批准建设的，人民法院应当认定有效。

第三条 出租人就未经批准或者未按照批准内容建设的临时建筑，与承租人订立的租赁合同无效。但在一审法庭辩论终结前经主管部门批准建设的，人民法院应当认定有效。

租赁期限超过临时建筑的使用期限，超过部分无效。但在一审法庭辩论终结前经主管部门批准延长使用期限的，人民法院应当认定延长使用期限内的租赁期间有效。

第四条 房屋租赁合同无效,当事人请求参照合同约定的租金标准支付房屋占有使用费的,人民法院一般应予支持。

当事人请求赔偿因合同无效受到的损失,人民法院依照民法典第一百五十七条和本解释第七条、第十一条、第十二条的规定处理。

第五条 出租人就同一房屋订立数份租赁合同,在合同均有效的情况下,承租人均主张履行合同的,人民法院按照下列顺序确定履行合同的承租人:

(一)已经合法占有租赁房屋的;

(二)已经办理登记备案手续的;

(三)合同成立在先的。

不能取得租赁房屋的承租人请求解除合同、赔偿损失的,依照民法典的有关规定处理。

第六条 承租人擅自变动房屋建筑主体和承重结构或者扩建,在出租人要求的合理期限内仍不予恢复原状,出租人请求解除合同并要求赔偿损失的,人民法院依照民法典第七百一十一条的规定处理。

第七条 承租人经出租人同意装饰装修,租赁合同无效时,未形成附合的装饰装修物,出租人同意利用的,可折价归出租人所有;不同意利用的,可由承租人拆除。因拆除造成房屋毁损的,承租人应当恢复原状。

已形成附合的装饰装修物,出租人同意利用的,可折价归出租人所有;不同意利用的,由双方各自按照导致合同无效的过错分担现值损失。

第八条 承租人经出租人同意装饰装修,租赁期间届满或者合同解除时,除当事人另有约定外,未形成附合的装饰装修物,可由承租人拆除。因拆除造成房屋毁损的,承租人应当恢复原状。

第九条 承租人经出租人同意装饰装修,合同解除时,双方对已形成附合的装饰装修物的处理没有约定的,人民法院按照下列情形分别处理:

(一)因出租人违约导致合同解除,承租人请求出租人赔偿剩余租赁期内装饰装修残值损失的,应予支持;

(二)因承租人违约导致合同解除,承租人请求出租人赔偿剩余租赁期内装饰装修残值损失的,不予支持。但出租人同意利用的,应在利用价值范围内予以适当补偿;

（三）因双方违约导致合同解除,剩余租赁期内的装饰装修残值损失,由双方根据各自的过错承担相应的责任;

（四）因不可归责于双方的事由导致合同解除的,剩余租赁期内的装饰装修残值损失,由双方按照公平原则分担。法律另有规定的,适用其规定。

第十条　承租人经出租人同意装饰装修,租赁期间届满时,承租人请求出租人补偿附合装饰装修费用的,不予支持。但当事人另有约定的除外。

第十一条　承租人未经出租人同意装饰装修或者扩建发生的费用,由承租人负担。出租人请求承租人恢复原状或者赔偿损失的,人民法院应予支持。

第十二条　承租人经出租人同意扩建,但双方对扩建费用的处理没有约定的,人民法院按照下列情形分别处理:

（一）办理合法建设手续的,扩建造价费用由出租人负担;

（二）未办理合法建设手续的,扩建造价费用由双方按照过错分担。

第十三条　房屋租赁合同无效、履行期限届满或者解除,出租人请求负有腾房义务的次承租人支付逾期腾房占有使用费的,人民法院应予支持。

第十四条　租赁房屋在承租人按照租赁合同占有期限内发生所有权变动,承租人请求房屋受让人继续履行原租赁合同的,人民法院应予支持。但租赁房屋具有下列情形或者当事人另有约定的除外:

（一）房屋在出租前已设立抵押权,因抵押权人实现抵押权发生所有权变动的;

（二）房屋在出租前已被人民法院依法查封的。

第十五条　出租人与抵押权人协议折价、变卖租赁房屋偿还债务,应当在合理期限内通知承租人。承租人请求以同等条件优先购买房屋的,人民法院应予支持。

第十六条　本解释施行前已经终审,本解释施行后当事人申请再审或者按照审判监督程序决定再审的案件,不适用本解释。

最高人民法院
关于确定民事侵权精神损害赔偿责任
若干问题的解释

(2001 年 2 月 26 日由最高人民法院审判委员会第 1161 次会议通过,根据 2020 年 12 月 23 日最高人民法院审判委员会第 1823 次会议通过的《最高人民法院关于修改〈最高人民法院关于在民事审判工作中适用《中华人民共和国工会法》若干问题的解释〉等二十七件民事类司法解释的决定》修正)

为在审理民事侵权案件中正确确定精神损害赔偿责任,根据《中华人民共和国民法典》等有关法律规定,结合审判实践,制定本解释。

第一条 因人身权益或者具有人身意义的特定物受到侵害,自然人或者其近亲属向人民法院提起诉讼请求精神损害赔偿的,人民法院应当依法予以受理。

第二条 非法使被监护人脱离监护,导致亲子关系或者近亲属间的亲属关系遭受严重损害,监护人向人民法院起诉请求赔偿精神损害的,人民法院应当依法予以受理。

第三条 死者的姓名、肖像、名誉、荣誉、隐私、遗体、遗骨等受到侵害,其近亲属向人民法院提起诉讼请求精神损害赔偿的,人民法院应当依法予以支持。

第四条 法人或者非法人组织以名誉权、荣誉权、名称权遭受侵害为由,向人民法院起诉请求精神损害赔偿的,人民法院不予支持。

第五条 精神损害的赔偿数额根据以下因素确定:

(一)侵权人的过错程度,但是法律另有规定的除外;

(二)侵权行为的目的、方式、场合等具体情节;

(三)侵权行为所造成的后果;

（四）侵权人的获利情况；

（五）侵权人承担责任的经济能力；

（六）受理诉讼法院所在地的平均生活水平。

第六条 在本解释公布施行之前已经生效施行的司法解释,其内容有与本解释不一致的,以本解释为准。

最高人民法院
关于审理人身损害赔偿案件适用法律
若干问题的解释

(2003 年 12 月 4 日由最高人民法院审判委员会第 1299 次会议通过,根据 2020 年 12 月 23 日最高人民法院审判委员会第 1823 次会议通过的《最高人民法院关于修改〈最高人民法院关于在民事审判工作中适用《中华人民共和国工会法》若干问题的解释〉等二十七件民事类司法解释的决定》修正)

为正确审理人身损害赔偿案件,依法保护当事人的合法权益,根据《中华人民共和国民法典》《中华人民共和国民事诉讼法》等有关法律规定,结合审判实践,制定本解释。

第一条 因生命、身体、健康遭受侵害,赔偿权利人起诉请求赔偿义务人赔偿物质损害和精神损害的,人民法院应予受理。

本条所称"赔偿权利人",是指因侵权行为或者其他致害原因直接遭受人身损害的受害人以及死亡受害人的近亲属。

本条所称"赔偿义务人",是指因自己或者他人的侵权行为以及其他致害原因依法应当承担民事责任的自然人、法人或者非法人组织。

第二条 赔偿权利人起诉部分共同侵权人的,人民法院应当追加其他共同侵权人作为共同被告。赔偿权利人在诉讼中放弃对部分共同侵权人的诉讼请求的,其他共同侵权人对被放弃诉讼请求的被告应当承担的赔偿份额不承担连带责任。责任范围难以确定的,推定各共同侵权人承担同等责任。

人民法院应当将放弃诉讼请求的法律后果告知赔偿权利人,并将放弃诉讼请求的情况在法律文书中叙明。

第三条 依法应当参加工伤保险统筹的用人单位的劳动者,因工伤事故遭受人身损害,劳动者或者其近亲属向人民法院起诉请求用人单位承担民事赔偿责任的,告知其按《工伤保险条例》的规定处理。

因用人单位以外的第三人侵权造成劳动者人身损害,赔偿权利人请求第三人承担民事赔偿责任的,人民法院应予支持。

第四条 无偿提供劳务的帮工人,在从事帮工活动中致人损害的,被帮工人应当承担赔偿责任。被帮工人承担赔偿责任后向有故意或者重大过失的帮工人追偿的,人民法院应予支持。被帮工人明确拒绝帮工的,不承担赔偿责任。

第五条 无偿提供劳务的帮工人因帮工活动遭受人身损害的,根据帮工人和被帮工人各自的过错承担相应的责任;被帮工人明确拒绝帮工的,被帮工人不承担赔偿责任,但可以在受益范围内予以适当补偿。

帮工人在帮工活动中因第三人的行为遭受人身损害的,有权请求第三人承担赔偿责任,也有权请求被帮工人予以适当补偿。被帮工人补偿后,可以向第三人追偿。

第六条 医疗费根据医疗机构出具的医药费、住院费等收款凭证,结合病历和诊断证明等相关证据确定。赔偿义务人对治疗的必要性和合理性有异议的,应当承担相应的举证责任。

医疗费的赔偿数额,按照一审法庭辩论终结前实际发生的数额确定。器官功能恢复训练所必要的康复费、适当的整容费以及其他后续治疗费,赔偿权利人可以待实际发生后另行起诉。但根据医疗证明或者鉴定结论确定必然发生的费用,可以与已经发生的医疗费一并予以赔偿。

第七条 误工费根据受害人的误工时间和收入状况确定。

误工时间根据受害人接受治疗的医疗机构出具的证明确定。受害人因伤致残持续误工的,误工时间可以计算至定残日前一天。

受害人有固定收入的,误工费按照实际减少的收入计算。受害人无固定收入的,按照其最近三年的平均收入计算;受害人不能举证证明其最近三年的平均收入状况的,可以参照受诉法院所在地相同或者相近行业上一年度职工的平均工资计算。

第八条 护理费根据护理人员的收入状况和护理人数、护理期限确定。

护理人员有收入的,参照误工费的规定计算;护理人员没有收入或者雇佣护工的,参照当地护工从事同等级别护理的劳务报酬标准计算。护理人员原则上为一人,但医疗机构或者鉴定机构有明确意见的,可以参照确定护理人员人数。

护理期限应计算至受害人恢复生活自理能力时止。受害人因残疾不能恢复生活自理能力的,可以根据其年龄、健康状况等因素确定合理的护理期限,但最长不超过二十年。

受害人定残后的护理,应当根据其护理依赖程度并结合配制残疾辅助器具的情况确定护理级别。

第九条 交通费根据受害人及其必要的陪护人员因就医或者转院治疗实际发生的费用计算。交通费应当以正式票据为凭;有关凭据应当与就医地点、时间、人数、次数相符合。

第十条 住院伙食补助费可以参照当地国家机关一般工作人员的出差伙食补助标准予以确定。

受害人确有必要到外地治疗,因客观原因不能住院,受害人本人及其陪护人员实际发生的住宿费和伙食费,其合理部分应予赔偿。

第十一条 营养费根据受害人伤残情况参照医疗机构的意见确定。

第十二条 残疾赔偿金根据受害人丧失劳动能力程度或者伤残等级,按照受诉法院所在地上一年度城镇居民人均可支配收入或者农村居民人均纯收入标准,自定残之日起按二十年计算。但六十周岁以上的,年龄每增加一岁减少一年;七十五周岁以上的,按五年计算。

受害人因伤致残但实际收入没有减少,或者伤残等级较轻但造成职业妨害严重影响其劳动就业的,可以对残疾赔偿金作相应调整。

第十三条 残疾辅助器具费按照普通适用器具的合理费用标准计算。伤情有特殊需要的,可以参照辅助器具配制机构的意见确定相应的合理费用标准。

辅助器具的更换周期和赔偿期限参照配制机构的意见确定。

第十四条 丧葬费按照受诉法院所在地上一年度职工月平均工资标准,以六个月总额计算。

第十五条 死亡赔偿金按照受诉法院所在地上一年度城镇居民人均可支配收入或者农村居民人均纯收入标准,按二十年计算。但六十周岁以上的,年龄每增加一岁减少一年;七十五周岁以上的,按五年计算。

第十六条 被扶养人生活费计入残疾赔偿金或者死亡赔偿金。

第十七条 被扶养人生活费根据扶养人丧失劳动能力程度,按照受诉法院所在地上一年度城镇居民人均消费性支出和农村居民人均年生活消费支出标准计算。被扶养人为未成年人的,计算至十八周岁;被扶养人无劳动能力又无其他生活来源的,计算二十年。但六十周岁以上的,年龄每增加一岁减少一年;七十五周岁以上的,按五年计算。

被扶养人是指受害人依法应当承担扶养义务的未成年人或者丧失劳动能力又无其他生活来源的成年近亲属。被扶养人还有其他扶养人的,赔偿义务人只赔偿受害人依法应当负担的部分。被扶养人有数人的,年赔偿总额累计不超过上一年度城镇居民人均消费性支出额或者农村居民人均年生活消费支出额。

第十八条 赔偿权利人举证证明其住所地或者经常居住地城镇居民人均可支配收入或者农村居民人均纯收入高于受诉法院所在地标准的,残疾赔偿金或者死亡赔偿金可以按照其住所地或者经常居住地的相关标准计算。

被扶养人生活费的相关计算标准,依照前款原则确定。

第十九条 超过确定的护理期限、辅助器具费给付年限或者残疾赔偿金给付年限,赔偿权利人向人民法院起诉请求继续给付护理费、辅助器具费或者残疾赔偿金的,人民法院应予受理。赔偿权利人确需继续护理、配制辅助器具,或者没有劳动能力和生活来源的,人民法院应当判令赔偿义务人继续给付相关费用五至十年。

第二十条 赔偿义务人请求以定期金方式给付残疾赔偿金、辅助器具费的,应当提供相应的担保。人民法院可以根据赔偿义务人的给付能力和提供担保的情况,确定以定期金方式给付相关费用。但是,一审法庭辩论终结前已经发生的费用、死亡赔偿金以及精神损害抚慰金,应当一次性给付。

第二十一条 人民法院应当在法律文书中明确定期金的给付时间、方式以及每期给付标准。执行期间有关统计数据发生变化的,给付金额应当适时进行相应调整。

定期金按照赔偿权利人的实际生存年限给付,不受本解释有关赔偿期限的限制。

第二十二条 本解释所称"城镇居民人均可支配收入""农村居民人均纯

收入""城镇居民人均消费性支出""农村居民人均年生活消费支出""职工平均工资",按照政府统计部门公布的各省、自治区、直辖市以及经济特区和计划单列市上一年度相关统计数据确定。

"上一年度",是指一审法庭辩论终结时的上一统计年度。

第二十三条　精神损害抚慰金适用《最高人民法院关于确定民事侵权精神损害赔偿责任若干问题的解释》予以确定。

第二十四条　本解释自 2004 年 5 月 1 日起施行。2004 年 5 月 1 日后新受理的一审人身损害赔偿案件,适用本解释的规定。已经作出生效裁判的人身损害赔偿案件依法再审的,不适用本解释的规定。

在本解释公布施行之前已经生效施行的司法解释,其内容与本解释不一致的,以本解释为准。

最高人民法院
关于审理道路交通事故损害赔偿案件适用法律
若干问题的解释

(2012 年 9 月 17 日由最高人民法院审判委员会第 1556 次会议通过,根据 2020 年 12 月 23 日最高人民法院审判委员会第 1823 次会议通过的《最高人民法院关于修改〈最高人民法院关于在民事审判工作中适用《中华人民共和国工会法》若干问题的解释〉等二十七件民事类司法解释的决定》修正)

为正确审理道路交通事故损害赔偿案件,根据《中华人民共和国民法典》《中华人民共和国道路交通安全法》《中华人民共和国保险法》《中华人民共和国民事诉讼法》等法律的规定,结合审判实践,制定本解释。

一、关于主体责任的认定

第一条 机动车发生交通事故造成损害,机动车所有人或者管理人有下列情形之一,人民法院应当认定其对损害的发生有过错,并适用民法典第一千二百零九条的规定确定其相应的赔偿责任:

(一)知道或者应当知道机动车存在缺陷,且该缺陷是交通事故发生原因之一的;

(二)知道或者应当知道驾驶人无驾驶资格或者未取得相应驾驶资格的;

(三)知道或者应当知道驾驶人因饮酒、服用国家管制的精神药品或者麻醉药品,或者患有妨碍安全驾驶机动车的疾病等依法不能驾驶机动车的;

(四)其它应当认定机动车所有人或者管理人有过错的。

第二条 被多次转让但是未办理登记的机动车发生交通事故造成损害,属于该机动车一方责任,当事人请求由最后一次转让并交付的受让人承担赔偿责任的,人民法院应予支持。

第三条 套牌机动车发生交通事故造成损害,属于该机动车一方责任,当事人请求由套牌机动车的所有人或者管理人承担赔偿责任的,人民法院应予支持;被套牌机动车所有人或者管理人同意套牌的,应当与套牌机动车的所有人或者管理人承担连带责任。

第四条 拼装车、已达到报废标准的机动车或者依法禁止行驶的其他机动车被多次转让,并发生交通事故造成损害,当事人请求由所有的转让人和受让人承担连带责任的,人民法院应予支持。

第五条 接受机动车驾驶培训的人员,在培训活动中驾驶机动车发生交通事故造成损害,属于该机动车一方责任,当事人请求驾驶培训单位承担赔偿责任的,人民法院应予支持。

第六条 机动车试乘过程中发生交通事故造成试乘人损害,当事人请求提供试乘服务者承担赔偿责任的,人民法院应予支持。试乘人有过错的,应当减轻提供试乘服务者的赔偿责任。

第七条 因道路管理维护缺陷导致机动车发生交通事故造成损害,当事人请求道路管理者承担相应赔偿责任的,人民法院应予支持。但道路管理者能够证明已经依照法律、法规、规章的规定,或者按照国家标准、行业标准、地方标准的要求尽到安全防护、警示等管理维护义务的除外。

依法不得进入高速公路的车辆、行人,进入高速公路发生交通事故造成自身损害,当事人请求高速公路管理者承担赔偿责任的,适用民法典第一千二百四十三条的规定。

第八条 未按照法律、法规、规章或者国家标准、行业标准、地方标准的强制性规定设计、施工,致使道路存在缺陷并造成交通事故,当事人请求建设单位与施工单位承担相应赔偿责任的,人民法院应予支持。

第九条 机动车存在产品缺陷导致交通事故造成损害,当事人请求生产者或者销售者依照民法典第七编第四章的规定承担赔偿责任的,人民法院应予支持。

第十条 多辆机动车发生交通事故造成第三人损害,当事人请求多个侵权人承担赔偿责任的,人民法院应当区分不同情况,依照民法典第一千一百七十条、第一千一百七十一条、第一千一百七十二条的规定,确定侵权人承担连带责任或者按份责任。

二、关于赔偿范围的认定

第十一条 道路交通安全法第七十六条规定的"人身伤亡",是指机动车发生交通事故侵害被侵权人的生命权、身体权、健康权等人身权益所造成的损害,包括民法典第一千一百七十九条和第一千一百八十三条规定的各项损害。

道路交通安全法第七十六条规定的"财产损失",是指因机动车发生交通事故侵害被侵权人的财产权益所造成的损失。

第十二条 因道路交通事故造成下列财产损失,当事人请求侵权人赔偿的,人民法院应予支持:

(一)维修被损坏车辆所支出的费用、车辆所载物品的损失、车辆施救费用;

(二)因车辆灭失或者无法修复,为购买交通事故发生时与被损坏车辆价值相当的车辆重置费用;

(三)依法从事货物运输、旅客运输等经营性活动的车辆,因无法从事相应经营活动所产生的合理停运损失;

(四)非经营性车辆因无法继续使用,所产生的通常替代性交通工具的合理费用。

三、关于责任承担的认定

第十三条 同时投保机动车第三者责任强制保险(以下简称"交强险")和第三者责任商业保险(以下简称"商业三者险")的机动车发生交通事故造成损害,当事人同时起诉侵权人和保险公司的,人民法院应当依照民法典第一千二百一十三条的规定,确定赔偿责任。

被侵权人或者其近亲属请求承保交强险的保险公司优先赔偿精神损害的,人民法院应予支持。

第十四条 投保人允许的驾驶人驾驶机动车致使投保人遭受损害,当事人请求承保交强险的保险公司在责任限额范围内予以赔偿的,人民法院应予支持,但投保人为本车上人员的除外。

第十五条 有下列情形之一导致第三人人身损害,当事人请求保险公司在交强险责任限额范围内予以赔偿,人民法院应予支持:

(一)驾驶人未取得驾驶资格或者未取得相应驾驶资格的;

(二)醉酒、服用国家管制的精神药品或者麻醉药品后驾驶机动车发生交

通事故的;

（三）驾驶人故意制造交通事故的。

保险公司在赔偿范围内向侵权人主张追偿权的,人民法院应予支持。追偿权的诉讼时效期间自保险公司实际赔偿之日起计算。

第十六条　未依法投保交强险的机动车发生交通事故造成损害,当事人请求投保义务人在交强险责任限额范围内予以赔偿的,人民法院应予支持。

投保义务人和侵权人不是同一人,当事人请求投保义务人和侵权人在交强险责任限额范围内承担相应责任的,人民法院应予支持。

第十七条　具有从事交强险业务资格的保险公司违法拒绝承保、拖延承保或者违法解除交强险合同,投保义务人在向第三人承担赔偿责任后,请求该保险公司在交强险责任限额范围内承担相应赔偿责任的,人民法院应予支持。

第十八条　多辆机动车发生交通事故造成第三人损害,损失超出各机动车交强险责任限额之和的,由各保险公司在各自责任限额范围内承担赔偿责任;损失未超出各机动车交强险责任限额之和,当事人请求由各保险公司按照其责任限额与责任限额之和的比例承担赔偿责任的,人民法院应予支持。

依法分别投保交强险的牵引车和挂车连接使用时发生交通事故造成第三人损害,当事人请求由各保险公司在各自的责任限额范围内平均赔偿的,人民法院应予支持。

多辆机动车发生交通事故造成第三人损害,其中部分机动车未投保交强险,当事人请求先由已承保交强险的保险公司在责任限额范围内予以赔偿的,人民法院应予支持。保险公司就超出其应承担的部分向未投保交强险的投保义务人或者侵权人行使追偿权的,人民法院应予支持。

第十九条　同一交通事故的多个被侵权人同时起诉的,人民法院应当按照各被侵权人的损失比例确定交强险的赔偿数额。

第二十条　机动车所有权在交强险合同有效期内发生变动,保险公司在交通事故发生后,以该机动车未办理交强险合同变更手续为由主张免除赔偿责任的,人民法院不予支持。

机动车在交强险合同有效期内发生改装、使用性质改变等导致危险程度增加的情形,发生交通事故后,当事人请求保险公司在责任限额范围内予以赔偿的,人民法院应予支持。

前款情形下,保险公司另行起诉请求投保义务人按照重新核定后的保险费标准补足当期保险费的,人民法院应予支持。

第二十一条 当事人主张交强险人身伤亡保险金请求权转让或者设定担保的行为无效的,人民法院应予支持。

四、关于诉讼程序的规定

第二十二条 人民法院审理道路交通事故损害赔偿案件,应当将承保交强险的保险公司列为共同被告。但该保险公司已经在交强险责任限额范围内予以赔偿且当事人无异议的除外。

人民法院审理道路交通事故损害赔偿案件,当事人请求将承保商业三者险的保险公司列为共同被告的,人民法院应予准许。

第二十三条 被侵权人因道路交通事故死亡,无近亲属或者近亲属不明,未经法律授权的机关或者有关组织向人民法院起诉主张死亡赔偿金的,人民法院不予受理。

侵权人以已向未经法律授权的机关或者有关组织支付死亡赔偿金为理由,请求保险公司在交强险责任限额范围内予以赔偿的,人民法院不予支持。

被侵权人因道路交通事故死亡,无近亲属或者近亲属不明,支付被侵权人医疗费、丧葬费等合理费用的单位或者个人,请求保险公司在交强险责任限额范围内予以赔偿的,人民法院应予支持。

第二十四条 公安机关交通管理部门制作的交通事故认定书,人民法院应依法审查并确认其相应的证明力,但有相反证据推翻的除外。

五、关于适用范围的规定

第二十五条 机动车在道路以外的地方通行时引发的损害赔偿案件,可以参照适用本解释的规定。

第二十六条 本解释施行后尚未终审的案件,适用本解释;本解释施行前已经终审,当事人申请再审或者按照审判监督程序决定再审的案件,不适用本解释。

最高人民法院
关于审理食品药品纠纷案件适用法律
若干问题的规定

（2013 年 12 月 9 日由最高人民法院审判委员会第 1599 次会议通过，根据 2020 年 12 月 23 日最高人民法院审判委员会第 1823 次会议通过的《最高人民法院关于修改〈最高人民法院关于在民事审判工作中适用《中华人民共和国工会法》若干问题的解释〉等二十七件民事类司法解释的决定》修正）

为正确审理食品药品纠纷案件，根据《中华人民共和国民法典》《中华人民共和国消费者权益保护法》《中华人民共和国食品安全法》《中华人民共和国药品管理法》《中华人民共和国民事诉讼法》等法律的规定，结合审判实践，制定本规定。

第一条 消费者因食品、药品纠纷提起民事诉讼，符合民事诉讼法规定受理条件的，人民法院应予受理。

第二条 因食品、药品存在质量问题造成消费者损害，消费者可以分别起诉或者同时起诉销售者和生产者。

消费者仅起诉销售者或者生产者的，必要时人民法院可以追加相关当事人参加诉讼。

第三条 因食品、药品质量问题发生纠纷，购买者向生产者、销售者主张权利，生产者、销售者以购买者明知食品、药品存在质量问题而仍然购买为由进行抗辩的，人民法院不予支持。

第四条 食品、药品生产者、销售者提供给消费者的食品或者药品的赠品发生质量安全问题，造成消费者损害，消费者主张权利，生产者、销售者以消费者未对赠品支付对价为由进行免责抗辩的，人民法院不予支持。

第五条 消费者举证证明所购买食品、药品的事实以及所购食品、药品不符合合同的约定,主张食品、药品的生产者、销售者承担违约责任的,人民法院应予支持。

消费者举证证明因食用食品或者使用药品受到损害,初步证明损害与食用食品或者使用药品存在因果关系,并请求食品、药品的生产者、销售者承担侵权责任的,人民法院应予支持,但食品、药品的生产者、销售者能证明损害不是因产品不符合质量标准造成的除外。

第六条 食品的生产者与销售者应当对于食品符合质量标准承担举证责任。认定食品是否安全,应当以国家标准为依据;对地方特色食品,没有国家标准的,应当以地方标准为依据。没有前述标准的,应当以食品安全法的相关规定为依据。

第七条 食品、药品虽在销售前取得检验合格证明,且食用或者使用时尚在保质期内,但经检验确认产品不合格,生产者或者销售者以该食品、药品具有检验合格证明为由进行抗辩的,人民法院不予支持。

第八条 集中交易市场的开办者、柜台出租者、展销会举办者未履行食品安全法规定的审查、检查、报告等义务,使消费者的合法权益受到损害的,消费者请求集中交易市场的开办者、柜台出租者、展销会举办者承担连带责任的,人民法院应予支持。

第九条 消费者通过网络交易第三方平台购买食品、药品遭受损害,网络交易第三方平台提供者不能提供食品、药品的生产者或者销售者的真实名称、地址与有效联系方式,消费者请求网络交易第三方平台提供者承担责任的,人民法院应予支持。

网络交易第三方平台提供者承担赔偿责任后,向生产者或者销售者行使追偿权的,人民法院应予支持。

网络交易第三方平台提供者知道或者应当知道食品、药品的生产者、销售者利用其平台侵害消费者合法权益,未采取必要措施,给消费者造成损害,消费者要求其与生产者、销售者承担连带责任的,人民法院应予支持。

第十条 未取得食品生产资质与销售资质的民事主体,挂靠具有相应资质的生产者与销售者,生产、销售食品,造成消费者损害,消费者请求挂靠者与被挂靠者承担连带责任的,人民法院应予支持。

消费者仅起诉挂靠者或者被挂靠者的,必要时人民法院可以追加相关当事人参加诉讼。

第十一条　消费者因虚假广告推荐的食品、药品存在质量问题遭受损害，依据消费者权益保护法等法律相关规定请求广告经营者、广告发布者承担连带责任的，人民法院应予支持。

其他民事主体在虚假广告中向消费者推荐食品、药品，使消费者遭受损害，消费者依据消费者权益保护法等法律相关规定请求其与食品、药品的生产者、销售者承担连带责任的，人民法院应予支持。

第十二条　食品、药品检验机构故意出具虚假检验报告，造成消费者损害，消费者请求其承担连带责任的，人民法院应予支持。

食品、药品检验机构因过失出具不实检验报告，造成消费者损害，消费者请求其承担相应责任的，人民法院应予支持。

第十三条　食品认证机构故意出具虚假认证，造成消费者损害，消费者请求其承担连带责任的，人民法院应予支持。

食品认证机构因过失出具不实认证，造成消费者损害，消费者请求其承担相应责任的，人民法院应予支持。

第十四条　生产、销售的食品、药品存在质量问题，生产者与销售者需同时承担民事责任、行政责任和刑事责任，其财产不足以支付，当事人依照民法典等有关法律规定，请求食品、药品的生产者、销售者首先承担民事责任的，人民法院应予支持。

第十五条　生产不符合安全标准的食品或者销售明知是不符合安全标准的食品，消费者除要求赔偿损失外，依据食品安全法等法律规定向生产者、销售者主张赔偿金的，人民法院应予支持。

生产假药、劣药或者明知是假药、劣药仍然销售、使用的，受害人或者其近亲属除请求赔偿损失外，依据药品管理法等法律规定向生产者、销售者主张赔偿金的，人民法院应予支持。

第十六条　食品、药品的生产者与销售者以格式合同、通知、声明、告示等方式作出排除或者限制消费者权利、减轻或者免除经营者责任、加重消费者责任等对消费者不公平、不合理的规定，消费者依法请求认定该内容无效的，人民法院应予支持。

第十七条　消费者与化妆品、保健食品等产品的生产者、销售者、广告经营者、广告发布者、推荐者、检验机构等主体之间的纠纷,参照适用本规定。

法律规定的机关和有关组织依法提起公益诉讼的,参照适用本规定。

第十八条 本规定所称的"药品的生产者"包括药品上市许可持有人和药品生产企业,"药品的销售者"包括药品经营企业和医疗机构。

第十九条 本规定施行后人民法院正在审理的一审、二审案件适用本规定。

本规定施行前已经终审,本规定施行后当事人申请再审或者按照审判监督程序决定再审的案件,不适用本规定。

最高人民法院
关于审理利用信息网络侵害人身权益民事纠纷案件
适用法律若干问题的规定

(2014年6月23日由最高人民法院审判委员会第1621次会议通过，根据2020年12月23日最高人民法院审判委员会第1823次会议通过的《最高人民法院关于修改〈最高人民法院关于在民事审判工作中适用《中华人民共和国工会法》若干问题的解释〉等二十七件民事类司法解释的决定》修正)

为正确审理利用信息网络侵害人身权益民事纠纷案件，根据《中华人民共和国民法典》《全国人民代表大会常务委员会关于加强网络信息保护的决定》《中华人民共和国民事诉讼法》等法律的规定，结合审判实践，制定本规定。

第一条 本规定所称的利用信息网络侵害人身权益民事纠纷案件，是指利用信息网络侵害他人姓名权、名称权、名誉权、荣誉权、肖像权、隐私权等人身权益引起的纠纷案件。

第二条 原告依据民法典第一千一百九十五条、第一千一百九十七条的规定起诉网络用户或者网络服务提供者的，人民法院应予受理。

原告仅起诉网络用户，网络用户请求追加涉嫌侵权的网络服务提供者为共同被告或者第三人的，人民法院应予准许。

原告仅起诉网络服务提供者，网络服务提供者请求追加可以确定的网络用户为共同被告或者第三人的，人民法院应予准许。

第三条 原告起诉网络服务提供者，网络服务提供者以涉嫌侵权的信息系网络用户发布为由抗辩的，人民法院可以根据原告的请求及案件的具体情况，责令网络服务提供者向人民法院提供能够确定涉嫌侵权的网络用户的姓名(名称)、联系方式、网络地址等信息。

网络服务提供者无正当理由拒不提供的,人民法院可以依据民事诉讼法第一百一十四条的规定对网络服务提供者采取处罚等措施。

原告根据网络服务提供者提供的信息请求追加网络用户为被告的,人民法院应予准许。

第四条 人民法院适用民法典第一千一百九十五条第二款的规定,认定网络服务提供者采取的删除、屏蔽、断开链接等必要措施是否及时,应当根据网络服务的类型和性质、有效通知的形式和准确程度、网络信息侵害权益的类型和程度等因素综合判断。

第五条 其发布的信息被采取删除、屏蔽、断开链接等措施的网络用户,主张网络服务提供者承担违约责任或者侵权责任,网络服务提供者以收到民法典第一千一百九十五条第一款规定的有效通知为由抗辩的,人民法院应予支持。

第六条 人民法院依据民法典第一千一百九十七条认定网络服务提供者是否"知道或者应当知道",应当综合考虑下列因素:

(一)网络服务提供者是否以人工或者自动方式对侵权网络信息以推荐、排名、选择、编辑、整理、修改等方式作出处理;

(二)网络服务提供者应当具备的管理信息的能力,以及所提供服务的性质、方式及其引发侵权的可能性大小;

(三)该网络信息侵害人身权益的类型及明显程度;

(四)该网络信息的社会影响程度或者一定时间内的浏览量;

(五)网络服务提供者采取预防侵权措施的技术可能性及其是否采取了相应的合理措施;

(六)网络服务提供者是否针对同一网络用户的重复侵权行为或者同一侵权信息采取了相应的合理措施;

(七)与本案相关的其他因素。

第七条 人民法院认定网络用户或者网络服务提供者转载网络信息行为的过错及其程度,应当综合以下因素:

(一)转载主体所承担的与其性质、影响范围相适应的注意义务;

(二)所转载信息侵害他人人身权益的明显程度;

(三)对所转载信息是否作出实质性修改,是否添加或者修改文章标题,导致其与内容严重不符以及误导公众的可能性。

第八条　网络用户或者网络服务提供者采取诽谤、诋毁等手段，损害公众对经营主体的信赖，降低其产品或者服务的社会评价，经营主体请求网络用户或者网络服务提供者承担侵权责任的，人民法院应依法予以支持。

第九条　网络用户或者网络服务提供者，根据国家机关依职权制作的文书和公开实施的职权行为等信息来源所发布的信息，有下列情形之一，侵害他人人身权益，被侵权人请求侵权人承担侵权责任的，人民法院应予支持：

（一）网络用户或者网络服务提供者发布的信息与前述信息来源内容不符；

（二）网络用户或者网络服务提供者以添加侮辱性内容、诽谤性信息、不当标题或者通过增删信息、调整结构、改变顺序等方式致人误解；

（三）前述信息来源已被公开更正，但网络用户拒绝更正或者网络服务提供者不予更正；

（四）前述信息来源已被公开更正，网络用户或者网络服务提供者仍然发布更正之前的信息。

第十条　被侵权人与构成侵权的网络用户或者网络服务提供者达成一方支付报酬，另一方提供删除、屏蔽、断开链接等服务的协议，人民法院应认定为无效。

擅自篡改、删除、屏蔽特定网络信息或者以断开链接的方式阻止他人获取网络信息，发布该信息的网络用户或者网络服务提供者请求侵权人承担侵权责任的，人民法院应予支持。接受他人委托实施该行为的，委托人与受托人承担连带责任。

第十一条　网络用户或者网络服务提供者侵害他人人身权益，造成财产损失或者严重精神损害，被侵权人依据民法典第一千一百八十二条和第一千一百八十三条的规定，请求其承担赔偿责任的，人民法院应予支持。

第十二条　被侵权人为制止侵权行为所支付的合理开支，可以认定为民法典第一千一百八十二条规定的财产损失。合理开支包括被侵权人或者委托代理人对侵权行为进行调查、取证的合理费用。人民法院根据当事人的请求和具体案情，可以将符合国家有关部门规定的律师费用计算在赔偿范围内。

被侵权人因人身权益受侵害造成的财产损失以及侵权人因此获得的利益

难以确定的,人民法院可以根据具体案情在 50 万元以下的范围内确定赔偿数额。

第十三条 本规定施行后人民法院正在审理的一审、二审案件适用本规定。

本规定施行前已经终审,本规定施行后当事人申请再审或者按照审判监督程序决定再审的案件,不适用本规定。

最高人民法院
关于审理民间借贷案件适用法律
若干问题的规定

(2015 年 6 月 23 日最高人民法院审判委员会第 1655 次会议通过,根据 2020 年 8 月 18 日最高人民法院审判委员会第 1809 次会议通过的《最高人民法院关于修改〈关于审理民间借贷案件适用法律若干问题的规定〉的决定》第一次修正,根据 2020 年 12 月 23 日最高人民法院审判委员会第 1823 次会议通过的《最高人民法院关于修改〈最高人民法院关于在民事审判工作中适用《中华人民共和国工会法》若干问题的解释〉等二十七件民事类司法解释的决定》第二次修正)

为正确审理民间借贷纠纷案件,根据《中华人民共和国民法典》《中华人民共和国民事诉讼法》《中华人民共和国刑事诉讼法》等相关法律之规定,结合审判实践,制定本规定。

第一条 本规定所称的民间借贷,是指自然人、法人和非法人组织之间进行资金融通的行为。

经金融监管部门批准设立的从事贷款业务的金融机构及其分支机构,因发放贷款等相关金融业务引发的纠纷,不适用本规定。

第二条 出借人向人民法院提起民间借贷诉讼时,应当提供借据、收据、欠条等债权凭证以及其他能够证明借贷法律关系存在的证据。

当事人持有的借据、收据、欠条等债权凭证没有载明债权人,持有债权凭证的当事人提起民间借贷诉讼的,人民法院应予受理。被告对原告的债权人资格提出有事实依据的抗辩,人民法院经审查认为原告不具有债权人资格的,裁定驳回起诉。

第三条 借贷双方就合同履行地未约定或者约定不明确,事后未达成补充协议,按照合同相关条款或者交易习惯仍不能确定的,以接受货币一方所在地为合同履行地。

第四条 保证人为借款人提供连带责任保证,出借人仅起诉借款人的,人民法院可以不追加保证人为共同被告;出借人仅起诉保证人的,人民法院可以追加借款人为共同被告。

保证人为借款人提供一般保证,出借人仅起诉保证人的,人民法院应当追加借款人为共同被告;出借人仅起诉借款人的,人民法院可以不追加保证人为共同被告。

第五条 人民法院立案后,发现民间借贷行为本身涉嫌非法集资等犯罪的,应当裁定驳回起诉,并将涉嫌非法集资等犯罪的线索、材料移送公安或者检察机关。

公安或者检察机关不予立案,或者立案侦查后撤销案件,或者检察机关作出不起诉决定,或者经人民法院生效判决认定不构成非法集资等犯罪,当事人又以同一事实向人民法院提起诉讼的,人民法院应予受理。

第六条 人民法院立案后,发现与民间借贷纠纷案件虽有关联但不是同一事实的涉嫌非法集资等犯罪的线索、材料的,人民法院应当继续审理民间借贷纠纷案件,并将涉嫌非法集资等犯罪的线索、材料移送公安或者检察机关。

第七条 民间借贷纠纷的基本案件事实必须以刑事案件的审理结果为依据,而该刑事案件尚未审结的,人民法院应当裁定中止诉讼。

第八条 借款人涉嫌犯罪或者生效判决认定其有罪,出借人起诉请求担保人承担民事责任的,人民法院应予受理。

第九条 自然人之间的借款合同具有下列情形之一的,可以视为合同成立:

(一)以现金支付的,自借款人收到借款时;

(二)以银行转账、网上电子汇款等形式支付的,自资金到达借款人账户时;

(三)以票据交付的,自借款人依法取得票据权利时;

(四)出借人将特定资金账户支配权授权给借款人的,自借款人取得对该账户实际支配权时;

(五)出借人以与借款人约定的其他方式提供借款并实际履行完成时。

第十条 法人之间、非法人组织之间以及它们相互之间为生产、经营需要订立的民间借贷合同,除存在民法典第一百四十六条、第一百五十三条、第一百五十四条以及本规定第十三条规定的情形外,当事人主张民间借贷合同有效的,人民法院应予支持。

第十一条　法人或者非法人组织在本单位内部通过借款形式向职工筹集资金,用于本单位生产、经营,且不存在民法典第一百四十四条、第一百四十六条、第一百五十三条、第一百五十四条以及本规定第十三条规定的情形,当事人主张民间借贷合同有效的,人民法院应予支持。

第十二条　借款人或者出借人的借贷行为涉嫌犯罪,或者已经生效的裁判认定构成犯罪,当事人提起民事诉讼的,民间借贷合同并不当然无效。人民法院应当依据民法典第一百四十四条、第一百四十六条、第一百五十三条、第一百五十四条以及本规定第十三条之规定,认定民间借贷合同的效力。

担保人以借款人或者出借人的借贷行为涉嫌犯罪或者已经生效的裁判认定构成犯罪为由,主张不承担民事责任的,人民法院应当依据民间借贷合同与担保合同的效力、当事人的过错程度,依法确定担保人的民事责任。

第十三条　具有下列情形之一的,人民法院应当认定民间借贷合同无效:

(一)套取金融机构贷款转贷的;

(二)以向其他营利法人借贷、向本单位职工集资,或者以向公众非法吸收存款等方式取得的资金转贷的;

(三)未依法取得放贷资格的出借人,以营利为目的向社会不特定对象提供借款的;

(四)出借人事先知道或者应当知道借款人借款用于违法犯罪活动仍然提供借款的;

(五)违反法律、行政法规强制性规定的;

(六)违背公序良俗的。

第十四条　原告以借据、收据、欠条等债权凭证为依据提起民间借贷诉讼,被告依据基础法律关系提出抗辩或者反诉,并提供证据证明债权纠纷非民间借贷行为引起的,人民法院应当依据查明的案件事实,按照基础法律关系审理。

当事人通过调解、和解或者清算达成的债权债务协议,不适用前款规定。

第十五条　原告仅依据借据、收据、欠条等债权凭证提起民间借贷诉讼,被告抗辩已经偿还借款的,被告应当对其主张提供证据证明。被告提供相应证据证明其主张后,原告仍应就借贷关系的存续承担举证责任。

被告抗辩借贷行为尚未实际发生并能作出合理说明的,人民法院应当结合借贷金额、款项交付、当事人的经济能力、当地或者当事人之间的交易方式、交易习惯、当事人财产变动情况以及证人证言等事实和因素,综合判断查证借贷事实是否发生。

第十六条　原告仅依据金融机构的转账凭证提起民间借贷诉讼,被告抗辩转账系偿还双方之前借款或者其他债务的,被告应当对其主张提供证据证明。被告提供相应证据证明其主张后,原告仍应就借贷关系的成立承担举证责任。

第十七条　依据《最高人民法院关于适用〈中华人民共和国民事诉讼法〉的解释》第一百七十四条第二款之规定,负有举证责任的原告无正当理由拒不到庭,经审查现有证据无法确认借贷行为、借贷金额、支付方式等案件主要事实的,人民法院对原告主张的事实不予认定。

第十八条　人民法院审理民间借贷纠纷案件时发现有下列情形之一的,应当严格审查借贷发生的原因、时间、地点、款项来源、交付方式、款项流向以及借贷双方的关系、经济状况等事实,综合判断是否属于虚假民事诉讼:

(一)出借人明显不具备出借能力;

(二)出借人起诉所依据的事实和理由明显不符合常理;

(三)出借人不能提交债权凭证或者提交的债权凭证存在伪造的可能;

(四)当事人双方在一定期限内多次参加民间借贷诉讼;

(五)当事人无正当理由拒不到庭参加诉讼,委托代理人对借贷事实陈述不清或者陈述前后矛盾;

(六)当事人双方对借贷事实的发生没有任何争议或者诉辩明显不符合常理;

(七)借款人的配偶或者合伙人、案外人的其他债权人提出有事实依据的异议;

(八)当事人在其他纠纷中存在低价转让财产的情形;

(九)当事人不正当放弃权利;

(十)其他可能存在虚假民间借贷诉讼的情形。

第十九条　经查明属于虚假民间借贷诉讼,原告申请撤诉的,人民法院不予准许,并应当依据民事诉讼法第一百一十二条之规定,判决驳回其请求。

诉讼参与人或者其他人恶意制造、参与虚假诉讼,人民法院应当依据民事诉讼法第一百一十一条、第一百一十二条和第一百一十三条之规定,依法予以罚款、拘留;构成犯罪的,应当移送有管辖权的司法机关追究刑事责任。

单位恶意制造、参与虚假诉讼的,人民法院应当对该单位进行罚款,并可以对其主要负责人或者直接责任人员予以罚款、拘留;构成犯罪的,应当移送有管辖权的司法机关追究刑事责任。

第二十条　他人在借据、收据、欠条等债权凭证或者借款合同上签名或者盖章,但是未表明其保证人身份或者承担保证责任,或者通过其他事实不能推定其为保证人,出借人请求其承担保证责任的,人民法院不予支持。

第二十一条　借贷双方通过网络贷款平台形成借贷关系,网络贷款平台的提供者仅提供媒介服务,当事人请求其承担担保责任的,人民法院不予支持。

网络贷款平台的提供者通过网页、广告或者其他媒介明示或者有其他证据证明其为借贷提供担保,出借人请求网络贷款平台的提供者承担担保责任的,人民法院应予支持。

第二十二条　法人的法定代表人或者非法人组织的负责人以单位名义与出借人签订民间借贷合同,有证据证明所借款项系法定代表人或者负责人个人使用,出借人请求将法定代表人或者负责人列为共同被告或者第三人的,人民法院应予准许。

法人的法定代表人或者非法人组织的负责人以个人名义与出借人订立民间借贷合同,所借款项用于单位生产经营,出借人请求单位与个人共同承担责任的,人民法院应予支持。

第二十三条　当事人以订立买卖合同作为民间借贷合同的担保,借款到期后借款人不能还款,出借人请求履行买卖合同的,人民法院应当按照民间借贷法律关系审理。当事人根据法庭审理情况变更诉讼请求的,人民法院应当准许。

按照民间借贷法律关系审理作出的判决生效后,借款人不履行生效判决确定的金钱债务,出借人可以申请拍卖买卖合同标的物,以偿还债务。就拍卖所得的价款与应偿还借款本息之间的差额,借款人或者出借人有权主张返还或者补偿。

第二十四条　借贷双方没有约定利息,出借人主张支付利息的,人民法院不予支持。

自然人之间借贷对利息约定不明,出借人主张支付利息的,人民法院不予支持。除自然人之间借贷的外,借贷双方对借贷利息约定不明,出借人主张利息的,人民法院应当结合民间借贷合同的内容,并根据当地或者当事人的交易方式、交易习惯、市场报价利率等因素确定利息。

第二十五条　出借人请求借款人按照合同约定利率支付利息的,人民法院应予支持,但是双方约定的利率超过合同成立时一年期贷款市场报价利率四倍的除外。

前款所称"一年期贷款市场报价利率",是指中国人民银行授权全国银行间同业拆借中心自 2019 年 8 月 20 日起每月发布的一年期贷款市场报价利率。

第二十六条　借据、收据、欠条等债权凭证载明的借款金额,一般认定为本金。预先在本金中扣除利息的,人民法院应当将实际出借的金额认定为本金。

第二十七条　借贷双方对前期借款本息结算后将利息计入后期借款本金并重新出具债权凭证,如果前期利率没有超过合同成立时一年期贷款市场报价利率四倍,重新出具的债权凭证载明的金额可认定为后期借款本金。超过部分的利息,不应认定为后期借款本金。

按前款计算,借款人在借款期间届满后应当支付的本息之和,超过以最初借款本金与以最初借款本金为基数、以合同成立时一年期贷款市场报价利率四倍计算的整个借款期间的利息之和的,人民法院不予支持。

第二十八条　借贷双方对逾期利率有约定的,从其约定,但是以不超过合同成立时一年期贷款市场报价利率四倍为限。

未约定逾期利率或者约定不明的,人民法院可以区分不同情况处理:

(一)既未约定借期内利率,也未约定逾期利率,出借人主张借款人自逾期还款之日起参照当时一年期贷款市场报价利率标准计算的利息承担逾期还款违约责任的,人民法院应予支持;

（二）约定了借期内利率但是未约定逾期利率，出借人主张借款人自逾期还款之日起按照借期内利率支付资金占用期间利息的，人民法院应予支持。

第二十九条　出借人与借款人既约定了逾期利率，又约定了违约金或者其他费用，出借人可以选择主张逾期利息、违约金或者其他费用，也可以一并主张，但是总计超过合同成立时一年期贷款市场报价利率四倍的部分，人民法院不予支持。

第三十条　借款人可以提前偿还借款，但是当事人另有约定的除外。

借款人提前偿还借款并主张按照实际借款期限计算利息的，人民法院应予支持。

第三十一条　本规定施行后，人民法院新受理的一审民间借贷纠纷案件，适用本规定。

2020 年 8 月 20 日之后新受理的一审民间借贷案件，借贷合同成立于 2020 年 8 月 20 日之前，当事人请求适用当时的司法解释计算自合同成立到 2020 年 8 月 19 日的利息部分的，人民法院应予支持；对于自 2020 年 8 月 20 日到借款返还之日的利息部分，适用起诉时本规定的利率保护标准计算。

本规定施行后，最高人民法院以前作出的相关司法解释与本规定不一致的，以本规定为准。

最高人民法院关于修改
《最高人民法院关于破产企业国有划拨土地使用权应否列入破产财产等问题的批复》等二十九件商事类司法解释的决定

法释〔2020〕18 号

（2020 年 12 月 23 日最高人民法院审判委员会
第 1823 次会议通过，自 2021 年 1 月 1 日起施行）

根据审判实践需要，经最高人民法院审判委员会第 1823 次会议决定，对《最高人民法院关于破产企业国有划拨土地使用权应否列入破产财产等问题的批复》等二十九件司法解释等作如下修改：

一、修改《最高人民法院关于破产企业国有划拨土地使用权应否列入破产财产等问题的批复》

1. 将第一条修改为：

"根据《中华人民共和国土地管理法》第五十八条第一款第（三）项及《城镇国有土地使用权出让和转让暂行条例》第四十七条的规定，破产企业以划拨方式取得的国有土地使用权不属于破产财产，在企业破产时，有关人民政府可以予以收回，并依法处置。纳入国家兼并破产计划的国有企业，其依法取得的国有土地使用权，应依据国务院有关文件规定办理。"

2. 将第二条修改为：

"企业对其以划拨方式取得的国有土地使用权无处分权，以该土地使用权设定抵押，未经有审批权限的人民政府或土地行政管理部门批准的，不影响抵押合同效力；履行了法定的审批手续，并依法办理抵押登记的，抵押权自登记时设立。根据《中华人民共和国城市房地产管理法》第五十一条的规定，抵押权人只有在以抵押标的物折价或拍卖、变卖所得价款缴纳相当于土地使用权出让金的款项后，对剩余部分方可享有优先受偿权。但纳入国家兼并破产计划的国有企业，其用以划拨方式取得的国有土地使用权设定抵押的，应依据国务院有关文件规定办理。"

3. 将第三条修改为：

"国有企业以关键设备、成套设备、建筑物设定抵押的，如无其他法定的无效情形，不应当仅以未经政府主管部门批准为由认定抵押合同无效。"

二、修改《最高人民法院关于审理存单纠纷案件的若干规定》

1. 将引言修改为：

"为正确审理存单纠纷案件，根据《中华人民共和国民法典》的有关规定和在总结审判经验的基础上，制定本规定。"

2. 将第三条修改为：

"存单纠纷案件的受理与中止

存单纠纷案件当事人向人民法院提起诉讼，人民法院应当依照《中华人民共和国民事诉讼法》第一百一十九条的规定予以审查，符合规定的，均应受理。

人民法院在受理存单纠纷案件后，如发现犯罪线索，应将犯罪线索及时书面告知公安或检察机关。如案件当事人因伪造、变造、虚开存单或涉嫌诈骗，有关国家机关已立案侦查，存单纠纷案件确须待刑事案件结案后才能审理的，人民法院应当中止审理。对于追究有关当事人的刑事责任不影响对存单纠纷案件审理的，人民法院应对存单纠纷案件有关当事人是否承担民事责任以及承担民事责任的大小依法及时进行认定和处理。"

3. 将第四条修改为：

"存单纠纷案件的管辖

依照《中华人民共和国民事诉讼法》第二十三条的规定，存单纠纷案件由被告住所地人民法院或出具存单、进账单、对账单或与当事人签订存款合同的金融机构住所地人民法院管辖。住所地与经常居住地不一致的，由经常居住地人民法院管辖。"

三、修改《最高人民法院关于审理军队、武警部队、政法机关移交、撤销企业和与党政机关脱钩企业相关纠纷案件若干问题的规定》

1.将引言修改为：

"为依法准确审理军队、武警部队、政法机关移交、撤销企业和与党政机关脱钩的企业所发生的债务纠纷案件和破产案件，根据《中华人民共和国民法典》《中华人民共和国公司法》《中华人民共和国民事诉讼法》《中华人民共和国企业破产法》的有关规定，作如下规定："

2.将第一条修改为：

"军队、武警部队、政法机关和党政机关开办的企业（以下简称被开办企业）具备法人条件并领取了企业法人营业执照的，根据民法典第六十条的规定，应当以其全部财产独立承担民事责任。"

3.将第二条修改为：

"被开办企业领取了企业法人营业执照，虽然实际投入的资金与注册资金不符，但已达到了《中华人民共和国企业法人登记管理条例施行细则》第十二条第七项规定数额的，应当认定其具备法人资格，开办单位应当在该企业实际投入资金与注册资金的差额范围内承担民事责任。"

4.将第三条修改为：

"被开办企业虽然领取了企业法人营业执照，但投入的资金未达到《中华人民共和国企业法人登记管理条例施行细则》第十二条第七项规定数额的，或者不具备企业法人其他条件的，应当认定其不具备法人资格，其民事责任由开办单位承担。"

5.删除第四条、第六条、第八条、第九条、第十四条、第十六条。

6.将第七条修改为：

"开办单位或其主管部门在被开办企业撤销时，向工商行政管理机关出具证明文件，自愿对被开办企业的债务承担责任的，应当按照承诺对被开办企业的债务承担民事责任。"

7.将第十三条修改为：

"被开办企业向社会或者向企业内部职工集资未清偿的，在破产财产分配时，应当按照《中华人民共和国企业破产法》第一百一十三条第一款第一项的规定予以清偿。"

8.条文顺序作相应调整。

四、修改《最高人民法院关于审理与企业改制相关的民事纠纷案件若干问题的规定》

1.将引言修改为：

"为了正确审理与企业改制相关的民事纠纷案件,根据《中华人民共和国民法典》《中华人民共和国公司法》《中华人民共和国全民所有制工业企业法》《中华人民共和国民事诉讼法》等法律、法规的规定,结合审判实践,制定本规定。"

2.将第二条修改为：

"当事人起诉符合本规定第一条所列情形,并符合民事诉讼法第一百一十九条规定的起诉条件的,人民法院应当予以受理。"

3.将第十九条修改为：

"企业出售中,出卖人实施的行为具有法律规定的撤销情形,买受人在法定期限内行使撤销权的,人民法院应当予以支持。"

4.将第二十九条修改为：

"出售企业的行为具有民法典第五百三十八条、第五百三十九条规定的情形,债权人在法定期限内行使撤销权的,人民法院应当予以支持。"

5.删除第三十二条。

6.条文顺序作相应调整。

五、修改《最高人民法院关于适用〈中华人民共和国公司法〉若干问题的规定(二)》

1.将第二条修改为：

"股东提起解散公司诉讼,同时又申请人民法院对公司进行清算的,人民法院对其提出的清算申请不予受理。人民法院可以告知原告,在人民法院判决解散公司后,依据民法典第七十条、公司法第一百八十三条和本规定第七条的规定,自行组织清算或者另行申请人民法院对公司进行清算。"

2.将第七条修改为：

"公司应当依照民法典第七十条、公司法第一百八十三条的规定,在解散事由出现之日起十五日内成立清算组,开始自行清算。

有下列情形之一,债权人、公司股东、董事或其他利害关系人申请人民法

院指定清算组进行清算的,人民法院应予受理:

(一)公司解散逾期不成立清算组进行清算的;

(二)虽然成立清算组但故意拖延清算的;

(三)违法清算可能严重损害债权人或者股东利益的。"

3. 将第九条修改为:

"人民法院指定的清算组成员有下列情形之一的,人民法院可以根据债权人、公司股东、董事或其他利害关系人的申请,或者依职权更换清算组成员:

(一)有违反法律或者行政法规的行为;

(二)丧失执业能力或者民事行为能力;

(三)有严重损害公司或者债权人利益的行为。"

4. 将第十五条修改为:

"公司自行清算的,清算方案应当报股东会或者股东大会决议确认;人民法院组织清算的,清算方案应当报人民法院确认。未经确认的清算方案,清算组不得执行。

执行未经确认的清算方案给公司或者债权人造成损失,公司、股东、董事、公司其他利害关系人或者债权人主张清算组成员承担赔偿责任的,人民法院应依法予以支持。"

5. 将第二十一条修改为:

"按照本规定第十八条和第二十条第一款的规定应当承担责任的有限责任公司的股东、股份有限公司的董事和控股股东,以及公司的实际控制人为二人以上的,其中一人或者数人依法承担民事责任后,主张其他人员按照过错大小分担责任的,人民法院应依法予以支持。"

六、修改《最高人民法院关于适用〈中华人民共和国公司法〉若干问题的规定(三)》

1. 将第二条修改为:

"发起人为设立公司以自己名义对外签订合同,合同相对人请求该发起人承担合同责任的,人民法院应予支持;公司成立后合同相对人请求公司承担合同责任的,人民法院应予支持。"

2. 将第七条修改为:

"出资人以不享有处分权的财产出资,当事人之间对于出资行为效力产生争议的,人民法院可以参照民法典第三百一十一条的规定予以认定。

以贪污、受贿、侵占、挪用等违法犯罪所得的货币出资后取得股权的,对违法犯罪行为予以追究、处罚时,应当采取拍卖或者变卖的方式处置其股权。"

3. 将第二十四条修改为:

"有限责任公司的实际出资人与名义出资人订立合同,约定由实际出资人出资并享有投资权益,以名义出资人为名义股东,实际出资人与名义股东对该合同效力发生争议的,如无法律规定的无效情形,人民法院应当认定该合同有效。

前款规定的实际出资人与名义股东因投资权益的归属发生争议,实际出资人以其实际履行了出资义务为由向名义股东主张权利的,人民法院应予支持。名义股东以公司股东名册记载、公司登记机关登记为由否认实际出资人权利的,人民法院不予支持。

实际出资人未经公司其他股东半数以上同意,请求公司变更股东、签发出资证明书、记载于股东名册、记载于公司章程并办理公司登记机关登记的,人民法院不予支持。"

4. 将第二十五条修改为:

"名义股东将登记于其名下的股权转让、质押或者以其他方式处分,实际出资人以其对于股权享有实际权利为由,请求认定处分股权行为无效的,人民法院可以参照民法典第三百一十一条的规定处理。

名义股东处分股权造成实际出资人损失,实际出资人请求名义股东承担赔偿责任的,人民法院应予支持。"

5. 将第二十七条修改为:

"股权转让后尚未向公司登记机关办理变更登记,原股东将仍登记于其名下的股权转让、质押或者以其他方式处分,受让股东以其对于股权享有实际权利为由,请求认定处分股权行为无效的,人民法院可以参照民法典第三百一十一条的规定处理。

原股东处分股权造成受让股东损失,受让股东请求原股东承担赔偿责任、对于未及时办理变更登记有过错的董事、高级管理人员或者实际控制人承担相应责任的,人民法院应予支持;受让股东对于未及时办理变更登记也有过错的,可以适当减轻上述董事、高级管理人员或者实际控制人的责任。"

七、修改《最高人民法院关于适用〈中华人民共和国公司法〉若干问题的规定(四)》

1. 将第二条修改为:

"依据民法典第八十五条、公司法第二十二条第二款请求撤销股东会或者股东大会、董事会决议的原告,应当在起诉时具有公司股东资格。"

2. 将第四条修改为:

"股东请求撤销股东会或者股东大会、董事会决议,符合民法典第八十五条、公司法第二十二条第二款规定的,人民法院应当予以支持,但会议召集程序或者表决方式仅有轻微瑕疵,且对决议未产生实质影响的,人民法院不予支持。"

八、修改《最高人民法院关于审理外商投资企业纠纷案件若干问题的规定(一)》

1. 将引言修改为:

"为正确审理外商投资企业在设立、变更等过程中产生的纠纷案件,保护当事人的合法权益,根据《中华人民共和国民法典》《中华人民共和国外商投资法》《中华人民共和国公司法》等法律法规的规定,结合审判实践,制定本规定。"

2. 将第十三条修改为:

"外商投资企业股东与债权人订立的股权质押合同,除法律、行政法规另有规定或者合同另有约定外,自成立时生效。未办理质权登记的,不影响股权质押合同的效力。

当事人仅以股权质押合同未经外商投资企业审批机关批准为由主张合同无效或未生效的,人民法院不予支持。

股权质押合同依照民法典的相关规定办理了出质登记的,股权质权自登记时设立。"

九、修改《最高人民法院关于适用〈中华人民共和国公司法〉若干问题的规定(五)》

1. 将第一条修改为:

"关联交易损害公司利益,原告公司依据民法典第八十四条、公司法第二十一条规定请求控股股东、实际控制人、董事、监事、高级管理人员赔偿所造成的损失,被告仅以该交易已经履行了信息披露、经股东会或者股东大会同意等法律、行政法规或者公司章程规定的程序为由抗辩的,人民法院不予支持。

公司没有提起诉讼的,符合公司法第一百五十一条第一款规定条件的股东,可以依据公司法第一百五十一条第二款、第三款规定向人民法院提起诉讼。"

2. 将第二条修改为:

"关联交易合同存在无效、可撤销或者对公司不发生效力的情形,公司没有起诉合同相对方的,符合公司法第一百五十一条第一款规定条件的股东,可以依据公司法第一百五十一条第二款、第三款规定向人民法院提起诉讼。"

3. 将第四条修改为:

"分配利润的股东会或者股东大会决议作出后,公司应当在决议载明的时间内完成利润分配。决议没有载明时间的,以公司章程规定的为准。决议、章程中均未规定时间或者时间超过一年的,公司应当自决议作出之日起一年内完成利润分配。

决议中载明的利润分配完成时间超过公司章程规定时间的,股东可以依据民法典第八十五条、公司法第二十二条第二款规定请求人民法院撤销决议中关于该时间的规定。"

十、修改《最高人民法院关于审理票据纠纷案件若干问题的规定》

1. 将第六条修改为:

"因票据纠纷提起的诉讼,依法由票据支付地或者被告住所地人民法院管辖。

票据支付地是指票据上载明的付款地,票据上未载明付款地的,汇票付款人或者代理付款人的营业场所、住所或者经常居住地,本票出票人的营业场所,支票付款人或者代理付款人的营业场所所在地为票据付款地。代理付款人即付款人的委托代理人,是指根据付款人的委托代为支付票据金额的银行、信用合作社等金融机构。"

2. 删除第七条。

3. 将第三十二条修改为:

"公告应当在全国性报纸或者其他媒体上刊登,并于同日公布于人民法院公告栏内。人民法院所在地有证券交易所的,还应当同日在该交易所公布。"

4.将第三十三条修改为:

"依照《中华人民共和国民事诉讼法》(以下简称民事诉讼法)第二百一十九条的规定,公告期间不得少于六十日,且公示催告期间届满日不得早于票据付款日后十五日。"

5.将第三十四条修改为:

"依照民事诉讼法第二百二十条第二款的规定,在公示催告期间,以公示催告的票据质押、贴现,因质押、贴现而接受该票据的持票人主张票据权利的,人民法院不予支持,但公示催告期间届满以后人民法院作出除权判决以前取得该票据的除外。"

6.将第三十八条修改为:

"失票人向人民法院提起诉讼的,应向人民法院说明曾经持有票据及丧失票据的情形,人民法院应当根据案件的具体情况,决定当事人是否应当提供担保以及担保的数额。"

7.将第三十九条修改为:

"对于伪报票据丧失的当事人,人民法院在查明事实,裁定终结公示催告或者诉讼程序后,可以参照民事诉讼法第一百一十一条的规定,追究伪报人的法律责任。"

8.将第四十条修改为:

"依照票据法第一百零八条以及经国务院批准的《票据管理实施办法》的规定,票据当事人使用的不是中国人民银行规定的统一格式票据的,按照《票据管理实施办法》的规定认定,但在中国境外签发的票据除外。"

9.将第五十一条修改为:

"依照票据法第三十四条和第三十五条的规定,背书人在票据上记载'不得转让''委托收款''质押'字样,其后手再背书转让、委托收款或者质押的,原背书人对后手的被背书人不承担票据责任,但不影响出票人、承兑人以及原背书人之前手的票据责任。"

10.将第六十条修改为:

"国家机关、以公益为目的的事业单位、社会团体作为票据保证人的,票据保证无效,但经国务院批准为使用外国政府或者国际经济组织贷款进行转贷,国家机关提供票据保证的除外。"

11. 将第六十二条修改为：

"保证人未在票据或者粘单上记载'保证'字样而另行签订保证合同或者保证条款的,不属于票据保证,人民法院应当适用《中华人民共和国民法典》的有关规定。"

12. 将第六十三条修改为：

"人民法院审理票据纠纷案件,适用票据法的规定;票据法没有规定的,适用《中华人民共和国民法典》等法律以及国务院制定的行政法规。

中国人民银行制定并公布施行的有关行政规章与法律、行政法规不抵触的,可以参照适用。"

13. 将第六十七条修改为：

"依照票据法第十四条、第一百零二条、第一百零三条的规定,伪造、变造票据者除应当依法承担刑事、行政责任外,给他人造成损失的,还应当承担民事赔偿责任。被伪造签章者不承担票据责任。"

14. 将第七十一条修改为：

"票据法第六十三条所称'其他有关证明'是指：

（一）人民法院出具的宣告承兑人、付款人失踪或者死亡的证明、法律文书;

（二）公安机关出具的承兑人、付款人逃匿或者下落不明的证明;

（三）医院或者有关单位出具的承兑人、付款人死亡的证明;

（四）公证机构出具的具有拒绝证明效力的文书。

承兑人自己作出并发布的表明其没有支付票款能力的公告,可以认定为拒绝证明。"

15. 将第七十五条修改为：

"依据票据法第一百零四条的规定,由于金融机构工作人员在票据业务中玩忽职守,对违反票据法规定的票据予以承兑、付款、贴现或者保证,给当事人造成损失的,由该金融机构与直接责任人员依法承担连带责任。"

16. 将第七十六条修改为：

"依照票据法第一百零六条的规定,由于出票人制作票据,或者其他票据债务人未按照法定条件在票据上签章,给他人造成损失的,除应当按照所记载事项承担票据责任外,还应当承担相应的民事责任。

持票人明知或者应当知道前款情形而接受的,可以适当减轻出票人或者票据债务人的责任。"

17.条文顺序作相应调整。

十一、修改《最高人民法院关于对因资不抵债无法继续办学被终止的民办学校如何组织清算问题的批复》

将正文第二段修改为:

"依照《中华人民共和国民办教育促进法》第十条批准设立的民办学校因资不抵债无法继续办学被终止,当事人依照《中华人民共和国民办教育促进法》第五十八条第二款规定向人民法院申请清算的,人民法院应当依法受理。人民法院组织民办学校破产清算,参照适用《中华人民共和国企业破产法》规定的程序,并依照《中华人民共和国民办教育促进法》第五十九条规定的顺序清偿。"

十二、修改《最高人民法院关于适用〈中华人民共和国企业破产法〉若干问题的规定(二)》

1.将引言修改为:

"根据《中华人民共和国民法典》《中华人民共和国企业破产法》等相关法律,结合审判实践,就人民法院审理企业破产案件中认定债务人财产相关的法律适用问题,制定本规定。"

2.将第四条修改为:

"债务人对按份享有所有权的共有财产的相关份额,或者共同享有所有权的共有财产的相应财产权利,以及依法分割共有财产所得部分,人民法院均应认定为债务人财产。

人民法院宣告债务人破产清算,属于共有财产分割的法定事由。人民法院裁定债务人重整或者和解的,共有财产的分割应当依据民法典第三百零三条的规定进行;基于重整或者和解的需要必须分割共有财产,管理人请求分割的,人民法院应予准许。

因分割共有财产导致其他共有人损害产生的债务,其他共有人请求作为共益债务清偿的,人民法院应予支持。"

3.将第十三条修改为:

"破产申请受理后,管理人未依据企业破产法第三十一条的规定请求撤销债务人无偿转让财产、以明显不合理价格交易、放弃债权行为的，债权人依据民法典第五百三十八条、第五百三十九条等规定提起诉讼，请求撤销债务人上述行为并将因此追回的财产归入债务人财产的，人民法院应予受理。

相对人以债权人行使撤销权的范围超出债权人的债权抗辩的，人民法院不予支持。"

4.将第三十条修改为：

"债务人占有的他人财产被违法转让给第三人，依据民法典第三百一十一条的规定第三人已善意取得财产所有权，原权利人无法取回该财产的，人民法院应当按照以下规定处理：

（一）转让行为发生在破产申请受理前的，原权利人因财产损失形成的债权，作为普通破产债权清偿；

（二）转让行为发生在破产申请受理后的，因管理人或者相关人员执行职务导致原权利人损害产生的债务，作为共益债务清偿。"

5.将第三十一条修改为：

"债务人占有的他人财产被违法转让给第三人，第三人已向债务人支付了转让价款，但依据民法典第三百一十一条的规定未取得财产所有权，原权利人依法追回转让财产的，对因第三人已支付对价而产生的债务，人民法院应当按照以下规定处理：

（一）转让行为发生在破产申请受理前的，作为普通破产债权清偿；

（二）转让行为发生在破产申请受理后的，作为共益债务清偿。"

6.将第三十七条修改为：

"买受人破产，其管理人决定继续履行所有权保留买卖合同的，原买卖合同中约定的买受人支付价款或者履行其他义务的期限在破产申请受理时视为到期，买受人管理人应当及时向出卖人支付价款或者履行其他义务。

买受人管理人无正当理由未及时支付价款或者履行完毕其他义务，或者将标的物出卖、出质或者作出其他不当处分，给出卖人造成损害，出卖人依据民法典第六百四十一条等规定主张取回标的物的，人民法院应予支持。但是，买受人已支付标的物总价款百分之七十五以上或者第三人善意取得标的物所有权或者其他物权的除外。

因本条第二款规定未能取回标的物，出卖人依法主张买受人继续支付价款、履行完毕其他义务,以及承担相应赔偿责任的,人民法院应予支持。对因买受人未支付价款或者未履行完毕其他义务,以及买受人管理人将标的物出卖、出质或者作出其他不当处分导致出卖人损害产生的债务,出卖人主张作为共益债务清偿的,人民法院应予支持。"

十三、修改《最高人民法院关于适用〈中华人民共和国企业破产法〉若干问题的规定(三)》

第二条修改为:

"破产申请受理后,经债权人会议决议通过,或者第一次债权人会议召开前经人民法院许可,管理人或者自行管理的债务人可以为债务人继续营业而借款。提供借款的债权人主张参照企业破产法第四十二条第四项的规定优先于普通破产债权清偿的,人民法院应予支持,但其主张优先于此前已就债务人特定财产享有担保的债权清偿的,人民法院不予支持。

管理人或者自行管理的债务人可以为前述借款设定抵押担保,抵押物在破产申请受理前已为其他债权人设定抵押的,债权人主张按照民法典第四百一十四条规定的顺序清偿,人民法院应予支持。"

十四、修改《最高人民法院关于审理期货纠纷案件若干问题的规定》

1. 将引言修改为:

"为了正确审理期货纠纷案件,根据《中华人民共和国民法典》《中华人民共和国民事诉讼法》等有关法律、行政法规的规定,结合审判实践经验,对审理期货纠纷案件的若干问题制定本规定。"

2. 将第四条修改为:

"人民法院应当依据民事诉讼法第二十三条、第二十八条和第三十四条的规定确定期货纠纷案件的管辖。"

3. 将第九条修改为:

"期货公司授权非本公司人员以本公司的名义从事期货交易行为的,期货公司应当承担由此产生的民事责任;非期货公司人员以期货公司名义从事期货交易行为,具备民法典第一百七十二条所规定的表见代理条件的,期货公司应当承担由此产生的民事责任。"

4. 将第十三条修改为:

"有下列情形之一的,应当认定期货经纪合同无效:

（一）没有从事期货经纪业务的主体资格而从事期货经纪业务的；

（二）不具备从事期货交易主体资格的客户从事期货交易的；

（三）违反法律、行政法规的强制性规定的。"

5.将第十六条修改为：

"期货公司在与客户订立期货经纪合同时，未提示客户注意《期货交易风险说明书》内容，并由客户签字或者盖章，对于客户在交易中的损失，应当依据民法典第五百条第三项的规定承担相应的赔偿责任。但是，根据以往交易结果记载，证明客户已有交易经历的，应当免除期货公司的责任。"

6.将第四十四条修改为：

"在交割日，卖方期货公司未向期货交易所交付标准仓单，或者买方期货公司未向期货交易所账户交付足额货款，构成交割违约。

构成交割违约的，违约方应当承担违约责任；具有民法典第五百六十三条第一款第四项规定情形的，对方有权要求终止交割或者要求违约方继续交割。

征购或者竞卖失败的，应当由违约方按照交易所有关赔偿办法的规定承担赔偿责任。"

十五、修改《最高人民法院关于审理期货纠纷案件若干问题的规定（二）》

将第八条修改为：

"人民法院在办理案件过程中，依法需要通过期货交易所、期货公司查询、冻结、划拨资金或者有价证券的，期货交易所、期货公司应当予以协助。应当协助而拒不协助的，按照《中华人民共和国民事诉讼法》第一百一十四条之规定办理。"

十六、修改《最高人民法院关于审理信用证纠纷案件若干问题的规定》

将引言修改为：

"根据《中华人民共和国民法典》《中华人民共和国涉外民事关系法律适用法》《中华人民共和国民事诉讼法》等法律，参照国际商会《跟单信用证统一惯例》等相关国际惯例，结合审判实践，就审理信用证纠纷案件的有关问题，制定本规定。"

十七、《最高人民法院关于审理独立保函纠纷案件若干问题的规定》

1.将引言修改为：

"为正确审理独立保函纠纷案件，切实维护当事人的合法权益，服务和保障'一带一路'建设,促进对外开放,根据《中华人民共和国民法典》《中华人民共和国涉外民事关系法律适用法》《中华人民共和国民事诉讼法》等法律,结合审判实际,制定本规定。"

2. 将第三条修改为:

"保函具有下列情形之一,当事人主张保函性质为独立保函的,人民法院应予支持,但保函未载明据以付款的单据和最高金额的除外:

(一)保函载明见索即付;

(二)保函载明适用国际商会《见索即付保函统一规则》等独立保函交易示范规则;

(三)根据保函文本内容,开立人的付款义务独立于基础交易关系及保函申请法律关系,其仅承担相符交单的付款责任。

当事人以独立保函记载了对应的基础交易为由,主张该保函性质为一般保证或连带保证的,人民法院不予支持。

当事人主张独立保函适用民法典关于一般保证或连带保证规定的,人民法院不予支持。"

十八、修改《最高人民法院关于适用〈中华人民共和国保险法〉若干问题的解释(二)》

1. 将引言修改为:

"为正确审理保险合同纠纷案件,切实维护当事人的合法权益,根据《中华人民共和国民法典》《中华人民共和国保险法》《中华人民共和国民事诉讼法》等法律规定,结合审判实践,就保险法中关于保险合同一般规定部分有关法律适用问题解释如下:"

2. 将第十条修改为:

"保险人将法律、行政法规中的禁止性规定情形作为保险合同免责条款的免责事由,保险人对该条款作出提示后,投保人、被保险人或者受益人以保险人未履行明确说明义务为由主张该条款不成为合同内容的,人民法院不予支持。"

十九、修改《最高人民法院关于适用〈中华人民共和国保险法〉若干问题的解释(三)》

1. 将引言修改为:

"为正确审理保险合同纠纷案件,切实维护当事人的合法权益,根据《中华人民共和国民法典》《中华人民共和国保险法》《中华人民共和国民事诉讼法》等法律规定,结合审判实践,就保险法中关于保险合同章人身保险部分有关法律适用问题解释如下:"

2.将第九条修改为:

"投保人指定受益人未经被保险人同意的,人民法院应认定指定行为无效。

当事人对保险合同约定的受益人存在争议,除投保人、被保险人在保险合同之外另有约定外,按以下情形分别处理:

(一)受益人约定为'法定'或者'法定继承人'的,以民法典规定的法定继承人为受益人;

(二)受益人仅约定为身份关系的,投保人与被保险人为同一主体时,根据保险事故发生时与被保险人的身份关系确定受益人;投保人与被保险人为不同主体时,根据保险合同成立时与被保险人的身份关系确定受益人;

(三)约定的受益人包括姓名和身份关系,保险事故发生时身份关系发生变化的,认定为未指定受益人。"

二十、修改《最高人民法院关于适用〈中华人民共和国保险法〉若干问题的解释(四)》

1.将引言修改为:

"为正确审理保险合同纠纷案件,切实维护当事人的合法权益,根据《中华人民共和国民法典》《中华人民共和国保险法》《中华人民共和国民事诉讼法》等法律规定,结合审判实践,就保险法中财产保险合同部分有关法律适用问题解释如下:"

2.将第二条修改为:

"保险人已向投保人履行了保险法规定的提示和明确说明义务,保险标的受让人以保险标的转让后保险人未向其提示或者明确说明为由,主张免除保险人责任的条款不成为合同内容的,人民法院不予支持。"

二十一、修改《最高人民法院关于审理涉台民商事案件法律适用问题的规定》

将引言修改为:

"为正确审理涉台民商事案件,准确适用法律,维护当事人的合法权益,根据相关法律,制定本规定。"

二十二、《最高人民法院关于适用〈中华人民共和国涉外民事关系法律适用法〉若干问题的解释(一)》

1. 删除第四条、第五条。

2. 条文顺序作相应调整。

二十三、修改《最高人民法院关于审理船舶碰撞和触碰案件财产损害赔偿的规定》

将引言修改为:

"根据《中华人民共和国民法典》和《中华人民共和国海商法》的有关规定,结合我国海事审判实践并参照国际惯例,对审理船舶碰撞和触碰案件的财产损害赔偿规定如下:"

二十四、修改《最高人民法院关于审理海上保险纠纷案件若干问题的规定》

将第一条修改为:

"审理海上保险合同纠纷案件,适用海商法的规定;海商法没有规定的,适用保险法的有关规定;海商法、保险法均没有规定的,适用民法典等其他相关法律的规定。"

二十五、修改《最高人民法院关于审理船舶碰撞纠纷案件若干问题的规定》

1. 将引言修改为:

"为正确审理船舶碰撞纠纷案件,依照《中华人民共和国民法典》《中华人民共和国民事诉讼法》《中华人民共和国海商法》《中华人民共和国海事诉讼特别程序法》等法律,制定本规定。"

2. 将第八条修改为:

"碰撞船舶船载货物权利人或者第三人向碰撞船舶一方或者双方就货物或其他财产损失提出赔偿请求的,由碰撞船舶方提供证据证明过失程度的比例。无正当理由拒不提供证据的,由碰撞船舶一方承担全部赔偿责任或者由双方承担连带赔偿责任。

前款规定的证据指具有法律效力的判决书、裁定书、调解书和仲裁裁决书。对于碰撞船舶提交的国外的判决书、裁定书、调解书和仲裁裁决书,依照民事诉讼法第二百八十二条和第二百八十三条规定的程序审查。"

二十六、修改《最高人民法院关于审理无正本提单交付货物案件适用法律若干问题的规定》

将引言修改为：

"为正确审理无正本提单交付货物案件,根据《中华人民共和国民法典》《中华人民共和国海商法》等法律,制定本规定。"

二十七、修改《最高人民法院关于审理海事赔偿责任限制相关纠纷案件的若干规定》

将第二十一条修改为：

"海商法第二百一十三条规定的利息,自海事事故发生之日起至基金设立之日止,按同期全国银行间同业拆借中心公布的贷款市场报价利率计算。

以担保方式设立海事赔偿责任限制基金的,基金设立期间的利息按同期全国银行间同业拆借中心公布的贷款市场报价利率计算。"

二十八、修改《最高人民法院关于审理船舶油污损害赔偿纠纷案件若干问题的规定》

将引言修改为：

"为正确审理船舶油污损害赔偿纠纷案件,依照《中华人民共和国民法典》《中华人民共和国海洋环境保护法》《中华人民共和国海商法》《中华人民共和国民事诉讼法》《中华人民共和国海事诉讼特别程序法》等法律法规以及中华人民共和国缔结或者参加的有关国际条约,结合审判实践,制定本规定。"

二十九、修改《最高人民法院关于审理海上货运代理纠纷案件若干问题的规定》

1. 将引言修改为：

"为正确审理海上货运代理纠纷案件,依法保护当事人合法权益,根据《中华人民共和国民法典》《中华人民共和国海商法》《中华人民共和国民事诉讼法》和《中华人民共和国海事诉讼特别程序法》等有关法律规定,结合审判实践,制定本规定。"

2. 将第六条修改为：

"一方当事人根据双方的交易习惯,有理由相信行为人有权代表对方当事人订立海上货运代理合同,该方当事人依据民法典第一百七十二条的规定主张合同成立的,人民法院应予支持。"

本决定自 2021 年 1 月 1 日起施行。

根据本决定,《最高人民法院关于破产企业国有划拨土地使用权应否列入破产财产等问题的批复》等二十九件商事类司法解释作相应修改后重新公布。

最高人民法院
关于破产企业国有划拨土地使用权应否列入
破产财产等问题的批复

（2002 年 10 月 11 日最高人民法院审判委员会第 1245 次会议通过，根据 2020 年 12 月 23 日最高人民法院审判委员会第 1823 次会议通过的《最高人民法院关于修改〈最高人民法院关于破产企业国有划拨土地使用权应否列入破产财产等问题的批复〉等二十九件商事类司法解释的决定》修正）

湖北省高级人民法院：

你院鄂高法〔2002〕158 号《关于破产企业国有划拨土地使用权应否列入破产财产以及有关抵押效力认定等问题的请示》收悉。经研究，答复如下：

一、根据《中华人民共和国土地管理法》第五十八条第一款第（三）项及《城镇国有土地使用权出让和转让暂行条例》第四十七条的规定，破产企业以划拨方式取得的国有土地使用权不属于破产财产，在企业破产时，有关人民政府可以予以收回，并依法处置。纳入国家兼并破产计划的国有企业，其依法取得的国有土地使用权，应依据国务院有关文件规定办理。

二、企业对其以划拨方式取得的国有土地使用权无处分权，以该土地使用权设定抵押，未经有审批权限的人民政府或土地行政管理部门批准的，不影响抵押合同效力；履行了法定的审批手续，并依法办理抵押登记的，抵押权自登记时设立。根据《中华人民共和国城市房地产管理法》第五十一条的规定，抵押权人只有在以抵押标的物折价或拍卖、变卖所得价款缴纳相当于土地使用权出让金的款项后，对剩余部分方可享有优先受偿权。但纳入国家兼并破产计划的国有企业，其用以划拨方式取得的国有土地使用权设定抵押的，应依据国务院有关文件规定办理。

三、国有企业以关键设备、成套设备、建筑物设定抵押的，如无其他法定的无效情形，不应当仅以未经政府主管部门批准为由认定抵押合同无效。

本批复自公布之日起施行，正在审理或者尚未审理的案件，适用本批复，但对提起再审的判决、裁定已经发生法律效力的案件除外。

此复。

最高人民法院
关于审理存单纠纷案件的若干规定

(1997 年 11 月 25 日最高人民法院审判委员会第 946 次会议通过,根据 2020 年 12 月 23 日最高人民法院审判委员会第 1823 次会议通过的《最高人民法院关于修改〈最高人民法院关于破产企业国有划拨土地使用权应否列入破产财产等问题的批复〉等二十九件商事类司法解释的决定》修正)

为正确审理存单纠纷案件,根据《中华人民共和国民法典》的有关规定和在总结审判经验的基础上,制定本规定。

第一条 存单纠纷案件的范围

(一)存单持有人以存单为重要证据向人民法院提起诉讼的纠纷案件;

(二)当事人以进账单、对账单、存款合同等凭证为主要证据向人民法院提起诉讼的纠纷案件;

(三)金融机构向人民法院起诉要求确认存单、进账单、对账单、存款合同等凭证无效的纠纷案件;

(四)以存单为表现形式的借贷纠纷案件。

第二条 存单纠纷案件的案由

人民法院可将本规定第一条所列案件,一律以存单纠纷为案由。实际审理时应以存单纠纷案件中真实法律关系为基础依法处理。

第三条 存单纠纷案件的受理与中止

存单纠纷案件当事人向人民法院提起诉讼,人民法院应当依照《中华人民共和国民事诉讼法》第一百一十九条的规定予以审查,符合规定的,均应受理。

人民法院在受理存单纠纷案件后,如发现犯罪线索,应将犯罪线索及时书面告知公安或检察机关。如案件当事人因伪造、变造、虚开存单或涉嫌诈骗,有关国家机关已立案侦查,存单纠纷案件确须待刑事案件结案后才能审理的,人民法院应当中止审理。对于追究有关当事人的刑事责任不影响对存单纠纷案件审理的,人民法院应对存单纠纷案件有关当事人是否承担民事责任以及承担民事责任的大小依法及时进行认定和处理。

第四条　存单纠纷案件的管辖

依照《中华人民共和国民事诉讼法》第二十三条的规定,存单纠纷案件由被告住所地人民法院或出具存单、进账单、对账单或与当事人签订存款合同的金融机构住所地人民法院管辖。住所地与经常居住地不一致的,由经常居住地人民法院管辖。

第五条　对一般存单纠纷案件的认定和处理

(一)认定

当事人以存单或进账单、对账单、存款合同等凭证为主要证据向人民法院提起诉讼的存单纠纷案件和金融机构向人民法院提起的确认存单或进账单、对账单、存款合同等凭证无效的存单纠纷案件,为一般存单纠纷案件。

(二)处理

人民法院在审理一般存单纠纷案件中,除应审查存单、进账单、对账单、存款合同等凭证的真实性外,还应审查持有人与金融机构间存款关系的真实性,并以存单、进账单、对账单、存款合同等凭证的真实性以及存款关系的真实性为依据,作出正确处理。

1.持有人以上述真实凭证为证据提起诉讼的,金融机构应当对持有人与金融机构间是否存在存款关系负举证责任。如金融机构有充分证据证明持有人未向金融机构交付上述凭证所记载的款项的,人民法院应当认定持有人与金融机构间不存在存款关系,并判决驳回原告的诉讼请求。

2.持有人以上述真实凭证为证据提起诉讼的,如金融机构不能提供证明存款关系不真实的证据,或仅以金融机构底单的记载内容与上述凭证记载内容不符为由进行抗辩的,人民法院应认定持有人与金融机构间存款关系成立,金融机构应当承担兑付款项的义务。

3.持有人以在样式、印鉴、记载事项上有别于真实凭证,但无充分证据证明系伪造或变造的瑕疵凭证提起诉讼的,持有人应对瑕疵凭证的取得提供合理的陈述。如持有人对瑕疵凭证的取得提供了合理陈述,而金融机构否认存款关系存在的,金融机构应当对持有人与金融机构间是否存在存款关系负举证责任。如金融机构有充分证据证明持有人未向金融机构交付上述凭证所记载的款项的,人民法院应当认定持有人与金融机构间不存在存款关系,判决驳回原告的诉讼请求;如金融机构不能提供证明存款关系不真实的证据,或仅以金融机构底单的记载内容与上述凭证记载内容不符为由进行抗辩的,人民法院应认定持有人与金融机构间存款关系成立,金融机构应当承担兑付款项的义务。

4.存单纠纷案件的审理中,如有充足证据证明存单、进账单、对账单、存款合同等凭证系伪造、变造,人民法院应在查明案件事实的基础上,依法确认上述凭证无效,并可驳回持上述凭证起诉的原告的诉讼请求或根据实际存款数额进行判决。如有本规定第三条中止审理情形的,人民法院应当中止审理。

第六条 对以存单为表现形式的借贷纠纷案件的认定和处理

(一)认定

在出资人直接将款项交与用资人使用,或通过金融机构将款项交与用资人使用,金融机构向出资人出具存单或进账单、对账单或与出资人签订存款合同,出资人从用资人或从金融机构取得或约定取得高额利差的行为中发生的存单纠纷案件,为以存单为表现形式的借贷纠纷案件。但符合本规定第七条所列委托贷款和信托贷款的除外。

(二)处理

以存单为表现形式的借贷,属于违法借贷,出资人收取的高额利差应充抵本金,出资人,金融机构与用资人因参与违法借贷均应当承担相应的民事责任。可分以下几种情况处理:

1.出资人将款项或票据(以下统称资金)交付给金融机构,金融机构给出资人出具存单或进账单、对账单或与出资人签订存款合同,并将资金自行转给用资人的,金融机构与用资人对偿还出资人本金及利息承担连带责任;利息按人民银行同期存款利率计算至给付之日。

2.出资人未将资金交付给金融机构,而是依照金融机构的指定将资金直接转给用资人,金融机构给出资人出具存单或进账单、对账单或与出资人签订存款合同的,首先由用资人偿还出资人本金及利息,金融机构对用资人不能偿还出资人本金及利息部分承担补充赔偿责任;利息按人民银行同期存款利率计算至给付之日。

3.出资人将资金交付给金融机构,金融机构给出资人出具存单或进账单、对账单或与出资人签订存款合同,出资人再指定金融机构将资金转给用资人的,首先由用资人返还出资人本金和利息。利息按人民银行同期存款利率计算至给付之日。金融机构因其帮助违法借贷的过错,应当对用资人不能偿还出资人本金部分承担赔偿责任,但不超过不能偿还本金部分的百分之四十。

4.出资人未将资金交付给金融机构,而是自行将资金直接转给用资人,金融机构给出资人出具存单或进账单、对账单或与出资人签订存款合同的,首先由用资人返还出资人本金和利息。利息按人民银行同期存款利率计算至给付之日。金融机构因其帮助违法借贷的过错,应当对用资人不能偿还出资人本金部分承担赔偿责任,但不超过不能偿还本金部分的百分之二十。

本条中所称交付,指出资人向金融机构转移现金的占有或出资人向金融机构交付注明出资人或金融机构(包括金融机构的下属部门)为收款人的票据。出资人向金融机构交付有资金数额但未注明收款人的票据的,亦属于本条中所称交付。

如以存单为表现形式的借贷行为确已发生,即使金融机构向出资人出具的存单、进账单、对账单或与出资人签订的存款合同存在虚假、瑕疵,或金融机构工作人员超越权限出具上述凭证等情形,亦不影响人民法院按以上规定对案件进行处理。

(三)当事人的确定

出资人起诉金融机构的,人民法院应通知用资人作为第三人参加诉讼;出资人起诉用资人的,人民法院应通知金融机构作为第三人参加诉讼;公款私存的,人民法院在查明款项的真实所有人基础上,应通知款项的真实所有人为权利人参加诉讼,与存单记载的个人为共同诉讼人。该个人申请退出诉讼的,人民法院可予准许。

第七条 对存单纠纷案件中存在的委托贷款关系和信托贷款关系的认定和纠纷的处理

(一)认定

存单纠纷案件中,出资人与金融机构、用资人之间按有关委托贷款的要求签订有委托贷款协议的,人民法院应认定出资人与金融机构间成立委托贷款关系。金融机构向出资人出具的存单或进账单、对账单或与出资人签订的存款合同,均不影响金融机构与出资人间委托贷款关系的成立。出资人与金融机构间签订委托贷款协议后,由金融机构自行确定用资人的,人民法院应认定出资人与金融机构间成立信托贷款关系。

委托贷款协议和信托贷款协议应当用书面形式。口头委托贷款或信托贷款,当事人无异议的,人民法院可予以认定;有其他证据能够证明金融机构与出资人之间确系委托贷款或信托贷款关系的,人民法院亦予以认定。

(二)处理

构成委托贷款的,金融机构出具的存单或进账单、对账单或与出资人签订的存款合同不作为存款关系的证明,借款方不能偿还贷款的风险应当由委托人承担。如有证据证明金融机构出具上述凭证是对委托贷款进行担保的,金融机构对偿还贷款承担连带担保责任。委托贷款中约定的利率超过人民银行规定的部分无效。构成信托贷款的,按人民银行有关信托贷款的规定处理。

第八条　对存单质押的认定和处理

存单可以质押。存单持有人以伪造、变造的虚假存单质押的,质押合同无效。接受虚假存单质押的当事人如以该存单质押为由起诉金融机构,要求兑付存款优先受偿的,人民法院应当判决驳回其诉讼请求,并告知其可另案起诉出质人。

存单持有人以金融机构开具的、未有实际存款或与实际存款不符的存单进行质押,以骗取或占用他人财产的,该质押关系无效。接受存单质押的人起诉的,该存单持有人与开具存单的金融机构为共同被告。利用存单骗取或占用他人财产的存单持有人对侵犯他人财产权承担赔偿责任,开具存单的金融机构因其过错致他人财产权受损,对所造成的损失承担连带赔偿责任。接受存单质押的人在审查存单的真实性上有重大过失的,开具存单的金融机构仅对所造成的损失承担补充赔偿责任。明知存单虚假而接受存单质押的,开具存单的金融机构不承担民事赔偿责任。

以金融机构核押的存单出质的,即便存单系伪造、变造、虚开,质押合同均为有效,金融机构应当依法向质权人兑付存单所记载的款项。

第九条　其他

在存单纠纷案件的审理中,有关当事人如有违法行为,依法应给予民事制裁的,人民法院可依法对有关当事人实施民事制裁。案件审理中发现的犯罪线索,人民法院应及时书面告知公安或检查机关,并将有关材料及时移送公安或检察机关。

最高人民法院
关于审理军队、武警部队、政法机关移交、撤销
企业和与党政机关脱钩企业相关纠纷案件
若干问题的规定

（2001 年 2 月 6 日最高人民法院审判委员会第 1158 次会议通过，根据 2020 年 12 月 23 日最高人民法院审判委员会第 1823 次会议通过的《最高人民法院关于修改〈最高人民法院关于破产企业国有划拨土地使用权应否列入破产财产等问题的批复〉等二十九件商事类司法解释的决定》修正）

为依法准确审理军队、武警部队、政法机关移交、撤销企业和与党政机关脱钩的企业所发生的债务纠纷案件和破产案件，根据《中华人民共和国民法典》《中华人民共和国公司法》《中华人民共和国民事诉讼法》《中华人民共和国企业破产法》的有关规定，作如下规定：

一、移交、撤销、脱钩企业债务纠纷的处理

第一条 军队、武警部队、政法机关和党政机关开办的企业（以下简称被开办企业）具备法人条件并领取了企业法人营业执照的，根据民法典第六十条的规定，应当以其全部财产独立承担民事责任。

第二条 被开办企业领取了企业法人营业执照，虽然实际投入的资金与注册资金不符，但已达到了《中华人民共和国企业法人登记管理条例施行细则》第十二条第七项规定数额的，应当认定其具备法人资格，开办单位应当在该企业实际投入资金与注册资金的差额范围内承担民事责任。

第三条 被开办企业虽然领取了企业法人营业执照，但投入的资金未达到《中华人民共和国企业法人登记管理条例施行细则》第十二条第七项规定数额的，或者不具备企业法人其他条件的，应当认定其不具备法人资格，其民事责任由开办单位承担。

第四条　开办单位抽逃、转移资金或者隐匿财产以逃避被开办企业债务的,应当将所抽逃、转移的资金或者隐匿的财产退回,用以清偿被开办企业的债务。

第五条　开办单位或其主管部门在被开办企业撤销时,向工商行政管理机关出具证明文件,自愿对被开办企业的债务承担责任的,应当按照承诺对被开办企业的债务承担民事责任。

第六条　开办单位已经在被开办企业注册资金不实的范围内承担了民事责任的,应视为开办单位的注册资金已经足额到位,不再继续承担注册资金不实的责任。

二、移交、撤销、脱钩企业破产案件的处理

第七条　被开办企业或者债权人向人民法院申请破产的,不论开办单位的注册资金是否足额到位,人民法院均应当受理。

第八条　被开办企业被宣告破产的,开办单位对其没有投足的注册资金、收取的资金和实物、转移的资金或者隐匿的财产,都应当由清算组负责收回。

第九条　被开办企业向社会或者向企业内部职工集资未清偿的,在破产财产分配时,应当按照《中华人民共和国企业破产法》第一百一十三条第一款第一项的规定予以清偿。

三、财产保全和执行

第十条　人民法院在审理有关移交、撤销、脱钩的企业的案件时,认定开办单位应当承担民事责任的,不得对开办单位的国库款、军费、财政经费账户、办公用房、车辆等其他办公必需品采取查封、扣押、冻结、拍卖等保全和执行措施。

四、适用范围

第十一条　本规定仅适用于审理此次军队、武警部队、政法机关移交、撤销企业和与党政机关脱钩的企业所发生的债务纠纷案件和破产案件。

最高人民法院
关于审理与企业改制相关的民事纠纷案件
若干问题的规定

(2002 年 12 月 3 日最高人民法院审判委员会第 1259 次会议通过,根据 2020 年 12 月 23 日最高人民法院审判委员会第 1823 次会议通过的《最高人民法院关于修改〈最高人民法院关于破产企业国有划拨土地使用权应否列入破产财产等问题的批复〉等二十九件商事类司法解释的决定》修正)

为了正确审理与企业改制相关的民事纠纷案件,根据《中华人民共和国民法典》《中华人民共和国公司法》《中华人民共和国全民所有制工业企业法》《中华人民共和国民事诉讼法》等法律、法规的规定,结合审判实践,制定本规定。

一、案件受理

第一条 人民法院受理以下平等民事主体间在企业产权制度改造中发生的民事纠纷案件:

(一)企业公司制改造中发生的民事纠纷;

(二)企业股份合作制改造中发生的民事纠纷;

(三)企业分立中发生的民事纠纷;

(四)企业债权转股权纠纷;

(五)企业出售合同纠纷;

(六)企业兼并合同纠纷;

(七)与企业改制相关的其他民事纠纷。

第二条 当事人起诉符合本规定第一条所列情形,并符合民事诉讼法第一百一十九条规定的起诉条件的,人民法院应当予以受理。

第三条 政府主管部门在对企业国有资产进行行政性调整、划转过程中发生的纠纷,当事人向人民法院提起民事诉讼的,人民法院不予受理。

二、企业公司制改造

第四条 国有企业依公司法整体改造为国有独资有限责任公司的,原企业的债务,由改造后的有限责任公司承担。

第五条 企业通过增资扩股或者转让部分产权,实现他人对企业的参股,将企业整体改造为有限责任公司或者股份有限公司的,原企业债务由改造后的新设公司承担。

第六条 企业以其部分财产和相应债务与他人组建新公司,对所转移的债务债权人认可的,由新组建的公司承担民事责任;对所转移的债务未通知债权人或者虽通知债权人,而债权人不予认可的,由原企业承担民事责任。原企业无力偿还债务,债权人就此向新设公司主张债权的,新设公司在所接收的财产范围内与原企业承担连带民事责任。

第七条 企业以其优质财产与他人组建新公司,而将债务留在原企业,债权人以新设公司和原企业作为共同被告提起诉讼主张债权的,新设公司应当在所接收的财产范围内与原企业共同承担连带责任。

三、企业股份合作制改造

第八条 由企业职工买断企业产权,将原企业改造为股份合作制的,原企业的债务,由改造后的股份合作制企业承担。

第九条 企业向其职工转让部分产权,由企业与职工共同组建股份合作制企业的,原企业的债务由改造后的股份合作制企业承担。

第十条 企业通过其职工投资增资扩股,将原企业改造为股份合作制企业的,原企业的债务由改造后的股份合作制企业承担。

第十一条 企业在进行股份合作制改造时,参照公司法的有关规定,公告通知了债权人。企业股份合作制改造后,债权人就原企业资产管理人(出资人)隐瞒或者遗漏的债务起诉股份合作制企业的,如债权人在公告期内申报过该债权,股份合作制企业在承担民事责任后,可再向原企业资产管理人(出资人)追偿。如债权人在公告期内未申报过该债权,则股份合作制企业不承担民事责任,人民法院可告知债权人另行起诉原企业资产管理人(出资人)。

四、企业分立

第十二条 债权人向分立后的企业主张债权,企业分立时对原企业的债务承担有约定,并经债权人认可的,按照当事人的约定处理;企业分立时对原企业债务承担没有约定或者约定不明,或者虽然有约定但债权人不予认可的,分立后的企业应当承担连带责任。

第十三条 分立的企业在承担连带责任后,各分立的企业间对原企业债务承担有约定的,按照约定处理;没有约定或者约定不明的,根据企业分立时的资产比例分担。

五、企业债权转股权

第十四条 债权人与债务人自愿达成债权转股权协议,且不违反法律和行政法规强制性规定的,人民法院在审理相关的民事纠纷案件中,应当确认债权转股权协议有效。

政策性债权转股权,按照国务院有关部门的规定处理。

第十五条 债务人以隐瞒企业资产或者虚列企业资产为手段,骗取债权人与其签订债权转股权协议,债权人在法定期间内行使撤销权的,人民法院应当予以支持。

债权转股权协议被撤销后,债权人有权要求债务人清偿债务。

第十六条 部分债权人进行债权转股权的行为,不影响其他债权人向债务人主张债权。

六、国有小型企业出售

第十七条 以协议转让形式出售企业,企业出售合同未经有审批权的地方人民政府或其授权的职能部门审批的,人民法院在审理相关的民事纠纷案件时,应当确认该企业出售合同不生效。

第十八条 企业出售中,当事人双方恶意串通,损害国家利益的,人民法院在审理相关的民事纠纷案件时,应当确认该企业出售行为无效。

第十九条 企业出售中,出卖人实施的行为具有法律规定的撤销情形,买受人在法定期限内行使撤销权的,人民法院应当予以支持。

第二十条 企业出售合同约定的履行期限届满,一方当事人拒不履行合同,或者未完全履行合同义务,致使合同目的不能实现,对方当事人要求解除合同并要求赔偿损失的,人民法院应当予以支持。

第二十一条 企业出售合同约定的履行期限届满,一方当事人未完全履行合同义务,对方当事人要求继续履行合同并要求赔偿损失的,人民法院应当予以支持。双方当事人均未完全履行合同义务的,应当根据当事人的过错,确定各自应当承担的民事责任。

第二十二条　企业出售时,出卖人对所售企业的资产负债状况、损益状况等重大事项未履行如实告知义务,影响企业出售价格,买受人就此向人民法院起诉主张补偿的,人民法院应当予以支持。

第二十三条　企业出售合同被确认无效或者被撤销的,企业售出后买受人经营企业期间发生的经营盈亏,由买受人享有或者承担。

第二十四条　企业售出后,买受人将所购企业资产纳入本企业或者将所购企业变更为所属分支机构的,所购企业的债务,由买受人承担。但买卖双方另有约定,并经债权人认可的除外。

第二十五条　企业售出后,买受人将所购企业资产作价入股与他人重新组建新公司,所购企业法人予以注销的,对所购企业出售前的债务,买受人应当以其所有财产,包括在新组建公司中的股权承担民事责任。

第二十六条　企业售出后,买受人将所购企业重新注册为新的企业法人,所购企业法人被注销的,所购企业出售前的债务,应当由新注册的企业法人承担。但买卖双方另有约定,并经债权人认可的除外。

第二十七条　企业售出后,应当办理而未办理企业法人注销登记,债权人起诉该企业的,人民法院应当根据企业资产转让后的具体情况,告知债权人追加责任主体,并判令责任主体承担民事责任。

第二十八条　出售企业时,参照公司法的有关规定,出卖人公告通知了债权人。企业售出后,债权人就出卖人隐瞒或者遗漏的原企业债务起诉买受人的,如债权人在公告期内申报过该债权,买受人在承担民事责任后,可再行向出卖人追偿。如债权人在公告期内未申报过该债权,则买受人不承担民事责任。人民法院可告知债权人另行起诉出卖人。

第二十九条　出售企业的行为具有民法典第五百三十八条、第五百三十九条规定的情形,债权人在法定期限内行使撤销权的,人民法院应当予以支持。

七、企业兼并

第三十条　企业兼并协议自当事人签字盖章之日起生效。需经政府主管部门批准的,兼并协议自批准之日起生效;未经批准的,企业兼并协议不生效。

但当事人在一审法庭辩论终结前补办报批手续的，人民法院应当确认该兼并协议有效。

第三十一条　企业吸收合并后，被兼并企业的债务应当由兼并方承担。

第三十二条　企业新设合并后，被兼并企业的债务由新设合并后的企业法人承担。

第三十三条　企业吸收合并或新设合并后，被兼并企业应当办理而未办理工商注销登记，债权人起诉被兼并企业的，人民法院应当根据企业兼并后的具体情况，告知债权人追加责任主体，并判令责任主体承担民事责任。

第三十四条　以收购方式实现对企业控股的，被控股企业的债务，仍由其自行承担。但因控股企业抽逃资金、逃避债务，致被控股企业无力偿还债务的，被控股企业的债务则由控股企业承担。

八、附则

第三十五条　本规定自二〇〇三年二月一日起施行。在本规定施行前，本院制定的有关企业改制方面的司法解释与本规定相抵触的，不再适用。

最高人民法院
关于适用《中华人民共和国公司法》
若干问题的规定(二)

(2008 年 5 月 5 日最高人民法院审判委员会第 1447 次会议通过,根据 2014 年 2 月 17 日最高人民法院审判委员会第 1607 次会议《关于修改关于适用〈中华人民共和国公司法〉若干问题的规定的决定》第一次修正,根据 2020 年 12 月 23 日最高人民法院审判委员会第 1823 次会议通过的《最高人民法院关于修改〈最高人民法院关于破产企业国有划拨土地使用权应否列入破产财产等问题的批复〉等二十九件商事类司法解释的决定》第二次修正)

为正确适用《中华人民共和国公司法》,结合审判实践,就人民法院审理公司解散和清算案件适用法律问题作出如下规定。

第一条 单独或者合计持有公司全部股东表决权百分之十以上的股东,以下列事由之一提起解散公司诉讼,并符合公司法第一百八十二条规定的,人民法院应予受理:

(一)公司持续两年以上无法召开股东会或者股东大会,公司经营管理发生严重困难的;

(二)股东表决时无法达到法定或者公司章程规定的比例,持续两年以上不能做出有效的股东会或者股东大会决议,公司经营管理发生严重困难的;

(三)公司董事长期冲突,且无法通过股东会或者股东大会解决,公司经营管理发生严重困难的;

(四)经营管理发生其他严重困难,公司继续存续会使股东利益受到重大损失的情形。

股东以知情权、利润分配请求权等权益受到损害,或者公司亏损、财产不足以偿还全部债务,以及公司被吊销企业法人营业执照未进行清算等为由,提起解散公司诉讼的,人民法院不予受理。

第二条　股东提起解散公司诉讼,同时又申请人民法院对公司进行清算的,人民法院对其提出的清算申请不予受理。人民法院可以告知原告,在人民法院判决解散公司后,依据民法典第七十条、公司法第一百八十三条和本规定第七条的规定,自行组织清算或者另行申请人民法院对公司进行清算。

第三条　股东提起解散公司诉讼时,向人民法院申请财产保全或者证据保全的,在股东提供担保且不影响公司正常经营的情形下,人民法院可予以保全。

第四条　股东提起解散公司诉讼应当以公司为被告。

原告以其他股东为被告一并提起诉讼的,人民法院应当告知原告将其他股东变更为第三人;原告坚持不予变更的,人民法院应当驳回原告对其他股东的起诉。

原告提起解散公司诉讼应当告知其他股东,或者由人民法院通知其参加诉讼。其他股东或者有关利害关系人申请以共同原告或者第三人身份参加诉讼的,人民法院应予准许。

第五条　人民法院审理解散公司诉讼案件,应当注重调解。当事人协商同意由公司或者股东收购股份,或者以减资等方式使公司存续,且不违反法律、行政法规强制性规定的,人民法院应予支持。当事人不能协商一致使公司存续的,人民法院应当及时判决。

经人民法院调解公司收购原告股份的,公司应当自调解书生效之日起六个月内将股份转让或者注销。股份转让或者注销之前,原告不得以公司收购其股份为由对抗公司债权人。

第六条　人民法院关于解散公司诉讼作出的判决,对公司全体股东具有法律约束力。

人民法院判决驳回解散公司诉讼请求后,提起该诉讼的股东或者其他股东又以同一事实和理由提起解散公司诉讼的,人民法院不予受理。

第七条　公司应当依照民法典第七十条、公司法第一百八十三条的规定,在解散事由出现之日起十五日内成立清算组,开始自行清算。

有下列情形之一,债权人、公司股东、董事或其他利害关系人申请人民法

院指定清算组进行清算的,人民法院应予受理:

(一)公司解散逾期不成立清算组进行清算的;

(二)虽然成立清算组但故意拖延清算的;

(三)违法清算可能严重损害债权人或者股东利益的。

第八条 人民法院受理公司清算案件,应当及时指定有关人员组成清算组。

清算组成员可以从下列人员或者机构中产生:

(一)公司股东、董事、监事、高级管理人员;

(二)依法设立的律师事务所、会计师事务所、破产清算事务所等社会中介机构;

(三)依法设立的律师事务所、会计师事务所、破产清算事务所等社会中介机构中具备相关专业知识并取得执业资格的人员。

第九条 人民法院指定的清算组成员有下列情形之一的,人民法院可以根据债权人、公司股东、董事或其他利害关系人的申请,或者依职权更换清算组成员:

(一)有违反法律或者行政法规的行为;

(二)丧失执业能力或者民事行为能力;

(三)有严重损害公司或者债权人利益的行为。

第十条 公司依法清算结束并办理注销登记前,有关公司的民事诉讼,应当以公司的名义进行。

公司成立清算组的,由清算组负责人代表公司参加诉讼;尚未成立清算组的,由原法定代表人代表公司参加诉讼。

第十一条 公司清算时,清算组应当按照公司法第一百八十五条的规定,将公司解散清算事宜书面通知全体已知债权人,并根据公司规模和营业地域范围在全国或者公司注册登记地省级有影响的报纸上进行公告。

清算组未按照前款规定履行通知和公告义务,导致债权人未及时申报债权而未获清偿,债权人主张清算组成员对因此造成的损失承担赔偿责任的,人民法院应依法予以支持。

第十二条 公司清算时,债权人对清算组核定的债权有异议的,可以要求清算组重新核定。清算组不予重新核定,或者债权人对重新核定的债权仍有异议,债权人以公司为被告向人民法院提起诉讼请求确认的,人民法院应予受理。

第十三条 债权人在规定的期限内未申报债权,在公司清算程序终结前补充申报的,清算组应予登记。

公司清算程序终结,是指清算报告经股东会、股东大会或者人民法院确认完毕。

第十四条 债权人补充申报的债权,可以在公司尚未分配财产中依法清偿。公司尚未分配财产不能全额清偿,债权人主张股东以其在剩余财产分配中已经取得的财产予以清偿的,人民法院应予支持;但债权人因重大过错未在规定期限内申报债权的除外。

债权人或者清算组,以公司尚未分配财产和股东在剩余财产分配中已经取得的财产,不能全额清偿补充申报的债权为由,向人民法院提出破产清算申请的,人民法院不予受理。

第十五条 公司自行清算的,清算方案应当报股东会或者股东大会决议确认;人民法院组织清算的,清算方案应当报人民法院确认。未经确认的清算方案,清算组不得执行。

执行未经确认的清算方案给公司或者债权人造成损失,公司、股东、董事、公司其他利害关系人或者债权人主张清算组成员承担赔偿责任的,人民法院应依法予以支持。

第十六条 人民法院组织清算的,清算组应当自成立之日起六个月内清算完毕。

因特殊情况无法在六个月内完成清算的,清算组应当向人民法院申请延长。

第十七条 人民法院指定的清算组在清理公司财产、编制资产负债表和财产清单时,发现公司财产不足清偿债务的,可以与债权人协商制作有关债务清偿方案。

债务清偿方案经全体债权人确认且不损害其他利害关系人利益的,人民法院可依清算组的申请裁定予以认可。清算组依据该清偿方案清偿债务后,应当向人民法院申请裁定终结清算程序。

债权人对债务清偿方案不予确认或者人民法院不予认可的,清算组应当依法向人民法院申请宣告破产。

第十八条 有限责任公司的股东、股份有限公司的董事和控股股东未在法定期限内成立清算组开始清算，导致公司财产贬值、流失、毁损或者灭失，债权人主张其在造成损失范围内对公司债务承担赔偿责任的，人民法院应依法予以支持。

有限责任公司的股东、股份有限公司的董事和控股股东因怠于履行义务，导致公司主要财产、账册、重要文件等灭失，无法进行清算，债权人主张其对公司债务承担连带清偿责任的，人民法院应依法予以支持。

上述情形系实际控制人原因造成，债权人主张实际控制人对公司债务承担相应民事责任的，人民法院应依法予以支持。

第十九条 有限责任公司的股东、股份有限公司的董事和控股股东，以及公司的实际控制人在公司解散后，恶意处置公司财产给债权人造成损失，或者未经依法清算，以虚假的清算报告骗取公司登记机关办理法人注销登记，债权人主张其对公司债务承担相应赔偿责任的，人民法院应依法予以支持。

第二十条 公司解散应当在依法清算完毕后，申请办理注销登记。公司未经清算即办理注销登记，导致公司无法进行清算，债权人主张有限责任公司的股东、股份有限公司的董事和控股股东，以及公司的实际控制人对公司债务承担清偿责任的，人民法院应依法予以支持。

公司未经依法清算即办理注销登记，股东或者第三人在公司登记机关办理注销登记时承诺对公司债务承担责任，债权人主张其对公司债务承担相应民事责任的，人民法院应依法予以支持。

第二十一条 按照本规定第十八条和第二十条第一款的规定应当承担责任的有限责任公司的股东、股份有限公司的董事和控股股东，以及公司的实际控制人为二人以上的，其中一人或者数人依法承担民事责任后，主张其他人员按照过错大小分担责任的，人民法院应依法予以支持。

第二十二条 公司解散时，股东尚未缴纳的出资均应作为清算财产。股东尚未缴纳的出资，包括到期应缴未缴的出资，以及依照公司法第二十六条和第八十条的规定分期缴纳尚未届满缴纳期限的出资。

公司财产不足以清偿债务时，债权人主张未缴出资股东，以及公司设立时的其他股东或者发起人在未缴出资范围内对公司债务承担连带清偿责任的，人民法院应依法予以支持。

第二十三条 清算组成员从事清算事务时,违反法律、行政法规或者公司章程给公司或者债权人造成损失,公司或者债权人主张其承担赔偿责任的,人民法院应依法予以支持。

有限责任公司的股东、股份有限公司连续一百八十日以上单独或者合计持有公司百分之一以上股份的股东,依据公司法第一百五十一条第三款的规定,以清算组成员有前款所述行为为由向人民法院提起诉讼的,人民法院应予受理。

公司已经清算完毕注销,上述股东参照公司法第一百五十一条第三款的规定,直接以清算组成员为被告、其他股东为第三人向人民法院提起诉讼的,人民法院应予受理。

第二十四条 解散公司诉讼案件和公司清算案件由公司住所地人民法院管辖。公司住所地是指公司主要办事机构所在地。公司办事机构所在地不明确的,由其注册地人民法院管辖。

基层人民法院管辖县、县级市或者区的公司登记机关核准登记公司的解散诉讼案件和公司清算案件;中级人民法院管辖地区、地级市以上的公司登记机关核准登记公司的解散诉讼案件和公司清算案件。

最高人民法院
关于适用《中华人民共和国公司法》
若干问题的规定(三)

(2010 年 12 月 6 日最高人民法院审判委员会第 1504 次会议
通过,根据 2014 年 2 月 17 日最高人民法院审判委员会第
1607 次会议《关于修改关于适用〈中华人民共和国公司法〉
若干问题的规定的决定》第一次修正,根据 2020 年 12 月 23
日最高人民法院审判委员会第 1823 次会议通过的《最高人
民法院关于修改〈最高人民法院关于破产企业国有划拨土地
使用权应否列入破产财产等问题的批复〉等二十九件商事类
司法解释的决定》第二次修正)

为正确适用《中华人民共和国公司法》,结合审判实践,就人民法院审理
公司设立、出资、股权确认等纠纷案件适用法律问题作出如下规定。

第一条 为设立公司而签署公司章程、向公司认购出资或者股份并履行
公司设立职责的人,应当认定为公司的发起人,包括有限责任公司设立时的
股东。

第二条 发起人为设立公司以自己名义对外签订合同,合同相对人请求
该发起人承担合同责任的,人民法院应予支持;公司成立后合同相对人请求公
司承担合同责任的,人民法院应予支持。

第三条 发起人以设立中公司名义对外签订合同,公司成立后合同相对
人请求公司承担合同责任的,人民法院应予支持。

公司成立后有证据证明发起人利用设立中公司的名义为自己的利益与相
对人签订合同,公司以此为由主张不承担合同责任的,人民法院应予支持,但
相对人为善意的除外。

第四条 公司因故未成立,债权人请求全体或者部分发起人对设立公司

行为所产生的费用和债务承担连带清偿责任的,人民法院应予支持。

部分发起人依照前款规定承担责任后,请求其他发起人分担的,人民法院应当判令其他发起人按照约定的责任承担比例分担责任;没有约定责任承担比例的,按照约定的出资比例分担责任;没有约定出资比例的,按照均等份额分担责任。

因部分发起人的过错导致公司未成立,其他发起人主张其承担设立行为所产生的费用和债务的,人民法院应当根据过错情况,确定过错一方的责任范围。

第五条 发起人因履行公司设立职责造成他人损害,公司成立后受害人请求公司承担侵权赔偿责任的,人民法院应予支持;公司未成立,受害人请求全体发起人承担连带赔偿责任的,人民法院应予支持。

公司或者无过错的发起人承担赔偿责任后,可以向有过错的发起人追偿。

第六条 股份有限公司的认股人未按期缴纳所认股份的股款,经公司发起人催缴后在合理期间内仍未缴纳,公司发起人对该股份另行募集的,人民法院应当认定该募集行为有效。认股人延期缴纳股款给公司造成损失,公司请求该认股人承担赔偿责任的,人民法院应予支持。

第七条 出资人以不享有处分权的财产出资,当事人之间对于出资行为效力产生争议的,人民法院可以参照民法典第三百一十一条的规定予以认定。

以贪污、受贿、侵占、挪用等违法犯罪所得的货币出资后取得股权的,对违法犯罪行为予以追究、处罚时,应当采取拍卖或者变卖的方式处置其股权。

第八条 出资人以划拨土地使用权出资,或者以设定权利负担的土地使用权出资,公司、其他股东或者公司债权人主张认定出资人未履行出资义务的,人民法院应当责令当事人在指定的合理期间内办理土地变更手续或者解除权利负担;逾期未办理或者未解除的,人民法院应当认定出资人未依法全面履行出资义务。

第九条 出资人以非货币财产出资,未依法评估作价,公司、其他股东或者公司债权人请求认定出资人未履行出资义务的,人民法院应当委托具有合法资格的评估机构对该财产评估作价。评估确定的价额显著低于公司章程所定价额的,人民法院应当认定出资人未依法全面履行出资义务。

第十条 出资人以房屋、土地使用权或者需要办理权属登记的知识产权等财产出资,已经交付公司使用但未办理权属变更手续,公司、其他股东或者公司债权人主张认定出资人未履行出资义务的,人民法院应当责令当事人在指定的合理期间内办理权属变更手续;在前述期间内办理了权属变更手续的,人民法院应当认定其已经履行了出资义务;出资人主张自其实际交付财产给公司使用时享有相应股东权利的,人民法院应予支持。

出资人以前款规定的财产出资,已经办理权属变更手续但未交付给公司使用,公司或者其他股东主张其向公司交付、并在实际交付之前不享有相应股东权利的,人民法院应予支持。

第十一条 出资人以其他公司股权出资,符合下列条件的,人民法院应当认定出资人已履行出资义务:

(一)出资的股权由出资人合法持有并依法可以转让;

(二)出资的股权无权利瑕疵或者权利负担;

(三)出资人已履行关于股权转让的法定手续;

(四)出资的股权已依法进行了价值评估。

股权出资不符合前款第(一)、(二)、(三)项的规定,公司、其他股东或者公司债权人请求认定出资人未履行出资义务的,人民法院应当责令该出资人在指定的合理期间内采取补正措施,以符合上述条件;逾期未补正的,人民法院应当认定其未依法全面履行出资义务。

股权出资不符合本条第一款第(四)项的规定,公司、其他股东或者公司债权人请求认定出资人未履行出资义务的,人民法院应当按照本规定第九条的规定处理。

第十二条 公司成立后,公司、股东或者公司债权人以相关股东的行为符合下列情形之一且损害公司权益为由,请求认定该股东抽逃出资的,人民法院应予支持:

(一)制作虚假财务会计报表虚增利润进行分配;

(二)通过虚构债权债务关系将其出资转出;

(三)利用关联交易将出资转出;

(四)其他未经法定程序将出资抽回的行为。

第十三条 股东未履行或者未全面履行出资义务,公司或者其他股东请求其向公司依法全面履行出资义务的,人民法院应予支持。

公司债权人请求未履行或者未全面履行出资义务的股东在未出资本息范围内对公司债务不能清偿的部分承担补充赔偿责任的,人民法院应予支持;未履行或者未全面履行出资义务的股东已经承担上述责任,其他债权人提出相同请求的,人民法院不予支持。

股东在公司设立时未履行或者未全面履行出资义务,依照本条第一款或者第二款提起诉讼的原告,请求公司的发起人与被告股东承担连带责任的,人民法院应予支持;公司的发起人承担责任后,可以向被告股东追偿。

股东在公司增资时未履行或者未全面履行出资义务,依照本条第一款或者第二款提起诉讼的原告,请求未尽公司法第一百四十七条第一款规定的义务而使出资未缴足的董事、高级管理人员承担相应责任的,人民法院应予支持;董事、高级管理人员承担责任后,可以向被告股东追偿。

第十四条　股东抽逃出资,公司或者其他股东请求其向公司返还出资本息、协助抽逃出资的其他股东、董事、高级管理人员或者实际控制人对此承担连带责任的,人民法院应予支持。

公司债权人请求抽逃出资的股东在抽逃出资本息范围内对公司债务不能清偿的部分承担补充赔偿责任、协助抽逃出资的其他股东、董事、高级管理人员或者实际控制人对此承担连带责任的,人民法院应予支持;抽逃出资的股东已经承担上述责任,其他债权人提出相同请求的,人民法院不予支持。

第十五条　出资人以符合法定条件的非货币财产出资后,因市场变化或者其他客观因素导致出资财产贬值,公司、其他股东或者公司债权人请求该出资人承担补足出资责任的,人民法院不予支持。但是,当事人另有约定的除外。

第十六条　股东未履行或者未全面履行出资义务或者抽逃出资,公司根据公司章程或者股东会决议对其利润分配请求权、新股优先认购权、剩余财产分配请求权等股东权利作出相应的合理限制,该股东请求认定该限制无效的,人民法院不予支持。

第十七条　有限责任公司的股东未履行出资义务或者抽逃全部出资,经公司催告缴纳或者返还,其在合理期间内仍未缴纳或者返还出资,公司以股东会决议解除该股东的股东资格,该股东请求确认该解除行为无效的,人民法院不予支持。

在前款规定的情形下,人民法院在判决时应当释明,公司应当及时办理法定减资程序或者由其他股东或者第三人缴纳相应的出资。在办理法定减资程序或者其他股东或者第三人缴纳相应的出资之前,公司债权人依照本规定第十三条或者第十四条请求相关当事人承担相应责任的,人民法院应予支持。

第十八条 有限责任公司的股东未履行或者未全面履行出资义务即转让股权,受让人对此知道或者应当知道,公司请求该股东履行出资义务、受让人对此承担连带责任的,人民法院应予支持;公司债权人依照本规定第十三条第二款向该股东提起诉讼,同时请求前述受让人对此承担连带责任的,人民法院应予支持。

受让人根据前款规定承担责任后,向该未履行或者未全面履行出资义务的股东追偿的,人民法院应予支持。但是,当事人另有约定的除外。

第十九条 公司股东未履行或者未全面履行出资义务或者抽逃出资,公司或者其他股东请求其向公司全面履行出资义务或者返还出资,被告股东以诉讼时效为由进行抗辩的,人民法院不予支持。

公司债权人的债权未过诉讼时效期间,其依照本规定第十三条第二款、第十四条第二款的规定请求未履行或者未全面履行出资义务或者抽逃出资的股东承担赔偿责任,被告股东以出资义务或者返还出资义务超过诉讼时效期间为由进行抗辩的,人民法院不予支持。

第二十条 当事人之间对是否已履行出资义务发生争议,原告提供对股东履行出资义务产生合理怀疑证据的,被告股东应当就其已履行出资义务承担举证责任。

第二十一条 当事人向人民法院起诉请求确认其股东资格的,应当以公司为被告,与案件争议股权有利害关系的人作为第三人参加诉讼。

第二十二条 当事人之间对股权归属发生争议,一方请求人民法院确认其享有股权的,应当证明以下事实之一:

(一)已经依法向公司出资或者认缴出资,且不违反法律法规强制性规定;

(二)已经受让或者以其他形式继受公司股权,且不违反法律法规强制性规定。

第二十三条 当事人依法履行出资义务或者依法继受取得股权后,公司未根据公司法第三十一条、第三十二条的规定签发出资证明书、记载于股东名册并办理公司登记机关登记,当事人请求公司履行上述义务的,人民法院应予支持。

第二十四条 有限责任公司的实际出资人与名义出资人订立合同,约定由实际出资人出资并享有投资权益,以名义出资人为名义股东,实际出资人与名义股东对该合同效力发生争议的,如无法律规定的无效情形,人民法院应当认定该合同有效。

前款规定的实际出资人与名义股东因投资权益的归属发生争议,实际出资人以其实际履行了出资义务为由向名义股东主张权利的,人民法院应予支持。名义股东以公司股东名册记载、公司登记机关登记为由否认实际出资人权利的,人民法院不予支持。

实际出资人未经公司其他股东半数以上同意,请求公司变更股东、签发出资证明书、记载于股东名册、记载于公司章程并办理公司登记机关登记的,人民法院不予支持。

第二十五条 名义股东将登记于其名下的股权转让、质押或者以其他方式处分,实际出资人以其对于股权享有实际权利为由,请求认定处分股权行为无效的,人民法院可以参照民法典第三百一十一条的规定处理。

名义股东处分股权造成实际出资人损失,实际出资人请求名义股东承担赔偿责任的,人民法院应予支持。

第二十六条 公司债权人以登记于公司登记机关的股东未履行出资义务为由,请求其对公司债务不能清偿的部分在未出资本息范围内承担补充赔偿责任,股东以其仅为名义股东而非实际出资人为由进行抗辩的,人民法院不予支持。

名义股东根据前款规定承担赔偿责任后,向实际出资人追偿的,人民法院应予支持。

第二十七条 股权转让后尚未向公司登记机关办理变更登记,原股东将仍登记于其名下的股权转让、质押或者以其他方式处分,受让股东以其对于股权享有实际权利为由,请求认定处分股权行为无效的,人民法院可以参照民法典第三百一十一条的规定处理。

原股东处分股权造成受让股东损失,受让股东请求原股东承担赔偿责任、对于未及时办理变更登记有过错的董事、高级管理人员或者实际控制人承担相应责任的,人民法院应予支持;受让股东对于未及时办理变更登记也有过错的,可以适当减轻上述董事、高级管理人员或者实际控制人的责任。

第二十八条　冒用他人名义出资并将该他人作为股东在公司登记机关登记的,冒名登记行为人应当承担相应责任;公司、其他股东或者公司债权人以未履行出资义务为由,请求被冒名登记为股东的承担补足出资责任或者对公司债务不能清偿部分的赔偿责任的,人民法院不予支持。

最高人民法院
关于适用《中华人民共和国公司法》
若干问题的规定(四)

(2016 年 12 月 5 日最高人民法院审判委员会第 1702 次会议通过,根据 2020 年 12 月 23 日最高人民法院审判委员会第 1823 次会议通过的《最高人民法院关于修改〈最高人民法院关于破产企业国有划拨土地使用权应否列入破产财产等问题的批复〉等二十九件商事类司法解释的决定》修正)

为正确适用《中华人民共和国公司法》,结合人民法院审判实践,现就公司决议效力、股东知情权、利润分配权、优先购买权和股东代表诉讼等案件适用法律问题作出如下规定。

第一条 公司股东、董事、监事等请求确认股东会或者股东大会、董事会决议无效或者不成立的,人民法院应当依法予以受理。

第二条 依据民法典第八十五条、公司法第二十二条第二款请求撤销股东会或者股东大会、董事会决议的原告,应当在起诉时具有公司股东资格。

第三条 原告请求确认股东会或者股东大会、董事会决议不成立、无效或者撤销决议的案件,应当列公司为被告。对决议涉及的其他利害关系人,可以依法列为第三人。

一审法庭辩论终结前,其他有原告资格的人以相同的诉讼请求申请参加前款规定诉讼的,可以列为共同原告。

第四条 股东请求撤销股东会或者股东大会、董事会决议,符合民法典第八十五条、公司法第二十二条第二款规定的,人民法院应当予以支持,但会议召集程序或者表决方式仅有轻微瑕疵,且对决议未产生实质影响的,人民法院不予支持。

第五条 股东会或者股东大会、董事会决议存在下列情形之一,当事人主

张决议不成立的,人民法院应当予以支持:

(一)公司未召开会议的,但依据公司法第三十七条第二款或者公司章程规定可以不召开股东会或者股东大会而直接作出决定,并由全体股东在决定文件上签名、盖章的除外;

(二)会议未对决议事项进行表决的;

(三)出席会议的人数或者股东所持表决权不符合公司法或者公司章程规定的;

(四)会议的表决结果未达到公司法或者公司章程规定的通过比例的;

(五)导致决议不成立的其他情形。

第六条 股东会或者股东大会、董事会决议被人民法院判决确认无效或者撤销的,公司依据该决议与善意相对人形成的民事法律关系不受影响。

第七条 股东依据公司法第三十三条、第九十七条或者公司章程的规定,起诉请求查阅或者复制公司特定文件材料的,人民法院应当依法予以受理。

公司有证据证明前款规定的原告在起诉时不具有公司股东资格的,人民法院应当驳回起诉,但原告有初步证据证明在持股期间其合法权益受到损害,请求依法查阅或者复制其持股期间的公司特定文件材料的除外。

第八条 有限责任公司有证据证明股东存在下列情形之一的,人民法院应当认定股东有公司法第三十三条第二款规定的"不正当目的":

(一)股东自营或者为他人经营与公司主营业务有实质性竞争关系业务的,但公司章程另有规定或者全体股东另有约定的除外;

(二)股东为了向他人通报有关信息查阅公司会计账簿,可能损害公司合法利益的;

(三)股东在向公司提出查阅请求之日前的三年内,曾通过查阅公司会计账簿,向他人通报有关信息损害公司合法利益的;

(四)股东有不正当目的的其他情形。

第九条 公司章程、股东之间的协议等实质性剥夺股东依据公司法第三十三条、第九十七条规定查阅或者复制公司文件材料的权利,公司以此为由拒绝股东查阅或者复制的,人民法院不予支持。

第十条 人民法院审理股东请求查阅或者复制公司特定文件材料的案件,对原告诉讼请求予以支持的,应当在判决中明确查阅或者复制公司特定文件材料的时间、地点和特定文件材料的名录。

股东依据人民法院生效判决查阅公司文件材料的，在该股东在场的情况下，可以由会计师、律师等依法或者依据执业行为规范负有保密义务的中介机构执业人员辅助进行。

第十一条 股东行使知情权后泄露公司商业秘密导致公司合法利益受到损害，公司请求该股东赔偿相关损失的，人民法院应当予以支持。

根据本规定第十条辅助股东查阅公司文件材料的会计师、律师等泄露公司商业秘密导致公司合法利益受到损害，公司请求其赔偿相关损失的，人民法院应当予以支持。

第十二条 公司董事、高级管理人员等未依法履行职责，导致公司未依法制作或者保存公司法第三十三条、第九十七条规定的公司文件材料，给股东造成损失，股东依法请求负有相应责任的公司董事、高级管理人员承担民事赔偿责任的，人民法院应当予以支持。

第十三条 股东请求公司分配利润案件，应当列公司为被告。

一审法庭辩论终结前，其他股东基于同一分配方案请求分配利润并申请参加诉讼的，应当列为共同原告。

第十四条 股东提交载明具体分配方案的股东会或者股东大会的有效决议，请求公司分配利润，公司拒绝分配利润且其关于无法执行决议的抗辩理由不成立的，人民法院应当判决公司按照决议载明的具体分配方案向股东分配利润。

第十五条 股东未提交载明具体分配方案的股东会或者股东大会决议，请求公司分配利润的，人民法院应当驳回其诉讼请求，但违反法律规定滥用股东权利导致公司不分配利润，给其他股东造成损失的除外。

第十六条 有限责任公司的自然人股东因继承发生变化时，其他股东主张依据公司法第七十一条第三款规定行使优先购买权的，人民法院不予支持，但公司章程另有规定或者全体股东另有约定的除外。

第十七条 有限责任公司的股东向股东以外的人转让股权，应就其股权转让事项以书面或者其他能够确认收悉的合理方式通知其他股东征求同意。其他股东半数以上不同意转让，不同意的股东不购买的，人民法院应当认定视为同意转让。

经股东同意转让的股权,其他股东主张转让股东应当向其以书面或者其他能够确认收悉的合理方式通知转让股权的同等条件的,人民法院应当予以支持。

经股东同意转让的股权,在同等条件下,转让股东以外的其他股东主张优先购买的,人民法院应当予以支持,但转让股东依据本规定第二十条放弃转让的除外。

第十八条 人民法院在判断是否符合公司法第七十一条第三款及本规定所称的"同等条件"时,应当考虑转让股权的数量、价格、支付方式及期限等因素。

第十九条 有限责任公司的股东主张优先购买转让股权的,应当在收到通知后,在公司章程规定的行使期间内提出购买请求。公司章程没有规定行使期间或者规定不明确的,以通知确定的期间为准,通知确定的期间短于三十日或者未明确行使期间的,行使期间为三十日。

第二十条 有限责任公司的转让股东,在其他股东主张优先购买后又不同意转让股权的,对其他股东优先购买的主张,人民法院不予支持,但公司章程另有规定或者全体股东另有约定的除外。其他股东主张转让股东赔偿其损失合理的,人民法院应当予以支持。

第二十一条 有限责任公司的股东向股东以外的人转让股权,未就其股权转让事项征求其他股东意见,或者以欺诈、恶意串通等手段,损害其他股东优先购买权,其他股东主张按照同等条件购买该转让股权的,人民法院应当予以支持,但其他股东自知道或者应当知道行使优先购买权的同等条件之日起三十日内没有主张,或者自股权变更登记之日起超过一年的除外。

前款规定的其他股东仅提出确认股权转让合同及股权变动效力等请求,未同时主张按照同等条件购买转让股权的,人民法院不予支持,但其他股东非因自身原因导致无法行使优先购买权,请求损害赔偿的除外。

股东以外的股权受让人,因股东行使优先购买权而不能实现合同目的的,可以依法请求转让股东承担相应民事责任。

第二十二条 通过拍卖向股东以外的人转让有限责任公司股权的,适用公司法第七十一条第二款、第三款或者第七十二条规定的"书面通知""通知""同等条件"时,根据相关法律、司法解释确定。

在依法设立的产权交易场所转让有限责任公司国有股权的,适用公司法第七十一条第二款、第三款或者第七十二条规定的"书面通知""通知""同等条件"时,可以参照产权交易场所的交易规则。

第二十三条　监事会或者不设监事会的有限责任公司的监事依据公司法第一百五十一条第一款规定对董事、高级管理人员提起诉讼的,应当列公司为原告,依法由监事会主席或者不设监事会的有限责任公司的监事代表公司进行诉讼。

董事会或者不设董事会的有限责任公司的执行董事依据公司法第一百五十一条第一款规定对监事提起诉讼的,或者依据公司法第一百五十一条第三款规定对他人提起诉讼的,应当列公司为原告,依法由董事长或者执行董事代表公司进行诉讼。

第二十四条　符合公司法第一百五十一条第一款规定条件的股东,依据公司法第一百五十一条第二款、第三款规定,直接对董事、监事、高级管理人员或者他人提起诉讼的,应当列公司为第三人参加诉讼。

一审法庭辩论终结前,符合公司法第一百五十一条第一款规定条件的其他股东,以相同的诉讼请求申请参加诉讼的,应当列为共同原告。

第二十五条　股东依据公司法第一百五十一条第二款、第三款规定直接提起诉讼的案件,胜诉利益归属于公司。股东请求被告直接向其承担民事责任的,人民法院不予支持。

第二十六条　股东依据公司法第一百五十一条第二款、第三款规定直接提起诉讼的案件,其诉讼请求部分或者全部得到人民法院支持的,公司应当承担股东因参加诉讼支付的合理费用。

第二十七条　本规定自 2017 年 9 月 1 日起施行。

本规定施行后尚未终审的案件,适用本规定;本规定施行前已经终审的案件,或者适用审判监督程序再审的案件,不适用本规定。

最高人民法院
关于审理外商投资企业纠纷案件
若干问题的规定(一)

(2010 年 5 月 17 日最高人民法院审判委员会第 1487 次会议
通过,根据 2020 年 12 月 23 日最高人民法院审判委员会第
1823 次会议通过的《最高人民法院关于修改〈最高人民法院
关于破产企业国有划拨土地使用权应否列入破产财产等问
题的批复〉等二十九件商事类司法解释的决定》修正)

为正确审理外商投资企业在设立、变更等过程中产生的纠纷案件,保护当
事人的合法权益,根据《中华人民共和国民法典》《中华人民共和国外商投资
法》《中华人民共和国公司法》等法律法规的规定,结合审判实践,制定本
规定。

第一条 当事人在外商投资企业设立、变更等过程中订立的合同,依法
律、行政法规的规定应当经外商投资企业审批机关批准后才生效的,自批准之
日起生效;未经批准的,人民法院应当认定该合同未生效。当事人请求确认该
合同无效的,人民法院不予支持。

前款所述合同因未经批准而被认定未生效的,不影响合同中当事人履行
报批义务条款及因该报批义务而设定的相关条款的效力。

第二条 当事人就外商投资企业相关事项达成的补充协议对已获批准的
合同不构成重大或实质性变更的,人民法院不应以未经外商投资企业审批机
关批准为由认定该补充协议未生效。

前款规定的重大或实质性变更包括注册资本、公司类型、经营范围、营业
期限、股东认缴的出资额、出资方式的变更以及公司合并、公司分立、股权转
让等。

第三条 人民法院在审理案件中,发现经外商投资企业审批机关批准的

外商投资企业合同具有法律、行政法规规定的无效情形的,应当认定合同无效;该合同具有法律、行政法规规定的可撤销情形,当事人请求撤销的,人民法院应予支持。

第四条 外商投资企业合同约定一方当事人以需要办理权属变更登记的标的物出资或者提供合作条件,标的物已交付外商投资企业实际使用,且负有办理权属变更登记义务的一方当事人在人民法院指定的合理期限内完成了登记的,人民法院应当认定该方当事人履行了出资或者提供合作条件的义务。外商投资企业或其股东以该方当事人未履行出资义务为由主张该方当事人不享有股东权益的,人民法院不予支持。

外商投资企业或其股东举证证明该方当事人因迟延办理权属变更登记给外商投资企业造成损失并请求赔偿的,人民法院应予支持。

第五条 外商投资企业股权转让合同成立后,转让方和外商投资企业不履行报批义务,经受让方催告后在合理的期限内仍未履行,受让方请求解除合同并由转让方返还其已支付的转让款、赔偿因未履行报批义务而造成的实际损失的,人民法院应予支持。

第六条 外商投资企业股权转让合同成立后,转让方和外商投资企业不履行报批义务,受让方以转让方为被告、以外商投资企业为第三人提起诉讼,请求转让方与外商投资企业在一定期限内共同履行报批义务的,人民法院应予支持。受让方同时请求在转让方和外商投资企业于生效判决确定的期限内不履行报批义务时自行报批的,人民法院应予支持。

转让方和外商投资企业拒不根据人民法院生效判决确定的期限履行报批义务,受让方另行起诉,请求解除合同并赔偿损失的,人民法院应予支持。赔偿损失的范围可以包括股权的差价损失、股权收益及其他合理损失。

第七条 转让方、外商投资企业或者受让方根据本规定第六条第一款的规定就外商投资企业股权转让合同报批,未获外商投资企业审批机关批准,受让方另行起诉,请求转让方返还其已支付的转让款的,人民法院应予支持。受让方请求转让方赔偿因此造成的损失的,人民法院应根据转让方是否存在过错以及过错大小认定其是否承担赔偿责任及具体赔偿数额。

第八条 外商投资企业股权转让合同约定受让方支付转让款后转让方才办理报批手续,受让方未支付股权转让款,经转让方催告后在合理的期限内仍未履行,转让方请求解除合同并赔偿因迟延履行而造成的实际损失的,人民法院应予支持。

第九条 外商投资企业股权转让合同成立后,受让方未支付股权转让款,转让方和外商投资企业亦未履行报批义务,转让方请求受让方支付股权转让款的,人民法院应当中止审理,指令转让方在一定期限内办理报批手续。该股权转让合同获得外商投资企业审批机关批准的,对转让方关于支付转让款的诉讼请求,人民法院应予支持。

第十条 外商投资企业股权转让合同成立后,受让方已实际参与外商投资企业的经营管理并获取收益,但合同未获外商投资企业审批机关批准,转让方请求受让方退出外商投资企业的经营管理并将受让方因实际参与经营管理而获得的收益在扣除相关成本费用后支付给转让方的,人民法院应予支持。

第十一条 外商投资企业一方股东将股权全部或部分转让给股东之外的第三人,应当经其他股东一致同意,其他股东以未征得其同意为由请求撤销股权转让合同的,人民法院应予支持。具有以下情形之一的除外:

(一)有证据证明其他股东已经同意;

(二)转让方已就股权转让事项书面通知,其他股东自接到书面通知之日满三十日未予答复;

(三)其他股东不同意转让,又不购买该转让的股权。

第十二条 外商投资企业一方股东将股权全部或部分转让给股东之外的第三人,其他股东以该股权转让侵害了其优先购买权为由请求撤销股权转让合同的,人民法院应予支持。其他股东在知道或者应当知道股权转让合同签订之日起一年内未主张优先购买权的除外。

前款规定的转让方、受让方以侵害其他股东优先购买权为由请求认定股权转让合同无效的,人民法院不予支持。

第十三条 外商投资企业股东与债权人订立的股权质押合同,除法律、行政法规另有规定或者合同另有约定外,自成立时生效。未办理质权登记的,不影响股权质押合同的效力。

当事人仅以股权质押合同未经外商投资企业审批机关批准为由主张合同无效或未生效的,人民法院不予支持。

股权质押合同依照民法典的相关规定办理了出质登记的,股权质权自登记时设立。

第十四条 当事人之间约定一方实际投资、另一方作为外商投资企业名义股东,实际投资者请求确认其在外商投资企业中的股东身份或者请求变更外商投资企业股东的,人民法院不予支持。同时具备以下条件的除外:

(一)实际投资者已经实际投资;

(二)名义股东以外的其他股东认可实际投资者的股东身份;

(三)人民法院或当事人在诉讼期间就将实际投资者变更为股东征得了外商投资企业审批机关的同意。

第十五条 合同约定一方实际投资、另一方作为外商投资企业名义股东,不具有法律、行政法规规定的无效情形的,人民法院应认定该合同有效。一方当事人仅以未经外商投资企业审批机关批准为由主张该合同无效或者未生效的,人民法院不予支持。

实际投资者请求外商投资企业名义股东依据双方约定履行相应义务的,人民法院应予支持。

双方未约定利益分配,实际投资者请求外商投资企业名义股东向其交付从外商投资企业获得的收益的,人民法院应予支持。外商投资企业名义股东向实际投资者请求支付必要报酬的,人民法院应酌情予以支持。

第十六条 外商投资企业名义股东不履行与实际投资者之间的合同,致使实际投资者不能实现合同目的,实际投资者请求解除合同并由外商投资企业名义股东承担违约责任的,人民法院应予支持。

第十七条 实际投资者根据其与外商投资企业名义股东的约定,直接向外商投资企业请求分配利润或者行使其他股东权利的,人民法院不予支持。

第十八条 实际投资者与外商投资企业名义股东之间的合同被认定无效,名义股东持有的股权价值高于实际投资额,实际投资者请求名义股东向其返还投资款并根据其实际投资情况以及名义股东参与外商投资企业经营管理的情况对股权收益在双方之间进行合理分配的,人民法院应予支持。

外商投资企业名义股东明确表示放弃股权或者拒绝继续持有股权的,人民法院可以判令以拍卖、变卖名义股东持有的外商投资企业股权所得向实际投资者返还投资款,其余款项根据实际投资者的实际投资情况、名义股东参与外商投资企业经营管理的情况在双方之间进行合理分配。

第十九条　实际投资者与外商投资企业名义股东之间的合同被认定无效,名义股东持有的股权价值低于实际投资额,实际投资者请求名义股东向其返还现有股权的等值价款的,人民法院应予支持;外商投资企业名义股东明确表示放弃股权或者拒绝继续持有股权的,人民法院可以判令以拍卖、变卖名义股东持有的外商投资企业股权所得向实际投资者返还投资款。

实际投资者请求名义股东赔偿损失的,人民法院应当根据名义股东对合同无效是否存在过错及过错大小认定其是否承担赔偿责任及具体赔偿数额。

第二十条　实际投资者与外商投资企业名义股东之间的合同因恶意串通,损害国家、集体或者第三人利益,被认定无效的,人民法院应当将因此取得的财产收归国家所有或者返还集体、第三人。

第二十一条　外商投资企业一方股东或者外商投资企业以提供虚假材料等欺诈或者其他不正当手段向外商投资企业审批机关申请变更外商投资企业批准证书所载股东,导致外商投资企业他方股东丧失股东身份或原有股权份额,他方股东请求确认股东身份或原有股权份额的,人民法院应予支持。第三人已经善意取得该股权的除外。

他方股东请求侵权股东或者外商投资企业赔偿损失的,人民法院应予支持。

第二十二条　人民法院审理香港特别行政区、澳门特别行政区、台湾地区的投资者、定居在国外的中国公民在内地投资设立企业产生的相关纠纷案件,参照适用本规定。

第二十三条　本规定施行后,案件尚在一审或者二审阶段的,适用本规定;本规定施行前已经终审的案件,人民法院进行再审时,不适用本规定。

第二十四条　本规定施行前本院作出的有关司法解释与本规定相抵触的,以本规定为准。

最高人民法院
关于适用《中华人民共和国公司法》
若干问题的规定(五)

(2019 年 4 月 22 日最高人民法院审判委员会第 1766 次会议审议通过,根据 2020 年 12 月 23 日最高人民法院审判委员会第 1823 次会议通过的《最高人民法院关于修改〈最高人民法院关于破产企业国有划拨土地使用权应否列入破产财产等问题的批复〉等二十九件商事类司法解释的决定》修正)

为正确适用《中华人民共和国公司法》,结合人民法院审判实践,就股东权益保护等纠纷案件适用法律问题作出如下规定。

第一条 关联交易损害公司利益,原告公司依据民法典第八十四条、公司法第二十一条规定请求控股股东、实际控制人、董事、监事、高级管理人员赔偿所造成的损失,被告仅以该交易已经履行了信息披露、经股东会或者股东大会同意等法律、行政法规或者公司章程规定的程序为由抗辩的,人民法院不予支持。

公司没有提起诉讼的,符合公司法第一百五十一条第一款规定条件的股东,可以依据公司法第一百五十一条第二款、第三款规定向人民法院提起诉讼。

第二条 关联交易合同存在无效、可撤销或者对公司不发生效力的情形,公司没有起诉合同相对方的,符合公司法第一百五十一条第一款规定条件的股东,可以依据公司法第一百五十一条第二款、第三款规定向人民法院提起诉讼。

第三条 董事任期届满前被股东会或者股东大会有效决议解除职务,其主张解除不发生法律效力的,人民法院不予支持。

董事职务被解除后,因补偿与公司发生纠纷提起诉讼的,人民法院应当依据法律、行政法规、公司章程的规定或者合同的约定,综合考虑解除的原因、剩余任期、董事薪酬等因素,确定是否补偿以及补偿的合理数额。

第四条 分配利润的股东会或者股东大会决议作出后,公司应当在决议载明的时间内完成利润分配。决议没有载明时间的,以公司章程规定的为准。决议、章程中均未规定时间或者时间超过一年的,公司应当自决议作出之日起一年内完成利润分配。

决议中载明的利润分配完成时间超过公司章程规定时间的,股东可以依据民法典第八十五条、公司法第二十二条第二款规定请求人民法院撤销决议中关于该时间的规定。

第五条 人民法院审理涉及有限责任公司股东重大分歧案件时,应当注重调解。当事人协商一致以下列方式解决分歧,且不违反法律、行政法规的强制性规定的,人民法院应予支持:

(一)公司回购部分股东股份;

(二)其他股东受让部分股东股份;

(三)他人受让部分股东股份;

(四)公司减资;

(五)公司分立;

(六)其他能够解决分歧,恢复公司正常经营,避免公司解散的方式。

第六条 本规定自 2019 年 4 月 29 日起施行。

本规定施行后尚未终审的案件,适用本规定;本规定施行前已经终审的案件,或者适用审判监督程序再审的案件,不适用本规定。

本院以前发布的司法解释与本规定不一致的,以本规定为准。

最高人民法院
关于审理票据纠纷案件若干问题的规定

（2000 年 2 月 24 日最高人民法院审判委员会第 1102 次会议通过，根据 2020 年 12 月 23 日最高人民法院审判委员会第 1823 次会议通过的《最高人民法院关于修改〈最高人民法院关于破产企业国有划拨土地使用权应否列入破产财产等问题的批复〉等二十九件商事类司法解释的决定》修正）

为了正确适用《中华人民共和国票据法》（以下简称票据法），公正、及时审理票据纠纷案件，保护票据当事人的合法权益，维护金融秩序和金融安全，根据票据法及其他有关法律的规定，结合审判实践，现对人民法院审理票据纠纷案件的若干问题规定如下：

一、受理和管辖

第一条 因行使票据权利或者票据法上的非票据权利而引起的纠纷，人民法院应当依法受理。

第二条 依照票据法第十条的规定，票据债务人（即出票人）以在票据未转让时的基础关系违法、双方不具有真实的交易关系和债权债务关系、持票人应付对价而未付对价为由，要求返还票据而提起诉讼的，人民法院应当依法受理。

第三条 依照票据法第三十六条的规定，票据被拒绝承兑、被拒绝付款或者汇票、支票超过提示付款期限后，票据持有人背书转让的，被背书人以背书人为被告行使追索权而提起诉讼的，人民法院应当依法受理。

第四条 持票人不先行使付款请求权而先行使追索权遭拒绝提起诉讼的，人民法院不予受理。除有票据法第六十一条第二款和本规定第三条所列情形外，持票人只能在首先向付款人行使付款请求权而得不到付款时，才可以行使追索权。

第五条　付款请求权是持票人享有的第一顺序权利,追索权是持票人享有的第二顺序权利,即汇票到期被拒绝付款或者具有票据法第六十一条第二款所列情形的,持票人请求背书人、出票人以及汇票的其他债务人支付票据法第七十条第一款所列金额和费用的权利。

第六条　因票据纠纷提起的诉讼,依法由票据支付地或者被告住所地人民法院管辖。

票据支付地是指票据上载明的付款地,票据上未载明付款地的,汇票付款人或者代理付款人的营业场所、住所或者经常居住地,本票出票人的营业场所,支票付款人或者代理付款人的营业场所所在地为票据付款地。代理付款人即付款人的委托代理人,是指根据付款人的委托代为支付票据金额的银行、信用合作社等金融机构。

二、票据保全

第七条　人民法院在审理、执行票据纠纷案件时,对具有下列情形之一的票据,经当事人申请并提供担保,可以依法采取保全措施或者执行措施:

(一)不履行约定义务,与票据债务人有直接债权债务关系的票据当事人所持有的票据;

(二)持票人恶意取得的票据;

(三)应付对价而未付对价的持票人持有的票据;

(四)记载有"不得转让"字样而用于贴现的票据;

(五)记载有"不得转让"字样而用于质押的票据;

(六)法律或者司法解释规定有其他情形的票据。

三、举证责任

第八条　票据诉讼的举证责任由提出主张的一方当事人承担。

依照票据法第四条第二款、第十条、第十二条、第二十一条的规定,向人民法院提起诉讼的持票人有责任提供诉争票据。该票据的出票、承兑、交付、背书转让涉嫌欺诈、偷盗、胁迫、恐吓、暴力等非法行为的,持票人对持票的合法性应当负责举证。

第九条　票据债务人依照票据法第十三条的规定,对与其有直接债权债务关系的持票人提出抗辩,人民法院合并审理票据关系和基础关系的,持票人应当提供相应的证据证明已经履行了约定义务。

第十条　付款人或者承兑人被人民法院依法宣告破产的,持票人因行使追索权而向人民法院提起诉讼时,应当向受理法院提供人民法院依法作出的宣告破产裁定书或者能够证明付款人或者承兑人破产的其他证据。

第十一条　在票据诉讼中,负有举证责任的票据当事人应当在一审人民法院法庭辩论结束以前提供证据。因客观原因不能在上述举证期限以内提供的,应当在举证期限届满以前向人民法院申请延期。延长的期限由人民法院根据案件的具体情况决定。

票据当事人在一审人民法院审理期间隐匿票据、故意有证不举,应当承担相应的诉讼后果。

四、票据权利及抗辩

第十二条　票据法第十七条第一款第(一)、(二)项规定的持票人对票据的出票人和承兑人的权利,包括付款请求权和追索权。

第十三条　票据债务人以票据法第十条、第二十一条的规定为由,对业经背书转让票据的持票人进行抗辩的,人民法院不予支持。

第十四条　票据债务人依照票据法第十二条、第十三条的规定,对持票人提出下列抗辩的,人民法院应予支持:

(一)与票据债务人有直接债权债务关系并且不履行约定义务的;

(二)以欺诈、偷盗或者胁迫等非法手段取得票据,或者明知有前列情形,出于恶意取得票据的;

(三)明知票据债务人与出票人或者与持票人的前手之间存在抗辩事由而取得票据的;

(四)因重大过失取得票据的;

(五)其他依法不得享有票据权利的。

第十五条　票据债务人依照票据法第九条、第十七条、第十八条、第二十二条和第三十一条的规定,对持票人提出下列抗辩的,人民法院应予支持:

(一)欠缺法定必要记载事项或者不符合法定格式的;

(二)超过票据权利时效的;

(三)人民法院作出的除权判决已经发生法律效力的;

(四)以背书方式取得但背书不连续的;

(五)其他依法不得享有票据权利的。

第十六条　票据出票人或者背书人被宣告破产的,而付款人或者承兑人不知其事实而付款或者承兑,因此所产生的追索权可以登记为破产债权,付款人或者承兑人为债权人。

第十七条　票据法第十七条第一款第(三)、(四)项规定的持票人对前手的追索权,不包括对票据出票人的追索权。

第十八条　票据法第四十条第二款和第六十五条规定的持票人丧失对其前手的追索权,不包括对票据出票人的追索权。

第十九条　票据法第十七条规定的票据权利时效发生中断的,只对发生时效中断事由的当事人有效。

第二十条　票据法第六十六条第一款规定的书面通知是否逾期,以持票人或者其前手发出书面通知之日为准;以信函通知的,以信函投寄邮戳记载之日为准。

第二十一条　票据法第七十条、第七十一条所称中国人民银行规定的利率,是指中国人民银行规定的企业同期流动资金贷款利率。

第二十二条　代理付款人在人民法院公示催告公告发布以前按照规定程序善意付款后,承兑人或者付款人以已经公示催告为由拒付代理付款人已经垫付的款项的,人民法院不予支持。

五、失票救济

第二十三条　票据丧失后,失票人直接向人民法院申请公示催告或者提起诉讼的,人民法院应当依法受理。

第二十四条　出票人已经签章的授权补记的支票丧失后,失票人依法向人民法院申请公示催告的,人民法院应当依法受理。

第二十五条　票据法第十五条第三款规定的可以申请公示催告的失票人,是指按照规定可以背书转让的票据在丧失票据占有以前的最后合法持票人。

第二十六条　出票人已经签章但未记载代理付款人的银行汇票丧失后,失票人依法向付款人即出票银行所在地人民法院申请公示催告的,人民法院应当依法受理。

第二十七条　超过付款提示期限的票据丧失以后,失票人申请公示催告的,人民法院应当依法受理。

第二十八条　失票人通知票据付款人挂失止付后三日内向人民法院申请公示催告的,公示催告申请书应当载明下列内容:

（一）票面金额；

（二）出票人、持票人、背书人；

（三）申请的理由、事实；

（四）通知票据付款人或者代理付款人挂失止付的时间；

（五）付款人或者代理付款人的名称、通信地址、电话号码等。

第二十九条　人民法院决定受理公示催告申请,应当同时通知付款人及代理付款人停止支付,并自立案之日起三日内发出公告。

第三十条　付款人或者代理付款人收到人民法院发出的止付通知,应当立即停止支付,直至公示催告程序终结。非经发出止付通知的人民法院许可擅自解付的,不得免除票据责任。

第三十一条　公告应当在全国性报纸或者其他媒体上刊登,并于同日公布于人民法院公告栏内。人民法院所在地有证券交易所的,还应当同日在该交易所公布。

第三十二条　依照《中华人民共和国民事诉讼法》(以下简称民事诉讼法)第二百一十九条的规定,公告期间不得少于六十日,且公示催告期间届满日不得早于票据付款日后十五日。

第三十三条　依照民事诉讼法第二百二十条第二款的规定,在公示催告期间,以公示催告的票据质押、贴现,因质押、贴现而接受该票据的持票人主张票据权利的,人民法院不予支持,但公示催告期间届满以后人民法院作出除权判决以前取得该票据的除外。

第三十四条　票据丧失后,失票人在票据权利时效届满以前请求出票人补发票据,或者请求债务人付款,在提供相应担保的情况下因债务人拒绝付款或者出票人拒绝补发票据提起诉讼的,由被告住所地或者票据支付地人民法院管辖。

第三十五条　失票人因请求出票人补发票据或者请求债务人付款遭到拒绝而向人民法院提起诉讼的,被告为与失票人具有票据债权债务关系的出票人、拒绝付款的票据付款人或者承兑人。

第三十六条　失票人为行使票据所有权,向非法持有票据人请求返还票据的,人民法院应当依法受理。

第三十七条　失票人向人民法院提起诉讼的,应向人民法院说明曾经持有票据及丧失票据的情形,人民法院应当根据案件的具体情况,决定当事人是否应当提供担保以及担保的数额。

第三十八条　对于伪报票据丧失的当事人,人民法院在查明事实,裁定终结公示催告或者诉讼程序后,可以参照民事诉讼法第一百一十一条的规定,追究伪报人的法律责任。

六、票据效力

第三十九条　依照票据法第一百零八条以及经国务院批准的《票据管理实施办法》的规定,票据当事人使用的不是中国人民银行规定的统一格式票据的,按照《票据管理实施办法》的规定认定,但在中国境外签发的票据除外。

第四十条　票据出票人在票据上的签章上不符合票据法以及下述规定的,该签章不具有票据法上的效力:

(一)商业汇票上的出票人的签章,为该法人或者该单位的财务专用章或者公章加其法定代表人、单位负责人或者其授权的代理人的签名或者盖章;

(二)银行汇票上的出票人的签章和银行承兑汇票的承兑人的签章,为该银行汇票专用章加其法定代表人或者其授权的代理人的签名或者盖章;

(三)银行本票上的出票人的签章,为该银行的本票专用章加其法定代表人或者其授权的代理人的签名或者盖章;

(四)支票上的出票人的签章,出票人为单位的,为与该单位在银行预留签章一致的财务专用章或者公章加其法定代表人或者其授权的代理人的签名或者盖章;出票人为个人的,为与该个人在银行预留签章一致的签名或者盖章。

第四十一条　银行汇票、银行本票的出票人以及银行承兑汇票的承兑人在票据上未加盖规定的专用章而加盖该银行的公章,支票的出票人在票据上未加盖与该单位在银行预留签章一致的财务专用章而加盖该出票人公章的,签章人应当承担票据责任。

第四十二条　依照票据法第九条以及《票据管理实施办法》的规定,票据金额的中文大写与数码不一致,或者票据载明的金额、出票日期或者签发日期、收款人名称更改,或者违反规定加盖银行部门印章代替专用章,付款人或者代理付款人对此类票据付款的,应当承担责任。

第四十三条　因更改银行汇票的实际结算金额引起纠纷而提起诉讼,当事人请求认定汇票效力的,人民法院应当认定该银行汇票无效。

第四十四条　空白授权票据的持票人行使票据权利时未对票据必须记载事项补充完全,因付款人或者代理付款人拒绝接收该票据而提起诉讼的,人民法院不予支持。

第四十五条　票据的背书人、承兑人、保证人在票据上的签章不符合票据法以及《票据管理实施办法》规定的,或者无民事行为能力人、限制民事行为能力人在票据上签章的,其签章无效,但不影响人民法院对票据上其他签章效力的认定。

七、票据背书

第四十六条　因票据质权人以质押票据再行背书质押或者背书转让引起纠纷而提起诉讼的,人民法院应当认定背书行为无效。

第四十七条　依照票据法第二十七条的规定,票据的出票人在票据上记载"不得转让"字样,票据持有人背书转让的,背书行为无效。背书转让后的受让人不得享有票据权利,票据的出票人、承兑人对受让人不承担票据责任。

第四十八条　依照票据法第二十七条和第三十条的规定,背书人未记载被背书人名称即将票据交付他人的,持票人在票据被背书人栏内记载自己的名称与背书人记载具有同等法律效力。

第四十九条　依照票据法第三十一条的规定,连续背书的第一背书人应当是在票据上记载的收款人,最后的票据持有人应当是最后一次背书的被背书人。

第五十条　依照票据法第三十四条和第三十五条的规定,背书人在票据上记载"不得转让""委托收款""质押"字样,其后手再背书转让、委托收款或者质押的,原背书人对后手的被背书人不承担票据责任,但不影响出票人、承兑人以及原背书人之前手的票据责任。

第五十一条　依照票据法第五十七条第二款的规定,贷款人恶意或者有重大过失从事票据质押贷款的,人民法院应当认定质押行为无效。

第五十二条　依照票据法第二十七条的规定,出票人在票据上记载"不得转让"字样,其后手以此票据进行贴现、质押的,通过贴现、质押取得票据的持票人主张票据权利的,人民法院不予支持。

第五十三条 依照票据法第三十四条和第三十五条的规定,背书人在票据上记载"不得转让"字样,其后手以此票据进行贴现、质押的,原背书人对后手的被背书人不承担票据责任。

第五十四条 依照票据法第三十五条第二款的规定,以汇票设定质押时,出质人在汇票上只记载了"质押"字样未在票据上签章的,或者出质人未在汇票、粘单上记载"质押"字样而另行签订质押合同、质押条款的,不构成票据质押。

第五十五条 商业汇票的持票人向其非开户银行申请贴现,与向自己开立存款账户的银行申请贴现具有同等法律效力。但是,持票人有恶意或者与贴现银行恶意串通的除外。

第五十六条 违反规定区域出票,背书转让银行汇票,或者违反票据管理规定跨越票据交换区域出票、背书转让银行本票、支票的,不影响出票人、背书人依法应当承担的票据责任。

第五十七条 依照票据法第三十六条的规定,票据被拒绝承兑、被拒绝付款或者超过提示付款期限,票据持有人背书转让的,背书人应当承担票据责任。

第五十八条 承兑人或者付款人依照票据法第五十三条第二款的规定对逾期提示付款的持票人付款与按照规定的期限付款具有同等法律效力。

八、票据保证

第五十九条 国家机关、以公益为目的的事业单位、社会团体作为票据保证人的,票据保证无效,但经国务院批准为使用外国政府或者国际经济组织贷款进行转贷,国家机关提供票据保证的除外。

第六十条 票据保证无效的,票据的保证人应当承担与其过错相应的民事责任。

第六十一条 保证人未在票据或者粘单上记载"保证"字样而另行签订保证合同或者保证条款的,不属于票据保证,人民法院应当适用《中华人民共和国民法典》的有关规定。

九、法律适用

第六十二条 人民法院审理票据纠纷案件,适用票据法的规定;票据法没有规定的,适用《中华人民共和国民法典》等法律以及国务院制定的行政法规。

中国人民银行制定并公布施行的有关行政规章与法律、行政法规不抵触的,可以参照适用。

第六十三条　票据当事人因对金融行政管理部门的具体行政行为不服提起诉讼的,适用《中华人民共和国行政处罚法》、票据法以及《票据管理实施办法》等有关票据管理的规定。

中国人民银行制定并公布施行的有关行政规章与法律、行政法规不抵触的,可以参照适用。

第六十四条　人民法院对票据法施行以前已经作出终审裁决的票据纠纷案件进行再审,不适用票据法。

十、法律责任

第六十五条　具有下列情形之一的票据,未经背书转让的,票据债务人不承担票据责任;已经背书转让的,票据无效不影响其他真实签章的效力:

(一)出票人签章不真实的;

(二)出票人为无民事行为能力人的;

(三)出票人为限制民事行为能力人的。

第六十六条　依照票据法第十四条、第一百零二条、第一百零三条的规定,伪造、变造票据者除应当依法承担刑事、行政责任外,给他人造成损失的,还应当承担民事赔偿责任。被伪造签章者不承担票据责任。

第六十七条　对票据未记载事项或者未完全记载事项作补充记载,补充事项超出授权范围的,出票人对补充后的票据应当承担票据责任。给他人造成损失的,出票人还应当承担相应的民事责任。

第六十八条　付款人或者代理付款人未能识别出伪造、变造的票据或者身份证件而错误付款,属于票据法第五十七条规定的"重大过失",给持票人造成损失的,应当依法承担民事责任。付款人或者代理付款人承担责任后有权向伪造者、变造者依法追偿。

持票人有过错的,也应当承担相应的民事责任。

第六十九条　付款人及其代理付款人有下列情形之一的,应当自行承担责任:

（一）未依照票据法第五十七条的规定对提示付款人的合法身份证明或者有效证件以及汇票背书的连续性履行审查义务而错误付款的；

（二）公示催告期间对公示催告的票据付款的；

（三）收到人民法院的止付通知后付款的；

（四）其他以恶意或者重大过失付款的。

第七十条　票据法第六十三条所称"其他有关证明"是指：

（一）人民法院出具的宣告承兑人、付款人失踪或者死亡的证明、法律文书；

（二）公安机关出具的承兑人、付款人逃匿或者下落不明的证明；

（三）医院或者有关单位出具的承兑人、付款人死亡的证明；

（四）公证机构出具的具有拒绝证明效力的文书。

承兑人自己作出并发布的表明其没有支付票款能力的公告，可以认定为拒绝证明。

第七十一条　当事人因申请票据保全错误而给他人造成损失的，应当依法承担民事责任。

第七十二条　因出票人签发空头支票、与其预留本名的签名式样或者印鉴不符的支票给他人造成损失的，支票的出票人和背书人应当依法承担民事责任。

第七十三条　人民法院在审理票据纠纷案件时，发现与本案有牵连但不属同一法律关系的票据欺诈犯罪嫌疑线索的，应当及时将犯罪嫌疑线索提供给有关公安机关，但票据纠纷案件不应因此而中止审理。

第七十四条　依据票据法第一百零四条的规定，由于金融机构工作人员在票据业务中玩忽职守，对违反票据法规定的票据予以承兑、付款、贴现或者保证，给当事人造成损失的，由该金融机构与直接责任人员依法承担连带责任。

第七十五条　依照票据法第一百零六条的规定，由于出票人制作票据，或者其他票据债务人未按照法定条件在票据上签章，给他人造成损失的，除应当按照所记载事项承担票据责任外，还应当承担相应的民事责任。

持票人明知或者应当知道前款情形而接受的，可以适当减轻出票人或者票据债务人的责任。

最高人民法院

关于对因资不抵债无法继续办学被终止

的民办学校如何组织清算问题的批复

(2010 年 12 月 16 日最高人民法院审判委员会第 1506 次会议通过,根据 2020 年 12 月 23 日最高人民法院审判委员会第 1823 次会议通过的《最高人民法院关于修改〈最高人民法院关于破产企业国有划拨土地使用权应否列入破产财产等问题的批复〉等二十九件商事类司法解释的决定》修正)

贵州省高级人民法院:

你院《关于遵义县中山中学被终止后人民法院如何受理"组织清算"的请示》[(2010)黔高研请字第 1 号]收悉。经研究,答复如下:

依照《中华人民共和国民办教育促进法》第十条批准设立的民办学校因资不抵债无法继续办学被终止,当事人依照《中华人民共和国民办教育促进法》第五十八条第二款规定向人民法院申请清算的,人民法院应当依法受理。人民法院组织民办学校破产清算,参照适用《中华人民共和国企业破产法》规定的程序,并依照《中华人民共和国民办教育促进法》第五十九条规定的顺序清偿。

最高人民法院
关于适用《中华人民共和国企业破产法》
若干问题的规定(二)

(2013 年 7 月 29 日最高人民法院审判委员会第 1586 次会议通过,根据 2020 年 12 月 23 日最高人民法院审判委员会第1823 次会议通过的《最高人民法院关于修改〈最高人民法院关于破产企业国有划拨土地使用权应否列入破产财产等问题的批复〉等二十九件商事类司法解释的决定》修正)

根据《中华人民共和国民法典》《中华人民共和国企业破产法》等相关法律,结合审判实践,就人民法院审理企业破产案件中认定债务人财产相关的法律适用问题,制定本规定。

第一条 除债务人所有的货币、实物外,债务人依法享有的可以用货币估价并可以依法转让的债权、股权、知识产权、用益物权等财产和财产权益,人民法院均应认定为债务人财产。

第二条 下列财产不应认定为债务人财产:

(一)债务人基于仓储、保管、承揽、代销、借用、寄存、租赁等合同或者其他法律关系占有、使用的他人财产;

(二)债务人在所有权保留买卖中尚未取得所有权的财产;

(三)所有权专属于国家且不得转让的财产;

(四)其他依照法律、行政法规不属于债务人的财产。

第三条 债务人已依法设定担保物权的特定财产,人民法院应当认定为债务人财产。

对债务人的特定财产在担保物权消灭或者实现担保物权后的剩余部分,在破产程序中可用以清偿破产费用、共益债务和其他破产债权。

第四条 债务人对按份享有所有权的共有财产的相关份额,或者共同享有所有权的共有财产的相应财产权利,以及依法分割共有财产所得部分,人民法院均应认定为债务人财产。

人民法院宣告债务人破产清算,属于共有财产分割的法定事由。人民法院裁定债务人重整或者和解的,共有财产的分割应当依据民法典第三百零三条的规定进行;基于重整或者和解的需要必须分割共有财产,管理人请求分割的,人民法院应予准许。

因分割共有财产导致其他共有人损害产生的债务,其他共有人请求作为共益债务清偿的,人民法院应予支持。

第五条 破产申请受理后,有关债务人财产的执行程序未依照企业破产法第十九条的规定中止的,采取执行措施的相关单位应当依法予以纠正。依法执行回转的财产,人民法院应当认定为债务人财产。

第六条 破产申请受理后,对于可能因有关利益相关人的行为或者其他原因,影响破产程序依法进行的,受理破产申请的人民法院可以根据管理人的申请或者依职权,对债务人的全部或者部分财产采取保全措施。

第七条 对债务人财产已采取保全措施的相关单位,在知悉人民法院已裁定受理有关债务人的破产申请后,应当依照企业破产法第十九条的规定及时解除对债务人财产的保全措施。

第八条 人民法院受理破产申请后至破产宣告前裁定驳回破产申请,或者依据企业破产法第一百零八条的规定裁定终结破产程序的,应当及时通知原已采取保全措施并已依法解除保全措施的单位按照原保全顺位恢复相关保全措施。

在已依法解除保全的单位恢复保全措施或者表示不再恢复之前,受理破产申请的人民法院不得解除对债务人财产的保全措施。

第九条 管理人依据企业破产法第三十一条和第三十二条的规定提起诉讼,请求撤销涉及债务人财产的相关行为并由相对人返还债务人财产的,人民法院应予支持。

管理人因过错未依法行使撤销权导致债务人财产不当减损,债权人提起诉讼主张管理人对其损失承担相应赔偿责任的,人民法院应予支持。

第十条 债务人经过行政清理程序转入破产程序的,企业破产法第三十一条和第三十二条规定的可撤销行为的起算点,为行政监管机构作出撤销决定之日。

债务人经过强制清算程序转入破产程序的,企业破产法第三十一条和第三十二条规定的可撤销行为的起算点,为人民法院裁定受理强制清算申请之日。

第十一条 人民法院根据管理人的请求撤销涉及债务人财产的以明显不合理价格进行的交易的,买卖双方应当依法返还从对方获取的财产或者价款。

因撤销该交易,对于债务人应返还受让人已支付价款所产生的债务,受让人请求作为共益债务清偿的,人民法院应予支持。

第十二条 破产申请受理前一年内债务人提前清偿的未到期债务,在破产申请受理前已经到期,管理人请求撤销该清偿行为的,人民法院不予支持。但是,该清偿行为发生在破产申请受理前六个月内且债务人有企业破产法第二条第一款规定情形的除外。

第十三条 破产申请受理后,管理人未依据企业破产法第三十一条的规定请求撤销债务人无偿转让财产、以明显不合理价格交易、放弃债权行为的,债权人依据民法典第五百三十八条、第五百三十九条等规定提起诉讼,请求撤销债务人上述行为并将因此追回的财产归入债务人财产的,人民法院应予受理。

相对人以债权人行使撤销权的范围超出债权人的债权抗辩的,人民法院不予支持。

第十四条 债务人对以自有财产设定担保物权的债权进行的个别清偿,管理人依据企业破产法第三十二条的规定请求撤销的,人民法院不予支持。但是,债务清偿时担保财产的价值低于债权额的除外。

第十五条 债务人经诉讼、仲裁、执行程序对债权人进行的个别清偿,管理人依据企业破产法第三十二条的规定请求撤销的,人民法院不予支持。但是,债务人与债权人恶意串通损害其他债权人利益的除外。

第十六条 债务人对债权人进行的以下个别清偿,管理人依据企业破产法第三十二条的规定请求撤销的,人民法院不予支持:

(一)债务人为维系基本生产需要而支付水费、电费等的;

(二)债务人支付劳动报酬、人身损害赔偿金的;

(三)使债务人财产受益的其他个别清偿。

第十七条　管理人依据企业破产法第三十三条的规定提起诉讼，主张被隐匿、转移财产的实际占有人返还债务人财产，或者主张债务人虚构债务或者承认不真实债务的行为无效并返还债务人财产的，人民法院应予支持。

第十八条　管理人代表债务人依据企业破产法第一百二十八条的规定，以债务人的法定代表人和其他直接责任人员对所涉债务人财产的相关行为存在故意或者重大过失，造成债务人财产损失为由提起诉讼，主张上述责任人员承担相应赔偿责任的，人民法院应予支持。

第十九条　债务人对外享有债权的诉讼时效，自人民法院受理破产申请之日起中断。

债务人无正当理由未对其到期债权及时行使权利，导致其对外债权在破产申请受理前一年内超过诉讼时效期间的，人民法院受理破产申请之日起重新计算上述债权的诉讼时效期间。

第二十条　管理人代表债务人提起诉讼，主张出资人向债务人依法缴付未履行的出资或者返还抽逃的出资本息，出资人以认缴出资尚未届至公司章程规定的缴纳期限或者违反出资义务已经超过诉讼时效为由抗辩的，人民法院不予支持。

管理人依据公司法的相关规定代表债务人提起诉讼，主张公司的发起人和负有监督股东履行出资义务的董事、高级管理人员，或者协助抽逃出资的其他股东、董事、高级管理人员、实际控制人等，对股东违反出资义务或者抽逃出资承担相应责任，并将财产归入债务人财产的，人民法院应予支持。

第二十一条　破产申请受理前，债权人就债务人财产提起下列诉讼，破产申请受理时案件尚未审结的，人民法院应当中止审理：

（一）主张次债务人代替债务人直接向其偿还债务的；

（二）主张债务人的出资人、发起人和负有监督股东履行出资义务的董事、高级管理人员，或者协助抽逃出资的其他股东、董事、高级管理人员、实际控制人等直接向其承担出资不实或者抽逃出资责任的；

（三）以债务人的股东与债务人法人人格严重混同为由，主张债务人的股东直接向其偿还债务人对其所负债务的；

（四）其他就债务人财产提起的个别清偿诉讼。

债务人破产宣告后，人民法院应当依照企业破产法第四十四条的规定判决驳回债权人的诉讼请求。但是,债权人一审中变更其诉讼请求为追收的相关财产归入债务人财产的除外。

债务人破产宣告前,人民法院依据企业破产法第十二条或者第一百零八条的规定裁定驳回破产申请或者终结破产程序的,上述中止审理的案件应当依法恢复审理。

第二十二条 破产申请受理前,债权人就债务人财产向人民法院提起本规定第二十一条第一款所列诉讼,人民法院已经作出生效民事判决书或者调解书但尚未执行完毕的,破产申请受理后,相关执行行为应当依据企业破产法第十九条的规定中止,债权人应当依法向管理人申报相关债权。

第二十三条 破产申请受理后,债权人就债务人财产向人民法院提起本规定第二十一条第一款所列诉讼的,人民法院不予受理。

债权人通过债权人会议或者债权人委员会,要求管理人依法向次债务人、债务人的出资人等追收债务人财产,管理人无正当理由拒绝追收,债权人会议依据企业破产法第二十二条的规定,申请人民法院更换管理人的,人民法院应予支持。

管理人不予追收,个别债权人代表全体债权人提起相关诉讼,主张次债务人或者债务人的出资人等向债务人清偿或者返还债务人财产,或者依法申请合并破产的,人民法院应予受理。

第二十四条 债务人有企业破产法第二条第一款规定的情形时,债务人的董事、监事和高级管理人员利用职权获取的以下收入,人民法院应当认定为企业破产法第三十六条规定的非正常收入:

(一)绩效奖金;

(二)普遍拖欠职工工资情况下获取的工资性收入;

(三)其他非正常收入。

债务人的董事、监事和高级管理人员拒不向管理人返还上述债务人财产,管理人主张上述人员予以返还的,人民法院应予支持。

债务人的董事、监事和高级管理人员因返还第一款第(一)项、第(三)项非正常收入形成的债权,可以作为普通破产债权清偿。因返还第一款第(二)项非正常收入形成的债权,依据企业破产法第一百一十三条第三款的规定,按照该企业职工平均工资计算的部分作为拖欠职工工资清偿;高出该企业职工平均工资计算的部分,可以作为普通破产债权清偿。

第二十五条　管理人拟通过清偿债务或者提供担保取回质物、留置物,或者与质权人、留置权人协议以质物、留置物折价清偿债务等方式,进行对债权人利益有重大影响的财产处分行为的,应当及时报告债权人委员会。未设立债权人委员会的,管理人应当及时报告人民法院。

第二十六条　权利人依据企业破产法第三十八条的规定行使取回权,应当在破产财产变价方案或者和解协议、重整计划草案提交债权人会议表决前向管理人提出。权利人在上述期限后主张取回相关财产的,应当承担延迟行使取回权增加的相关费用。

第二十七条　权利人依据企业破产法第三十八条的规定向管理人主张取回相关财产,管理人不予认可,权利人以债务人为被告向人民法院提起诉讼请求行使取回权的,人民法院应予受理。

权利人依据人民法院或者仲裁机关的相关生效法律文书向管理人主张取回所涉争议财产,管理人以生效法律文书错误为由拒绝其行使取回权的,人民法院不予支持。

第二十八条　权利人行使取回权时未依法向管理人支付相关的加工费、保管费、托运费、委托费、代销费等费用,管理人拒绝其取回相关财产的,人民法院应予支持。

第二十九条　对债务人占有的权属不清的鲜活易腐等不易保管的财产或者不及时变现价值将严重贬损的财产,管理人及时变价并提存变价款后,有关权利人就该变价款行使取回权的,人民法院应予支持。

第三十条　债务人占有的他人财产被违法转让给第三人,依据民法典第三百一十一条的规定第三人已善意取得财产所有权,原权利人无法取回该财产的,人民法院应当按照以下规定处理:

(一)转让行为发生在破产申请受理前的,原权利人因财产损失形成的债权,作为普通破产债权清偿;

(二)转让行为发生在破产申请受理后的,因管理人或者相关人员执行职务导致原权利人损害产生的债务,作为共益债务清偿。

第三十一条　债务人占有的他人财产被违法转让给第三人,第三人已向债务人支付了转让价款,但依据民法典第三百一十一条的规定未取得财产所

有权,原权利人依法追回转让财产的,对因第三人已支付对价而产生的债务,人民法院应当按照以下规定处理:

（一）转让行为发生在破产申请受理前的,作为普通破产债权清偿;

（二）转让行为发生在破产申请受理后的,作为共益债务清偿。

第三十二条 债务人占有的他人财产毁损、灭失,因此获得的保险金、赔偿金、代偿物尚未交付给债务人,或者代偿物虽已交付给债务人但能与债务人财产予以区分的,权利人主张取回就此获得的保险金、赔偿金、代偿物的,人民法院应予支持。

保险金、赔偿金已经交付给债务人,或者代偿物已经交付给债务人且不能与债务人财产予以区分的,人民法院应当按照以下规定处理:

（一）财产毁损、灭失发生在破产申请受理前的,权利人因财产损失形成的债权,作为普通破产债权清偿;

（二）财产毁损、灭失发生在破产申请受理后的,因管理人或者相关人员执行职务导致权利人损害产生的债务,作为共益债务清偿。

债务人占有的他人财产毁损、灭失,没有获得相应的保险金、赔偿金、代偿物,或者保险金、赔偿物、代偿物不足以弥补其损失的部分,人民法院应当按照本条第二款的规定处理。

第三十三条 管理人或者相关人员在执行职务过程中,因故意或者重大过失不当转让他人财产或者造成他人财产毁损、灭失,导致他人损害产生的债务作为共益债务,由债务人财产随时清偿不足弥补损失,权利人向管理人或者相关人员主张承担补充赔偿责任的,人民法院应予支持。

上述债务作为共益债务由债务人财产随时清偿后,债权人以管理人或者相关人员执行职务不当导致债务人财产减少给其造成损失为由提起诉讼,主张管理人或者相关人员承担相应赔偿责任的,人民法院应予支持。

第三十四条 买卖合同双方当事人在合同中约定标的物所有权保留,在标的物所有权未依法转移给买受人前,一方当事人破产的,该买卖合同属于双方均未履行完毕的合同,管理人有权依据企业破产法第十八条的规定决定解除或者继续履行合同。

第三十五条 出卖人破产,其管理人决定继续履行所有权保留买卖合同的,买受人应当按照原买卖合同的约定支付价款或者履行其他义务。

买受人未依约支付价款或者履行完毕其他义务,或者将标的物出卖、出质或者作出其他不当处分,给出卖人造成损害,出卖人管理人依法主张取回标的物的,人民法院应予支持。但是,买受人已经支付标的物总价款百分之七十五以上或者第三人善意取得标的物所有权或者其他物权的除外。

因本条第二款规定未能取回标的物,出卖人管理人依法主张买受人继续支付价款、履行完毕其他义务,以及承担相应赔偿责任的,人民法院应予支持。

第三十六条 出卖人破产,其管理人决定解除所有权保留买卖合同,并依据企业破产法第十七条的规定要求买受人向其交付买卖标的物的,人民法院应予支持。

买受人以其不存在未依约支付价款或者履行完毕其他义务,或者将标的物出卖、出质或者作出其他不当处分情形抗辩的,人民法院不予支持。

买受人依法履行合同义务并依据本条第一款将买卖标的物交付出卖人管理人后,买受人已支付价款损失形成的债权作为共益债务清偿。但是,买受人违反合同约定,出卖人管理人主张上述债权作为普通破产债权清偿的,人民法院应予支持。

第三十七条 买受人破产,其管理人决定继续履行所有权保留买卖合同的,原买卖合同中约定的买受人支付价款或者履行其他义务的期限在破产申请受理时视为到期,买受人管理人应当及时向出卖人支付价款或者履行其他义务。

买受人管理人无正当理由未及时支付价款或者履行完毕其他义务,或者将标的物出卖、出质或者作出其他不当处分,给出卖人造成损害,出卖人依据民法典第六百四十一条等规定主张取回标的物的,人民法院应予支持。但是,买受人已支付标的物总价款百分之七十五以上或者第三人善意取得标的物所有权或者其他物权的除外。

因本条第二款规定未能取回标的物,出卖人依法主张买受人继续支付价款、履行完毕其他义务,以及承担相应赔偿责任的,人民法院应予支持。对因买受人未支付价款或者未履行完毕其他义务,以及买受人管理人将标的物出卖、出质或者作出其他不当处分导致出卖人损害产生的债务,出卖人主张作为共益债务清偿的,人民法院应予支持。

第三十八条 买受人破产,其管理人决定解除所有权保留买卖合同,出卖人依据企业破产法第三十八条的规定主张取回买卖标的物的,人民法院应予支持。

出卖人取回买卖标的物,买受人管理人主张出卖人返还已支付价款的,人民法院应予支持。取回的标的物价值明显减少给出卖人造成损失的,出卖人可从买受人已支付价款中优先予以抵扣后,将剩余部分返还给买受人;对买受人已支付价款不足以弥补出卖人标的物价值减损损失形成的债权,出卖人主张作为共益债务清偿的,人民法院应予支持。

第三十九条 出卖人依据企业破产法第三十九条的规定,通过通知承运人或者实际占有人中止运输、返还货物、变更到达地,或者将货物交给其他收货人等方式,对在运途中标的物主张了取回权但未能实现,或者在货物未达管理人前已向管理人主张取回在运途中标的物,在买卖标的物到达管理人后,出卖人向管理人主张取回的,管理人应予准许。

出卖人对在运途中标的物未及时行使取回权,在买卖标的物到达管理人后向管理人行使在运途中标的物取回权的,管理人不应准许。

第四十条 债务人重整期间,权利人要求取回债务人合法占有的权利人的财产,不符合双方事先约定条件的,人民法院不予支持。但是,因管理人或者自行管理的债务人违反约定,可能导致取回物被转让、毁损、灭失或者价值明显减少的除外。

第四十一条 债权人依据企业破产法第四十条的规定行使抵销权,应当向管理人提出抵销主张。

管理人不得主动抵销债务人与债权人的互负债务,但抵销使债务人财产受益的除外。

第四十二条 管理人收到债权人提出的主张债务抵销的通知后,经审查无异议的,抵销自管理人收到通知之日起生效。

管理人对抵销主张有异议的,应当在约定的异议期限内或者自收到主张债务抵销的通知之日起三个月内向人民法院提起诉讼。无正当理由逾期提起的,人民法院不予支持。

人民法院判决驳回管理人提起的抵销无效诉讼请求的,该抵销自管理人收到主张债务抵销的通知之日起生效。

第四十三条 债权人主张抵销,管理人以下列理由提出异议的,人民法院不予支持:

（一）破产申请受理时，债务人对债权人负有的债务尚未到期；

（二）破产申请受理时，债权人对债务人负有的债务尚未到期；

（三）双方互负债务标的物种类、品质不同。

第四十四条 破产申请受理前六个月内，债务人有企业破产法第二条第一款规定的情形，债务人与个别债权人以抵销方式对个别债权人清偿，其抵销的债权债务属于企业破产法第四十条第（二）、（三）项规定的情形之一，管理人在破产申请受理之日起三个月内向人民法院提起诉讼，主张该抵销无效的，人民法院应予支持。

第四十五条 企业破产法第四十条所列不得抵销情形的债权人，主张以其对债务人特定财产享有优先受偿权的债权，与债务人对其不享有优先受偿权的债权抵销，债务人管理人以抵销存在企业破产法第四十条规定的情形提出异议的，人民法院不予支持。但是，用以抵销的债权大于债权人享有优先受偿权财产价值的除外。

第四十六条 债务人的股东主张以下列债务与债务人对其负有的债务抵销，债务人管理人提出异议的，人民法院应予支持：

（一）债务人股东因欠缴债务人的出资或者抽逃出资对债务人所负的债务；

（二）债务人股东滥用股东权利或者关联关系损害公司利益对债务人所负的债务。

第四十七条 人民法院受理破产申请后，当事人提起的有关债务人的民事诉讼案件，应当依据企业破产法第二十一条的规定，由受理破产申请的人民法院管辖。

受理破产申请的人民法院管辖的有关债务人的第一审民事案件，可以依据民事诉讼法第三十八条的规定，由上级人民法院提审，或者报请上级人民法院批准后交下级人民法院审理。

受理破产申请的人民法院，如对有关债务人的海事纠纷、专利纠纷、证券市场因虚假陈述引发的民事赔偿纠纷等案件不能行使管辖权的，可以依据民事诉讼法第三十七条的规定，由上级人民法院指定管辖。

第四十八条 本规定施行前本院发布的有关企业破产的司法解释，与本规定相抵触的，自本规定施行之日起不再适用。

最高人民法院
关于适用《中华人民共和国企业破产法》
若干问题的规定（三）

（2019 年 2 月 25 日最高人民法院审判委员会第 1762 次会议通过，根据 2020 年 12 月 23 日最高人民法院审判委员会第 1823 次会议通过的《最高人民法院关于修改〈最高人民法院关于破产企业国有划拨土地使用权应否列入破产财产等问题的批复〉等二十九件商事类司法解释的决定》修正）

为正确适用《中华人民共和国企业破产法》，结合审判实践，就人民法院审理企业破产案件中有关债权人权利行使等相关法律适用问题，制定本规定。

第一条 人民法院裁定受理破产申请的，此前债务人尚未支付的公司强制清算费用、未终结的执行程序中产生的评估费、公告费、保管费等执行费用，可以参照企业破产法关于破产费用的规定，由债务人财产随时清偿。

此前债务人尚未支付的案件受理费、执行申请费，可以作为破产债权清偿。

第二条 破产申请受理后，经债权人会议决议通过，或者第一次债权人会议召开前经人民法院许可，管理人或者自行管理的债务人可以为债务人继续营业而借款。提供借款的债权人主张参照企业破产法第四十二条第四项的规定优先于普通破产债权清偿的，人民法院应予支持，但其主张优先于此前已就债务人特定财产享有担保的债权清偿的，人民法院不予支持。

管理人或者自行管理的债务人可以为前述借款设定抵押担保，抵押物在破产申请受理前已为其他债权人设定抵押的，债权人主张按照民法典第四百一十四条规定的顺序清偿，人民法院应予支持。

第三条 破产申请受理后，债务人欠缴款项产生的滞纳金，包括债务人未履行生效法律文书应当加倍支付的迟延利息和劳动保险金的滞纳金，债权人

245

作为破产债权申报的,人民法院不予确认。

第四条　保证人被裁定进入破产程序的,债权人有权申报其对保证人的保证债权。

主债务未到期的,保证债权在保证人破产申请受理时视为到期。一般保证的保证人主张行使先诉抗辩权的,人民法院不予支持,但债权人在一般保证人破产程序中的分配额应予提存,待一般保证人应承担的保证责任确定后再按照破产清偿比例予以分配。

保证人被确定应当承担保证责任的,保证人的管理人可以就保证人实际承担的清偿额向主债务人或其他债务人行使求偿权。

第五条　债务人、保证人均被裁定进入破产程序的,债权人有权向债务人、保证人分别申报债权。

债权人向债务人、保证人均申报全部债权的,从一方破产程序中获得清偿后,其对另一方的债权额不作调整,但债权人的受偿额不得超出其债权总额。保证人履行保证责任后不再享有求偿权。

第六条　管理人应当依照企业破产法第五十七条的规定对所申报的债权进行登记造册,详尽记载申报人的姓名、单位、代理人、申报债权额、担保情况、证据、联系方式等事项,形成债权申报登记册。

管理人应当依照企业破产法第五十七条的规定对债权的性质、数额、担保财产、是否超过诉讼时效期间、是否超过强制执行期间等情况进行审查、编制债权表并提交债权人会议核查。

债权表、债权申报登记册及债权申报材料在破产期间由管理人保管,债权人、债务人、债务人职工及其他利害关系人有权查阅。

第七条　已经生效法律文书确定的债权,管理人应当予以确认。

管理人认为债权人据以申报债权的生效法律文书确定的债权错误,或者有证据证明债权人与债务人恶意通过诉讼、仲裁或者公证机关赋予强制执行力公证文书的形式虚构债权债务的,应当依法通过审判监督程序向作出该判决、裁定、调解书的人民法院或者上一级人民法院申请撤销生效法律文书,或者向受理破产申请的人民法院申请撤销或者不予执行仲裁裁决、不予执行公证债权文书后,重新确定债权。

第八条　债务人、债权人对债权表记载的债权有异议的,应当说明理由和法律依据。经管理人解释或调整后,异议人仍然不服的,或者管理人不予解释或调整的,异议人应当在债权人会议核查结束后十五日内向人民法院提起债权确认的诉讼。当事人之间在破产申请受理前订立有仲裁条款或仲裁协议的,应当向选定的仲裁机构申请确认债权债务关系。

第九条 债务人对债权表记载的债权有异议向人民法院提起诉讼的,应将被异议债权人列为被告。债权人对债权表记载的他人债权有异议的,应将被异议债权人列为被告;债权人对债权表记载的本人债权有异议的,应将债务人列为被告。

对同一笔债权存在多个异议人,其他异议人申请参加诉讼的,应当列为共同原告。

第十条 单个债权人有权查阅债务人财产状况报告、债权人会议决议、债权人委员会决议、管理人监督报告等参与破产程序所必需的债务人财务和经营信息资料。管理人无正当理由不予提供的,债权人可以请求人民法院作出决定;人民法院应当在五日内作出决定。

上述信息资料涉及商业秘密的,债权人应当依法承担保密义务或者签署保密协议;涉及国家秘密的应当依照相关法律规定处理。

第十一条 债权人会议的决议除现场表决外,可以由管理人事先将相关决议事项告知债权人,采取通信、网络投票等非现场方式进行表决。采取非现场方式进行表决的,管理人应当在债权人会议召开后的三日内,以信函、电子邮件、公告等方式将表决结果告知参与表决的债权人。

根据企业破产法第八十二条规定,对重整计划草案进行分组表决时,权益因重整计划草案受到调整或者影响的债权人或者股东,有权参加表决;权益未受到调整或者影响的债权人或者股东,参照企业破产法第八十三条的规定,不参加重整计划草案的表决。

第十二条 债权人会议的决议具有以下情形之一,损害债权人利益,债权人申请撤销的,人民法院应予支持:

(一)债权人会议的召开违反法定程序;

(二)债权人会议的表决违反法定程序;

(三)债权人会议的决议内容违法;

(四)债权人会议的决议超出债权人会议的职权范围。

人民法院可以裁定撤销全部或者部分事项决议,责令债权人会议依法重新作出决议。

债权人申请撤销债权人会议决议的,应当提出书面申请。债权人会议采取通信、网络投票等非现场方式进行表决的,债权人申请撤销的期限自债权人收到通知之日起算。

第十三条　债权人会议可以依照企业破产法第六十八条第一款第四项的规定,委托债权人委员会行使企业破产法第六十一条第一款第二、三、五项规定的债权人会议职权。债权人会议不得作出概括性授权,委托其行使债权人会议所有职权。

第十四条　债权人委员会决定所议事项应获得全体成员过半数通过,并作成议事记录。债权人委员会成员对所议事项的决议有不同意见的,应当在记录中载明。

债权人委员会行使职权应当接受债权人会议的监督,以适当的方式向债权人会议及时汇报工作,并接受人民法院的指导。

第十五条　管理人处分企业破产法第六十九条规定的债务人重大财产的,应当事先制作财产管理或者变价方案并提交债权人会议进行表决,债权人会议表决未通过的,管理人不得处分。

管理人实施处分前,应当根据企业破产法第六十九条的规定,提前十日书面报告债权人委员会或者人民法院。债权人委员会可以依照企业破产法第六十八条第二款的规定,要求管理人对处分行为作出相应说明或者提供有关文件依据。

债权人委员会认为管理人实施的处分行为不符合债权人会议通过的财产管理或变价方案的,有权要求管理人纠正。管理人拒绝纠正的,债权人委员会可以请求人民法院作出决定。

人民法院认为管理人实施的处分行为不符合债权人会议通过的财产管理或变价方案的,应当责令管理人停止处分行为。管理人应当予以纠正,或者提交债权人会议重新表决通过后实施。

第十六条　本规定自 2019 年 3 月 28 日起实施。

实施前本院发布的有关企业破产的司法解释,与本规定相抵触的,自本规定实施之日起不再适用。

最高人民法院
关于审理期货纠纷案件若干问题的规定

（2003 年 5 月 16 日最高人民法院审判委员会第 1270 次会议通过，根据 2020 年 12 月 23 日最高人民法院审判委员会第 1823 次会议通过的《最高人民法院关于修改〈最高人民法院关于破产企业国有划拨土地使用权应否列入破产财产等问题的批复〉等二十九件商事类司法解释的决定》修正）

为了正确审理期货纠纷案件，根据《中华人民共和国民法典》《中华人民共和国民事诉讼法》等有关法律、行政法规的规定，结合审判实践经验，对审理期货纠纷案件的若干问题制定本规定。

一、一般规定

第一条 人民法院审理期货纠纷案件，应当依法保护当事人的合法权益，正确确定其应承担的风险责任，并维护期货市场秩序。

第二条 人民法院审理期货合同纠纷案件，应当严格按照当事人在合同中的约定确定违约方承担的责任，当事人的约定违反法律、行政法规强制性规定的除外。

第三条 人民法院审理期货侵权纠纷和无效的期货交易合同纠纷案件，应当根据各方当事人是否有过错，以及过错的性质、大小，过错和损失之间的因果关系，确定过错方承担的民事责任。

二、管辖

第四条 人民法院应当依据民事诉讼法第二十三条、第二十八条和第三十四条的规定确定期货纠纷案件的管辖。

第五条 在期货公司的分公司、营业部等分支机构进行期货交易的，该分支机构住所地为合同履行地。

因实物交割发生纠纷的，期货交易所住所地为合同履行地。

第六条　侵权与违约竞合的期货纠纷案件，依当事人选择的诉由确定管辖。当事人既以违约又以侵权起诉的，以当事人起诉状中在先的诉讼请求确定管辖。

第七条　期货纠纷案件由中级人民法院管辖。

高级人民法院根据需要可以确定部分基层人民法院受理期货纠纷案件。

三、承担责任的主体

第八条　期货公司的从业人员在本公司经营范围内从事期货交易行为产生的民事责任，由其所在的期货公司承担。

第九条　期货公司授权非本公司人员以本公司的名义从事期货交易行为的，期货公司应当承担由此产生的民事责任；非期货公司人员以期货公司名义从事期货交易行为，具备民法典第一百七十二条所规定的表见代理条件的，期货公司应当承担由此产生的民事责任。

第十条　公民、法人受期货公司或者客户的委托，作为居间人为其提供订约的机会或者订立期货经纪合同的中介服务的，期货公司或者客户应当按照约定向居间人支付报酬。居间人应当独立承担基于居间经纪关系所产生的民事责任。

第十一条　不以真实身份从事期货交易的单位或者个人，交易行为符合期货交易所交易规则的，交易结果由其自行承担。

第十二条　期货公司设立的取得营业执照和经营许可证的分公司、营业部等分支机构超出经营范围开展经营活动所产生的民事责任，该分支机构不能承担的，由期货公司承担。

客户有过错的，应当承担相应的民事责任。

四、无效合同责任

第十三条　有下列情形之一的，应当认定期货经纪合同无效：

（一）没有从事期货经纪业务的主体资格而从事期货经纪业务的；

（二）不具备从事期货交易主体资格的客户从事期货交易的；

（三）违反法律、行政法规的强制性规定的。

第十四条　因期货经纪合同无效给客户造成经济损失的，应当根据无效行为与损失之间的因果关系确定责任的承担。一方的损失系对方行为所致，应当由对方赔偿损失；双方有过错的，根据过错大小各自承担相应的民事责任。

第十五条　不具有主体资格的经营机构因从事期货经纪业务而导致期货经纪合同无效,该机构按客户的交易指令入市交易的,收取的佣金应当返还给客户,交易结果由客户承担。

该机构未按客户的交易指令入市交易,客户没有过错的,该机构应当返还客户的保证金并赔偿客户的损失。赔偿损失的范围包括交易手续费、税金及利息。

五、交易行为责任

第十六条　期货公司在与客户订立期货经纪合同时,未提示客户注意《期货交易风险说明书》内容,并由客户签字或者盖章,对于客户在交易中的损失,应当依据民法典第五百条第三项的规定承担相应的赔偿责任。但是,根据以往交易结果记载,证明客户已有交易经历的,应当免除期货公司的责任。

第十七条　期货公司接受客户全权委托进行期货交易的,对交易产生的损失,承担主要赔偿责任,赔偿额不超过损失的百分之八十,法律、行政法规另有规定的除外。

第十八条　期货公司与客户签订的期货经纪合同对下达交易指令的方式未作约定或者约定不明确的,期货公司不能证明其所进行的交易是依据客户交易指令进行的,对该交易造成客户的损失,期货公司应当承担赔偿责任,客户予以追认的除外。

第十九条　期货公司执行非受托人的交易指令造成客户损失,应当由期货公司承担赔偿责任,非受托人承担连带责任,客户予以追认的除外。

第二十条　客户下达的交易指令没有品种、数量、买卖方向的,期货公司未予拒绝而进行交易造成客户的损失,由期货公司承担赔偿责任,客户予以追认的除外。

第二十一条　客户下达的交易指令数量和买卖方向明确,没有有效期限的,应当视为当日有效;没有成交价格的,应当视为按市价交易;没有开平仓方向的,应当视为开仓交易。

第二十二条　期货公司错误执行客户交易指令,除客户认可的以外,交易的后果由期货公司承担,并按下列方式分别处理:

(一)交易数量发生错误的,多于指令数量的部分由期货公司承担,少于指令数量的部分,由期货公司补足或者赔偿直接损失;

（二）交易价格超出客户指令价位范围的,交易差价损失或者交易结果由期货公司承担。

第二十三条　期货公司不当延误执行客户交易指令给客户造成损失的,应当承担赔偿责任,但由于市场原因致客户交易指令未能全部或者部分成交的,期货公司不承担责任。

第二十四条　期货公司超出客户指令价位的范围,将高于客户指令价格卖出或者低于客户指令价格买入后的差价利益占为己有的,客户要求期货公司返还的,人民法院应予支持,期货公司与客户另有约定的除外。

第二十五条　期货交易所未按交易规则规定的期限、方式,将交易或者持仓头寸的结算结果通知期货公司,造成期货公司损失的,由期货交易所承担赔偿责任。

期货公司未按期货经纪合同约定的期限、方式,将交易或者持仓头寸的结算结果通知客户,造成客户损失的,由期货公司承担赔偿责任。

第二十六条　期货公司与客户对交易结算结果的通知方式未作约定或者约定不明确,期货公司未能提供证据证明已经发出上述通知的,对客户因继续持仓而造成扩大的损失,应当承担主要赔偿责任,赔偿额不超过损失的百分之八十。

第二十七条　客户对当日交易结算结果的确认,应当视为对该日之前所有持仓和交易结算结果的确认,所产生的交易后果由客户自行承担。

第二十八条　期货公司对交易结算结果提出异议,期货交易所未及时采取措施导致损失扩大的,对造成期货公司扩大的损失应当承担赔偿责任。

客户对交易结算结果提出异议,期货公司未及时采取措施导致损失扩大的,期货公司对造成客户扩大的损失应当承担赔偿责任。

第二十九条　期货公司对期货交易所或者客户对期货公司的交易结算结果有异议,而未在期货交易所交易规则规定或者期货经纪合同约定的时间内提出的,视为期货公司或者客户对交易结算结果已予以确认。

第三十条　期货公司进行混码交易的,客户不承担责任,但期货公司能够举证证明其已按照客户交易指令入市交易的,客户应当承担相应的交易结果。

六、透支交易责任

第三十一条　期货交易所在期货公司没有保证金或者保证金不足的情况

下,允许期货公司开仓交易或者继续持仓,应当认定为透支交易。

期货公司在客户没有保证金或者保证金不足的情况下,允许客户开仓交易或者继续持仓,应当认定为透支交易。

审查期货公司或者客户是否透支交易,应当以期货交易所规定的保证金比例为标准。

第三十二条　期货公司的交易保证金不足,期货交易所未按规定通知期货公司追加保证金的,由于行情向持仓不利的方向变化导致期货公司透支发生的扩大损失,期货交易所应当承担主要赔偿责任,赔偿额不超过损失的百分之六十。

客户的交易保证金不足,期货公司未按约定通知客户追加保证金的,由于行情向持仓不利的方向变化导致客户透支发生的扩大损失,期货公司应当承担主要赔偿责任,赔偿额不超过损失的百分之八十。

第三十三条　期货公司的交易保证金不足,期货交易所履行了通知义务,而期货公司未及时追加保证金,期货公司要求保留持仓并经书面协商一致的,对保留持仓期间造成的损失,由期货公司承担;穿仓造成的损失,由期货交易所承担。

客户的交易保证金不足,期货公司履行了通知义务而客户未及时追加保证金,客户要求保留持仓并经书面协商一致的,对保留持仓期间造成的损失,由客户承担;穿仓造成的损失,由期货公司承担。

第三十四条　期货交易所允许期货公司开仓透支交易的,对透支交易造成的损失,由期货交易所承担主要赔偿责任,赔偿额不超过损失的百分之六十。

期货公司允许客户开仓透支交易的,对透支交易造成的损失,由期货公司承担主要赔偿责任,赔偿额不超过损失的百分之八十。

第三十五条　期货交易所允许期货公司透支交易,并与其约定分享利益,共担风险的,对透支交易造成的损失,期货交易所承担相应的赔偿责任。

期货公司允许客户透支交易,并与其约定分享利益,共担风险的,对透支交易造成的损失,期货公司承担相应的赔偿责任。

七、强行平仓责任

第三十六条　期货公司的交易保证金不足,又未能按期货交易所规定的时间追加保证金的,按交易规则的规定处理;规定不明确的,期货交易所有权就其未平仓的期货合约强行平仓,强行平仓所造成的损失,由期货公司承担。

客户的交易保证金不足,又未能按期货经纪合同约定的时间追加保证金的,按期货经纪合同的约定处理;约定不明确的,期货公司有权就其未平仓的期货合约强行平仓,强行平仓造成的损失,由客户承担。

第三十七条　期货交易所因期货公司违规超仓或者其他违规行为而必须强行平仓的,强行平仓所造成的损失,由期货公司承担。

期货公司因客户违规超仓或者其他违规行为而必须强行平仓的,强行平仓所造成的损失,由客户承担。

第三十八条　期货公司或者客户交易保证金不足,符合强行平仓条件后,应当自行平仓而未平仓造成的扩大损失,由期货公司或者客户自行承担。法律、行政法规另有规定或者当事人另有约定的除外。

第三十九条　期货交易所或者期货公司强行平仓数额应当与期货公司或者客户需追加的保证金数额基本相当。因超量平仓引起的损失,由强行平仓者承担。

第四十条　期货交易所对期货公司、期货公司对客户未按期货交易所交易规则规定或者期货经纪合同约定的强行平仓条件、时间、方式进行强行平仓,造成期货公司或者客户损失的,期货交易所或者期货公司应当承担赔偿责任。

第四十一条　期货交易所依法或依交易规则强行平仓发生的费用,由被平仓的期货公司承担;期货公司承担责任后有权向有过错的客户追偿。

期货公司依法或依约定强行平仓所发生的费用,由客户承担。

八、实物交割责任

第四十二条　交割仓库未履行货物验收职责或者因保管不善给仓单持有人造成损失的,应当承担赔偿责任。

第四十三条　期货公司没有代客户履行申请交割义务的,应当承担违约责任;造成客户损失的,应当承担赔偿责任。

第四十四条　在交割日,卖方期货公司未向期货交易所交付标准仓单,或者买方期货公司未向期货交易所账户交付足额货款,构成交割违约。

构成交割违约的,违约方应当承担违约责任;具有民法典第五百六十三条第一款第四项规定情形的,对方有权要求终止交割或者要求违约方继续交割。

征购或者竞卖失败的,应当由违约方按照交易所有关赔偿办法的规定承担赔偿责任。

第四十五条 在期货合约交割期内,买方或者卖方客户违约的,期货交易所应当代期货公司、期货公司应当代客户向对方承担违约责任。

第四十六条 买方客户未在期货交易所交易规则规定的期限内对货物的质量、数量提出异议的,应视为其对货物的数量、质量无异议。

第四十七条 交割仓库不能在期货交易所交易规则规定的期限内,向标准仓单持有人交付符合期货合约要求的货物,造成标准仓单持有人损失的,交割仓库应当承担责任,期货交易所承担连带责任。

期货交易所承担责任后,有权向交割仓库追偿。

九、保证合约履行责任

第四十八条 期货公司未按照每日无负债结算制度的要求,履行相应的金钱给付义务,期货交易所亦未代期货公司履行,造成交易对方损失的,期货交易所应当承担赔偿责任。

期货交易所代期货公司履行义务或者承担赔偿责任后,有权向不履行义务的一方追偿。

第四十九条 期货交易所未代期货公司履行期货合约,期货公司应当根据客户请求向期货交易所主张权利。

期货公司拒绝代客户向期货交易所主张权利的,客户可直接起诉期货交易所,期货公司可作为第三人参加诉讼。

第五十条 因期货交易所的过错导致信息发布、交易指令处理错误,造成期货公司或者客户直接经济损失的,期货交易所应当承担赔偿责任,但其能够证明系不可抗力的除外。

第五十一条 期货交易所依据有关规定对期货市场出现的异常情况采取合理的紧急措施造成客户损失的,期货交易所不承担赔偿责任。

期货公司执行期货交易所的合理的紧急措施造成客户损失的,期货公司不承担赔偿责任。

十、侵权行为责任

第五十二条 期货交易所、期货公司故意提供虚假信息误导客户下单的,由此造成客户的经济损失由期货交易所、期货公司承担。

第五十三条　期货公司私下对冲、与客户对赌等不将客户指令入市交易的行为,应当认定为无效,期货公司应当赔偿由此给客户造成的经济损失;期货公司与客户均有过错的,应当根据过错大小,分别承担相应的赔偿责任。

第五十四条　期货公司擅自以客户的名义进行交易,客户对交易结果不予追认的,所造成的损失由期货公司承担。

第五十五条　期货公司挪用客户保证金,或者违反有关规定划转客户保证金造成客户损失的,应当承担赔偿责任。

十一、举证责任

第五十六条　期货公司应当对客户的交易指令是否入市交易承担举证责任。

确认期货公司是否将客户下达的交易指令入市交易,应当以期货交易所的交易记录、期货公司通知的交易结算结果与客户交易指令记录中的品种、买卖方向是否一致,价格、交易时间是否相符为标准,指令交易数量可以作为参考。但客户有相反证据证明其交易指令未入市交易的除外。

第五十七条　期货交易所通知期货公司追加保证金,期货公司否认收到上述通知的,由期货交易所承担举证责任。

期货公司向客户发出追加保证金的通知,客户否认收到上述通知的,由期货公司承担举证责任。

十二、保全和执行

第五十八条　人民法院保全与会员资格相应的会员资格费或者交易席位,应当依法裁定不得转让该会员资格,但不得停止该会员交易席位的使用。人民法院在执行过程中,有权依法采取强制措施转让该交易席位。

第五十九条　期货交易所、期货公司为债务人的,人民法院不得冻结、划拨期货公司在期货交易所或者客户在期货公司保证金账户中的资金。

有证据证明该保证金账户中有超出期货公司、客户权益资金的部分,期货交易所、期货公司在人民法院指定的合理期限内不能提出相反证据的,人民法院可以依法冻结、划拨该账户中属于期货交易所、期货公司的自有资金。

第六十条　期货公司为债务人的,人民法院不得冻结、划拨专用结算账户中未被期货合约占用的用于担保期货合约履行的最低限额的结算准备金;期货公司已经结清所有持仓并清偿客户资金的,人民法院可以对结算准备金依法予以冻结、划拨。

期货公司有其他财产的,人民法院应当依法先行冻结、查封、执行期货公司的其他财产。

第六十一条 客户、自营会员为债务人的,人民法院可以对其保证金、持仓依法采取保全和执行措施。

十三、其它

第六十二条 本规定所称期货公司是指经依法批准代理投资者从事期货交易业务的经营机构及其分公司、营业部等分支机构。客户是指委托期货公司从事期货交易的投资者。

第六十三条 本规定自 2003 年 7 月 1 日起施行。

2003 年 7 月 1 日前发生的期货交易行为或者侵权行为,适用当时的有关规定;当时规定不明确的,参照本规定处理。

最高人民法院
关于审理期货纠纷案件若干问题的规定(二)

(2010 年 12 月 27 日最高人民法院审判委员会第 1507 次会议通过,根据 2020 年 12 月 23 日最高人民法院审判委员会第 1823 次会议通过的《最高人民法院关于修改〈最高人民法院关于破产企业国有划拨土地使用权应否列入破产财产等问题的批复〉等二十九件商事类司法解释的决定》修正)

为解决相关期货纠纷案件的管辖、保全与执行等法律适用问题,根据《中华人民共和国民事诉讼法》等有关法律、行政法规的规定以及审判实践的需要,制定本规定。

第一条 以期货交易所为被告或者第三人的因期货交易所履行职责引起的商事案件,由期货交易所所在地的中级人民法院管辖。

第二条 期货交易所履行职责引起的商事案件是指:

(一)期货交易所会员及其相关人员、保证金存管银行及其相关人员、客户、其他期货市场参与者,以期货交易所违反法律法规以及国务院期货监督管理机构的规定,履行监督管理职责不当,造成其损害为由提起的商事诉讼案件;

(二)期货交易所会员及其相关人员、保证金存管银行及其相关人员、客户、其他期货市场参与者,以期货交易所违反其章程、交易规则、实施细则的规定以及业务协议的约定,履行监督管理职责不当,造成其损害为由提起的商事诉讼案件;

(三)期货交易所因履行职责引起的其他商事诉讼案件。

第三条 期货交易所为债务人,债权人请求冻结、划拨以下账户中资金或者有价证券的,人民法院不予支持:

(一)期货交易所会员在期货交易所保证金账户中的资金;

(二)期货交易所会员向期货交易所提交的用于充抵保证金的有价证券。

第四条　期货公司为债务人，债权人请求冻结、划拨以下账户中资金或者有价证券的，人民法院不予支持：

（一）客户在期货公司保证金账户中的资金；

（二）客户向期货公司提交的用于充抵保证金的有价证券。

第五条　实行会员分级结算制度的期货交易所的结算会员为债务人，债权人请求冻结、划拨结算会员以下资金或者有价证券的，人民法院不予支持：

（一）非结算会员在结算会员保证金账户中的资金；

（二）非结算会员向结算会员提交的用于充抵保证金的有价证券。

第六条　有证据证明保证金账户中有超过上述第三条、第四条、第五条规定的资金或者有价证券部分权益的，期货交易所、期货公司或者期货交易所结算会员在人民法院指定的合理期限内不能提出相反证据的，人民法院可以依法冻结、划拨超出部分的资金或者有价证券。

有证据证明期货交易所、期货公司、期货交易所结算会员自有资金与保证金发生混同，期货交易所、期货公司或者期货交易所结算会员在人民法院指定的合理期限内不能提出相反证据的，人民法院可以依法冻结、划拨相关账户内的资金或者有价证券。

第七条　实行会员分级结算制度的期货交易所或者其结算会员为债务人，债权人请求冻结、划拨期货交易所向其结算会员依法收取的结算担保金的，人民法院不予支持。

有证据证明结算会员在结算担保金专用账户中有超过交易所要求的结算担保金数额部分的，结算会员在人民法院指定的合理期限内不能提出相反证据的，人民法院可以依法冻结、划拨超出部分的资金。

第八条　人民法院在办理案件过程中，依法需要通过期货交易所、期货公司查询、冻结、划拨资金或者有价证券的，期货交易所、期货公司应当予以协助。应当协助而拒不协助的，按照《中华人民共和国民事诉讼法》第一百一十四条之规定办理。

第九条　本规定施行前已经受理的上述案件不再移送。

第十条　本规定施行前本院作出的有关司法解释与本规定不一致的，以本规定为准。

最高人民法院
关于审理信用证纠纷案件若干问题的规定

（2005 年 10 月 24 日最高人民法院审判委员会第 1368 次会议通过，根据 2020 年 12 月 23 日最高人民法院审判委员会第 1823 次会议通过的《最高人民法院关于修改〈最高人民法院关于破产企业国有划拨土地使用权应否列入破产财产等问题的批复〉等二十九件商事类司法解释的决定》修正）

根据《中华人民共和国民法典》《中华人民共和国涉外民事关系法律适用法》《中华人民共和国民事诉讼法》等法律，参照国际商会《跟单信用证统一惯例》等相关国际惯例，结合审判实践，就审理信用证纠纷案件的有关问题，制定本规定。

第一条 本规定所指的信用证纠纷案件，是指在信用证开立、通知、修改、撤销、保兑、议付、偿付等环节产生的纠纷。

第二条 人民法院审理信用证纠纷案件时，当事人约定适用相关国际惯例或者其他规定的，从其约定；当事人没有约定的，适用国际商会《跟单信用证统一惯例》或者其他相关国际惯例。

第三条 开证申请人与开证行之间因申请开立信用证而产生的欠款纠纷、委托人和受托人之间因委托开立信用证产生的纠纷、担保人为申请开立信用证或者委托开立信用证提供担保而产生的纠纷以及信用证项下融资产生的纠纷，适用本规定。

第四条 因申请开立信用证而产生的欠款纠纷、委托开立信用证纠纷和因此产生的担保纠纷以及信用证项下融资产生的纠纷应当适用中华人民共和国相关法律。涉外合同当事人对法律适用另有约定的除外。

第五条 开证行在作出付款、承兑或者履行信用证项下其他义务的承诺后，只要单据与信用证条款、单据与单据之间在表面上相符，开证行应当履行在信用证规定的期限内付款的义务。当事人以开证申请人与受益人之间的基础交易提出抗辩的,人民法院不予支持。具有本规定第八条的情形除外。

第六条 人民法院在审理信用证纠纷案件中涉及单证审查的,应当根据当事人约定适用的相关国际惯例或者其他规定进行;当事人没有约定的,应当按照国际商会《跟单信用证统一惯例》以及国际商会确定的相关标准,认定单据与信用证条款、单据与单据之间是否在表面上相符。

信用证项下单据与信用证条款之间、单据与单据之间在表面上不完全一致,但并不导致相互之间产生歧义的,不应认定为不符点。

第七条 开证行有独立审查单据的权利和义务,有权自行作出单据与信用证条款、单据与单据之间是否在表面上相符的决定,并自行决定接受或者拒绝接受单据与信用证条款、单据与单据之间的不符点。

开证行发现信用证项下存在不符点后,可以自行决定是否联系开证申请人接受不符点。开证申请人决定是否接受不符点,并不影响开证行最终决定是否接受不符点。开证行和开证申请人另有约定的除外。

开证行向受益人明确表示接受不符点的,应当承担付款责任。

开证行拒绝接受不符点时,受益人以开证申请人已接受不符点为由要求开证行承担信用证项下付款责任的,人民法院不予支持。

第八条 凡有下列情形之一的,应当认定存在信用证欺诈:

(一)受益人伪造单据或者提交记载内容虚假的单据;

(二)受益人恶意不交付货物或者交付的货物无价值;

(三)受益人和开证申请人或者其他第三方串通提交假单据,而没有真实的基础交易;

(四)其他进行信用证欺诈的情形。

第九条 开证申请人、开证行或者其他利害关系人发现有本规定第八条的情形,并认为将会给其造成难以弥补的损害时,可以向有管辖权的人民法院申请中止支付信用证项下的款项。

第十条 人民法院认定存在信用证欺诈的,应当裁定中止支付或者判决终止支付信用证项下款项,但有下列情形之一的除外:

(一)开证行的指定人、授权人已按照开证行的指令善意地进行了付款;

(二)开证行或者其指定人、授权人已对信用证项下票据善意地作出了

承兑;

（三）保兑行善意地履行了付款义务;

（四）议付行善意地进行了议付。

第十一条 当事人在起诉前申请中止支付信用证项下款项符合下列条件的,人民法院应予受理:

（一）受理申请的人民法院对该信用证纠纷案件享有管辖权;

（二）申请人提供的证据材料证明存在本规定第八条的情形;

（三）如不采取中止支付信用证项下款项的措施,将会使申请人的合法权益受到难以弥补的损害;

（四）申请人提供了可靠、充分的担保;

（五）不存在本规定第十条的情形。

当事人在诉讼中申请中止支付信用证项下款项的,应当符合前款第（二）、（三）、（四）、（五）项规定的条件。

第十二条 人民法院接受中止支付信用证项下款项申请后,必须在四十八小时内作出裁定;裁定中止支付的,应当立即开始执行。

人民法院作出中止支付信用证项下款项的裁定,应当列明申请人、被申请人和第三人。

第十三条 当事人对人民法院作出中止支付信用证项下款项的裁定有异议的,可以在裁定书送达之日起十日内向上一级人民法院申请复议。上一级人民法院应当自收到复议申请之日起十日内作出裁定。

复议期间,不停止原裁定的执行。

第十四条 人民法院在审理信用证欺诈案件过程中,必要时可以将信用证纠纷与基础交易纠纷一并审理。

当事人以基础交易欺诈为由起诉的,可以将与案件有关的开证行、议付行或者其他信用证法律关系的利害关系人列为第三人;第三人可以申请参加诉讼,人民法院也可以通知第三人参加诉讼。

第十五条 人民法院通过实体审理,认定构成信用证欺诈并且不存在本规定第十条的情形的,应当判决终止支付信用证项下的款项。

第十六条 保证人以开证行或者开证申请人接受不符点未征得其同意为由请求免除保证责任的,人民法院不予支持。保证合同另有约定的除外。

第十七条　开证申请人与开证行对信用证进行修改未征得保证人同意的,保证人只在原保证合同约定的或者法律规定的期间和范围内承担保证责任。保证合同另有约定的除外。

第十八条　本规定自 2006 年 1 月 1 日起施行。

最高人民法院
关于审理独立保函纠纷案件若干问题的规定

（2016 年 7 月 11 日最高人民法院审判委员会第 1688 次会议通过，根据 2020 年 12 月 23 日最高人民法院审判委员会第 1823 次会议通过的《最高人民法院关于修改〈最高人民法院关于破产企业国有划拨土地使用权应否列入破产财产等问题的批复〉等二十九件商事类司法解释的决定》修正）

为正确审理独立保函纠纷案件，切实维护当事人的合法权益，服务和保障"一带一路"建设，促进对外开放，根据《中华人民共和国民法典》《中华人民共和国涉外民事关系法律适用法》《中华人民共和国民事诉讼法》等法律，结合审判实际，制定本规定。

第一条 本规定所称的独立保函，是指银行或非银行金融机构作为开立人，以书面形式向受益人出具的，同意在受益人请求付款并提交符合保函要求的单据时，向其支付特定款项或在保函最高金额内付款的承诺。

前款所称的单据，是指独立保函载明的受益人应提交的付款请求书、违约声明、第三方签发的文件、法院判决、仲裁裁决、汇票、发票等表明发生付款到期事件的书面文件。

独立保函可以依保函申请人的申请而开立，也可以依另一金融机构的指示而开立。开立人依指示开立独立保函的，可以要求指示人向其开立用以保障追偿权的独立保函。

第二条 本规定所称的独立保函纠纷，是指在独立保函的开立、撤销、修改、转让、付款、追偿等环节产生的纠纷。

第三条 保函具有下列情形之一，当事人主张保函性质为独立保函的，人民法院应予支持，但保函未载明据以付款的单据和最高金额的除外：

（一）保函载明见索即付；

（二）保函载明适用国际商会《见索即付保函统一规则》等独立保函交易示范规则；

（三）根据保函文本内容，开立人的付款义务独立于基础交易关系及保函申请法律关系，其仅承担相符交单的付款责任。

当事人以独立保函记载了对应的基础交易为由，主张该保函性质为一般保证或连带保证的，人民法院不予支持。

当事人主张独立保函适用民法典关于一般保证或连带保证规定的，人民法院不予支持。

第四条 独立保函的开立时间为开立人发出独立保函的时间。

独立保函一经开立即生效，但独立保函载明生效日期或事件的除外。

独立保函未载明可撤销，当事人主张独立保函开立后不可撤销的，人民法院应予支持。

第五条 独立保函载明适用《见索即付保函统一规则》等独立保函交易示范规则，或开立人和受益人在一审法庭辩论终结前一致援引的，人民法院应当认定交易示范规则的内容构成独立保函条款的组成部分。

不具有前款情形，当事人主张独立保函适用相关交易示范规则的，人民法院不予支持。

第六条 受益人提交的单据与独立保函条款之间、单据与单据之间表面相符，受益人请求开立人依据独立保函承担付款责任的，人民法院应予支持。

开立人以基础交易关系或独立保函申请关系对付款义务提出抗辩的，人民法院不予支持，但有本规定第十二条情形的除外。

第七条 人民法院在认定是否构成表面相符时，应当根据独立保函载明的审单标准进行审查；独立保函未载明的，可以参照适用国际商会确定的相关审单标准。

单据与独立保函条款之间、单据与单据之间表面上不完全一致，但并不导致相互之间产生歧义的，人民法院应当认定构成表面相符。

第八条 开立人有独立审查单据的权利与义务，有权自行决定单据与独立保函条款之间、单据与单据之间是否表面相符，并自行决定接受或拒绝接受不符点。

开立人已向受益人明确表示接受不符点,受益人请求开立人承担付款责任的,人民法院应予支持。

开立人拒绝接受不符点,受益人以保函申请人已接受不符点为由请求开立人承担付款责任的,人民法院不予支持。

第九条 开立人依据独立保函付款后向保函申请人追偿的,人民法院应予支持,但受益人提交的单据存在不符点的除外。

第十条 独立保函未同时载明可转让和据以确定新受益人的单据,开立人主张受益人付款请求权的转让对其不发生效力的,人民法院应予支持。独立保函对受益人付款请求权的转让有特别约定的,从其约定。

第十一条 独立保函具有下列情形之一,当事人主张独立保函权利义务终止的,人民法院应予支持:

(一)独立保函载明的到期日或到期事件届至,受益人未提交符合独立保函要求的单据;

(二)独立保函项下的应付款项已经全部支付;

(三)独立保函的金额已减额至零;

(四)开立人收到受益人出具的免除独立保函项下付款义务的文件;

(五)法律规定或者当事人约定终止的其他情形。

独立保函具有前款权利义务终止的情形,受益人以其持有独立保函文本为由主张享有付款请求权的,人民法院不予支持。

第十二条 具有下列情形之一的,人民法院应当认定构成独立保函欺诈:

(一)受益人与保函申请人或其他人串通,虚构基础交易的;

(二)受益人提交的第三方单据系伪造或内容虚假的;

(三)法院判决或仲裁裁决认定基础交易债务人没有付款或赔偿责任的;

(四)受益人确认基础交易债务已得到完全履行或者确认独立保函载明的付款到期事件并未发生的;

(五)受益人明知其没有付款请求权仍滥用该权利的其他情形。

第十三条 独立保函的申请人、开立人或指示人发现有本规定第十二条情形的,可以在提起诉讼或申请仲裁前,向开立人住所地或其他对独立保函欺诈纠纷案件具有管辖权的人民法院申请中止支付独立保函项下的款项,也可以在诉讼或仲裁过程中提出申请。

第十四条　人民法院裁定中止支付独立保函项下的款项,必须同时具备下列条件:

(一)止付申请人提交的证据材料证明本规定第十二条情形的存在具有高度可能性;

(二)情况紧急,不立即采取止付措施,将给止付申请人的合法权益造成难以弥补的损害;

(三)止付申请人提供了足以弥补被申请人因止付可能遭受损失的担保。

止付申请人以受益人在基础交易中违约为由请求止付的,人民法院不予支持。

开立人在依指示开立的独立保函项下已经善意付款的,对保障该开立人追偿权的独立保函,人民法院不得裁定止付。

第十五条　因止付申请错误造成损失,当事人请求止付申请人赔偿的,人民法院应予支持。

第十六条　人民法院受理止付申请后,应当在四十八小时内作出书面裁定。裁定应当列明申请人、被申请人和第三人,并包括初步查明的事实和是否准许止付申请的理由。

裁定中止支付的,应当立即执行。

止付申请人在止付裁定作出后三十日内未依法提起独立保函欺诈纠纷诉讼或申请仲裁的,人民法院应当解除止付裁定。

第十七条　当事人对人民法院就止付申请作出的裁定有异议的,可以在裁定书送达之日起十日内向作出裁定的人民法院申请复议。复议期间不停止裁定的执行。

人民法院应当在收到复议申请后十日内审查,并询问当事人。

第十八条　人民法院审理独立保函欺诈纠纷案件或处理止付申请,可以就当事人主张的本规定第十二条的具体情形,审查认定基础交易的相关事实。

第十九条　保函申请人在独立保函欺诈诉讼中仅起诉受益人的,独立保函的开立人、指示人可以作为第三人申请参加,或由人民法院通知其参加。

第二十条　人民法院经审理独立保函欺诈纠纷案件,能够排除合理怀疑地认定构成独立保函欺诈,并且不存在本规定第十四条第三款情形的,应当判决开立人终止支付独立保函项下被请求的款项。

第二十一条　受益人和开立人之间因独立保函而产生的纠纷案件,由开立人住所地或被告住所地人民法院管辖,独立保函载明由其他法院管辖或提交仲裁的除外。当事人主张根据基础交易合同争议解决条款确定管辖法院或提交仲裁的,人民法院不予支持。

独立保函欺诈纠纷案件由被请求止付的独立保函的开立人住所地或被告住所地人民法院管辖,当事人书面协议由其他法院管辖或提交仲裁的除外。当事人主张根据基础交易合同或独立保函的争议解决条款确定管辖法院或提交仲裁的,人民法院不予支持。

第二十二条　涉外独立保函未载明适用法律,开立人和受益人在一审法庭辩论终结前亦未就适用法律达成一致的,开立人和受益人之间因涉外独立保函而产生的纠纷适用开立人经常居所地法律;独立保函由金融机构依法登记设立的分支机构开立的,适用分支机构登记地法律。

涉外独立保函欺诈纠纷,当事人就适用法律不能达成一致的,适用被请求止付的独立保函的开立人经常居所地法律;独立保函由金融机构依法登记设立的分支机构开立的,适用分支机构登记地法律;当事人有共同经常居所地的,适用共同经常居所地法律。

涉外独立保函止付保全程序,适用中华人民共和国法律。

第二十三条　当事人约定在国内交易中适用独立保函,一方当事人以独立保函不具有涉外因素为由,主张保函独立性的约定无效的,人民法院不予支持。

第二十四条　对于按照特户管理并移交开立人占有的独立保函开立保证金,人民法院可以采取冻结措施,但不得扣划。保证金账户内的款项丧失开立保证金的功能时,人民法院可以依法采取扣划措施。

开立人已履行对外支付义务的,根据该开立人的申请,人民法院应当解除对开立保证金相应部分的冻结措施。

第二十五条　本规定施行后尚未终审的案件,适用本规定;本规定施行前已经终审的案件,当事人申请再审或者人民法院按照审判监督程序再审的,不适用本规定。

第二十六条　本规定自 2016 年 12 月 1 日起施行。

最高人民法院
关于适用《中华人民共和国保险法》
若干问题的解释（二）

（2013 年 5 月 6 日最高人民法院审判委员会第 1577 次会议通过，根据 2020 年 12 月 23 日最高人民法院审判委员会第 1823 次会议通过的《最高人民法院关于修改〈最高人民法院关于破产企业国有划拨土地使用权应否列入破产财产等问题的批复〉等二十九件商事类司法解释的决定》修正）

为正确审理保险合同纠纷案件，切实维护当事人的合法权益，根据《中华人民共和国民法典》《中华人民共和国保险法》《中华人民共和国民事诉讼法》等法律规定，结合审判实践，就保险法中关于保险合同一般规定部分有关法律适用问题解释如下：

第一条　财产保险中，不同投保人就同一保险标的分别投保，保险事故发生后，被保险人在其保险利益范围内依据保险合同主张保险赔偿的，人民法院应予支持。

第二条　人身保险中，因投保人对被保险人不具有保险利益导致保险合同无效，投保人主张保险人退还扣减相应手续费后的保险费的，人民法院应予支持。

第三条　投保人或者投保人的代理人订立保险合同时没有亲自签字或者盖章，而由保险人或者保险人的代理人代为签字或者盖章的，对投保人不生效。但投保人已经交纳保险费的，视为其对代签字或者盖章行为的追认。

保险人或者保险人的代理人代为填写保险单证后经投保人签字或者盖章确认的，代为填写的内容视为投保人的真实意思表示。但有证据证明保险人或者保险人的代理人存在保险法第一百一十六条、第一百三十一条相关规定情形的除外。

第四条　保险人接受了投保人提交的投保单并收取了保险费,尚未作出是否承保的意思表示,发生保险事故,被保险人或者受益人请求保险人按照保险合同承担赔偿或者给付保险金责任,符合承保条件的,人民法院应予支持;不符合承保条件的,保险人不承担保险责任,但应当退还已经收取的保险费。

保险人主张不符合承保条件的,应承担举证责任。

第五条　保险合同订立时,投保人明知的与保险标的或者被保险人有关的情况,属于保险法第十六条第一款规定的投保人"应当如实告知"的内容。

第六条　投保人的告知义务限于保险人询问的范围和内容。当事人对询问范围及内容有争议的,保险人负举证责任。

保险人以投保人违反了对投保单询问表中所列概括性条款的如实告知义务为由请求解除合同的,人民法院不予支持。但该概括性条款有具体内容的除外。

第七条　保险人在保险合同成立后知道或者应当知道投保人未履行如实告知义务,仍然收取保险费,又依照保险法第十六条第二款的规定主张解除合同的,人民法院不予支持。

第八条　保险人未行使合同解除权,直接以存在保险法第十六条第四款、第五款规定的情形为由拒绝赔偿的,人民法院不予支持。但当事人就拒绝赔偿事宜及保险合同存续另行达成一致的情况除外。

第九条　保险人提供的格式合同文本中的责任免除条款、免赔额、免赔率、比例赔付或者给付等免除或者减轻保险人责任的条款,可以认定为保险法第十七条第二款规定的"免除保险人责任的条款"。

保险人因投保人、被保险人违反法定或者约定义务,享有解除合同权利的条款,不属于保险法第十七条第二款规定的"免除保险人责任的条款"。

第十条　保险人将法律、行政法规中的禁止性规定情形作为保险合同免责条款的免责事由,保险人对该条款作出提示后,投保人、被保险人或者受益人以保险人未履行明确说明义务为由主张该条款不成为合同内容的,人民法院不予支持。

第十一条　保险合同订立时,保险人在投保单或者保险单等其他保险凭证上,对保险合同中免除保险人责任的条款,以足以引起投保人注意的文字、字体、符号或者其他明显标志作出提示的,人民法院应当认定其履行了保险法

第十七条第二款规定的提示义务。

保险人对保险合同中有关免除保险人责任条款的概念、内容及其法律后果以书面或者口头形式向投保人作出常人能够理解的解释说明的，人民法院应当认定保险人履行了保险法第十七条第二款规定的明确说明义务。

第十二条 通过网络、电话等方式订立的保险合同，保险人以网页、音频、视频等形式对免除保险人责任条款予以提示和明确说明的，人民法院可以认定其履行了提示和明确说明义务。

第十三条 保险人对其履行了明确说明义务负举证责任。

投保人对保险人履行了符合本解释第十一条第二款要求的明确说明义务在相关文书上签字、盖章或者以其他形式予以确认的，应当认定保险人履行了该项义务。但另有证据证明保险人未履行明确说明义务的除外。

第十四条 保险合同中记载的内容不一致的，按照下列规则认定：

（一）投保单与保险单或者其他保险凭证不一致的，以投保单为准。但不一致的情形系经保险人说明并经投保人同意的，以投保人签收的保险单或者其他保险凭证载明的内容为准；

（二）非格式条款与格式条款不一致的，以非格式条款为准；

（三）保险凭证记载的时间不同的，以形成时间在后的为准；

（四）保险凭证存在手写和打印两种方式的，以双方签字、盖章的手写部分的内容为准。

第十五条 保险法第二十三条规定的三十日核定期间，应自保险人初次收到索赔请求及投保人、被保险人或者受益人提供的有关证明和资料之日起算。

保险人主张扣除投保人、被保险人或者受益人补充提供有关证明和资料期间的，人民法院应予支持。扣除期间自保险人根据保险法第二十二条规定作出的通知到达投保人、被保险人或者受益人之日起，至投保人、被保险人或者受益人按照通知要求补充提供的有关证明和资料到达保险人之日止。

第十六条 保险人应以自己的名义行使保险代位求偿权。

根据保险法第六十条第一款的规定，保险人代位求偿权的诉讼时效期间应自其取得代位求偿权之日起算。

第十七条 保险人在其提供的保险合同格式条款中对非保险术语所作的

解释符合专业意义,或者虽不符合专业意义,但有利于投保人、被保险人或者受益人的,人民法院应予认可。

第十八条　行政管理部门依据法律规定制作的交通事故认定书、火灾事故认定书等,人民法院应当依法审查并确认其相应的证明力,但有相反证据能够推翻的除外。

第十九条　保险事故发生后,被保险人或者受益人起诉保险人,保险人以被保险人或者受益人未要求第三者承担责任为由抗辩不承担保险责任的,人民法院不予支持。

财产保险事故发生后,被保险人就其所受损失从第三者取得赔偿后的不足部分提起诉讼,请求保险人赔偿的,人民法院应予依法受理。

第二十条　保险公司依法设立并取得营业执照的分支机构属于《中华人民共和国民事诉讼法》第四十八条规定的其他组织,可以作为保险合同纠纷案件的当事人参加诉讼。

第二十一条　本解释施行后尚未终审的保险合同纠纷案件,适用本解释;本解释施行前已经终审,当事人申请再审或者按照审判监督程序决定再审的案件,不适用本解释。

最高人民法院
关于适用《中华人民共和国保险法》
若干问题的解释（三）

（2015 年 9 月 21 日最高人民法院审判委员会第 1661 次会议通过，根据 2020 年 12 月 23 日最高人民法院审判委员会第 1823 次会议通过的《最高人民法院关于修改〈最高人民法院关于破产企业国有划拨土地使用权应否列入破产财产等问题的批复〉等二十九件商事类司法解释的决定》修正）

为正确审理保险合同纠纷案件，切实维护当事人的合法权益，根据《中华人民共和国民法典》《中华人民共和国保险法》《中华人民共和国民事诉讼法》等法律规定，结合审判实践，就保险法中关于保险合同章人身保险部分有关法律适用问题解释如下：

第一条 当事人订立以死亡为给付保险金条件的合同，根据保险法第三十四条的规定，"被保险人同意并认可保险金额"可以采取书面形式、口头形式或者其他形式；可以在合同订立时作出，也可以在合同订立后追认。

有下列情形之一的，应认定为被保险人同意投保人为其订立保险合同并认可保险金额：

（一）被保险人明知他人代其签名同意而未表示异议的；

（二）被保险人同意投保人指定的受益人的；

（三）有证据足以认定被保险人同意投保人为其投保的其他情形。

第二条 被保险人以书面形式通知保险人和投保人撤销其依据保险法第三十四条第一款规定所作出的同意意思表示的，可认定为保险合同解除。

第三条 人民法院审理人身保险合同纠纷案件时，应主动审查投保人订立保险合同时是否具有保险利益，以及以死亡为给付保险金条件的合同是否经过被保险人同意并认可保险金额。

第四条 保险合同订立后,因投保人丧失对被保险人的保险利益,当事人主张保险合同无效的,人民法院不予支持。

第五条 保险人在合同订立时指定医疗机构对被保险人体检,当事人主张投保人如实告知义务免除的,人民法院不予支持。

保险人知道被保险人的体检结果,仍以投保人未就相关情况履行如实告知义务为由要求解除合同的,人民法院不予支持。

第六条 未成年人父母之外的其他履行监护职责的人为未成年人订立以死亡为给付保险金条件的合同,当事人主张参照保险法第三十三条第二款、第三十四条第三款的规定认定该合同有效的,人民法院不予支持,但经未成年人父母同意的除外。

第七条 当事人以被保险人、受益人或者他人已经代为支付保险费为由,主张投保人对应的交费义务已经履行的,人民法院应予支持。

第八条 保险合同效力依照保险法第三十六条规定中止,投保人提出恢复效力申请并同意补交保险费的,除被保险人的危险程度在中止期间显著增加外,保险人拒绝恢复效力的,人民法院不予支持。

保险人在收到恢复效力申请后,三十日内未明确拒绝的,应认定为同意恢复效力。

保险合同自投保人补交保险费之日恢复效力。保险人要求投保人补交相应利息的,人民法院应予支持。

第九条 投保人指定受益人未经被保险人同意的,人民法院应认定指定行为无效。

当事人对保险合同约定的受益人存在争议,除投保人、被保险人在保险合同之外另有约定外,按以下情形分别处理:

(一)受益人约定为"法定"或者"法定继承人"的,以民法典规定的法定继承人为受益人;

(二)受益人仅约定为身份关系的,投保人与被保险人为同一主体时,根据保险事故发生时与被保险人的身份关系确定受益人;投保人与被保险人为不同主体时,根据保险合同成立时与被保险人的身份关系确定受益人;

(三)约定的受益人包括姓名和身份关系,保险事故发生时身份关系发生变化的,认定为未指定受益人。

第十条　投保人或者被保险人变更受益人,当事人主张变更行为自变更意思表示发出时生效的,人民法院应予支持。

投保人或者被保险人变更受益人未通知保险人,保险人主张变更对其不发生效力的,人民法院应予支持。

投保人变更受益人未经被保险人同意,人民法院应认定变更行为无效。

第十一条　投保人或者被保险人在保险事故发生后变更受益人,变更后的受益人请求保险人给付保险金的,人民法院不予支持。

第十二条　投保人或者被保险人指定数人为受益人,部分受益人在保险事故发生前死亡、放弃受益权或者依法丧失受益权的,该受益人应得的受益份额按照保险合同的约定处理;保险合同没有约定或者约定不明的,该受益人应得的受益份额按照以下情形分别处理:

(一)未约定受益顺序及受益份额的,由其他受益人平均享有;

(二)未约定受益顺序但约定受益份额的,由其他受益人按照相应比例享有;

(三)约定受益顺序但未约定受益份额的,由同顺序的其他受益人平均享有;同一顺序没有其他受益人的,由后一顺序的受益人平均享有;

(四)约定受益顺序及受益份额的,由同顺序的其他受益人按照相应比例享有;同一顺序没有其他受益人的,由后一顺序的受益人按照相应比例享有。

第十三条　保险事故发生后,受益人将与本次保险事故相对应的全部或者部分保险金请求权转让给第三人,当事人主张该转让行为有效的,人民法院应予支持,但根据合同性质、当事人约定或者法律规定不得转让的除外。

第十四条　保险金根据保险法第四十二条规定作为被保险人遗产,被保险人的继承人要求保险人给付保险金,保险人以其已向持有保险单的被保险人的其他继承人给付保险金为由抗辩的,人民法院应予支持。

第十五条　受益人与被保险人存在继承关系,在同一事件中死亡且不能确定死亡先后顺序的,人民法院应依据保险法第四十二条第二款推定受益人死亡在先,并按照保险法及本解释的相关规定确定保险金归属。

第十六条　人身保险合同解除时,投保人与被保险人、受益人为不同主体,被保险人或者受益人要求退还保险单的现金价值的,人民法院不予支持,但保险合同另有约定的除外。

投保人故意造成被保险人死亡、伤残或者疾病,保险人依照保险法第四十三条规定退还保险单的现金价值的,其他权利人按照被保险人、被保险人的继承人的顺序确定。

第十七条　投保人解除保险合同,当事人以其解除合同未经被保险人或者受益人同意为由主张解除行为无效的,人民法院不予支持,但被保险人或者受益人已向投保人支付相当于保险单现金价值的款项并通知保险人的除外。

第十八条　保险人给付费用补偿型的医疗费用保险金时,主张扣减被保险人从公费医疗或者社会医疗保险取得的赔偿金额的,应当证明该保险产品在厘定医疗费用保险费率时已经将公费医疗或者社会医疗保险部分相应扣除,并按照扣减后的标准收取保险费。

第十九条　保险合同约定按照基本医疗保险的标准核定医疗费用,保险人以被保险人的医疗支出超出基本医疗保险范围为由拒绝给付保险金的,人民法院不予支持;保险人有证据证明被保险人支出的费用超过基本医疗保险同类医疗费用标准,要求对超出部分拒绝给付保险金的,人民法院应予支持。

第二十条　保险人以被保险人未在保险合同约定的医疗服务机构接受治疗为由拒绝给付保险金的,人民法院应予支持,但被保险人因情况紧急必须立即就医的除外。

第二十一条　保险人以被保险人自杀为由拒绝承担给付保险金责任的,由保险人承担举证责任。

受益人或者被保险人的继承人以被保险人自杀时无民事行为能力为由抗辩的,由其承担举证责任。

第二十二条　保险法第四十五条规定的"被保险人故意犯罪"的认定,应当以刑事侦查机关、检察机关和审判机关的生效法律文书或者其他结论性意见为依据。

第二十三条　保险人主张根据保险法第四十五条的规定不承担给付保险金责任的,应当证明被保险人的死亡、伤残结果与其实施的故意犯罪或者抗拒依法采取的刑事强制措施的行为之间存在因果关系。

被保险人在羁押、服刑期间因意外或者疾病造成伤残或者死亡,保险人主张根据保险法第四十五条的规定不承担给付保险金责任的,人民法院不予支持。

第二十四条　投保人为被保险人订立以死亡为给付保险金条件的人身保险合同,被保险人被宣告死亡后,当事人要求保险人按照保险合同约定给付保险金的,人民法院应予支持。

　　被保险人被宣告死亡之日在保险责任期间之外,但有证据证明下落不明之日在保险责任期间之内,当事人要求保险人按照保险合同约定给付保险金的,人民法院应予支持。

　　第二十五条　被保险人的损失系由承保事故或者非承保事故、免责事由造成难以确定,当事人请求保险人给付保险金的,人民法院可以按照相应比例予以支持。

　　第二十六条　本解释施行后尚未终审的保险合同纠纷案件,适用本解释;本解释施行前已经终审,当事人申请再审或者按照审判监督程序决定再审的案件,不适用本解释。

最高人民法院
关于适用《中华人民共和国保险法》
若干问题的解释(四)

(2018 年 5 月 14 日最高人民法院审判委员会第 1738 次会议
通过,根据 2020 年 12 月 23 日最高人民法院审判委员会第
1823 次会议通过的《最高人民法院关于修改〈最高人民法院
关于破产企业国有划拨土地使用权应否列入破产财产等问
题的批复〉等二十九件商事类司法解释的决定》修正)

为正确审理保险合同纠纷案件,切实维护当事人的合法权益,根据《中华
人民共和国民法典》《中华人民共和国保险法》《中华人民共和国民事诉讼法》
等法律规定,结合审判实践,就保险法中财产保险合同部分有关法律适用问题
解释如下:

第一条 保险标的已交付受让人,但尚未依法办理所有权变更登记,承担
保险标的毁损灭失风险的受让人,依照保险法第四十八条、第四十九条的规定
主张行使被保险人权利的,人民法院应予支持。

第二条 保险人已向投保人履行了保险法规定的提示和明确说明义务,
保险标的受让人以保险标的转让后保险人未向其提示或者明确说明为由,主
张免除保险人责任的条款不成为合同内容的,人民法院不予支持。

第三条 被保险人死亡,继承保险标的的当事人主张承继被保险人的权
利和义务的,人民法院应予支持。

第四条 人民法院认定保险标的是否构成保险法第四十九条、第五十二
条规定的"危险程度显著增加"时,应当综合考虑以下因素:

(一)保险标的用途的改变;

(二)保险标的使用范围的改变;

(三)保险标的所处环境的变化;

（四）保险标的因改装等原因引起的变化；

（五）保险标的使用人或者管理人的改变；

（六）危险程度增加持续的时间；

（七）其他可能导致危险程度显著增加的因素。

保险标的危险程度虽然增加，但增加的危险属于保险合同订立时保险人预见或者应当预见的保险合同承保范围的，不构成危险程度显著增加。

第五条 被保险人、受让人依法及时向保险人发出保险标的的转让通知后，保险人作出答复前，发生保险事故，被保险人或者受让人主张保险人按照保险合同承担赔偿保险金的责任的，人民法院应予支持。

第六条 保险事故发生后，被保险人依照保险法第五十七条的规定，请求保险人承担为防止或者减少保险标的的损失所支付的必要、合理费用，保险人以被保险人采取的措施未产生实际效果为由抗辩的，人民法院不予支持。

第七条 保险人依照保险法第六十条的规定，主张代位行使被保险人因第三者侵权或者违约等享有的请求赔偿的权利的，人民法院应予支持。

第八条 投保人和被保险人为不同主体，因投保人对保险标的的损害而造成保险事故，保险人依法主张代位行使被保险人对投保人请求赔偿的权利的，人民法院应予支持，但法律另有规定或者保险合同另有约定的除外。

第九条 在保险人以第三者为被告提起的代位求偿权之诉中，第三者以被保险人在保险合同订立前已放弃对其请求赔偿的权利为由进行抗辩，人民法院认定上述放弃行为合法有效，保险人就相应部分主张行使代位求偿权的，人民法院不予支持。

保险合同订立时，保险人就是否存在上述放弃情形提出询问，投保人未如实告知，导致保险人不能代位行使请求赔偿的权利，保险人请求返还相应保险金的，人民法院应予支持，但保险人知道或者应当知道上述情形仍同意承保的除外。

第十条 因第三者对保险标的的损害而造成保险事故，保险人获得代位请求赔偿的权利的情况未通知第三者或者通知到达第三者前，第三者在被保险人已经从保险人处获赔的范围内又向被保险人作出赔偿，保险人主张代位行使被保险人对第三者请求赔偿的权利的，人民法院不予支持。保险人就相应保险金主张被保险人返还的，人民法院应予支持。

保险人获得代位请求赔偿的权利的情况已经通知到第三者,第三者又向被保险人作出赔偿,保险人主张代位行使请求赔偿的权利,第三者以其已经向被保险人赔偿为由抗辩的,人民法院不予支持。

第十一条　被保险人因故意或者重大过失未履行保险法第六十三条规定的义务,致使保险人未能行使或者未能全部行使代位请求赔偿的权利,保险人主张在其损失范围内扣减或者返还相应保险金的,人民法院应予支持。

第十二条　保险人以造成保险事故的第三者为被告提起代位求偿权之诉的,以被保险人与第三者之间的法律关系确定管辖法院。

第十三条　保险人提起代位求偿权之诉时,被保险人已经向第三者提起诉讼的,人民法院可以依法合并审理。

保险人行使代位求偿权时,被保险人已经向第三者提起诉讼,保险人向受理该案的人民法院申请变更当事人,代位行使被保险人对第三者请求赔偿的权利,被保险人同意的,人民法院应予准许;被保险人不同意的,保险人可以作为共同原告参加诉讼。

第十四条　具有下列情形之一的,被保险人可以依照保险法第六十五条第二款的规定请求保险人直接向第三者赔偿保险金:

(一)被保险人对第三者所负的赔偿责任经人民法院生效裁判、仲裁裁决确认;

(二)被保险人对第三者所负的赔偿责任经被保险人与第三者协商一致;

(三)被保险人对第三者应负的赔偿责任能够确定的其他情形。

前款规定的情形下,保险人主张按照保险合同确定保险赔偿责任的,人民法院应予支持。

第十五条　被保险人对第三者应负的赔偿责任确定后,被保险人不履行赔偿责任,且第三者以保险人为被告或者以保险人与被保险人为共同被告提起诉讼时,被保险人尚未向保险人提出直接向第三者赔偿保险金的请求的,可以认定为属于保险法第六十五条第二款规定的"被保险人怠于请求"的情形。

第十六条　责任保险的被保险人因共同侵权依法承担连带责任,保险人以该连带责任超出被保险人应承担的责任份额为由,拒绝赔付保险金的,人民法院不予支持。保险人承担保险责任后,主张就超出被保险人责任份额的部分向其他连带责任人追偿的,人民法院应予支持。

第十七条　责任保险的被保险人对第三者所负的赔偿责任已经生效判决确认并已进入执行程序,但未获得清偿或者未获得全部清偿,第三者依法请求保险人赔偿保险金,保险人以前述生效判决已进入执行程序为由抗辩的,人民法院不予支持。

　　第十八条　商业责任险的被保险人向保险人请求赔偿保险金的诉讼时效期间,自被保险人对第三者应负的赔偿责任确定之日起计算。

　　第十九条　责任保险的被保险人与第三者就被保险人的赔偿责任达成和解协议且经保险人认可,被保险人主张保险人在保险合同范围内依据和解协议承担保险责任的,人民法院应予支持。

　　被保险人与第三者就被保险人的赔偿责任达成和解协议,未经保险人认可,保险人主张对保险责任范围以及赔偿数额重新予以核定的,人民法院应予支持。

　　第二十条　责任保险的保险人在被保险人向第三者赔偿之前向被保险人赔偿保险金,第三者依照保险法第六十五条第二款的规定行使保险金请求权时,保险人以其已向被保险人赔偿为由拒绝赔偿保险金的,人民法院不予支持。保险人向第三者赔偿后,请求被保险人返还相应保险金的,人民法院应予支持。

　　第二十一条　本解释自 2018 年 9 月 1 日起施行。

　　本解释施行后人民法院正在审理的一审、二审案件,适用本解释;本解释施行前已经终审,当事人申请再审或者按照审判监督程序决定再审的案件,不适用本解释。

最高人民法院
关于审理涉台民商事案件法律适用问题的规定

（2010 年 4 月 26 日最高人民法院审判委员会第 1486 次会议通过，根据 2020 年 12 月 23 日最高人民法院审判委员会第 1823 次会议通过的《最高人民法院关于修改〈最高人民法院关于破产企业国有划拨土地使用权应否列入破产财产等问题的批复〉等二十九件商事类司法解释的决定》修正）

为正确审理涉台民商事案件，准确适用法律，维护当事人的合法权益，根据相关法律，制定本规定。

第一条 人民法院审理涉台民商事案件，应当适用法律和司法解释的有关规定。

根据法律和司法解释中选择适用法律的规则，确定适用台湾地区民事法律的，人民法院予以适用。

第二条 台湾地区当事人在人民法院参与民事诉讼，与大陆当事人有同等的诉讼权利和义务，其合法权益受法律平等保护。

第三条 根据本规定确定适用有关法律违反国家法律的基本原则或者社会公共利益的，不予适用。

最高人民法院
关于适用《中华人民共和国涉外民事关系
法律适用法》若干问题的解释（一）

(2012 年 12 月 10 日最高人民法院审判委员会第 1563 次会议通过，根据 2020 年 12 月 23 日最高人民法院审判委员会第 1823 次会议通过的《最高人民法院关于修改〈最高人民法院关于破产企业国有划拨土地使用权应否列入破产财产等问题的批复〉等二十九件商事类司法解释的决定》修正)

为正确审理涉外民事案件，根据《中华人民共和国涉外民事关系法律适用法》的规定，对人民法院适用该法的有关问题解释如下：

第一条 民事关系具有下列情形之一的，人民法院可以认定为涉外民事关系：

（一）当事人一方或双方是外国公民、外国法人或者其他组织、无国籍人；

（二）当事人一方或双方的经常居所地在中华人民共和国领域外；

（三）标的物在中华人民共和国领域外；

（四）产生、变更或者消灭民事关系的法律事实发生在中华人民共和国领域外；

（五）可以认定为涉外民事关系的其他情形。

第二条 涉外民事关系法律适用法实施以前发生的涉外民事关系，人民法院应当根据该涉外民事关系发生时的有关法律规定确定应当适用的法律；当时法律没有规定的，可以参照涉外民事关系法律适用法的规定确定。

第三条 涉外民事关系法律适用法与其他法律对同一涉外民事关系法律适用规定不一致的，适用涉外民事关系法律适用法的规定，但《中华人民共和国票据法》《中华人民共和国海商法》《中华人民共和国民用航空法》等商事领域法律的特别规定以及知识产权领域法律的特别规定除外。

涉外民事关系法律适用法对涉外民事关系的法律适用没有规定而其他法律有规定的,适用其他法律的规定。

第四条 中华人民共和国法律没有明确规定当事人可以选择涉外民事关系适用的法律,当事人选择适用法律的,人民法院应认定该选择无效。

第五条 一方当事人以双方协议选择的法律与系争的涉外民事关系没有实际联系为由主张选择无效的,人民法院不予支持。

第六条 当事人在一审法庭辩论终结前协议选择或者变更选择适用的法律的,人民法院应予准许。

各方当事人援引相同国家的法律且未提出法律适用异议的,人民法院可以认定当事人已经就涉外民事关系适用的法律做出了选择。

第七条 当事人在合同中援引尚未对中华人民共和国生效的国际条约的,人民法院可以根据该国际条约的内容确定当事人之间的权利义务,但违反中华人民共和国社会公共利益或中华人民共和国法律、行政法规强制性规定的除外。

第八条 有下列情形之一,涉及中华人民共和国社会公共利益、当事人不能通过约定排除适用、无需通过冲突规范指引而直接适用于涉外民事关系的法律、行政法规的规定,人民法院应当认定为涉外民事关系法律适用法第四条规定的强制性规定:

(一)涉及劳动者权益保护的;

(二)涉及食品或公共卫生安全的;

(三)涉及环境安全的;

(四)涉及外汇管制等金融安全的;

(五)涉及反垄断、反倾销的;

(六)应当认定为强制性规定的其他情形。

第九条 一方当事人故意制造涉外民事关系的连结点,规避中华人民共和国法律、行政法规的强制性规定的,人民法院应认定为不发生适用外国法律的效力。

第十条 涉外民事争议的解决须以另一涉外民事关系的确认为前提时,人民法院应当根据该先决问题自身的性质确定其应当适用的法律。

第十一条 案件涉及两个或者两个以上的涉外民事关系时,人民法院应当分别确定应当适用的法律。

第十二条 当事人没有选择涉外仲裁协议适用的法律,也没有约定仲裁机构或者仲裁地,或者约定不明的,人民法院可以适用中华人民共和国法律认定该仲裁协议的效力。

第十三条 自然人在涉外民事关系产生或者变更、终止时已经连续居住一年以上且作为其生活中心的地方,人民法院可以认定为涉外民事关系法律适用法规定的自然人的经常居所地,但就医、劳务派遣、公务等情形除外。

第十四条 人民法院应当将法人的设立登记地认定为涉外民事关系法律适用法规定的法人的登记地。

第十五条 人民法院通过由当事人提供、已对中华人民共和国生效的国际条约规定的途径、中外法律专家提供等合理途径仍不能获得外国法律的,可以认定为不能查明外国法律。

根据涉外民事关系法律适用法第十条第一款的规定,当事人应当提供外国法律,其在人民法院指定的合理期限内无正当理由未提供该外国法律的,可以认定为不能查明外国法律。

第十六条 人民法院应当听取各方当事人对应当适用的外国法律的内容及其理解与适用的意见,当事人对该外国法律的内容及其理解与适用均无异议的,人民法院可以予以确认;当事人有异议的,由人民法院审查认定。

第十七条 涉及香港特别行政区、澳门特别行政区的民事关系的法律适用问题,参照适用本规定。

第十八条 涉外民事关系法律适用法施行后发生的涉外民事纠纷案件,本解释施行后尚未终审的,适用本解释;本解释施行前已经终审,当事人申请再审或者按照审判监督程序决定再审的,不适用本解释。

第十九条 本院以前发布的司法解释与本解释不一致的,以本解释为准。

最高人民法院
关于审理船舶碰撞和触碰案件财产损害赔偿的规定

(1995 年 10 月 18 日最高人民法院审判委员会第 735 次会议
讨论通过,根据 2020 年 12 月 23 日最高人民法院审判委员会
第 1823 次会议通过的《最高人民法院关于修改〈最高人民法
院关于破产企业国有划拨土地使用权应否列入破产财产等
问题的批复〉等二十九件商事类司法解释的决定》修正)

根据《中华人民共和国民法典》和《中华人民共和国海商法》的有关规定,
结合我国海事审判实践并参照国际惯例,对审理船舶碰撞和触碰案件的财产
损害赔偿规定如下:

**一、请求人可以请求赔偿对船舶碰撞或者触碰所造成的财产损失,船舶
碰撞或者触碰后相继发生的有关费用和损失,为避免或者减少损害而产生的
合理费用和损失,以及预期可得利益的损失。**

因请求人的过错造成的损失或者使损失扩大的部分,不予赔偿。

二、赔偿应当尽量达到恢复原状,不能恢复原状的折价赔偿。

三、船舶损害赔偿分为全损赔偿和部分损害赔偿。

(一)船舶全损的赔偿包括:

船舶价值损失;

未包括在船舶价值内的船舶上的燃料、物料、备件、供应品,渔船上的捕捞
设备、网具、渔具等损失;

船员工资、遣返费及其他合理费用。

(二)船舶部分损害的赔偿包括:合理的船舶临时修理费、永久修理费及
辅助费用、维持费用,但应满足下列条件:

船舶应就近修理,除非请求人能证明在其他地方修理更能减少损失和节
省费用,或者有其他合理的理由。如果船舶经临时修理可继续营运,请求人有

责任进行临时修理；

船舶碰撞部位的修理,同请求人为保证船舶适航,或者因另外事故所进行的修理,或者与船舶例行的检修一起进行时,赔偿仅限于修理本次船舶碰撞的受损部位所需的费用和损失。

(三)船舶损害赔偿还包括：

合理的救助费,沉船的勘查、打捞和清除费用,设置沉船标志费用；

拖航费用,本航次的租金或者运费损失,共同海损分摊；

合理的船期损失；

其他合理的费用。

四、船上财产的损害赔偿包括：

船上财产的灭失或者部分损坏引起的贬值损失；

合理的修复或者处理费用；

合理的财产救助、打捞和清除费用,共同海损分摊；

其他合理费用。

五、船舶触碰造成设施损害的赔偿包括：

设施的全损或者部分损坏修复费用；

设施修复前不能正常使用所产生的合理的收益损失。

六、船舶碰撞或者触碰造成第三人财产损失的,应予赔偿。

七、除赔偿本金外,利息损失也应赔偿。

八、船舶价值损失的计算,以船舶碰撞发生地当时类似船舶的市价确定；碰撞发生地无类似船舶市价的,以船舶船籍港类似船舶的市价确定,或者以其他地区类似船舶市价的平均价确定；没有市价的,以原船舶的造价或者购置价,扣除折旧(折旧率按年 4—10%)计算；折旧后没有价值的按残值计算。

船舶被打捞后尚有残值的,船舶价值应扣除残值。

九、船上财产损失的计算：

(一)货物灭失的,按照货物的实际价值,即以货物装船时的价值加运费加请求人已支付的货物保险费计算,扣除可节省的费用；

(二)货物损坏的,以修复所需的费用,或者以货物的实际价值扣除残值和可节省的费用计算；

(三)由于船舶碰撞在约定的时间内迟延交付所产生的损失,按迟延交付

货物的实际价值加预期可得利润与到岸时的市价的差价计算,但预期可得利润不得超过货物实际价值的 10%;

(四)船上捕捞的鱼货,以实际的鱼货价值计算。鱼货价值参照海事发生时当地市价,扣除可节省的费用。

(五)船上渔具、网具的种类和数量,以本次出海捕捞作业所需量扣减现存量计算,但所需量超过渔政部门规定或者许可的种类和数量的,不予认定;渔具、网具的价值,按原购置价或者原造价扣除折旧费用和残值计算;

(六)旅客行李、物品(包括自带行李)的损失,属本船旅客的损失,依照海商法的规定处理;属他船旅客的损失,可参照旅客运输合同中有关旅客行李灭失或者损坏的赔偿规定处理;

(七)船员个人生活必需品的损失,按实际损失适当予以赔偿;

(八)承运人与旅客书面约定由承运人保管的货币、金银、珠宝、有价证券或者其他贵重物品的损失,依海商法的规定处理;船员、旅客、其他人员个人携带的货币、金银、珠宝、有价证券或者其他贵重物品的损失,不予认定;

(九)船上其他财产的损失,按其实际价值计算。

十、船期损失的计算:

期限:船舶全损的,以找到替代船所需的合理期间为限,但最长不得超过两个月;船舶部分损害的修船期限,以实际修复所需的合理期间为限,其中包括联系、住坞、验船等所需的合理时间;渔业船舶,按上述期限扣除休渔期为限,或者以一个渔汛期为限。

船期损失,一般以船舶碰撞前后各两个航次的平均净盈利计算;无前后各两个航次可参照的,以其他相应航次的平均净盈利计算。

渔船渔汛损失,以该渔船前 3 年的同期渔汛平均净收益计算,或者以本年内同期同类渔船的平均净收益计算。计算渔汛损失时,应当考虑到碰撞渔船在对船捕渔作业或者围网灯光捕渔作业中的作用等因素。

十一、租金或者运费损失的计算:

碰撞导致期租合同承租人停租或者不付租金的,以停租或者不付租金额,扣除可节省的费用计算。

因货物灭失或者损坏导致到付运费损失的,以尚未收取的运费金额扣除可节省的费用计算。

十二、设施损害赔偿的计算：

期限：以实际停止使用期间扣除常规检修的期间为限；

设施部分损坏或者全损，分别以合理的修复费用或者重新建造的费用，扣除已使用年限的折旧费计算；

设施使用的收益损失，以实际减少的净收益，即按停止使用前3个月的平均净盈利计算；部分使用并有收益的，应当扣减。

十三、利息损失的计算：

船舶价值的损失利息，从船期损失停止计算之日起至判决或者调解指定的应付之日止；

其他各项损失的利息，从损失发生之日或者费用产生之日起计算至判决或调解指定的应付之日止；

利息按本金性质的同期利率计算。

十四、计算损害赔偿的货币，当事人有约定的，依约定；没有约定的，按以下相关的货币计算：

按船舶营运或者生产经营所使用的货币计算；

船载进、出口货物的价值，按买卖合同或者提单、运单记明的货币计算；

以特别提款权计算损失的，按法院判决或者调解之日的兑换率换算成相应的货币。

十五、本规定不包括对船舶碰撞或者触碰责任的确定，不影响船舶所有人或者承运人依法享受免责和责任限制的权利。

十六、本规定中下列用语的含义：

"船舶"是指所有用作或者能够用作水上运输工具的各类水上船筏，包括非排水船舶和水上飞机。但是用于军事的和政府公务的船舶除外。

"设施"是指人为设置的固定或者可移动的构造物，包括固定平台、浮鼓、码头、堤坝、桥梁、敷设或者架设的电缆、管道等。

"船舶碰撞"是指在海上或者与海相通的可航水域，两艘或者两艘以上的船舶之间发生接触或者没有直接接触，造成财产损害的事故。

"船舶触碰"是指船舶与设施或者障碍物发生接触并造成财产损害的事故。

"船舶全损"是指船舶实际全部损失,或者损坏已达到相当严重的程度,以至于救助、打捞、修理费等费用之和达到或者超过碰撞或者触碰发生前的船舶价值。

"辅助费用"是指为进行修理而产生的合理费用,包括必要的进坞费、清航除气费、排放油污水处理费、港口使费、引航费、检验费以及修船期间所产生的住坞费、码头费等费用,但不限于上述费用。

"维持费用"是指船舶修理期间,船舶和船员日常消耗的费用,包括燃料、物料、淡水及供应品的消耗和船员工资等。

十七、本规定自发布之日起施行。

最高人民法院
关于审理海上保险纠纷案件若干问题的规定

（2006 年 11 月 13 日最高人民法院审判委员会第 1405 次会议通过，根据 2020 年 12 月 23 日最高人民法院审判委员会第 1823 次会议通过的《最高人民法院关于修改〈最高人民法院关于破产企业国有划拨土地使用权应否列入破产财产等问题的批复〉等二十九件商事类司法解释的决定》修正）

为正确审理海上保险纠纷案件，依照《中华人民共和国海商法》《中华人民共和国保险法》《中华人民共和国海事诉讼特别程序法》和《中华人民共和国民事诉讼法》的相关规定，制定本规定。

第一条 审理海上保险合同纠纷案件，适用海商法的规定；海商法没有规定的，适用保险法的有关规定；海商法、保险法均没有规定的，适用民法典等其他相关法律的规定。

第二条 审理非因海上事故引起的港口设施或者码头作为保险标的的保险合同纠纷案件，适用保险法等法律的规定。

第三条 审理保险人因发生船舶触碰港口设施或者码头等保险事故，行使代位请求赔偿权利向造成保险事故的第三人追偿的案件，适用海商法的规定。

第四条 保险人知道被保险人未如实告知海商法第二百二十二条第一款规定的重要情况，仍收取保险费或者支付保险赔偿，保险人又以被保险人未如实告知重要情况为由请求解除合同的，人民法院不予支持。

第五条 被保险人未按照海商法第二百三十四条的规定向保险人支付约定的保险费的，保险责任开始前，保险人有权解除保险合同，但保险人已经签发保险单证的除外；保险责任开始后，保险人以被保险人未支付保险费请求解除合同的，人民法院不予支持。

第六条 保险人以被保险人违反合同约定的保证条款未立即书面通知保

险人为由，要求从违反保证条款之日起解除保险合同的，人民法院应予支持。

第七条　保险人收到被保险人违反合同约定的保证条款书面通知后仍支付保险赔偿，又以被保险人违反合同约定的保证条款为由请求解除合同的，人民法院不予支持。

第八条　保险人收到被保险人违反合同约定的保证条款的书面通知后，就修改承保条件、增加保险费等事项与被保险人协商未能达成一致的，保险合同于违反保证条款之日解除。

第九条　在航次之中发生船舶转让的，未经保险人同意转让的船舶保险合同至航次终了时解除。船舶转让时起至航次终了时止的船舶保险合同的权利、义务由船舶出让人享有、承担，也可以由船舶受让人继受。

船舶受让人根据前款规定向保险人请求赔偿时，应当提交有效的保险单证及船舶转让合同的证明。

第十条　保险人与被保险人在订立保险合同时均不知道保险标的已经发生保险事故而遭受损失，或者保险标的已经不可能因发生保险事故而遭受损失的，不影响保险合同的效力。

第十一条　海上货物运输中因承运人无正本提单交付货物造成的损失不属于保险人的保险责任范围。保险合同当事人另有约定的，依约定。

第十二条　发生保险事故后，被保险人为防止或者减少损失而采取的合理措施没有效果，要求保险人支付由此产生的合理费用的，人民法院应予支持。

第十三条　保险人在行使代位请求赔偿权利时，未依照海事诉讼特别程序法的规定，向人民法院提交其已经向被保险人实际支付保险赔偿凭证的，人民法院不予受理；已经受理的，裁定驳回起诉。

第十四条　受理保险人行使代位请求赔偿权利纠纷案件的人民法院应当仅就造成保险事故的第三人与被保险人之间的法律关系进行审理。

第十五条　保险人取得代位请求赔偿权利后，以被保险人向第三人提起诉讼、提交仲裁、申请扣押船舶或者第三人同意履行义务为由主张诉讼时效中断的，人民法院应予支持。

第十六条　保险人取得代位请求赔偿权利后，主张享有被保险人因申请扣押船舶取得的担保权利的，人民法院应予支持。

第十七条　本规定自 2007 年 1 月 1 日起施行。

最高人民法院
关于审理船舶碰撞纠纷案件若干问题的规定

（2008 年 4 月 28 日最高人民法院审判委员会第 1446 次会议通过，根据 2020 年 12 月 23 日最高人民法院审判委员会第 1823 次会议通过的《最高人民法院关于修改〈最高人民法院关于破产企业国有划拨土地使用权应否列入破产财产等问题的批复〉等二十九件商事类司法解释的决定》修正）

为正确审理船舶碰撞纠纷案件，依照《中华人民共和国民法典》《中华人民共和国民事诉讼法》《中华人民共和国海商法》《中华人民共和国海事诉讼特别程序法》等法律，制定本规定。

第一条 本规定所称船舶碰撞，是指海商法第一百六十五条所指的船舶碰撞，不包括内河船舶之间的碰撞。

海商法第一百七十条所指的损害事故，适用本规定。

第二条 审理船舶碰撞纠纷案件，依照海商法第八章的规定确定碰撞船舶的赔偿责任。

第三条 因船舶碰撞导致船舶触碰引起的侵权纠纷，依照海商法第八章的规定确定碰撞船舶的赔偿责任。

非因船舶碰撞导致船舶触碰引起的侵权纠纷，依照民法通则的规定确定触碰船舶的赔偿责任，但不影响海商法第八章之外其他规定的适用。

第四条 船舶碰撞产生的赔偿责任由船舶所有人承担，碰撞船舶在光船租赁期间并经依法登记的，由光船承租人承担。

第五条 因船舶碰撞发生的船上人员的人身伤亡属于海商法第一百六十九条第三款规定的第三人的人身伤亡。

第六条 碰撞船舶互有过失造成船载货物损失，船载货物的权利人对承运货物的本船提起违约赔偿之诉，或者对碰撞船舶一方或者双方提起侵权赔偿之诉的,人民法院应当依法予以受理。

第七条　船载货物的权利人因船舶碰撞造成其货物损失向承运货物的本船提起诉讼的,承运船舶可以依照海商法第一百六十九条第二款的规定主张按照过失程度的比例承担赔偿责任。

前款规定不影响承运人和实际承运人援用海商法第四章关于承运人抗辩理由和限制赔偿责任的规定。

第八条　碰撞船舶船载货物权利人或者第三人向碰撞船舶一方或者双方就货物或其他财产损失提出赔偿请求的,由碰撞船舶方提供证据证明过失程度的比例。无正当理由拒不提供证据的,由碰撞船舶一方承担全部赔偿责任或者由双方承担连带赔偿责任。

前款规定的证据指具有法律效力的判决书、裁定书、调解书和仲裁裁决书。对于碰撞船舶提交的国外的判决书、裁定书、调解书和仲裁裁决书,依照民事诉讼法第二百八十二条和第二百八十三条规定的程序审查。

第九条　因起浮、清除、拆毁由船舶碰撞造成的沉没、遇难、搁浅或被弃船舶及船上货物或者使其无害的费用提出的赔偿请求,责任人不能依照海商法第十一章的规定享受海事赔偿责任限制。

第十条　审理船舶碰撞纠纷案件时,人民法院根据当事人的申请进行证据保全取得的或者向有关部门调查收集的证据,应当在当事人完成举证并出具完成举证说明书后出示。

第十一条　船舶碰撞事故发生后,主管机关依法进行调查取得并经过事故当事人和有关人员确认的碰撞事实调查材料,可以作为人民法院认定案件事实的证据,但有相反证据足以推翻的除外。

最高人民法院
关于审理无正本提单交付货物案件适用法律
若干问题的规定

(2009 年 2 月 16 日最高人民法院审判委员会第 1463 次会议通过,根据 2020 年 12 月 23 日最高人民法院审判委员会第 1823 次会议通过的《最高人民法院关于修改〈最高人民法院关于破产企业国有划拨土地使用权应否列入破产财产等问题的批复〉等二十九件商事类司法解释的决定》修正)

为正确审理无正本提单交付货物案件,根据《中华人民共和国民法典》《中华人民共和国海商法》等法律,制定本规定。

第一条 本规定所称正本提单包括记名提单、指示提单和不记名提单。

第二条 承运人违反法律规定,无正本提单交付货物,损害正本提单持有人提单权利的,正本提单持有人可以要求承运人承担由此造成损失的民事责任。

第三条 承运人因无正本提单交付货物造成正本提单持有人损失的,正本提单持有人可以要求承运人承担违约责任,或者承担侵权责任。

正本提单持有人要求承运人承担无正本提单交付货物民事责任的,适用海商法规定;海商法没有规定的,适用其他法律规定。

第四条 承运人因无正本提单交付货物承担民事责任的,不适用海商法第五十六条关于限制赔偿责任的规定。

第五条 提货人凭伪造的提单向承运人提取了货物,持有正本提单的收货人可以要求承运人承担无正本提单交付货物的民事责任。

第六条 承运人因无正本提单交付货物造成正本提单持有人损失的赔偿额,按照货物装船时的价值加运费和保险费计算。

第七条 承运人依照提单载明的卸货港所在地法律规定,必须将承运到港的货物交付给当地海关或者港口当局的,不承担无正本提单交付货物的民事责任。

第八条　承运到港的货物超过法律规定期限无人向海关申报,被海关提取并依法变卖处理,或者法院依法裁定拍卖承运人留置的货物,承运人主张免除交付货物责任的,人民法院应予支持。

第九条　承运人按照记名提单托运人的要求中止运输、返还货物、变更到达地或者将货物交给其他收货人,持有记名提单的收货人要求承运人承担无正本提单交付货物民事责任的,人民法院不予支持。

第十条　承运人签发一式数份正本提单,向最先提交正本提单的人交付货物后,其他持有相同正本提单的人要求承运人承担无正本提单交付货物民事责任的,人民法院不予支持。

第十一条　正本提单持有人可以要求无正本提单交付货物的承运人与无正本提单提取货物的人承担连带赔偿责任。

第十二条　向承运人实际交付货物并持有指示提单的托运人,虽然在正本提单上没有载明其托运人身份,因承运人无正本提单交付货物,要求承运人依据海上货物运输合同承担无正本提单交付货物民事责任的,人民法院应予支持。

第十三条　在承运人未凭正本提单交付货物后,正本提单持有人与无正本提单提取货物的人就货款支付达成协议,在协议款项得不到赔付时,不影响正本提单持有人就其遭受的损失,要求承运人承担无正本提单交付货物的民事责任。

第十四条　正本提单持有人以承运人无正本提单交付货物为由提起的诉讼,适用海商法第二百五十七条的规定,时效期间为一年,自承运人应当交付货物之日起计算。

正本提单持有人以承运人与无正本提单提取货物的人共同实施无正本提单交付货物行为为由提起的侵权诉讼,诉讼时效适用本条前款规定。

第十五条　正本提单持有人以承运人无正本提单交付货物为由提起的诉讼,时效中断适用海商法第二百六十七条的规定。

正本提单持有人以承运人与无正本提单提取货物的人共同实施无正本提单交付货物行为为由提起的侵权诉讼,时效中断适用本条前款规定。

最高人民法院
关于审理海事赔偿责任限制相关纠纷案件的若干规定

（2010年3月22日最高人民法院审判委员会第1484次会议通过，根据2020年12月23日最高人民法院审判委员会第1823次会议通过的《最高人民法院关于修改〈最高人民法院关于破产企业国有划拨土地使用权应否列入破产财产等问题的批复〉等二十九件商事类司法解释的决定》修正）

为正确审理海事赔偿责任限制相关纠纷案件，依照《中华人民共和国海事诉讼特别程序法》《中华人民共和国海商法》的规定，结合审判实际，制定本规定。

第一条 审理海事赔偿责任限制相关纠纷案件，适用海事诉讼特别程序法、海商法的规定；海事诉讼特别程序法、海商法没有规定的，适用其他相关法律、行政法规的规定。

第二条 同一海事事故中，不同的责任人在起诉前依据海事诉讼特别程序法第一百零二条的规定向不同的海事法院申请设立海事赔偿责任限制基金的，后立案的海事法院应当依照民事诉讼法的规定，将案件移送先立案的海事法院管辖。

第三条 责任人在诉讼中申请设立海事赔偿责任限制基金的，应当向受理相关海事纠纷案件的海事法院提出。

相关海事纠纷由不同海事法院受理，责任人申请设立海事赔偿责任限制基金的，应当依据诉讼管辖协议向最先立案的海事法院提出；当事人之间未订立诉讼管辖协议的，向最先立案的海事法院提出。

第四条 海事赔偿责任限制基金设立后，设立基金的海事法院对海事请求人就与海事事故相关纠纷向责任人提起的诉讼具有管辖权。

海事请求人向其他海事法院提起诉讼的，受理案件的海事法院应当依照民事诉讼法的规定,将案件移送设立海事赔偿责任限制基金的海事法院,但当事人之间订有诉讼管辖协议的除外。

第五条 海事诉讼特别程序法第一百零六条第二款规定的海事法院在十五日内作出裁定的期间,自海事法院受理设立海事赔偿责任限制基金申请的最后一次公告发布之次日起第三十日开始计算。

第六条 海事诉讼特别程序法第一百一十二条规定的申请债权登记期间的届满之日,为海事法院受理设立海事赔偿责任限制基金申请的最后一次公告发布之次日起第六十日。

第七条 债权人申请登记债权,符合有关规定的,海事法院应当在海事赔偿责任限制基金设立后,依照海事诉讼特别程序法第一百一十四条的规定作出裁定;海事赔偿责任限制基金未依法设立的,海事法院应当裁定终结债权登记程序。债权人已经交纳的申请费由申请设立海事赔偿责任限制基金的人负担。

第八条 海事赔偿责任限制基金设立后,海事请求人基于责任人依法不能援引海事赔偿责任限制抗辩的海事赔偿请求,可以对责任人的财产申请保全。

第九条 海事赔偿责任限制基金设立后,海事请求人就同一海事事故产生的属于海商法第二百零七条规定的可以限制赔偿责任的海事赔偿请求,以行使船舶优先权为由申请扣押船舶的,人民法院不予支持。

第十条 债权人提起确权诉讼时,依据海商法第二百零九条的规定主张责任人无权限制赔偿责任的,应当以书面形式提出。案件的审理不适用海事诉讼特别程序法规定的确权诉讼程序,当事人对海事法院作出的判决、裁定可以依法提起上诉。

两个以上债权人主张责任人无权限制赔偿责任的,海事法院可以将相关案件合并审理。

第十一条 债权人依据海事诉讼特别程序法第一百一十六条第一款的规定提起确权诉讼后,需要判定碰撞船舶过失程度比例的,案件的审理不适用海事诉讼特别程序法规定的确权诉讼程序,当事人对海事法院作出的判决、裁定可以依法提起上诉。

第十二条 海商法第二百零四条规定的船舶经营人是指登记的船舶经营

人,或者接受船舶所有人委托实际使用和控制船舶并应当承担船舶责任的人,但不包括无船承运业务经营者。

第十三条 责任人未申请设立海事赔偿责任限制基金,不影响其在诉讼中对海商法第二百零七条规定的海事请求提出海事赔偿责任限制抗辩。

第十四条 责任人未提出海事赔偿责任限制抗辩的,海事法院不应主动适用海商法关于海事赔偿责任限制的规定进行裁判。

第十五条 责任人在一审判决作出前未提出海事赔偿责任限制抗辩,在二审、再审期间提出的,人民法院不予支持。

第十六条 责任人对海商法第二百零七条规定的海事赔偿请求未提出海事赔偿责任限制抗辩,债权人依据有关生效裁判文书或者仲裁裁决书,申请执行责任人海事赔偿责任限制基金以外的财产的,人民法院应予支持,但债权人以上述文书作为债权证据申请登记债权并经海事法院裁定准予的除外。

第十七条 海商法第二百零七条规定的可以限制赔偿责任的海事赔偿请求不包括因沉没、遇难、搁浅或者被弃船舶的起浮、清除、拆毁或者使之无害提起的索赔,或者因船上货物的清除、拆毁或者使之无害提起的索赔。

由于船舶碰撞致使责任人遭受前款规定的索赔,责任人就因此产生的损失向对方船舶追偿时,被请求人主张依据海商法第二百零七条的规定限制赔偿责任的,人民法院应予支持。

第十八条 海商法第二百零九条规定的"责任人"是指海事事故的责任人本人。

第十九条 海事请求人以发生海事事故的船舶不适航为由主张责任人无权限制赔偿责任,但不能证明引起赔偿请求的损失是由于责任人本人的故意或者明知可能造成损失而轻率地作为或者不作为造成的,人民法院不予支持。

第二十条 海事赔偿责任限制基金应当以人民币设立,其数额按法院准予设立基金的裁定生效之日的特别提款权对人民币的换算办法计算。

第二十一条 海商法第二百一十三条规定的利息,自海事事故发生之日起至基金设立之日止,按同期全国银行间同业拆借中心公布的贷款市场报价利率计算。

以担保方式设立海事赔偿责任限制基金的,基金设立期间的利息按同期全国银行间同业拆借中心公布的贷款市场报价利率计算。

第二十二条 本规定施行前已经终审的案件,人民法院进行再审时,不适用本规定。

第二十三条 本规定施行前本院发布的司法解释与本规定不一致的,以本规定为准。

最高人民法院
关于审理船舶油污损害赔偿纠纷案件
若干问题的规定

(2011年1月10日最高人民法院审判委员会第1509次会议通过,根据2020年12月23日最高人民法院审判委员会第1823次会议通过的《最高人民法院关于修改〈最高人民法院关于破产企业国有划拨土地使用权应否列入破产财产等问题的批复〉等二十九件商事类司法解释的决定》修正)

为正确审理船舶油污损害赔偿纠纷案件,依照《中华人民共和国民法典》《中华人民共和国海洋环境保护法》《中华人民共和国海商法》《中华人民共和国民事诉讼法》《中华人民共和国海事诉讼特别程序法》等法律法规以及中华人民共和国缔结或者参加的有关国际条约,结合审判实践,制定本规定。

第一条 船舶发生油污事故,对中华人民共和国领域和管辖的其他海域造成油污损害或者形成油污损害威胁,人民法院审理相关船舶油污损害赔偿纠纷案件,适用本规定。

第二条 当事人就油轮装载持久性油类造成的油污损害提起诉讼、申请设立油污损害赔偿责任限制基金,由船舶油污事故发生地海事法院管辖。

油轮装载持久性油类引起的船舶油污事故,发生在中华人民共和国领域和管辖的其他海域外,对中华人民共和国领域和管辖的其他海域造成油污损害或者形成油污损害威胁,当事人就船舶油污事故造成的损害提起诉讼、申请设立油污损害赔偿责任限制基金,由油污损害结果地或者采取预防油污措施地海事法院管辖。

第三条 两艘或者两艘以上船舶泄漏油类造成油污损害,受损害人请求各泄漏油船舶所有人承担赔偿责任,按照泄漏油数量及泄漏油类对环境的危害性等因素能够合理分开各自造成的损害,由各泄漏油船舶所有人分别承担责任;不能合理分开各自造成的损害,各泄漏油船舶所有人承担连带责任。但泄漏油船舶所有人依法免予承担责任的除外。

各泄漏油船舶所有人对受损害人承担连带责任的,相互之间根据各自责任大小确定相应的赔偿数额;难以确定责任大小的,平均承担赔偿责任。泄漏油船舶所有人支付超出自己应赔偿的数额,有权向其他泄漏油船舶所有人追偿。

第四条 船舶互有过失碰撞引起油类泄漏造成油污损害的,受损害人可以请求泄漏油船舶所有人承担全部赔偿责任。

第五条 油轮装载的持久性油类造成油污损害的,应依照《防治船舶污染海洋环境管理条例》《1992 年国际油污损害民事责任公约》的规定确定赔偿限额。

油轮装载的非持久性燃油或者非油轮装载的燃油造成油污损害的,应依照海商法关于海事赔偿责任限制的规定确定赔偿限额。

第六条 经证明油污损害是由于船舶所有人的故意或者明知可能造成此种损害而轻率地作为或者不作为造成的,船舶所有人主张限制赔偿责任,人民法院不予支持。

第七条 油污损害是由于船舶所有人故意造成的,受损害人请求船舶油污损害责任保险人或者财务保证人赔偿,人民法院不予支持。

第八条 受损害人直接向船舶油污损害责任保险人或者财务保证人提起诉讼,船舶油污损害责任保险人或者财务保证人可以对受损害人主张船舶所有人的抗辩。

除船舶所有人故意造成油污损害外,船舶油污损害责任保险人或者财务保证人向受损害人主张其对船舶所有人的抗辩,人民法院不予支持。

第九条 船舶油污损害赔偿范围包括:

(一)为防止或者减轻船舶油污损害采取预防措施所发生的费用,以及预防措施造成的进一步灭失或者损害;

(二)船舶油污事故造成该船舶之外的财产损害以及由此引起的收入损失;

(三)因油污造成环境损害所引起的收入损失;

(四)对受污染的环境已采取或将要采取合理恢复措施的费用。

第十条　对预防措施费用以及预防措施造成的进一步灭失或者损害,人民法院应当结合污染范围、污染程度、油类泄漏量、预防措施的合理性、参与清除油污人员及投入使用设备的费用等因素合理认定。

第十一条　对遇险船舶实施防污措施,作业开始时的主要目的仅是为防止、减轻油污损害的,所发生的费用应认定为预防措施费用。

作业具有救助遇险船舶、其他财产和防止、减轻油污损害的双重目的,应根据目的的主次比例合理划分预防措施费用与救助措施费用;无合理依据区分主次目的的,相关费用应平均分摊。但污染危险消除后发生的费用不应列为预防措施费用。

第十二条　船舶泄漏油类污染其他船舶、渔具、养殖设施等财产,受损害人请求油污责任人赔偿因清洗、修复受污染财产支付的合理费用,人民法院应予支持。

受污染财产无法清洗、修复,或者清洗、修复成本超过其价值的,受损害人请求油污责任人赔偿合理的更换费用,人民法院应予支持,但应参照受污染财产实际使用年限与预期使用年限的比例作合理扣除。

第十三条　受损害人因其财产遭受船舶油污,不能正常生产经营的,其收入损失应以财产清洗、修复或者更换所需合理期间为限进行计算。

第十四条　海洋渔业、滨海旅游业及其他用海、临海经营单位或者个人请求因环境污染所遭受的收入损失,具备下列全部条件,由此证明收入损失与环境污染之间具有直接因果关系的,人民法院应予支持:

(一)请求人的生产经营活动位于或者接近污染区域;

(二)请求人的生产经营活动主要依赖受污染资源或者海岸线;

(三)请求人难以找到其他替代资源或者商业机会;

(四)请求人的生产经营业务属于当地相对稳定的产业。

第十五条　未经相关行政主管部门许可,受损害人从事海上养殖、海洋捕捞,主张收入损失的,人民法院不予支持;但请求赔偿清洗、修复、更换养殖或者捕捞设施的合理费用,人民法院应予支持。

第十六条　受损害人主张因其财产受污染或者因环境污染造成的收入损失,应以其前三年同期平均净收入扣减受损期间的实际净收入计算,并适当考虑影响收入的其他相关因素予以合理确定。

按照前款规定无法认定收入损失的,可以参考政府部门的相关统计数据和信息,或者同区域同类生产经营者的同期平均收入合理认定。

受损害人采取合理措施避免收入损失,请求赔偿合理措施的费用,人民法院应予支持,但以其避免发生的收入损失数额为限。

第十七条　船舶油污事故造成环境损害的,对环境损害的赔偿应限于已实际采取或者将要采取的合理恢复措施的费用。恢复措施的费用包括合理的监测、评估、研究费用。

第十八条　船舶取得有效的油污损害民事责任保险或者具有相应财务保证的,油污受损害人主张船舶优先权的,人民法院不予支持。

第十九条　对油轮装载的非持久性燃油、非油轮装载的燃油造成油污损害的赔偿请求,适用海商法关于海事赔偿责任限制的规定。

同一海事事故造成前款规定的油污损害和海商法第二百零七条规定的可以限制赔偿责任的其他损害,船舶所有人依照海商法第十一章的规定主张在同一赔偿限额内限制赔偿责任的,人民法院应予支持。

第二十条　为避免油轮装载的非持久性燃油、非油轮装载的燃油造成油污损害,对沉没、搁浅、遇难船舶采取起浮、清除或者使之无害措施,船舶所有人对由此发生的费用主张依照海商法第十一章的规定限制赔偿责任的,人民法院不予支持。

第二十一条　对油轮装载持久性油类造成的油污损害,船舶所有人,或者船舶油污责任保险人、财务保证人主张责任限制的,应当设立油污损害赔偿责任限制基金。

油污损害赔偿责任限制基金以现金方式设立的,基金数额为《防治船舶污染海洋环境管理条例》《1992 年国际油污损害民事责任公约》规定的赔偿限额。以担保方式设立基金的,担保数额为基金数额及其在基金设立期间的利息。

第二十二条　船舶所有人、船舶油污损害责任保险人或者财务保证人申请设立油污损害赔偿责任限制基金,利害关系人对船舶所有人主张限制赔偿责任有异议的,应当在海事诉讼特别程序法第一百零六条第一款规定的异议期内以书面形式提出,但提出该异议不影响基金的设立。

第二十三条　对油轮装载持久性油类造成的油污损害,利害关系人没有在异议期内对船舶所有人主张限制赔偿责任提出异议,油污损害赔偿责任限制基金设立后,海事法院应当解除对船舶所有人的财产采取的保全措施或者发还为解除保全措施而提供的担保。

第二十四条 对油轮装载持久性油类造成的油污损害,利害关系人在异议期内对船舶所有人主张限制赔偿责任提出异议的,人民法院在认定船舶所有人有权限制赔偿责任的裁决生效后,应当解除对船舶所有人的财产采取的保全措施或者发还为解除保全措施而提供的担保。

第二十五条 对油轮装载持久性油类造成的油污损害,受损害人提起诉讼时主张船舶所有人无权限制赔偿责任的,海事法院对船舶所有人是否有权限制赔偿责任的争议,可以先行审理并作出判决。

第二十六条 对油轮装载持久性油类造成的油污损害,受损害人没有在规定的债权登记期间申请债权登记的,视为放弃在油污损害赔偿责任限制基金中受偿的权利。

第二十七条 油污损害赔偿责任限制基金不足以清偿有关油污损害的,应根据确认的赔偿数额依法按比例分配。

第二十八条 对油轮装载持久性油类造成的油污损害,船舶所有人、船舶油污损害责任保险人或者财务保证人申请设立油污损害赔偿责任限制基金、受损害人申请债权登记与受偿,本规定没有规定的,适用海事诉讼特别程序法及相关司法解释的规定。

第二十九条 在油污损害赔偿责任限制基金分配以前,船舶所有人、船舶油污损害责任保险人或者财务保证人,已先行赔付油污损害的,可以书面申请从基金中代位受偿。代位受偿应限于赔付的范围,并不超过接受赔付的人依法可获得的赔偿数额。

海事法院受理代位受偿申请后,应书面通知所有对油污损害赔偿责任限制基金提出主张的利害关系人。利害关系人对申请人主张代位受偿的权利有异议的,应在收到通知之日起十五日内书面提出。

海事法院经审查认定申请人代位受偿权利成立,应裁定予以确认;申请人主张代位受偿的权利缺乏事实或者法律依据的,裁定驳回其申请。当事人对裁定不服的,可以在收到裁定书之日起十日内提起上诉。

第三十条 船舶所有人为主动防止、减轻油污损害而支出的合理费用或者所作的合理牺牲,请求参与油污损害赔偿责任限制基金分配的,人民法院应予支持,比照本规定第二十九条第二款、第三款的规定处理。

第三十一条　本规定中下列用语的含义是:

(一)船舶,是指非用于军事或者政府公务的海船和其他海上移动式装置,包括航行于国际航线和国内航线的油轮和非油轮。其中,油轮是指为运输散装持久性货油而建造或者改建的船舶,以及实际装载散装持久性货油的其他船舶。

(二)油类,是指烃类矿物油及其残余物,限于装载于船上作为货物运输的持久性货油、装载用于本船运行的持久性和非持久性燃油,不包括装载于船上作为货物运输的非持久性货油。

(三)船舶油污事故,是指船舶泄漏油类造成油污损害,或者虽未泄漏油类但形成严重和紧迫油污损害威胁的一个或者一系列事件。一系列事件因同一原因而发生的,视为同一事故。

(四)船舶油污损害责任保险人或者财务保证人,是指海事事故中泄漏油类或者直接形成油污损害威胁的船舶一方的油污责任保险人或者财务保证人。

(五)油污损害赔偿责任限制基金,是指船舶所有人、船舶油污损害责任保险人或者财务保证人,对油轮装载持久性油类造成的油污损害申请设立的赔偿责任限制基金。

第三十二条　本规定实施前本院发布的司法解释与本规定不一致的,以本规定为准。

本规定施行前已经终审的案件,人民法院进行再审时,不适用本规定。

最高人民法院
关于审理海上货运代理纠纷案件
若干问题的规定

(2012 年 1 月 9 日最高人民法院审判委员会第 1538 次会议通过,根据 2020 年 12 月 23 日最高人民法院审判委员会第 1823 次会议通过的《最高人民法院关于修改〈最高人民法院关于破产企业国有划拨土地使用权应否列入破产财产等问题的批复〉等二十九件商事类司法解释的决定》修正)

为正确审理海上货运代理纠纷案件,依法保护当事人合法权益,根据《中华人民共和国民法典》《中华人民共和国海商法》《中华人民共和国民事诉讼法》和《中华人民共和国海事诉讼特别程序法》等有关法律规定,结合审判实践,制定本规定。

第一条 本规定适用于货运代理企业接受委托人委托处理与海上货物运输有关的货运代理事务时发生的下列纠纷:

(一)因提供订舱、报关、报检、报验、保险服务所发生的纠纷;

(二)因提供货物的包装、监装、监卸、集装箱装拆箱、分拨、中转服务所发生的纠纷;

(三)因缮制、交付有关单证、费用结算所发生的纠纷;

(四)因提供仓储、陆路运输服务所发生的纠纷;

(五)因处理其他海上货运代理事务所发生的纠纷。

第二条 人民法院审理海上货运代理纠纷案件,认定货运代理企业因处理海上货运代理事务与委托人之间形成代理、运输、仓储等不同法律关系的,应分别适用相关的法律规定。

第三条 人民法院应根据书面合同约定的权利义务的性质,并综合考虑货运代理企业取得报酬的名义和方式、开具发票的种类和收费项目、当事人之间的交易习惯以及合同实际履行的其他情况,认定海上货运代理合同关系是否成立。

第四条　货运代理企业在处理海上货运代理事务过程中以自己的名义签发提单、海运单或者其他运输单证,委托人据此主张货运代理企业承担承运人责任的,人民法院应予支持。

货运代理企业以承运人代理人名义签发提单、海运单或者其他运输单证,但不能证明取得承运人授权,委托人据此主张货运代理企业承担承运人责任的,人民法院应予支持。

第五条　委托人与货运代理企业约定了转委托权限,当事人就权限范围内的海上货运代理事务主张委托人同意转委托的,人民法院应予支持。

没有约定转委托权限,货运代理企业或第三人以委托人知道货运代理企业将海上货运代理事务转委托或部分转委托第三人处理而未表示反对为由,主张委托人同意转委托的,人民法院不予支持,但委托人的行为明确表明其接受转委托的除外。

第六条　一方当事人根据双方的交易习惯,有理由相信行为人有权代表对方当事人订立海上货运代理合同,该方当事人依据民法典第一百七十二条的规定主张合同成立的,人民法院应予支持。

第七条　海上货运代理合同约定货运代理企业交付处理海上货运代理事务取得的单证以委托人支付相关费用为条件,货运代理企业以委托人未支付相关费用为由拒绝交付单证的,人民法院应予支持。

合同未约定或约定不明确,货运代理企业以委托人未支付相关费用为由拒绝交付单证的,人民法院应予支持,但提单、海运单或者其他运输单证除外。

第八条　货运代理企业接受契约托运人的委托办理订舱事务,同时接受实际托运人的委托向承运人交付货物,实际托运人请求货运代理企业交付其取得的提单、海运单或者其他运输单证的,人民法院应予支持。

契约托运人是指本人或者委托他人以本人名义或者委托他人为本人与承运人订立海上货物运输合同的人。

实际托运人是指本人或者委托他人以本人名义或者委托他人为本人将货物交给与海上货物运输合同有关的承运人的人。

第九条　货运代理企业按照概括委托权限完成海上货运代理事务,请求委托人支付相关合理费用的,人民法院应予支持。

第十条　委托人以货运代理企业处理海上货运代理事务给委托人造成损失为由,主张由货运代理企业承担相应赔偿责任的,人民法院应予支持,但货运代理企业证明其没有过错的除外。

第十一条　货运代理企业未尽谨慎义务,与未在我国交通主管部门办理提单登记的无船承运业务经营者订立海上货物运输合同,造成委托人损失的,应承担相应的赔偿责任。

第十二条　货运代理企业接受未在我国交通主管部门办理提单登记的无船承运业务经营者的委托签发提单,当事人主张由货运代理企业和无船承运业务经营者对提单项下的损失承担连带责任的,人民法院应予支持。

货运代理企业承担赔偿责任后,有权向无船承运业务经营者追偿。

第十三条　因本规定第一条所列纠纷提起的诉讼,由海事法院管辖。

第十四条　人民法院在案件审理过程中,发现不具有无船承运业务经营资格的货运代理企业违反《中华人民共和国国际海运条例》的规定,以自己的名义签发提单、海运单或者其他运输单证的,应当向有关交通主管部门发出司法建议,建议交通主管部门予以处罚。

第十五条　本规定不适用于与沿海、内河货物运输有关的货运代理纠纷案件。

第十六条　本规定施行前本院作出的有关司法解释与本规定相抵触的,以本规定为准。

本规定施行后,案件尚在一审或者二审阶段的,适用本规定;本规定施行前已经终审的案件,本规定施行后当事人申请再审或者按照审判监督程序决定再审的案件,不适用本规定。

最高人民法院关于修改
《最高人民法院关于审理侵犯专利权纠纷案件应用法律若干问题的解释(二)》等十八件知识产权类司法解释的决定

法释〔2020〕19 号

(2020 年 12 月 23 日最高人民法院审判委员会第 1823 次会议通过,自 2021 年 1 月 1 日起施行)

根据审判实践需要,经最高人民法院审判委员会第 1823 次会议决定,对《最高人民法院关于审理侵犯专利权纠纷案件应用法律若干问题的解释(二)》等十八件司法解释作如下修改:

一、修改《最高人民法院关于审理侵犯专利权纠纷案件应用法律若干问题的解释(二)》

1. 将引言修改为:

"为正确审理侵犯专利权纠纷案件,根据《中华人民共和国民法典》《中华人民共和国专利法》《中华人民共和国民事诉讼法》等有关法律规定,结合审判实践,制定本解释。"

2. 将第二条修改为:

"权利人在专利侵权诉讼中主张的权利要求被国务院专利行政部门宣告无效的,审理侵犯专利权纠纷案件的人民法院可以裁定驳回权利人基于该无效权利要求的起诉。

有证据证明宣告上述权利要求无效的决定被生效的行政判决撤销的,权利人可以另行起诉。

专利权人另行起诉的,诉讼时效期间从本条第二款所称行政判决书送达之日起计算。"

3. 将第六条修改为：

"人民法院可以运用与涉案专利存在分案申请关系的其他专利及其专利审查档案、生效的专利授权确权裁判文书解释涉案专利的权利要求。

专利审查档案，包括专利审查、复审、无效程序中专利申请人或者专利权人提交的书面材料，国务院专利行政部门制作的审查意见通知书、会晤记录、口头审理记录、生效的专利复审请求审查决定书和专利权无效宣告请求审查决定书等。"

4. 将第二十一条修改为：

"明知有关产品系专门用于实施专利的材料、设备、零部件、中间物等，未经专利权人许可，为生产经营目的将该产品提供给他人实施了侵犯专利权的行为，权利人主张该提供者的行为属于民法典第一千一百六十九条规定的帮助他人实施侵权行为的，人民法院应予支持。

明知有关产品、方法被授予专利权，未经专利权人许可，为生产经营目的积极诱导他人实施了侵犯专利权的行为，权利人主张该诱导者的行为属于民法典第一千一百六十九条规定的教唆他人实施侵权行为的，人民法院应予支持。"

二、修改《最高人民法院关于审理专利纠纷案件适用法律问题的若干规定》

1. 将引言修改为：

"为了正确审理专利纠纷案件，根据《中华人民共和国民法典》《中华人民共和国专利法》《中华人民共和国民事诉讼法》和《中华人民共和国行政诉讼法》等法律的规定，作如下规定："

2. 将第一条修改为：

"人民法院受理下列专利纠纷案件：

1. 专利申请权权属纠纷案件；

2. 专利权权属纠纷案件；

3. 专利合同纠纷案件；

4. 侵害专利权纠纷案件；

5. 假冒他人专利纠纷案件；

6. 发明专利临时保护期使用费纠纷案件；

7.职务发明创造发明人、设计人奖励、报酬纠纷案件；

8.诉前申请行为保全纠纷案件；

9.诉前申请财产保全纠纷案件；

10.因申请行为保全损害责任纠纷案件；

11.因申请财产保全损害责任纠纷案件；

12.发明创造发明人、设计人署名权纠纷案件；

13.确认不侵害专利权纠纷案件；

14.专利权宣告无效后返还费用纠纷案件；

15.因恶意提起专利权诉讼损害责任纠纷案件；

16.标准必要专利使用费纠纷案件；

17.不服国务院专利行政部门维持驳回申请复审决定案件；

18.不服国务院专利行政部门专利权无效宣告请求决定案件；

19.不服国务院专利行政部门实施强制许可决定案件；

20.不服国务院专利行政部门实施强制许可使用费裁决案件；

21.不服国务院专利行政部门行政复议决定案件；

22.不服国务院专利行政部门作出的其他行政决定案件；

23.不服管理专利工作的部门行政决定案件；

24.确认是否落入专利权保护范围纠纷案件；

25.其他专利纠纷案件。"

3.删除第二条、第三条、第四条、第七条、第十八条、第十九条。

4.将第十一条修改为：

"人民法院受理的侵犯发明专利权纠纷案件或者经国务院专利行政部门审查维持专利权的侵犯实用新型、外观设计专利权纠纷案件，被告在答辩期间内请求宣告该项专利权无效的，人民法院可以不中止诉讼。"

5.将第十六条修改为：

"专利法第二十三条第三款所称的合法权利，包括就作品、商标、地理标志、姓名、企业名称、肖像，以及有一定影响的商品名称、包装、装潢等享有的合法权利或者权益。"

6.将第二十三条修改为：

"侵犯专利权的诉讼时效为三年，自专利权人或者利害关系人知道或者应当知道权利受到损害以及义务人之日起计算。权利人超过三年起诉的,如果侵权行为在起诉时仍在继续,在该项专利权有效期内,人民法院应当判决被告停止侵权行为,侵权损害赔偿数额应当自权利人向人民法院起诉之日起向前推算三年计算。"

7. 条文顺序作相应调整。

三、修改《最高人民法院关于审理商标案件有关管辖和法律适用范围问题的解释》

1. 将第一条修改为:

"人民法院受理以下商标案件:

1. 不服国家知识产权局作出的复审决定或者裁定的行政案件;

2. 不服国家知识产权局作出的有关商标的其他行政行为的案件;

3. 商标权权属纠纷案件;

4. 侵害商标权纠纷案件;

5. 确认不侵害商标权纠纷案件;

6. 商标权转让合同纠纷案件;

7. 商标使用许可合同纠纷案件;

8. 商标代理合同纠纷案件;

9. 申请诉前停止侵害注册商标专用权案件;

10. 申请停止侵害注册商标专用权损害责任案件;

11. 申请诉前财产保全案件;

12. 申请诉前证据保全案件;

13. 其他商标案件。"

2. 将第三条修改为:

"商标注册人或者利害关系人向国家知识产权局就侵犯商标权行为请求处理,又向人民法院提起侵害商标权诉讼请求损害赔偿的,人民法院应当受理。"

3. 将第四条修改为:

"国家知识产权局在商标法修改决定施行前受理的案件,于该决定施行后作出复审决定或裁定,当事人对复审决定或裁定不服向人民法院起诉的,人民法院应当受理。"

4.将第五条修改为：

"除本解释另行规定外,对商标法修改决定施行前发生,属于修改后商标法第四条、第五条、第八条、第九条第一款、第十条第一款第（二）、（三）、（四）项、第十条第二款、第十一条、第十二条、第十三条、第十五条、第十六条、第二十四条、第二十五条、第三十一条所列举的情形,国家知识产权局于商标法修改决定施行后作出复审决定或者裁定,当事人不服向人民法院起诉的行政案件,适用修改后商标法的相应规定进行审查;属于其他情形的,适用修改前商标法的相应规定进行审查。"

5.将第六条修改为：

"当事人就商标法修改决定施行时已满一年的注册商标发生争议,不服国家知识产权局作出的裁定向人民法院起诉的,适用修改前商标法第二十七条第二款规定的提出申请的期限处理;商标法修改决定施行时商标注册不满一年的,适用修改后商标法第四十一条第二款、第三款规定的提出申请的期限处理。"

6.将第十条修改为：

"人民法院受理的侵犯商标权纠纷案件,已经过行政管理部门处理的,人民法院仍应当就当事人民事争议的事实进行审查。"

四、修改《最高人民法院关于审理商标民事纠纷案件适用法律若干问题的解释》

1.将引言修改为：

"为了正确审理商标纠纷案件,根据《中华人民共和国民法典》《中华人民共和国商标法》《中华人民共和国民事诉讼法》等法律的规定,就适用法律若干问题解释如下:"

2.将第一条修改为：

"下列行为属于商标法第五十七条第（七）项规定的给他人注册商标专用权造成其他损害的行为:

（一）将与他人注册商标相同或者相近似的文字作为企业的字号在相同或者类似商品上突出使用,容易使相关公众产生误认的;

（二）复制、摹仿、翻译他人注册的驰名商标或其主要部分在不相同或者不相类似商品上作为商标使用,误导公众,致使该驰名商标注册人的利益可能受到损害的；

（三）将与他人注册商标相同或者相近似的文字注册为域名，并且通过该域名进行相关商品交易的电子商务，容易使相关公众产生误认的。"

3.将第二条修改为：

"依据商标法第十三条第二款的规定，复制、摹仿、翻译他人未在中国注册的驰名商标或其主要部分，在相同或者类似商品上作为商标使用，容易导致混淆的，应当承担停止侵害的民事法律责任。"

4.将第三条修改为：

"商标法第四十三条规定的商标使用许可包括以下三类：

（一）独占使用许可，是指商标注册人在约定的期间、地域和以约定的方式，将该注册商标仅许可一个被许可人使用，商标注册人依约定不得使用该注册商标；

（二）排他使用许可，是指商标注册人在约定的期间、地域和以约定的方式，将该注册商标仅许可一个被许可人使用，商标注册人依约定可以使用该注册商标但不得另行许可他人使用该注册商标；

（三）普通使用许可，是指商标注册人在约定的期间、地域和以约定的方式，许可他人使用其注册商标，并可自行使用该注册商标和许可他人使用其注册商标。"

5.将第四条修改为：

"商标法第六十条第一款规定的利害关系人，包括注册商标使用许可合同的被许可人、注册商标财产权利的合法继承人等。

在发生注册商标专用权被侵害时，独占使用许可合同的被许可人可以向人民法院提起诉讼；排他使用许可合同的被许可人可以和商标注册人共同起诉，也可以在商标注册人不起诉的情况下，自行提起诉讼；普通使用许可合同的被许可人经商标注册人明确授权，可以提起诉讼。"

6.将第六条修改为：

"因侵犯注册商标专用权行为提起的民事诉讼，由商标法第十三条、第五十七条所规定侵权行为的实施地、侵权商品的储藏地或者查封扣押地、被告住所地人民法院管辖。

前款规定的侵权商品的储藏地，是指大量或者经常性储存、隐匿侵权商品所在地;查封扣押地,是指海关等行政机关依法查封、扣押侵权商品所在地。"

7.将第九条修改为:

"商标法第五十七条第(一)(二)项规定的商标相同,是指被控侵权的商标与原告的注册商标相比较,二者在视觉上基本无差别。

商标法第五十七条第(二)项规定的商标近似,是指被控侵权的商标与原告的注册商标相比较,其文字的字形、读音、含义或者图形的构图及颜色,或者其各要素组合后的整体结构相似,或者其立体形状、颜色组合近似,易使相关公众对商品的来源产生误认或者认为其来源与原告注册商标的商品有特定的联系。"

8.将第十条修改为:

"人民法院依据商标法第五十七条第(一)(二)项的规定,认定商标相同或者近似按照以下原则进行:

(一)以相关公众的一般注意力为标准;

(二)既要进行对商标的整体比对,又要进行对商标主要部分的比对,比对应当在比对对象隔离的状态下分别进行;

(三)判断商标是否近似,应当考虑请求保护注册商标的显著性和知名度。"

9.将第十一条修改为:

"商标法第五十七条第(二)项规定的类似商品,是指在功能、用途、生产部门、销售渠道、消费对象等方面相同,或者相关公众一般认为其存在特定联系、容易造成混淆的商品。

类似服务,是指在服务的目的、内容、方式、对象等方面相同,或者相关公众一般认为存在特定联系、容易造成混淆的服务。

商品与服务类似,是指商品和服务之间存在特定联系,容易使相关公众混淆。"

10.将第十二条修改为:

"人民法院依据商标法第五十七条第(二)项的规定,认定商品或者服务是否类似,应当以相关公众对商品或者服务的一般认识综合判断;《商标注册用商品和服务国际分类表》《类似商品和服务区分表》可以作为判断类似商品或者服务的参考。"

11. 将第十三条修改为：

"人民法院依据商标法第六十三条第一款的规定确定侵权人的赔偿责任时,可以根据权利人选择的计算方法计算赔偿数额。"

12. 将第十四条修改为：

"商标法第六十三条第一款规定的侵权所获得的利益,可以根据侵权商品销售量与该商品单位利润乘积计算;该商品单位利润无法查明的,按照注册商标商品的单位利润计算。"

13. 将第十五条修改为：

"商标法第六十三条第一款规定的因被侵权所受到的损失,可以根据权利人因侵权所造成商品销售减少量或者侵权商品销售量与该注册商标商品的单位利润乘积计算。"

14. 将第十六条修改为：

"权利人因被侵权所受到的实际损失、侵权人因侵权所获得的利益、注册商标使用许可费均难以确定的,人民法院可以根据当事人的请求或者依职权适用商标法第六十三条第三款的规定确定赔偿数额。

人民法院在适用商标法第六十三条第三款规定确定赔偿数额时,应当考虑侵权行为的性质、期间、后果,侵权人的主观过错程度,商标的声誉及制止侵权行为的合理开支等因素综合确定。

当事人按照本条第一款的规定就赔偿数额达成协议的,应当准许。"

15. 将第十七条修改为：

"商标法第六十三条第一款规定的制止侵权行为所支付的合理开支,包括权利人或者委托代理人对侵权行为进行调查、取证的合理费用。

人民法院根据当事人的诉讼请求和案件具体情况,可以将符合国家有关部门规定的律师费用计算在赔偿范围内。"

16. 将第十八条修改为：

"侵犯注册商标专用权的诉讼时效为三年,自商标注册人或者利害权利人知道或者应当知道权利受到损害以及义务人之日起计算。商标注册人或者利害关系人超过三年起诉的,如果侵权行为在起诉时仍在持续,在该注册商标专用权有效期限内,人民法院应当判决被告停止侵权行为,侵权损害赔偿数额应当自权利人向人民法院起诉之日起向前推算三年计算。"

17. 删除第十九条第二款。

18. 将第二十一条修改为：

"人民法院在审理侵犯注册商标专用权纠纷案件中,依据民法典第一百七十九条、商标法第六十条的规定和案件具体情况,可以判决侵权人承担停止侵害、排除妨碍、消除危险、赔偿损失、消除影响等民事责任,还可以作出罚款,收缴侵权商品、伪造的商标标识和主要用于生产侵权商品的材料、工具、设备等财物的民事制裁决定。罚款数额可以参照商标法第六十条第二款的有关规定确定。

行政管理部门对同一侵犯注册商标专用权行为已经给予行政处罚的,人民法院不再予以民事制裁。"

五、修改《最高人民法院关于审理注册商标、企业名称与在先权利冲突的民事纠纷案件若干问题的规定》

1. 将引言修改为：

"为正确审理注册商标、企业名称与在先权利冲突的民事纠纷案件,根据《中华人民共和国民法典》《中华人民共和国商标法》《中华人民共和国反不正当竞争法》和《中华人民共和国民事诉讼法》等法律的规定,结合审判实践,制定本规定。"

2. 将第一条修改为：

"原告以他人注册商标使用的文字、图形等侵犯其著作权、外观设计专利权、企业名称权等在先权利为由提起诉讼,符合民事诉讼法第一百一十九条规定的,人民法院应当受理。

原告以他人使用在核定商品上的注册商标与其在先的注册商标相同或者近似为由提起诉讼的,人民法院应当根据民事诉讼法第一百二十四条第(三)项的规定,告知原告向有关行政主管机关申请解决。但原告以他人超出核定商品的范围或者以改变显著特征、拆分、组合等方式使用的注册商标,与其注册商标相同或者近似为由提起诉讼的,人民法院应当受理。"

3. 将第二条修改为：

"原告以他人企业名称与其在先的企业名称相同或者近似,足以使相关公众对其商品的来源产生混淆,违反反不正当竞争法第六条第(二)项的规定为由提起诉讼,符合民事诉讼法第一百一十九条规定的,人民法院应当受理。"

六、修改《最高人民法院关于审理涉及驰名商标保护的民事纠纷案件应用法律若干问题的解释》

1.将第一条修改为：

"本解释所称驰名商标，是指在中国境内为相关公众所熟知的商标。"

2.将第四条修改为：

"人民法院认定商标是否驰名，应当以证明其驰名的事实为依据，综合考虑商标法第十四条第一款规定的各项因素，但是根据案件具体情况无需考虑该条规定的全部因素即足以认定商标驰名的情形除外。"

3.将第七条修改为：

"被诉侵犯商标权或者不正当竞争行为发生前，曾被人民法院或者行政管理部门认定驰名的商标，被告对该商标驰名的事实不持异议的，人民法院应当予以认定。被告提出异议的，原告仍应当对该商标驰名的事实负举证责任。

除本解释另有规定外，人民法院对于商标驰名的事实，不适用民事诉讼证据的自认规则。"

4.将第八条修改为：

"对于在中国境内为社会公众所熟知的商标，原告已提供其商标驰名的基本证据，或者被告不持异议的，人民法院对该商标驰名的事实予以认定。"

5.将第九条修改为：

"足以使相关公众对使用驰名商标和被诉商标的商品来源产生误认，或者足以使相关公众认为使用驰名商标和被诉商标的经营者之间具有许可使用、关联企业关系等特定联系的，属于商标法第十三条第二款规定的'容易导致混淆'。

足以使相关公众认为被诉商标与驰名商标具有相当程度的联系，而减弱驰名商标的显著性、贬损驰名商标的市场声誉，或者不正当利用驰名商标的市场声誉的，属于商标法第十三条第三款规定的'误导公众，致使该驰名商标注册人的利益可能受到损害'。"

6.将第十一条修改为：

"被告使用的注册商标违反商标法第十三条的规定，复制、摹仿或者翻译原告驰名商标，构成侵犯商标权的，人民法院应当根据原告的请求，依法判决禁止被告使用该商标，但被告的注册商标有下列情形之一的，人民法院对原告的请求不予支持：

（一）已经超过商标法第四十五条第一款规定的请求宣告无效期限的；

（二）被告提出注册申请时，原告的商标并不驰名的。"

七、修改《最高人民法院关于商标法修改决定施行后有关商标案件管辖和法律适用问题的解释》

1. 将第一条修改为：

"人民法院受理以下商标案件：

1. 不服国家知识产权局作出的复审决定或者裁定的行政案件；

2. 不服国家知识产权局作出的有关商标的其他行政行为的案件；

3. 商标权权属纠纷案件；

4. 侵害商标权纠纷案件；

5. 确认不侵害商标权纠纷案件；

6. 商标权转让合同纠纷案件；

7. 商标使用许可合同纠纷案件；

8. 商标代理合同纠纷案件；

9. 申请诉前停止侵害注册商标专用权案件；

10. 申请停止侵害注册商标专用权损害责任案件；

11. 申请诉前财产保全案件；

12. 申请诉前证据保全案件；

13. 其他商标案件。"

2. 将第二条修改为：

"不服国家知识产权局作出的复审决定或者裁定的行政案件及国家知识产权局作出的有关商标的行政行为案件，由北京市有关中级人民法院管辖。"

3. 将第四条修改为：

"在行政管理部门查处侵害商标权行为过程中，当事人就相关商标提起商标权权属或者侵害商标权民事诉讼的，人民法院应当受理。"

4. 将第五条修改为：

"对于在商标法修改决定施行前提出的商标注册及续展申请，国家知识产权局于决定施行后作出对该商标申请不予受理或者不予续展的决定，当事人提起行政诉讼的，人民法院审查时适用修改后的商标法。

对于在商标法修改决定施行前提出的商标异议申请,国家知识产权局于决定施行后作出对该异议不予受理的决定,当事人提起行政诉讼的,人民法院审查时适用修改前的商标法。"

5. 将第六条修改为:

"对于在商标法修改决定施行前当事人就尚未核准注册的商标申请复审,国家知识产权局于决定施行后作出复审决定或者裁定,当事人提起行政诉讼的,人民法院审查时适用修改后的商标法。

对于在商标法修改决定施行前受理的商标复审申请,国家知识产权局于决定施行后作出核准注册决定,当事人提起行政诉讼的,人民法院不予受理;国家知识产权局于决定施行后作出不予核准注册决定,当事人提起行政诉讼的,人民法院审查相关诉权和主体资格问题时,适用修改前的商标法。"

6. 将第七条修改为:

"对于在商标法修改决定施行前已经核准注册的商标,国家知识产权局于决定施行前受理、在决定施行后作出复审决定或者裁定,当事人提起行政诉讼的,人民法院审查相关程序问题适用修改后的商标法,审查实体问题适用修改前的商标法。"

7. 将第八条修改为:

"对于在商标法修改决定施行前受理的相关商标案件,国家知识产权局于决定施行后作出决定或者裁定,当事人提起行政诉讼的,人民法院认定该决定或者裁定是否符合商标法有关审查时限规定时,应当从修改决定施行之日起计算该审查时限。"

八、修改《最高人民法院关于审理商标授权确权行政案件若干问题的规定》

1. 将第一条修改为:

"本规定所称商标授权确权行政案件,是指相对人或者利害关系人因不服国家知识产权局作出的商标驳回复审、商标不予注册复审、商标撤销复审、商标无效宣告及无效宣告复审等行政行为,向人民法院提起诉讼的案件。"

2. 将第二条修改为:

"人民法院对商标授权确权行政行为进行审查的范围,一般应根据原告的诉讼请求及理由确定。原告在诉讼中未提出主张,但国家知识产权局相关认定存在明显不当的,人民法院在各方当事人陈述意见后,可以对相关事由进行审查并作出裁判。"

3.将第四条修改为:

"商标标志或者其构成要素带有欺骗性,容易使公众对商品的质量等特点或者产地产生误认,国家知识产权局认定其属于2001年修正的商标法第十条第一款第(七)项规定情形的,人民法院予以支持。"

4.将第十四条修改为:

"当事人主张诉争商标构成对其已注册的驰名商标的复制、摹仿或者翻译而不应予以注册或者应予无效,国家知识产权局依据商标法第三十条规定裁决支持其主张的,如果诉争商标注册未满五年,人民法院在当事人陈述意见之后,可以按照商标法第三十条规定进行审理;如果诉争商标注册已满五年,应当适用商标法第十三条第三款进行审理。"

5.将第二十七条修改为:

"当事人主张国家知识产权局下列情形属于行政诉讼法第七十条第(三)项规定的'违反法定程序'的,人民法院予以支持:

(一)遗漏当事人提出的评审理由,对当事人权利产生实际影响的;

(二)评审程序中未告知合议组成员,经审查确有应当回避事由而未回避的;

(三)未通知适格当事人参加评审,该方当事人明确提出异议的;

(四)其他违反法定程序的情形。"

6.将第二十八条修改为:

"人民法院审理商标授权确权行政案件的过程中,国家知识产权局对诉争商标予以驳回、不予核准注册或者予以无效宣告的事由不复存在的,人民法院可以依据新的事实撤销国家知识产权局相关裁决,并判令其根据变更后的事实重新作出裁决。"

7.将第二十九条修改为:

"当事人依据在原行政行为之后新发现的证据,或者在原行政程序中因客观原因无法取得或在规定的期限内不能提供的证据,或者新的法律依据提出的评审申请,不属于以'相同的事实和理由'再次提出评审申请。

在商标驳回复审程序中,国家知识产权局以申请商标与引证商标不构成使用在同一种或者类似商品上的相同或者近似商标为由准予申请商标初步审定公告后,以下情形不视为'以相同的事实和理由'再次提出评审申请:

(一)引证商标所有人或者利害关系人依据该引证商标提出异议,国家知识产权局予以支持,被异议商标申请人申请复审的;

(二)引证商标所有人或者利害关系人在申请商标获准注册后依据该引证商标申请宣告其无效的。"

8.将第三十条修改为:

"人民法院生效裁判对于相关事实和法律适用已作出明确认定,相对人或者利害关系人对于国家知识产权局依据该生效裁判重新作出的裁决提起诉讼的,人民法院依法裁定不予受理;已经受理的,裁定驳回起诉。"

九、修改《最高人民法院关于人民法院对注册商标权进行财产保全的解释》

1.将第一条修改为:

"人民法院根据民事诉讼法有关规定采取财产保全措施时,需要对注册商标权进行保全的,应当向国家知识产权局商标局(以下简称商标局)发出协助执行通知书,载明要求商标局协助保全的注册商标的名称、注册人、注册证号码、保全期限以及协助执行保全的内容,包括禁止转让、注销注册商标、变更注册事项和办理商标权质押登记等事项。"

2.将第二条修改为:

"对注册商标权保全的期限一次不得超过一年,自商标局收到协助执行通知书之日起计算。如果仍然需要对该注册商标权继续采取保全措施的,人民法院应当在保全期限届满前向商标局重新发出协助执行通知书,要求继续保全。否则,视为自动解除对该注册商标权的财产保全。"

十、修改《最高人民法院关于审理著作权民事纠纷案件适用法律若干问题的解释》

1.将引言修改为:

"为了正确审理著作权民事纠纷案件,根据《中华人民共和国民法典》《中华人民共和国著作权法》《中华人民共和国民事诉讼法》等法律的规定,就适用法律若干问题解释如下:"

2.将第一条修改为:

"人民法院受理以下著作权民事纠纷案件:

（一）著作权及与著作权有关权益权属、侵权、合同纠纷案件；

（二）申请诉前停止侵害著作权、与著作权有关权益行为，申请诉前财产保全、诉前证据保全案件；

（三）其他著作权、与著作权有关权益纠纷案件。"

3. 将第二条修改为：

"著作权民事纠纷案件，由中级以上人民法院管辖。

各高级人民法院根据本辖区的实际情况，可以报请最高人民法院批准，由若干基层人民法院管辖第一审著作权民事纠纷案件。"

4. 将第三条修改为：

"对著作权行政管理部门查处的侵害著作权行为，当事人向人民法院提起诉讼追究该行为人民事责任的，人民法院应当受理。

人民法院审理已经过著作权行政管理部门处理的侵害著作权行为的民事纠纷案件，应当对案件事实进行全面审查。"

5. 将第四条修改为：

"因侵害著作权行为提起的民事诉讼，由著作权法第四十七条、第四十八条所规定侵权行为的实施地、侵权复制品储藏地或者查封扣押地、被告住所地人民法院管辖。

前款规定的侵权复制品储藏地，是指大量或者经常性储存、隐匿侵权复制品所在地；查封扣押地，是指海关、版权等行政机关依法查封、扣押侵权复制品所在地。"

6. 将第五条修改为：

"对涉及不同侵权行为实施地的多个被告提起的共同诉讼，原告可以选择向其中一个被告的侵权行为实施地人民法院提起诉讼；仅对其中某一被告提起的诉讼，该被告侵权行为实施地的人民法院有管辖权。"

7. 将第七条修改为：

"当事人提供的涉及著作权的底稿、原件、合法出版物、著作权登记证书、认证机构出具的证明、取得权利的合同等，可以作为证据。

在作品或者制品上署名的自然人、法人或者非法人组织视为著作权、与著作权有关权益的权利人，但有相反证明的除外。"

8. 将第十条修改为：

"著作权法第十五条第二款所指的作品，著作权人是自然人的，其保护期适用著作权法第二十一条第一款的规定；著作权人是法人或非法人组织的，其保护期适用著作权法第二十一条第二款的规定。"

9. 将第十七条修改为：

"著作权法第三十三条第二款规定的转载，是指报纸、期刊登载其他报刊已发表作品的行为。转载未注明被转载作品的作者和最初登载的报刊出处的，应当承担消除影响、赔礼道歉等民事责任。"

10. 将第十九条修改为：

"出版者、制作者应当对其出版、制作有合法授权承担举证责任，发行者、出租者应当对其发行或者出租的复制品有合法来源承担举证责任。举证不能的，依据著作权法第四十七条、第四十八条的相应规定承担法律责任。"

11. 将第二十条修改为：

"出版物侵害他人著作权的，出版者应当根据其过错、侵权程度及损害后果等承担赔偿损失的责任。

出版者对其出版行为的授权、稿件来源和署名、所编辑出版物的内容等未尽到合理注意义务的，依据著作权法第四十九条的规定，承担赔偿损失的责任。

出版者应对其已尽合理注意义务承担举证责任。"

12. 将第二十一条修改为：

"计算机软件用户未经许可或者超过许可范围商业使用计算机软件的，依据著作权法第四十八条第（一）项、《计算机软件保护条例》第二十四条第（一）项的规定承担民事责任。"

13. 将第二十二条修改为：

"著作权转让合同未采取书面形式的，人民法院依据民法典第四百九十条的规定审查合同是否成立。"

14. 将第二十三条修改为：

"出版者将著作权人交付出版的作品丢失、毁损致使出版合同不能履行的，著作权人有权依据民法典第一百八十六条、第二百三十八条、第一千一百八十四条等规定要求出版者承担相应的民事责任。"

15. 将第二十五条修改为：

"权利人的实际损失或者侵权人的违法所得无法确定的，人民法院根据

326

当事人的请求或者依职权适用著作权法第四十九条第二款的规定确定赔偿数额。

人民法院在确定赔偿数额时,应当考虑作品类型、合理使用费、侵权行为性质、后果等情节综合确定。

当事人按照本条第一款的规定就赔偿数额达成协议的,应当准许。"

16.将第二十六条修改为:

"著作权法第四十九条第一款规定的制止侵权行为所支付的合理开支,包括权利人或者委托代理人对侵权行为进行调查、取证的合理费用。

人民法院根据当事人的诉讼请求和具体案情,可以将符合国家有关部门规定的律师费用计算在赔偿范围内。"

17.删除第二十七条、第二十九条。

18.将第二十八条修改为:

"侵害著作权的诉讼时效为三年,自著作权人知道或者应当知道权利受到损害以及义务人之日起计算。权利人超过三年起诉的,如果侵权行为在起诉时仍在持续,在该著作权保护期内,人民法院应当判决被告停止侵权行为;侵权损害赔偿数额应当自权利人向人民法院起诉之日起向前推算三年计算。"

19.将第三十条修改为:

"人民法院采取保全措施的,依据民事诉讼法及《最高人民法院关于审查知识产权纠纷行为保全案件适用法律若干问题的规定》的有关规定办理。"

20.将第三十一条修改为:

"除本解释另行规定外,人民法院受理的著作权民事纠纷案件,涉及著作权法修改前发生的民事行为的,适用修改前著作权法的规定;涉及著作权法修改以后发生的民事行为的,适用修改后著作权法的规定;涉及著作权法修改前发生,持续到著作权法修改后的民事行为的,适用修改后著作权法的规定。"

21.条文顺序作相应调整。

十一、修改《最高人民法院关于审理侵害信息网络传播权民事纠纷案件适用法律若干问题的规定》

1.将引言修改为:

"为正确审理侵害信息网络传播权民事纠纷案件,依法保护信息网络传播权,促进信息网络产业健康发展,维护公共利益,根据《中华人民共和国民法典》《中华人民共和国著作权法》《中华人民共和国民事诉讼法》等有关法律规定,结合审判实际,制定本规定。"

2.将第十三条修改为:

"网络服务提供者接到权利人以书信、传真、电子邮件等方式提交的通知及构成侵权的初步证据,未及时根据初步证据和服务类型采取必要措施的,人民法院应当认定其明知相关侵害信息网络传播权行为。"

3.将第十四条修改为:

"人民法院认定网络服务提供者转送通知、采取必要措施是否及时,应当根据权利人提交通知的形式,通知的准确程度,采取措施的难易程度,网络服务的性质,所涉作品、表演、录音录像制品的类型、知名度、数量等因素综合判断。"

十二、修改《最高人民法院关于审理植物新品种纠纷案件若干问题的解释》

1.将引言修改为:

"为依法受理和审判植物新品种纠纷案件,根据《中华人民共和国民法典》《中华人民共和国种子法》《中华人民共和国民事诉讼法》《中华人民共和国行政诉讼法》《全国人民代表大会常务委员会关于在北京、上海、广州设立知识产权法院的决定》和《全国人民代表大会常务委员会关于专利等知识产权案件诉讼程序若干问题的决定》的有关规定,现就有关问题解释如下:"

2.将第一条修改为:

"人民法院受理的植物新品种纠纷案件主要包括以下几类:

(一)植物新品种申请驳回复审行政纠纷案件;

(二)植物新品种权无效行政纠纷案件;

(三)植物新品种权更名行政纠纷案件;

(四)植物新品种权强制许可纠纷案件;

(五)植物新品种权实施强制许可使用费纠纷案件;

(六)植物新品种申请权权属纠纷案件;

(七)植物新品种权权属纠纷案件;

(八)植物新品种申请权转让合同纠纷案件;

(九)植物新品种权转让合同纠纷案件;

（十）侵害植物新品种权纠纷案件；

（十一）假冒他人植物新品种权纠纷案件；

（十二）植物新品种培育人署名权纠纷案件；

（十三）植物新品种临时保护期使用费纠纷案件；

（十四）植物新品种行政处罚纠纷案件；

（十五）植物新品种行政复议纠纷案件；

（十六）植物新品种行政赔偿纠纷案件；

（十七）植物新品种行政奖励纠纷案件；

（十八）其他植物新品种权纠纷案件。"

3. 将第二条修改为：

"人民法院在依法审查当事人涉及植物新品种权的起诉时，只要符合《中华人民共和国民事诉讼法》第一百一十九条、《中华人民共和国行政诉讼法》第四十九条规定的民事案件或者行政案件的起诉条件，均应当依法予以受理。"

4. 将第三条修改为：

"本解释第一条所列第一至五类案件，由北京知识产权法院作为第一审人民法院审理；第六至十八类案件，由知识产权法院，各省、自治区、直辖市人民政府所在地和最高人民法院指定的中级人民法院作为第一审人民法院审理。

当事人对植物新品种纠纷民事、行政案件第一审判决、裁定不服，提起上诉的，由最高人民法院审理。"

5. 将第四条修改为：

"以侵权行为地确定人民法院管辖的侵害植物新品种权的民事案件，其所称的侵权行为地，是指未经品种权所有人许可，生产、繁殖或者销售该授权植物新品种的繁殖材料的所在地，或者为商业目的将该授权品种的繁殖材料重复使用于生产另一品种的繁殖材料的所在地。"

6. 将第五条修改为：

"关于植物新品种申请驳回复审行政纠纷案件、植物新品种权无效或者更名行政纠纷案件，应当以植物新品种审批机关为被告；关于植物新品种强制许可纠纷案件，应当以植物新品种审批机关为被告；关于实施强制许可使用费纠纷案件,应当根据原告所请求的事项和所起诉的当事人确定被告。"

7. 将第六条修改为:

"人民法院审理侵害植物新品种权纠纷案件,被告在答辩期间内向植物新品种审批机关请求宣告该植物新品种权无效的,人民法院一般不中止诉讼。"

十三、修改《最高人民法院关于审理侵犯植物新品种权纠纷案件具体应用法律问题的若干规定》

1. 将名称、第一条、第三条、第八条中的"侵犯"修改为"侵害"。

2. 将引言修改为:

"为正确处理侵害植物新品种权纠纷案件,根据《中华人民共和国民法典》《中华人民共和国种子法》《中华人民共和国民事诉讼法》《全国人民代表大会常务委员会关于在北京、上海、广州设立知识产权法院的决定》和《全国人民代表大会常务委员会关于专利等知识产权案件诉讼程序若干问题的决定》等有关规定,结合侵害植物新品种权纠纷案件的审判经验和实际情况,就具体应用法律的若干问题规定如下:"

3. 将第二条修改为:

"未经品种权人许可,生产、繁殖或者销售授权品种的繁殖材料,或者为商业目的将授权品种的繁殖材料重复使用于生产另一品种的繁殖材料的,人民法院应当认定为侵害植物新品种权。

被诉侵权物的特征、特性与授权品种的特征、特性相同,或者特征、特性的不同是因非遗传变异所致的,人民法院一般应当认定被诉侵权物属于生产、繁殖或者销售授权品种的繁殖材料。

被诉侵权人重复以授权品种的繁殖材料为亲本与其他亲本另行繁殖的,人民法院一般应当认定属于为商业目的将授权品种的繁殖材料重复使用于生产另一品种的繁殖材料。"

4. 将第四条修改为:

"对于侵害植物新品种权纠纷案件涉及的专门性问题可以采取田间观察检测、基因指纹图谱检测等方法鉴定。

对采取前款规定方法作出的鉴定意见,人民法院应当依法质证,认定其证明力。"

5. 将第五条修改为：

"品种权人或者利害关系人向人民法院提起侵害植物新品种权诉讼前，可以提出行为保全或者证据保全请求，人民法院经审查作出裁定。

人民法院采取证据保全措施时，可以根据案件具体情况，邀请有关专业技术人员按照相应的技术规程协助取证。"

6. 将第六条修改为：

"人民法院审理侵害植物新品种权纠纷案件，应当依照民法典第一百七十九条、第一千一百八十五条、种子法第七十三条的规定，结合案件具体情况，判决侵权人承担停止侵害、赔偿损失等民事责任。

人民法院可以根据权利人的请求，按照权利人因被侵权所受实际损失或者侵权人因侵权所得利益确定赔偿数额。权利人的损失或者侵权人获得的利益难以确定的，可以参照该植物新品种权许可使用费的倍数合理确定。权利人为制止侵权行为所支付的合理开支应当另行计算。

依照前款规定难以确定赔偿数额的，人民法院可以综合考虑侵权的性质、期间、后果，植物新品种权许可使用费的数额，植物新品种实施许可的种类、时间、范围及权利人调查、制止侵权所支付的合理费用等因素，在300万元以下确定赔偿数额。

故意侵害他人植物新品种权，情节严重的，可以按照第二款确定数额的一倍以上三倍以下确定赔偿数额。"

7. 将第七条修改为：

"权利人和侵权人均同意将侵权物折价抵扣权利人所受损失的，人民法院应当准许。权利人或者侵权人不同意折价抵扣的，人民法院依照当事人的请求，责令侵权人对侵权物作消灭活性等使其不能再被用作繁殖材料的处理。

侵权物正处于生长期或者销毁侵权物将导致重大不利后果的，人民法院可以不采取责令销毁侵权物的方法，而判令其支付相应的合理费用。但法律、行政法规另有规定的除外。"

十四、修改《最高人民法院关于审理不正当竞争民事案件应用法律若干问题的解释》

将引言修改为：

"为了正确审理不正当竞争民事案件，依法保护经营者的合法权益，维护市场竞争秩序,依照《中华人民共和国民法典》《中华人民共和国反不正当竞争法》《中华人民共和国民事诉讼法》等法律的有关规定,结合审判实践经验和实际情况,制定本解释。"

十五、修改《最高人民法院关于审理因垄断行为引发的民事纠纷案件应用法律若干问题的规定》

1. 将引言修改为:

"为正确审理因垄断行为引发的民事纠纷案件,制止垄断行为,保护和促进市场公平竞争,维护消费者利益和社会公共利益,根据《中华人民共和国民法典》《中华人民共和国反垄断法》和《中华人民共和国民事诉讼法》等法律的相关规定,制定本规定。"

2. 将第一条修改为:

"本规定所称因垄断行为引发的民事纠纷案件(以下简称垄断民事纠纷案件),是指因垄断行为受到损失以及因合同内容、行业协会的章程等违反反垄断法而发生争议的自然人、法人或者非法人组织,向人民法院提起的民事诉讼案件。"

3. 将第三条修改为:

"第一审垄断民事纠纷案件,由知识产权法院,省、自治区、直辖市人民政府所在地的市、计划单列市中级人民法院以及最高人民法院指定的中级人民法院管辖。"

4. 将第十三条修改为:

"当事人可以向人民法院申请委托专业机构或者专业人员就案件的专门性问题作出市场调查或者经济分析报告。经人民法院同意,双方当事人可以协商确定专业机构或者专业人员;协商不成的,由人民法院指定。

人民法院可以参照民事诉讼法及相关司法解释有关鉴定意见的规定,对前款规定的市场调查或者经济分析报告进行审查判断。"

5. 将第十五条修改为:

"被诉合同内容、行业协会的章程等违反反垄断法或者其他法律、行政法规的强制性规定的,人民法院应当依法认定其无效。但是,该强制性规定不导致该民事法律行为无效的除外。"

6. 将第十六条修改为:

"因垄断行为产生的损害赔偿请求权诉讼时效期间,从原告知道或者应当知道权益受到损害以及义务人之日起计算。

原告向反垄断执法机构举报被诉垄断行为的,诉讼时效从其举报之日起中断。反垄断执法机构决定不立案、撤销案件或者决定终止调查的,诉讼时效期间从原告知道或者应当知道不立案、撤销案件或者终止调查之日起重新计算。反垄断执法机构调查后认定构成垄断行为的,诉讼时效期间从原告知道或者应当知道反垄断执法机构认定构成垄断行为的处理决定发生法律效力之日起重新计算。

原告知道或者应当知道权益受到损害以及义务人之日起超过三年,如果起诉时被诉垄断行为仍然持续,被告提出诉讼时效抗辩的,损害赔偿应当自原告向人民法院起诉之日起向前推算三年计算。自权利受到损害之日起超过二十年的,人民法院不予保护,有特殊情况的,人民法院可以根据权利人的申请决定延长。”

十六、修改《最高人民法院关于审理涉及计算机网络域名民事纠纷案件适用法律若干问题的解释》

1. 将引言部分修改为:

“为了正确审理涉及计算机网络域名注册、使用等行为的民事纠纷案件(以下简称域名纠纷案件),根据《中华人民共和国民法典》《中华人民共和国反不正当竞争法》和《中华人民共和国民事诉讼法》(以下简称民事诉讼法)等法律的规定,作如下解释:”

2. 将第一条修改为:

“对于涉及计算机网络域名注册、使用等行为的民事纠纷,当事人向人民法院提起诉讼,经审查符合民事诉讼法第一百一十九条规定的,人民法院应当受理。”

3. 删除第七条。

4. 将第八条修改为:

“人民法院认定域名注册、使用等行为构成侵权或者不正当竞争的,可以判令被告停止侵权、注销域名,或者依原告的请求判令由原告注册使用该域名;给权利人造成实际损害的,可以判令被告赔偿损失。

侵权人故意侵权且情节严重,原告有权向人民法院请求惩罚性赔偿。”

5. 条文顺序作相应调整。

十七、修改《最高人民法院关于审理技术合同纠纷案件适用法律若干问题的解释》

1. 将引言修改为：

"为了正确审理技术合同纠纷案件,根据《中华人民共和国民法典》《中华人民共和国专利法》和《中华人民共和国民事诉讼法》等法律的有关规定,结合审判实践,现就有关问题作出以下解释。"

2. 将第一条修改为：

"技术成果,是指利用科学技术知识、信息和经验作出的涉及产品、工艺、材料及其改进等的技术方案,包括专利、专利申请、技术秘密、计算机软件、集成电路布图设计、植物新品种等。

技术秘密,是指不为公众所知悉、具有商业价值并经权利人采取相应保密措施的技术信息。"

3. 将第二条修改为：

"民法典第八百四十七条第二款所称'执行法人或者非法人组织的工作任务',包括:

（一）履行法人或者非法人组织的岗位职责或者承担其交付的其他技术开发任务;

（二）离职后一年内继续从事与其原所在法人或者非法人组织的岗位职责或者交付的任务有关的技术开发工作,但法律、行政法规另有规定的除外。

法人或者非法人组织与其职工就职工在职期间或者离职以后所完成的技术成果的权益有约定的,人民法院应当依约定确认。"

4. 将第三条修改为：

"民法典第八百四十七条第二款所称'物质技术条件',包括资金、设备、器材、原材料、未公开的技术信息和资料等。"

5. 将第四条修改为：

"民法典第八百四十七条第二款所称'主要是利用法人或者非法人组织的物质技术条件',包括职工在技术成果的研究开发过程中,全部或者大部分利用了法人或者非法人组织的资金、设备、器材或者原材料等物质条件,并且这些物质条件对形成该技术成果具有实质性的影响;还包括该技术成果实质性内容是在法人或者非法人组织尚未公开的技术成果、阶段性技术成果基础上完成的情形。但下列情况除外：

（一）对利用法人或者非法人组织提供的物质技术条件,约定返还资金或者交纳使用费的;

（二）在技术成果完成后利用法人或者非法人组织的物质技术条件对技术方案进行验证、测试的。"

6. 将第五条修改为:

"个人完成的技术成果,属于执行原所在法人或者非法人组织的工作任务,又主要利用了现所在法人或者非法人组织的物质技术条件的,应当按照该自然人原所在和现所在法人或者非法人组织达成的协议确认权益。不能达成协议的,根据对完成该项技术成果的贡献大小由双方合理分享。"

7. 将第六条修改为:

"民法典第八百四十七条所称'职务技术成果的完成人'、第八百四十八条所称'完成技术成果的个人',包括对技术成果单独或者共同作出创造性贡献的人,也即技术成果的发明人或者设计人。人民法院在对创造性贡献进行认定时,应当分解所涉及技术成果的实质性技术构成。提出实质性技术构成并由此实现技术方案的人,是作出创造性贡献的人。

提供资金、设备、材料、试验条件,进行组织管理,协助绘制图纸、整理资料、翻译文献等人员,不属于职务技术成果的完成人、完成技术成果的个人。"

8. 将第七条修改为:

"不具有民事主体资格的科研组织订立的技术合同,经法人或者非法人组织授权或者认可的,视为法人或者非法人组织订立的合同,由法人或者非法人组织承担责任;未经法人或者非法人组织授权或者认可的,由该科研组织成员共同承担责任,但法人或者非法人组织因该合同受益的,应当在其受益范围内承担相应责任。

前款所称不具有民事主体资格的科研组织,包括法人或者非法人组织设立的从事技术研究开发、转让等活动的课题组、工作室等。"

9. 将第九条修改为:

"当事人一方采取欺诈手段,就其现有技术成果作为研究开发标的与他人订立委托开发合同收取研究开发费用,或者就同一研究开发课题先后与两个或者两个以上的委托人分别订立委托开发合同重复收取研究开发费用,使对方在违背真实意思的情况下订立的合同,受损害方依照民法典第一百四十八条规定请求撤销合同的,人民法院应当予以支持。"

10. 将第十条修改为:

"下列情形,属于民法典第八百五十条所称的'非法垄断技术':

(一)限制当事人一方在合同标的技术基础上进行新的研究开发或者限制其使用所改进的技术,或者双方交换改进技术的条件不对等,包括要求一方将其自行改进的技术无偿提供给对方、非互惠性转让给对方、无偿独占或者共享该改进技术的知识产权;

(二)限制当事人一方从其他来源获得与技术提供方类似技术或者与其竞争的技术;

(三)阻碍当事人一方根据市场需求,按照合理方式充分实施合同标的技术,包括明显不合理地限制技术接受方实施合同标的技术生产产品或者提供服务的数量、品种、价格、销售渠道和出口市场;

(四)要求技术接受方接受并非实施技术必不可少的附带条件,包括购买非必需的技术、原材料、产品、设备、服务以及接收非必需的人员等;

(五)不合理地限制技术接受方购买原材料、零部件、产品或者设备等的渠道或者来源;

(六)禁止技术接受方对合同标的技术知识产权的有效性提出异议或者对提出异议附加条件。"

11. 将第十一条修改为:

"技术合同无效或者被撤销后,技术开发合同研究开发人、技术转让合同让与人、技术许可合同许可人、技术咨询合同和技术服务合同的受托人已经履行或者部分履行了约定的义务,并且造成合同无效或者被撤销的过错在对方的,对其已履行部分应当收取的研究开发经费、技术使用费、提供咨询服务的报酬,人民法院可以认定为因对方原因导致合同无效或者被撤销给其造成的损失。

技术合同无效或者被撤销后,因履行合同所完成新的技术成果或者在他人技术成果基础上完成后续改进技术成果的权利归属和利益分享,当事人不能重新协议确定的,人民法院可以判决由完成技术成果的一方享有。"

12. 将第十二条修改为:

"根据民法典第八百五十条的规定,侵害他人技术秘密的技术合同被确认无效后,除法律、行政法规另有规定的以外,善意取得该技术秘密的一方当事人可以在其取得时的范围内继续使用该技术秘密,但应当向权利人支付合理的使用费并承担保密义务。

当事人双方恶意串通或者一方知道或者应当知道另一方侵权仍与其订立或者履行合同的,属于共同侵权,人民法院应当判令侵权人承担连带赔偿责任和保密义务,因此取得技术秘密的当事人不得继续使用该技术秘密。"

13. 将第十三条修改为:

"依照前条第一款规定可以继续使用技术秘密的人与权利人就使用费支付发生纠纷的,当事人任何一方都可以请求人民法院予以处理。继续使用技术秘密但又拒不支付使用费的,人民法院可以根据权利人的请求判令使用人停止使用。

人民法院在确定使用费时,可以根据权利人通常对外许可该技术秘密的使用费或者使用人取得该技术秘密所支付的使用费,并考虑该技术秘密的研究开发成本、成果转化和应用程度以及使用人的使用规模、经济效益等因素合理确定。

不论使用人是否继续使用技术秘密,人民法院均应当判令其向权利人支付已使用期间的使用费。使用人已向无效合同的让与人或者许可人支付的使用费应当由让与人或者许可人负责返还。"

14. 将第十四条修改为:

"对技术合同的价款、报酬和使用费,当事人没有约定或者约定不明确的,人民法院可以按照以下原则处理:

(一)对于技术开发合同和技术转让合同、技术许可合同,根据有关技术成果的研究开发成本、先进性、实施转化和应用的程度,当事人享有的权益和承担的责任,以及技术成果的经济效益等合理确定;

(二)对于技术咨询合同和技术服务合同,根据有关咨询服务工作的技术含量、质量和数量,以及已经产生和预期产生的经济效益等合理确定。

技术合同价款、报酬、使用费中包含非技术性款项的,应当分项计算。"

15. 将第十五条修改为:

"技术合同当事人一方迟延履行主要债务,经催告后在 30 日内仍未履行,另一方依据民法典第五百六十三条第一款第(三)项的规定主张解除合同的,人民法院应当予以支持。

当事人在催告通知中附有履行期限且该期限超过 30 日的,人民法院应当认定该履行期限为民法典第五百六十三条第一款第(三)项规定的合理期限。"

16. 将第十七条修改为:

"民法典第八百五十一条第一款所称'新技术、新产品、新工艺、新品种或者新材料及其系统',包括当事人在订立技术合同时尚未掌握的产品、工艺、材料及其系统等技术方案,但对技术上没有创新的现有产品的改型、工艺变更、材料配方调整以及对技术成果的验证、测试和使用除外。"

17. 将第十八条修改为:

"民法典第八百五十一条第四款规定的'当事人之间就具有实用价值的科技成果实施转化订立的'技术转化合同,是指当事人之间就具有实用价值但尚未实现工业化应用的科技成果包括阶段性技术成果,以实现该科技成果工业化应用为目标,约定后续试验、开发和应用等内容的合同。"

18. 将第十九条修改为:

"民法典第八百五十五条所称'分工参与研究开发工作',包括当事人按照约定的计划和分工,共同或者分别承担设计、工艺、试验、试制等工作。

技术开发合同当事人一方仅提供资金、设备、材料等物质条件或者承担辅助协作事项,另一方进行研究开发工作的,属于委托开发合同。"

19. 将第二十条修改为:

"民法典第八百六十一条所称'当事人均有使用和转让的权利',包括当事人均有不经对方同意而自己使用或者以普通使用许可的方式许可他人使用技术秘密,并独占由此所获利益的权利。当事人一方将技术秘密成果的转让权让与他人,或者以独占或者排他使用许可的方式许可他人使用技术秘密,未经对方当事人同意或者追认的,应当认定该让与或者许可行为无效。"

20. 将第二十一条修改为:

"技术开发合同当事人依照民法典的规定或者约定自行实施专利或使用技术秘密,但因其不具备独立实施专利或者使用技术秘密的条件,以一个普通许可方式许可他人实施或者使用的,可以准许。"

21. 将"三、技术转让合同"修改为:

"三、技术转让合同和技术许可合同"

22.将第二十二条修改为：

"就尚待研究开发的技术成果或者不涉及专利、专利申请或者技术秘密的知识、技术、经验和信息所订立的合同，不属于民法典第八百六十二条规定的技术转让合同或者技术许可合同。

技术转让合同中关于让与人向受让人提供实施技术的专用设备、原材料或者提供有关的技术咨询、技术服务的约定，属于技术转让合同的组成部分。因此发生的纠纷，按照技术转让合同处理。

当事人以技术入股方式订立联营合同，但技术入股人不参与联营体的经营管理，并且以保底条款形式约定联营体或者联营对方支付其技术价款或者使用费的，视为技术转让合同或者技术许可合同。"

23.将第二十三条修改为：

"专利申请权转让合同当事人以专利申请被驳回或者被视为撤回为由请求解除合同，该事实发生在依照专利法第十条第三款的规定办理专利申请权转让登记之前的，人民法院应当予以支持；发生在转让登记之后的，不予支持，但当事人另有约定的除外。

专利申请因专利申请权转让合同成立时即存在尚未公开的同样发明创造的在先专利申请被驳回，当事人依据民法典第五百六十三条第一款第（四）项的规定请求解除合同的，人民法院应当予以支持。"

24.将第二十五条修改为：

"专利实施许可包括以下方式：

（一）独占实施许可，是指许可人在约定许可实施专利的范围内，将该专利仅许可一个被许可人实施，许可人依约定不得实施该专利；

（二）排他实施许可，是指许可人在约定许可实施专利的范围内，将该专利仅许可一个被许可人实施，但许可人依约定可以自行实施该专利；

（三）普通实施许可，是指许可人在约定许可实施专利的范围内许可他人实施该专利，并且可以自行实施该专利。

当事人对专利实施许可方式没有约定或者约定不明确的，认定为普通实施许可。专利实施许可合同约定被许可人可以再许可他人实施专利的，认定该再许可为普通实施许可，但当事人另有约定的除外。

技术秘密的许可使用方式，参照本条第一、二款的规定确定。"

25. 将第二十六条修改为：

"专利实施许可合同许可人负有在合同有效期内维持专利权有效的义务，包括依法缴纳专利年费和积极应对他人提出宣告专利权无效的请求，但当事人另有约定的除外。"

26. 将第二十七条修改为：

"排他实施许可合同许可人不具备独立实施其专利的条件，以一个普通许可的方式许可他人实施专利的，人民法院可以认定为许可人自己实施专利，但当事人另有约定的除外。"

27. 将第二十八条修改为：

"民法典第八百六十四条所称'实施专利或者使用技术秘密的范围'，包括实施专利或者使用技术秘密的期限、地域、方式以及接触技术秘密的人员等。

当事人对实施专利或者使用技术秘密的期限没有约定或者约定不明确的，受让人、被许可人实施专利或者使用技术秘密不受期限限制。"

28. 将第二十九条修改为：

当事人之间就申请专利的技术成果所订立的许可使用合同，专利申请公开以前，适用技术秘密许可合同的有关规定；发明专利申请公开以后、授权以前，参照适用专利实施许可合同的有关规定；授权以后，原合同即为专利实施许可合同，适用专利实施许可合同的有关规定。

人民法院不以当事人就已经申请专利但尚未授权的技术订立专利实施许可合同为由，认定合同无效。

29. 将第三十条修改为：

"民法典第八百七十八条第一款所称'特定技术项目'，包括有关科学技术与经济社会协调发展的软科学研究项目，促进科技进步和管理现代化、提高经济效益和社会效益等运用科学知识和技术手段进行调查、分析、论证、评价、预测的专业性技术项目。"

30. 删除第三十一条第一款、第三十五条第一款。

31. 将第三十三条修改为：

"民法典第八百七十八条第二款所称'特定技术问题'，包括需要运用专业技术知识、经验和信息解决的有关改进产品结构、改良工艺流程、提高产品质量、降低产品成本、节约资源能耗、保护资源环境、实现安全操作、提高经济效益和社会效益等专业技术问题。"

32.将第三十四条修改为：

"当事人一方以技术转让或者技术许可的名义提供已进入公有领域的技术，或者在技术转让合同、技术许可合同履行过程中合同标的技术进入公有领域，但是技术提供方进行技术指导、传授技术知识，为对方解决特定技术问题符合约定条件的，按照技术服务合同处理，约定的技术转让费、使用费可以视为提供技术服务的报酬和费用，但是法律、行政法规另有规定的除外。

依照前款规定，技术转让费或者使用费视为提供技术服务的报酬和费用明显不合理的，人民法院可以根据当事人的请求合理确定。"

33.将第三十六条修改为：

"民法典第八百八十七条规定的'技术培训合同'，是指当事人一方委托另一方对指定的学员进行特定项目的专业技术训练和技术指导所订立的合同，不包括职业培训、文化学习和按照行业、法人或者非法人组织的计划进行的职工业余教育。"

34.将第三十八条修改为：

"民法典第八百八十七条规定的'技术中介合同'，是指当事人一方以知识、技术、经验和信息为另一方与第三人订立技术合同进行联系、介绍以及对履行合同提供专门服务所订立的合同。"

35.将第四十二条修改为：

"当事人将技术合同和其他合同内容或者将不同类型的技术合同内容订立在一个合同中的，应当根据当事人争议的权利义务内容，确定案件的性质和案由。

技术合同名称与约定的权利义务关系不一致的，应当按照约定的权利义务内容，确定合同的类型和案由。

技术转让合同或者技术许可合同中约定让与人或者许可人负责包销或者回购受让人、被许可人实施合同标的技术制造的产品，仅因让与人或者许可人不履行或者不能全部履行包销或者回购义务引起纠纷，不涉及技术问题的，应当按照包销或者回购条款约定的权利义务内容确定案由。"

36.将第四十五条修改为：

"第三人向受理技术合同纠纷案件的人民法院就合同标的技术提出权属

或者侵权请求时,受诉人民法院对此也有管辖权的,可以将权属或者侵权纠纷与合同纠纷合并审理;受诉人民法院对此没有管辖权的,应当告知其向有管辖权的人民法院另行起诉或者将已经受理的权属或者侵权纠纷案件移送有管辖权的人民法院。权属或者侵权纠纷另案受理后,合同纠纷应当中止诉讼。

专利实施许可合同诉讼中,被许可人或者第三人向国家知识产权局请求宣告专利权无效的,人民法院可以不中止诉讼。在案件审理过程中专利权被宣告无效的,按照专利法第四十七条第二款和第三款的规定处理。"

37. 将第四十六条修改为:

"计算机软件开发等合同争议,著作权法以及其他法律、行政法规另有规定的,依照其规定;没有规定的,适用民法典第三编第一分编的规定,并可以参照民法典第三编第二分编第二十章和本解释的有关规定处理。"

十八、修改《最高人民法院关于北京、上海、广州知识产权法院案件管辖的规定》

将第七条修改为:

"当事人对知识产权法院作出的第一审判决、裁定提起的上诉案件和依法申请上一级法院复议的案件,由知识产权法院所在地的高级人民法院知识产权审判庭审理,但依法应由最高人民法院审理的除外。"

本决定自 2021 年 1 月 1 日起施行。

根据本决定,《最高人民法院关于审理侵犯专利权纠纷案件应用法律若干问题的解释(二)》等十八件知识产权类司法解释作相应修改后重新公布。

最高人民法院
关于审理侵犯专利权纠纷案件应用法律若干问题的解释（二）

（2016 年 1 月 25 日最高人民法院审判委员会第 1676 次会议通过，根据 2020 年 12 月 23 日最高人民法院审判委员会第 1823 次会议通过的《最高人民法院关于修改〈最高人民法院关于审理侵犯专利权纠纷案件应用法律若干问题的解释（二）〉等十八件知识产权类司法解释的决定》修正）

为正确审理侵犯专利权纠纷案件，根据《中华人民共和国民法典》《中华人民共和国专利法》《中华人民共和国民事诉讼法》等有关法律规定，结合审判实践，制定本解释。

第一条 权利要求书有两项以上权利要求的，权利人应当在起诉状中载明据以起诉被诉侵权人侵犯其专利权的权利要求。起诉状对此未记载或者记载不明的，人民法院应当要求权利人明确。经释明，权利人仍不予明确的，人民法院可以裁定驳回起诉。

第二条 权利人在专利侵权诉讼中主张的权利要求被国务院专利行政部门宣告无效的，审理侵犯专利权纠纷案件的人民法院可以裁定驳回权利人基于该无效权利要求的起诉。

有证据证明宣告上述权利要求无效的决定被生效的行政判决撤销的，权利人可以另行起诉。

专利权人另行起诉的，诉讼时效期间从本条第二款所称行政判决书送达之日起计算。

第三条 因明显违反专利法第二十六条第三款、第四款导致说明书无法用于解释权利要求，且不属于本解释第四条规定的情形，专利权因此被请求宣告无效的，审理侵犯专利权纠纷案件的人民法院一般应当裁定中止诉讼；在合理期限内专利权未被请求宣告无效的,人民法院可以根据权利要求的记载确定专利权的保护范围。

第四条 权利要求书、说明书及附图中的语法、文字、标点、图形、符号等存有歧义,但本领域普通技术人员通过阅读权利要求书、说明书及附图可以得出唯一理解的,人民法院应当根据该唯一理解予以认定。

第五条 在人民法院确定专利权的保护范围时,独立权利要求的前序部分、特征部分以及从属权利要求的引用部分、限定部分记载的技术特征均有限定作用。

第六条 人民法院可以运用与涉案专利存在分案申请关系的其他专利及其专利审查档案、生效的专利授权确权裁判文书解释涉案专利的权利要求。

专利审查档案,包括专利审查、复审、无效程序中专利申请人或者专利权人提交的书面材料,国务院专利行政部门制作的审查意见通知书、会晤记录、口头审理记录、生效的专利复审请求审查决定书和专利权无效宣告请求审查决定书等。

第七条 被诉侵权技术方案在包含封闭式组合物权利要求全部技术特征的基础上增加其他技术特征的,人民法院应当认定被诉侵权技术方案未落入专利权的保护范围,但该增加的技术特征属于不可避免的常规数量杂质的除外。

前款所称封闭式组合物权利要求,一般不包括中药组合物权利要求。

第八条 功能性特征,是指对于结构、组分、步骤、条件或其之间的关系等,通过其在发明创造中所起的功能或者效果进行限定的技术特征,但本领域普通技术人员仅通过阅读权利要求即可直接、明确地确定实现上述功能或者效果的具体实施方式的除外。

与说明书及附图记载的实现前款所称功能或者效果不可缺少的技术特征相比,被诉侵权技术方案的相应技术特征是以基本相同的手段,实现相同的功能,达到相同的效果,且本领域普通技术人员在被诉侵权行为发生时无需经过创造性劳动就能够联想到的,人民法院应当认定该相应技术特征与功能性特征相同或者等同。

第九条 被诉侵权技术方案不能适用于权利要求中使用环境特征所限定的使用环境的,人民法院应当认定被诉侵权技术方案未落入专利权的保护范围。

第十条 对于权利要求中以制备方法界定产品的技术特征,被诉侵权产品的制备方法与其不相同也不等同的,人民法院应当认定被诉侵权技术方案未落入专利权的保护范围。

第十一条 方法权利要求未明确记载技术步骤的先后顺序,但本领域普通技术人员阅读权利要求书、说明书及附图后直接、明确地认为该技术步骤应当按照特定顺序实施的,人民法院应当认定该步骤顺序对于专利权的保护范围具有限定作用。

第十二条 权利要求采用"至少""不超过"等用语对数值特征进行界定,且本领域普通技术人员阅读权利要求书、说明书及附图后认为专利技术方案特别强调该用语对技术特征的限定作用,权利人主张与其不相同的数值特征属于等同特征的,人民法院不予支持。

第十三条 权利人证明专利申请人、专利权人在专利授权确权程序中对权利要求书、说明书及附图的限缩性修改或者陈述被明确否定的,人民法院应当认定该修改或者陈述未导致技术方案的放弃。

第十四条 人民法院在认定一般消费者对于外观设计所具有的知识水平和认知能力时,一般应当考虑被诉侵权行为发生时授权外观设计所属相同或者相近种类产品的设计空间。设计空间较大的,人民法院可以认定一般消费者通常不容易注意到不同设计之间的较小区别;设计空间较小的,人民法院可以认定一般消费者通常更容易注意到不同设计之间的较小区别。

第十五条 对于成套产品的外观设计专利,被诉侵权设计与其一项外观设计相同或者近似的,人民法院应当认定被诉侵权设计落入专利权的保护范围。

第十六条 对于组装关系唯一的组件产品的外观设计专利,被诉侵权设计与其组合状态下的外观设计相同或者近似的,人民法院应当认定被诉侵权设计落入专利权的保护范围。

对于各构件之间无组装关系或者组装关系不唯一的组件产品的外观设计专利,被诉侵权设计与其全部单个构件的外观设计均相同或者近似的,人民法院应当认定被诉侵权设计落入专利权的保护范围;被诉侵权设计缺少其单个构件的外观设计或者与之不相同也不近似的,人民法院应当认定被诉侵权设计未落入专利权的保护范围。

第十七条　对于变化状态产品的外观设计专利,被诉侵权设计与变化状态图所示各种使用状态下的外观设计均相同或者近似的,人民法院应当认定被诉侵权设计落入专利权的保护范围;被诉侵权设计缺少其一种使用状态下的外观设计或者与之不相同也不近似的,人民法院应当认定被诉侵权设计未落入专利权的保护范围。

第十八条　权利人依据专利法第十三条诉请在发明专利申请公布日至授权公告日期间实施该发明的单位或者个人支付适当费用的,人民法院可以参照有关专利许可使用费合理确定。

发明专利申请公布时申请人请求保护的范围与发明专利公告授权时的专利权保护范围不一致,被诉技术方案均落入上述两种范围的,人民法院应当认定被告在前款所称期间内实施了该发明;被诉技术方案仅落入其中一种范围的,人民法院应当认定被告在前款所称期间内未实施该发明。

发明专利公告授权后,未经专利权人许可,为生产经营目的使用、许诺销售、销售在本条第一款所称期间内已由他人制造、销售、进口的产品,且该他人已支付或者书面承诺支付专利法第十三条规定的适当费用的,对于权利人关于上述使用、许诺销售、销售行为侵犯专利权的主张,人民法院不予支持。

第十九条　产品买卖合同依法成立的,人民法院应当认定属于专利法第十一条规定的销售。

第二十条　对于将依照专利方法直接获得的产品进一步加工、处理而获得的后续产品,进行再加工、处理的,人民法院应当认定不属于专利法第十一条规定的"使用依照该专利方法直接获得的产品"。

第二十一条　明知有关产品系专门用于实施专利的材料、设备、零部件、中间物等,未经专利权人许可,为生产经营目的将该产品提供给他人实施了侵犯专利权的行为,权利人主张该提供者的行为属于民法典第一千一百六十九条规定的帮助他人实施侵权行为的,人民法院应予支持。

明知有关产品、方法被授予专利权,未经专利权人许可,为生产经营目的积极诱导他人实施了侵犯专利权的行为,权利人主张该诱导者的行为属于民法典第一千一百六十九条规定的教唆他人实施侵权行为的,人民法院应予支持。

第二十二条 对于被诉侵权人主张的现有技术抗辩或者现有设计抗辩，人民法院应当依照专利申请日时施行的专利法界定现有技术或者现有设计。

第二十三条 被诉侵权技术方案或者外观设计落入在先的涉案专利权的保护范围，被诉侵权人以其技术方案或者外观设计被授予专利权为由抗辩不侵犯涉案专利权的，人民法院不予支持。

第二十四条 推荐性国家、行业或者地方标准明示所涉必要专利的信息，被诉侵权人以实施该标准无需专利权人许可为由抗辩不侵犯该专利权的，人民法院一般不予支持。

推荐性国家、行业或者地方标准明示所涉必要专利的信息，专利权人、被诉侵权人协商该专利的实施许可条件时，专利权人故意违反其在标准制定中承诺的公平、合理、无歧视的许可义务，导致无法达成专利实施许可合同，且被诉侵权人在协商中无明显过错的，对于权利人请求停止标准实施行为的主张，人民法院一般不予支持。

本条第二款所称实施许可条件，应当由专利权人、被诉侵权人协商确定。经充分协商，仍无法达成一致的，可以请求人民法院确定。人民法院在确定上述实施许可条件时，应当根据公平、合理、无歧视的原则，综合考虑专利的创新程度及其在标准中的作用、标准所属的技术领域、标准的性质、标准实施的范围和相关的许可条件等因素。

法律、行政法规对实施标准中的专利另有规定的，从其规定。

第二十五条 为生产经营目的使用、许诺销售或者销售不知道是未经专利权人许可而制造并售出的专利侵权产品，且举证证明该产品合法来源的，对于权利人请求停止上述使用、许诺销售、销售行为的主张，人民法院应予支持，但被诉侵权产品的使用者举证证明其已支付该产品的合理对价的除外。

本条第一款所称不知道，是指实际不知道且不应当知道。

本条第一款所称合法来源，是指通过合法的销售渠道、通常的买卖合同等正常商业方式取得产品。对于合法来源，使用者、许诺销售者或者销售者应当提供符合交易习惯的相关证据。

第二十六条 被告构成对专利权的侵犯，权利人请求判令其停止侵权行为的，人民法院应予支持，但基于国家利益、公共利益的考量，人民法院可以不判令被告停止被诉行为，而判令其支付相应的合理费用。

第二十七条 权利人因被侵权所受到的实际损失难以确定的,人民法院应当依照专利法第六十五条第一款的规定,要求权利人对侵权人因侵权所获得的利益进行举证;在权利人已经提供侵权人所获利益的初步证据,而与专利侵权行为相关的账簿、资料主要由侵权人掌握的情况下,人民法院可以责令侵权人提供该账簿、资料;侵权人无正当理由拒不提供或者提供虚假的账簿、资料的,人民法院可以根据权利人的主张和提供的证据认定侵权人因侵权所获得的利益。

第二十八条 权利人、侵权人依法约定专利侵权的赔偿数额或者赔偿计算方法,并在专利侵权诉讼中主张依据该约定确定赔偿数额的,人民法院应予支持。

第二十九条 宣告专利权无效的决定作出后,当事人根据该决定依法申请再审,请求撤销专利权无效宣告前人民法院作出但未执行的专利侵权的判决、调解书的,人民法院可以裁定中止再审审查,并中止原判决、调解书的执行。

专利权人向人民法院提供充分、有效的担保,请求继续执行前款所称判决、调解书的,人民法院应当继续执行;侵权人向人民法院提供充分、有效的反担保,请求中止执行的,人民法院应当准许。人民法院生效裁判未撤销宣告专利权无效的决定的,专利权人应当赔偿因继续执行给对方造成的损失;宣告专利权无效的决定被人民法院生效裁判撤销,专利权仍有效的,人民法院可以依据前款所称判决、调解书直接执行上述反担保财产。

第三十条 在法定期限内对宣告专利权无效的决定不向人民法院起诉或者起诉后生效裁判未撤销该决定,当事人根据该决定依法申请再审,请求撤销宣告专利权无效前人民法院作出但未执行的专利侵权的判决、调解书的,人民法院应当再审。当事人根据该决定,依法申请终结执行宣告专利权无效前人民法院作出但未执行的专利侵权的判决、调解书的,人民法院应当裁定终结执行。

第三十一条 本解释自 2016 年 4 月 1 日起施行。最高人民法院以前发布的相关司法解释与本解释不一致的,以本解释为准。

最高人民法院
关于审理专利纠纷案件适用法律
问题的若干规定

(2001年6月19日最高人民法院审判委员会第1180次会议通过,根据2013年2月25日最高人民法院审判委员会第1570次会议通过的《最高人民法院关于修改〈最高人民法院关于审理专利纠纷案件适用法律问题的若干规定〉的决定》第一次修正,根据2015年1月19日最高人民法院审判委员会第1641次会议通过的《最高人民法院关于修改〈最高人民法院关于审理专利纠纷案件适用法律问题的若干规定〉的决定》第二次修正根据2020年12月23日最高人民法院审判委员会第1823次会议通过的《最高人民法院关于修改〈最高人民法院关于审理侵犯专利权纠纷案件应用法律若干问题的解释(二)〉等十八件知识产权类司法解释的决定》第三次修正)

为了正确审理专利纠纷案件,根据《中华人民共和国民法典》《中华人民共和国专利法》《中华人民共和国民事诉讼法》和《中华人民共和国行政诉讼法》等法律的规定,作如下规定:

第一条 人民法院受理下列专利纠纷案件:

1. 专利申请权权属纠纷案件;

2. 专利权权属纠纷案件;

3. 专利合同纠纷案件;

4. 侵害专利权纠纷案件;

5. 假冒他人专利纠纷案件;

6. 发明专利临时保护期使用费纠纷案件;

7. 职务发明创造发明人、设计人奖励、报酬纠纷案件；

8. 诉前申请行为保全纠纷案件；

9. 诉前申请财产保全纠纷案件；

10. 因申请行为保全损害责任纠纷案件；

11. 因申请财产保全损害责任纠纷案件；

12. 发明创造发明人、设计人署名权纠纷案件；

13. 确认不侵害专利权纠纷案件；

14. 专利权宣告无效后返还费用纠纷案件；

15. 因恶意提起专利权诉讼损害责任纠纷案件；

16. 标准必要专利使用费纠纷案件；

17. 不服国务院专利行政部门维持驳回申请复审决定案件；

18. 不服国务院专利行政部门专利权无效宣告请求决定案件；

19. 不服国务院专利行政部门实施强制许可决定案件；

20. 不服国务院专利行政部门实施强制许可使用费裁决案件；

21. 不服国务院专利行政部门行政复议决定案件；

22. 不服国务院专利行政部门作出的其他行政决定案件；

23. 不服管理专利工作的部门行政决定案件；

24. 确认是否落入专利权保护范围纠纷案件；

25. 其他专利纠纷案件。

第二条 因侵犯专利权行为提起的诉讼，由侵权行为地或者被告住所地人民法院管辖。

侵权行为地包括：被诉侵犯发明、实用新型专利权的产品的制造、使用、许诺销售、销售、进口等行为的实施地；专利方法使用行为的实施地，依照该专利方法直接获得的产品的使用、许诺销售、销售、进口等行为的实施地；外观设计专利产品的制造、许诺销售、销售、进口等行为的实施地；假冒他人专利的行为实施地。上述侵权行为的侵权结果发生地。

第三条 原告仅对侵权产品制造者提起诉讼，未起诉销售者，侵权产品制造地与销售地不一致的，制造地人民法院有管辖权；以制造者与销售者为共同被告起诉的，销售地人民法院有管辖权。

销售者是制造者分支机构，原告在销售地起诉侵权产品制造者制造、销售行为的,销售地人民法院有管辖权。

第四条　对申请日在 2009 年 10 月 1 日前(不含该日)的实用新型专利提起侵犯专利权诉讼,原告可以出具由国务院专利行政部门作出的检索报告;对申请日在 2009 年 10 月 1 日以后的实用新型或者外观设计专利提起侵犯专利权诉讼,原告可以出具由国务院专利行政部门作出的专利权评价报告。根据案件审理需要,人民法院可以要求原告提交检索报告或者专利权评价报告。原告无正当理由不提交的,人民法院可以裁定中止诉讼或者判令原告承担可能的不利后果。

侵犯实用新型、外观设计专利权纠纷案件的被告请求中止诉讼的,应当在答辩期内对原告的专利权提出宣告无效的请求。

第五条　人民法院受理的侵犯实用新型、外观设计专利权纠纷案件,被告在答辩期间内请求宣告该项专利权无效的,人民法院应当中止诉讼,但具备下列情形之一的,可以不中止诉讼:

(一)原告出具的检索报告或者专利权评价报告未发现导致实用新型或者外观设计专利权无效的事由的;

(二)被告提供的证据足以证明其使用的技术已经公知的;

(三)被告请求宣告该项专利权无效所提供的证据或者依据的理由明显不充分的;

(四)人民法院认为不应当中止诉讼的其他情形。

第六条　人民法院受理的侵犯实用新型、外观设计专利权纠纷案件,被告在答辩期间届满后请求宣告该项专利权无效的,人民法院不应当中止诉讼,但经审查认为有必要中止诉讼的除外。

第七条　人民法院受理的侵犯发明专利权纠纷案件或者经国务院专利行政部门审查维持专利权的侵犯实用新型、外观设计专利权纠纷案件,被告在答辩期间内请求宣告该项专利权无效的,人民法院可以不中止诉讼。

第八条　人民法院决定中止诉讼,专利权人或者利害关系人请求责令被告停止有关行为或者采取其他制止侵权损害继续扩大的措施,并提供了担保,人民法院经审查符合有关法律规定的,可以在裁定中止诉讼的同时一并作出有关裁定。

第九条　人民法院对专利权进行财产保全,应当向国务院专利行政部门发出协助执行通知书,载明要求协助执行的事项,以及对专利权保全的期限,并附人民法院作出的裁定书。

对专利权保全的期限一次不得超过六个月,自国务院专利行政部门收到协助执行通知书之日起计算。如果仍然需要对该专利权继续采取保全措施的,人民法院应当在保全期限届满前向国务院专利行政部门另行送达继续保全的协助执行通知书。保全期限届满前未送达的,视为自动解除对该专利权的财产保全。

人民法院对出质的专利权可以采取财产保全措施,质权人的优先受偿权不受保全措施的影响;专利权人与被许可人已经签订的独占实施许可合同,不影响人民法院对该专利权进行财产保全。

人民法院对已经进行保全的专利权,不得重复进行保全。

第十条 2001 年 7 月 1 日以前利用本单位的物质技术条件所完成的发明创造,单位与发明人或者设计人订有合同,对申请专利的权利和专利权的归属作出约定的,从其约定。

第十一条 人民法院受理的侵犯专利权纠纷案件,涉及权利冲突的,应当保护在先依法享有权利的当事人的合法权益。

第十二条 专利法第二十三条第三款所称的合法权利,包括就作品、商标、地理标志、姓名、企业名称、肖像,以及有一定影响的商品名称、包装、装潢等享有的合法权利或者权益。

第十三条 专利法第五十九条第一款所称的"发明或者实用新型专利权的保护范围以其权利要求的内容为准,说明书及附图可以用于解释权利要求的内容",是指专利权的保护范围应当以权利要求记载的全部技术特征所确定的范围为准,也包括与该技术特征相等同的特征所确定的范围。

等同特征,是指与所记载的技术特征以基本相同的手段,实现基本相同的功能,达到基本相同的效果,并且本领域普通技术人员在被诉侵权行为发生时无需经过创造性劳动就能够联想到的特征。

第十四条 专利法第六十五条规定的权利人因被侵权所受到的实际损失可以根据专利权人的专利产品因侵权所造成销售量减少的总数乘以每件专利产品的合理利润所得之积计算。权利人销售量减少的总数难以确定的,侵权产品在市场上销售的总数乘以每件专利产品的合理利润所得之积可以视为权利人因被侵权所受到的实际损失。

专利法第六十五条规定的侵权人因侵权所获得的利益可以根据该侵权产品在市场上销售的总数乘以每件侵权产品的合理利润所得之积计算。侵权人因侵权所获得的利益一般按照侵权人的营业利润计算,对于完全以侵权为业的侵权人,可以按照销售利润计算。

第十五条 权利人的损失或者侵权人获得的利益难以确定,有专利许可使用费可以参照的,人民法院可以根据专利权的类型、侵权行为的性质和情节、专利许可的性质、范围、时间等因素,参照该专利许可使用费的倍数合理确定赔偿数额;没有专利许可使用费可以参照或者专利许可使用费明显不合理的,人民法院可以根据专利权的类型、侵权行为的性质和情节等因素,依照专利法第六十五条第二款的规定确定赔偿数额。

第十六条 权利人主张其为制止侵权行为所支付合理开支的,人民法院可以在专利法第六十五条确定的赔偿数额之外另行计算。

第十七条 侵犯专利权的诉讼时效为三年,自专利权人或者利害关系人知道或者应当知道权利受到损害以及义务人之日起计算。权利人超过三年起诉的,如果侵权行为在起诉时仍在继续,在该项专利权有效期内,人民法院应当判决被告停止侵权行为,侵权损害赔偿数额应当自权利人向人民法院起诉之日起向前推算三年计算。

第十八条 专利法第十一条、第六十九条所称的许诺销售,是指以做广告、在商店橱窗中陈列或者在展销会上展出等方式作出销售商品的意思表示。

第十九条 人民法院受理的侵犯专利权纠纷案件,已经过管理专利工作的部门作出侵权或者不侵权认定的,人民法院仍应当就当事人的诉讼请求进行全面审查。

第二十条 以前的有关司法解释与本规定不一致的,以本规定为准。

最高人民法院
关于审理商标案件有关管辖和法律
适用范围问题的解释

（2001 年 12 月 25 日由最高人民法院审判委员会第 1203 次会议通过，根据 2020 年 12 月 23 日最高人民法院审判委员会第 1823 次会议通过的《最高人民法院关于修改〈最高人民法院关于审理侵犯专利权纠纷案件应用法律若干问题的解释（二）〉等十八件知识产权类司法解释的决定》修正）

《全国人民代表大会常务委员会关于修改〈中华人民共和国商标法〉的决定》（以下简称商标法修改决定）已由第九届全国人民代表大会常务委员会第二十四次会议通过，自 2001 年 12 月 1 日起施行。为了正确审理商标案件，根据《中华人民共和国商标法》（以下简称商标法）、《中华人民共和国民事诉讼法》和《中华人民共和国行政诉讼法》（以下简称行政诉讼法）的规定，现就人民法院审理商标案件有关管辖和法律适用范围等问题，作如下解释：

第一条　人民法院受理以下商标案件：

1. 不服国家知识产权局作出的复审决定或者裁定的行政案件；

2. 不服国家知识产权局作出的有关商标的其他行政行为的案件；

3. 商标权权属纠纷案件；

4. 侵害商标权纠纷案件；

5. 确认不侵害商标权纠纷案件；

6. 商标权转让合同纠纷案件；

7. 商标使用许可合同纠纷案件；

8. 商标代理合同纠纷案件；

9. 申请诉前停止侵害注册商标专用权案件；

10. 申请停止侵害注册商标专用权损害责任案件；

11. 申请诉前财产保全案件；

12. 申请诉前证据保全案件；

13. 其他商标案件。

第二条 本解释第一条所列第 1 项第一审案件,由北京市高级人民法院根据最高人民法院的授权确定其辖区内有关中级人民法院管辖。

本解释第一条所列第 2 项第一审案件,根据行政诉讼法的有关规定确定管辖。

商标民事纠纷第一审案件,由中级以上人民法院管辖。

各高级人民法院根据本辖区的实际情况,经最高人民法院批准,可以在较大城市确定 1—2 个基层人民法院受理第一审商标民事纠纷案件。

第三条 商标注册人或者利害关系人向国家知识产权局就侵犯商标权行为请求处理,又向人民法院提起侵害商标权诉讼请求损害赔偿的,人民法院应当受理。

第四条 国家知识产权局在商标法修改决定施行前受理的案件,于该决定施行后作出复审决定或裁定,当事人对复审决定或裁定不服向人民法院起诉的,人民法院应当受理。

第五条 除本解释另行规定外,对商标法修改决定施行前发生,属于修改后商标法第四条、第五条、第八条、第九条第一款、第十条第一款第(二)、(三)、(四)项、第十条第二款、第十一条、第十二条、第十三条、第十五条、第十六条、第二十四条、第二十五条、第三十一条所列举的情形,国家知识产权局于商标法修改决定施行后作出复审决定或者裁定,当事人不服向人民法院起诉的行政案件,适用修改后商标法的相应规定进行审查;属于其他情形的,适用修改前商标法的相应规定进行审查。

第六条 当事人就商标法修改决定施行时已满一年的注册商标发生争议,不服国家知识产权局作出的裁定向人民法院起诉的,适用修改前商标法第二十七条第二款规定的提出申请的期限处理;商标法修改决定施行时商标注册不满一年的,适用修改后商标法第四十一条第二款、第三款规定的提出申请的期限处理。

第七条 对商标法修改决定施行前发生的侵犯商标专用权行为,商标注册人或者利害关系人于该决定施行后在起诉前向人民法院提出申请采取责令停止侵权行为或者保全证据措施的,适用修改后商标法第五十七条、第五十八条的规定。

第八条　对商标法修改决定施行前发生的侵犯商标专用权行为起诉的案件,人民法院于该决定施行时尚未作出生效判决的,参照修改后商标法第五十六条的规定处理。

第九条　除本解释另行规定外,商标法修改决定施行后人民法院受理的商标民事纠纷案件,涉及该决定施行前发生的民事行为的,适用修改前商标法的规定;涉及该决定施行后发生的民事行为的,适用修改后商标法的规定;涉及该决定施行前发生,持续到该决定施行后的民事行为的,分别适用修改前、后商标法的规定。

第十条　人民法院受理的侵犯商标权纠纷案件,已经过行政管理部门处理的,人民法院仍应当就当事人民事争议的事实进行审查。

最高人民法院
关于审理商标民事纠纷案件适用法律
若干问题的解释

(2002 年 10 月 12 日最高人民法院审判委员会第 1246 次会议通过,根据 2020 年 12 月 23 日最高人民法院审判委员会第 1823 次会议通过的《最高人民法院关于修改〈最高人民法院关于审理侵犯专利权纠纷案件应用法律若干问题的解释(二)〉等十八件知识产权类司法解释的决定》修正)

为了正确审理商标纠纷案件,根据《中华人民共和国民法典》《中华人民共和国商标法》《中华人民共和国民事诉讼法》等法律的规定,就适用法律若干问题解释如下:

第一条 下列行为属于商标法第五十七条第(七)项规定的给他人注册商标专用权造成其他损害的行为:

(一)将与他人注册商标相同或者相近似的文字作为企业的字号在相同或者类似商品上突出使用,容易使相关公众产生误认的;

(二)复制、摹仿、翻译他人注册的驰名商标或其主要部分在不相同或者不相类似商品上作为商标使用,误导公众,致使该驰名商标注册人的利益可能受到损害的;

(三)将与他人注册商标相同或者相近似的文字注册为域名,并且通过该域名进行相关商品交易的电子商务,容易使相关公众产生误认的。

第二条 依据商标法第十三条第二款的规定,复制、摹仿、翻译他人未在中国注册的驰名商标或其主要部分,在相同或者类似商品上作为商标使用,容易导致混淆的,应当承担停止侵害的民事法律责任。

第三条 商标法第四十三条规定的商标使用许可包括以下三类:

(一)独占使用许可,是指商标注册人在约定的期间、地域和以约定的方式,将该注册商标仅许可一个被许可人使用,商标注册人依约定不得使用该注册商标；

（二）排他使用许可，是指商标注册人在约定的期间、地域和以约定的方式，将该注册商标仅许可一个被许可人使用，商标注册人依约定可以使用该注册商标但不得另行许可他人使用该注册商标；

（三）普通使用许可，是指商标注册人在约定的期间、地域和以约定的方式，许可他人使用其注册商标，并可自行使用该注册商标和许可他人使用其注册商标。

第四条 商标法第六十条第一款规定的利害关系人，包括注册商标使用许可合同的被许可人、注册商标财产权利的合法继承人等。

在发生注册商标专用权被侵害时，独占使用许可合同的被许可人可以向人民法院提起诉讼；排他使用许可合同的被许可人可以和商标注册人共同起诉，也可以在商标注册人不起诉的情况下，自行提起诉讼；普通使用许可合同的被许可人经商标注册人明确授权，可以提起诉讼。

第五条 商标注册人或者利害关系人在注册商标续展宽展期内提出续展申请，未获核准前，以他人侵犯其注册商标专用权提起诉讼的，人民法院应当受理。

第六条 因侵犯注册商标专用权行为提起的民事诉讼，由商标法第十三条、第五十七条所规定侵权行为的实施地、侵权商品的储藏地或者查封扣押地、被告住所地人民法院管辖。

前款规定的侵权商品的储藏地，是指大量或者经常性储存、隐匿侵权商品所在地；查封扣押地，是指海关等行政机关依法查封、扣押侵权商品所在地。

第七条 对涉及不同侵权行为实施地的多个被告提起的共同诉讼，原告可以选择其中一个被告的侵权行为实施地人民法院管辖；仅对其中某一被告提起的诉讼，该被告侵权行为实施地的人民法院有管辖权。

第八条 商标法所称相关公众，是指与商标所标识的某类商品或者服务有关的消费者和与前述商品或者服务的营销有密切关系的其他经营者。

第九条 商标法第五十七条第（一）（二）项规定的商标相同，是指被控侵权的商标与原告的注册商标相比较，二者在视觉上基本无差别。

商标法第五十七条第（二）项规定的商标近似，是指被控侵权的商标与原告的注册商标相比较，其文字的字形、读音、含义或者图形的构图及颜色，或者其各要素组合后的整体结构相似,或者其立体形状、颜色组合近似,易使相关公众对商品的来源产生误认或者认为其来源与原告注册商标的商品有特定的联系。

第十条 人民法院依据商标法第五十七条第(一)(二)项的规定,认定商标相同或者近似按照以下原则进行:

(一)以相关公众的一般注意力为标准;

(二)既要进行对商标的整体比对,又要进行对商标主要部分的比对,比对应当在比对对象隔离的状态下分别进行;

(三)判断商标是否近似,应当考虑请求保护注册商标的显著性和知名度。

第十一条 商标法第五十七条第(二)项规定的类似商品,是指在功能、用途、生产部门、销售渠道、消费对象等方面相同,或者相关公众一般认为其存在特定联系、容易造成混淆的商品。

类似服务,是指在服务的目的、内容、方式、对象等方面相同,或者相关公众一般认为存在特定联系、容易造成混淆的服务。

商品与服务类似,是指商品和服务之间存在特定联系,容易使相关公众混淆。

第十二条 人民法院依据商标法第五十七条第(二)项的规定,认定商品或者服务是否类似,应当以相关公众对商品或者服务的一般认识综合判断;《商标注册用商品和服务国际分类表》《类似商品和服务区分表》可以作为判断类似商品或者服务的参考。

第十三条 人民法院依据商标法第六十三条第一款的规定确定侵权人的赔偿责任时,可以根据权利人选择的计算方法计算赔偿数额。

第十四条 商标法第六十三条第一款规定的侵权所获得的利益,可以根据侵权商品销售量与该商品单位利润乘积计算;该商品单位利润无法查明的,按照注册商标商品的单位利润计算。

第十五条 商标法第六十三条第一款规定的因被侵权所受到的损失,可以根据权利人因侵权所造成商品销售减少量或者侵权商品销售量与该注册商标商品的单位利润乘积计算。

第十六条 权利人因被侵权所受到的实际损失、侵权人因侵权所获得的利益、注册商标使用许可费均难以确定的,人民法院可以根据当事人的请求或者依职权适用商标法第六十三条第三款的规定确定赔偿数额。

人民法院在适用商标法第六十三条第三款规定确定赔偿数额时,应当考虑侵权行为的性质、期间、后果,侵权人的主观过错程度,商标的声誉及制止侵权行为的合理开支等因素综合确定。

当事人按照本条第一款的规定就赔偿数额达成协议的,应当准许。

第十七条　商标法第六十三条第一款规定的制止侵权行为所支付的合理开支,包括权利人或者委托代理人对侵权行为进行调查、取证的合理费用。

人民法院根据当事人的诉讼请求和案件具体情况,可以将符合国家有关部门规定的律师费用计算在赔偿范围内。

第十八条　侵犯注册商标专用权的诉讼时效为三年,自商标注册人或者利害权利人知道或者应当知道权利受到损害以及义务人之日起计算。商标注册人或者利害关系人超过三年起诉的,如果侵权行为在起诉时仍在持续,在该注册商标专用权有效期限内,人民法院应当判决被告停止侵权行为,侵权损害赔偿数额应当自权利人向人民法院起诉之日起向前推算三年计算。

第十九条　商标使用许可合同未经备案的,不影响该许可合同的效力,但当事人另有约定的除外。

第二十条　注册商标的转让不影响转让前已经生效的商标使用许可合同的效力,但商标使用许可合同另有约定的除外。

第二十一条　人民法院在审理侵犯注册商标专用权纠纷案件中,依据民法典第一百七十九条、商标法第六十条的规定和案件具体情况,可以判决侵权人承担停止侵害、排除妨碍、消除危险、赔偿损失、消除影响等民事责任,还可以作出罚款,收缴侵权商品、伪造的商标标识和主要用于生产侵权商品的材料、工具、设备等财物的民事制裁决定。罚款数额可以参照商标法第六十条第二款的有关规定确定。

行政管理部门对同一侵犯注册商标专用权行为已经给予行政处罚的,人民法院不再予以民事制裁。

第二十二条　人民法院在审理商标纠纷案件中,根据当事人的请求和案件的具体情况,可以对涉及的注册商标是否驰名依法作出认定。

认定驰名商标,应当依照商标法第十四条的规定进行。

当事人对曾经被行政主管机关或者人民法院认定的驰名商标请求保护的,对方当事人对涉及的商标驰名不持异议,人民法院不再审查。提出异议的,人民法院依照商标法第十四条的规定审查。

第二十三条 本解释有关商品商标的规定,适用于服务商标。

第二十四条 以前的有关规定与本解释不一致的,以本解释为准。

最高人民法院
关于审理注册商标、企业名称与在先权利冲突
的民事纠纷案件若干问题的规定

(2008 年 2 月 18 日由最高人民法院审判委员会第 1444 次会议通过,根据 2020 年 12 月 23 日最高人民法院审判委员会第 1823 次会议通过的《最高人民法院关于修改〈最高人民法院关于审理侵犯专利权纠纷案件应用法律若干问题的解释(二)〉等十八件知识产权类司法解释的决定》修正)

为正确审理注册商标、企业名称与在先权利冲突的民事纠纷案件,根据《中华人民共和国民法典》《中华人民共和国商标法》《中华人民共和国反不正当竞争法》和《中华人民共和国民事诉讼法》等法律的规定,结合审判实践,制定本规定。

第一条 原告以他人注册商标使用的文字、图形等侵犯其著作权、外观设计专利权、企业名称权等在先权利为由提起诉讼,符合民事诉讼法第一百一十九条规定的,人民法院应当受理。

原告以他人使用在核定商品上的注册商标与其在先的注册商标相同或者近似为由提起诉讼的,人民法院应当根据民事诉讼法第一百二十四条第(三)项的规定,告知原告向有关行政主管机关申请解决。但原告以他人超出核定商品的范围或者以改变显著特征、拆分、组合等方式使用的注册商标,与其注册商标相同或者近似为由提起诉讼的,人民法院应当受理。

第二条 原告以他人企业名称与其在先的企业名称相同或者近似,足以使相关公众对其商品的来源产生混淆,违反反不正当竞争法第六条第(二)项的规定为由提起诉讼,符合民事诉讼法第一百一十九条规定的,人民法院应当受理。

第三条 人民法院应当根据原告的诉讼请求和争议民事法律关系的性

质,按照民事案件案由规定,确定注册商标或者企业名称与在先权利冲突的民事纠纷案件的案由,并适用相应的法律。

第四条 被诉企业名称侵犯注册商标专用权或者构成不正当竞争的,人民法院可以根据原告的诉讼请求和案件具体情况,确定被告承担停止使用、规范使用等民事责任。

最高人民法院
关于审理涉及驰名商标保护的民事纠纷案件
应用法律若干问题的解释

(2009 年 4 月 22 日由最高人民法院审判委员会第 1467 次会议通过,根据 2020 年 12 月 23 日最高人民法院审判委员会第 1823 次会议通过的《最高人民法院关于修改〈最高人民法院关于审理侵犯专利权纠纷案件应用法律若干问题的解释(二)〉等十八件知识产权类司法解释的决定》修正)

为在审理侵犯商标权等民事纠纷案件中依法保护驰名商标,根据《中华人民共和国商标法》《中华人民共和国反不正当竞争法》《中华人民共和国民事诉讼法》等有关法律规定,结合审判实际,制定本解释。

第一条 本解释所称驰名商标,是指在中国境内为相关公众所熟知的商标。

第二条 在下列民事纠纷案件中,当事人以商标驰名作为事实根据,人民法院根据案件具体情况,认为确有必要的,对所涉商标是否驰名作出认定:

(一)以违反商标法第十三条的规定为由,提起的侵犯商标权诉讼;

(二)以企业名称与其驰名商标相同或者近似为由,提起的侵犯商标权或者不正当竞争诉讼;

(三)符合本解释第六条规定的抗辩或者反诉的诉讼。

第三条 在下列民事纠纷案件中,人民法院对于所涉商标是否驰名不予审查:

(一)被诉侵犯商标权或者不正当竞争行为的成立不以商标驰名为事实根据的;

(二)被诉侵犯商标权或者不正当竞争行为因不具备法律规定的其他要件而不成立的。

原告以被告注册、使用的域名与其注册商标相同或者近似,并通过该域名进行相关商品交易的电子商务,足以造成相关公众误认为由,提起的侵权诉讼,按照前款第(一)项的规定处理。

第四条 人民法院认定商标是否驰名,应当以证明其驰名的事实为依据,综合考虑商标法第十四条第一款规定的各项因素,但是根据案件具体情况无需考虑该条规定的全部因素即足以认定商标驰名的情形除外。

第五条 当事人主张商标驰名的,应当根据案件具体情况,提供下列证据,证明被诉侵犯商标权或者不正当竞争行为发生时,其商标已属驰名:

(一)使用该商标的商品的市场份额、销售区域、利税等;

(二)该商标的持续使用时间;

(三)该商标的宣传或者促销活动的方式、持续时间、程度、资金投入和地域范围;

(四)该商标曾被作为驰名商标受保护的记录;

(五)该商标享有的市场声誉;

(六)证明该商标已属驰名的其他事实。

前款所涉及的商标使用的时间、范围、方式等,包括其核准注册前持续使用的情形。

对于商标使用时间长短、行业排名、市场调查报告、市场价值评估报告、是否曾被认定为著名商标等证据,人民法院应当结合认定商标驰名的其他证据,客观、全面地进行审查。

第六条 原告以被诉商标的使用侵犯其注册商标专用权为由提起民事诉讼,被告以原告的注册商标复制、摹仿或者翻译其在先未注册驰名商标为由提出抗辩或者提起反诉的,应当对其在先未注册商标驰名的事实负举证责任。

第七条 被诉侵犯商标权或者不正当竞争行为发生前,曾被人民法院或者行政管理部门认定驰名的商标,被告对该商标驰名的事实不持异议的,人民法院应当予以认定。被告提出异议的,原告仍应当对该商标驰名的事实负举证责任。

除本解释另有规定外,人民法院对于商标驰名的事实,不适用民事诉讼证据的自认规则。

第八条 对于在中国境内为社会公众所熟知的商标,原告已提供其商标驰名的基本证据,或者被告不持异议的,人民法院对该商标驰名的事实予以认定。

第九条　足以使相关公众对使用驰名商标和被诉商标的商品来源产生误认，或者足以使相关公众认为使用驰名商标和被诉商标的经营者之间具有许可使用、关联企业关系等特定联系的，属于商标法第十三条第二款规定的"容易导致混淆"。

足以使相关公众认为被诉商标与驰名商标具有相当程度的联系，而减弱驰名商标的显著性、贬损驰名商标的市场声誉，或者不正当利用驰名商标的市场声誉的，属于商标法第十三条第三款规定的"误导公众，致使该驰名商标注册人的利益可能受到损害"。

第十条　原告请求禁止被告在不相类似商品上使用与原告驰名的注册商标相同或者近似的商标或者企业名称的，人民法院应当根据案件具体情况，综合考虑以下因素后作出裁判：

（一）该驰名商标的显著程度；

（二）该驰名商标在使用被诉商标或者企业名称的商品的相关公众中的知晓程度；

（三）使用驰名商标的商品与使用被诉商标或者企业名称的商品之间的关联程度；

（四）其他相关因素。

第十一条　被告使用的注册商标违反商标法第十三条的规定，复制、摹仿或者翻译原告驰名商标，构成侵犯商标权的，人民法院应当根据原告的请求，依法判决禁止被告使用该商标，但被告的注册商标有下列情形之一的，人民法院对原告的请求不予支持：

（一）已经超过商标法第四十五条第一款规定的请求宣告无效期限的；

（二）被告提出注册申请时，原告的商标并不驰名的。

第十二条　当事人请求保护的未注册驰名商标，属于商标法第十条、第十一条、第十二条规定不得作为商标使用或者注册情形的，人民法院不予支持。

第十三条　在涉及驰名商标保护的民事纠纷案件中，人民法院对于商标驰名的认定，仅作为案件事实和判决理由，不写入判决主文；以调解方式审结的，在调解书中对商标驰名的事实不予认定。

第十四条　本院以前有关司法解释与本解释不一致的，以本解释为准。

最高人民法院
关于商标法修改决定施行后商标案件
管辖和法律适用问题的解释

（2014 年 2 月 10 日最高人民法院审判委员会第 1606 次会议通过，根据 2020 年 12 月 23 日最高人民法院审判委员会第 1823 次会议通过的《最高人民法院关于修改〈最高人民法院关于审理侵犯专利权纠纷案件应用法律若干问题的解释（二）〉等十八件知识产权类司法解释的决定》修正）

为正确审理商标案件，根据 2013 年 8 月 30 日第十二届全国人民代表大会常务委员会第四次会议《关于修改〈中华人民共和国商标法〉的决定》和重新公布的《中华人民共和国商标法》《中华人民共和国民事诉讼法》和《中华人民共和国行政诉讼法》等法律的规定，就人民法院审理商标案件有关管辖和法律适用等问题，制定本解释。

第一条 人民法院受理以下商标案件：

1. 不服国家知识产权局作出的复审决定或者裁定的行政案件；

2. 不服国家知识产权局作出的有关商标的其他行政行为的案件；

3. 商标权权属纠纷案件；

4. 侵害商标权纠纷案件；

5. 确认不侵害商标权纠纷案件；

6. 商标权转让合同纠纷案件；

7. 商标使用许可合同纠纷案件；

8. 商标代理合同纠纷案件；

9. 申请诉前停止侵害注册商标专用权案件；

10. 申请停止侵害注册商标专用权损害责任案件；

11. 申请诉前财产保全案件；

12. 申请诉前证据保全案件；

13. 其他商标案件。

第二条 不服国家知识产权局作出的复审决定或者裁定的行政案件及国家知识产权局作出的有关商标的行政行为案件，由北京市有关中级人民法院管辖。

第三条 第一审商标民事案件，由中级以上人民法院及最高人民法院指定的基层人民法院管辖。

涉及对驰名商标保护的民事、行政案件，由省、自治区人民政府所在地市、计划单列市、直辖市辖区中级人民法院及最高人民法院指定的其他中级人民法院管辖。

第四条 在行政管理部门查处侵害商标权行为过程中，当事人就相关商标提起商标权权属或者侵害商标权民事诉讼的，人民法院应当受理。

第五条 对于在商标法修改决定施行前提出的商标注册及续展申请，国家知识产权局于决定施行后作出对该商标申请不予受理或者不予续展的决定，当事人提起行政诉讼的，人民法院审查时适用修改后的商标法。

对于在商标法修改决定施行前提出的商标异议申请，国家知识产权局于决定施行后作出对该异议不予受理的决定，当事人提起行政诉讼的，人民法院审查时适用修改前的商标法。

第六条 对于在商标法修改决定施行前当事人就尚未核准注册的商标申请复审，国家知识产权局于决定施行后作出复审决定或者裁定，当事人提起行政诉讼的，人民法院审查时适用修改后的商标法。

对于在商标法修改决定施行前受理的商标复审申请，国家知识产权局于决定施行后作出核准注册决定，当事人提起行政诉讼的，人民法院不予受理；国家知识产权局于决定施行后作出不予核准注册决定，当事人提起行政诉讼的，人民法院审查相关诉权和主体资格问题时，适用修改前的商标法。

第七条 对于在商标法修改决定施行前已经核准注册的商标，国家知识产权局于决定施行前受理、在决定施行后作出复审决定或者裁定，当事人提起行政诉讼的，人民法院审查相关程序问题适用修改后的商标法，审查实体问题适用修改前的商标法。

第八条 对于在商标法修改决定施行前受理的相关商标案件，国家知识产权局于决定施行后作出决定或者裁定,当事人提起行政诉讼的,人民法院认定该决定或者裁定是否符合商标法有关审查时限规定时,应当从修改决定施行之日起计算该审查时限。

第九条 除本解释另行规定外,商标法修改决定施行后人民法院受理的商标民事案件,涉及该决定施行前发生的行为的,适用修改前商标法的规定;涉及该决定施行前发生,持续到该决定施行后的行为的,适用修改后商标法的规定。

最高人民法院
关于审理商标授权确权行政案件若干问题的规定

（2016 年 12 月 12 日最高人民法院审判委员会第 1703 次会议通过，根据 2020 年 12 月 23 日最高人民法院审判委员会第 1823 次会议通过的《最高人民法院关于修改〈最高人民法院关于审理侵犯专利权纠纷案件应用法律若干问题的解释（二）〉等十八件知识产权类司法解释的决定》修正）

为正确审理商标授权确权行政案件，根据《中华人民共和国商标法》《中华人民共和国行政诉讼法》等法律规定，结合审判实践，制定本规定。

第一条 本规定所称商标授权确权行政案件，是指相对人或者利害关系人因不服国家知识产权局作出的商标驳回复审、商标不予注册复审、商标撤销复审、商标无效宣告及无效宣告复审等行政行为，向人民法院提起诉讼的案件。

第二条 人民法院对商标授权确权行政行为进行审查的范围，一般应根据原告的诉讼请求及理由确定。原告在诉讼中未提出主张，但国家知识产权局相关认定存在明显不当的，人民法院在各方当事人陈述意见后，可以对相关事由进行审查并作出裁判。

第三条 商标法第十条第一款第（一）项规定的同中华人民共和国的国家名称等"相同或者近似"，是指商标标志整体上与国家名称等相同或者近似。

对于含有中华人民共和国的国家名称等，但整体上并不相同或者不相近似的标志，如果该标志作为商标注册可能导致损害国家尊严的，人民法院可以认定属于商标法第十条第一款第（八）项规定的情形。

第四条 商标标志或者其构成要素带有欺骗性，容易使公众对商品的质量等特点或者产地产生误认，国家知识产权局认定其属于 2001 年修正的商标

370

法第十条第一款第(七)项规定情形的,人民法院予以支持。

第五条　商标标志或者其构成要素可能对我国社会公共利益和公共秩序产生消极、负面影响的,人民法院可以认定其属于商标法第十条第一款第(八)项规定的"其他不良影响"。

将政治、经济、文化、宗教、民族等领域公众人物姓名等申请注册为商标,属于前款所指的"其他不良影响"。

第六条　商标标志由县级以上行政区划的地名或者公众知晓的外国地名和其他要素组成,如果整体上具有区别于地名的含义,人民法院应当认定其不属于商标法第十条第二款所指情形。

第七条　人民法院审查诉争商标是否具有显著特征,应当根据商标所指定使用商品的相关公众的通常认识,判断该商标整体上是否具有显著特征。商标标志中含有描述性要素,但不影响其整体具有显著特征的;或者描述性标志以独特方式加以表现,相关公众能够以其识别商品来源的,应当认定其具有显著特征。

第八条　诉争商标为外文标志时,人民法院应当根据中国境内相关公众的通常认识,对该外文商标是否具有显著特征进行审查判断。标志中外文的固有含义可能影响其在指定使用商品上的显著特征,但相关公众对该固有含义的认知程度较低,能够以该标志识别商品来源的,可以认定其具有显著特征。

第九条　仅以商品自身形状或者自身形状的一部分作为三维标志申请注册商标,相关公众一般情况下不易将其识别为指示商品来源标志的,该三维标志不具有作为商标的显著特征。

该形状系申请人所独创或者最早使用并不能当然导致其具有作为商标的显著特征。

第一款所称标志经过长期或者广泛使用,相关公众能够通过该标志识别商品来源的,可以认定该标志具有显著特征。

第十条　诉争商标属于法定的商品名称或者约定俗成的商品名称的,人民法院应当认定其属于商标法第十一条第一款第(一)项所指的通用名称。依据法律规定或者国家标准、行业标准属于商品通用名称的,应当认定为通用名称。相关公众普遍认为某一名称能够指代一类商品的,应当认定为约定俗

371

成的通用名称。被专业工具书、辞典等列为商品名称的,可以作为认定约定俗成的通用名称的参考。

约定俗成的通用名称一般以全国范围内相关公众的通常认识为判断标准。对于由于历史传统、风土人情、地理环境等原因形成的相关市场固定的商品,在该相关市场内通用的称谓,人民法院可以认定为通用名称。

诉争商标申请人明知或者应知其申请注册的商标为部分区域内约定俗成的商品名称的,人民法院可以视其申请注册的商标为通用名称。

人民法院审查判断诉争商标是否属于通用名称,一般以商标申请日时的事实状态为准。核准注册时事实状态发生变化的,以核准注册时的事实状态判断其是否属于通用名称。

第十一条　商标标志只是或者主要是描述、说明所使用商品的质量、主要原料、功能、用途、重量、数量、产地等的,人民法院应当认定其属于商标法第十一条第一款第(二)项规定的情形。商标标志或者其构成要素暗示商品的特点,但不影响其识别商品来源功能的,不属于该项所规定的情形。

第十二条　当事人依据商标法第十三条第二款主张诉争商标构成对其未注册的驰名商标的复制、摹仿或者翻译而不应予以注册或者应予无效的,人民法院应当综合考量如下因素以及因素之间的相互影响,认定是否容易导致混淆:

(一)商标标志的近似程度;

(二)商品的类似程度;

(三)请求保护商标的显著性和知名程度;

(四)相关公众的注意程度;

(五)其他相关因素。

商标申请人的主观意图以及实际混淆的证据可以作为判断混淆可能性的参考因素。

第十三条　当事人依据商标法第十三条第三款主张诉争商标构成对其已注册的驰名商标的复制、摹仿或者翻译而不应予以注册或者应予无效的,人民法院应当综合考虑如下因素,以认定诉争商标的使用是否足以使相关公众认为其与驰名商标具有相当程度的联系,从而误导公众,致使驰名商标注册人的利益可能受到损害:

（一）引证商标的显著性和知名程度；

（二）商标标志是否足够近似；

（三）指定使用的商品情况；

（四）相关公众的重合程度及注意程度；

（五）与引证商标近似的标志被其他市场主体合法使用的情况或者其他相关因素。

第十四条　当事人主张诉争商标构成对其已注册的驰名商标的复制、摹仿或者翻译而不应予以注册或者应予无效，国家知识产权局依据商标法第三十条规定裁决支持其主张的，如果诉争商标注册未满五年，人民法院在当事人陈述意见之后，可以按照商标法第三十条规定进行审理；如果诉争商标注册已满五年，应当适用商标法第十三条第三款进行审理。

第十五条　商标代理人、代表人或者经销、代理等销售代理关系意义上的代理人、代表人未经授权，以自己的名义将与被代理人或者被代表人的商标相同或者近似的商标在相同或者类似商品上申请注册的，人民法院适用商标法第十五条第一款的规定进行审理。

在为建立代理或者代表关系的磋商阶段，前款规定的代理人或者代表人将被代理人或者被代表人的商标申请注册的，人民法院适用商标法第十五条第一款的规定进行审理。

商标申请人与代理人或者代表人之间存在亲属关系等特定身份关系的，可以推定其商标注册行为系与该代理人或者代表人恶意串通，人民法院适用商标法第十五条第一款的规定进行审理。

第十六条　以下情形可以认定为商标法第十五条第二款中规定的"其他关系"：

（一）商标申请人与在先使用人之间具有亲属关系；

（二）商标申请人与在先使用人之间具有劳动关系；

（三）商标申请人与在先使用人营业地址邻近；

（四）商标申请人与在先使用人曾就达成代理、代表关系进行过磋商，但未形成代理、代表关系；

（五）商标申请人与在先使用人曾就达成合同、业务往来关系进行过磋商，但未达成合同、业务往来关系。

第十七条　地理标志利害关系人依据商标法第十六条主张他人商标不应予以注册或者应予无效,如果诉争商标指定使用的商品与地理标志产品并非相同商品,而地理标志利害关系人能够证明诉争商标使用在该产品上仍然容易导致相关公众误认为该产品来源于该地区并因此具有特定的质量、信誉或者其他特征的,人民法院予以支持。

如果该地理标志已经注册为集体商标或者证明商标,集体商标或者证明商标的权利人或者利害关系人可选择依据该条或者另行依据商标法第十三条、第三十条等主张权利。

第十八条　商标法第三十二条规定的在先权利,包括当事人在诉争商标申请日之前享有的民事权利或者其他应予保护的合法权益。诉争商标核准注册时在先权利已不存在的,不影响诉争商标的注册。

第十九条　当事人主张诉争商标损害其在先著作权的,人民法院应当依照著作权法等相关规定,对所主张的客体是否构成作品、当事人是否为著作权人或者其他有权主张著作权的利害关系人以及诉争商标是否构成对著作权的侵害等进行审查。

商标标志构成受著作权法保护的作品的,当事人提供的涉及商标标志的设计底稿、原件、取得权利的合同、诉争商标申请日之前的著作权登记证书等,均可以作为证明著作权归属的初步证据。

商标公告、商标注册证等可以作为确定商标申请人为有权主张商标标志著作权的利害关系人的初步证据。

第二十条　当事人主张诉争商标损害其姓名权,如果相关公众认为该商标标志指代了该自然人,容易认为标记有该商标的商品系经过该自然人许可或者与该自然人存在特定联系的,人民法院应当认定该商标损害了该自然人的姓名权。

当事人以其笔名、艺名、译名等特定名称主张姓名权,该特定名称具有一定的知名度,与该自然人建立了稳定的对应关系,相关公众以其指代该自然人的,人民法院予以支持。

第二十一条　当事人主张的字号具有一定的市场知名度,他人未经许可申请注册与该字号相同或者近似的商标,容易导致相关公众对商品来源产生混淆,当事人以此主张构成在先权益的,人民法院予以支持。

当事人以具有一定市场知名度并已与企业建立稳定对应关系的企业名称的简称为依据提出主张的,适用前款规定。

第二十二条 当事人主张诉争商标损害角色形象著作权的,人民法院按照本规定第十九条进行审查。

对于著作权保护期限内的作品,如果作品名称、作品中的角色名称等具有较高知名度,将其作为商标使用在相关商品上容易导致相关公众误认为其经过权利人的许可或者与权利人存在特定联系,当事人以此主张构成在先权益的,人民法院予以支持。

第二十三条 在先使用人主张商标申请人以不正当手段抢先注册其在先使用并有一定影响的商标的,如果在先使用商标已经有一定影响,而商标申请人明知或者应知该商标,即可推定其构成"以不正当手段抢先注册"。但商标申请人举证证明其没有利用在先使用商标商誉的恶意的除外。

在先使用人举证证明其在先商标有一定的持续使用时间、区域、销售量或者广告宣传的,人民法院可以认定为有一定影响。

在先使用人主张商标申请人在与其不相类似的商品上申请注册其在先使用并有一定影响的商标,违反商标法第三十二条规定的,人民法院不予支持。

第二十四条 以欺骗手段以外的其他方式扰乱商标注册秩序、损害公共利益、不正当占用公共资源或者谋取不正当利益的,人民法院可以认定其属于商标法第四十四条第一款规定的"其他不正当手段"。

第二十五条 人民法院判断诉争商标申请人是否"恶意注册"他人驰名商标,应综合考虑引证商标的知名度、诉争商标申请人申请诉争商标的理由以及使用诉争商标的具体情形来判断其主观意图。引证商标知名度高、诉争商标申请人没有正当理由的,人民法院可以推定其注册构成商标法第四十五条第一款所指的"恶意注册"。

第二十六条 商标权人自行使用、他人经许可使用以及其他不违背商标权人意志的使用,均可认定为商标法第四十九条第二款所称的使用。

实际使用的商标标志与核准注册的商标标志有细微差别,但未改变其显著特征的,可以视为注册商标的使用。

没有实际使用注册商标,仅有转让或者许可行为;或者仅是公布商标注册信息、声明享有注册商标专用权的,不认定为商标使用。

商标权人有真实使用商标的意图,并且有实际使用的必要准备,但因其他客观原因尚未实际使用注册商标的,人民法院可以认定其有正当理由。

第二十七条 当事人主张国家知识产权局下列情形属于行政诉讼法第七十条第(三)项规定的"违反法定程序"的,人民法院予以支持:

(一)遗漏当事人提出的评审理由,对当事人权利产生实际影响的;

(二)评审程序中未告知合议组成员,经审查确有应当回避事由而未回避的;

(三)未通知适格当事人参加评审,该方当事人明确提出异议的;

(四)其他违反法定程序的情形。

第二十八条 人民法院审理商标授权确权行政案件的过程中,国家知识产权局对诉争商标予以驳回、不予核准注册或者予以无效宣告的事由不复存在的,人民法院可以依据新的事实撤销国家知识产权局相关裁决,并判令其根据变更后的事实重新作出裁决。

第二十九条 当事人依据在原行政行为之后新发现的证据,或者在原行政程序中因客观原因无法取得或在规定的期限内不能提供的证据,或者新的法律依据提出的评审申请,不属于以"相同的事实和理由"再次提出评审申请。

在商标驳回复审程序中,国家知识产权局以申请商标与引证商标不构成使用在同一种或者类似商品上的相同或者近似商标为由准予申请商标初步审定公告后,以下情形不视为"以相同的事实和理由"再次提出评审申请:

(一)引证商标所有人或者利害关系人依据该引证商标提出异议,国家知识产权局予以支持,被异议商标申请人申请复审的;

(二)引证商标所有人或者利害关系人在申请商标获准注册后依据该引证商标申请宣告其无效的。

第三十条 人民法院生效裁判对于相关事实和法律适用已作出明确认定,相对人或者利害关系人对于国家知识产权局依据该生效裁判重新作出的裁决提起诉讼的,人民法院依法裁定不予受理;已经受理的,裁定驳回起诉。

第三十一条 本规定自 2017 年 3 月 1 日起施行。人民法院依据 2001 年修正的商标法审理的商标授权确权行政案件可参照适用本规定。

最高人民法院
关于人民法院对注册商标权
进行财产保全的解释

(2000 年 11 月 22 日由最高人民法院审判委员会第 1144 次会议通过,根据 2020 年 12 月 23 日最高人民法院审判委员会第 1823 次会议通过的《最高人民法院关于修改〈最高人民法院关于审理侵犯专利权纠纷案件应用法律若干问题的解释(二)〉等十八件知识产权类司法解释的决定》修正)

为了正确实施对注册商标权的财产保全措施,避免重复保全,现就人民法院对注册商标权进行财产保全有关问题解释如下:

第一条 人民法院根据民事诉讼法有关规定采取财产保全措施时,需要对注册商标权进行保全的,应当向国家知识产权局商标局(以下简称商标局)发出协助执行通知书,载明要求商标局协助保全的注册商标的名称、注册人、注册证号码、保全期限以及协助执行保全的内容,包括禁止转让、注销注册商标、变更注册事项和办理商标权质押登记等事项。

第二条 对注册商标权保全的期限一次不得超过一年,自商标局收到协助执行通知书之日起计算。如果仍然需要对该注册商标权继续采取保全措施的,人民法院应当在保全期限届满前向商标局重新发出协助执行通知书,要求继续保全。否则,视为自动解除对该注册商标权的财产保全。

第三条 人民法院对已经进行保全的注册商标权,不得重复进行保全。

最高人民法院
关于审理著作权民事纠纷案件
适用法律若干问题的解释

（2002 年 10 月 12 日最高人民法院审判委员会第 1246 次会议通过，根据 2020 年 12 月 23 日最高人民法院审判委员会第 1823 次会议通过的《最高人民法院关于修改〈最高人民法院关于审理侵犯专利权纠纷案件应用法律若干问题的解释（二）〉等十八件知识产权类司法解释的决定》修正）

为了正确审理著作权民事纠纷案件，根据《中华人民共和国民法典》《中华人民共和国著作权法》《中华人民共和国民事诉讼法》等法律的规定，就适用法律若干问题解释如下：

第一条 人民法院受理以下著作权民事纠纷案件：

（一）著作权及与著作权有关权益权属、侵权、合同纠纷案件；

（二）申请诉前停止侵害著作权、与著作权有关权益行为，申请诉前财产保全、诉前证据保全案件；

（三）其他著作权、与著作权有关权益纠纷案件。

第二条 著作权民事纠纷案件，由中级以上人民法院管辖。

各高级人民法院根据本辖区的实际情况，可以报请最高人民法院批准，由若干基层人民法院管辖第一审著作权民事纠纷案件。

第三条 对著作权行政管理部门查处的侵害著作权行为，当事人向人民法院提起诉讼追究该行为人民事责任的，人民法院应当受理。

人民法院审理已经过著作权行政管理部门处理的侵害著作权行为的民事纠纷案件，应当对案件事实进行全面审查。

第四条 因侵害著作权行为提起的民事诉讼，由著作权法第四十七条、第四十八条所规定侵权行为的实施地、侵权复制品储藏地或者查封扣押地、被告住所地人民法院管辖。

前款规定的侵权复制品储藏地,是指大量或者经常性储存、隐匿侵权复制品所在地;查封扣押地,是指海关、版权等行政机关依法查封、扣押侵权复制品所在地。

第五条 对涉及不同侵权行为实施地的多个被告提起的共同诉讼,原告可以选择向其中一个被告的侵权行为实施地人民法院提起诉讼;仅对其中某一被告提起的诉讼,该被告侵权行为实施地的人民法院有管辖权。

第六条 依法成立的著作权集体管理组织,根据著作权人的书面授权,以自己的名义提起诉讼,人民法院应当受理。

第七条 当事人提供的涉及著作权的底稿、原件、合法出版物、著作权登记证书、认证机构出具的证明、取得权利的合同等,可以作为证据。

在作品或者制品上署名的自然人、法人或者非法人组织视为著作权、与著作权有关权益的权利人,但有相反证明的除外。

第八条 当事人自行或者委托他人以定购、现场交易等方式购买侵权复制品而取得的实物、发票等,可以作为证据。

公证人员在未向涉嫌侵权的一方当事人表明身份的情况下,如实对另一方当事人按照前款规定的方式取得的证据和取证过程出具的公证书,应当作为证据使用,但有相反证据的除外。

第九条 著作权法第十条第(一)项规定的"公之于众",是指著作权人自行或者经著作权人许可将作品向不特定的人公开,但不以公众知晓为构成条件。

第十条 著作权法第十五条第二款所指的作品,著作权人是自然人的,其保护期适用著作权法第二十一条第一款的规定;著作权人是法人或非法人组织的,其保护期适用著作权法第二十一条第二款的规定。

第十一条 因作品署名顺序发生的纠纷,人民法院按照下列原则处理:有约定的按约定确定署名顺序;没有约定的,可以按照创作作品付出的劳动、作品排列、作者姓氏笔画等确定署名顺序。

第十二条 按照著作权法第十七条规定委托作品著作权属于受托人的情形,委托人在约定的使用范围内享有使用作品的权利;双方没有约定使用作品范围的,委托人可以在委托创作的特定目的范围内免费使用该作品。

第十三条　除著作权法第十一条第三款规定的情形外,由他人执笔,本人审阅定稿并以本人名义发表的报告、讲话等作品,著作权归报告人或者讲话人享有。著作权人可以支付执笔人适当的报酬。

第十四条　当事人合意以特定人物经历为题材完成的自传体作品,当事人对著作权权属有约定的,依其约定;没有约定的,著作权归该特定人物享有,执笔人或整理人对作品完成付出劳动的,著作权人可以向其支付适当的报酬。

第十五条　由不同作者就同一题材创作的作品,作品的表达系独立完成并且有创作性的,应当认定作者各自享有独立著作权。

第十六条　通过大众传播媒介传播的单纯事实消息属于著作权法第五条第(二)项规定的时事新闻。传播报道他人采编的时事新闻,应当注明出处。

第十七条　著作权法第三十三条第二款规定的转载,是指报纸、期刊登载其他报刊已发表作品的行为。转载未注明被转载作品的作者和最初登载的报刊出处的,应当承担消除影响、赔礼道歉等民事责任。

第十八条　著作权法第二十二条第(十)项规定的室外公共场所的艺术作品,是指设置或者陈列在室外社会公众活动处所的雕塑、绘画、书法等艺术作品。

对前款规定艺术作品的临摹、绘画、摄影、录像人,可以对其成果以合理的方式和范围再行使用,不构成侵权。

第十九条　出版者、制作者应当对其出版、制作有合法授权承担举证责任,发行者、出租者应当对其发行或者出租的复制品有合法来源承担举证责任。举证不能的,依据著作权法第四十七条、第四十八条的相应规定承担法律责任。

第二十条　出版物侵害他人著作权的,出版者应当根据其过错、侵权程度及损害后果等承担赔偿损失的责任。

出版者对其出版行为的授权、稿件来源和署名、所编辑出版物的内容等未尽到合理注意义务的,依据著作权法第四十九条的规定,承担赔偿损失的责任。

出版者应对其已尽合理注意义务承担举证责任。

第二十一条　计算机软件用户未经许可或者超过许可范围商业使用计算机软件的,依据著作权法第四十八条第(一)项、《计算机软件保护条例》第二十四条第(一)项的规定承担民事责任。

第二十二条 著作权转让合同未采取书面形式的,人民法院依据民法典第四百九十条的规定审查合同是否成立。

第二十三条 出版者将著作权人交付出版的作品丢失、毁损致使出版合同不能履行的,著作权人有权依据民法典第一百八十六条、第二百三十八条、第一千一百八十四条等规定要求出版者承担相应的民事责任。

第二十四条 权利人的实际损失,可以根据权利人因侵权所造成复制品发行减少量或者侵权复制品销售量与权利人发行该复制品单位利润乘积计算。发行减少量难以确定的,按照侵权复制品市场销售量确定。

第二十五条 权利人的实际损失或者侵权人的违法所得无法确定的,人民法院根据当事人的请求或者依职权适用著作权法第四十九条第二款的规定确定赔偿数额。

人民法院在确定赔偿数额时,应当考虑作品类型、合理使用费、侵权行为性质、后果等情节综合确定。

当事人按照本条第一款的规定就赔偿数额达成协议的,应当准许。

第二十六条 著作权法第四十九条第一款规定的制止侵权行为所支付的合理开支,包括权利人或者委托代理人对侵权行为进行调查、取证的合理费用。

人民法院根据当事人的诉讼请求和具体案情,可以将符合国家有关部门规定的律师费用计算在赔偿范围内。

第二十七条 侵害著作权的诉讼时效为三年,自著作权人知道或者应当知道权利受到损害以及义务人之日起计算。权利人超过三年起诉的,如果侵权行为在起诉时仍在持续,在该著作权保护期内,人民法院应当判决被告停止侵权行为;侵权损害赔偿数额应当自权利人向人民法院起诉之日起向前推算三年计算。

第二十八条 人民法院采取保全措施的,依据民事诉讼法及《最高人民法院关于审查知识产权纠纷行为保全案件适用法律若干问题的规定》的有关规定办理。

第二十九条 除本解释另行规定外,人民法院受理的著作权民事纠纷案件,涉及著作权法修改前发生的民事行为的,适用修改前著作权法的规定;涉及著作权法修改以后发生的民事行为的,适用修改后著作权法的规定;涉及著作权法修改前发生,持续到著作权法修改后的民事行为的,适用修改后著作权法的规定。

第三十条　以前的有关规定与本解释不一致的,以本解释为准。

最高人民法院
关于审理侵害信息网络传播权民事纠纷案件
适用法律若干问题的规定

（2012 年 11 月 26 日由最高人民法院审判委员会第 1561 次
会议通过，根据 2020 年 12 月 23 日最高人民法院审判委员会
第 1823 次会议通过的《最高人民法院关于修改〈最高人民法
院关于审理侵犯专利权纠纷案件应用法律若干问题的解释
（二）〉等十八件知识产权类司法解释的决定》修正）

为正确审理侵害信息网络传播权民事纠纷案件，依法保护信息网络传播权，促进信息网络产业健康发展，维护公共利益，根据《中华人民共和国民法典》《中华人民共和国著作权法》《中华人民共和国民事诉讼法》等有关法律规定，结合审判实际，制定本规定。

第一条 人民法院审理侵害信息网络传播权民事纠纷案件，在依法行使裁量权时，应当兼顾权利人、网络服务提供者和社会公众的利益。

第二条 本规定所称信息网络，包括以计算机、电视机、固定电话机、移动电话机等电子设备为终端的计算机互联网、广播电视网、固定通信网、移动通信网等信息网络，以及向公众开放的局域网络。

第三条 网络用户、网络服务提供者未经许可，通过信息网络提供权利人享有信息网络传播权的作品、表演、录音录像制品，除法律、行政法规另有规定外，人民法院应当认定其构成侵害信息网络传播权行为。

通过上传到网络服务器、设置共享文件或者利用文件分享软件等方式，将作品、表演、录音录像制品置于信息网络中，使公众能够在个人选定的时间和地点以下载、浏览或者其他方式获得的，人民法院应当认定其实施了前款规定的提供行为。

第四条 有证据证明网络服务提供者与他人以分工合作等方式共同提供

作品、表演、录音录像制品，构成共同侵权行为的，人民法院应当判令其承担连带责任。网络服务提供者能够证明其仅提供自动接入、自动传输、信息存储空间、搜索、链接、文件分享技术等网络服务，主张其不构成共同侵权行为的，人民法院应予支持。

第五条　网络服务提供者以提供网页快照、缩略图等方式实质替代其他网络服务提供者向公众提供相关作品的，人民法院应当认定其构成提供行为。

前款规定的提供行为不影响相关作品的正常使用，且未不合理损害权利人对该作品的合法权益，网络服务提供者主张其未侵害信息网络传播权的，人民法院应予支持。

第六条　原告有初步证据证明网络服务提供者提供了相关作品、表演、录音录像制品，但网络服务提供者能够证明其仅提供网络服务，且无过错的，人民法院不应认定为构成侵权。

第七条　网络服务提供者在提供网络服务时教唆或者帮助网络用户实施侵害信息网络传播权行为的，人民法院应当判令其承担侵权责任。

网络服务提供者以言语、推介技术支持、奖励积分等方式诱导、鼓励网络用户实施侵害信息网络传播权行为的，人民法院应当认定其构成教唆侵权行为。

网络服务提供者明知或者应知网络用户利用网络服务侵害信息网络传播权，未采取删除、屏蔽、断开链接等必要措施，或者提供技术支持等帮助行为的，人民法院应当认定其构成帮助侵权行为。

第八条　人民法院应当根据网络服务提供者的过错，确定其是否承担教唆、帮助侵权责任。网络服务提供者的过错包括对于网络用户侵害信息网络传播权行为的明知或者应知。

网络服务提供者未对网络用户侵害信息网络传播权的行为主动进行审查的，人民法院不应据此认定其具有过错。

网络服务提供者能够证明已采取合理、有效的技术措施，仍难以发现网络用户侵害信息网络传播权行为的，人民法院应当认定其不具有过错。

第九条　人民法院应当根据网络用户侵害信息网络传播权的具体事实是否明显，综合考虑以下因素，认定网络服务提供者是否构成应知：

（一）基于网络服务提供者提供服务的性质、方式及其引发侵权的可能性大小，应当具备的管理信息的能力；

（二）传播的作品、表演、录音录像制品的类型、知名度及侵权信息的明显程度；

（三）网络服务提供者是否主动对作品、表演、录音录像制品进行了选择、编辑、修改、推荐等；

（四）网络服务提供者是否积极采取了预防侵权的合理措施；

（五）网络服务提供者是否设置便捷程序接收侵权通知并及时对侵权通知作出合理的反应；

（六）网络服务提供者是否针对同一网络用户的重复侵权行为采取了相应的合理措施；

（七）其他相关因素。

第十条　网络服务提供者在提供网络服务时，对热播影视作品等以设置榜单、目录、索引、描述性段落、内容简介等方式进行推荐，且公众可以在其网页上直接以下载、浏览或者其他方式获得的，人民法院可以认定其应知网络用户侵害信息网络传播权。

第十一条　网络服务提供者从网络用户提供的作品、表演、录音录像制品中直接获得经济利益的，人民法院应当认定其对该网络用户侵害信息网络传播权的行为负有较高的注意义务。

网络服务提供者针对特定作品、表演、录音录像制品投放广告获取收益，或者获取与其传播的作品、表演、录音录像制品存在其他特定联系的经济利益，应当认定为前款规定的直接获得经济利益。网络服务提供者因提供网络服务而收取一般性广告费、服务费等，不属于本款规定的情形。

第十二条　有下列情形之一的，人民法院可以根据案件具体情况，认定提供信息存储空间服务的网络服务提供者应知网络用户侵害信息网络传播权：

（一）将热播影视作品等置于首页或者其他主要页面等能够为网络服务提供者明显感知的位置的；

（二）对热播影视作品等的主题、内容主动进行选择、编辑、整理、推荐，或者为其设立专门的排行榜的；

（三）其他可以明显感知相关作品、表演、录音录像制品为未经许可提供，仍未采取合理措施的情形。

第十三条　网络服务提供者接到权利人以书信、传真、电子邮件等方式提交的通知及构成侵权的初步证据,未及时根据初步证据和服务类型采取必要措施的,人民法院应当认定其明知相关侵害信息网络传播权行为。

第十四条　人民法院认定网络服务提供者转送通知、采取必要措施是否及时,应当根据权利人提交通知的形式,通知的准确程度,采取措施的难易程度,网络服务的性质,所涉作品、表演、录音录像制品的类型、知名度、数量等因素综合判断。

第十五条　侵害信息网络传播权民事纠纷案件由侵权行为地或者被告住所地人民法院管辖。侵权行为地包括实施被诉侵权行为的网络服务器、计算机终端等设备所在地。侵权行为地和被告住所地均难以确定或者在境外的,原告发现侵权内容的计算机终端等设备所在地可以视为侵权行为地。

第十六条　本规定施行之日起,《最高人民法院关于审理涉及计算机网络著作权纠纷案件适用法律若干问题的解释》(法释〔2006〕11号)同时废止。

本规定施行之后尚未终审的侵害信息网络传播权民事纠纷案件,适用本规定。本规定施行前已经终审,当事人申请再审或者按照审判监督程序决定再审的,不适用本规定。

最高人民法院
关于审理植物新品种纠纷案件若干问题的解释

（2000 年 12 月 25 日由最高人民法院审判委员会第 1154 次会议通过，根据 2020 年 12 月 23 日最高人民法院审判委员会第 1823 次会议通过的《最高人民法院关于修改〈最高人民法院关于审理侵犯专利权纠纷案件应用法律若干问题的解释（二）〉等十八件知识产权类司法解释的决定》修正）

为依法受理和审判植物新品种纠纷案件，根据《中华人民共和国民法典》《中华人民共和国种子法》《中华人民共和国民事诉讼法》《中华人民共和国行政诉讼法》《全国人民代表大会常务委员会关于在北京、上海、广州设立知识产权法院的决定》和《全国人民代表大会常务委员会关于专利等知识产权案件诉讼程序若干问题的决定》的有关规定，现就有关问题解释如下：

第一条 人民法院受理的植物新品种纠纷案件主要包括以下几类：

（一）植物新品种申请驳回复审行政纠纷案件；

（二）植物新品种权无效行政纠纷案件；

（三）植物新品种权更名行政纠纷案件；

（四）植物新品种权强制许可纠纷案件；

（五）植物新品种权实施强制许可使用费纠纷案件；

（六）植物新品种申请权权属纠纷案件；

（七）植物新品种权权属纠纷案件；

（八）植物新品种申请权转让合同纠纷案件；

（九）植物新品种权转让合同纠纷案件；

（十）侵害植物新品种权纠纷案件；

（十一）假冒他人植物新品种权纠纷案件；

（十二）植物新品种培育人署名权纠纷案件；

（十三）植物新品种临时保护期使用费纠纷案件；

（十四）植物新品种行政处罚纠纷案件；

（十五）植物新品种行政复议纠纷案件；

（十六）植物新品种行政赔偿纠纷案件；

（十七）植物新品种行政奖励纠纷案件；

（十八）其他植物新品种权纠纷案件。

第二条　人民法院在依法审查当事人涉及植物新品种权的起诉时，只要符合《中华人民共和国民事诉讼法》第一百一十九条、《中华人民共和国行政诉讼法》第四十九条规定的民事案件或者行政案件的起诉条件，均应当依法予以受理。

第三条　本解释第一条所列第一至五类案件，由北京知识产权法院作为第一审人民法院审理；第六至十八类案件，由知识产权法院，各省、自治区、直辖市人民政府所在地和最高人民法院指定的中级人民法院作为第一审人民法院审理。

当事人对植物新品种纠纷民事、行政案件第一审判决、裁定不服，提起上诉的，由最高人民法院审理。

第四条　以侵权行为地确定人民法院管辖的侵害植物新品种权的民事案件，其所称的侵权行为地，是指未经品种权所有人许可，生产、繁殖或者销售该授权植物新品种的繁殖材料的所在地，或者为商业目的将该授权品种的繁殖材料重复使用于生产另一品种的繁殖材料的所在地。

第五条　关于植物新品种申请驳回复审行政纠纷案件、植物新品种权无效或者更名行政纠纷案件，应当以植物新品种审批机关为被告；关于植物新品种强制许可纠纷案件，应当以植物新品种审批机关为被告；关于实施强制许可使用费纠纷案件，应当根据原告所请求的事项和所起诉的当事人确定被告。

第六条　人民法院审理侵害植物新品种权纠纷案件，被告在答辩期间内向植物新品种审批机关请求宣告该植物新品种权无效的，人民法院一般不中止诉讼。

最高人民法院
关于审理侵害植物新品种权纠纷案件
具体应用法律问题的若干规定

（2006 年 12 月 25 日由最高人民法院审判委员会第 1411 次
会议通过，根据 2020 年 12 月 23 日最高人民法院审判委员会
第 1823 次会议通过的《最高人民法院关于修改〈最高人民法
院关于审理侵犯专利权纠纷案件应用法律若干问题的解释
（二）〉等十八件知识产权类司法解释的决定》修正）

为正确处理侵害植物新品种权纠纷案件，根据《中华人民共和国民法典》
《中华人民共和国种子法》《中华人民共和国民事诉讼法》《全国人民代表大会
常务委员会关于在北京、上海、广州设立知识产权法院的决定》和《全国人民
代表大会常务委员会关于专利等知识产权案件诉讼程序若干问题的决定》等
有关规定，结合侵害植物新品种权纠纷案件的审判经验和实际情况，就具体应
用法律的若干问题规定如下：

第一条 植物新品种权所有人（以下称品种权人）或者利害关系人认为
植物新品种权受到侵害的，可以依法向人民法院提起诉讼。

前款所称利害关系人，包括植物新品种实施许可合同的被许可人、品种权
财产权利的合法继承人等。

独占实施许可合同的被许可人可以单独向人民法院提起诉讼；排他实施
许可合同的被许可人可以和品种权人共同起诉，也可以在品种权人不起诉时，
自行提起诉讼；普通实施许可合同的被许可人经品种权人明确授权，可以提起
诉讼。

第二条 未经品种权人许可，生产、繁殖或者销售授权品种的繁殖材料，
或者为商业目的将授权品种的繁殖材料重复使用于生产另一品种的繁殖材料
的，人民法院应当认定为侵害植物新品种权。

被诉侵权物的特征、特性与授权品种的特征、特性相同,或者特征、特性的不同是因非遗传变异所致的,人民法院一般应当认定被诉侵权物属于生产、繁殖或者销售授权品种的繁殖材料。

被诉侵权人重复以授权品种的繁殖材料为亲本与其他亲本另行繁殖的,人民法院一般应当认定属于为商业目的将授权品种的繁殖材料重复使用于生产另一品种的繁殖材料。

第三条 侵害植物新品种权纠纷案件涉及的专门性问题需要鉴定的,由双方当事人协商确定的有鉴定资格的鉴定机构、鉴定人鉴定;协商不成的,由人民法院指定的有鉴定资格的鉴定机构、鉴定人鉴定。

没有前款规定的鉴定机构、鉴定人的,由具有相应品种检测技术水平的专业机构、专业人员鉴定。

第四条 对于侵害植物新品种权纠纷案件涉及的专门性问题可以采取田间观察检测、基因指纹图谱检测等方法鉴定。

对采取前款规定方法作出的鉴定意见,人民法院应当依法质证,认定其证明力。

第五条 品种权人或者利害关系人向人民法院提起侵害植物新品种权诉讼前,可以提出行为保全或者证据保全请求,人民法院经审查作出裁定。

人民法院采取证据保全措施时,可以根据案件具体情况,邀请有关专业技术人员按照相应的技术规程协助取证。

第六条 人民法院审理侵害植物新品种权纠纷案件,应当依照民法典第一百七十九条、第一千一百八十五条、种子法第七十三条的规定,结合案件具体情况,判决侵权人承担停止侵害、赔偿损失等民事责任。

人民法院可以根据权利人的请求,按照权利人因被侵权所受实际损失或者侵权人因侵权所得利益确定赔偿数额。权利人的损失或者侵权人获得的利益难以确定的,可以参照该植物新品种权许可使用费的倍数合理确定。权利人为制止侵权行为所支付的合理开支应当另行计算。

依照前款规定难以确定赔偿数额的,人民法院可以综合考虑侵权的性质、期间、后果,植物新品种权许可使用费的数额,植物新品种实施许可的种类、时间、范围及权利人调查、制止侵权所支付的合理费用等因素,在 300 万元以下确定赔偿数额。

故意侵害他人植物新品种权,情节严重的,可以按照第二款确定数额的一倍以上三倍以下确定赔偿数额。

第七条　权利人和侵权人均同意将侵权物折价抵扣权利人所受损失的,人民法院应当准许。权利人或者侵权人不同意折价抵扣的,人民法院依照当事人的请求,责令侵权人对侵权物作消灭活性等使其不能再被用作繁殖材料的处理。

侵权物正处于生长期或者销毁侵权物将导致重大不利后果的,人民法院可以不采取责令销毁侵权物的方法,而判令其支付相应的合理费用。但法律、行政法规另有规定的除外。

第八条　以农业或者林业种植为业的个人、农村承包经营户接受他人委托代为繁殖侵害品种权的繁殖材料,不知道代繁物是侵害品种权的繁殖材料并说明委托人的,不承担赔偿责任。

最高人民法院
关于审理不正当竞争民事案件
应用法律若干问题的解释

(2006 年 12 月 30 日由最高人民法院审判委员会第 1412 次
会议通过,根据 2020 年 12 月 23 日最高人民法院审判委员会
第 1823 次会议通过的《最高人民法院关于修改〈最高人民法
院关于审理侵犯专利权纠纷案件应用法律若干问题的解释
(二)〉等十八件知识产权类司法解释的决定》修正)

为了正确审理不正当竞争民事案件,依法保护经营者的合法权益,维护市
场竞争秩序,依照《中华人民共和国民法典》《中华人民共和国反不正当竞争
法》《中华人民共和国民事诉讼法》等法律的有关规定,结合审判实践经验和
实际情况,制定本解释。

第一条 在中国境内具有一定的市场知名度,为相关公众所知悉的商品,
应当认定为反不正当竞争法第五条第(二)项规定的"知名商品"。人民法院
认定知名商品,应当考虑该商品的销售时间、销售区域、销售额和销售对象,进
行任何宣传的持续时间、程度和地域范围,作为知名商品受保护的情况等因
素,进行综合判断。原告应当对其商品的市场知名度负举证责任。

在不同地域范围内使用相同或者近似的知名商品特有的名称、包装、装
潢,在后使用者能够证明其善意使用的,不构成反不正当竞争法第五条第
(二)项规定的不正当竞争行为。因后来的经营活动进入相同地域范围而使
其商品来源足以产生混淆,在先使用者请求责令在后使用者附加足以区别商
品来源的其他标识的,人民法院应当予以支持。

第二条 具有区别商品来源的显著特征的商品的名称、包装、装潢,应当
认定为反不正当竞争法第五条第(二)项规定的"特有的名称、包装、装潢"。
有下列情形之一的,人民法院不认定为知名商品特有的名称、包装、装潢:

（一）商品的通用名称、图形、型号；

（二）仅仅直接表示商品的质量、主要原料、功能、用途、重量、数量及其他特点的商品名称；

（三）仅由商品自身的性质产生的形状，为获得技术效果而需有的商品形状以及使商品具有实质性价值的形状；

（四）其他缺乏显著特征的商品名称、包装、装潢。

前款第（一）、（二）、（四）项规定的情形经过使用取得显著特征的，可以认定为特有的名称、包装、装潢。

知名商品特有的名称、包装、装潢中含有本商品的通用名称、图形、型号，或者直接表示商品的质量、主要原料、功能、用途、重量、数量以及其他特点，或者含有地名，他人因客观叙述商品而正当使用的，不构成不正当竞争行为。

第三条 由经营者营业场所的装饰、营业用具的式样、营业人员的服饰等构成的具有独特风格的整体营业形象，可以认定为反不正当竞争法第五条第（二）项规定的"装潢"。

第四条 足以使相关公众对商品的来源产生误认，包括误认为与知名商品的经营者具有许可使用、关联企业关系等特定联系的，应当认定为反不正当竞争法第五条第（二）项规定的"造成和他人的知名商品相混淆，使购买者误认为是该知名商品"。

在相同商品上使用相同或者视觉上基本无差别的商品名称、包装、装潢，应当视为足以造成和他人知名商品相混淆。

认定与知名商品特有名称、包装、装潢相同或者近似，可以参照商标相同或者近似的判断原则和方法。

第五条 商品的名称、包装、装潢属于商标法第十条第一款规定的不得作为商标使用的标志，当事人请求依照反不正当竞争法第五条第（二）项规定予以保护的，人民法院不予支持。

第六条 企业登记主管机关依法登记注册的企业名称，以及在中国境内进行商业使用的外国（地区）企业名称，应当认定为反不正当竞争法第五条第（三）项规定的"企业名称"。具有一定的市场知名度、为相关公众所知悉的企业名称中的字号，可以认定为反不正当竞争法第五条第（三）项规定的"企业名称"。

在商品经营中使用的自然人的姓名,应当认定为反不正当竞争法第五条第(三)项规定的"姓名"。具有一定的市场知名度、为相关公众所知悉的自然人的笔名、艺名等,可以认定为反不正当竞争法第五条第(三)项规定的"姓名"。

第七条 在中国境内进行商业使用,包括将知名商品特有的名称、包装、装潢或者企业名称、姓名用于商品、商品包装以及商品交易文书上,或者用于广告宣传、展览以及其他商业活动中,应当认定为反不正当竞争法第五条第(二)项、第(三)项规定的"使用"。

第八条 经营者具有下列行为之一,足以造成相关公众误解的,可以认定为反不正当竞争法第九条第一款规定的引人误解的虚假宣传行为:

(一)对商品作片面的宣传或者对比的;

(二)将科学上未定论的观点、现象等当作定论的事实用于商品宣传的;

(三)以歧义性语言或者其他引人误解的方式进行商品宣传的。

以明显的夸张方式宣传商品,不足以造成相关公众误解的,不属于引人误解的虚假宣传行为。

人民法院应当根据日常生活经验、相关公众一般注意力、发生误解的事实和被宣传对象的实际情况等因素,对引人误解的虚假宣传行为进行认定。

第九条 有关信息不为其所属领域的相关人员普遍知悉和容易获得,应当认定为反不正当竞争法第十条第三款规定的"不为公众所知悉"。

具有下列情形之一的,可以认定有关信息不构成不为公众所知悉:

(一)该信息为其所属技术或者经济领域的人的一般常识或者行业惯例;

(二)该信息仅涉及产品的尺寸、结构、材料、部件的简单组合等内容,进入市场后相关公众通过观察产品即可直接获得;

(三)该信息已经在公开出版物或者其他媒体上公开披露;

(四)该信息已通过公开的报告会、展览等方式公开;

(五)该信息从其他公开渠道可以获得;

(六)该信息无需付出一定的代价而容易获得。

第十条 有关信息具有现实的或者潜在的商业价值,能为权利人带来竞争优势的,应当认定为反不正当竞争法第十条第三款规定的"能为权利人带来经济利益、具有实用性"。

第十一条　权利人为防止信息泄漏所采取的与其商业价值等具体情况相适应的合理保护措施,应当认定为反不正当竞争法第十条第三款规定的"保密措施"。

人民法院应当根据所涉信息载体的特性、权利人保密的意愿、保密措施的可识别程度、他人通过正当方式获得的难易程度等因素,认定权利人是否采取了保密措施。

具有下列情形之一,在正常情况下足以防止涉密信息泄漏的,应当认定权利人采取了保密措施:

（一）限定涉密信息的知悉范围,只对必须知悉的相关人员告知其内容;

（二）对于涉密信息载体采取加锁等防范措施;

（三）在涉密信息的载体上标有保密标志;

（四）对于涉密信息采用密码或者代码等;

（五）签订保密协议;

（六）对于涉密的机器、厂房、车间等场所限制来访者或者提出保密要求;

（七）确保信息秘密的其他合理措施。

第十二条　通过自行开发研制或者反向工程等方式获得的商业秘密,不认定为反不正当竞争法第十条第（一）、（二）项规定的侵犯商业秘密行为。

前款所称"反向工程",是指通过技术手段对从公开渠道取得的产品进行拆卸、测绘、分析等而获得该产品的有关技术信息。当事人以不正当手段知悉了他人的商业秘密之后,又以反向工程为由主张获取行为合法的,不予支持。

第十三条　商业秘密中的客户名单,一般是指客户的名称、地址、联系方式以及交易的习惯、意向、内容等构成的区别于相关公知信息的特殊客户信息,包括汇集众多客户的客户名册,以及保持长期稳定交易关系的特定客户。

客户基于对职工个人的信赖而与职工所在单位进行市场交易,该职工离职后,能够证明客户自愿选择与自己或者其新单位进行市场交易的,应当认定没有采用不正当手段,但职工与原单位另有约定的除外。

第十四条　当事人指称他人侵犯其商业秘密的,应当对其拥有的商业秘密符合法定条件、对方当事人的信息与其商业秘密相同或者实质相同以及对方当事人采取不正当手段的事实负举证责任。其中,商业秘密符合法定条件的证据,包括商业秘密的载体、具体内容、商业价值和对该项商业秘密所采取的具体保密措施等。

第十五条　对于侵犯商业秘密行为,商业秘密独占使用许可合同的被许可人提起诉讼的,人民法院应当依法受理。

排他使用许可合同的被许可人和权利人共同提起诉讼,或者在权利人不起诉的情况下,自行提起诉讼,人民法院应当依法受理。

普通使用许可合同的被许可人和权利人共同提起诉讼,或者经权利人书面授权,单独提起诉讼的,人民法院应当依法受理。

第十六条　人民法院对于侵犯商业秘密行为判决停止侵害的民事责任时,停止侵害的时间一般持续到该项商业秘密已为公众知悉时为止。

依据前款规定判决停止侵害的时间如果明显不合理的,可以在依法保护权利人该项商业秘密竞争优势的情况下,判决侵权人在一定期限或者范围内停止使用该项商业秘密。

第十七条　确定反不正当竞争法第十条规定的侵犯商业秘密行为的损害赔偿额,可以参照确定侵犯专利权的损害赔偿额的方法进行;确定反不正当竞争法第五条、第九条、第十四条规定的不正当竞争行为的损害赔偿额,可以参照确定侵犯注册商标专用权的损害赔偿额的方法进行。

因侵权行为导致商业秘密已为公众所知悉的,应当根据该项商业秘密的商业价值确定损害赔偿额。商业秘密的商业价值,根据其研究开发成本、实施该项商业秘密的收益、可得利益、可保持竞争优势的时间等因素确定。

第十八条　反不正当竞争法第五条、第九条、第十条、第十四条规定的不正当竞争民事第一审案件,一般由中级人民法院管辖。

各高级人民法院根据本辖区的实际情况,经最高人民法院批准,可以确定若干基层人民法院受理不正当竞争民事第一审案件,已经批准可以审理知识产权民事案件的基层人民法院,可以继续受理。

第十九条　本解释自二〇〇七年二月一日起施行。

最高人民法院
关于审理因垄断行为引发的民事纠纷案件
应用法律若干问题的规定

(2012 年 1 月 30 日由最高人民法院审判委员会第 1539 次会议通过,根据 2020 年 12 月 23 日最高人民法院审判委员会第 1823 次会议通过的《最高人民法院关于修改〈最高人民法院关于审理侵犯专利权纠纷案件应用法律若干问题的解释(二)〉等十八件知识产权类司法解释的决定》修正)

为正确审理因垄断行为引发的民事纠纷案件,制止垄断行为,保护和促进市场公平竞争,维护消费者利益和社会公共利益,根据《中华人民共和国民法典》《中华人民共和国反垄断法》和《中华人民共和国民事诉讼法》等法律的相关规定,制定本规定。

第一条 本规定所称因垄断行为引发的民事纠纷案件(以下简称垄断民事纠纷案件),是指因垄断行为受到损失以及因合同内容、行业协会的章程等违反反垄断法而发生争议的自然人、法人或者非法人组织,向人民法院提起的民事诉讼案件。

第二条 原告直接向人民法院提起民事诉讼,或者在反垄断执法机构认定构成垄断行为的处理决定发生法律效力后向人民法院提起民事诉讼,并符合法律规定的其他受理条件的,人民法院应当受理。

第三条 第一审垄断民事纠纷案件,由知识产权法院,省、自治区、直辖市人民政府所在地的市、计划单列市中级人民法院以及最高人民法院指定的中级人民法院管辖。

第四条 垄断民事纠纷案件的地域管辖,根据案件具体情况,依照民事诉讼法及相关司法解释有关侵权纠纷、合同纠纷等的管辖规定确定。

第五条 民事纠纷案件立案时的案由并非垄断纠纷,被告以原告实施了垄断行为为由提出抗辩或者反诉且有证据支持,或者案件需要依据反垄断法作出裁判,但受诉人民法院没有垄断民事纠纷案件管辖权的,应当将案件移送有管辖权的人民法院。

第六条　两个或者两个以上原告因同一垄断行为向有管辖权的同一法院分别提起诉讼的,人民法院可以合并审理。

两个或者两个以上原告因同一垄断行为向有管辖权的不同法院分别提起诉讼的,后立案的法院在得知有关法院先立案的情况后,应当在七日内裁定将案件移送先立案的法院;受移送的法院可以合并审理。被告应当在答辩阶段主动向受诉人民法院提供其因同一行为在其他法院涉诉的相关信息。

第七条　被诉垄断行为属于反垄断法第十三条第一款第一项至第五项规定的垄断协议的,被告应对该协议不具有排除、限制竞争的效果承担举证责任。

第八条　被诉垄断行为属于反垄断法第十七条第一款规定的滥用市场支配地位的,原告应当对被告在相关市场内具有支配地位和其滥用市场支配地位承担举证责任。

被告以其行为具有正当性为由进行抗辩的,应当承担举证责任。

第九条　被诉垄断行为属于公用企业或者其他依法具有独占地位的经营者滥用市场支配地位的,人民法院可以根据市场结构和竞争状况的具体情况,认定被告在相关市场内具有支配地位,但有相反证据足以推翻的除外。

第十条　原告可以以被告对外发布的信息作为证明其具有市场支配地位的证据。被告对外发布的信息能够证明其在相关市场内具有支配地位的,人民法院可以据此作出认定,但有相反证据足以推翻的除外。

第十一条　证据涉及国家秘密、商业秘密、个人隐私或者其他依法应当保密的内容的,人民法院可以依职权或者当事人的申请采取不公开开庭、限制或者禁止复制、仅对代理律师展示、责令签署保密承诺书等保护措施。

第十二条　当事人可以向人民法院申请一至二名具有相应专门知识的人员出庭,就案件的专门性问题进行说明。

第十三条　当事人可以向人民法院申请委托专业机构或者专业人员就案件的专门性问题作出市场调查或者经济分析报告。经人民法院同意,双方当事人可以协商确定专业机构或者专业人员;协商不成的,由人民法院指定。

人民法院可以参照民事诉讼法及相关司法解释有关鉴定意见的规定，对前款规定的市场调查或者经济分析报告进行审查判断。

第十四条 被告实施垄断行为，给原告造成损失的，根据原告的诉讼请求和查明的事实，人民法院可以依法判令被告承担停止侵害、赔偿损失等民事责任。

根据原告的请求，人民法院可以将原告因调查、制止垄断行为所支付的合理开支计入损失赔偿范围。

第十五条 被诉合同内容、行业协会的章程等违反反垄断法或者其他法律、行政法规的强制性规定的，人民法院应当依法认定其无效。但是，该强制性规定不导致该民事法律行为无效的除外。

第十六条 因垄断行为产生的损害赔偿请求权诉讼时效期间，从原告知道或者应当知道权益受到损害以及义务人之日起计算。

原告向反垄断执法机构举报被诉垄断行为的，诉讼时效从其举报之日起中断。反垄断执法机构决定不立案、撤销案件或者决定终止调查的，诉讼时效期间从原告知道或者应当知道不立案、撤销案件或者终止调查之日起重新计算。反垄断执法机构调查后认定构成垄断行为的，诉讼时效期间从原告知道或者应当知道反垄断执法机构认定构成垄断行为的处理决定发生法律效力之日起重新计算。

原告知道或者应当知道权益受到损害以及义务人之日起超过三年，如果起诉时被诉垄断行为仍然持续，被告提出诉讼时效抗辩的，损害赔偿应当自原告向人民法院起诉之日起向前推算三年计算。自权利受到损害之日起超过二十年的，人民法院不予保护，有特殊情况的，人民法院可以根据权利人的申请决定延长。

最高人民法院
关于审理涉及计算机网络域名民事纠纷案件
适用法律若干问题的解释

(2001 年 6 月 26 日由最高人民法院审判委员会第 1182 次会议通过,根据 2020 年 12 月 23 日最高人民法院审判委员会第 1823 次会议通过的《最高人民法院关于修改〈最高人民法院关于审理侵犯专利权纠纷案件应用法律若干问题的解释(二)〉等十八件知识产权类司法解释的决定》修正)

为了正确审理涉及计算机网络域名注册、使用等行为的民事纠纷案件(以下简称域名纠纷案件),根据《中华人民共和国民法典》《中华人民共和国反不正当竞争法》和《中华人民共和国民事诉讼法》(以下简称民事诉讼法)等法律的规定,作如下解释:

第一条 对于涉及计算机网络域名注册、使用等行为的民事纠纷,当事人向人民法院提起诉讼,经审查符合民事诉讼法第一百一十九条规定的,人民法院应当受理。

第二条 涉及域名的侵权纠纷案件,由侵权行为地或者被告住所地的中级人民法院管辖。对难以确定侵权行为地和被告住所地的,原告发现该域名的计算机终端等设备所在地可以视为侵权行为地。

涉外域名纠纷案件包括当事人一方或者双方是外国人、无国籍人、外国企业或组织、国际组织,或者域名注册地在外国的域名纠纷案件。在中华人民共和国领域内发生的涉外域名纠纷案件,依照民事诉讼法第四编的规定确定管辖。

第三条 域名纠纷案件的案由,根据双方当事人争议的法律关系的性质确定,并在其前冠以计算机网络域名;争议的法律关系的性质难以确定的,可以通称为计算机网络域名纠纷案件。

第四条　人民法院审理域名纠纷案件,对符合以下各项条件的,应当认定被告注册、使用域名等行为构成侵权或者不正当竞争:

(一)原告请求保护的民事权益合法有效;

(二)被告域名或其主要部分构成对原告驰名商标的复制、模仿、翻译或音译;或者与原告的注册商标、域名等相同或近似,足以造成相关公众的误认;

(三)被告对该域名或其主要部分不享有权益,也无注册、使用该域名的正当理由;

(四)被告对该域名的注册、使用具有恶意。

第五条　被告的行为被证明具有下列情形之一的,人民法院应当认定其具有恶意:

(一)为商业目的将他人驰名商标注册为域名的;

(二)为商业目的注册、使用与原告的注册商标、域名等相同或近似的域名,故意造成与原告提供的产品、服务或者原告网站的混淆,误导网络用户访问其网站或其他在线站点的;

(三)曾要约高价出售、出租或者以其他方式转让该域名获取不正当利益的;

(四)注册域名后自己并不使用也未准备使用,而有意阻止权利人注册该域名的;

(五)具有其他恶意情形的。

被告举证证明在纠纷发生前其所持有的域名已经获得一定的知名度,且能与原告的注册商标、域名等相区别,或者具有其他情形足以证明其不具有恶意的,人民法院可以不认定被告具有恶意。

第六条　人民法院审理域名纠纷案件,根据当事人的请求以及案件的具体情况,可以对涉及的注册商标是否驰名依法作出认定。

第七条　人民法院认定域名注册、使用等行为构成侵权或者不正当竞争的,可以判令被告停止侵权、注销域名,或者依原告的请求判令由原告注册使用该域名;给权利人造成实际损害的,可以判令被告赔偿损失。

侵权人故意侵权且情节严重,原告有权向人民法院请求惩罚性赔偿。

最高人民法院
关于审理技术合同纠纷案件适用法律
若干问题的解释

(2004年11月30日最高人民法院审判委员会第1335次会议通过,根据2020年12月23日最高人民法院审判委员会第1823次会议通过的《最高人民法院关于修改〈最高人民法院关于审理侵犯专利权纠纷案件应用法律若干问题的解释(二)〉等十八件知识产权类司法解释的决定》修正)

为了正确审理技术合同纠纷案件,根据《中华人民共和国民法典》《中华人民共和国专利法》和《中华人民共和国民事诉讼法》等法律的有关规定,结合审判实践,现就有关问题作出以下解释。

一、一般规定

第一条 技术成果,是指利用科学技术知识、信息和经验作出的涉及产品、工艺、材料及其改进等的技术方案,包括专利、专利申请、技术秘密、计算机软件、集成电路布图设计、植物新品种等。

技术秘密,是指不为公众所知悉、具有商业价值并经权利人采取相应保密措施的技术信息。

第二条 民法典第八百四十七条第二款所称"执行法人或者非法人组织的工作任务",包括:

(一)履行法人或者非法人组织的岗位职责或者承担其交付的其他技术开发任务;

(二)离职后一年内继续从事与其原所在法人或者非法人组织的岗位职责或者交付的任务有关的技术开发工作,但法律、行政法规另有规定的除外。

法人或者非法人组织与其职工就职工在职期间或者离职以后所完成的技术成果的权益有约定的,人民法院应当依约定确认。

第三条　民法典第八百四十七条第二款所称"物质技术条件",包括资金、设备、器材、原材料、未公开的技术信息和资料等。

第四条　民法典第八百四十七条第二款所称"主要是利用法人或者非法人组织的物质技术条件",包括职工在技术成果的研究开发过程中,全部或者大部分利用了法人或者非法人组织的资金、设备、器材或者原材料等物质条件,并且这些物质条件对形成该技术成果具有实质性的影响;还包括该技术成果实质性内容是在法人或者非法人组织尚未公开的技术成果、阶段性技术成果基础上完成的情形。但下列情况除外:

(一)对利用法人或者非法人组织提供的物质技术条件,约定返还资金或者交纳使用费的;

(二)在技术成果完成后利用法人或者非法人组织的物质技术条件对技术方案进行验证、测试的。

第五条　个人完成的技术成果,属于执行原所在法人或者非法人组织的工作任务,又主要利用了现所在法人或者非法人组织的物质技术条件的,应当按照该自然人原所在和现所在法人或者非法人组织达成的协议确认权益。不能达成协议的,根据对完成该项技术成果的贡献大小由双方合理分享。

第六条　民法典第八百四十七条所称"职务技术成果的完成人"、第八百四十八条所称"完成技术成果的个人",包括对技术成果单独或者共同作出创造性贡献的人,也即技术成果的发明人或者设计人。人民法院在对创造性贡献进行认定时,应当分解所涉及技术成果的实质性技术构成。提出实质性技术构成并由此实现技术方案的人,是作出创造性贡献的人。

提供资金、设备、材料、试验条件,进行组织管理,协助绘制图纸、整理资料、翻译文献等人员,不属于职务技术成果的完成人、完成技术成果的个人。

第七条　不具有民事主体资格的科研组织订立的技术合同,经法人或者非法人组织授权或者认可的,视为法人或者非法人组织订立的合同,由法人或者非法人组织承担责任;未经法人或者非法人组织授权或者认可的,由该科研组织成员共同承担责任,但法人或者非法人组织因该合同受益的,应当在其受益范围内承担相应责任。

前款所称不具有民事主体资格的科研组织,包括法人或者非法人组织设立的从事技术研究开发、转让等活动的课题组、工作室等。

第八条　生产产品或者提供服务依法须经有关部门审批或者取得行政许可,而未经审批或者许可的,不影响当事人订立的相关技术合同的效力。

当事人对办理前款所称审批或者许可的义务没有约定或者约定不明确的,人民法院应当判令由实施技术的一方负责办理,但法律、行政法规另有规定的除外。

第九条　当事人一方采取欺诈手段,就其现有技术成果作为研究开发标的与他人订立委托开发合同收取研究开发费用,或者就同一研究开发课题先后与两个或者两个以上的委托人分别订立委托开发合同重复收取研究开发费用,使对方在违背真实意思的情况下订立的合同,受损害方依照民法典第一百四十八条规定请求撤销合同的,人民法院应当予以支持。

第十条　下列情形,属于民法典第八百五十条所称的"非法垄断技术":

(一)限制当事人一方在合同标的技术基础上进行新的研究开发或者限制其使用所改进的技术,或者双方交换改进技术的条件不对等,包括要求一方将其自行改进的技术无偿提供给对方、非互惠性转让给对方、无偿独占或者共享该改进技术的知识产权;

(二)限制当事人一方从其他来源获得与技术提供方类似技术或者与其竞争的技术;

(三)阻碍当事人一方根据市场需求,按照合理方式充分实施合同标的技术,包括明显不合理地限制技术接受方实施合同标的技术生产产品或者提供服务的数量、品种、价格、销售渠道和出口市场;

(四)要求技术接受方接受并非实施技术必不可少的附带条件,包括购买非必需的技术、原材料、产品、设备、服务以及接收非必需的人员等;

(五)不合理地限制技术接受方购买原材料、零部件、产品或者设备等的渠道或者来源;

(六)禁止技术接受方对合同标的技术知识产权的有效性提出异议或者对提出异议附加条件。

第十一条　技术合同无效或者被撤销后,技术开发合同研究开发人、技术转让合同让与人、技术许可合同许可人、技术咨询合同和技术服务合同的受托人已经履行或者部分履行了约定的义务,并且造成合同无效或者被撤销的过错在对方的,对其已履行部分应当收取的研究开发经费、技术使用费、提供咨询服务的报酬,人民法院可以认定为因对方原因导致合同无效或者被撤销给其造成的损失。

技术合同无效或者被撤销后,因履行合同所完成新的技术成果或者在他人技术成果基础上完成后续改进技术成果的权利归属和利益分享,当事人不能重新协议确定的,人民法院可以判决由完成技术成果的一方享有。

第十二条 根据民法典第八百五十条的规定,侵害他人技术秘密的技术合同被确认无效后,除法律、行政法规另有规定的以外,善意取得该技术秘密的一方当事人可以在其取得时的范围内继续使用该技术秘密,但应当向权利人支付合理的使用费并承担保密义务。

当事人双方恶意串通或者一方知道或者应当知道另一方侵权仍与其订立或者履行合同的,属于共同侵权,人民法院应当判令侵权人承担连带赔偿责任和保密义务,因此取得技术秘密的当事人不得继续使用该技术秘密。

第十三条 依照前条第一款规定可以继续使用技术秘密的人与权利人就使用费支付发生纠纷的,当事人任何一方都可以请求人民法院予以处理。继续使用技术秘密但又拒不支付使用费的,人民法院可以根据权利人的请求判令使用人停止使用。

人民法院在确定使用费时,可以根据权利人通常对外许可该技术秘密的使用费或者使用人取得该技术秘密所支付的使用费,并考虑该技术秘密的研究开发成本、成果转化和应用程度以及使用人的使用规模、经济效益等因素合理确定。

不论使用人是否继续使用技术秘密,人民法院均应当判令其向权利人支付已使用期间的使用费。使用人已向无效合同的让与人或者许可人支付的使用费应当由让与人或者许可人负责返还。

第十四条 对技术合同的价款、报酬和使用费,当事人没有约定或者约定不明确的,人民法院可以按照以下原则处理:

(一)对于技术开发合同和技术转让合同、技术许可合同,根据有关技术成果的研究开发成本、先进性、实施转化和应用的程度,当事人享有的权益和承担的责任,以及技术成果的经济效益等合理确定;

(二)对于技术咨询合同和技术服务合同,根据有关咨询服务工作的技术含量、质量和数量,以及已经产生和预期产生的经济效益等合理确定。

技术合同价款、报酬、使用费中包含非技术性款项的,应当分项计算。

第十五条　技术合同当事人一方迟延履行主要债务,经催告后在 30 日内仍未履行,另一方依据民法典第五百六十三条第一款第(三)项的规定主张解除合同的,人民法院应当予以支持。

当事人在催告通知中附有履行期限且该期限超过 30 日的,人民法院应当认定该履行期限为民法典第五百六十三条第一款第(三)项规定的合理期限。

第十六条　当事人以技术成果向企业出资但未明确约定权属,接受出资的企业主张该技术成果归其享有的,人民法院一般应当予以支持,但是该技术成果价值与该技术成果所占出资额比例明显不合理损害出资人利益的除外。

当事人对技术成果的权属约定有比例的,视为共同所有,其权利使用和利益分配,按共有技术成果的有关规定处理,但当事人另有约定的,从其约定。

当事人对技术成果的使用权约定有比例的,人民法院可以视为当事人对实施该项技术成果所获收益的分配比例,但当事人另有约定的,从其约定。

二、技术开发合同

第十七条　民法典第八百五十一条第一款所称"新技术、新产品、新工艺、新品种或者新材料及其系统",包括当事人在订立技术合同时尚未掌握的产品、工艺、材料及其系统等技术方案,但对技术上没有创新的现有产品的改型、工艺变更、材料配方调整以及对技术成果的验证、测试和使用除外。

第十八条　民法典第八百五十一条第四款规定的"当事人之间就具有实用价值的科技成果实施转化订立的"技术转化合同,是指当事人之间就具有实用价值但尚未实现工业化应用的科技成果包括阶段性技术成果,以实现该科技成果工业化应用为目标,约定后续试验、开发和应用等内容的合同。

第十九条　民法典第八百五十五条所称"分工参与研究开发工作",包括当事人按照约定的计划和分工,共同或者分别承担设计、工艺、试验、试制等工作。

技术开发合同当事人一方仅提供资金、设备、材料等物质条件或者承担辅助协作事项,另一方进行研究开发工作的,属于委托开发合同。

第二十条　民法典第八百六十一条所称"当事人均有使用和转让的权利",包括当事人均有不经对方同意而自己使用或者以普通使用许可的方式许可他人使用技术秘密,并独占由此所获利益的权利。当事人一方将技术秘密成果的转让权让与他人,或者以独占或者排他使用许可的方式许可他人使用技术秘密,未经对方当事人同意或者追认的,应当认定该让与或者许可行为无效。

第二十一条　技术开发合同当事人依照民法典的规定或者约定自行实施专利或使用技术秘密,但因其不具备独立实施专利或者使用技术秘密的条件,以一个普通许可方式许可他人实施或者使用的,可以准许。

三、技术转让合同和技术许可合同

第二十二条　就尚待研究开发的技术成果或者不涉及专利、专利申请或者技术秘密的知识、技术、经验和信息所订立的合同,不属于民法典第八百六十二条规定的技术转让合同或者技术许可合同。

技术转让合同中关于让与人向受让人提供实施技术的专用设备、原材料或者提供有关的技术咨询、技术服务的约定,属于技术转让合同的组成部分。因此发生的纠纷,按照技术转让合同处理。

当事人以技术入股方式订立联营合同,但技术入股人不参与联营体的经营管理,并且以保底条款形式约定联营体或者联营对方支付其技术价款或者使用费的,视为技术转让合同或者技术许可合同。

第二十三条　专利申请权转让合同当事人以专利申请被驳回或者被视为撤回为由请求解除合同,该事实发生在依照专利法第十条第三款的规定办理专利申请权转让登记之前的,人民法院应当予以支持;发生在转让登记之后的,不予支持,但当事人另有约定的除外。

专利申请因专利申请权转让合同成立时即存在尚未公开的同样发明创造的在先专利申请被驳回,当事人依据民法典第五百六十三条第一款第(四)项的规定请求解除合同的,人民法院应当予以支持。

第二十四条　订立专利权转让合同或者专利申请权转让合同前,让与人自己已经实施发明创造,在合同生效后,受让人要求让与人停止实施的,人民法院应当予以支持,但当事人另有约定的除外。

让与人与受让人订立的专利权、专利申请权转让合同,不影响在合同成立前让与人与他人订立的相关专利实施许可合同或者技术秘密转让合同的效力。

第二十五条　专利实施许可包括以下方式:

（一）独占实施许可，是指许可人在约定许可实施专利的范围内，将该专利仅许可一个被许可人实施，许可人依约定不得实施该专利；

（二）排他实施许可，是指许可人在约定许可实施专利的范围内，将该专利仅许可一个被许可人实施，但许可人依约定可以自行实施该专利；

（三）普通实施许可，是指许可人在约定许可实施专利的范围内许可他人实施该专利，并且可以自行实施该专利。

当事人对专利实施许可方式没有约定或者约定不明确的，认定为普通实施许可。专利实施许可合同约定被许可人可以再许可他人实施专利的，认定该再许可为普通实施许可，但当事人另有约定的除外。

技术秘密的许可使用方式，参照本条第一、二款的规定确定。

第二十六条 专利实施许可合同许可人负有在合同有效期内维持专利权有效的义务，包括依法缴纳专利年费和积极应对他人提出宣告专利权无效的请求，但当事人另有约定的除外。

第二十七条 排他实施许可合同许可人不具备独立实施其专利的条件，以一个普通许可的方式许可他人实施专利的，人民法院可以认定为许可人自己实施专利，但当事人另有约定的除外。

第二十八条 民法典第八百六十四条所称"实施专利或者使用技术秘密的范围"，包括实施专利或者使用技术秘密的期限、地域、方式以及接触技术秘密的人员等。

当事人对实施专利或者使用技术秘密的期限没有约定或者约定不明确的，受让人、被许可人实施专利或者使用技术秘密不受期限限制。

第二十九条 当事人之间就申请专利的技术成果所订立的许可使用合同，专利申请公开以前，适用技术秘密许可合同的有关规定；发明专利申请公开以后、授权以前，参照适用专利实施许可合同的有关规定；授权以后，原合同即为专利实施许可合同，适用专利实施许可合同的有关规定。

人民法院不以当事人就已经申请专利但尚未授权的技术订立专利实施许可合同为由，认定合同无效。

四、技术咨询合同和技术服务合同

第三十条 民法典第八百七十八条第一款所称"特定技术项目"，包括有关科学技术与经济社会协调发展的软科学研究项目，促进科技进步和管理现代化、提高经济效益和社会效益等运用科学知识和技术手段进行调查、分析、论证、评价、预测的专业性技术项目。

第三十一条 当事人对技术咨询合同委托人提供的技术资料和数据或者受托人提出的咨询报告和意见未约定保密义务,当事人一方引用、发表或者向第三人提供的,不认定为违约行为,但侵害对方当事人对此享有的合法权益的,应当依法承担民事责任。

第三十二条 技术咨询合同受托人发现委托人提供的资料、数据等有明显错误或者缺陷,未在合理期限内通知委托人的,视为其对委托人提供的技术资料、数据等予以认可。委托人在接到受托人的补正通知后未在合理期限内答复并予补正的,发生的损失由委托人承担。

第三十三条 民法典第八百七十八条第二款所称"特定技术问题",包括需要运用专业技术知识、经验和信息解决的有关改进产品结构、改良工艺流程、提高产品质量、降低产品成本、节约资源能耗、保护资源环境、实现安全操作、提高经济效益和社会效益等专业技术问题。

第三十四条 当事人一方以技术转让或者技术许可的名义提供已进入公有领域的技术,或者在技术转让合同、技术许可合同履行过程中合同标的技术进入公有领域,但是技术提供方进行技术指导、传授技术知识,为对方解决特定技术问题符合约定条件的,按照技术服务合同处理,约定的技术转让费、使用费可以视为提供技术服务的报酬和费用,但是法律、行政法规另有规定的除外。

依照前款规定,技术转让费或者使用费视为提供技术服务的报酬和费用明显不合理的,人民法院可以根据当事人的请求合理确定。

第三十五条 技术服务合同受托人发现委托人提供的资料、数据、样品、材料、场地等工作条件不符合约定,未在合理期限内通知委托人的,视为其对委托人提供的工作条件予以认可。委托人在接到受托人的补正通知后未在合理期限内答复并予补正的,发生的损失由委托人承担。

第三十六条 民法典第八百八十七条规定的"技术培训合同",是指当事人一方委托另一方对指定的学员进行特定项目的专业技术训练和技术指导所订立的合同,不包括职业培训、文化学习和按照行业、法人或者非法人组织的计划进行的职工业余教育。

第三十七条　当事人对技术培训必需的场地、设施和试验条件等工作条件的提供和管理责任没有约定或者约定不明确的,由委托人负责提供和管理。

技术培训合同委托人派出的学员不符合约定条件,影响培训质量的,由委托人按照约定支付报酬。

受托人配备的教员不符合约定条件,影响培训质量,或者受托人未按照计划和项目进行培训,导致不能实现约定培训目标的,应当减收或者免收报酬。

受托人发现学员不符合约定条件或者委托人发现教员不符合约定条件,未在合理期限内通知对方,或者接到通知的一方未在合理期限内按约定改派的,应当由负有履行义务的当事人承担相应的民事责任。

第三十八条　民法典第八百八十七条规定的"技术中介合同",是指当事人一方以知识、技术、经验和信息为另一方与第三人订立技术合同进行联系、介绍以及对履行合同提供专门服务所订立的合同。

第三十九条　中介人从事中介活动的费用,是指中介人在委托人和第三人订立技术合同前,进行联系、介绍活动所支出的通信、交通和必要的调查研究等费用。中介人的报酬,是指中介人为委托人与第三人订立技术合同以及对履行该合同提供服务应当得到的收益。

当事人对中介人从事中介活动的费用负担没有约定或者约定不明确的,由中介人承担。当事人约定该费用由委托人承担但未约定具体数额或者计算方法的,由委托人支付中介人从事中介活动支出的必要费用。

当事人对中介人的报酬数额没有约定或者约定不明确的,应当根据中介人所进行的劳务合理确定,并由委托人承担。仅在委托人与第三人订立的技术合同中约定中介条款,但未约定给付中介人报酬或者约定不明确的,应当支付的报酬由委托人和第三人平均承担。

第四十条　中介人未促成委托人与第三人之间的技术合同成立的,其要求支付报酬的请求,人民法院不予支持;其要求委托人支付其从事中介活动必要费用的请求,应当予以支持,但当事人另有约定的除外。

中介人隐瞒与订立技术合同有关的重要事实或者提供虚假情况,侵害委托人利益的,应当根据情况免收报酬并承担赔偿责任。

第四十一条　中介人对造成委托人与第三人之间的技术合同的无效或者被撤销没有过错,并且该技术合同的无效或者被撤销不影响有关中介条款或者技术中介合同继续有效,中介人要求按照约定或者本解释的有关规定给付从事中介活动的费用和报酬的,人民法院应当予以支持。

中介人收取从事中介活动的费用和报酬不应当被视为委托人与第三人之间的技术合同纠纷中一方当事人的损失。

五、与审理技术合同纠纷有关的程序问题

第四十二条 当事人将技术合同和其他合同内容或者将不同类型的技术合同内容订立在一个合同中的,应当根据当事人争议的权利义务内容,确定案件的性质和案由。

技术合同名称与约定的权利义务关系不一致的,应当按照约定的权利义务内容,确定合同的类型和案由。

技术转让合同或者技术许可合同中约定让与人或者许可人负责包销或者回购受让人、被许可人实施合同标的技术制造的产品,仅因让与人或者许可人不履行或者不能全部履行包销或者回购义务引起纠纷,不涉及技术问题的,应当按照包销或者回购条款约定的权利义务内容确定案由。

第四十三条 技术合同纠纷案件一般由中级以上人民法院管辖。

各高级人民法院根据本辖区的实际情况并报经最高人民法院批准,可以指定若干基层人民法院管辖第一审技术合同纠纷案件。

其他司法解释对技术合同纠纷案件管辖另有规定的,从其规定。

合同中既有技术合同内容,又有其他合同内容,当事人就技术合同内容和其他合同内容均发生争议的,由具有技术合同纠纷案件管辖权的人民法院受理。

第四十四条 一方当事人以诉讼争议的技术合同侵害他人技术成果为由请求确认合同无效,或者人民法院在审理技术合同纠纷中发现可能存在该无效事由的,人民法院应当依法通知有关利害关系人,其可以作为有独立请求权的第三人参加诉讼或者依法向有管辖权的人民法院另行起诉。

利害关系人在接到通知后 15 日内不提起诉讼的,不影响人民法院对案件的审理。

第四十五条 第三人向受理技术合同纠纷案件的人民法院就合同标的技术提出权属或者侵权请求时,受诉人民法院对此也有管辖权的,可以将权属或者侵权纠纷与合同纠纷合并审理;受诉人民法院对此没有管辖权的,应当告知其向有管辖权的人民法院另行起诉或者将已经受理的权属或者侵权纠纷案件移送有管辖权的人民法院。权属或者侵权纠纷另案受理后,合同纠纷应当中止诉讼。

专利实施许可合同诉讼中,被许可人或者第三人向国家知识产权局请求宣告专利权无效的,人民法院可以不中止诉讼。在案件审理过程中专利权被宣告无效的,按照专利法第四十七条第二款和第三款的规定处理。

六、其他

第四十六条 计算机软件开发等合同争议,著作权法以及其他法律、行政法规另有规定的,依照其规定;没有规定的,适用民法典第三编第一分编的规定,并可以参照民法典第三编第二分编第二十章和本解释的有关规定处理。

第四十七条 本解释自 2005 年 1 月 1 日起施行。

最高人民法院
关于北京、上海、广州知识产权法院案件
管辖的规定

(2014 年 10 月 27 日最高人民法院审判委员会第 1628 次会议通过,根据 2020 年 12 月 23 日最高人民法院审判委员会第 1823 次会议通过的《最高人民法院关于修改〈最高人民法院关于审理侵犯专利权纠纷案件应用法律若干问题的解释(二)〉等十八件知识产权类司法解释的决定》修正)

为进一步明确北京、上海、广州知识产权法院的案件管辖,根据《中华人民共和国民事诉讼法》《中华人民共和国行政诉讼法》《全国人民代表大会常务委员会关于在北京、上海、广州设立知识产权法院的决定》等规定,制定本规定。

第一条 知识产权法院管辖所在市辖区内的下列第一审案件:

(一)专利、植物新品种、集成电路布图设计、技术秘密、计算机软件民事和行政案件;

(二)对国务院部门或者县级以上地方人民政府所作的涉及著作权、商标、不正当竞争等行政行为提起诉讼的行政案件;

(三)涉及驰名商标认定的民事案件。

第二条 广州知识产权法院对广东省内本规定第一条第(一)项和第(三)项规定的案件实行跨区域管辖。

第三条 北京市、上海市各中级人民法院和广州市中级人民法院不再受理知识产权民事和行政案件。

广东省其他中级人民法院不再受理本规定第一条第(一)项和第(三)项规定的案件。

北京市、上海市、广东省各基层人民法院不再受理本规定第一条第(一)

项和第(三)项规定的案件。

第四条 案件标的既包含本规定第一条第(一)项和第(三)项规定的内容,又包含其他内容的,按本规定第一条和第二条的规定确定管辖。

第五条 下列第一审行政案件由北京知识产权法院管辖:

(一)不服国务院部门作出的有关专利、商标、植物新品种、集成电路布图设计等知识产权的授权确权裁定或者决定的;

(二)不服国务院部门作出的有关专利、植物新品种、集成电路布图设计的强制许可决定以及强制许可使用费或者报酬的裁决的;

(三)不服国务院部门作出的涉及知识产权授权确权的其他行政行为的。

第六条 当事人对知识产权法院所在市的基层人民法院作出的第一审著作权、商标、技术合同、不正当竞争等知识产权民事和行政判决、裁定提起的上诉案件,由知识产权法院审理。

第七条 当事人对知识产权法院作出的第一审判决、裁定提起的上诉案件和依法申请上一级法院复议的案件,由知识产权法院所在地的高级人民法院知识产权审判庭审理,但依法应由最高人民法院审理的除外。

第八条 知识产权法院所在省(直辖市)的基层人民法院在知识产权法院成立前已经受理但尚未审结的本规定第一条第(一)项和第(三)项规定的案件,由该基层人民法院继续审理。

除广州市中级人民法院以外,广东省其他中级人民法院在广州知识产权法院成立前已经受理但尚未审结的本规定第一条第(一)项和第(三)项规定的案件,由该中级人民法院继续审理。

最高人民法院关于修改
《最高人民法院关于人民法院民事调解
工作若干问题的规定》等十九件民事
诉讼类司法解释的决定

法释〔2020〕20 号

（2020 年 12 月 23 日最高人民法院审判委员会第
1823 次会议通过，自 2021 年 1 月 1 日起施行）

根据审判实践需要，经最高人民法院审判委员会第 1823 次会议决定，对《最高人民法院关于人民法院民事调解工作若干问题的规定》等十九件司法解释作如下修改：

一、修改《最高人民法院关于人民法院民事调解工作若干问题的规定》

1. 删除第一条、第二条、第十三条、第十八条。

2. 将第三条修改为：

"根据民事诉讼法第九十五条的规定，人民法院可以邀请与当事人有特定关系或者与案件有一定联系的企业事业单位、社会团体或者其他组织，和具有专门知识、特定社会经验、与当事人有特定关系并有利于促成调解的个人协助调解工作。

经各方当事人同意，人民法院可以委托前款规定的单位或者个人对案件进行调解，达成调解协议后，人民法院应当依法予以确认。"

3. 将第十一条修改为：

"调解协议约定一方提供担保或者案外人同意为当事人提供担保的，人民法院应当准许。

案外人提供担保的，人民法院制作调解书应当列明担保人，并将调解书送

415

交担保人。担保人不签收调解书的,不影响调解书生效。

当事人或者案外人提供的担保符合民法典规定的条件时生效。"

4.将第十九条修改为:

"调解书确定的担保条款条件或者承担民事责任的条件成就时,当事人申请执行的,人民法院应当依法执行。

不履行调解协议的当事人按照前款规定承担了调解书确定的民事责任后,对方当事人又要求其承担民事诉讼法第二百五十三条规定的迟延履行责任的,人民法院不予支持。"

5.将第二十条修改为:

"调解书约定给付特定标的物的,调解协议达成前该物上已经存在的第三人的物权和优先权不受影响。第三人在执行过程中对执行标的物提出异议的,应当按照民事诉讼法第二百二十七条规定处理。"

6.条文顺序作相应调整。

二、修改《最高人民法院关于适用〈中华人民共和国民事诉讼法〉的解释》

1.将第六十八条修改为:

"居民委员会、村民委员会或者村民小组与他人发生民事纠纷的,居民委员会、村民委员会或者有独立财产的村民小组为当事人。"

2.将第七十一条修改为:

"原告起诉被代理人和代理人,要求承担连带责任的,被代理人和代理人为共同被告。

原告起诉代理人和相对人,要求承担连带责任的,代理人和相对人为共同被告。"

3.将第八十三条修改为:

"在诉讼中,无民事行为能力人、限制民事行为能力人的监护人是他的法定代理人。事先没有确定监护人的,可以由有监护资格的人协商确定;协商不成的,由人民法院在他们之中指定诉讼中的法定代理人。当事人没有民法典第二十七条、第二十八条规定的监护人的,可以指定民法典第三十二条规定的有关组织担任诉讼中的法定代理人。"

4.将第三百四十三条修改为:

"宣告失踪或者宣告死亡案件,人民法院可以根据申请人的请求,清理下落不明人的财产,并指定案件审理期间的财产管理人。公告期满后,人民法院判决宣告失踪的,应当同时依照民法典第四十二条的规定指定失踪人的财产代管人。"

5.将第三百五十一条修改为:

"被指定的监护人不服居民委员会、村民委员会或者民政部门指定,应当自接到通知之日起三十日内向人民法院提出异议。经审理,认为指定并无不当的,裁定驳回异议;指定不当的,判决撤销指定,同时另行指定监护人。判决书应当送达异议人、原指定单位及判决指定的监护人。

有关当事人依照民法典第三十一条第一款规定直接向人民法院申请指定监护人的,适用特别程序审理,判决指定监护人。判决书应当送达申请人、判决指定的监护人。"

6.将第三百五十二条修改为:

"申请认定公民无民事行为能力或者限制民事行为能力的案件,被申请人没有近亲属的,人民法院可以指定经被申请人住所地的居民委员会、村民委员会或者民政部门同意,且愿意担任代理人的个人或者组织为代理人。

没有前款规定的代理人的,由被申请人住所地的居民委员会、村民委员会或者民政部门担任代理人。

代理人可以是一人,也可以是同一顺序中的两人。"

7.将第三百六十五条修改为:

"依照民法典第三百九十二条的规定,被担保的债权既有物的担保又有人的担保,当事人对实现担保物权的顺序有约定,实现担保物权的申请违反该约定的,人民法院裁定不予受理;没有约定或者约定不明的,人民法院应当受理。"

8.将第四百七十条修改为:

"根据民事诉讼法第二百三十一条规定向人民法院提供执行担保的,可以由被执行人或者他人提供财产担保,也可以由他人提供保证。担保人应当具有代为履行或者代为承担赔偿责任的能力。

他人提供执行保证的,应当向执行法院出具保证书,并将保证书副本送交申请执行人。被执行人或者他人提供财产担保的,应当参照民法典的有关规定办理相应手续。"

三、修改《最高人民法院、最高人民检察院关于检察公益诉讼案件适用法律若干问题的解释》

1. 将第一条修改为：

"为正确适用《中华人民共和国民法典》《中华人民共和国民事诉讼法》《中华人民共和国行政诉讼法》关于人民检察院提起公益诉讼制度的规定，结合审判、检察工作实际，制定本解释。"

2. 将第七条修改为：

"人民法院审理人民检察院提起的第一审公益诉讼案件，适用人民陪审制。"

3. 将第十三条修改为：

"人民检察院在履行职责中发现破坏生态环境和资源保护，食品药品安全领域侵害众多消费者合法权益，侵害英雄烈士等的姓名、肖像、名誉、荣誉等损害社会公共利益的行为，拟提起公益诉讼的，应当依法公告，公告期间为三十日。

公告期满，法律规定的机关和有关组织、英雄烈士等的近亲属不提起诉讼的，人民检察院可以向人民法院提起诉讼。

人民检察院办理侵害英雄烈士等的姓名、肖像、名誉、荣誉等的民事公益诉讼案件，也可以直接征询英雄烈士等的近亲属的意见。"

4. 将第十四条修改为：

"人民检察院提起民事公益诉讼应当提交下列材料：

（一）民事公益诉讼起诉书，并按照被告人数提出副本；

（二）被告的行为已经损害社会公共利益的初步证明材料；

（三）已经履行公告程序、征询英雄烈士等的近亲属意见的证明材料。"

5. 将第二十条修改为：

"人民检察院对破坏生态环境和资源保护，食品药品安全领域侵害众多消费者合法权益，侵害英雄烈士等的姓名、肖像、名誉、荣誉等损害社会公共利益的犯罪行为提起刑事公诉时，可以向人民法院一并提起附带民事公益诉讼，由人民法院同一审判组织审理。

人民检察院提起的刑事附带民事公益诉讼案件由审理刑事案件的人民法院管辖。"

6.将第二十二条修改为：

"人民检察院提起行政公益诉讼应当提交下列材料：

（一）行政公益诉讼起诉书，并按照被告人数提出副本；

（二）被告违法行使职权或者不作为，致使国家利益或者社会公共利益受到侵害的证明材料；

（三）已经履行诉前程序，行政机关仍不依法履行职责或者纠正违法行为的证明材料。"

7.将第二十五条修改为：

"人民法院区分下列情形作出行政公益诉讼判决：

（一）被诉行政行为具有行政诉讼法第七十四条、第七十五条规定情形之一的，判决确认违法或者确认无效，并可以同时判决责令行政机关采取补救措施；

（二）被诉行政行为具有行政诉讼法第七十条规定情形之一的，判决撤销或者部分撤销，并可以判决被诉行政机关重新作出行政行为；

（三）被诉行政机关不履行法定职责的，判决在一定期限内履行；

（四）被诉行政机关作出的行政处罚明显不当，或者其他行政行为涉及对款额的确定、认定确有错误的，可以判决予以变更；

（五）被诉行政行为证据确凿，适用法律、法规正确，符合法定程序，未超越职权，未滥用职权，无明显不当，或者人民检察院诉请被诉行政机关履行法定职责理由不成立的，判决驳回诉讼请求。

人民法院可以将判决结果告知被诉行政机关所属的人民政府或者其他相关的职能部门。"

四、修改《最高人民法院关于审理环境民事公益诉讼案件适用法律若干问题的解释》

1.将引言修改为：

"为正确审理环境民事公益诉讼案件，根据《中华人民共和国民法典》《中华人民共和国环境保护法》《中华人民共和国民事诉讼法》等法律的规定，结合审判实践，制定本解释。"

2.将第二条修改为：

"依照法律、法规的规定，在设区的市级以上人民政府民政部门登记的社会团体、基金会以及社会服务机构等,可以认定为环境保护法第五十八条规定的社会组织。"

3.将第九条修改为:

"人民法院认为原告提出的诉讼请求不足以保护社会公共利益的,可以向其释明变更或者增加停止侵害、修复生态环境等诉讼请求。"

4.将第十一条修改为:

"检察机关、负有环境资源保护监督管理职责的部门及其他机关、社会组织、企业事业单位依据民事诉讼法第十五条的规定,可以通过提供法律咨询、提交书面意见、协助调查取证等方式支持社会组织依法提起环境民事公益诉讼。"

5.将第十二条修改为:

"人民法院受理环境民事公益诉讼后,应当在十日内告知对被告行为负有环境资源保护监督管理职责的部门。"

6.将第十五条修改为:

"当事人申请通知有专门知识的人出庭,就鉴定人作出的鉴定意见或者就因果关系、生态环境修复方式、生态环境修复费用以及生态环境受到损害至修复完成期间服务功能丧失导致的损失等专门性问题提出意见的,人民法院可以准许。

前款规定的专家意见经质证,可以作为认定事实的根据。"

7.将第十八条修改为:

"对污染环境、破坏生态,已经损害社会公共利益或者具有损害社会公共利益重大风险的行为,原告可以请求被告承担停止侵害、排除妨碍、消除危险、修复生态环境、赔偿损失、赔礼道歉等民事责任。"

8.将第二十条修改为:

"原告请求修复生态环境的,人民法院可以依法判决被告将生态环境修复到损害发生之前的状态和功能。无法完全修复的,可以准许采用替代性修复方式。

人民法院可以在判决被告修复生态环境的同时,确定被告不履行修复义务时应承担的生态环境修复费用;也可以直接判决被告承担生态环境修复费用。

生态环境修复费用包括制定、实施修复方案的费用,修复期间的监测、监管费用,以及修复完成后的验收费用、修复效果后评估费用等。"

9. 将第二十一条修改为:

"原告请求被告赔偿生态环境受到损害至修复完成期间服务功能丧失导致的损失、生态环境功能永久性损害造成的损失的,人民法院可以依法予以支持。"

10. 将第二十二条修改为:

"原告请求被告承担以下费用的,人民法院可以依法予以支持:

(一)生态环境损害调查、鉴定评估等费用;

(二)清除污染以及防止损害的发生和扩大所支出的合理费用;

(三)合理的律师费以及为诉讼支出的其他合理费用。"

11. 将第二十三条修改为:

"生态环境修复费用难以确定或者确定具体数额所需鉴定费用明显过高的,人民法院可以结合污染环境、破坏生态的范围和程度,生态环境的稀缺性,生态环境恢复的难易程度,防治污染设备的运行成本,被告因侵害行为所获得的利益以及过错程度等因素,并可以参考负有环境资源保护监督管理职责的部门的意见、专家意见等,予以合理确定。"

12. 将第二十四条修改为:

"人民法院判决被告承担的生态环境修复费用、生态环境受到损害至修复完成期间服务功能丧失导致的损失、生态环境功能永久性损害造成的损失等款项,应当用于修复被损害的生态环境。

其他环境民事公益诉讼中败诉原告所需承担的调查取证、专家咨询、检验、鉴定等必要费用,可以酌情从上述款项中支付。"

13. 将第二十六条修改为:

"负有环境资源保护监督管理职责的部门依法履行监管职责而使原告诉讼请求全部实现,原告申请撤诉的,人民法院应予准许。"

五、修改《最高人民法院关于当事人申请承认澳大利亚法院出具的离婚证明书人民法院应否受理问题的批复》

将答复内容修改为:

"当事人持澳大利亚法院出具的离婚证明书向人民法院申请承认其效力

的,人民法院应予受理,并依照《中华人民共和国民事诉讼法》第二百八十一条和第二百八十二条以及最高人民法院《关于中国公民申请承认外国法院离婚判决程序问题的规定》的有关规定进行审查,依法作出承认或者不予承认的裁定。"

六、修改《最高人民法院关于对与证券交易所监管职能相关的诉讼案件管辖与受理问题的规定》

将第一条修改为:

"根据《中华人民共和国民事诉讼法》第三十七条和《中华人民共和国行政诉讼法》第二十三条的有关规定,指定上海证券交易所和深圳证券交易所所在地的中级人民法院分别管辖以上海证券交易所和深圳证券交易所为被告或第三人的与证券交易所监管职能相关的第一审民事和行政案件。"

七、修改《最高人民法院关于审理民事级别管辖异议案件若干问题的规定》

1. 删除第四条。

2. 条文顺序作相应调整。

八、修改《最高人民法院关于军事法院管辖民事案件若干问题的规定》

将第二条第(四)项修改为:

"民事诉讼法第三十三条规定的不动产所在地、港口所在地、被继承人死亡时住所地或者主要遗产所在地在营区内,且当事人一方为军人或者军队单位的案件;"

九、修改《最高人民法院关于产品侵权案件的受害人能否以产品的商标所有人为被告提起民事诉讼的批复》

将正文修改为:

"你院京高法〔2001〕271 号《关于荆其廉、张新荣等诉美国通用汽车公司、美国通用汽车海外公司损害赔偿案诉讼主体确立问题处理结果的请示报告》收悉。经研究,我们认为,任何将自己的姓名、名称、商标或者可资识别的其他标识体现在产品上,表示其为产品制造者的企业或个人,均属于《中华人民共和国民法典》和《中华人民共和国产品质量法》规定的'生产者'。本案中美国通用汽车公司为事故车的商标所有人,根据受害人的起诉和本案的实际情况,本案以通用汽车公司、通用汽车海外公司、通用汽车巴西公司为被告并无不当。"

十、修改《最高人民法院关于诉讼代理人查阅民事案件材料的规定》

将第九条修改为：

"诉讼代理人查阅案件材料时不得涂改、损毁、抽取案件材料。

人民法院对修改、损毁、抽取案卷材料的诉讼代理人，可以参照民事诉讼法第一百一十一条第一款第（一）项的规定处理。"

十一、修改《最高人民法院关于适用〈中华人民共和国民事诉讼法〉审判监督程序若干问题的解释》

1.将引言修改为：

"为了保障当事人申请再审权利，规范审判监督程序，维护各方当事人的合法权益，根据《中华人民共和国民事诉讼法》，结合审判实践，对审判监督程序中适用法律的若干问题作出如下解释："

2.将第一条修改为：

"当事人在民事诉讼法第二百零五条规定的期限内，以民事诉讼法第二百条所列明的再审事由，向原审人民法院的上一级人民法院申请再审的，上一级人民法院应当依法受理。"

3.将第二条修改为：

"民事诉讼法第二百零五条规定的申请再审期间不适用中止、中断和延长的规定。"

4.删除第五条、第十条、第十一条、第十三条至第十五条、第十七条、第十八条、第二十五条、第三十二条、第三十三条、第三十九条、第四十二条。

5.将第十二条修改为：

"民事诉讼法第二百条第（五）项规定的'对审理案件需要的主要证据'，是指人民法院认定案件基本事实所必须的证据。"

6.将第十六条修改为：

"原判决、裁定对基本事实和案件性质的认定系根据其他法律文书作出，而上述其他法律文书被撤销或变更的，人民法院可以认定为民事诉讼法第二百条第（十二）项规定的情形。"

7.将第十九条修改为：

"人民法院经审查再审申请书等材料，认为申请再审事由成立的，应当进行裁定再审。

当事人申请再审超过民事诉讼法第二百零五条规定的期限,或者超出民事诉讼法第二百条所列明的再审事由范围的,人民法院应当裁定驳回再审申请。"

8.将第二十六条修改为:

"人民法院审查再审申请期间,人民检察院对该案提出抗诉的,人民法院应依照民事诉讼法第二百一十一条的规定裁定再审。申请再审人提出的具体再审请求应纳入审理范围。"

9.将第二十八条修改为:

"上一级人民法院可以根据案件的影响程度以及案件参与人等情况,决定是否指定再审。需要指定再审的,应当考虑便利当事人行使诉讼权利以及便利人民法院审理等因素。

接受指定再审的人民法院,应当按照民事诉讼法第二百零七条第一款规定的程序审理。"

10.将第三十条修改为:

"当事人未申请再审、人民检察院未抗诉的案件,人民法院发现原判决、裁定、调解协议有损害国家利益、社会公共利益等确有错误情形的,应当依照民事诉讼法第一百九十八条的规定提起再审。"

11.将第三十一条修改为:

"人民法院应当依照民事诉讼法第二百零七条的规定,按照第一审程序或者第二审程序审理再审案件。

人民法院审理再审案件应当开庭审理。但按照第二审程序审理的,双方当事人已经其他方式充分表达意见,且书面同意不开庭审理的除外。"

12.条文顺序作相应调整。

十二、修改《最高人民法院关于涉外民商事案件诉讼管辖若干问题的规定》

将引言修改为:

"为正确审理涉外民商事案件,依法保护中外当事人的合法权益,根据《中华人民共和国民事诉讼法》第十八条的规定,现将有关涉外民商事案件诉讼管辖的问题规定如下:"

十三、修改《最高人民法院关于涉外民事或商事案件司法文书送达问题若干规定》

1. 将第四条修改为：

"除受送达人在授权委托书中明确表明其诉讼代理人无权代为接收有关司法文书外，其委托的诉讼代理人为民事诉讼法第二百六十七条第（四）项规定的有权代其接受送达的诉讼代理人，人民法院可以向该诉讼代理人送达。"

2. 将第六条修改为：

"人民法院向在中华人民共和国领域内没有住所的受送达人送达司法文书时，若该受送达人所在国与中华人民共和国签订有司法协助协定，可以依照司法协助协定规定的方式送达；若该受送达人所在国是《关于向国外送达民事或商事司法文书和司法外文书公约》的成员国，可以依照该公约规定的方式送达。

依照受送达人所在国与中华人民共和国缔结或者共同参加的国际条约中规定的方式送达的，根据《最高人民法院关于依据国际公约和双边司法协助条约办理民商事案件司法文书送达和调查取证司法协助请求的规定》办理。"

3. 将第八条修改为：

"受送达人所在国允许邮寄送达的，人民法院可以邮寄送达。

邮寄送达时应附有送达回证。受送达人未在送达回证上签收但在邮件回执上签收的，视为送达，签收日期为送达日期。

自邮寄之日起满三个月，如果未能收到送达与否的证明文件，且根据各种情况不足以认定已经送达的，视为不能用邮寄方式送达。"

4. 将第九条修改为：

"人民法院依照民事诉讼法第二百六十七条第（八）项规定的公告方式送达时，公告内容应在国内外公开发行的报刊上刊登。"

十四、修改《最高人民法院关于依据国际公约和双边司法协助条约办理民商事案件司法文书送达和调查取证司法协助请求的规定》

将第五条修改为：

"人民法院委托外国送达民商事案件司法文书和进行民商事案件调查取证，需要提供译文的，应当委托中华人民共和国领域内的翻译机构进行翻译。

翻译件不加盖人民法院印章，但应由翻译机构或翻译人员签名或盖章证明译文与原文一致。"

十五、修改《最高人民法院关于审理涉及公证活动相关民事案件的若干规定》

将引言修改为：

"为正确审理涉及公证活动相关民事案件,维护当事人的合法权益,根据《中华人民共和国民法典》《中华人民共和国公证法》《中华人民共和国民事诉讼法》等法律的规定,结合审判实践,制定本规定。"

十六、修改《最高人民法院关于审理消费民事公益诉讼案件适用法律若干问题的解释》

1. 将引言修改为：

"为正确审理消费民事公益诉讼案件,根据《中华人民共和国民事诉讼法》《中华人民共和国民法典》《中华人民共和国消费者权益保护法》等法律规定,结合审判实践,制定本解释。"

2. 将第二条修改为：

"经营者提供的商品或者服务具有下列情形之一的,适用消费者权益保护法第四十七条规定：

(一)提供的商品或者服务存在缺陷,侵害众多不特定消费者合法权益的；

(二)提供的商品或者服务可能危及消费者人身、财产安全,未作出真实的说明和明确的警示,未标明正确使用商品或者接受服务的方法以及防止危害发生方法的；对提供的商品或者服务质量、性能、用途、有效期限等信息作虚假或引人误解宣传的；

(三)宾馆、商场、餐馆、银行、机场、车站、港口、影剧院、景区、体育场馆、娱乐场所等经营场所存在危及消费者人身、财产安全危险的；

(四)以格式条款、通知、声明、店堂告示等方式,作出排除或者限制消费者权利、减轻或者免除经营者责任、加重消费者责任等对消费者不公平、不合理规定的；

(五)其他侵害众多不特定消费者合法权益或者具有危及消费者人身、财产安全危险等损害社会公共利益的行为。"

3. 将第十三条修改为：

"原告在消费民事公益诉讼案件中,请求被告承担停止侵害、排除妨碍、消除危险、赔礼道歉等民事责任的,人民法院可予支持。

经营者利用格式条款或者通知、声明、店堂告示等,排除或者限制消费者权利、减轻或者免除经营者责任、加重消费者责任,原告认为对消费者不公平、不合理主张无效的,人民法院应依法予以支持。"

4. 将第十七条修改为:

"原告为停止侵害、排除妨碍、消除危险采取合理预防、处置措施而发生的费用,请求被告承担的,人民法院应依法予以支持。"

十七、修改《最高人民法院关于适用简易程序审理民事案件的若干规定》

1. 将引言修改为:

"为保障和方便当事人依法行使诉讼权利,保证人民法院公正、及时审理民事案件,根据《中华人民共和国民事诉讼法》的有关规定,结合民事审判经验和实际情况,制定本规定。"

2. 将第一条修改为:

"基层人民法院根据民事诉讼法第一百五十七条规定审理简单的民事案件,适用本规定,但有下列情形之一的案件除外:

(一)起诉时被告下落不明的;

(二)发回重审的;

(三)共同诉讼中一方或者双方当事人人数众多的;

(四)法律规定应当适用特别程序、审判监督程序、督促程序、公示催告程序和企业法人破产还债程序的;

(五)人民法院认为不宜适用简易程序进行审理的。"

3. 将第四条修改为:

"原告本人不能书写起诉状,委托他人代写起诉状确有困难的,可以口头起诉。

原告口头起诉的,人民法院应当将当事人的基本情况、联系方式、诉讼请求、事实及理由予以准确记录,将相关证据予以登记。人民法院应当将上述记录和登记的内容向原告当面宣读,原告认为无误后应当签名或者按指印。"

4. 将第五条修改为:

"当事人应当在起诉或者答辩时向人民法院提供自己准确的送达地址、收件人、电话号码等其他联系方式,并签名或者按指印确认。

送达地址应当写明受送达人住所地的邮政编码和详细地址；受送达人是有固定职业的自然人的，其从业的场所可以视为送达地址。"

5. 将第七条修改为：

"双方当事人到庭后，被告同意口头答辩的，人民法院可以当即开庭审理；被告要求书面答辩的，人民法院应当将提交答辩状的期限和开庭的具体日期告知各方当事人，并向当事人说明逾期举证以及拒不到庭的法律后果，由各方当事人在笔录和开庭传票的送达回证上签名或者按指印。"

6. 将第九条修改为：

"被告到庭后拒绝提供自己的送达地址和联系方式的，人民法院应当告知其拒不提供送达地址的后果；经人民法院告知后被告仍然拒不提供的，按下列方式处理：

（一）被告是自然人的，以其户籍登记中的住所或者经常居所为送达地址；

（二）被告是法人或者非法人组织的，应当以其在登记机关登记、备案中的住所为送达地址。

人民法院应当将上述告知的内容记入笔录。"

7. 将第十一条修改为：

"受送达的自然人以及他的同住成年家属拒绝签收诉讼文书的，或者法人、非法人组织负责收件的人拒绝签收诉讼文书的，送达人应当依据民事诉讼法第八十六条的规定邀请有关基层组织或者所在单位的代表到场见证，被邀请的人不愿到场见证的，送达人应当在送达回证上记明拒收事由、时间和地点以及被邀请人不愿到场见证的情形，将诉讼文书留在受送达人的住所或者从业场所，即视为送达。

受送达人的同住成年家属或者法人、非法人组织负责收件的人是同一案件中另一方当事人的，不适用前款规定。"

8. 将第十二条修改为：

"适用简易程序审理的民事案件，当事人及其诉讼代理人申请证人出庭作证，应当在举证期限届满前提出。"

9. 将第十四条修改为：

"下列民事案件，人民法院在开庭审理时应当先行调解：

（一）婚姻家庭纠纷和继承纠纷；

（二）劳务合同纠纷；

（三）交通事故和工伤事故引起的权利义务关系较为明确的损害赔偿纠纷；

（四）宅基地和相邻关系纠纷；

（五）合伙合同纠纷；

（六）诉讼标的额较小的纠纷。

但是根据案件的性质和当事人的实际情况不能调解或者显然没有调解必要的除外。"

10. 将第十五条修改为：

"调解达成协议并经审判人员审核后，双方当事人同意该调解协议经双方签名或者按指印生效的，该调解协议自双方签名或者按指印之日起发生法律效力。当事人要求摘录或者复制该调解协议的，应予准许。

调解协议符合前款规定，且不属于不需要制作调解书的，人民法院应当另行制作民事调解书。调解协议生效后一方拒不履行的，另一方可以持民事调解书申请强制执行。"

11. 将第三十二条修改为：

"适用简易程序审理的民事案件，有下列情形之一的，人民法院在制作裁判文书时对认定事实或者判决理由部分可以适当简化：

（一）当事人达成调解协议并需要制作民事调解书的；

（二）一方当事人在诉讼过程中明确表示承认对方全部诉讼请求或者部分诉讼请求的；

（三）当事人对案件事实没有争议或者争议不大的；

（四）涉及自然人的隐私、个人信息，或者商业秘密的案件，当事人一方要求简化裁判文书中的相关内容，人民法院认为理由正当的；

（五）当事人双方一致同意简化裁判文书的。"

十八、修改《最高人民法院关于人民法院受理申请承认外国法院离婚判决案件有关问题的规定》

将第二条修改为：

"外国公民向人民法院申请承认外国法院离婚判决，如果其离婚的原配偶是中国公民的,人民法院应予受理;如果其离婚的原配偶是外国公民的,人民法院不予受理,但可告知其直接向婚姻登记机关申请结婚登记。"

十九、修改《最高人民法院关于中国公民申请承认外国法院离婚判决程序问题的规定》

1.将第十条修改为:

"按照第八条、第九条要求提供的证明文件,应经该外国公证部门公证和我国驻该国使、领馆认证,或者履行中华人民共和国与该所在国订立的有关条约中规定的证明手续。同时应由申请人提供经证明无误的中文译本。"

2.将第十七条修改为:

"申请承认外国法院的离婚判决,委托他人代理的,必须向人民法院提交由委托人签名或盖章的授权委托书。委托人在国外出具的委托书,必须经我国驻该国的使、领馆证明,或者履行中华人民共和国与该所在国订立的有关条约中规定的证明手续。"

本决定自 2021 年 1 月 1 日起施行。

根据本决定,《最高人民法院关于人民法院民事调解工作若干问题的规定》等十九件民事诉讼类司法解释作相应修改后重新公布。

最高人民法院
关于人民法院民事调解工作若干问题的规定

（2004 年 8 月 18 日最高人民法院审判委员会第 1321 次会议通过，根据 2008 年 12 月 16 日公布的《最高人民法院关于调整司法解释等文件中引用〈中华人民共和国民事诉讼法〉条文序号的决定》第一次修正，根据 2020 年 12 月 23 日最高人民法院审判委员会第 1823 次会议通过的《最高人民法院关于修改〈最高人民法院关于人民法院民事调解工作若干问题的规定〉等十九件民事诉讼类司法解释的决定》第二次修正）

为了保证人民法院正确调解民事案件，及时解决纠纷，保障和方便当事人依法行使诉讼权利，节约司法资源，根据《中华人民共和国民事诉讼法》等法律的规定，结合人民法院调解工作的经验和实际情况，制定本规定。

第一条 根据民事诉讼法第九十五条的规定，人民法院可以邀请与当事人有特定关系或者与案件有一定联系的企业事业单位、社会团体或者其他组织，和具有专门知识、特定社会经验、与当事人有特定关系并有利于促成调解的个人协助调解工作。

经各方当事人同意，人民法院可以委托前款规定的单位或者个人对案件进行调解，达成调解协议后，人民法院应当依法予以确认。

第二条 当事人在诉讼过程中自行达成和解协议的，人民法院可以根据当事人的申请依法确认和解协议制作调解书。双方当事人申请庭外和解的期间，不计入审限。

当事人在和解过程中申请人民法院对和解活动进行协调的，人民法院可以委派审判辅助人员或者邀请、委托有关单位和个人从事协调活动。

第三条 人民法院应当在调解前告知当事人主持调解人员和书记员姓名以及是否申请回避等有关诉讼权利和诉讼义务。

第四条 在答辩期满前人民法院对案件进行调解,适用普通程序的案件在当事人同意调解之日起15天内,适用简易程序的案件在当事人同意调解之日起7天内未达成调解协议的,经各方当事人同意,可以继续调解。延长的调解期间不计入审限。

第五条 当事人申请不公开进行调解的,人民法院应当准许。

调解时当事人各方应当同时在场,根据需要也可以对当事人分别作调解工作。

第六条 当事人可以自行提出调解方案,主持调解的人员也可以提出调解方案供当事人协商时参考。

第七条 调解协议内容超出诉讼请求的,人民法院可以准许。

第八条 人民法院对于调解协议约定一方不履行协议应当承担民事责任的,应予准许。

调解协议约定一方不履行协议,另一方可以请求人民法院对案件作出裁判的条款,人民法院不予准许。

第九条 调解协议约定一方提供担保或者案外人同意为当事人提供担保的,人民法院应当准许。

案外人提供担保的,人民法院制作调解书应当列明担保人,并将调解书送交担保人。担保人不签收调解书的,不影响调解书生效。

当事人或者案外人提供的担保符合民法典规定的条件时生效。

第十条 调解协议具有下列情形之一的,人民法院不予确认:

(一)侵害国家利益、社会公共利益的;

(二)侵害案外人利益的;

(三)违背当事人真实意思的;

(四)违反法律、行政法规禁止性规定的。

第十一条 当事人不能对诉讼费用如何承担达成协议的,不影响调解协议的效力。人民法院可以直接决定当事人承担诉讼费用的比例,并将决定记入调解书。

第十二条 对调解书的内容既不享有权利又不承担义务的当事人不签收调解书的,不影响调解书的效力。

第十三条 当事人以民事调解书与调解协议的原意不一致为由提出异

议,人民法院审查后认为异议成立的,应当根据调解协议裁定补正民事调解书的相关内容。

第十四条 当事人就部分诉讼请求达成调解协议的,人民法院可以就此先行确认并制作调解书。

当事人就主要诉讼请求达成调解协议,请求人民法院对未达成协议的诉讼请求提出处理意见并表示接受该处理结果的,人民法院的处理意见是调解协议的一部分内容,制作调解书的记入调解书。

第十五条 调解书确定的担保条款条件或者承担民事责任的条件成就时,当事人申请执行的,人民法院应当依法执行。

不履行调解协议的当事人按照前款规定承担了调解书确定的民事责任后,对方当事人又要求其承担民事诉讼法第二百五十三条规定的迟延履行责任的,人民法院不予支持。

第十六条 调解书约定给付特定标的物的,调解协议达成前该物上已经存在的第三人的物权和优先权不受影响。第三人在执行过程中对执行标的物提出异议的,应当按照民事诉讼法第二百二十七条规定处理。

第十七条 人民法院对刑事附带民事诉讼案件进行调解,依照本规定执行。

第十八条 本规定实施前人民法院已经受理的案件,在本规定施行后尚未审结的,依照本规定执行。

第十九条 本规定实施前最高人民法院的有关司法解释与本规定不一致的,适用本规定。

第二十条 本规定自 2004 年 11 月 1 日起实施。

最高人民法院

关于适用《中华人民共和国民事诉讼法》的解释

(2014 年 12 月 18 日最高人民法院审判委员会第 1636 次会议通过,根据 2020 年 12 月 23 日最高人民法院审判委员会第 1823 次会议通过的《最高人民法院关于修改〈最高人民法院关于人民法院民事调解工作若干问题的规定〉等十九件民事诉讼类司法解释的决定》修正)

目录

2012 年 8 月 31 日,第十一届全国人民代表大会常务委员会第二十八次会议审议通过了《关于修改〈中华人民共和国民事诉讼法〉的决定》。根据修改后的民事诉讼法,结合人民法院民事审判和执行工作实际,制定本解释。

一、管辖

第一条 民事诉讼法第十八条第一项规定的重大涉外案件,包括争议标的额大的案件、案情复杂的案件,或者一方当事人人数众多等具有重大影响的案件。

第二条 专利纠纷案件由知识产权法院、最高人民法院确定的中级人民法院和基层人民法院管辖。

海事、海商案件由海事法院管辖。

第三条 公民的住所地是指公民的户籍所在地,法人或者其他组织的住所地是指法人或者其他组织的主要办事机构所在地。

法人或者其他组织的主要办事机构所在地不能确定的,法人或者其他组织的注册地或者登记地为住所地。

第四条 公民的经常居住地是指公民离开住所地至起诉时已连续居住一年以上的地方,但公民住院就医的地方除外。

第五条 对没有办事机构的个人合伙、合伙型联营体提起的诉讼,由被告注册登记地人民法院管辖。没有注册登记,几个被告又不在同一辖区的,被告住所地的人民法院都有管辖权。

第六条 被告被注销户籍的,依照民事诉讼法第二十二条规定确定管辖;原告、被告均被注销户籍的,由被告居住地人民法院管辖。

第七条 当事人的户籍迁出后尚未落户,有经常居住地的,由该地人民法院管辖;没有经常居住地的,由其原户籍所在地人民法院管辖。

第八条 双方当事人都被监禁或者被采取强制性教育措施的,由被告原住所地人民法院管辖。被告被监禁或者被采取强制性教育措施一年以上的，由被告被监禁地或者被采取强制性教育措施地人民法院管辖。

第九条 追索赡养费、抚育费、扶养费案件的几个被告住所地不在同一辖区的，可以由原告住所地人民法院管辖。

第十条 不服指定监护或者变更监护关系的案件，可以由被监护人住所地人民法院管辖。

第十一条 双方当事人均为军人或者军队单位的民事案件由军事法院管辖。

第十二条 夫妻一方离开住所地超过一年，另一方起诉离婚的案件，可以由原告住所地人民法院管辖。

夫妻双方离开住所地超过一年，一方起诉离婚的案件，由被告经常居住地人民法院管辖；没有经常居住地的，由原告起诉时被告居住地人民法院管辖。

第十三条 在国内结婚并定居国外的华侨，如定居国法院以离婚诉讼须由婚姻缔结地法院管辖为由不予受理，当事人向人民法院提出离婚诉讼的，由婚姻缔结地或者一方在国内的最后居住地人民法院管辖。

第十四条 在国外结婚并定居国外的华侨，如定居国法院以离婚诉讼须由国籍所属国法院管辖为由不予受理，当事人向人民法院提出离婚诉讼的，由一方原住所地或者在国内的最后居住地人民法院管辖。

第十五条 中国公民一方居住在国外，一方居住在国内，不论哪一方向人民法院提起离婚诉讼，国内一方住所地人民法院都有权管辖。国外一方在居住国法院起诉，国内一方向人民法院起诉的，受诉人民法院有权管辖。

第十六条 中国公民双方在国外但未定居，一方向人民法院起诉离婚的，应由原告或者被告原住所地人民法院管辖。

第十七条 已经离婚的中国公民，双方均定居国外，仅就国内财产分割提起诉讼的，由主要财产所在地人民法院管辖。

第十八条 合同约定履行地点的，以约定的履行地点为合同履行地。

合同对履行地点没有约定或者约定不明确，争议标的为给付货币的，接收货币一方所在地为合同履行地；交付不动产的，不动产所在地为合同履行地；其他标的，履行义务一方所在地为合同履行地。即时结清的合同，交易行为地为合同履行地。

合同没有实际履行,当事人双方住所地都不在合同约定的履行地的,由被告住所地人民法院管辖。

第十九条　财产租赁合同、融资租赁合同以租赁物使用地为合同履行地。合同对履行地有约定的,从其约定。

第二十条　以信息网络方式订立的买卖合同,通过信息网络交付标的的,以买受人住所地为合同履行地;通过其他方式交付标的的,收货地为合同履行地。合同对履行地有约定的,从其约定。

第二十一条　因财产保险合同纠纷提起的诉讼,如果保险标的物是运输工具或者运输中的货物,可以由运输工具登记注册地、运输目的地、保险事故发生地人民法院管辖。

因人身保险合同纠纷提起的诉讼,可以由被保险人住所地人民法院管辖。

第二十二条　因股东名册记载、请求变更公司登记、股东知情权、公司决议、公司合并、公司分立、公司减资、公司增资等纠纷提起的诉讼,依照民事诉讼法第二十六条规定确定管辖。

第二十三条　债权人申请支付令,适用民事诉讼法第二十一条规定,由债务人住所地基层人民法院管辖。

第二十四条　民事诉讼法第二十八条规定的侵权行为地,包括侵权行为实施地、侵权结果发生地。

第二十五条　信息网络侵权行为实施地包括实施被诉侵权行为的计算机等信息设备所在地,侵权结果发生地包括被侵权人住所地。

第二十六条　因产品、服务质量不合格造成他人财产、人身损害提起的诉讼,产品制造地、产品销售地、服务提供地、侵权行为地和被告住所地人民法院都有管辖权。

第二十七条　当事人申请诉前保全后没有在法定期间起诉或者申请仲裁,给被申请人、利害关系人造成损失引起的诉讼,由采取保全措施的人民法院管辖。

当事人申请诉前保全后在法定期间内起诉或者申请仲裁,被申请人、利害关系人因保全受到损失提起的诉讼,由受理起诉的人民法院或者采取保全措施的人民法院管辖。

第二十八条　民事诉讼法第三十三条第一项规定的不动产纠纷是指因不

动产的权利确认、分割、相邻关系等引起的物权纠纷。

农村土地承包经营合同纠纷、房屋租赁合同纠纷、建设工程施工合同纠纷、政策性房屋买卖合同纠纷，按照不动产纠纷确定管辖。

不动产已登记的，以不动产登记簿记载的所在地为不动产所在地；不动产未登记的，以不动产实际所在地为不动产所在地。

第二十九条　民事诉讼法第三十四条规定的书面协议，包括书面合同中的协议管辖条款或者诉讼前以书面形式达成的选择管辖的协议。

第三十条　根据管辖协议，起诉时能够确定管辖法院的，从其约定；不能确定的，依照民事诉讼法的相关规定确定管辖。

管辖协议约定两个以上与争议有实际联系的地点的人民法院管辖，原告可以向其中一个人民法院起诉。

第三十一条　经营者使用格式条款与消费者订立管辖协议，未采取合理方式提请消费者注意，消费者主张管辖协议无效的，人民法院应予支持。

第三十二条　管辖协议约定由一方当事人住所地人民法院管辖，协议签订后当事人住所地变更的，由签订管辖协议时的住所地人民法院管辖，但当事人另有约定的除外。

第三十三条　合同转让的，合同的管辖协议对合同受让人有效，但转让时受让人不知道有管辖协议，或者转让协议另有约定且原合同相对人同意的除外。

第三十四条　当事人因同居或者在解除婚姻、收养关系后发生财产争议，约定管辖的，可以适用民事诉讼法第三十四条规定确定管辖。

第三十五条　当事人在答辩期间届满后未应诉答辩，人民法院在一审开庭前，发现案件不属于本院管辖的，应当裁定移送有管辖权的人民法院。

第三十六条　两个以上人民法院都有管辖权的诉讼，先立案的人民法院不得将案件移送给另一个有管辖权的人民法院。人民法院在立案前发现其他有管辖权的人民法院已先立案的，不得重复立案；立案后发现其他有管辖权的人民法院已先立案的，裁定将案件移送给先立案的人民法院。

第三十七条　案件受理后，受诉人民法院的管辖权不受当事人住所地、经常居住地变更的影响。

第三十八条　有管辖权的人民法院受理案件后，不得以行政区域变更为由,将案件移送给变更后有管辖权的人民法院。判决后的上诉案件和依审判监督程序提审的案件,由原审人民法院的上级人民法院进行审判;上级人民法院指令再审、发回重审的案件,由原审人民法院再审或者重审。

第三十九条 人民法院对管辖异议审查后确定有管辖权的,不因当事人提起反诉、增加或者变更诉讼请求等改变管辖,但违反级别管辖、专属管辖规定的除外。

人民法院发回重审或者按第一审程序再审的案件,当事人提出管辖异议的,人民法院不予审查。

第四十条 依照民事诉讼法第三十七条第二款规定,发生管辖权争议的两个人民法院因协商不成报请它们的共同上级人民法院指定管辖时,双方为同属一个地、市辖区的基层人民法院的,由该地、市的中级人民法院及时指定管辖;同属一个省、自治区、直辖市的两个人民法院的,由该省、自治区、直辖市的高级人民法院及时指定管辖;双方为跨省、自治区、直辖市的人民法院,高级人民法院协商不成的,由最高人民法院及时指定管辖。

依照前款规定报请上级人民法院指定管辖时,应当逐级进行。

第四十一条 人民法院依照民事诉讼法第三十七条第二款规定指定管辖的,应当作出裁定。

对报请上级人民法院指定管辖的案件,下级人民法院应当中止审理。指定管辖裁定作出前,下级人民法院对案件作出判决、裁定的,上级人民法院应当在裁定指定管辖的同时,一并撤销下级人民法院的判决、裁定。

第四十二条 下列第一审民事案件,人民法院依照民事诉讼法第三十八条第一款规定,可以在开庭前交下级人民法院审理:

(一)破产程序中有关债务人的诉讼案件;

(二)当事人人数众多且不方便诉讼的案件;

(三)最高人民法院确定的其他类型案件。

人民法院交下级人民法院审理前,应当报请其上级人民法院批准。上级人民法院批准后,人民法院应当裁定将案件交下级人民法院审理。

二、回避

第四十三条 审判人员有下列情形之一的,应当自行回避,当事人有权申请其回避:

（一）是本案当事人或者当事人近亲属的；

（二）本人或者其近亲属与本案有利害关系的；

（三）担任过本案的证人、鉴定人、辩护人、诉讼代理人、翻译人员的；

（四）是本案诉讼代理人近亲属的；

（五）本人或者其近亲属持有本案非上市公司当事人的股份或者股权的；

（六）与本案当事人或者诉讼代理人有其他利害关系，可能影响公正审理的。

第四十四条　审判人员有下列情形之一的，当事人有权申请其回避：

（一）接受本案当事人及其受托人宴请，或者参加由其支付费用的活动的；

（二）索取、接受本案当事人及其受托人财物或者其他利益的；

（三）违反规定会见本案当事人、诉讼代理人的；

（四）为本案当事人推荐、介绍诉讼代理人，或者为律师、其他人员介绍代理本案的；

（五）向本案当事人及其受托人借用款物的；

（六）有其他不正当行为，可能影响公正审理的。

第四十五条　在一个审判程序中参与过本案审判工作的审判人员，不得再参与该案其他程序的审判。

发回重审的案件，在一审法院作出裁判后又进入第二审程序的，原第二审程序中合议庭组成人员不受前款规定的限制。

第四十六条　审判人员有应当回避的情形，没有自行回避，当事人也没有申请其回避的，由院长或者审判委员会决定其回避。

第四十七条　人民法院应当依法告知当事人对合议庭组成人员、独任审判员和书记员等人员有申请回避的权利。

第四十八条　民事诉讼法第四十四条所称的审判人员，包括参与本案审理的人民法院院长、副院长、审判委员会委员、庭长、副庭长、审判员、助理审判员和人民陪审员。

第四十九条　书记员和执行员适用审判人员回避的有关规定。

三、诉讼参加人

第五十条　法人的法定代表人以依法登记的为准，但法律另有规定的除外。依法不需要办理登记的法人,以其正职负责人为法定代表人;没有正职负责人的,以其主持工作的副职负责人为法定代表人。

法定代表人已经变更,但未完成登记,变更后的法定代表人要求代表法人参加诉讼的,人民法院可以准许。

其他组织,以其主要负责人为代表人。

第五十一条 在诉讼中,法人的法定代表人变更的,由新的法定代表人继续进行诉讼,并应向人民法院提交新的法定代表人身份证明书。原法定代表人进行的诉讼行为有效。

前款规定,适用于其他组织参加的诉讼。

第五十二条 民事诉讼法第四十八条规定的其他组织是指合法成立、有一定的组织机构和财产,但又不具备法人资格的组织,包括:

(一)依法登记领取营业执照的个人独资企业;

(二)依法登记领取营业执照的合伙企业;

(三)依法登记领取我国营业执照的中外合作经营企业、外资企业;

(四)依法成立的社会团体的分支机构、代表机构;

(五)依法设立并领取营业执照的法人的分支机构;

(六)依法设立并领取营业执照的商业银行、政策性银行和非银行金融机构的分支机构;

(七)经依法登记领取营业执照的乡镇企业、街道企业;

(八)其他符合本条规定条件的组织。

第五十三条 法人非依法设立的分支机构,或者虽依法设立,但没有领取营业执照的分支机构,以设立该分支机构的法人为当事人。

第五十四条 以挂靠形式从事民事活动,当事人请求由挂靠人和被挂靠人依法承担民事责任的,该挂靠人和被挂靠人为共同诉讼人。

第五十五条 在诉讼中,一方当事人死亡,需要等待继承人表明是否参加诉讼的,裁定中止诉讼。人民法院应当及时通知继承人作为当事人承担诉讼,被继承人已经进行的诉讼行为对承担诉讼的继承人有效。

第五十六条 法人或者其他组织的工作人员执行工作任务造成他人损害的,该法人或者其他组织为当事人。

第五十七条 提供劳务一方因劳务造成他人损害,受害人提起诉讼的,以接受劳务一方为被告。

第五十八条 在劳务派遣期间，被派遣的工作人员因执行工作任务造成他人损害的，以接受劳务派遣的用工单位为当事人。当事人主张劳务派遣单位承担责任的，该劳务派遣单位为共同被告。

第五十九条 在诉讼中，个体工商户以营业执照上登记的经营者为当事人。有字号的，以营业执照上登记的字号为当事人，但应同时注明该字号经营者的基本信息。

营业执照上登记的经营者与实际经营者不一致的，以登记的经营者和实际经营者为共同诉讼人。

第六十条 在诉讼中，未依法登记领取营业执照的个人合伙的全体合伙人为共同诉讼人。个人合伙有依法核准登记的字号的，应在法律文书中注明登记的字号。全体合伙人可以推选代表人；被推选的代表人，应由全体合伙人出具推选书。

第六十一条 当事人之间的纠纷经人民调解委员会调解达成协议后，一方当事人不履行调解协议，另一方当事人向人民法院提起诉讼的，应以对方当事人为被告。

第六十二条 下列情形，以行为人为当事人：

（一）法人或者其他组织应登记而未登记，行为人即以该法人或者其他组织名义进行民事活动的；

（二）行为人没有代理权、超越代理权或者代理权终止后以被代理人名义进行民事活动的，但相对人有理由相信行为人有代理权的除外；

（三）法人或者其他组织依法终止后，行为人仍以其名义进行民事活动的。

第六十三条 企业法人合并的，因合并前的民事活动发生的纠纷，以合并后的企业为当事人；企业法人分立的，因分立前的民事活动发生的纠纷，以分立后的企业为共同诉讼人。

第六十四条 企业法人解散的，依法清算并注销前，以该企业法人为当事人；未依法清算即被注销的，以该企业法人的股东、发起人或者出资人为当事人。

第六十五条 借用业务介绍信、合同专用章、盖章的空白合同书或者银行账户的,出借单位和借用人为共同诉讼人。

第六十六条 因保证合同纠纷提起的诉讼,债权人向保证人和被保证人一并主张权利的,人民法院应当将保证人和被保证人列为共同被告。保证合同约定为一般保证,债权人仅起诉保证人的,人民法院应当通知被保证人作为共同被告参加诉讼;债权人仅起诉被保证人的,可以只列被保证人为被告。

第六十七条 无民事行为能力人、限制民事行为能力人造成他人损害的,无民事行为能力人、限制民事行为能力人和其监护人为共同被告。

第六十八条 居民委员会、村民委员会或者村民小组与他人发生民事纠纷的,居民委员会、村民委员会或者有独立财产的村民小组为当事人。

第六十九条 对侵害死者遗体、遗骨以及姓名、肖像、名誉、荣誉、隐私等行为提起诉讼的,死者的近亲属为当事人。

第七十条 在继承遗产的诉讼中,部分继承人起诉的,人民法院应通知其他继承人作为共同原告参加诉讼;被通知的继承人不愿意参加诉讼又未明确表示放弃实体权利的,人民法院仍应将其列为共同原告。

第七十一条 原告起诉被代理人和代理人,要求承担连带责任的,被代理人和代理人为共同被告。

原告起诉代理人和相对人,要求承担连带责任的,代理人和相对人为共同被告。

第七十二条 共有财产权受到他人侵害,部分共有权人起诉的,其他共有权人为共同诉讼人。

第七十三条 必须共同进行诉讼的当事人没有参加诉讼的,人民法院应当依照民事诉讼法第一百三十二条的规定,通知其参加;当事人也可以向人民法院申请追加。人民法院对当事人提出的申请,应当进行审查,申请理由不成立的,裁定驳回;申请理由成立的,书面通知被追加的当事人参加诉讼。

第七十四条 人民法院追加共同诉讼的当事人时,应当通知其他当事人。应当追加的原告,已明确表示放弃实体权利的,可不予追加;既不愿意参加诉讼,又不放弃实体权利的,仍应追加为共同原告,其不参加诉讼,不影响人民法院对案件的审理和依法作出判决。

第七十五条 民事诉讼法第五十三条、第五十四条和第一百九十九条规定的人数众多,一般指十人以上。

第七十六条　依照民事诉讼法第五十三条规定,当事人一方人数众多在起诉时确定的,可以由全体当事人推选共同的代表人,也可以由部分当事人推选自己的代表人;推选不出代表人的当事人,在必要的共同诉讼中可以自己参加诉讼,在普通的共同诉讼中可以另行起诉。

第七十七条　根据民事诉讼法第五十四条规定,当事人一方人数众多在起诉时不确定的,由当事人推选代表人。当事人推选不出的,可以由人民法院提出人选与当事人协商;协商不成的,也可以由人民法院在起诉的当事人中指定代表人。

第七十八条　民事诉讼法第五十三条和第五十四条规定的代表人为二至五人,每位代表人可以委托一至二人作为诉讼代理人。

第七十九条　依照民事诉讼法第五十四条规定受理的案件,人民法院可以发出公告,通知权利人向人民法院登记。公告期间根据案件的具体情况确定,但不得少于三十日。

第八十条　根据民事诉讼法第五十四条规定向人民法院登记的权利人,应当证明其与对方当事人的法律关系和所受到的损害。证明不了的,不予登记,权利人可以另行起诉。人民法院的裁判在登记的范围内执行。未参加登记的权利人提起诉讼,人民法院认定其请求成立的,裁定适用人民法院已作出的判决、裁定。

第八十一条　根据民事诉讼法第五十六条的规定,有独立请求权的第三人有权向人民法院提出诉讼请求和事实、理由,成为当事人;无独立请求权的第三人,可以申请或者由人民法院通知参加诉讼。

第一审程序中未参加诉讼的第三人,申请参加第二审程序的,人民法院可以准许。

第八十二条　在一审诉讼中,无独立请求权的第三人无权提出管辖异议,无权放弃、变更诉讼请求或者申请撤诉,被判决承担民事责任的,有权提起上诉。

第八十三条　在诉讼中,无民事行为能力、限制民事行为能力人的监护人是他的法定代理人。事先没有确定监护人的,可以由有监护资格的人协商确定;协商不成的,由人民法院在他们之中指定诉讼中的法定代理人。当事人没有民法典第二十七条、第二十八条规定的监护人的,可以指定民法典第三十二条规定的有关组织担任诉讼中的法定代理人。

第八十四条　无民事行为能力人、限制民事行为能力人以及其他依法不能作为诉讼代理人的,当事人不得委托其作为诉讼代理人。

第八十五条　根据民事诉讼法第五十八条第二款第二项规定,与当事人有夫妻、直系血亲、三代以内旁系血亲、近姻亲关系以及其他有抚养、赡养关系的亲属,可以当事人近亲属的名义作为诉讼代理人。

第八十六条　根据民事诉讼法第五十八条第二款第二项规定,与当事人有合法劳动人事关系的职工,可以当事人工作人员的名义作为诉讼代理人。

第八十七条　根据民事诉讼法第五十八条第二款第三项规定,有关社会团体推荐公民担任诉讼代理人的,应当符合下列条件:

(一)社会团体属于依法登记设立或者依法免予登记设立的非营利性法人组织;

(二)被代理人属于该社会团体的成员,或者当事人一方住所地位于该社会团体的活动地域;

(三)代理事务属于该社会团体章程载明的业务范围;

(四)被推荐的公民是该社会团体的负责人或者与该社会团体有合法劳动人事关系的工作人员。

专利代理人经中华全国专利代理人协会推荐,可以在专利纠纷案件中担任诉讼代理人。

第八十八条　诉讼代理人除根据民事诉讼法第五十九条规定提交授权委托书外,还应当按照下列规定向人民法院提交相关材料:

(一)律师应当提交律师执业证、律师事务所证明材料;

(二)基层法律服务工作者应当提交法律服务工作者执业证、基层法律服务所出具的介绍信以及当事人一方位于本辖区内的证明材料;

(三)当事人的近亲属应当提交身份证件和与委托人有近亲属关系的证明材料;

(四)当事人的工作人员应当提交身份证件和与当事人有合法劳动人事关系的证明材料;

(五)当事人所在社区、单位推荐的公民应当提交身份证件、推荐材料和当事人属于该社区、单位的证明材料;

（六）有关社会团体推荐的公民应当提交身份证件和符合本解释第八十七条规定条件的证明材料。

第八十九条 当事人向人民法院提交的授权委托书，应当在开庭审理前送交人民法院。授权委托书仅写"全权代理"而无具体授权的，诉讼代理人无权代为承认、放弃、变更诉讼请求，进行和解，提出反诉或者提起上诉。

适用简易程序审理的案件，双方当事人同时到庭并径行开庭审理的，可以当场口头委托诉讼代理人，由人民法院记入笔录。

四、证据

第九十条 当事人对自己提出的诉讼请求所依据的事实或者反驳对方诉讼请求所依据的事实，应当提供证据加以证明，但法律另有规定的除外。

在作出判决前，当事人未能提供证据或者证据不足以证明其事实主张的，由负有举证证明责任的当事人承担不利的后果。

第九十一条 人民法院应当依照下列原则确定举证证明责任的承担，但法律另有规定的除外：

（一）主张法律关系存在的当事人，应当对产生该法律关系的基本事实承担举证证明责任；

（二）主张法律关系变更、消灭或者权利受到妨害的当事人，应当对该法律关系变更、消灭或者权利受到妨害的基本事实承担举证证明责任。

第九十二条 一方当事人在法庭审理中，或者在起诉状、答辩状、代理词等书面材料中，对于己不利的事实明确表示承认的，另一方当事人无需举证证明。

对于涉及身份关系、国家利益、社会公共利益等应当由人民法院依职权调查的事实，不适用前款自认的规定。

自认的事实与查明的事实不符的，人民法院不予确认。

第九十三条 下列事实，当事人无须举证证明：

（一）自然规律以及定理、定律；

（二）众所周知的事实；

（三）根据法律规定推定的事实；

（四）根据已知的事实和日常生活经验法则推定出的另一事实；

（五）已为人民法院发生法律效力的裁判所确认的事实；

（六）已为仲裁机构生效裁决所确认的事实；

（七）已为有效公证文书所证明的事实。

前款第二项至第四项规定的事实，当事人有相反证据足以反驳的除外；第五项至第七项规定的事实，当事人有相反证据足以推翻的除外。

第九十四条 民事诉讼法第六十四条第二款规定的当事人及其诉讼代理人因客观原因不能自行收集的证据包括：

（一）证据由国家有关部门保存，当事人及其诉讼代理人无权查阅调取的；

（二）涉及国家秘密、商业秘密或者个人隐私的；

（三）当事人及其诉讼代理人因客观原因不能自行收集的其他证据。

当事人及其诉讼代理人因客观原因不能自行收集的证据，可以在举证期限届满前书面申请人民法院调查收集。

第九十五条 当事人申请调查收集的证据，与待证事实无关联、对证明待证事实无意义或者其他无调查收集必要的，人民法院不予准许。

第九十六条 民事诉讼法第六十四条第二款规定的人民法院认为审理案件需要的证据包括：

（一）涉及可能损害国家利益、社会公共利益的；

（二）涉及身份关系的；

（三）涉及民事诉讼法第五十五条规定诉讼的；

（四）当事人有恶意串通损害他人合法权益可能的；

（五）涉及依职权追加当事人、中止诉讼、终结诉讼、回避等程序性事项的。

除前款规定外，人民法院调查收集证据，应当依照当事人的申请进行。

第九十七条 人民法院调查收集证据，应当由两人以上共同进行。调查材料要由调查人、被调查人、记录人签名、捺印或者盖章。

第九十八条 当事人根据民事诉讼法第八十一条第一款规定申请证据保全的，可以在举证期限届满前书面提出。

证据保全可能对他人造成损失的，人民法院应当责令申请人提供相应的担保。

第九十九条 人民法院应当在审理前的准备阶段确定当事人的举证期

限。举证期限可以由当事人协商,并经人民法院准许。

人民法院确定举证期限,第一审普通程序案件不得少于十五日,当事人提供新的证据的第二审案件不得少于十日。

举证期限届满后,当事人对已经提供的证据,申请提供反驳证据或者对证据来源、形式等方面的瑕疵进行补正的,人民法院可以酌情再次确定举证期限,该期限不受前款规定的限制。

第一百条 当事人申请延长举证期限的,应当在举证期限届满前向人民法院提出书面申请。

申请理由成立的,人民法院应当准许,适当延长举证期限,并通知其他当事人。延长的举证期限适用于其他当事人。

申请理由不成立的,人民法院不予准许,并通知申请人。

第一百零一条 当事人逾期提供证据的,人民法院应当责令其说明理由,必要时可以要求其提供相应的证据。

当事人因客观原因逾期提供证据,或者对方当事人对逾期提供证据未提出异议的,视为未逾期。

第一百零二条 当事人因故意或者重大过失逾期提供的证据,人民法院不予采纳。但该证据与案件基本事实有关的,人民法院应当采纳,并依照民事诉讼法第六十五条、第一百一十五条第一款的规定予以训诫、罚款。

当事人非因故意或者重大过失逾期提供的证据,人民法院应当采纳,并对当事人予以训诫。

当事人一方要求另一方赔偿因逾期提供证据致使其增加的交通、住宿、就餐、误工、证人出庭作证等必要费用的,人民法院可予支持。

第一百零三条 证据应当在法庭上出示,由当事人互相质证。未经当事人质证的证据,不得作为认定案件事实的根据。

当事人在审理前的准备阶段认可的证据,经审判人员在庭审中说明后,视为质证过的证据。

涉及国家秘密、商业秘密、个人隐私或者法律规定应当保密的证据,不得公开质证。

第一百零四条 人民法院应当组织当事人围绕证据的真实性、合法性以及与待证事实的关联性进行质证,并针对证据有无证明力和证明力大小进行说明和辩论。

能够反映案件真实情况、与待证事实相关联、来源和形式符合法律规定的证据,应当作为认定案件事实的根据。

第一百零五条 人民法院应当按照法定程序,全面、客观地审核证据,依照法律规定,运用逻辑推理和日常生活经验法则,对证据有无证明力和证明力大小进行判断,并公开判断的理由和结果。

第一百零六条 对以严重侵害他人合法权益、违反法律禁止性规定或者严重违背公序良俗的方法形成或者获取的证据,不得作为认定案件事实的根据。

第一百零七条 在诉讼中,当事人为达成调解协议或者和解协议作出妥协而认可的事实,不得在后续的诉讼中作为对其不利的根据,但法律另有规定或者当事人均同意的除外。

第一百零八条 对负有举证证明责任的当事人提供的证据,人民法院经审查并结合相关事实,确信待证事实的存在具有高度可能性的,应当认定该事实存在。

对一方当事人为反驳负有举证证明责任的当事人所主张事实而提供的证据,人民法院经审查并结合相关事实,认为待证事实真伪不明的,应当认定该事实不存在。

法律对于待证事实所应达到的证明标准另有规定的,从其规定。

第一百零九条 当事人对欺诈、胁迫、恶意串通事实的证明,以及对口头遗嘱或者赠与事实的证明,人民法院确信该待证事实存在的可能性能够排除合理怀疑的,应当认定该事实存在。

第一百一十条 人民法院认为有必要的,可以要求当事人本人到庭,就案件有关事实接受询问。在询问当事人之前,可以要求其签署保证书。

保证书应当载明据实陈述、如有虚假陈述愿意接受处罚等内容。当事人应当在保证书上签名或者捺印。

负有举证证明责任的当事人拒绝到庭、拒绝接受询问或者拒绝签署保证书,待证事实又欠缺其他证据证明的,人民法院对其主张的事实不予认定。

第一百一十一条 民事诉讼法第七十条规定的提交书证原件确有困难,包括下列情形:

（一）书证原件遗失、灭失或者毁损的；

（二）原件在对方当事人控制之下，经合法通知提交而拒不提交的；

（三）原件在他人控制之下，而其有权不提交的；

（四）原件因篇幅或者体积过大而不便提交的；

（五）承担举证证明责任的当事人通过申请人民法院调查收集或者其他方式无法获得书证原件的。

前款规定情形，人民法院应当结合其他证据和案件具体情况，审查判断书证复制品等能否作为认定案件事实的根据。

第一百一十二条 书证在对方当事人控制之下的，承担举证证明责任的当事人可以在举证期限届满前书面申请人民法院责令对方当事人提交。

申请理由成立的，人民法院应当责令对方当事人提交，因提交书证所产生的费用，由申请人负担。对方当事人无正当理由拒不提交的，人民法院可以认定申请人所主张的书证内容为真实。

第一百一十三条 持有书证的当事人以妨碍对方当事人使用为目的，毁灭有关书证或者实施其他致使书证不能使用行为的，人民法院可以依照民事诉讼法第一百一十一条规定，对其处以罚款、拘留。

第一百一十四条 国家机关或者其他依法具有社会管理职能的组织，在其职权范围内制作的文书所记载的事项推定为真实，但有相反证据足以推翻的除外。必要时，人民法院可以要求制作文书的机关或者组织对文书的真实性予以说明。

第一百一十五条 单位向人民法院提出的证明材料，应当由单位负责人及制作证明材料的人员签名或者盖章，并加盖单位印章。人民法院就单位出具的证明材料，可以向单位及制作证明材料的人员进行调查核实。必要时，可以要求制作证明材料的人员出庭作证。

单位及制作证明材料的人员拒绝人民法院调查核实，或者制作证明材料的人员无正当理由拒绝出庭作证的，该证明材料不得作为认定案件事实的根据。

第一百一十六条 视听资料包括录音资料和影像资料。

电子数据是指通过电子邮件、电子数据交换、网上聊天记录、博客、微博客、手机短信、电子签名、域名等形成或者存储在电子介质中的信息。

存储在电子介质中的录音资料和影像资料,适用电子数据的规定。

第一百一十七条 当事人申请证人出庭作证的,应当在举证期限届满前提出。

符合本解释第九十六条第一款规定情形的,人民法院可以依职权通知证人出庭作证。

未经人民法院通知,证人不得出庭作证,但双方当事人同意并经人民法院准许的除外。

第一百一十八条 民事诉讼法第七十四条规定的证人因履行出庭作证义务而支出的交通、住宿、就餐等必要费用,按照机关事业单位工作人员差旅费用和补贴标准计算;误工损失按照国家上年度职工日平均工资标准计算。

人民法院准许证人出庭作证申请的,应当通知申请人预缴证人出庭作证费用。

第一百一十九条 人民法院在证人出庭作证前应当告知其如实作证的义务以及作伪证的法律后果,并责令其签署保证书,但无民事行为能力人和限制民事行为能力人除外。

证人签署保证书适用本解释关于当事人签署保证书的规定。

第一百二十条 证人拒绝签署保证书的,不得作证,并自行承担相关费用。

第一百二十一条 当事人申请鉴定,可以在举证期限届满前提出。申请鉴定的事项与待证事实无关联,或者对证明待证事实无意义的,人民法院不予准许。

人民法院准许当事人鉴定申请的,应当组织双方当事人协商确定具备相应资格的鉴定人。当事人协商不成的,由人民法院指定。

符合依职权调查收集证据条件的,人民法院应当依职权委托鉴定,在询问当事人的意见后,指定具备相应资格的鉴定人。

第一百二十二条 当事人可以依照民事诉讼法第七十九条的规定,在举证期限届满前申请一至二名具有专门知识的人出庭,代表当事人对鉴定意见进行质证,或者对案件事实所涉及的专业问题提出意见。

具有专门知识的人在法庭上就专业问题提出的意见,视为当事人的陈述。

人民法院准许当事人申请的,相关费用由提出申请的当事人负担。

第一百二十三条　人民法院可以对出庭的具有专门知识的人进行询问。经法庭准许,当事人可以对出庭的具有专门知识的人进行询问,当事人各自申请的具有专门知识的人可以就案件中的有关问题进行对质。

具有专门知识的人不得参与专业问题之外的法庭审理活动。

第一百二十四条　人民法院认为有必要的,可以根据当事人的申请或者依职权对物证或者现场进行勘验。勘验时应当保护他人的隐私和尊严。

人民法院可以要求鉴定人参与勘验。必要时,可以要求鉴定人在勘验中进行鉴定。

五、期间和送达

第一百二十五条　依照民事诉讼法第八十二条第二款规定,民事诉讼中以时起算的期间从次时起算;以日、月、年计算的期间从次日起算。

第一百二十六条　民事诉讼法第一百二十三条规定的立案期限,因起诉状内容欠缺通知原告补正的,从补正后交人民法院的次日起算。由上级人民法院转交下级人民法院立案的案件,从受诉人民法院收到起诉状的次日起算。

第一百二十七条　民事诉讼法第五十六条第三款、第二百零五条以及本解释第三百七十四条、第三百八十四条、第四百零一条、第四百二十二条、第四百二十三条规定的六个月,民事诉讼法第二百二十三条规定的一年,为不变期间,不适用诉讼时效中止、中断、延长的规定。

第一百二十八条　再审案件按照第一审程序或者第二审程序审理的,适用民事诉讼法第一百四十九条、第一百七十六条规定的审限。审限自再审立案的次日起算。

第一百二十九条　对申请再审案件,人民法院应当自受理之日起三个月内审查完毕,但公告期间、当事人和解期间等不计入审查期限。有特殊情况需要延长的,由本院院长批准。

第一百三十条　向法人或者其他组织送达诉讼文书,应当由法人的法定代表人、该组织的主要负责人或者办公室、收发室、值班室等负责收件的人签收或者盖章,拒绝签收或者盖章的,适用留置送达。

民事诉讼法第八十六条规定的有关基层组织和所在单位的代表,可以是受送达人住所地的居民委员会、村民委员会的工作人员以及受送达人所在单位的工作人员。

第一百三十一条 人民法院直接送达诉讼文书的,可以通知当事人到人民法院领取。当事人到达人民法院,拒绝签署送达回证的,视为送达。审判人员、书记员应当在送达回证上注明送达情况并签名。

人民法院可以在当事人住所地以外向当事人直接送达诉讼文书。当事人拒绝签署送达回证的,采用拍照、录像等方式记录送达过程即视为送达。审判人员、书记员应当在送达回证上注明送达情况并签名。

第一百三十二条 受送达人有诉讼代理人的,人民法院既可以向受送达人送达,也可以向其诉讼代理人送达。受送达人指定诉讼代理人为代收人的,向诉讼代理人送达时,适用留置送达。

第一百三十三条 调解书应当直接送达当事人本人,不适用留置送达。当事人本人因故不能签收的,可由其指定的代收人签收。

第一百三十四条 依照民事诉讼法第八十八条规定,委托其他人民法院代为送达的,委托法院应当出具委托函,并附需要送达的诉讼文书和送达回证,以受送达人在送达回证上签收的日期为送达日期。

委托送达的,受委托人民法院应当自收到委托函及相关诉讼文书之日起十日内代为送达。

第一百三十五条 电子送达可以采用传真、电子邮件、移动通信等即时收悉的特定系统作为送达媒介。

民事诉讼法第八十七条第二款规定的到达受送达人特定系统的日期,为人民法院对应系统显示发送成功的日期,但受送达人证明到达其特定系统的日期与人民法院对应系统显示发送成功的日期不一致的,以受送达人证明到达其特定系统的日期为准。

第一百三十六条 受送达人同意采用电子方式送达的,应当在送达地址确认书中予以确认。

第一百三十七条 当事人在提起上诉、申请再审、申请执行时未书面变更送达地址的,其在第一审程序中确认的送达地址可以作为第二审程序、审判监督程序、执行程序的送达地址。

第一百三十八条 公告送达可以在法院的公告栏和受送达人住所地张贴公告,也可以在报纸、信息网络等媒体上刊登公告,发出公告日期以最后张贴或者刊登的日期为准。对公告送达方式有特殊要求的,应当按要求的方式进行。公告期满,即视为送达。

人民法院在受送达人住所地张贴公告的,应当采取拍照、录像等方式记录张贴过程。

第一百三十九条 公告送达应当说明公告送达的原因;公告送达起诉状或者上诉状副本的,应当说明起诉或者上诉要点,受送达人答辩期限及逾期不答辩的法律后果;公告送达传票,应当说明出庭的时间和地点及逾期不出庭的法律后果;公告送达判决书、裁定书的,应当说明裁判主要内容,当事人有权上诉的,还应当说明上诉权利、上诉期限和上诉的人民法院。

第一百四十条 适用简易程序的案件,不适用公告送达。

第一百四十一条 人民法院在定期宣判时,当事人拒不签收判决书、裁定书的,应视为送达,并在宣判笔录中记明。

六、调解

第一百四十二条 人民法院受理案件后,经审查,认为法律关系明确、事实清楚,在征得当事人双方同意后,可以径行调解。

第一百四十三条 适用特别程序、督促程序、公示催告程序的案件,婚姻等身份关系确认案件以及其他根据案件性质不能进行调解的案件,不得调解。

第一百四十四条 人民法院审理民事案件,发现当事人之间恶意串通,企图通过和解、调解方式侵害他人合法权益的,应当依照民事诉讼法第一百一十二条的规定处理。

第一百四十五条 人民法院审理民事案件,应当根据自愿、合法的原则进行调解。当事人一方或者双方坚持不愿调解的,应当及时裁判。

人民法院审理离婚案件,应当进行调解,但不应久调不决。

第一百四十六条 人民法院审理民事案件,调解过程不公开,但当事人同意公开的除外。

调解协议内容不公开,但为保护国家利益、社会公共利益、他人合法权益,人民法院认为确有必要公开的除外。

主持调解以及参与调解的人员,对调解过程以及调解过程中获悉的国家秘密、商业秘密、个人隐私和其他不宜公开的信息,应当保守秘密,但为保护国家利益、社会公共利益、他人合法权益的除外。

第一百四十七条 人民法院调解案件时,当事人不能出庭的,经其特别授权,可由其委托代理人参加调解,达成的调解协议,可由委托代理人签名。

离婚案件当事人确因特殊情况无法出庭参加调解的,除本人不能表达意志的以外,应当出具书面意见。

第一百四十八条 当事人自行和解或者调解达成协议后,请求人民法院按照和解协议或者调解协议的内容制作判决书的,人民法院不予准许。

无民事行为能力人的离婚案件,由其法定代理人进行诉讼。法定代理人与对方达成协议要求发给判决书的,可根据协议内容制作判决书。

第一百四十九条 调解书需经当事人签收后才发生法律效力的,应当以最后收到调解书的当事人签收的日期为调解书生效日期。

第一百五十条 人民法院调解民事案件,需由无独立请求权的第三人承担责任的,应当经其同意。该第三人在调解书送达前反悔的,人民法院应当及时裁判。

第一百五十一条 根据民事诉讼法第九十八条第一款第四项规定,当事人各方同意在调解协议上签名或者盖章后即发生法律效力的,经人民法院审查确认后,应当记入笔录或者将调解协议附卷,并由当事人、审判人员、书记员签名或者盖章后即具有法律效力。

前款规定情形,当事人请求制作调解书的,人民法院审查确认后可以制作调解书送交当事人。当事人拒收调解书的,不影响调解协议的效力。

七、保全和先予执行

第一百五十二条 人民法院依照民事诉讼法第一百条、第一百零一条规定,在采取诉前保全、诉讼保全措施时,责令利害关系人或者当事人提供担保的,应当书面通知。

利害关系人申请诉前保全的,应当提供担保。申请诉前财产保全的,应当提供相当于请求保全数额的担保;情况特殊的,人民法院可以酌情处理。申请诉前行为保全的,担保的数额由人民法院根据案件的具体情况决定。

在诉讼中,人民法院依申请或者依职权采取保全措施的,应当根据案件的具体情况,决定当事人是否应当提供担保以及担保的数额。

第一百五十三条 人民法院对季节性商品、鲜活、易腐烂变质以及其他不宜长期保存的物品采取保全措施时,可以责令当事人及时处理,由人民法院保存价款;必要时,人民法院可以变卖,保存价款。

第一百五十四条　人民法院在财产保全中采取查封、扣押、冻结财产措施时,应当妥善保管被查封、扣押、冻结的财产。不宜由人民法院保管的,人民法院可以指定被保全人负责保管;不宜由被保全人保管的,可以委托他人或者申请保全人保管。

查封、扣押、冻结担保物权人占有的担保财产,一般由担保物权人保管;由人民法院保管的,质权、留置权不因采取保全措施而消灭。

第一百五十五条　由人民法院指定被保全人保管的财产,如果继续使用对该财产的价值无重大影响,可以允许被保全人继续使用;由人民法院保管或者委托他人、申请保全人保管的财产,人民法院和其他保管人不得使用。

第一百五十六条　人民法院采取财产保全的方法和措施,依照执行程序相关规定办理。

第一百五十七条　人民法院对抵押物、质押物、留置物可以采取财产保全措施,但不影响抵押权人、质权人、留置权人的优先受偿权。

第一百五十八条　人民法院对债务人到期应得的收益,可以采取财产保全措施,限制其支取,通知有关单位协助执行。

第一百五十九条　债务人的财产不能满足保全请求,但对他人有到期债权的,人民法院可以依债权人的申请裁定该他人不得对本案债务人清偿。该他人要求偿付的,由人民法院提存财物或者价款。

第一百六十条　当事人向采取诉前保全措施以外的其他有管辖权的人民法院起诉的,采取诉前保全措施的人民法院应当将保全手续移送受理案件的人民法院。诉前保全的裁定视为受移送人民法院作出的裁定。

第一百六十一条　对当事人不服一审判决提起上诉的案件,在第二审人民法院接到报送的案件之前,当事人有转移、隐匿、出卖或者毁损财产等行为,必须采取保全措施的,由第一审人民法院依当事人申请或者依职权采取。第一审人民法院的保全裁定,应当及时报送第二审人民法院。

第一百六十二条　第二审人民法院裁定对第一审人民法院采取的保全措施予以续保或者采取新的保全措施的,可以自行实施,也可以委托第一审人民法院实施。

再审人民法院裁定对原保全措施予以续保或者采取新的保全措施的,可以自行实施,也可以委托原审人民法院或者执行法院实施。

第一百六十三条 法律文书生效后,进入执行程序前,债权人因对方当事人转移财产等紧急情况,不申请保全将可能导致生效法律文书不能执行或者难以执行的,可以向执行法院申请采取保全措施。债权人在法律文书指定的履行期间届满后五日内不申请执行的,人民法院应当解除保全。

第一百六十四条 对申请保全人或者他人提供的担保财产,人民法院应当依法办理查封、扣押、冻结等手续。

第一百六十五条 人民法院裁定采取保全措施后,除作出保全裁定的人民法院自行解除或者其上级人民法院决定解除外,在保全期限内,任何单位不得解除保全措施。

第一百六十六条 裁定采取保全措施后,有下列情形之一的,人民法院应当作出解除保全裁定:

(一)保全错误的;

(二)申请人撤回保全申请的;

(三)申请人的起诉或者诉讼请求被生效裁判驳回的;

(四)人民法院认为应当解除保全的其他情形。

解除以登记方式实施的保全措施的,应当向登记机关发出协助执行通知书。

第一百六十七条 财产保全的被保全人提供其他等值担保财产且有利于执行的,人民法院可以裁定变更保全标的物为被保全人提供的担保财产。

第一百六十八条 保全裁定未经人民法院依法撤销或者解除,进入执行程序后,自动转为执行中的查封、扣押、冻结措施,期限连续计算,执行法院无需重新制作裁定书,但查封、扣押、冻结期限届满的除外。

第一百六十九条 民事诉讼法规定的先予执行,人民法院应当在受理案件后终审判决作出前采取。先予执行应当限于当事人诉讼请求的范围,并以当事人的生活、生产经营的急需为限。

第一百七十条 民事诉讼法第一百零六条第三项规定的情况紧急,包括:

(一)需要立即停止侵害、排除妨碍的;

(二)需要立即制止某项行为的;

(三)追索恢复生产、经营急需的保险理赔费的;

(四)需要立即返还社会保险金、社会救助资金的;

（五）不立即返还款项,将严重影响权利人生活和生产经营的。

第一百七十一条　当事人对保全或者先予执行裁定不服的,可以自收到裁定书之日起五日内向作出裁定的人民法院申请复议。人民法院应当在收到复议申请后十日内审查。裁定正确的,驳回当事人的申请;裁定不当的,变更或者撤销原裁定。

第一百七十二条　利害关系人对保全或者先予执行的裁定不服申请复议的,由作出裁定的人民法院依照民事诉讼法第一百零八条规定处理。

第一百七十三条　人民法院先予执行后,根据发生法律效力的判决,申请人应当返还因先予执行所取得的利益的,适用民事诉讼法第二百三十三条的规定。

八、对妨害民事诉讼的强制措施

第一百七十四条　民事诉讼法第一百零九条规定的必须到庭的被告,是指负有赡养、抚育、扶养义务和不到庭就无法查清案情的被告。

人民法院对必须到庭才能查清案件基本事实的原告,经两次传票传唤,无正当理由拒不到庭的,可以拘传。

第一百七十五条　拘传必须用拘传票,并直接送达被拘传人;在拘传前,应当向被拘传人说明拒不到庭的后果,经批评教育仍拒不到庭的,可以拘传其到庭。

第一百七十六条　诉讼参与人或者其他人有下列行为之一的,人民法院可以适用民事诉讼法第一百一十条规定处理:

（一）未经准许进行录音、录像、摄影的;

（二）未经准许以移动通信等方式现场传播审判活动的;

（三）其他扰乱法庭秩序,妨害审判活动进行的。

有前款规定情形的,人民法院可以暂扣诉讼参与人或者其他人进行录音、录像、摄影、传播审判活动的器材,并责令其删除有关内容;拒不删除的,人民法院可以采取必要手段强制删除。

第一百七十七条　训诫、责令退出法庭由合议庭或者独任审判员决定。训诫的内容、被责令退出法庭者的违法事实应当记入庭审笔录。

第一百七十八条　人民法院依照民事诉讼法第一百一十条至第一百一十四条的规定采取拘留措施的,应经院长批准,作出拘留决定书,由司法警察将被拘留人送交当地公安机关看管。

第一百七十九条 被拘留人不在本辖区的,作出拘留决定的人民法院应当派员到被拘留人所在地的人民法院,请该院协助执行,受委托的人民法院应当及时派员协助执行。被拘留人申请复议或者在拘留期间承认并改正错误,需要提前解除拘留的,受委托人民法院应当向委托人民法院转达或者提出建议,由委托人民法院审查决定。

第一百八十条 人民法院对被拘留人采取拘留措施后,应当在二十四小时内通知其家属;确实无法按时通知或者通知不到的,应当记录在案。

第一百八十一条 因哄闹、冲击法庭,用暴力、威胁等方法抗拒执行公务等紧急情况,必须立即采取拘留措施的,可在拘留后,立即报告院长补办批准手续。院长认为拘留不当的,应当解除拘留。

第一百八十二条 被拘留人在拘留期间认错悔改的,可以责令其具结悔过,提前解除拘留。提前解除拘留,应报经院长批准,并作出提前解除拘留决定书,交负责看管的公安机关执行。

第一百八十三条 民事诉讼法第一百一十条至第一百一十三条规定的罚款、拘留可以单独适用,也可以合并适用。

第一百八十四条 对同一妨害民事诉讼行为的罚款、拘留不得连续适用。发生新的妨害民事诉讼行为的,人民法院可以重新予以罚款、拘留。

第一百八十五条 被罚款、拘留的人不服罚款、拘留决定申请复议的,应当自收到决定书之日起三日内提出。上级人民法院应当在收到复议申请后五日内作出决定,并将复议结果通知下级人民法院和当事人。

第一百八十六条 上级人民法院复议时认为强制措施不当的,应当制作决定书,撤销或者变更下级人民法院作出的拘留、罚款决定。情况紧急的,可以在口头通知后三日内发出决定书。

第一百八十七条 民事诉讼法第一百一十一条第一款第五项规定的以暴力、威胁或者其他方法阻碍司法工作人员执行职务的行为,包括:

(一)在人民法院哄闹、滞留,不听从司法工作人员劝阻的;

(二)故意毁损、抢夺人民法院法律文书、查封标志的;

(三)哄闹、冲击执行公务现场,围困、扣押执行或者协助执行公务人员的;

（四）毁损、抢夺、扣留案件材料、执行公务车辆、其他执行公务器械、执行公务人员服装和执行公务证件的；

（五）以暴力、威胁或者其他方法阻碍司法工作人员查询、查封、扣押、冻结、划拨、拍卖、变卖财产的；

（六）以暴力、威胁或者其他方法阻碍司法工作人员执行职务的其他行为。

第一百八十八条　民事诉讼法第一百一十一条第一款第六项规定的拒不履行人民法院已经发生法律效力的判决、裁定的行为，包括：

（一）在法律文书发生法律效力后隐藏、转移、变卖、毁损财产或者无偿转让财产、以明显不合理的价格交易财产、放弃到期债权、无偿为他人提供担保等，致使人民法院无法执行的；

（二）隐藏、转移、毁损或者未经人民法院允许处分已向人民法院提供担保的财产的；

（三）违反人民法院限制高消费令进行消费的；

（四）有履行能力而拒不按照人民法院执行通知履行生效法律文书确定的义务的；

（五）有义务协助执行的个人接到人民法院协助执行通知书后，拒不协助执行的。

第一百八十九条　诉讼参与人或者其他人有下列行为之一的，人民法院可以适用民事诉讼法第一百一十一条的规定处理：

（一）冒充他人提起诉讼或者参加诉讼的；

（二）证人签署保证书后作虚假证言，妨碍人民法院审理案件的；

（三）伪造、隐藏、毁灭或者拒绝交出有关被执行人履行能力的重要证据，妨碍人民法院查明被执行人财产状况的；

（四）擅自解冻已被人民法院冻结的财产的；

（五）接到人民法院协助执行通知书后，给当事人通风报信，协助其转移、隐匿财产的。

第一百九十条　民事诉讼法第一百一十二条规定的他人合法权益，包括案外人的合法权益、国家利益、社会公共利益。

第三人根据民事诉讼法第五十六条第三款规定提起撤销之诉，经审查，原案当事人之间恶意串通进行虚假诉讼的,适用民事诉讼法第一百一十二条规定处理。

第一百九十一条 单位有民事诉讼法第一百一十二条或者第一百一十三条规定行为的,人民法院应当对该单位进行罚款,并可以对其主要负责人或者直接责任人员予以罚款、拘留;构成犯罪的,依法追究刑事责任。

第一百九十二条 有关单位接到人民法院协助执行通知书后,有下列行为之一的,人民法院可以适用民事诉讼法第一百一十四条规定处理:

(一)允许被执行人高消费的;

(二)允许被执行人出境的;

(三)拒不停止办理有关财产权证照转移手续、权属变更登记、规划审批等手续的;

(四)以需要内部请示、内部审批,有内部规定等为由拖延办理的。

第一百九十三条 人民法院对个人或者单位采取罚款措施时,应当根据其实施妨害民事诉讼行为的性质、情节、后果,当地的经济发展水平,以及诉讼标的额等因素,在民事诉讼法第一百一十五条第一款规定的限额内确定相应的罚款金额。

九、诉讼费用

第一百九十四条 依照民事诉讼法第五十四条审理的案件不预交案件受理费,结案后按照诉讼标的额由败诉方交纳。

第一百九十五条 支付令失效后转入诉讼程序的,债权人应当按照《诉讼费用交纳办法》补交案件受理费。

支付令被撤销后,债权人另行起诉的,按照《诉讼费用交纳办法》交纳诉讼费用。

第一百九十六条 人民法院改变原判决、裁定、调解结果的,应当在裁判文书中对原审诉讼费用的负担一并作出处理。

第一百九十七条 诉讼标的物是证券的,按照证券交易规则并根据当事人起诉之日前最后一个交易日的收盘价、当日的市场价或者其载明的金额计算诉讼标的金额。

第一百九十八条 诉讼标的物是房屋、土地、林木、车辆、船舶、文物等特定物或者知识产权,起诉时价值难以确定的,人民法院应当向原告释明主张过高或者过低的诉讼风险,以原告主张的价值确定诉讼标的金额。

第一百九十九条　适用简易程序审理的案件转为普通程序的,原告自接到人民法院交纳诉讼费用通知之日起七日内补交案件受理费。

原告无正当理由未按期足额补交的,按撤诉处理,已经收取的诉讼费用退还一半。

第二百条　破产程序中有关债务人的民事诉讼案件,按照财产案件标准交纳诉讼费,但劳动争议案件除外。

第二百零一条　既有财产性诉讼请求,又有非财产性诉讼请求的,按照财产性诉讼请求的标准交纳诉讼费。

有多个财产性诉讼请求的,合并计算交纳诉讼费;诉讼请求中有多个非财产性诉讼请求的,按一件交纳诉讼费。

第二百零二条　原告、被告、第三人分别上诉的,按照上诉请求分别预交二审案件受理费。

同一方多人共同上诉的,只预交一份二审案件受理费;分别上诉的,按照上诉请求分别预交二审案件受理费。

第二百零三条　承担连带责任的当事人败诉的,应当共同负担诉讼费用。

第二百零四条　实现担保物权案件,人民法院裁定拍卖、变卖担保财产的,申请费由债务人、担保人负担;人民法院裁定驳回申请的,申请费由申请人负担。

申请人另行起诉的,其已经交纳的申请费可以从案件受理费中扣除。

第二百零五条　拍卖、变卖担保财产的裁定作出后,人民法院强制执行的,按照执行金额收取执行申请费。

第二百零六条　人民法院决定减半收取案件受理费的,只能减半一次。

第二百零七条　判决生效后,胜诉方预交但不应负担的诉讼费用,人民法院应当退还,由败诉方向人民法院交纳,但胜诉方自愿承担或者同意败诉方直接向其支付的除外。

当事人拒不交纳诉讼费用的,人民法院可以强制执行。

十、第一审普通程序

第二百零八条　人民法院接到当事人提交的民事起诉状时,对符合民事诉讼法第一百一十九条的规定,且不属于第一百二十四条规定情形的,应当登记立案;对当场不能判定是否符合起诉条件的,应当接收起诉材料,并出具注明收到日期的书面凭证。

需要补充必要相关材料的,人民法院应当及时告知当事人。在补齐相关材料后,应当在七日内决定是否立案。

立案后发现不符合起诉条件或者属于民事诉讼法第一百二十四条规定情形的,裁定驳回起诉。

第二百零九条 原告提供被告的姓名或者名称、住所等信息具体明确,足以使被告与他人相区别的,可以认定为有明确的被告。

起诉状列写被告信息不足以认定明确的被告的,人民法院可以告知原告补正。原告补正后仍不能确定明确的被告的,人民法院裁定不予受理。

第二百一十条 原告在起诉状中有谩骂和人身攻击之辞的,人民法院应当告知其修改后提起诉讼。

第二百一十一条 对本院没有管辖权的案件,告知原告向有管辖权的人民法院起诉;原告坚持起诉的,裁定不予受理;立案后发现本院没有管辖权的,应当将案件移送有管辖权的人民法院。

第二百一十二条 裁定不予受理、驳回起诉的案件,原告再次起诉,符合起诉条件且不属于民事诉讼法第一百二十四条规定情形的,人民法院应予受理。

第二百一十三条 原告应当预交而未预交案件受理费,人民法院应当通知其预交,通知后仍不预交或者申请减、缓、免未获批准而仍不预交的,裁定按撤诉处理。

第二百一十四条 原告撤诉或者人民法院按撤诉处理后,原告以同一诉讼请求再次起诉的,人民法院应予受理。

原告撤诉或者按撤诉处理的离婚案件,没有新情况、新理由,六个月内又起诉的,比照民事诉讼法第一百二十四条第七项的规定不予受理。

第二百一十五条 依照民事诉讼法第一百二十四条第二项的规定,当事人在书面合同中订有仲裁条款,或者在发生纠纷后达成书面仲裁协议,一方向人民法院起诉的,人民法院应当告知原告向仲裁机构申请仲裁,其坚持起诉的,裁定不予受理,但仲裁条款或者仲裁协议不成立、无效、失效、内容不明确无法执行的除外。

第二百一十六条　在人民法院首次开庭前,被告以有书面仲裁协议为由对受理民事案件提出异议的,人民法院应当进行审查。

经审查符合下列情形之一的,人民法院应当裁定驳回起诉:

(一)仲裁机构或者人民法院已经确认仲裁协议有效的;

(二)当事人没有在仲裁庭首次开庭前对仲裁协议的效力提出异议的;

(三)仲裁协议符合仲裁法第十六条规定且不具有仲裁法第十七条规定情形的。

第二百一十七条　夫妻一方下落不明,另一方诉至人民法院,只要求离婚,不申请宣告下落不明人失踪或者死亡的案件,人民法院应当受理,对下落不明人公告送达诉讼文书。

第二百一十八条　赡养费、扶养费、抚育费案件,裁判发生法律效力后,因新情况、新理由,一方当事人再行起诉要求增加或者减少费用的,人民法院应作为新案受理。

第二百一十九条　当事人超过诉讼时效期间起诉的,人民法院应予受理。受理后对方当事人提出诉讼时效抗辩,人民法院经审理认为抗辩事由成立的,判决驳回原告的诉讼请求。

第二百二十条　民事诉讼法第六十八条、第一百三十四条、第一百五十六条规定的商业秘密,是指生产工艺、配方、贸易联系、购销渠道等当事人不愿公开的技术秘密、商业情报及信息。

第二百二十一条　基于同一事实发生的纠纷,当事人分别向同一人民法院起诉的,人民法院可以合并审理。

第二百二十二条　原告在起诉状中直接列写第三人的,视为其申请人民法院追加该第三人参加诉讼。是否通知第三人参加诉讼,由人民法院审查决定。

第二百二十三条　当事人在提交答辩状期间提出管辖异议,又针对起诉状的内容进行答辩的,人民法院应当依照民事诉讼法第一百二十七条第一款的规定,对管辖异议进行审查。

当事人未提出管辖异议,就案件实体内容进行答辩、陈述或者反诉的,可以认定为民事诉讼法第一百二十七条第二款规定的应诉答辩。

第二百二十四条　依照民事诉讼法第一百三十三条第四项规定,人民法院可以在答辩期届满后,通过组织证据交换、召集庭前会议等方式,作好审理前的准备。

第二百二十五条　根据案件具体情况,庭前会议可以包括下列内容:

(一)明确原告的诉讼请求和被告的答辩意见;

(二)审查处理当事人增加、变更诉讼请求的申请和提出的反诉,以及第三人提出的与本案有关的诉讼请求;

(三)根据当事人的申请决定调查收集证据,委托鉴定,要求当事人提供证据,进行勘验,进行证据保全;

(四)组织交换证据;

(五)归纳争议焦点;

(六)进行调解。

第二百二十六条　人民法院应当根据当事人的诉讼请求、答辩意见以及证据交换的情况,归纳争议焦点,并就归纳的争议焦点征求当事人的意见。

第二百二十七条　人民法院适用普通程序审理案件,应当在开庭三日前用传票传唤当事人。对诉讼代理人、证人、鉴定人、勘验人、翻译人员应当用通知书通知其到庭。当事人或者其他诉讼参与人在外地的,应当留有必要的在途时间。

第二百二十八条　法庭审理应当围绕当事人争议的事实、证据和法律适用等焦点问题进行。

第二百二十九条　当事人在庭审中对其在审理前的准备阶段认可的事实和证据提出不同意见的,人民法院应当责令其说明理由。必要时,可以责令其提供相应证据。人民法院应当结合当事人的诉讼能力、证据和案件的具体情况进行审查。理由成立的,可以列入争议焦点进行审理。

第二百三十条　人民法院根据案件具体情况并征得当事人同意,可以将法庭调查和法庭辩论合并进行。

第二百三十一条　当事人在法庭上提出新的证据的,人民法院应当依照民事诉讼法第六十五条第二款规定和本解释相关规定处理。

第二百三十二条　在案件受理后,法庭辩论结束前,原告增加诉讼请求,被告提出反诉,第三人提出与本案有关的诉讼请求,可以合并审理的,人民法院应当合并审理。

第二百三十三条　反诉的当事人应当限于本诉的当事人的范围。

反诉与本诉的诉讼请求基于相同法律关系、诉讼请求之间具有因果关系，或者反诉与本诉的诉讼请求基于相同事实的，人民法院应当合并审理。

反诉应由其他人民法院专属管辖，或者与本诉的诉讼标的及诉讼请求所依据的事实、理由无关联的，裁定不予受理，告知另行起诉。

第二百三十四条　无民事行为能力人的离婚诉讼，当事人的法定代理人应当到庭；法定代理人不能到庭的，人民法院应当在查清事实的基础上，依法作出判决。

第二百三十五条　无民事行为能力的当事人的法定代理人，经传票传唤无正当理由拒不到庭，属于原告方的，比照民事诉讼法第一百四十三条的规定，按撤诉处理；属于被告方的，比照民事诉讼法第一百四十四条的规定，缺席判决。必要时，人民法院可以拘传其到庭。

第二百三十六条　有独立请求权的第三人经人民法院传票传唤，无正当理由拒不到庭的，或者未经法庭许可中途退庭的，比照民事诉讼法第一百四十三条的规定，按撤诉处理。

第二百三十七条　有独立请求权的第三人参加诉讼后，原告申请撤诉，人民法院在准许原告撤诉后，有独立请求权的第三人作为另案原告，原案原告、被告作为另案被告，诉讼继续进行。

第二百三十八条　当事人申请撤诉或者依法可以按撤诉处理的案件，如果当事人有违反法律的行为需要依法处理的，人民法院可以不准许撤诉或者不按撤诉处理。

法庭辩论终结后原告申请撤诉，被告不同意的，人民法院可以不予准许。

第二百三十九条　人民法院准许本诉原告撤诉的，应当对反诉继续审理；被告申请撤回反诉的，人民法院应予准许。

第二百四十条　无独立请求权的第三人经人民法院传票传唤，无正当理由拒不到庭，或者未经法庭许可中途退庭的，不影响案件的审理。

第二百四十一条　被告经传票传唤无正当理由拒不到庭，或者未经法庭许可中途退庭的，人民法院应当按期开庭或者继续开庭审理，对到庭的当事人诉讼请求、双方的诉辩理由以及已经提交的证据及其他诉讼材料进行审理后，可以依法缺席判决。

第二百四十二条 一审宣判后,原审人民法院发现判决有错误,当事人在上诉期内提出上诉的,原审人民法院可以提出原判决有错误的意见,报送第二审人民法院,由第二审人民法院按照第二审程序进行审理;当事人不上诉的,按照审判监督程序处理。

第二百四十三条 民事诉讼法第一百四十九条规定的审限,是指从立案之日起至裁判宣告、调解书送达之日止的期间,但公告期间、鉴定期间、双方当事人和解期间、审理当事人提出的管辖异议以及处理人民法院之间的管辖争议期间不应计算在内。

第二百四十四条 可以上诉的判决书、裁定书不能同时送达双方当事人的,上诉期从各自收到判决书、裁定书之日计算。

第二百四十五条 民事诉讼法第一百五十四条第一款第七项规定的笔误是指法律文书误写、误算,诉讼费用漏写、误算和其他笔误。

第二百四十六条 裁定中止诉讼的原因消除,恢复诉讼程序时,不必撤销原裁定,从人民法院通知或者准许当事人双方继续进行诉讼时起,中止诉讼的裁定即失去效力。

第二百四十七条 当事人就已经提起诉讼的事项在诉讼过程中或者裁判生效后再次起诉,同时符合下列条件的,构成重复起诉:

（一）后诉与前诉的当事人相同;

（二）后诉与前诉的诉讼标的相同;

（三）后诉与前诉的诉讼请求相同,或者后诉的诉讼请求实质上否定前诉裁判结果。

当事人重复起诉的,裁定不予受理;已经受理的,裁定驳回起诉,但法律、司法解释另有规定的除外。

第二百四十八条 裁判发生法律效力后,发生新的事实,当事人再次提起诉讼的,人民法院应当依法受理。

第二百四十九条 在诉讼中,争议的民事权利义务转移的,不影响当事人的诉讼主体资格和诉讼地位。人民法院作出的发生法律效力的判决、裁定对受让人具有拘束力。

受让人申请以无独立请求权的第三人身份参加诉讼的,人民法院可予准许。受让人申请替代当事人承担诉讼的,人民法院可以根据案件的具体情况决定是否准许;不予准许的,可以追加其为无独立请求权的第三人。

第二百五十条　依照本解释第二百四十九条规定,人民法院准许受让人替代当事人承担诉讼的,裁定变更当事人。

变更当事人后,诉讼程序以受让人为当事人继续进行,原当事人应当退出诉讼。原当事人已经完成的诉讼行为对受让人具有拘束力。

第二百五十一条　二审裁定撤销一审判决发回重审的案件,当事人申请变更、增加诉讼请求或者提出反诉,第三人提出与本案有关的诉讼请求的,依照民事诉讼法第一百四十条规定处理。

第二百五十二条　再审裁定撤销原判决、裁定发回重审的案件,当事人申请变更、增加诉讼请求或者提出反诉,符合下列情形之一的,人民法院应当准许:

(一)原审未合法传唤缺席判决,影响当事人行使诉讼权利的;

(二)追加新的诉讼当事人的;

(三)诉讼标的物灭失或者发生变化致使原诉讼请求无法实现的;

(四)当事人申请变更、增加的诉讼请求或者提出的反诉,无法通过另诉解决的。

第二百五十三条　当庭宣判的案件,除当事人当庭要求邮寄发送裁判文书的外,人民法院应当告知当事人或者诉讼代理人领取裁判文书的时间和地点以及逾期不领取的法律后果。上述情况,应当记入笔录。

第二百五十四条　公民、法人或者其他组织申请查阅发生法律效力的判决书、裁定书的,应当向作出该生效裁判的人民法院提出。申请应当以书面形式提出,并提供具体的案号或者当事人姓名、名称。

第二百五十五条　对于查阅判决书、裁定书的申请,人民法院根据下列情形分别处理:

(一)判决书、裁定书已经通过信息网络向社会公开的,应当引导申请人自行查阅;

(二)判决书、裁定书未通过信息网络向社会公开,且申请符合要求的,应当及时提供便捷的查阅服务;

(三)判决书、裁定书尚未发生法律效力,或者已失去法律效力的,不提供查阅并告知申请人;

（四）发生法律效力的判决书、裁定书不是本院作出的,应当告知申请人向作出生效裁判的人民法院申请查阅;

（五）申请查阅的内容涉及国家秘密、商业秘密、个人隐私的,不予准许并告知申请人。

十一、简易程序

第二百五十六条 民事诉讼法第一百五十七条规定的简单民事案件中的事实清楚,是指当事人对争议的事实陈述基本一致,并能提供相应的证据,无须人民法院调查收集证据即可查明事实;权利义务关系明确是指能明确区分谁是责任的承担者,谁是权利的享有者;争议不大是指当事人对案件的是非、责任承担以及诉讼标的争执无原则分歧。

第二百五十七条 下列案件,不适用简易程序:

（一）起诉时被告下落不明的;

（二）发回重审的;

（三）当事人一方人数众多的;

（四）适用审判监督程序的;

（五）涉及国家利益、社会公共利益的;

（六）第三人起诉请求改变或者撤销生效判决、裁定、调解书的;

（七）其他不宜适用简易程序的案件。

第二百五十八条 适用简易程序审理的案件,审理期限到期后,双方当事人同意继续适用简易程序的,由本院院长批准,可以延长审理期限。延长后的审理期限累计不得超过六个月。

人民法院发现案情复杂,需要转为普通程序审理的,应当在审理期限届满前作出裁定并将合议庭组成人员及相关事项书面通知双方当事人。

案件转为普通程序审理的,审理期限自人民法院立案之日计算。

第二百五十九条 当事人双方可就开庭方式向人民法院提出申请,由人民法院决定是否准许。经当事人双方同意,可以采用视听传输技术等方式开庭。

第二百六十条 已经按照普通程序审理的案件,在开庭后不得转为简易程序审理。

第二百六十一条 适用简易程序审理案件,人民法院可以采取捎口信、电话、短信、传真、电子邮件等简便方式传唤双方当事人、通知证人和送达裁判文书以外的诉讼文书。

以简便方式送达的开庭通知,未经当事人确认或者没有其他证据证明当事人已经收到的,人民法院不得缺席判决。

适用简易程序审理案件,由审判员独任审判,书记员担任记录。

第二百六十二条 人民法庭制作的判决书、裁定书、调解书,必须加盖基层人民法院印章,不得用人民法庭的印章代替基层人民法院的印章。

第二百六十三条 适用简易程序审理案件,卷宗中应当具备以下材料:

(一)起诉状或者口头起诉笔录;

(二)答辩状或者口头答辩笔录;

(三)当事人身份证明材料;

(四)委托他人代理诉讼的授权委托书或者口头委托笔录;

(五)证据;

(六)询问当事人笔录;

(七)审理(包括调解)笔录;

(八)判决书、裁定书、调解书或者调解协议;

(九)送达和宣判笔录;

(十)执行情况;

(十一)诉讼费收据;

(十二)适用民事诉讼法第一百六十二条规定审理的,有关程序适用的书面告知。

第二百六十四条 当事人双方根据民事诉讼法第一百五十七条第二款规定约定适用简易程序的,应当在开庭前提出。口头提出的,记入笔录,由双方当事人签名或者捺印确认。

本解释第二百五十七条规定的案件,当事人约定适用简易程序的,人民法院不予准许。

第二百六十五条 原告口头起诉的,人民法院应当将当事人的姓名、性别、工作单位、住所、联系方式等基本信息,诉讼请求,事实及理由等准确记入笔录,由原告核对无误后签名或者捺印。对当事人提交的证据材料,应当出具收据。

第二百六十六条　适用简易程序案件的举证期限由人民法院确定,也可以由当事人协商一致并经人民法院准许,但不得超过十五日。被告要求书面答辩的,人民法院可在征得其同意的基础上,合理确定答辩期间。

人民法院应当将举证期限和开庭日期告知双方当事人,并向当事人说明逾期举证以及拒不到庭的法律后果,由双方当事人在笔录和开庭传票的送达回证上签名或者捺印。

当事人双方均表示不需要举证期限、答辩期间的,人民法院可以立即开庭审理或者确定开庭日期。

第二百六十七条　适用简易程序审理案件,可以简便方式进行审理前的准备。

第二百六十八条　对没有委托律师、基层法律服务工作者代理诉讼的当事人,人民法院在庭审过程中可以对回避、自认、举证证明责任等相关内容向其作必要的解释或者说明,并在庭审过程中适当提示当事人正确行使诉讼权利、履行诉讼义务。

第二百六十九条　当事人就案件适用简易程序提出异议,人民法院经审查,异议成立的,裁定转为普通程序;异议不成立的,口头告知当事人,并记入笔录。

转为普通程序的,人民法院应当将合议庭组成人员及相关事项以书面形式通知双方当事人。

转为普通程序前,双方当事人已确认的事实,可以不再进行举证、质证。

第二百七十条　适用简易程序审理的案件,有下列情形之一的,人民法院在制作判决书、裁定书、调解书时,对认定事实或者裁判理由部分可以适当简化:

(一)当事人达成调解协议并需要制作民事调解书的;

(二)一方当事人明确表示承认对方全部或者部分诉讼请求的;

(三)涉及商业秘密、个人隐私的案件,当事人一方要求简化裁判文书中的相关内容,人民法院认为理由正当的;

(四)当事人双方同意简化的。

十二、简易程序中的小额诉讼

第二百七十一条　人民法院审理小额诉讼案件,适用民事诉讼法第一百六十二条的规定,实行一审终审。

第二百七十二条　民事诉讼法第一百六十二条规定的各省、自治区、直辖市上年度就业人员年平均工资,是指已经公布的各省、自治区、直辖市上一年度就业人员年平均工资。在上一年度就业人员年平均工资公布前,以已经公布的最近年度就业人员年平均工资为准。

第二百七十三条　海事法院可以审理海事、海商小额诉讼案件。案件标的额应当以实际受理案件的海事法院或者其派出法庭所在的省、自治区、直辖市上年度就业人员年平均工资百分之三十为限。

第二百七十四条　下列金钱给付的案件,适用小额诉讼程序审理:

(一)买卖合同、借款合同、租赁合同纠纷;

(二)身份关系清楚,仅在给付的数额、时间、方式上存在争议的赡养费、抚育费、扶养费纠纷;

(三)责任明确,仅在给付的数额、时间、方式上存在争议的交通事故损害赔偿和其他人身损害赔偿纠纷;

(四)供用水、电、气、热力合同纠纷;

(五)银行卡纠纷;

(六)劳动关系清楚,仅在劳动报酬、工伤医疗费、经济补偿金或者赔偿金给付数额、时间、方式上存在争议的劳动合同纠纷;

(七)劳务关系清楚,仅在劳务报酬给付数额、时间、方式上存在争议的劳务合同纠纷;

(八)物业、电信等服务合同纠纷;

(九)其他金钱给付纠纷。

第二百七十五条　下列案件,不适用小额诉讼程序审理:

(一)人身关系、财产确权纠纷;

(二)涉外民事纠纷;

(三)知识产权纠纷;

(四)需要评估、鉴定或者对诉前评估、鉴定结果有异议的纠纷;

(五)其他不宜适用一审终审的纠纷。

第二百七十六条　人民法院受理小额诉讼案件,应当向当事人告知该类案件的审判组织、一审终审、审理期限、诉讼费用交纳标准等相关事项。

第二百七十七条　小额诉讼案件的举证期限由人民法院确定,也可以由当事人协商一致并经人民法院准许,但一般不超过七日。

被告要求书面答辩的,人民法院可以在征得其同意的基础上合理确定答辩期间,但最长不得超过十五日。

当事人到庭后表示不需要举证期限和答辩期间的,人民法院可立即开庭审理。

第二百七十八条　当事人对小额诉讼案件提出管辖异议的,人民法院应当作出裁定。裁定一经作出即生效。

第二百七十九条　人民法院受理小额诉讼案件后,发现起诉不符合民事诉讼法第一百一十九条规定的起诉条件的,裁定驳回起诉。裁定一经作出即生效。

第二百八十条　因当事人申请增加或者变更诉讼请求、提出反诉、追加当事人等,致使案件不符合小额诉讼案件条件的,应当适用简易程序的其他规定审理。

前款规定案件,应当适用普通程序审理的,裁定转为普通程序。

适用简易程序的其他规定或者普通程序审理前,双方当事人已确认的事实,可以不再进行举证、质证。

第二百八十一条　当事人对按照小额诉讼案件审理有异议的,应当在开庭前提出。人民法院经审查,异议成立的,适用简易程序的其他规定审理;异议不成立的,告知当事人,并记入笔录。

第二百八十二条　小额诉讼案件的裁判文书可以简化,主要记载当事人基本信息、诉讼请求、裁判主文等内容。

第二百八十三条　人民法院审理小额诉讼案件,本解释没有规定的,适用简易程序的其他规定。

十三、公益诉讼

第二百八十四条　环境保护法、消费者权益保护法等法律规定的机关和有关组织对污染环境、侵害众多消费者合法权益等损害社会公共利益的行为,根据民事诉讼法第五十五条规定提起公益诉讼,符合下列条件的,人民法院应当受理:

(一)有明确的被告;

（二）有具体的诉讼请求；

（三）有社会公共利益受到损害的初步证据；

（四）属于人民法院受理民事诉讼的范围和受诉人民法院管辖。

第二百八十五条 公益诉讼案件由侵权行为地或者被告住所地中级人民法院管辖，但法律、司法解释另有规定的除外。

因污染海洋环境提起的公益诉讼，由污染发生地、损害结果地或者采取预防污染措施地海事法院管辖。

对同一侵权行为分别向两个以上人民法院提起公益诉讼的，由最先立案的人民法院管辖，必要时由它们的共同上级人民法院指定管辖。

第二百八十六条 人民法院受理公益诉讼案件后，应当在十日内书面告知相关行政主管部门。

第二百八十七条 人民法院受理公益诉讼案件后，依法可以提起诉讼的其他机关和有关组织，可以在开庭前向人民法院申请参加诉讼。人民法院准许参加诉讼的，列为共同原告。

第二百八十八条 人民法院受理公益诉讼案件，不影响同一侵权行为的受害人根据民事诉讼法第一百一十九条规定提起诉讼。

第二百八十九条 对公益诉讼案件，当事人可以和解，人民法院可以调解。

当事人达成和解或者调解协议后，人民法院应当将和解或者调解协议进行公告。公告期间不得少于三十日。

公告期满后，人民法院经审查，和解或者调解协议不违反社会公共利益的，应当出具调解书；和解或者调解协议违反社会公共利益的，不予出具调解书，继续对案件进行审理并依法作出裁判。

第二百九十条 公益诉讼案件的原告在法庭辩论终结后申请撤诉的，人民法院不予准许。

第二百九十一条 公益诉讼案件的裁判发生法律效力后，其他依法具有原告资格的机关和有关组织就同一侵权行为另行提起公益诉讼的，人民法院裁定不予受理，但法律、司法解释另有规定的除外。

十四、第三人撤销之诉

第二百九十二条 第三人对已经发生法律效力的判决、裁定、调解书提起撤销之诉的,应当自知道或者应当知道其民事权益受到损害之日起六个月内,向作出生效判决、裁定、调解书的人民法院提出,并应当提供存在下列情形的证据材料:

(一)因不能归责于本人的事由未参加诉讼;

(二)发生法律效力的判决、裁定、调解书的全部或者部分内容错误;

(三)发生法律效力的判决、裁定、调解书内容错误损害其民事权益。

第二百九十三条 人民法院应当在收到起诉状和证据材料之日起五日内送交对方当事人,对方当事人可以自收到起诉状之日起十日内提出书面意见。

人民法院应当对第三人提交的起诉状、证据材料以及对方当事人的书面意见进行审查。必要时,可以询问双方当事人。

经审查,符合起诉条件的,人民法院应当在收到起诉状之日起三十日内立案。不符合起诉条件的,应当在收到起诉状之日起三十日内裁定不予受理。

第二百九十四条 人民法院对第三人撤销之诉案件,应当组成合议庭开庭审理。

第二百九十五条 民事诉讼法第五十六条第三款规定的因不能归责于本人的事由未参加诉讼,是指没有被列为生效判决、裁定、调解书当事人,且无过错或者无明显过错的情形。包括:

(一)不知道诉讼而未参加的;

(二)申请参加未获准许的;

(三)知道诉讼,但因客观原因无法参加的;

(四)因其他不能归责于本人的事由未参加诉讼的。

第二百九十六条 民事诉讼法第五十六条第三款规定的判决、裁定、调解书的部分或者全部内容,是指判决、裁定的主文,调解书中处理当事人民事权利义务的结果。

第二百九十七条 对下列情形提起第三人撤销之诉的,人民法院不予受理:

(一)适用特别程序、督促程序、公示催告程序、破产程序等非讼程序处理的案件;

(二)婚姻无效、撤销或者解除婚姻关系等判决、裁定、调解书中涉及身份关系的内容;

（三）民事诉讼法第五十四条规定的未参加登记的权利人对代表人诉讼案件的生效裁判；

（四）民事诉讼法第五十五条规定的损害社会公共利益行为的受害人对公益诉讼案件的生效裁判。

第二百九十八条 第三人提起撤销之诉，人民法院应当将该第三人列为原告，生效判决、裁定、调解书的当事人列为被告，但生效判决、裁定、调解书中没有承担责任的无独立请求权的第三人列为第三人。

第二百九十九条 受理第三人撤销之诉案件后，原告提供相应担保，请求中止执行的，人民法院可以准许。

第三百条 对第三人撤销或者部分撤销发生法律效力的判决、裁定、调解书内容的请求，人民法院经审理，按下列情形分别处理：

（一）请求成立且确认其民事权利的主张全部或部分成立的，改变原判决、裁定、调解书内容的错误部分；

（二）请求成立，但确认其全部或部分民事权利的主张不成立，或者未提出确认其民事权利请求的，撤销原判决、裁定、调解书内容的错误部分；

（三）请求不成立的，驳回诉讼请求。

对前款规定裁判不服的，当事人可以上诉。

原判决、裁定、调解书的内容未改变或者未撤销的部分继续有效。

第三百零一条 第三人撤销之诉案件审理期间，人民法院对生效判决、裁定、调解书裁定再审的，受理第三人撤销之诉的人民法院应当裁定将第三人的诉讼请求并入再审程序。但有证据证明原审当事人之间恶意串通损害第三人合法权益的，人民法院应当先行审理第三人撤销之诉案件，裁定中止再审诉讼。

第三百零二条 第三人诉讼请求并入再审程序审理的，按照下列情形分别处理：

（一）按照第一审程序审理的，人民法院应当对第三人的诉讼请求一并审理，所作的判决可以上诉；

（二）按照第二审程序审理的，人民法院可以调解，调解达不成协议的，应当裁定撤销原判决、裁定、调解书，发回一审法院重审，重审时应当列明第三人。

第三百零三条　第三人提起撤销之诉后,未中止生效判决、裁定、调解书执行的,执行法院对第三人依照民事诉讼法第二百二十七条规定提出的执行异议,应予审查。第三人不服驳回执行异议裁定,申请对原判决、裁定、调解书再审的,人民法院不予受理。

案外人对人民法院驳回其执行异议裁定不服,认为原判决、裁定、调解书内容错误损害其合法权益的,应当根据民事诉讼法第二百二十七条规定申请再审,提起第三人撤销之诉的,人民法院不予受理。

十五、执行异议之诉

第三百零四条　根据民事诉讼法第二百二十七条规定,案外人、当事人对执行异议裁定不服,自裁定送达之日起十五日内向人民法院提起执行异议之诉的,由执行法院管辖。

第三百零五条　案外人提起执行异议之诉,除符合民事诉讼法第一百一十九条规定外,还应当具备下列条件:

(一)案外人的执行异议申请已经被人民法院裁定驳回;

(二)有明确的排除对执行标的执行的诉讼请求,且诉讼请求与原判决、裁定无关;

(三)自执行异议裁定送达之日起十五日内提起。

人民法院应当在收到起诉状之日起十五日内决定是否立案。

第三百零六条　申请执行人提起执行异议之诉,除符合民事诉讼法第一百一十九条规定外,还应当具备下列条件:

(一)依案外人执行异议申请,人民法院裁定中止执行;

(二)有明确的对执行标的继续执行的诉讼请求,且诉讼请求与原判决、裁定无关;

(三)自执行异议裁定送达之日起十五日内提起。

人民法院应当在收到起诉状之日起十五日内决定是否立案。

第三百零七条　案外人提起执行异议之诉的,以申请执行人为被告。被执行人反对案外人异议的,被执行人为共同被告;被执行人不反对案外人异议的,可以列被执行人为第三人。

第三百零八条　申请执行人提起执行异议之诉的,以案外人为被告。被执行人反对申请执行人主张的,以案外人和被执行人为共同被告;被执行人不反对申请执行人主张的,可以列被执行人为第三人。

第三百零九条 申请执行人对中止执行裁定未提起执行异议之诉,被执行人提起执行异议之诉的,人民法院告知其另行起诉。

第三百一十条 人民法院审理执行异议之诉案件,适用普通程序。

第三百一十一条 案外人或者申请执行人提起执行异议之诉的,案外人应当就其对执行标的享有足以排除强制执行的民事权益承担举证证明责任。

第三百一十二条 对案外人提起的执行异议之诉,人民法院经审理,按照下列情形分别处理:

(一)案外人就执行标的享有足以排除强制执行的民事权益的,判决不得执行该执行标的;

(二)案外人就执行标的不享有足以排除强制执行的民事权益的,判决驳回诉讼请求。

案外人同时提出确认其权利的诉讼请求的,人民法院可以在判决中一并作出裁判。

第三百一十三条 对申请执行人提起的执行异议之诉,人民法院经审理,按照下列情形分别处理:

(一)案外人就执行标的不享有足以排除强制执行的民事权益的,判决准许执行该执行标的;

(二)案外人就执行标的享有足以排除强制执行的民事权益的,判决驳回诉讼请求。

第三百一十四条 对案外人执行异议之诉,人民法院判决不得对执行标的执行的,执行异议裁定失效。

对申请执行人执行异议之诉,人民法院判决准许对该执行标的的执行的,执行异议裁定失效,执行法院可以根据申请执行人的申请或者依职权恢复执行。

第三百一十五条 案外人执行异议之诉审理期间,人民法院不得对执行标的进行处分。申请执行人请求人民法院继续执行并提供相应担保的,人民法院可以准许。

被执行人与案外人恶意串通,通过执行异议、执行异议之诉妨害执行的,人民法院应当依照民事诉讼法第一百一十三条规定处理。申请执行人因此受到损害的,可以提起诉讼要求被执行人、案外人赔偿。

第三百一十六条　人民法院对执行标的裁定中止执行后,申请执行人在法律规定的期间内未提起执行异议之诉的,人民法院应当自起诉期限届满之日起七日内解除对该执行标的采取的执行措施。

十六、第二审程序

第三百一十七条　双方当事人和第三人都提起上诉的,均列为上诉人。人民法院可以依职权确定第二审程序中当事人的诉讼地位。

第三百一十八条　民事诉讼法第一百六十六条、第一百六十七条规定的对方当事人包括被上诉人和原审其他当事人。

第三百一十九条　必要共同诉讼人的一人或者部分人提起上诉的,按下列情形分别处理:

(一)上诉仅对与对方当事人之间权利义务分担有意见,不涉及其他共同诉讼人利益的,对方当事人为被上诉人,未上诉的同一方当事人依原审诉讼地位列明;

(二)上诉仅对共同诉讼人之间权利义务分担有意见,不涉及对方当事人利益的,未上诉的同一方当事人为被上诉人,对方当事人依原审诉讼地位列明;

(三)上诉对双方当事人之间以及共同诉讼人之间权利义务承担有意见的,未提起上诉的其他当事人均为被上诉人。

第三百二十条　一审宣判时或者判决书、裁定书送达时,当事人口头表示上诉的,人民法院应告知其必须在法定上诉期间内递交上诉状。未在法定上诉期间内递交上诉状的,视为未提起上诉。虽递交上诉状,但未在指定的期限内交纳上诉费的,按自动撤回上诉处理。

第三百二十一条　无民事行为能力人、限制民事行为能力人的法定代理人,可以代理当事人提起上诉。

第三百二十二条　上诉案件的当事人死亡或者终止的,人民法院依法通知其权利义务承继者参加诉讼。

需要终结诉讼的,适用民事诉讼法第一百五十一条规定。

第三百二十三条　第二审人民法院应当围绕当事人的上诉请求进行审理。

当事人没有提出请求的,不予审理,但一审判决违反法律禁止性规定,或者损害国家利益、社会公共利益、他人合法权益的除外。

第三百二十四条 开庭审理的上诉案件,第二审人民法院可以依照民事诉讼法第一百三十三条第四项规定进行审理前的准备。

第三百二十五条 下列情形,可以认定为民事诉讼法第一百七十条第一款第四项规定的严重违反法定程序:

(一)审判组织的组成不合法的;

(二)应当回避的审判人员未回避的;

(三)无诉讼行为能力人未经法定代理人代为诉讼的;

(四)违法剥夺当事人辩论权利的。

第三百二十六条 对当事人在第一审程序中已经提出的诉讼请求,原审人民法院未作审理、判决的,第二审人民法院可以根据当事人自愿的原则进行调解;调解不成的,发回重审。

第三百二十七条 必须参加诉讼的当事人或者有独立请求权的第三人,在第一审程序中未参加诉讼,第二审人民法院可以根据当事人自愿的原则予以调解;调解不成的,发回重审。

第三百二十八条 在第二审程序中,原审原告增加独立的诉讼请求或者原审被告提出反诉的,第二审人民法院可以根据当事人自愿的原则就新增加的诉讼请求或者反诉进行调解;调解不成的,告知当事人另行起诉。

双方当事人同意由第二审人民法院一并审理的,第二审人民法院可以一并裁判。

第三百二十九条 一审判决不准离婚的案件,上诉后,第二审人民法院认为应当判决离婚的,可以根据当事人自愿的原则,与子女抚养、财产问题一并调解;调解不成的,发回重审。

双方当事人同意由第二审人民法院一并审理的,第二审人民法院可以一并裁判。

第三百三十条 人民法院依照第二审程序审理案件,认为依法不应由人民法院受理的,可以由第二审人民法院直接裁定撤销原裁判,驳回起诉。

第三百三十一条 人民法院依照第二审程序审理案件,认为第一审人民法院受理案件违反专属管辖规定的,应当裁定撤销原裁判并移送有管辖权的人民法院。

第三百三十二条　第二审人民法院查明第一审人民法院作出的不予受理裁定有错误的,应当在撤销原裁定的同时,指令第一审人民法院立案受理;查明第一审人民法院作出的驳回起诉裁定有错误的,应当在撤销原裁定的同时,指令第一审人民法院审理。

第三百三十三条　第二审人民法院对下列上诉案件,依照民事诉讼法第一百六十九条规定可以不开庭审理:

（一）不服不予受理、管辖权异议和驳回起诉裁定的;

（二）当事人提出的上诉请求明显不能成立的;

（三）原判决、裁定认定事实清楚,但适用法律错误的;

（四）原判决严重违反法定程序,需要发回重审的。

第三百三十四条　原判决、裁定认定事实或者适用法律虽有瑕疵,但裁判结果正确的,第二审人民法院可以在判决、裁定中纠正瑕疵后,依照民事诉讼法第一百七十条第一款第一项规定予以维持。

第三百三十五条　民事诉讼法第一百七十条第一款第三项规定的基本事实,是指用以确定当事人主体资格、案件性质、民事权利义务等对原判决、裁定的结果有实质性影响的事实。

第三百三十六条　在第二审程序中,作为当事人的法人或者其他组织分立的,人民法院可以直接将分立后的法人或者其他组织列为共同诉讼人;合并的,将合并后的法人或者其他组织列为当事人。

第三百三十七条　在第二审程序中,当事人申请撤回上诉,人民法院经审查认为一审判决确有错误,或者当事人之间恶意串通损害国家利益、社会公共利益、他人合法权益的,不应准许。

第三百三十八条　在第二审程序中,原审原告申请撤回起诉,经其他当事人同意,且不损害国家利益、社会公共利益、他人合法权益的,人民法院可以准许。准许撤诉的,应当一并裁定撤销一审裁判。

原审原告在第二审程序中撤回起诉后重复起诉的,人民法院不予受理。

第三百三十九条　当事人在第二审程序中达成和解协议的,人民法院可以根据当事人的请求,对双方达成的和解协议进行审查并制作调解书送达当事人;因和解而申请撤诉,经审查符合撤诉条件的,人民法院应予准许。

第三百四十条　第二审人民法院宣告判决可以自行宣判,也可以委托原审人民法院或者当事人所在地人民法院代行宣判。

第三百四十一条　人民法院审理对裁定的上诉案件,应当在第二审立案之日起三十日内作出终审裁定。有特殊情况需要延长审限的,由本院院长批准。

第三百四十二条　当事人在第一审程序中实施的诉讼行为,在第二审程序中对该当事人仍具有拘束力。

当事人推翻其在第一审程序中实施的诉讼行为时,人民法院应当责令其说明理由。理由不成立的,不予支持。

十七、特别程序

第三百四十三条　宣告失踪或者宣告死亡案件,人民法院可以根据申请人的请求,清理下落不明人的财产,并指定案件审理期间的财产管理人。公告期满后,人民法院判决宣告失踪的,应当同时依照民法典第四十二条的规定指定失踪人的财产代管人。

第三百四十四条　失踪人的财产代管人经人民法院指定后,代管人申请变更代管的,比照民事诉讼法特别程序的有关规定进行审理。申请理由成立的,裁定撤销申请人的代管人身份,同时另行指定财产代管人;申请理由不成立的,裁定驳回申请。

失踪人的其他利害关系人申请变更代管的,人民法院应当告知其以原指定的代管人为被告起诉,并按普通程序进行审理。

第三百四十五条　人民法院判决宣告公民失踪后,利害关系人向人民法院申请宣告失踪人死亡,自失踪之日起满四年的,人民法院应当受理,宣告失踪的判决即是该公民失踪的证明,审理中仍应依照民事诉讼法第一百八十五条规定进行公告。

第三百四十六条　符合法律规定的多个利害关系人提出宣告失踪、宣告死亡申请的,列为共同申请人。

第三百四十七条　寻找下落不明人的公告应当记载下列内容:

(一)被申请人应当在规定期间内向受理法院申报其具体地址及其联系方式。否则,被申请人将被宣告失踪、宣告死亡;

(二)凡知悉被申请人生存现状的人,应当在公告期间内将其所知道情况向受理法院报告。

第三百四十八条　人民法院受理宣告失踪、宣告死亡案件后,作出判决前,申请人撤回申请的,人民法院应当裁定终结案件,但其他符合法律规定的利害关系人加入程序要求继续审理的除外。

第三百四十九条　在诉讼中,当事人的利害关系人提出该当事人患有精神病,要求宣告该当事人无民事行为能力或者限制民事行为能力的,应由利害关系人向人民法院提出申请,由受诉人民法院按照特别程序立案审理,原诉讼中止。

第三百五十条　认定财产无主案件,公告期间有人对财产提出请求的,人民法院应当裁定终结特别程序,告知申请人另行起诉,适用普通程序审理。

第三百五十一条　被指定的监护人不服居民委员会、村民委员会或者民政部门指定,应当自接到通知之日起三十日内向人民法院提出异议。经审理,认为指定并无不当的,裁定驳回异议;指定不当的,判决撤销指定,同时另行指定监护人。判决书应当送达异议人、原指定单位及判决指定的监护人。

有关当事人依照民法典第三十一条第一款规定直接向人民法院申请指定监护人的,适用特别程序审理,判决指定监护人。判决书应当送达申请人、判决指定的监护人。

第三百五十二条　申请认定公民无民事行为能力或者限制民事行为能力的案件,被申请人没有近亲属的,人民法院可以指定经被申请人住所地的居民委员会、村民委员会或者民政部门同意,且愿意担任代理人的个人或者组织为代理人。

没有前款规定的代理人的,由被申请人住所地的居民委员会、村民委员会或者民政部门担任代理人。

代理人可以是一人,也可以是同一顺序中的两人。

第三百五十三条　申请司法确认调解协议的,双方当事人应当本人或者由符合民事诉讼法第五十八条规定的代理人向调解组织所在地基层人民法院或者人民法庭提出申请。

第三百五十四条　两个以上调解组织参与调解的,各调解组织所在地基层人民法院均有管辖权。

双方当事人可以共同向其中一个调解组织所在地基层人民法院提出申请;双方当事人共同向两个以上调解组织所在地基层人民法院提出申请的,由最先立案的人民法院管辖。

第三百五十五条　当事人申请司法确认调解协议,可以采用书面形式或者口头形式。当事人口头申请的,人民法院应当记入笔录,并由当事人签名、捺印或者盖章。

第三百五十六条　当事人申请司法确认调解协议,应当向人民法院提交调解协议、调解组织主持调解的证明,以及与调解协议相关的财产权利证明等材料,并提供双方当事人的身份、住所、联系方式等基本信息。

当事人未提交上述材料的,人民法院应当要求当事人限期补交。

第三百五十七条　当事人申请司法确认调解协议,有下列情形之一的,人民法院裁定不予受理:

(一)不属于人民法院受理范围的;

(二)不属于收到申请的人民法院管辖的;

(三)申请确认婚姻关系、亲子关系、收养关系等身份关系无效、有效或者解除的;

(四)涉及适用其他特别程序、公示催告程序、破产程序审理的;

(五)调解协议内容涉及物权、知识产权确权的。

人民法院受理申请后,发现有上述不予受理情形的,应当裁定驳回当事人的申请。

第三百五十八条　人民法院审查相关情况时,应当通知双方当事人共同到场对案件进行核实。

人民法院经审查,认为当事人的陈述或者提供的证明材料不充分、不完备或者有疑义的,可以要求当事人限期补充陈述或者补充证明材料。必要时,人民法院可以向调解组织核实有关情况。

第三百五十九条　确认调解协议的裁定作出前,当事人撤回申请的,人民法院可以裁定准许。

当事人无正当理由未在限期内补充陈述、补充证明材料或者拒不接受询问的,人民法院可以按撤回申请处理。

第三百六十条　经审查,调解协议有下列情形之一的,人民法院应当裁定驳回申请:

(一)违反法律强制性规定的;

（二）损害国家利益、社会公共利益、他人合法权益的；

（三）违背公序良俗的；

（四）违反自愿原则的；

（五）内容不明确的；

（六）其他不能进行司法确认的情形。

第三百六十一条 民事诉讼法第一百九十六条规定的担保物权人，包括抵押权人、质权人、留置权人；其他有权请求实现担保物权的人，包括抵押人、出质人、财产被留置的债务人或者所有权人等。

第三百六十二条 实现票据、仓单、提单等有权利凭证的权利质权案件，可以由权利凭证持有人住所地人民法院管辖；无权利凭证的权利质权，由出质登记地人民法院管辖。

第三百六十三条 实现担保物权案件属于海事法院等专门人民法院管辖的，由专门人民法院管辖。

第三百六十四条 同一债权的担保物有多个且所在地不同，申请人分别向有管辖权的人民法院申请实现担保物权的，人民法院应当依法受理。

第三百六十五条 依照民法典第三百九十二条的规定，被担保的债权既有物的担保又有人的担保，当事人对实现担保物权的顺序有约定，实现担保物权的申请违反该约定的，人民法院裁定不予受理；没有约定或者约定不明的，人民法院应当受理。

第三百六十六条 同一财产上设立多个担保物权，登记在先的担保物权尚未实现的，不影响后顺位的担保物权人向人民法院申请实现担保物权。

第三百六十七条 申请实现担保物权，应当提交下列材料：

（一）申请书。申请书应当记明申请人、被申请人的姓名或者名称、联系方式等基本信息，具体的请求和事实、理由；

（二）证明担保物权存在的材料，包括主合同、担保合同、抵押登记证明或者他项权利证书，权利质权的权利凭证或者质权出质登记证明等；

（三）证明实现担保物权条件成就的材料；

（四）担保财产现状的说明；

（五）人民法院认为需要提交的其他材料。

第三百六十八条 人民法院受理申请后，应当在五日内向被申请人送达申请书副本、异议权利告知书等文书。

被申请人有异议的,应当在收到人民法院通知后的五日内向人民法院提出,同时说明理由并提供相应的证据材料。

第三百六十九条 实现担保物权案件可以由审判员一人独任审查。担保财产标的额超过基层人民法院管辖范围的,应当组成合议庭进行审查。

第三百七十条 人民法院审查实现担保物权案件,可以询问申请人、被申请人、利害关系人,必要时可以依职权调查相关事实。

第三百七十一条 人民法院应当就主合同的效力、期限、履行情况,担保物权是否有效设立、担保财产的范围、被担保的债权范围、被担保的债权是否已届清偿期等担保物权实现的条件,以及是否损害他人合法权益等内容进行审查。

被申请人或者利害关系人提出异议的,人民法院应当一并审查。

第三百七十二条 人民法院审查后,按下列情形分别处理:

(一)当事人对实现担保物权无实质性争议且实现担保物权条件成就的,裁定准许拍卖、变卖担保财产;

(二)当事人对实现担保物权有部分实质性争议的,可以就无争议部分裁定准许拍卖、变卖担保财产;

(三)当事人对实现担保物权有实质性争议的,裁定驳回申请,并告知申请人向人民法院提起诉讼。

第三百七十三条 人民法院受理申请后,申请人对担保财产提出保全申请的,可以按照民事诉讼法关于诉讼保全的规定办理。

第三百七十四条 适用特别程序作出的判决、裁定,当事人、利害关系人认为有错误的,可以向作出该判决、裁定的人民法院提出异议。人民法院经审查,异议成立或者部分成立的,作出新的判决、裁定撤销或者改变原判决、裁定;异议不成立的,裁定驳回。

对人民法院作出的确认调解协议、准许实现担保物权的裁定,当事人有异议的,应当自收到裁定之日起十五日内提出;利害关系人有异议的,自知道或者应当知道其民事权益受到侵害之日起六个月内提出。

十八、审判监督程序

第三百七十五条 当事人死亡或者终止的,其权利义务承继者可以根据民事诉讼法第一百九十九条、第二百零一条的规定申请再审。

判决、调解书生效后，当事人将判决、调解书确认的债权转让，债权受让人对该判决、调解书不服申请再审的，人民法院不予受理。

第三百七十六条 民事诉讼法第一百九十九条规定的人数众多的一方当事人，包括公民、法人和其他组织。

民事诉讼法第一百九十九条规定的当事人双方为公民的案件，是指原告和被告均为公民的案件。

第三百七十七条 当事人申请再审，应当提交下列材料：

（一）再审申请书，并按照被申请人和原审其他当事人的人数提交副本；

（二）再审申请人是自然人的，应当提交身份证明；再审申请人是法人或者其他组织的，应当提交营业执照、组织机构代码证书、法定代表人或者主要负责人身份证明书。委托他人代为申请的，应当提交授权委托书和代理人身份证明；

（三）原审判决书、裁定书、调解书；

（四）反映案件基本事实的主要证据及其他材料。

前款第二项、第三项、第四项规定的材料可以是与原件核对无异的复印件。

第三百七十八条 再审申请书应当记明下列事项：

（一）再审申请人与被申请人及原审其他当事人的基本信息；

（二）原审人民法院的名称，原审裁判文书案号；

（三）具体的再审请求；

（四）申请再审的法定情形及具体事实、理由。

再审申请书应当明确申请再审的人民法院，并由再审申请人签名、捺印或者盖章。

第三百七十九条 当事人一方人数众多或者当事人双方为公民的案件，当事人分别向原审人民法院和上一级人民法院申请再审且不能协商一致的，由原审人民法院受理。

第三百八十条 适用特别程序、督促程序、公示催告程序、破产程序等非讼程序审理的案件，当事人不得申请再审。

第三百八十一条 当事人认为发生法律效力的不予受理、驳回起诉的裁定错误的,可以申请再审。

第三百八十二条 当事人就离婚案件中的财产分割问题申请再审,如涉及判决中已分割的财产,人民法院应当依照民事诉讼法第二百条的规定进行审查,符合再审条件的,应当裁定再审;如涉及判决中未作处理的夫妻共同财产,应当告知当事人另行起诉。

第三百八十三条 当事人申请再审,有下列情形之一的,人民法院不予受理:

(一)再审申请被驳回后再次提出申请的;

(二)对再审判决、裁定提出申请的;

(三)在人民检察院对当事人的申请作出不予提出再审检察建议或者抗诉决定后又提出申请的。

前款第一项、第二项规定情形,人民法院应当告知当事人可以向人民检察院申请再审检察建议或者抗诉,但因人民检察院提出再审检察建议或者抗诉而再审作出的判决、裁定除外。

第三百八十四条 当事人对已经发生法律效力的调解书申请再审,应当在调解书发生法律效力后六个月内提出。

第三百八十五条 人民法院应当自收到符合条件的再审申请书等材料之日起五日内向再审申请人发送受理通知书,并向被申请人及原审其他当事人发送应诉通知书、再审申请书副本等材料。

第三百八十六条 人民法院受理申请再审案件后,应当依照民事诉讼法第二百条、第二百零一条、第二百零四条等规定,对当事人主张的再审事由进行审查。

第三百八十七条 再审申请人提供的新的证据,能够证明原判决、裁定认定基本事实或者裁判结果错误的,应当认定为民事诉讼法第二百条第一项规定的情形。

对于符合前款规定的证据,人民法院应当责令再审申请人说明其逾期提供该证据的理由;拒不说明理由或者理由不成立的,依照民事诉讼法第六十五条第二款和本解释第一百零二条的规定处理。

第三百八十八条 再审申请人证明其提交的新的证据符合下列情形之一的,可以认定逾期提供证据的理由成立:

（一）在原审庭审结束前已经存在，因客观原因于庭审结束后才发现的；

（二）在原审庭审结束前已经发现，但因客观原因无法取得或者在规定的期限内不能提供的；

（三）在原审庭审结束后形成，无法据此另行提起诉讼的。

再审申请人提交的证据在原审中已经提供，原审人民法院未组织质证且未作为裁判根据的，视为逾期提供证据的理由成立，但原审人民法院依照民事诉讼法第六十五条规定不予采纳的除外。

第三百八十九条 当事人对原判决、裁定认定事实的主要证据在原审中拒绝发表质证意见或者质证中未对证据发表质证意见的，不属于民事诉讼法第二百条第四项规定的未经质证的情形。

第三百九十条 有下列情形之一，导致判决、裁定结果错误的，应当认定为民事诉讼法第二百条第六项规定的原判决、裁定适用法律确有错误：

（一）适用的法律与案件性质明显不符的；

（二）确定民事责任明显违背当事人约定或者法律规定的；

（三）适用已经失效或者尚未施行的法律的；

（四）违反法律溯及力规定的；

（五）违反法律适用规则的；

（六）明显违背立法原意的。

第三百九十一条 原审开庭过程中有下列情形之一的，应当认定为民事诉讼法第二百条第九项规定的剥夺当事人辩论权利：

（一）不允许当事人发表辩论意见的；

（二）应当开庭审理而未开庭审理的；

（三）违反法律规定送达起诉状副本或者上诉状副本，致使当事人无法行使辩论权利的；

（四）违法剥夺当事人辩论权利的其他情形。

第三百九十二条 民事诉讼法第二百条第十一项规定的诉讼请求，包括一审诉讼请求、二审上诉请求，但当事人未对一审判决、裁定遗漏或者超出诉讼请求提起上诉的除外。

第三百九十三条 民事诉讼法第二百条第十二项规定的法律文书包括：

（一）发生法律效力的判决书、裁定书、调解书；

(二)发生法律效力的仲裁裁决书;

(三)具有强制执行效力的公证债权文书。

第三百九十四条 民事诉讼法第二百条第十三项规定的审判人员审理该案件时有贪污受贿、徇私舞弊、枉法裁判行为,是指已经由生效刑事法律文书或者纪律处分决定所确认的行为。

第三百九十五条 当事人主张的再审事由成立,且符合民事诉讼法和本解释规定的申请再审条件的,人民法院应当裁定再审。

当事人主张的再审事由不成立,或者当事人申请再审超过法定申请再审期限、超出法定再审事由范围等不符合民事诉讼法和本解释规定的申请再审条件的,人民法院应当裁定驳回再审申请。

第三百九十六条 人民法院对已经发生法律效力的判决、裁定、调解书依法决定再审,依照民事诉讼法第二百零六条规定,需要中止执行的,应当在再审裁定中同时写明中止原判决、裁定、调解书的执行;情况紧急的,可以将中止执行裁定口头通知负责执行的人民法院,并在通知后十日内发出裁定书。

第三百九十七条 人民法院根据审查案件的需要决定是否询问当事人。新的证据可能推翻原判决、裁定的,人民法院应当询问当事人。

第三百九十八条 审查再审申请期间,被申请人及原审其他当事人依法提出再审申请的,人民法院应当将其列为再审申请人,对其再审事由一并审查,审查期限重新计算。经审查,其中一方再审申请人主张的再审事由成立的,应当裁定再审。各方再审申请人主张的再审事由均不成立的,一并裁定驳回再审申请。

第三百九十九条 审查再审申请期间,再审申请人申请人民法院委托鉴定、勘验的,人民法院不予准许。

第四百条 审查再审申请期间,再审申请人撤回再审申请的,是否准许,由人民法院裁定。

再审申请人经传票传唤,无正当理由拒不接受询问的,可以按撤回再审申请处理。

第四百零一条 人民法院准许撤回再审申请或者按撤回再审申请处理后,再审申请人再次申请再审的,不予受理,但有民事诉讼法第二百条 第一项、第三项、第十二项、第十三项规定情形,自知道或者应当知道之日起六个月内提出的除外。

第四百零二条 再审申请审查期间,有下列情形之一的,裁定终结审查:

(一)再审申请人死亡或者终止,无权利义务承继者或者权利义务承继者声明放弃再审申请的;

(二)在给付之诉中,负有给付义务的被申请人死亡或者终止,无可供执行的财产,也没有应当承担义务的人的;

(三)当事人达成和解协议且已履行完毕的,但当事人在和解协议中声明不放弃申请再审权利的除外;

(四)他人未经授权以当事人名义申请再审的;

(五)原审或者上一级人民法院已经裁定再审的;

(六)有本解释第三百八十三条第一款规定情形的。

第四百零三条 人民法院审理再审案件应当组成合议庭开庭审理,但按照第二审程序审理,有特殊情况或者双方当事人已经通过其他方式充分表达意见,且书面同意不开庭审理的除外。

符合缺席判决条件的,可以缺席判决。

第四百零四条 人民法院开庭审理再审案件,应当按照下列情形分别进行:

(一)因当事人申请再审的,先由再审申请人陈述再审请求及理由,后由被申请人答辩、其他原审当事人发表意见;

(二)因抗诉再审的,先由抗诉机关宣读抗诉书,再由申请抗诉的当事人陈述,后由被申请人答辩、其他原审当事人发表意见;

(三)人民法院依职权再审,有申诉人的,先由申诉人陈述再审请求及理由,后由被申诉人答辩、其他原审当事人发表意见;

(四)人民法院依职权再审,没有申诉人的,先由原审原告或者原审上诉人陈述,后由原审其他当事人发表意见。

对前款第一项至第三项规定的情形,人民法院应当要求当事人明确其再审请求。

第四百零五条 人民法院审理再审案件应当围绕再审请求进行。当事人的再审请求超出原审诉讼请求的,不予审理;符合另案诉讼条件的,告知当事人可以另行起诉。

被申请人及原审其他当事人在庭审辩论结束前提出的再审请求,符合民事诉讼法第二百零五条规定的,人民法院应当一并审理。

人民法院经再审,发现已经发生法律效力的判决、裁定损害国家利益、社会公共利益、他人合法权益的,应当一并审理。

第四百零六条 再审审理期间,有下列情形之一的,可以裁定终结再审程序:

(一)再审申请人在再审期间撤回再审请求,人民法院准许的;

(二)再审申请人经传票传唤,无正当理由拒不到庭的,或者未经法庭许可中途退庭,按撤回再审请求处理的;

(三)人民检察院撤回抗诉的;

(四)有本解释第四百零二条第一项至第四项规定情形的。

因人民检察院提出抗诉裁定再审的案件,申请抗诉的当事人有前款规定的情形,且不损害国家利益、社会公共利益或者他人合法权益的,人民法院应当裁定终结再审程序。

再审程序终结后,人民法院裁定中止执行的原生效判决自动恢复执行。

第四百零七条 人民法院经再审审理认为,原判决、裁定认定事实清楚、适用法律正确的,应予维持;原判决、裁定认定事实、适用法律虽有瑕疵,但裁判结果正确的,应当在再审判决、裁定中纠正瑕疵后予以维持。

原判决、裁定认定事实、适用法律错误,导致裁判结果错误的,应当依法改判、撤销或者变更。

第四百零八条 按照第二审程序再审的案件,人民法院经审理认为不符合民事诉讼法规定的起诉条件或者符合民事诉讼法第一百二十四条规定不予受理情形的,应当裁定撤销一、二审判决,驳回起诉。

第四百零九条 人民法院对调解书裁定再审后,按照下列情形分别处理:

(一)当事人提出的调解违反自愿原则的事由不成立,且调解书的内容不违反法律强制性规定的,裁定驳回再审申请;

(二)人民检察院抗诉或者再审检察建议所主张的损害国家利益、社会公共利益的理由不成立的,裁定终结再审程序。

前款规定情形,人民法院裁定中止执行的调解书需要继续执行的,自动恢复执行。

第四百一十条　一审原告在再审审理程序中申请撤回起诉,经其他当事人同意,且不损害国家利益、社会公共利益、他人合法权益的,人民法院可以准许。裁定准许撤诉的,应当一并撤销原判决。

一审原告在再审审理程序中撤回起诉后重复起诉的,人民法院不予受理。

第四百一十一条　当事人提交新的证据致使再审改判,因再审申请人或者申请检察监督当事人的过错未能在原审程序中及时举证,被申请人等当事人请求补偿其增加的交通、住宿、就餐、误工等必要费用的,人民法院应予支持。

第四百一十二条　部分当事人到庭并达成调解协议,其他当事人未作出书面表示的,人民法院应当在判决中对该事实作出表述;调解协议内容不违反法律规定,且不损害其他当事人合法权益的,可以在判决主文中予以确认。

第四百一十三条　人民检察院依法对损害国家利益、社会公共利益的发生法律效力的判决、裁定、调解书提出抗诉,或者经人民检察院检察委员会讨论决定提出再审检察建议的,人民法院应予受理。

第四百一十四条　人民检察院对已经发生法律效力的判决以及不予受理、驳回起诉的裁定依法提出抗诉的,人民法院应予受理,但适用特别程序、督促程序、公示催告程序、破产程序以及解除婚姻关系的判决、裁定等不适用审判监督程序的判决、裁定除外。

第四百一十五条　人民检察院依照民事诉讼法第二百零九条第一款第三项规定对有明显错误的再审判决、裁定提出抗诉或者再审检察建议的,人民法院应予受理。

第四百一十六条　地方各级人民检察院依当事人的申请对生效判决、裁定向同级人民法院提出再审检察建议,符合下列条件的,应予受理:

(一)再审检察建议书和原审当事人申请书及相关证据材料已经提交;

(二)建议再审的对象为依照民事诉讼法和本解释规定可以进行再审的判决、裁定;

(三)再审检察建议书列明该判决、裁定有民事诉讼法第二百零八条第二款规定情形;

(四)符合民事诉讼法第二百零九条第一款第一项、第二项规定情形;

(五)再审检察建议经该人民检察院检察委员会讨论决定。

不符合前款规定的,人民法院可以建议人民检察院予以补正或者撤回;不予补正或者撤回的,应当函告人民检察院不予受理。

第四百一十七条 人民检察院依当事人的申请对生效判决、裁定提出抗诉,符合下列条件的,人民法院应当在三十日内裁定再审:

(一)抗诉书和原审当事人申请书及相关证据材料已经提交;

(二)抗诉对象为依照民事诉讼法和本解释规定可以进行再审的判决、裁定;

(三)抗诉书列明该判决、裁定有民事诉讼法第二百零八条第一款规定情形;

(四)符合民事诉讼法第二百零九条第一款第一项、第二项规定情形。

不符合前款规定的,人民法院可以建议人民检察院予以补正或者撤回;不予补正或者撤回的,人民法院可以裁定不予受理。

第四百一十八条 当事人的再审申请被上级人民法院裁定驳回后,人民检察院对原判决、裁定、调解书提出抗诉,抗诉事由符合民事诉讼法第二百条第一项至第五项规定情形之一的,受理抗诉的人民法院可以交由下一级人民法院再审。

第四百一十九条 人民法院收到再审检察建议后,应当组成合议庭,在三个月内进行审查,发现原判决、裁定、调解书确有错误,需要再审的,依照民事诉讼法第一百九十八条规定裁定再审,并通知当事人;经审查,决定不予再审的,应当书面回复人民检察院。

第四百二十条 人民法院审理因人民检察院抗诉或者检察建议裁定再审的案件,不受此前已经作出的驳回当事人再审申请裁定的影响。

第四百二十一条 人民法院开庭审理抗诉案件,应当在开庭三日前通知人民检察院、当事人和其他诉讼参与人。同级人民检察院或者提出抗诉的人民检察院应当派员出庭。

人民检察院因履行法律监督职责向当事人或者案外人调查核实的情况,应当向法庭提交并予以说明,由双方当事人进行质证。

第四百二十二条 必须共同进行诉讼的当事人因不能归责于本人或者其诉讼代理人的事由未参加诉讼的,可以根据民事诉讼法第二百条第八项规定,自知道或者应当知道之日起六个月内申请再审,但符合本解释第四百二十三条规定情形的除外。

人民法院因前款规定的当事人申请而裁定再审,按照第一审程序再审的,应当追加其为当事人,作出新的判决、裁定;按照第二审程序再审,经调解不能达成协议的,应当撤销原判决、裁定,发回重审,重审时应追加其为当事人。

第四百二十三条　根据民事诉讼法第二百二十七条规定,案外人对驳回其执行异议的裁定不服,认为原判决、裁定、调解书内容错误损害其民事权益的,可以自执行异议裁定送达之日起六个月内,向作出原判决、裁定、调解书的人民法院申请再审。

第四百二十四条　根据民事诉讼法第二百二十七条规定,人民法院裁定再审后,案外人属于必要的共同诉讼当事人的,依照本解释第四百二十二条第二款规定处理。

案外人不是必要的共同诉讼当事人的,人民法院仅审理原判决、裁定、调解书对其民事权益造成损害的内容。经审理,再审请求成立的,撤销或者改变原判决、裁定、调解书;再审请求不成立的,维持原判决、裁定、调解书。

第四百二十五条　本解释第三百四十条规定适用于审判监督程序。

第四百二十六条　对小额诉讼案件的判决、裁定,当事人以民事诉讼法第二百条规定的事由向原审人民法院申请再审的,人民法院应当受理。申请再审事由成立的,应当裁定再审,组成合议庭进行审理。作出的再审判决、裁定,当事人不得上诉。

当事人以不应按小额诉讼案件审理为由向原审人民法院申请再审的,人民法院应当受理。理由成立的,应当裁定再审,组成合议庭审理。作出的再审判决、裁定,当事人可以上诉。

十九、督促程序

第四百二十七条　两个以上人民法院都有管辖权的,债权人可以向其中一个基层人民法院申请支付令。

债权人向两个以上有管辖权的基层人民法院申请支付令的,由最先立案的人民法院管辖。

第四百二十八条　人民法院收到债权人的支付令申请书后,认为申请书不符合要求的,可以通知债权人限期补正。人民法院应当自收到补正材料之日起五日内通知债权人是否受理。

第四百二十九条 债权人申请支付令,符合下列条件的,基层人民法院应当受理,并在收到支付令申请书后五日内通知债权人:

(一)请求给付金钱或者汇票、本票、支票、股票、债券、国库券、可转让的存款单等有价证券;

(二)请求给付的金钱或者有价证券已到期且数额确定,并写明了请求所根据的事实、证据;

(三)债权人没有对待给付义务;

(四)债务人在我国境内且未下落不明;

(五)支付令能够送达债务人;

(六)收到申请书的人民法院有管辖权;

(七)债权人未向人民法院申请诉前保全。

不符合前款规定的,人民法院应当在收到支付令申请书后五日内通知债权人不予受理。

基层人民法院受理申请支付令案件,不受债权金额的限制。

第四百三十条 人民法院受理申请后,由审判员一人进行审查。经审查,有下列情形之一的,裁定驳回申请:

(一)申请人不具备当事人资格的;

(二)给付金钱或者有价证券的证明文件没有约定逾期给付利息或者违约金、赔偿金,债权人坚持要求给付利息或者违约金、赔偿金的;

(三)要求给付的金钱或者有价证券属于违法所得的;

(四)要求给付的金钱或者有价证券尚未到期或者数额不确定的。

人民法院受理支付令申请后,发现不符合本解释规定的受理条件的,应当在受理之日起十五日内裁定驳回申请。

第四百三十一条 向债务人本人送达支付令,债务人拒绝接收的,人民法院可以留置送达。

第四百三十二条 有下列情形之一的,人民法院应当裁定终结督促程序,已发出支付令的,支付令自行失效:

(一)人民法院受理支付令申请后,债权人就同一债权债务关系又提起诉讼的;

(二)人民法院发出支付令之日起三十日内无法送达债务人的;

（三）债务人收到支付令前,债权人撤回申请的。

第四百三十三条 债务人在收到支付令后,未在法定期间提出书面异议,而向其他人民法院起诉的,不影响支付令的效力。

债务人超过法定期间提出异议的,视为未提出异议。

第四百三十四条 债权人基于同一债权债务关系,在同一支付令申请中向债务人提出多项支付请求,债务人仅就其中一项或者几项请求提出异议的,不影响其他各项请求的效力。

第四百三十五条 债权人基于同一债权债务关系,就可分之债向多个债务人提出支付请求,多个债务人中的一人或者几人提出异议的,不影响其他请求的效力。

第四百三十六条 对设有担保的债务的主债务人发出的支付令,对担保人没有拘束力。

债权人就担保关系单独提起诉讼的,支付令自人民法院受理案件之日起失效。

第四百三十七条 经形式审查,债务人提出的书面异议有下列情形之一的,应当认定异议成立,裁定终结督促程序,支付令自行失效:

（一）本解释规定的不予受理申请情形的;

（二）本解释规定的裁定驳回申请情形的;

（三）本解释规定的应当裁定终结督促程序情形的;

（四）人民法院对是否符合发出支付令条件产生合理怀疑的。

第四百三十八条 债务人对债务本身没有异议,只是提出缺乏清偿能力、延缓债务清偿期限、变更债务清偿方式等异议的,不影响支付令的效力。

人民法院经审查认为异议不成立的,裁定驳回。

债务人的口头异议无效。

第四百三十九条 人民法院作出终结督促程序或者驳回异议裁定前,债务人请求撤回异议的,应当裁定准许。

债务人对撤回异议反悔的,人民法院不予支持。

第四百四十条 支付令失效后,申请支付令的一方当事人不同意提起诉讼的,应当自收到终结督促程序裁定之日起七日内向受理申请的人民法院提出。

申请支付令的一方当事人不同意提起诉讼的,不影响其向其他有管辖权的人民法院提起诉讼。

第四百四十一条 支付令失效后,申请支付令的一方当事人自收到终结督促程序裁定之日起七日内未向受理申请的人民法院表明不同意提起诉讼的,视为向受理申请的人民法院起诉。

债权人提出支付令申请的时间,即为向人民法院起诉的时间。

第四百四十二条 债权人向人民法院申请执行支付令的期间,适用民事诉讼法第二百三十九条的规定。

第四百四十三条 人民法院院长发现本院已经发生法律效力的支付令确有错误,认为需要撤销的,应当提交本院审判委员会讨论决定后,裁定撤销支付令,驳回债权人的申请。

二十、公示催告程序

第四百四十四条 民事诉讼法第二百一十八条规定的票据持有人,是指票据被盗、遗失或者灭失前的最后持有人。

第四百四十五条 人民法院收到公示催告的申请后,应当立即审查,并决定是否受理。经审查认为符合受理条件的,通知予以受理,并同时通知支付人停止支付;认为不符合受理条件的,七日内裁定驳回申请。

第四百四十六条 因票据丧失,申请公示催告的,人民法院应结合票据存根、丧失票据的复印件、出票人关于签发票据的证明、申请人合法取得票据的证明、银行挂失止付通知书、报案证明等证据,决定是否受理。

第四百四十七条 人民法院依照民事诉讼法第二百一十九条规定发出的受理申请的公告,应当写明下列内容:

(一)公示催告申请人的姓名或者名称;

(二)票据的种类、号码、票面金额、出票人、背书人、持票人、付款期限等事项以及其他可以申请公示催告的权利凭证的种类、号码、权利范围、权利人、义务人、行权日期等事项;

(三)申报权利的期间;

(四)在公示催告期间转让票据等权利凭证,利害关系人不申报的法律后果。

第四百四十八条 公告应当在有关报纸或者其他媒体上刊登,并于同日公布于人民法院公告栏内。人民法院所在地有证券交易所的,还应当同日在该交易所公布。

第四百四十九条 公告期间不得少于六十日,且公示催告期间届满日不得早于票据付款日后十五日。

第四百五十条 在申报期届满后、判决作出之前,利害关系人申报权利的,应当适用民事诉讼法第二百二十一条第二款、第三款规定处理。

第四百五十一条 利害关系人申报权利,人民法院应当通知其向法院出示票据,并通知公示催告申请人在指定的期间查看该票据。公示催告申请人申请公示催告的票据与利害关系人出示的票据不一致的,应当裁定驳回利害关系人的申报。

第四百五十二条 在申报权利的期间无人申报权利,或者申报被驳回的,申请人应当自公示催告期间届满之日起一个月内申请作出判决。逾期不申请判决的,终结公示催告程序。

裁定终结公示催告程序的,应当通知申请人和支付人。

第四百五十三条 判决公告之日起,公示催告申请人有权依据判决向付款人请求付款。

付款人拒绝付款,申请人向人民法院起诉,符合民事诉讼法第一百一十九条规定的起诉条件的,人民法院应予受理。

第四百五十四条 适用公示催告程序审理案件,可由审判员一人独任审理;判决宣告票据无效的,应当组成合议庭审理。

第四百五十五条 公示催告申请人撤回申请,应在公示催告前提出;公示催告期间申请撤回的,人民法院可以径行裁定终结公示催告程序。

第四百五十六条 人民法院依照民事诉讼法第二百二十条规定通知支付人停止支付,应当符合有关财产保全的规定。支付人收到停止支付通知后拒不止付的,除可依照民事诉讼法第一百一十一条、第一百一十四条规定采取强制措施外,在判决后,支付人仍应承担付款义务。

第四百五十七条 人民法院依照民事诉讼法第二百二十一条规定终结公示催告程序后,公示催告申请人或者申报人向人民法院提起诉讼,因票据权利纠纷提起的,由票据支付地或者被告住所地人民法院管辖;因非票据权利纠纷提起的,由被告住所地人民法院管辖。

第四百五十八条 依照民事诉讼法第二百二十一条规定制作的终结公示催告程序的裁定书,由审判员、书记员署名,加盖人民法院印章。

第四百五十九条 依照民事诉讼法第二百二十三条的规定,利害关系人向人民法院起诉的,人民法院可按票据纠纷适用普通程序审理。

第四百六十条 民事诉讼法第二百二十三条规定的正当理由,包括:

(一)因发生意外事件或者不可抗力致使利害关系人无法知道公告事实的;

(二)利害关系人因被限制人身自由而无法知道公告事实,或者虽然知道公告事实,但无法自己或者委托他人代为申报权利的;

(三)不属于法定申请公示催告情形的;

(四)未予公告或者未按法定方式公告的;

(五)其他导致利害关系人在判决作出前未能向人民法院申报权利的客观事由。

第四百六十一条 根据民事诉讼法第二百二十三条的规定,利害关系人请求人民法院撤销除权判决的,应当将申请人列为被告。

利害关系人仅诉请确认其为合法持票人的,人民法院应当在裁判文书中写明,确认利害关系人为票据权利人的判决作出后,除权判决即被撤销。

二十一、执行程序

第四百六十二条 发生法律效力的实现担保物权裁定、确认调解协议裁定、支付令,由作出裁定、支付令的人民法院或者与其同级的被执行财产所在地的人民法院执行。

认定财产无主的判决,由作出判决的人民法院将无主财产收归国家或者集体所有。

第四百六十三条 当事人申请人民法院执行的生效法律文书应当具备下列条件:

(一)权利义务主体明确;

(二)给付内容明确。

法律文书确定继续履行合同的,应当明确继续履行的具体内容。

第四百六十四条 根据民事诉讼法第二百二十七条规定,案外人对执行标的提出异议的,应当在该执行标的执行程序终结前提出。

第四百六十五条　案外人对执行标的提出的异议,经审查,按照下列情形分别处理:

(一)案外人对执行标的不享有足以排除强制执行的权益的,裁定驳回其异议;

(二)案外人对执行标的享有足以排除强制执行的权益的,裁定中止执行。

驳回案外人执行异议裁定送达案外人之日起十五日内,人民法院不得对执行标的进行处分。

第四百六十六条　申请执行人与被执行人达成和解协议后请求中止执行或者撤回执行申请的,人民法院可以裁定中止执行或者终结执行。

第四百六十七条　一方当事人不履行或者不完全履行在执行中双方自愿达成的和解协议,对方当事人申请执行原生效法律文书的,人民法院应当恢复执行,但和解协议已履行的部分应当扣除。和解协议已经履行完毕的,人民法院不予恢复执行。

第四百六十八条　申请恢复执行原生效法律文书,适用民事诉讼法第二百三十九条申请执行期间的规定。申请执行期间因达成执行中的和解协议而中断,其期间自和解协议约定履行期限的最后一日起重新计算。

第四百六十九条　人民法院依照民事诉讼法第二百三十一条规定决定暂缓执行的,如果担保是有期限的,暂缓执行的期限应当与担保期限一致,但最长不得超过一年。被执行人或者担保人对担保的财产在暂缓执行期间有转移、隐藏、变卖、毁损等行为的,人民法院可以恢复强制执行。

第四百七十条　根据民事诉讼法第二百三十一条规定向人民法院提供执行担保的,可以由被执行人或者他人提供财产担保,也可以由他人提供保证。担保人应当具有代为履行或者代为承担赔偿责任的能力。

他人提供执行保证的,应当向执行法院出具保证书,并将保证书副本送交申请执行人。被执行人或者他人提供财产担保的,应当参照民法典的有关规定办理相应手续。

第四百七十一条　被执行人在人民法院决定暂缓执行的期限届满后仍不履行义务的,人民法院可以直接执行担保财产,或者裁定执行担保人的财产,但执行担保人的财产以担保人应当履行义务部分的财产为限。

第四百七十二条　依照民事诉讼法第二百三十二条规定,执行中作为被执行人的法人或者其他组织分立、合并的,人民法院可以裁定变更后的法人或者其他组织为被执行人;被注销的,如果依照有关实体法的规定有权利义务承受人的,可以裁定该权利义务承受人为被执行人。

第四百七十三条　其他组织在执行中不能履行法律文书确定的义务的,人民法院可以裁定执行对该其他组织依法承担义务的法人或者公民个人的财产。

第四百七十四条　在执行中,作为被执行人的法人或者其他组织名称变更的,人民法院可以裁定变更后的法人或者其他组织为被执行人。

第四百七十五条　作为被执行人的公民死亡,其遗产继承人没有放弃继承的,人民法院可以裁定变更被执行人,由该继承人在遗产的范围内偿还债务。继承人放弃继承的,人民法院可以直接执行被执行人的遗产。

第四百七十六条　法律规定由人民法院执行的其他法律文书执行完毕后,该法律文书被有关机关或者组织依法撤销的,经当事人申请,适用民事诉讼法第二百三十三条规定。

第四百七十七条　仲裁机构裁决的事项,部分有民事诉讼法第二百三十七条第二款、第三款规定情形的,人民法院应当裁定对该部分不予执行。

应当不予执行部分与其他部分不可分的,人民法院应当裁定不予执行仲裁裁决。

第四百七十八条　依照民事诉讼法第二百三十七条第二款、第三款规定,人民法院裁定不予执行仲裁裁决后,当事人对该裁定提出执行异议或者复议的,人民法院不予受理。当事人可以就该民事纠纷重新达成书面仲裁协议申请仲裁,也可以向人民法院起诉。

第四百七十九条　在执行中,被执行人通过仲裁程序将人民法院查封、扣押、冻结的财产确权或者分割给案外人的,不影响人民法院执行程序的进行。

案外人不服的,可以根据民事诉讼法第二百二十七条规定提出异议。

第四百八十条　有下列情形之一的,可以认定为民事诉讼法第二百三十八条第二款规定的公证债权文书确有错误:

(一)公证债权文书属于不得赋予强制执行效力的债权文书的;

(二)被执行人一方未亲自或者未委托代理人到场公证等严重违反法律

规定的公证程序的;

(三)公证债权文书的内容与事实不符或者违反法律强制性规定的;

(四)公证债权文书未载明被执行人不履行义务或者不完全履行义务时同意接受强制执行的。

人民法院认定执行该公证债权文书违背社会公共利益的,裁定不予执行。

公证债权文书被裁定不予执行后,当事人、公证事项的利害关系人可以就债权争议提起诉讼。

第四百八十一条 当事人请求不予执行仲裁裁决或者公证债权文书的,应当在执行终结前向执行法院提出。

第四百八十二条 人民法院应当在收到申请执行书或者移交执行书后十日内发出执行通知。

执行通知中除应责令被执行人履行法律文书确定的义务外,还应通知其承担民事诉讼法第二百五十三条规定的迟延履行利息或者迟延履行金。

第四百八十三条 申请执行人超过申请执行时效期间向人民法院申请强制执行的,人民法院应予受理。被执行人对申请执行时效期间提出异议,人民法院经审查异议成立的,裁定不予执行。

被执行人履行全部或者部分义务后,又以不知道申请执行时效期间届满为由请求执行回转的,人民法院不予支持。

第四百八十四条 对必须接受调查询问的被执行人、被执行人的法定代表人、负责人或者实际控制人,经依法传唤无正当理由拒不到场的,人民法院可以拘传其到场。

人民法院应当及时对被拘传人进行调查询问,调查询问的时间不得超过八小时;情况复杂,依法可能采取拘留措施的,调查询问的时间不得超过二十四小时。

人民法院在本辖区以外采取拘传措施时,可以将被拘传人拘传到当地人民法院,当地人民法院应予协助。

第四百八十五条 人民法院有权查询被执行人的身份信息与财产信息,掌握相关信息的单位和个人必须按照协助执行通知书办理。

第四百八十六条 对被执行的财产,人民法院非经查封、扣押、冻结不得处分。对银行存款等各类可以直接扣划的财产,人民法院的扣划裁定同时具有冻结的法律效力。

第四百八十七条　人民法院冻结被执行人的银行存款的期限不得超过一年,查封、扣押动产的期限不得超过两年,查封不动产、冻结其他财产权的期限不得超过三年。

申请执行人申请延长期限的,人民法院应当在查封、扣押、冻结期限届满前办理续行查封、扣押、冻结手续,续行期限不得超过前款规定的期限。

人民法院也可以依职权办理续行查封、扣押、冻结手续。

第四百八十八条　依照民事诉讼法第二百四十七条规定,人民法院在执行中需要拍卖被执行人财产的,可以由人民法院自行组织拍卖,也可以交由具备相应资质的拍卖机构拍卖。

交拍卖机构拍卖的,人民法院应当对拍卖活动进行监督。

第四百八十九条　拍卖评估需要对现场进行检查、勘验的,人民法院应当责令被执行人、协助义务人予以配合。被执行人、协助义务人不予配合的,人民法院可以强制进行。

第四百九十条　人民法院在执行中需要变卖被执行人财产的,可以交有关单位变卖,也可以由人民法院直接变卖。

对变卖的财产,人民法院或者其工作人员不得买受。

第四百九十一条　经申请执行人和被执行人同意,且不损害其他债权人合法权益和社会公共利益的,人民法院可以不经拍卖、变卖,直接将被执行人的财产作价交申请执行人抵偿债务。对剩余债务,被执行人应当继续清偿。

第四百九十二条　被执行人的财产无法拍卖或者变卖的,经申请执行人同意,且不损害其他债权人合法权益和社会公共利益的,人民法院可以将该项财产作价后交付申请执行人抵偿债务,或者交付申请执行人管理;申请执行人拒绝接收或者管理的,退回被执行人。

第四百九十三条　拍卖成交或者依法定程序裁定以物抵债的,标的物所有权自拍卖成交裁定或者抵债裁定送达买受人或者接受抵债物的债权人时转移。

第四百九十四条　执行标的物为特定物的,应当执行原物。原物确已毁损或者灭失的,经双方当事人同意,可以折价赔偿。

双方当事人对折价赔偿不能协商一致的,人民法院应当终结执行程序。

申请执行人可以另行起诉。

第四百九十五条　他人持有法律文书指定交付的财物或者票证,人民法院依照民事诉讼法第二百四十九条第二款、第三款规定发出协助执行通知后,拒不转交的,可以强制执行,并可依照民事诉讼法第一百一十四条、第一百一十五条规定处理。

他人持有期间财物或者票证毁损、灭失的,参照本解释第四百九十四条规定处理。

他人主张合法持有财物或者票证的,可以根据民事诉讼法第二百二十七条规定提出执行异议。

第四百九十六条　在执行中,被执行人隐匿财产、会计账簿等资料的,人民法院除可依照民事诉讼法第一百一十一条第一款第六项规定对其处理外,还应责令被执行人交出隐匿的财产、会计账簿等资料。被执行人拒不交出的,人民法院可以采取搜查措施。

第四百九十七条　搜查人员应当按规定着装并出示搜查令和工作证件。

第四百九十八条　人民法院搜查时禁止无关人员进入搜查现场;搜查对象是公民的,应当通知被执行人或者他的成年家属以及基层组织派员到场;搜查对象是法人或者其他组织的,应当通知法定代表人或者主要负责人到场。拒不到场的,不影响搜查。

搜查妇女身体,应当由女执行人员进行。

第四百九十九条　搜查中发现应当依法采取查封、扣押措施的财产,依照民事诉讼法第二百四十五条第二款和第二百四十七条规定办理。

第五百条　搜查应当制作搜查笔录,由搜查人员、被搜查人及其他在场人签名、捺印或者盖章。拒绝签名、捺印或者盖章的,应当记入搜查笔录。

第五百零一条　人民法院执行被执行人对他人的到期债权,可以作出冻结债权的裁定,并通知该他人向申请执行人履行。

该他人对到期债权有异议,申请执行人请求对异议部分强制执行的,人民法院不予支持。利害关系人对到期债权有异议的,人民法院应当按照民事诉讼法第二百二十七条规定处理。

对生效法律文书确定的到期债权,该他人予以否认的,人民法院不予支持。

第五百零二条　人民法院在执行中需要办理房产证、土地证、林权证、专利证书、商标证书、车船执照等有关财产权证照转移手续的,可以依照民事诉讼法第二百五十一条规定办理。

第五百零三条　被执行人不履行生效法律文书确定的行为义务,该义务可由他人完成的,人民法院可以选定代履行人;法律、行政法规对履行该行为义务有资格限制的,应当从有资格的人中选定。必要时,可以通过招标的方式确定代履行人。

申请执行人可以在符合条件的人中推荐代履行人,也可以申请自己代为履行,是否准许,由人民法院决定。

第五百零四条　代履行费用的数额由人民法院根据案件具体情况确定,并由被执行人在指定期限内预先支付。被执行人未预付的,人民法院可以对该费用强制执行。

代履行结束后,被执行人可以查阅、复制费用清单以及主要凭证。

第五百零五条　被执行人不履行法律文书指定的行为,且该项行为只能由被执行人完成的,人民法院可以依照民事诉讼法第一百一十一条第一款第六项规定处理。

被执行人在人民法院确定的履行期间内仍不履行的,人民法院可以依照民事诉讼法第一百一十一条第一款第六项规定再次处理。

第五百零六条　被执行人迟延履行的,迟延履行期间的利息或者迟延履行金自判决、裁定和其他法律文书指定的履行期间届满之日起计算。

第五百零七条　被执行人未按判决、裁定和其他法律文书指定的期间履行非金钱给付义务的,无论是否已给申请执行人造成损失,都应当支付迟延履行金。已经造成损失的,双倍补偿申请执行人已经受到的损失;没有造成损失的,迟延履行金可以由人民法院根据具体案件情况决定。

第五百零八条　被执行人为公民或者其他组织,在执行程序开始后,被执行人的其他已经取得执行依据的债权人发现被执行人的财产不能清偿所有债权的,可以向人民法院申请参与分配。

对人民法院查封、扣押、冻结的财产有优先权、担保物权的债权人,可以直接申请参与分配,主张优先受偿权。

第五百零九条　申请参与分配,申请人应当提交申请书。申请书应当写明参与分配和被执行人不能清偿所有债权的事实、理由,并附有执行依据。

参与分配申请应当在执行程序开始后,被执行人的财产执行终结前提出。

第五百一十条 参与分配执行中,执行所得价款扣除执行费用,并清偿应当优先受偿的债权后,对于普通债权,原则上按照其占全部申请参与分配债权数额的比例受偿。清偿后的剩余债务,被执行人应当继续清偿。债权人发现被执行人有其他财产的,可以随时请求人民法院执行。

第五百一十一条 多个债权人对执行财产申请参与分配的,执行法院应当制作财产分配方案,并送达各债权人和被执行人。债权人或者被执行人对分配方案有异议的,应当自收到分配方案之日起十五日内向执行法院提出书面异议。

第五百一十二条 债权人或者被执行人对分配方案提出书面异议的,执行法院应当通知未提出异议的债权人、被执行人。

未提出异议的债权人、被执行人自收到通知之日起十五日内未提出反对意见的,执行法院依异议人的意见对分配方案审查修正后进行分配;提出反对意见的,应当通知异议人。异议人可以自收到通知之日起十五日内,以提出反对意见的债权人、被执行人为被告,向执行法院提起诉讼;异议人逾期未提起诉讼的,执行法院按照原分配方案进行分配。

诉讼期间进行分配的,执行法院应当提存与争议债权数额相应的款项。

第五百一十三条 在执行中,作为被执行人的企业法人符合企业破产法第二条第一款规定情形的,执行法院经申请执行人之一或者被执行人同意,应当裁定中止对该被执行人的执行,将执行案件相关材料移送被执行人住所地人民法院。

第五百一十四条 被执行人住所地人民法院应当自收到执行案件相关材料之日起三十日内,将是否受理破产案件的裁定告知执行法院。不予受理的,应当将相关案件材料退回执行法院。

第五百一十五条 被执行人住所地人民法院裁定受理破产案件的,执行法院应当解除对被执行人财产的保全措施。被执行人住所地人民法院裁定宣告被执行人破产的,执行法院应当裁定终结对该被执行人的执行。

被执行人住所地人民法院不受理破产案件的,执行法院应当恢复执行。

第五百一十六条 当事人不同意移送破产或者被执行人住所地人民法院

不受理破产案件的,执行法院就执行变价所得财产,在扣除执行费用及清偿优先受偿的债权后,对于普通债权,按照财产保全和执行中查封、扣押、冻结财产的先后顺序清偿。

第五百一十七条 债权人根据民事诉讼法第二百五十四条规定请求人民法院继续执行的,不受民事诉讼法第二百三十九条规定申请执行时效期间的限制。

第五百一十八条 被执行人不履行法律文书确定的义务的,人民法院除对被执行人予以处罚外,还可以根据情节将其纳入失信被执行人名单,将被执行人不履行或者不完全履行义务的信息向其所在单位、征信机构以及其他相关机构通报。

第五百一十九条 经过财产调查未发现可供执行的财产,在申请执行人签字确认或者执行法院组成合议庭审查核实并经院长批准后,可以裁定终结本次执行程序。

依照前款规定终结执行后,申请执行人发现被执行人有可供执行财产的,可以再次申请执行。再次申请不受申请执行时效期间的限制。

第五百二十条 因撤销申请而终结执行后,当事人在民事诉讼法第二百三十九条规定的申请执行时效期间内再次申请执行的,人民法院应当受理。

第五百二十一条 在执行终结六个月内,被执行人或者其他人对已执行的标的有妨害行为的,人民法院可以依申请排除妨害,并可以依照民事诉讼法第一百一十一条规定进行处罚。因妨害行为给执行债权人或者其他人造成损失的,受害人可以另行起诉。

二十二、涉外民事诉讼程序的特别规定

第五百二十二条 有下列情形之一,人民法院可以认定为涉外民事案件:

(一)当事人一方或者双方是外国人、无国籍人、外国企业或者组织的;

(二)当事人一方或者双方的经常居所地在中华人民共和国领域外的;

(三)标的物在中华人民共和国领域外的;

(四)产生、变更或者消灭民事关系的法律事实发生在中华人民共和国领域外的;

(五)可以认定为涉外民事案件的其他情形。

第五百二十三条 外国人参加诉讼,应当向人民法院提交护照等用以证明自己身份的证件。

外国企业或者组织参加诉讼,向人民法院提交的身份证明文件,应当经所在国公证机关公证,并经中华人民共和国驻该国使领馆认证,或者履行中华人民共和国与该所在国订立的有关条约中规定的证明手续。

代表外国企业或者组织参加诉讼的人,应当向人民法院提交其有权作为代表人参加诉讼的证明,该证明应当经所在国公证机关公证,并经中华人民共和国驻该国使领馆认证,或者履行中华人民共和国与该所在国订立的有关条约中规定的证明手续。

本条所称的"所在国",是指外国企业或者组织的设立登记地国,也可以是办理了营业登记手续的第三国。

第五百二十四条 依照民事诉讼法第二百六十四条以及本解释第五百二十三条规定,需要办理公证、认证手续,而外国当事人所在国与中华人民共和国没有建立外交关系的,可以经该国公证机关公证,经与中华人民共和国有外交关系的第三国驻该国使领馆认证,再转由中华人民共和国驻该第三国使领馆认证。

第五百二十五条 外国人、外国企业或者组织的代表人在人民法院法官的见证下签署授权委托书,委托代理人进行民事诉讼的,人民法院应予认可。

第五百二十六条 外国人、外国企业或者组织的代表人在中华人民共和国境内签署授权委托书,委托代理人进行民事诉讼,经中华人民共和国公证机构公证的,人民法院应予认可。

第五百二十七条 当事人向人民法院提交的书面材料是外文的,应当同时向人民法院提交中文翻译件。

当事人对中文翻译件有异议的,应当共同委托翻译机构提供翻译文本;当事人对翻译机构的选择不能达成一致的,由人民法院确定。

第五百二十八条 涉外民事诉讼中的外籍当事人,可以委托本国人为诉讼代理人,也可以委托本国律师以非律师身份担任诉讼代理人;外国驻华使领馆官员,受本国公民的委托,可以以个人名义担任诉讼代理人,但在诉讼中不享有外交或者领事特权和豁免。

第五百二十九条 涉外民事诉讼中,外国驻华使领馆授权其本馆官员,在作为当事人的本国国民不在中华人民共和国领域内的情况下,可以以外交代表身份为其本国国民在中华人民共和国聘请中华人民共和国律师或者中华人民共和国公民代理民事诉讼。

第五百三十条 涉外民事诉讼中,经调解双方达成协议,应当制发调解书。当事人要求发给判决书的,可以依协议的内容制作判决书送达当事人。

第五百三十一条 涉外合同或者其他财产权益纠纷的当事人,可以书面协议选择被告住所地、合同履行地、合同签订地、原告住所地、标的物所在地、侵权行为地等与争议有实际联系地点的外国法院管辖。

根据民事诉讼法第三十三条和第二百六十六条规定,属于中华人民共和国法院专属管辖的案件,当事人不得协议选择外国法院管辖,但协议选择仲裁的除外。

第五百三十二条 涉外民事案件同时符合下列情形的,人民法院可以裁定驳回原告的起诉,告知其向更方便的外国法院提起诉讼:

(一)被告提出案件应由更方便外国法院管辖的请求,或者提出管辖异议;

(二)当事人之间不存在选择中华人民共和国法院管辖的协议;

(三)案件不属于中华人民共和国法院专属管辖;

(四)案件不涉及中华人民共和国国家、公民、法人或者其他组织的利益;

(五)案件争议的主要事实不是发生在中华人民共和国境内,且案件不适用中华人民共和国法律,人民法院审理案件在认定事实和适用法律方面存在重大困难;

(六)外国法院对案件享有管辖权,且审理该案件更加方便。

第五百三十三条 中华人民共和国法院和外国法院都有管辖权的案件,一方当事人向外国法院起诉,而另一方当事人向中华人民共和国法院起诉的,人民法院可予受理。判决后,外国法院申请或者当事人请求人民法院承认和执行外国法院对本案作出的判决、裁定的,不予准许;但双方共同缔结或者参加的国际条约另有规定的除外。

外国法院判决、裁定已经被人民法院承认,当事人就同一争议向人民法院起诉的,人民法院不予受理。

第五百三十四条 对在中华人民共和国领域内没有住所的当事人,经用公告方式送达诉讼文书,公告期满不应诉,人民法院缺席判决后,仍应当将裁判文书依照民事诉讼法第二百六十七条第八项规定公告送达。自公告送达裁判文书满三个月之日起,经过三十日的上诉期当事人没有上诉的,一审判决即发生法律效力。

第五百三十五条　外国人或者外国企业、组织的代表人、主要负责人在中华人民共和国领域内的,人民法院可以向该自然人或者外国企业、组织的代表人、主要负责人送达。

外国企业、组织的主要负责人包括该企业、组织的董事、监事、高级管理人员等。

第五百三十六条　受送达人所在国允许邮寄送达的,人民法院可以邮寄送达。

邮寄送达时应当附有送达回证。受送达人未在送达回证上签收但在邮件回执上签收的,视为送达,签收日期为送达日期。

自邮寄之日起满三个月,如果未收到送达的证明文件,且根据各种情况不足以认定已经送达的,视为不能用邮寄方式送达。

第五百三十七条　人民法院一审时采取公告方式向当事人送达诉讼文书的,二审时可径行采取公告方式向其送达诉讼文书,但人民法院能够采取公告方式之外的其他方式送达的除外。

第五百三十八条　不服第一审人民法院判决、裁定的上诉期,对在中华人民共和国领域内有住所的当事人,适用民事诉讼法第一百六十四条规定的期限;对在中华人民共和国领域内没有住所的当事人,适用民事诉讼法第二百六十九条规定的期限。当事人的上诉期均已届满没有上诉的,第一审人民法院的判决、裁定即发生法律效力。

第五百三十九条　人民法院对涉外民事案件的当事人申请再审进行审查的期间,不受民事诉讼法第二百零四条规定的限制。

第五百四十条　申请人向人民法院申请执行中华人民共和国涉外仲裁机构的裁决,应当提出书面申请,并附裁决书正本。如申请人为外国当事人,其申请书应当用中文文本提出。

第五百四十一条　人民法院强制执行涉外仲裁机构的仲裁裁决时,被执行人以有民事诉讼法第二百七十四条第一款规定的情形为由提出抗辩的,人民法院应当对被执行人的抗辩进行审查,并根据审查结果裁定执行或者不予执行。

第五百四十二条 依照民事诉讼法第二百七十二条规定,中华人民共和国涉外仲裁机构将当事人的保全申请提交人民法院裁定的,人民法院可以进行审查,裁定是否进行保全。裁定保全的,应当责令申请人提供担保,申请人不提供担保的,裁定驳回申请。

当事人申请证据保全,人民法院经审查认为无需提供担保的,申请人可以不提供担保。

第五百四十三条 申请人向人民法院申请承认和执行外国法院作出的发生法律效力的判决、裁定,应当提交申请书,并附外国法院作出的发生法律效力的判决、裁定正本或者经证明无误的副本以及中文译本。外国法院判决、裁定为缺席判决、裁定的,申请人应当同时提交该外国法院已经合法传唤的证明文件,但判决、裁定已经对此予以明确说明的除外。

中华人民共和国缔结或者参加的国际条约对提交文件有规定的,按照规定办理。

第五百四十四条 当事人向中华人民共和国有管辖权的中级人民法院申请承认和执行外国法院作出的发生法律效力的判决、裁定的,如果该法院所在国与中华人民共和国没有缔结或者共同参加国际条约,也没有互惠关系的,裁定驳回申请,但当事人向人民法院申请承认外国法院作出的发生法律效力的离婚判决的除外。

承认和执行申请被裁定驳回的,当事人可以向人民法院起诉。

第五百四十五条 对临时仲裁庭在中华人民共和国领域外作出的仲裁裁决,一方当事人向人民法院申请承认和执行的,人民法院应当依照民事诉讼法第二百八十三条规定处理。

第五百四十六条 对外国法院作出的发生法律效力的判决、裁定或者外国仲裁裁决,需要中华人民共和国法院执行的,当事人应当先向人民法院申请承认。人民法院经审查,裁定承认后,再根据民事诉讼法第三编的规定予以执行。

当事人仅申请承认而未同时申请执行的,人民法院仅对应否承认进行审查并作出裁定。

第五百四十七条 当事人申请承认和执行外国法院作出的发生法律效力

的判决、裁定或者外国仲裁裁决的期间,适用民事诉讼法第二百三十九条的规定。

当事人仅申请承认而未同时申请执行的,申请执行的期间自人民法院对承认申请作出的裁定生效之日起重新计算。

第五百四十八条 承认和执行外国法院作出的发生法律效力的判决、裁定或者外国仲裁裁决的案件,人民法院应当组成合议庭进行审查。

人民法院应当将申请书送达被申请人。被申请人可以陈述意见。

人民法院经审查作出的裁定,一经送达即发生法律效力。

第五百四十九条 与中华人民共和国没有司法协助条约又无互惠关系的国家的法院,未通过外交途径,直接请求人民法院提供司法协助的,人民法院应予退回,并说明理由。

第五百五十条 当事人在中华人民共和国领域外使用中华人民共和国法院的判决书、裁定书,要求中华人民共和国法院证明其法律效力的,或者外国法院要求中华人民共和国法院证明判决书、裁定书的法律效力的,作出判决、裁定的中华人民共和国法院,可以本法院的名义出具证明。

第五百五十一条 人民法院审理涉及香港、澳门特别行政区和台湾地区的民事诉讼案件,可以参照适用涉外民事诉讼程序的特别规定。

二十三、附则

第五百五十二条 本解释公布施行后,最高人民法院于 1992 年 7 月 14 日发布的《关于适用〈中华人民共和国民事诉讼法〉若干问题的意见》同时废止;最高人民法院以前发布的司法解释与本解释不一致的,不再适用。

最高人民法院最高人民检察院
关于检察公益诉讼案件适用法律若干问题的解释

（2018 年 2 月 23 日最高人民法院审判委员会第 1734 次会议、2018 年 2 月 11 日最高人民检察院第十二届检察委员会第 73 次会议通过，根据 2020 年 12 月 23 日最高人民法院审判委员会第 1823 次会议、2020 年 12 月 28 日最高人民检察院第十三届检察委员会第 58 次会议修正）

一、一般规定

第一条 为正确适用《中华人民共和国民法典》《中华人民共和国民事诉讼法》《中华人民共和国行政诉讼法》关于人民检察院提起公益诉讼制度的规定，结合审判、检察工作实际，制定本解释。

第二条 人民法院、人民检察院办理公益诉讼案件主要任务是充分发挥司法审判、法律监督职能作用，维护宪法法律权威，维护社会公平正义，维护国家利益和社会公共利益，督促适格主体依法行使公益诉权，促进依法行政、严格执法。

第三条 人民法院、人民检察院办理公益诉讼案件，应当遵守宪法法律规定，遵循诉讼制度的原则，遵循审判权、检察权运行规律。

第四条 人民检察院以公益诉讼起诉人身份提起公益诉讼，依照民事诉讼法、行政诉讼法享有相应的诉讼权利，履行相应的诉讼义务，但法律、司法解释另有规定的除外。

第五条 市（分、州）人民检察院提起的第一审民事公益诉讼案件，由侵权行为地或者被告住所地中级人民法院管辖。

基层人民检察院提起的第一审行政公益诉讼案件，由被诉行政机关所在地基层人民法院管辖。

第六条 人民检察院办理公益诉讼案件，可以向有关行政机关以及其他组织、公民调查收集证据材料;有关行政机关以及其他组织、公民应当配合;需要采取证据保全措施的,依照民事诉讼法、行政诉讼法相关规定办理。

第七条　人民法院审理人民检察院提起的第一审公益诉讼案件,适用人民陪审制。

第八条　人民法院开庭审理人民检察院提起的公益诉讼案件,应当在开庭三日前向人民检察院送达出庭通知书。

人民检察院应当派员出庭,并应当自收到人民法院出庭通知书之日起三日内向人民法院提交派员出庭通知书。派员出庭通知书应当写明出庭人员的姓名、法律职务以及出庭履行的具体职责。

第九条　出庭检察人员履行以下职责:

(一)宣读公益诉讼起诉书;

(二)对人民检察院调查收集的证据予以出示和说明,对相关证据进行质证;

(三)参加法庭调查,进行辩论并发表意见;

(四)依法从事其他诉讼活动。

第十条　人民检察院不服人民法院第一审判决、裁定的,可以向上一级人民法院提起上诉。

第十一条　人民法院审理第二审案件,由提起公益诉讼的人民检察院派员出庭,上一级人民检察院也可以派员参加。

第十二条　人民检察院提起公益诉讼案件判决、裁定发生法律效力,被告不履行的,人民法院应当移送执行。

二、民事公益诉讼

第十三条　人民检察院在履行职责中发现破坏生态环境和资源保护,食品药品安全领域侵害众多消费者合法权益,侵害英雄烈士等的姓名、肖像、名誉、荣誉等损害社会公共利益的行为,拟提起公益诉讼的,应当依法公告,公告期间为三十日。

公告期满,法律规定的机关和有关组织、英雄烈士等的近亲属不提起诉讼的,人民检察院可以向人民法院提起诉讼。

人民检察院办理侵害英雄烈士等的姓名、肖像、名誉、荣誉等的民事公益诉讼案件,也可以直接征询英雄烈士等的近亲属的意见。

第十四条　人民检察院提起民事公益诉讼应当提交下列材料：

（一）民事公益诉讼起诉书，并按照被告人数提出副本；

（二）被告的行为已经损害社会公共利益的初步证明材料；

（三）已经履行公告程序、征询英雄烈士等的近亲属意见的证明材料。

第十五条　人民检察院依据民事诉讼法第五十五条第二款的规定提起民事公益诉讼，符合民事诉讼法第一百一十九条第二项、第三项、第四项及本解释规定的起诉条件的，人民法院应当登记立案。

第十六条　人民检察院提起的民事公益诉讼案件中，被告以反诉方式提出诉讼请求的，人民法院不予受理。

第十七条　人民法院受理人民检察院提起的民事公益诉讼案件后，应当在立案之日起五日内将起诉书副本送达被告。

人民检察院已履行诉前公告程序的，人民法院立案后不再进行公告。

第十八条　人民法院认为人民检察院提出的诉讼请求不足以保护社会公共利益的，可以向其释明变更或者增加停止侵害、恢复原状等诉讼请求。

第十九条　民事公益诉讼案件审理过程中，人民检察院诉讼请求全部实现而撤回起诉的，人民法院应予准许。

第二十条　人民检察院对破坏生态环境和资源保护，食品药品安全领域侵害众多消费者合法权益，侵害英雄烈士等的姓名、肖像、名誉、荣誉等损害社会公共利益的犯罪行为提起刑事公诉时，可以向人民法院一并提起附带民事公益诉讼，由人民法院同一审判组织审理。

人民检察院提起的刑事附带民事公益诉讼案件由审理刑事案件的人民法院管辖。

三、行政公益诉讼

第二十一条　人民检察院在履行职责中发现生态环境和资源保护、食品药品安全、国有财产保护、国有土地使用权出让等领域负有监督管理职责的行政机关违法行使职权或者不作为，致使国家利益或者社会公共利益受到侵害的，应当向行政机关提出检察建议，督促其依法履行职责。

行政机关应当在收到检察建议书之日起两个月内依法履行职责，并书面回复人民检察院。出现国家利益或者社会公共利益损害继续扩大等紧急情形的，行政机关应当在十五日内书面回复。

行政机关不依法履行职责的,人民检察院依法向人民法院提起诉讼。

第二十二条 人民检察院提起行政公益诉讼应当提交下列材料:

(一)行政公益诉讼起诉书,并按照被告人数提出副本;

(二)被告违法行使职权或者不作为,致使国家利益或者社会公共利益受到侵害的证明材料;

(三)已经履行诉前程序,行政机关仍不依法履行职责或者纠正违法行为的证明材料。

第二十三条 人民检察院依据行政诉讼法第二十五条第四款的规定提起行政公益诉讼,符合行政诉讼法第四十九条第二项、第三项、第四项及本解释规定的起诉条件的,人民法院应当登记立案。

第二十四条 在行政公益诉讼案件审理过程中,被告纠正违法行为或者依法履行职责而使人民检察院的诉讼请求全部实现,人民检察院撤回起诉的,人民法院应当裁定准许;人民检察院变更诉讼请求,请求确认原行政行为违法的,人民法院应当判决确认违法。

第二十五条 人民法院区分下列情形作出行政公益诉讼判决:

(一)被诉行政行为具有行政诉讼法第七十四条、第七十五条规定情形之一的,判决确认违法或者确认无效,并可以同时判决责令行政机关采取补救措施;

(二)被诉行政行为具有行政诉讼法第七十条规定情形之一的,判决撤销或者部分撤销,并可以判决被诉行政机关重新作出行政行为;

(三)被诉行政机关不履行法定职责的,判决在一定期限内履行;

(四)被诉行政机关作出的行政处罚明显不当,或者其他行政行为涉及对款额的确定、认定确有错误的,可以判决予以变更;

(五)被诉行政行为证据确凿,适用法律、法规正确,符合法定程序,未超越职权,未滥用职权,无明显不当,或者人民检察院诉请被诉行政机关履行法定职责理由不成立的,判决驳回诉讼请求。

人民法院可以将判决结果告知被诉行政机关所属的人民政府或者其他相关的职能部门。

四、附则

第二十六条 本解释未规定的其他事项,适用民事诉讼法、行政诉讼法以及相关司法解释的规定。

第二十七条 本解释自 2018 年 3 月 2 日起施行。

最高人民法院、最高人民检察院之前发布的司法解释和规范性文件与本解释不一致的,以本解释为准。

最高人民法院
关于审理环境民事公益诉讼案件适用
法律若干问题的解释

(2014年12月8日最高人民法院审判委员会第1631次会议通过,根据2020年12月23日最高人民法院审判委员会第1823次会议通过的《最高人民法院关于修改〈最高人民法院关于人民法院民事调解工作若干问题的规定〉等十九件民事诉讼类司法解释的决定》修正)

为正确审理环境民事公益诉讼案件,根据《中华人民共和国民法典》《中华人民共和国环境保护法》《中华人民共和国民事诉讼法》等法律的规定,结合审判实践,制定本解释。

第一条 法律规定的机关和有关组织依据民事诉讼法第五十五条、环境保护法第五十八条等法律的规定,对已经损害社会公共利益或者具有损害社会公共利益重大风险的污染环境、破坏生态的行为提起诉讼,符合民事诉讼法第一百一十九条第二项、第三项、第四项规定的,人民法院应予受理。

第二条 依照法律、法规的规定,在设区的市级以上人民政府民政部门登记的社会团体、基金会以及社会服务机构等,可以认定为环境保护法第五十八条规定的社会组织。

第三条 设区的市,自治州、盟、地区,不设区的地级市,直辖市的区以上人民政府民政部门,可以认定为环境保护法第五十八条规定的"设区的市级以上人民政府民政部门"。

第四条 社会组织章程确定的宗旨和主要业务范围是维护社会公共利益,且从事环境保护公益活动的,可以认定为环境保护法第五十八条规定的"专门从事环境保护公益活动"。

社会组织提起的诉讼所涉及的社会公共利益,应与其宗旨和业务范围具有关联性。

第五条　社会组织在提起诉讼前五年内未因从事业务活动违反法律、法规的规定受过行政、刑事处罚的,可以认定为环境保护法第五十八条规定的"无违法记录"。

第六条　第一审环境民事公益诉讼案件由污染环境、破坏生态行为发生地、损害结果地或者被告住所地的中级以上人民法院管辖。

中级人民法院认为确有必要的,可以在报请高级人民法院批准后,裁定将本院管辖的第一审环境民事公益诉讼案件交由基层人民法院审理。

同一原告或者不同原告对同一污染环境、破坏生态行为分别向两个以上有管辖权的人民法院提起环境民事公益诉讼的,由最先立案的人民法院管辖,必要时由共同上级人民法院指定管辖。

第七条　经最高人民法院批准,高级人民法院可以根据本辖区环境和生态保护的实际情况,在辖区内确定部分中级人民法院受理第一审环境民事公益诉讼案件。

中级人民法院管辖环境民事公益诉讼案件的区域由高级人民法院确定。

第八条　提起环境民事公益诉讼应当提交下列材料:

(一)符合民事诉讼法第一百二十一条规定的起诉状,并按照被告人数提出副本;

(二)被告的行为已经损害社会公共利益或者具有损害社会公共利益重大风险的初步证明材料;

(三)社会组织提起诉讼的,应当提交社会组织登记证书、章程、起诉前连续五年的年度工作报告书或者年检报告书,以及由其法定代表人或者负责人签字并加盖公章的无违法记录的声明。

第九条　人民法院认为原告提出的诉讼请求不足以保护社会公共利益的,可以向其释明变更或者增加停止侵害、修复生态环境等诉讼请求。

第十条　人民法院受理环境民事公益诉讼后,应当在立案之日起五日内将起诉状副本发送被告,并公告案件受理情况。

有权提起诉讼的其他机关和社会组织在公告之日起三十日内申请参加诉讼,经审查符合法定条件的,人民法院应当将其列为共同原告;逾期申请的,不予准许。

公民、法人和其他组织以人身、财产受到损害为由申请参加诉讼的,告知其另行起诉。

第十一条 检察机关、负有环境资源保护监督管理职责的部门及其他机关、社会组织、企业事业单位依据民事诉讼法第十五条的规定,可以通过提供法律咨询、提交书面意见、协助调查取证等方式支持社会组织依法提起环境民事公益诉讼。

第十二条 人民法院受理环境民事公益诉讼后,应当在十日内告知对被告行为负有环境资源保护监督管理职责的部门。

第十三条 原告请求被告提供其排放的主要污染物名称、排放方式、排放浓度和总量、超标排放情况以及防治污染设施的建设和运行情况等环境信息,法律、法规、规章规定被告应当持有或者有证据证明被告持有而拒不提供,如果原告主张相关事实不利于被告的,人民法院可以推定该主张成立。

第十四条 对于审理环境民事公益诉讼案件需要的证据,人民法院认为必要的,应当调查收集。

对于应当由原告承担举证责任且为维护社会公共利益所必要的专门性问题,人民法院可以委托具备资格的鉴定人进行鉴定。

第十五条 当事人申请通知有专门知识的人出庭,就鉴定人作出的鉴定意见或者就因果关系、生态环境修复方式、生态环境修复费用以及生态环境受到损害至修复完成期间服务功能丧失导致的损失等专门性问题提出意见的,人民法院可以准许。

前款规定的专家意见经质证,可以作为认定事实的根据。

第十六条 原告在诉讼过程中承认的对己方不利的事实和认可的证据,人民法院认为损害社会公共利益的,应当不予确认。

第十七条 环境民事公益诉讼案件审理过程中,被告以反诉方式提出诉讼请求的,人民法院不予受理。

第十八条 对污染环境、破坏生态,已经损害社会公共利益或者具有损害社会公共利益重大风险的行为,原告可以请求被告承担停止侵害、排除妨碍、消除危险、修复生态环境、赔偿损失、赔礼道歉等民事责任。

第十九条 原告为防止生态环境损害的发生和扩大,请求被告停止侵害、排除妨碍、消除危险的,人民法院可以依法予以支持。

原告为停止侵害、排除妨碍、消除危险采取合理预防、处置措施而发生的费用，请求被告承担的，人民法院可以依法予以支持。

第二十条　原告请求修复生态环境的，人民法院可以依法判决被告将生态环境修复到损害发生之前的状态和功能。无法完全修复的，可以准许采用替代性修复方式。

人民法院可以在判决被告修复生态环境的同时，确定被告不履行修复义务时应承担的生态环境修复费用；也可以直接判决被告承担生态环境修复费用。

生态环境修复费用包括制定、实施修复方案的费用，修复期间的监测、监管费用，以及修复完成后的验收费用、修复效果后评估费用等。

第二十一条　原告请求被告赔偿生态环境受到损害至修复完成期间服务功能丧失导致的损失、生态环境功能永久性损害造成的损失的，人民法院可以依法予以支持。

第二十二条　原告请求被告承担以下费用的，人民法院可以依法予以支持：

（一）生态环境损害调查、鉴定评估等费用；

（二）清除污染以及防止损害的发生和扩大所支出的合理费用；

（三）合理的律师费以及为诉讼支出的其他合理费用。

第二十三条　生态环境修复费用难以确定或者确定具体数额所需鉴定费用明显过高的，人民法院可以结合污染环境、破坏生态的范围和程度，生态环境的稀缺性，生态环境恢复的难易程度，防治污染设备的运行成本，被告因侵害行为所获得的利益以及过错程度等因素，并可以参考负有环境资源保护监督管理职责的部门的意见、专家意见等，予以合理确定。

第二十四条　人民法院判决被告承担的生态环境修复费用、生态环境受到损害至修复完成期间服务功能丧失导致的损失、生态环境功能永久性损害造成的损失等款项，应当用于修复被损害的生态环境。

其他环境民事公益诉讼中败诉原告所需承担的调查取证、专家咨询、检验、鉴定等必要费用，可以酌情从上述款项中支付。

第二十五条　环境民事公益诉讼当事人达成调解协议或者自行达成和解协议后，人民法院应当将协议内容公告，公告期间不少于三十日。

公告期满后,人民法院审查认为调解协议或者和解协议的内容不损害社会公共利益的,应当出具调解书。当事人以达成和解协议为由申请撤诉的,不予准许。

调解书应当写明诉讼请求、案件的基本事实和协议内容,并应当公开。

第二十六条 负有环境资源保护监督管理职责的部门依法履行监管职责而使原告诉讼请求全部实现,原告申请撤诉的,人民法院应予准许。

第二十七条 法庭辩论终结后,原告申请撤诉的,人民法院不予准许,但本解释第二十六条 规定的情形除外。

第二十八条 环境民事公益诉讼案件的裁判生效后,有权提起诉讼的其他机关和社会组织就同一污染环境、破坏生态行为另行起诉,有下列情形之一的,人民法院应予受理:

(一)前案原告的起诉被裁定驳回的;

(二)前案原告申请撤诉被裁定准许的,但本解释第二十六条规定的情形除外。

环境民事公益诉讼案件的裁判生效后,有证据证明存在前案审理时未发现的损害,有权提起诉讼的机关和社会组织另行起诉的,人民法院应予受理。

第二十九条 法律规定的机关和社会组织提起环境民事公益诉讼的,不影响因同一污染环境、破坏生态行为受到人身、财产损害的公民、法人和其他组织依据民事诉讼法第一百一十九条 的规定提起诉讼。

第三十条 已为环境民事公益诉讼生效裁判认定的事实,因同一污染环境、破坏生态行为依据民事诉讼法第一百一十九条规定提起诉讼的原告、被告均无需举证证明,但原告对该事实有异议并有相反证据足以推翻的除外。

对于环境民事公益诉讼生效裁判就被告是否存在法律规定的不承担责任或者减轻责任的情形、行为与损害之间是否存在因果关系、被告承担责任的大小等所作的认定,因同一污染环境、破坏生态行为依据民事诉讼法第一百一十九条规定提起诉讼的原告主张适用的,人民法院应予支持,但被告有相反证据足以推翻的除外。被告主张直接适用对其有利的认定的,人民法院不予支持,被告仍应举证证明。

第三十一条 被告因污染环境、破坏生态在环境民事公益诉讼和其他民事诉讼中均承担责任,其财产不足以履行全部义务的,应当先履行其他民事诉讼生效裁判所确定的义务,但法律另有规定的除外。

第三十二条　发生法律效力的环境民事公益诉讼案件的裁判,需要采取强制执行措施的,应当移送执行。

第三十三条　原告交纳诉讼费用确有困难,依法申请缓交的,人民法院应予准许。

败诉或者部分败诉的原告申请减交或者免交诉讼费用的,人民法院应当依照《诉讼费用交纳办法》的规定,视原告的经济状况和案件的审理情况决定是否准许。

第三十四条　社会组织有通过诉讼违法收受财物等牟取经济利益行为的,人民法院可以根据情节轻重依法收缴其非法所得、予以罚款;涉嫌犯罪的,依法移送有关机关处理。

社会组织通过诉讼牟取经济利益的,人民法院应当向登记管理机关或者有关机关发送司法建议,由其依法处理。

第三十五条　本解释施行前最高人民法院发布的司法解释和规范性文件,与本解释不一致的,以本解释为准。

最高人民法院
关于当事人申请承认澳大利亚法院出具的离婚证明书
人民法院应否受理问题的批复

(2005 年 7 月 11 日最高人民法院审判委员会第 1359 次会议
通过,根据 2008 年 12 月 16 日公布的《最高人民法院关于调
整司法解释等文件中引用〈中华人民共和国民事诉讼法〉条
文序号的决定》第一次修正,根据 2020 年 12 月 23 日最高人
民法院审判委员会第 1823 次会议通过的《最高人民法院关
于修改〈最高人民法院关于人民法院民事调解工作若干问题
的规定〉等十九件民事诉讼类司法解释的决定》第二次修正)

广东省高级人民法院:

你院报送的粤高法民一他字〔2004〕9 号"关于当事人申请承认澳大利亚
法院出具的离婚证明书有关问题"的请示收悉。经研究,答复如下:

当事人持澳大利亚法院出具的离婚证明书向人民法院申请承认其效力
的,人民法院应予受理,并依照《中华人民共和国民事诉讼法》第二百八十一
条和第二百八十二条以及最高人民法院《关于中国公民申请承认外国法院离
婚判决程序问题的规定》的有关规定进行审查,依法作出承认或者不予承认
的裁定。

此复。

最高人民法院
关于对与证券交易所监管职能相关的诉讼案件
管辖与受理问题的规定

(2004 年 11 月 18 日最高人民法院审判委员会第 1333 次会议通过，根据 2020 年 12 月 23 日最高人民法院审判委员会第 1823 次会议通过的《最高人民法院关于修改〈最高人民法院关于人民法院民事调解工作若干问题的规定〉等十九件民事诉讼类司法解释的决定》修正)

为正确及时地管辖、受理与证券交易所监管职能相关的诉讼案件，特作出以下规定：

一、根据《中华人民共和国民事诉讼法》第三十七条和《中华人民共和国行政诉讼法》第二十三条的有关规定，指定上海证券交易所和深圳证券交易所所在地的中级人民法院分别管辖以上海证券交易所和深圳证券交易所为被告或第三人的与证券交易所监管职能相关的第一审民事和行政案件。

二、与证券交易所监管职能相关的诉讼案件包括：

(一)证券交易所根据《中华人民共和国公司法》《中华人民共和国证券法》《中华人民共和国证券投资基金法》《证券交易所管理办法》等法律、法规、规章的规定，对证券发行人及其相关人员、证券交易所会员及其相关人员、证券上市和交易活动做出处理决定引发的诉讼；

(二)证券交易所根据国务院证券监督管理机构的依法授权，对证券发行人及其相关人员、证券交易所会员及其相关人员、证券上市和交易活动做出处理决定引发的诉讼；

(三)证券交易所根据其章程、业务规则、业务合同的规定，对证券发行人及其相关人员、证券交易所会员及其相关人员、证券上市和交易活动做出处理决定引发的诉讼；

（四）证券交易所在履行监管职能过程中引发的其他诉讼。

三、投资者对证券交易所履行监管职责过程中对证券发行人及其相关人员、证券交易所会员及其相关人员、证券上市和交易活动做出的不直接涉及投资者利益的行为提起的诉讼，人民法院不予受理。

四、本规定自发布之日起施行。

最高人民法院
关于审理民事级别管辖异议案件若干问题的规定

(2009 年 7 月 20 日最高人民法院审判委员会第 1471 次会议通过,根据 2020 年 12 月 23 日最高人民法院审判委员会第 1823 次会议通过的《最高人民法院关于修改〈最高人民法院关于人民法院民事调解工作若干问题的规定〉等十九件民事诉讼类司法解释的决定》修正)

为正确审理民事级别管辖异议案件,依法维护诉讼秩序和当事人的合法权益,根据《中华人民共和国民事诉讼法》的规定,结合审判实践,制定本规定。

第一条 被告在提交答辩状期间提出管辖权异议,认为受诉人民法院违反级别管辖规定,案件应当由上级人民法院或者下级人民法院管辖的,受诉人民法院应当审查,并在受理异议之日起十五日内作出裁定:

(一)异议不成立的,裁定驳回;

(二)异议成立的,裁定移送有管辖权的人民法院。

第二条 在管辖权异议裁定作出前,原告申请撤回起诉,受诉人民法院作出准予撤回起诉裁定的,对管辖权异议不再审查,并在裁定书中一并写明。

第三条 提交答辩状期间届满后,原告增加诉讼请求金额致使案件标的额超过受诉人民法院级别管辖标准,被告提出管辖权异议,请求由上级人民法院管辖的,人民法院应当按照本规定第一条审查并作出裁定。

第四条 对于应由上级人民法院管辖的第一审民事案件,下级人民法院不得报请上级人民法院交其审理。

第五条 被告以受诉人民法院同时违反级别管辖和地域管辖规定为由提出管辖权异议的,受诉人民法院应当一并作出裁定。

第六条 当事人未依法提出管辖权异议,但受诉人民法院发现其没有级别管辖权的,应当将案件移送有管辖权的人民法院审理。

第七条　对人民法院就级别管辖异议作出的裁定,当事人不服提起上诉的,第二审人民法院应当依法审理并作出裁定。

第八条　对于将案件移送上级人民法院管辖的裁定,当事人未提出上诉,但受移送的上级人民法院认为确有错误的,可以依职权裁定撤销。

第九条　经最高人民法院批准的第一审民事案件级别管辖标准的规定,应当作为审理民事级别管辖异议案件的依据。

第十条　本规定施行前颁布的有关司法解释与本规定不一致的,以本规定为准。

最高人民法院
关于军事法院管辖民事案件若干问题的规定

(2012 年 8 月 20 日最高人民法院审判委员会第 1553 次会议
通过,根据 2020 年 12 月 23 日最高人民法院审判委员会第
1823 次会议通过的《最高人民法院关于修改〈最高人民法院
关于人民法院民事调解工作若干问题的规定〉等十九件民事
诉讼类司法解释的决定》修正)

根据《中华人民共和国人民法院组织法》《中华人民共和国民事诉讼法》
等法律规定,结合人民法院民事审判工作实际,对军事法院管辖民事案件有关
问题作如下规定:

第一条 下列民事案件,由军事法院管辖:

(一)双方当事人均为军人或者军队单位的案件,但法律另有规定的
除外;

(二)涉及机密级以上军事秘密的案件;

(三)军队设立选举委员会的选民资格案件;

(四)认定营区内无主财产案件。

第二条 下列民事案件,地方当事人向军事法院提起诉讼或者提出申请
的,军事法院应当受理:

(一)军人或者军队单位执行职务过程中造成他人损害的侵权责任纠纷
案件;

(二)当事人一方为军人或者军队单位,侵权行为发生在营区内的侵权责
任纠纷案件;

(三)当事人一方为军人的婚姻家庭纠纷案件;

(四)民事诉讼法第三十三条规定的不动产所在地、港口所在地、被继承
人死亡时住所地或者主要遗产所在地在营区内,且当事人一方为军人或者军

队单位的案件；

（五）申请宣告军人失踪或者死亡的案件；

（六）申请认定军人无民事行为能力或者限制民事行为能力的案件。

第三条　当事人一方是军人或者军队单位，且合同履行地或者标的物所在地在营区内的合同纠纷，当事人书面约定由军事法院管辖，不违反法律关于级别管辖、专属管辖和专门管辖规定的，可以由军事法院管辖。

第四条　军事法院受理第一审民事案件，应当参照民事诉讼法关于地域管辖、级别管辖的规定确定。

当事人住所地省级行政区划内没有可以受理案件的第一审军事法院，或者处于交通十分不便的边远地区，双方当事人同意由地方人民法院管辖的，地方人民法院可以管辖，但本规定第一条第（二）项规定的案件除外。

第五条　军事法院发现受理的民事案件属于地方人民法院管辖的，应当移送有管辖权的地方人民法院，受移送的地方人民法院应当受理。地方人民法院认为受移送的案件不属于本院管辖的，应当报请上级地方人民法院处理，不得再自行移送。

地方人民法院发现受理的民事案件属于军事法院管辖的，参照前款规定办理。

第六条　军事法院与地方人民法院之间因管辖权发生争议，由争议双方协商解决；协商不成的，报请各自的上级法院协商解决；仍然协商不成的，报请最高人民法院指定管辖。

第七条　军事法院受理案件后，当事人对管辖权有异议的，应当在提交答辩状期间提出。军事法院对当事人提出的异议，应当审查。异议成立的，裁定将案件移送有管辖权的军事法院或者地方人民法院；异议不成立的，裁定驳回。

第八条　本规定所称军人是指中国人民解放军的现役军官、文职干部、士兵及具有军籍的学员，中国人民武装警察部队的现役警官、文职干部、士兵及具有军籍的学员。军队中的文职人员、非现役公勤人员、正式职工，由军队管理的离退休人员，参照军人确定管辖。

军队单位是指中国人民解放军现役部队和预备役部队、中国人民武装警察部队及其编制内的企业事业单位。

营区是指由军队管理使用的区域,包括军事禁区、军事管理区。

第九条 本解释施行前本院公布的司法解释以及司法解释性文件与本解释不一致的,以本解释为准。

最高人民法院
关于产品侵权案件的受害人能否以产品的商标所有人
为被告提起民事诉讼的批复

(2002 年 7 月 4 日最高人民法院审判委员会第 1229 次会议
通过,根据 2020 年 12 月 23 日最高人民法院审判委员会第
1823 次会议通过的《最高人民法院关于修改〈最高人民法院
关于人民法院民事调解工作若干问题的规定〉等十九件民事
诉讼类司法解释的决定》修正)

北京市高级人民法院:

你院京高法〔2001〕271 号《关于荆其廉、张新荣等诉美国通用汽车公司、
美国通用汽车海外公司损害赔偿案诉讼主体确立问题处理结果的请示报告》
收悉。经研究,我们认为,任何将自己的姓名、名称、商标或者可资识别的其他
标识体现在产品上,表示其为产品制造者的企业或个人,均属于《中华人民共
和国民法典》和《中华人民共和国产品质量法》规定的"生产者"。本案中美国
通用汽车公司为事故车的商标所有人,根据受害人的起诉和本案的实际情况,
本案以通用汽车公司、通用汽车海外公司、通用汽车巴西公司为被告并无
不当。

最高人民法院
关于诉讼代理人查阅民事案件材料的规定

（2002 年 11 月 4 日最高人民法院审判委员会第 1254 次会议通过，根据 2020 年 12 月 23 日最高人民法院审判委员会第 1823 次会议通过的《最高人民法院关于修改〈最高人民法院关于人民法院民事调解工作若干问题的规定〉等十九件民事诉讼类司法解释的决定》修正）

为保障代理民事诉讼的律师和其他诉讼代理人依法行使查阅所代理案件有关材料的权利，保证诉讼活动的顺利进行，根据《中华人民共和国民事诉讼法》第六十一条的规定，现对诉讼代理人查阅代理案件有关材料的范围和办法作如下规定：

第一条 代理民事诉讼的律师和其他诉讼代理人有权查阅所代理案件的有关材料。但是，诉讼代理人查阅案件材料不得影响案件的审理。

诉讼代理人为了申请再审的需要，可以查阅已经审理终结的所代理案件有关材料。

第二条 人民法院应当为诉讼代理人阅卷提供便利条件，安排阅卷场所。必要时，该案件的书记员或者法院其他工作人员应当在场。

第三条 诉讼代理人在诉讼过程中需要查阅案件有关材料的，应当提前与该案件的书记员或者审判人员联系；查阅已经审理终结的案件有关材料的，应当与人民法院有关部门工作人员联系。

第四条 诉讼代理人查阅案件有关材料应当出示律师证或者身份证等有效证件。查阅案件有关材料应当填写查阅案件有关材料阅卷单。

第五条 诉讼代理人在诉讼中查阅案件材料限于案件审判卷和执行卷的正卷，包括起诉书、答辩书、庭审笔录及各种证据材料等。

案件审理终结后，可以查阅案件审判卷的正卷。

第六条　诉讼代理人查阅案件有关材料后,应当及时将查阅的全部案件材料交回书记员或者其他负责保管案卷的工作人员。

书记员或者法院其他工作人员对诉讼代理人交回的案件材料应当当面清查,认为无误后在阅卷单上签注。阅卷单应当附卷。

诉讼代理人不得将查阅的案件材料携出法院指定的阅卷场所。

第七条　诉讼代理人查阅案件材料可以摘抄或者复印。涉及国家秘密的案件材料,依照国家有关规定办理。

复印案件材料应当经案卷保管人员的同意。复印已经审理终结的案件有关材料,诉讼代理人可以要求案卷管理部门在复印材料上盖章确认。

复印案件材料可以收取必要的费用。

第八条　查阅案件材料中涉及国家秘密、商业秘密和个人隐私的,诉讼代理人应当保密。

第九条　诉讼代理人查阅案件材料时不得涂改、损毁、抽取案件材料。

人民法院对修改、损毁、抽取案卷材料的诉讼代理人,可以参照民事诉讼法第一百一十一条第一款第(一)项的规定处理。

第十条　民事案件的当事人查阅案件有关材料的,参照本规定执行。

第十一条　本规定自公布之日起施行。

最高人民法院

关于适用《中华人民共和国民事诉讼法》审判监督程序若干问题的解释

（2008 年 11 月 10 日最高人民法院审判委员会第 1453 次会议通过，根据 2020 年 12 月 23 日最高人民法院审判委员会第 1823 次会议通过的《最高人民法院关于修改〈最高人民法院关于人民法院民事调解工作若干问题的规定〉等十九件民事诉讼类司法解释的决定》修正）

为了保障当事人申请再审权利，规范审判监督程序，维护各方当事人的合法权益，根据《中华人民共和国民事诉讼法》，结合审判实践，对审判监督程序中适用法律的若干问题作出如下解释：

第一条 当事人在民事诉讼法第二百零五条规定的期限内，以民事诉讼法第二百条所列明的再审事由，向原审人民法院的上一级人民法院申请再审的，上一级人民法院应当依法受理。

第二条 民事诉讼法第二百零五条规定的申请再审期间不适用中止、中断和延长的规定。

第三条 当事人申请再审，应当向人民法院提交再审申请书，并按照对方当事人人数提出副本。

人民法院应当审查再审申请书是否载明下列事项：

（一）申请再审人与对方当事人的姓名、住所及有效联系方式等基本情况；法人或其他组织的名称、住所和法定代表人或主要负责人的姓名、职务及有效联系方式等基本情况；

（二）原审人民法院的名称，原判决、裁定、调解文书案号；

（三）申请再审的法定情形及具体事实、理由；

（四）具体的再审请求。

第四条　当事人申请再审,应当向人民法院提交已经发生法律效力的判决书、裁定书、调解书,身份证明及相关证据材料。

第五条　申请再审人提交的再审申请书或者其他材料不符合本解释第三条、第四条的规定,或者有人身攻击等内容,可能引起矛盾激化的,人民法院应当要求申请再审人补充或改正。

第六条　人民法院应当自收到符合条件的再审申请书等材料后五日内完成向申请再审人发送受理通知书等受理登记手续,并向对方当事人发送受理通知书及再审申请书副本。

第七条　人民法院受理再审申请后,应当组成合议庭予以审查。

第八条　人民法院对再审申请的审查,应当围绕再审事由是否成立进行。

第九条　民事诉讼法第二百条第(五)项规定的"对审理案件需要的主要证据",是指人民法院认定案件基本事实所必须的证据。

第十条　原判决、裁定对基本事实和案件性质的认定系根据其他法律文书作出,而上述其他法律文书被撤销或变更的,人民法院可以认定为民事诉讼法第二百条第(十二)项规定的情形。

第十一条　人民法院经审查再审申请书等材料,认为申请再审事由成立的,应当进行裁定再审。

当事人申请再审超过民事诉讼法第二百零五条规定的期限,或者超出民事诉讼法第二百条所列明的再审事由范围的,人民法院应当裁定驳回再审申请。

第十二条　人民法院认为仅审查再审申请书等材料难以作出裁定的,应当调阅原审卷宗予以审查。

第十三条　人民法院可以根据案情需要决定是否询问当事人。

以有新的证据足以推翻原判决、裁定为由申请再审的,人民法院应当询问当事人。

第十四条　在审查再审申请过程中,对方当事人也申请再审的,人民法院应当将其列为申请再审人,对其提出的再审申请一并审查。

第十五条　申请再审人在案件审查期间申请撤回再审申请的,是否准许,由人民法院裁定。

申请再审人经传票传唤,无正当理由拒不接受询问,可以裁定按撤回再审申请处理。

第十六条　人民法院经审查认为申请再审事由不成立的,应当裁定驳回再审申请。

驳回再审申请的裁定一经送达,即发生法律效力。

第十七条　人民法院审查再审申请期间,人民检察院对该案提出抗诉的,人民法院应依照民事诉讼法第二百一十一条的规定裁定再审。申请再审人提出的具体再审请求应纳入审理范围。

第十八条　上一级人民法院经审查认为申请再审事由成立的,一般由本院提审。最高人民法院、高级人民法院也可以指定与原审人民法院同级的其他人民法院再审,或者指令原审人民法院再审。

第十九条　上一级人民法院可以根据案件的影响程度以及案件参与人等情况,决定是否指定再审。需要指定再审的,应当考虑便利当事人行使诉讼权利以及便利人民法院审理等因素。

接受指定再审的人民法院,应当按照民事诉讼法第二百零七条第一款规定的程序审理。

第二十条　有下列情形之一的,不得指令原审人民法院再审:

(一)原审人民法院对该案无管辖权的;

(二)审判人员在审理该案件时有贪污受贿,徇私舞弊,枉法裁判行为的;

(三)原判决、裁定系经原审人民法院审判委员会讨论作出的;

(四)其他不宜指令原审人民法院再审的。

第二十一条　当事人未申请再审、人民检察院未抗诉的案件,人民法院发现原判决、裁定、调解协议有损害国家利益、社会公共利益等确有错误情形的,应当依照民事诉讼法第一百九十八条的规定提起再审。

第二十二条　人民法院应当依照民事诉讼法第二百零七条的规定,按照第一审程序或者第二审程序审理再审案件。

人民法院审理再审案件应当开庭审理。但按照第二审程序审理的,双方当事人已经其他方式充分表达意见,且书面同意不开庭审理的除外。

第二十三条　申请再审人在再审期间撤回再审申请的,是否准许由人民法院裁定。裁定准许的,应终结再审程序。申请再审人经传票传唤,无正当理由拒不到庭的,或者未经法庭许可中途退庭的,可以裁定按自动撤回再审申请处理。

人民检察院抗诉再审的案件,申请抗诉的当事人有前款规定的情形,且不损害国家利益、社会公共利益或第三人利益的,人民法院应当裁定终结再审程序;人民检察院撤回抗诉的,应当准予。

终结再审程序的,恢复原判决的执行。

第二十四条 按照第一审程序审理再审案件时,一审原告申请撤回起诉的,是否准许由人民法院裁定。裁定准许的,应当同时裁定撤销原判决、裁定、调解书。

第二十五条 当事人在再审审理中经调解达成协议的,人民法院应当制作调解书。调解书经各方当事人签收后,即具有法律效力,原判决、裁定视为被撤销。

第二十六条 人民法院经再审审理认为,原判决、裁定认定事实清楚、适用法律正确的,应予维持;原判决、裁定在认定事实、适用法律、阐述理由方面虽有瑕疵,但裁判结果正确的,人民法院应在再审判决、裁定中纠正上述瑕疵后予以维持。

第二十七条 人民法院按照第二审程序审理再审案件,发现原判决认定事实错误或者认定事实不清的,应当在查清事实后改判。但原审人民法院便于查清事实,化解纠纷的,可以裁定撤销原判决,发回重审;原审程序遗漏必须参加诉讼的当事人且无法达成调解协议,以及其他违反法定程序不宜在再审程序中直接作出实体处理的,应当裁定撤销原判决,发回重审。

第二十八条 人民法院以调解方式审结的案件裁定再审后,经审理发现申请再审人提出的调解违反自愿原则的事由不成立,且调解协议的内容不违反法律强制性规定的,应当裁定驳回再审申请,并恢复原调解书的执行。

第二十九条 民事再审案件的当事人应为原审案件的当事人。原审案件当事人死亡或者终止的,其权利义务承受人可以申请再审并参加再审诉讼。

第三十条 本院以前发布的司法解释与本解释不一致的,以本解释为准。本解释未作规定的,按照以前的规定执行。

最高人民法院
关于涉外民商事案件诉讼管辖若干问题的规定

（2001 年 12 月 25 日最高人民法院审判委员会第 1203 次会议通过,根据 2020 年 12 月 23 日最高人民法院审判委员会第 1823 次会议通过的《最高人民法院关于修改〈最高人民法院关于人民法院民事调解工作若干问题的规定〉等十九件民事诉讼类司法解释的决定》修正）

为正确审理涉外民商事案件,依法保护中外当事人的合法权益,根据《中华人民共和国民事诉讼法》第十八条的规定,现将有关涉外民商事案件诉讼管辖的问题规定如下:

第一条 第一审涉外民商事案件由下列人民法院管辖:

（一）国务院批准设立的经济技术开发区人民法院;

（二）省会、自治区首府、直辖市所在地的中级人民法院;

（三）经济特区、计划单列市中级人民法院;

（四）最高人民法院指定的其他中级人民法院;

（五）高级人民法院。

上述中级人民法院的区域管辖范围由所在地的高级人民法院确定。

第二条 对国务院批准设立的经济技术开发区人民法院所作的第一审判决、裁定不服的,其第二审由所在地中级人民法院管辖。

第三条 本规定适用于下列案件:

（一）涉外合同和侵权纠纷案件;

（二）信用证纠纷案件;

（三）申请撤销、承认与强制执行国际仲裁裁决的案件;

（四）审查有关涉外民商事仲裁条款效力的案件;

（五）申请承认和强制执行外国法院民商事判决、裁定的案件。

第四条　发生在与外国接壤的边境省份的边境贸易纠纷案件,涉外房地产案件和涉外知识产权案件,不适用本规定。

第五条　涉及香港、澳门特别行政区和台湾地区当事人的民商事纠纷案件的管辖,参照本规定处理。

第六条　高级人民法院应当对涉外民商事案件的管辖实施监督,凡越权受理涉外民商事案件的,应当通知或者裁定将案件移送有管辖权的人民法院审理。

第七条　本规定于 2002 年 3 月 1 日起施行。本规定施行前已经受理的案件由原受理人民法院继续审理。

本规定人发布前的有关司法解释、规定与本规定不一致的,以本规定为准。

最高人民法院
关于涉外民事或商事案件司法文书送达问题若干规定

(2006 年 7 月 17 日最高人民法院审判委员会第 1394 次会议通过,根据 2020 年 12 月 23 日最高人民法院审判委员会第 1823 次会议通过的《最高人民法院关于修改〈最高人民法院关于人民法院民事调解工作若干问题的规定〉等十九件民事诉讼类司法解释的决定》修正)

为规范涉外民事或商事案件司法文书送达,根据《中华人民共和国民事诉讼法》(以下简称民事诉讼法)的规定,结合审判实践,制定本规定。

第一条 人民法院审理涉外民事或商事案件时,向在中华人民共和国领域内没有住所的受送达人送达司法文书,适用本规定。

第二条 本规定所称司法文书,是指起诉状副本、上诉状副本、反诉状副本、答辩状副本、传票、判决书、调解书、裁定书、支付令、决定书、通知书、证明书、送达回证以及其他司法文书。

第三条 作为受送达人的自然人或者企业、其他组织的法定代表人、主要负责人在中华人民共和国领域内的,人民法院可以向该自然人或者法定代表人、主要负责人送达。

第四条 除受送达人在授权委托书中明确表明其诉讼代理人无权代为接收有关司法文书外,其委托的诉讼代理人为民事诉讼法第二百六十七条第(四)项规定的有权代其接受送达的诉讼代理人,人民法院可以向该诉讼代理人送达。

第五条 人民法院向受送达人送达司法文书,可以送达给其在中华人民共和国领域内设立的代表机构。

受送达人在中华人民共和国领域内有分支机构或者业务代办人的,经该受送达人授权,人民法院可以向其分支机构或者业务代办人送达。

第六条　人民法院向在中华人民共和国领域内没有住所的受送达人送达司法文书时,若该受送达人所在国与中华人民共和国签订有司法协助协定,可以依照司法协助协定规定的方式送达;若该受送达人所在国是《关于向国外送达民事或商事司法文书和司法外文书公约》的成员国,可以依照该公约规定的方式送达。

依照受送达人所在国与中华人民共和国缔结或者共同参加的国际条约中规定的方式送达的,根据《最高人民法院关于依据国际公约和双边司法协助条约办理民商事案件司法文书送达和调查取证司法协助请求的规定》办理。

第七条　按照司法协助协定、《关于向国外送达民事或商事司法文书和司法外文书公约》或者外交途径送达司法文书,自我国有关机关将司法文书转递受送达人所在国有关机关之日起满六个月,如果未能收到送达与否的证明文件,且根据各种情况不足以认定已经送达的,视为不能用该种方式送达。

第八条　受送达人所在国允许邮寄送达的,人民法院可以邮寄送达。

邮寄送达时应附有送达回证。受送达人未在送达回证上签收但在邮件回执上签收的,视为送达,签收日期为送达日期。

自邮寄之日起满三个月,如果未能收到送达与否的证明文件,且根据各种情况不足以认定已经送达的,视为不能用邮寄方式送达。

第九条　人民法院依照民事诉讼法第二百六十七条第(八)项规定的公告方式送达时,公告内容应在国内外公开发行的报刊上刊登。

第十条　除本规定上述送达方式外,人民法院可以通过传真、电子邮件等能够确认收悉的其他适当方式向受送达人送达。

第十一条　除公告送达方式外,人民法院可以同时采取多种方式向受送达人进行送达,但应根据最先实现送达的方式确定送达日期。

第十二条　人民法院向受送达人在中华人民共和国领域内的法定代表人、主要负责人、诉讼代理人、代表机构以及有权接受送达的分支机构、业务代办人送达司法文书,可以适用留置送达的方式。

第十三条　受送达人未对人民法院送达的司法文书履行签收手续,但存在以下情形之一的,视为送达:

(一)受送达人书面向人民法院提及了所送达司法文书的内容;

(二)受送达人已经按照所送达司法文书的内容履行;

（三）其他可以视为已经送达的情形。

第十四条　人民法院送达司法文书，根据有关规定需要通过上级人民法院转递的，应附申请转递函。

上级人民法院收到下级人民法院申请转递的司法文书，应在七个工作日内予以转递。

上级人民法院认为下级人民法院申请转递的司法文书不符合有关规定需要补正的，应在七个工作日内退回申请转递的人民法院。

第十五条　人民法院送达司法文书，根据有关规定需要提供翻译件的，应由受理案件的人民法院委托中华人民共和国领域内的翻译机构进行翻译。

翻译件不加盖人民法院印章，但应由翻译机构或翻译人员签名或盖章证明译文与原文一致。

第十六条　本规定自公布之日起施行。

最高人民法院
关于依据国际公约和双边司法协助条约办理民商事案件
司法文书送达和调查取证司法协助请求的规定

（2013 年 1 月 21 日最高人民法院审判委员会第 1568 次会议
通过，根据 2020 年 12 月 23 日最高人民法院审判委员会第
1823 次会议通过的《最高人民法院关于修改〈最高人民法院
关于人民法院民事调解工作若干问题的规定〉等十九件民事
诉讼类司法解释的决定》修正）

为正确适用有关国际公约和双边司法协助条约，依法办理民商事案件司
法文书送达和调查取证请求，根据《中华人民共和国民事诉讼法》《关于向国
外送达民事或商事司法文书和司法外文书的公约》（海牙送达公约）、《关于从
国外调取民事或商事证据的公约》（海牙取证公约）和双边民事司法协助条约
的规定，结合我国的司法实践，制定本规定。

第一条 人民法院应当根据便捷、高效的原则确定依据海牙送达公约、海
牙取证公约，或者双边民事司法协助条约，对外提出民商事案件司法文书送达
和调查取证请求。

第二条 人民法院协助外国办理民商事案件司法文书送达和调查取证请
求，适用对等原则。

第三条 人民法院协助外国办理民商事案件司法文书送达和调查取证请
求，应当进行审查。外国提出的司法协助请求，具有海牙送达公约、海牙取证
公约或双边民事司法协助条约规定的拒绝提供协助的情形的，人民法院应当
拒绝提供协助。

第四条 人民法院协助外国办理民商事案件司法文书送达和调查取证请
求，应当按照民事诉讼法和相关司法解释规定的方式办理。

请求方要求按照请求书中列明的特殊方式办理的，如果该方式与我国法

律不相抵触,且在实践中不存在无法办理或者办理困难的情形,应当按照该特殊方式办理。

第五条　人民法院委托外国送达民商事案件司法文书和进行民商事案件调查取证,需要提供译文的,应当委托中华人民共和国领域内的翻译机构进行翻译。

翻译件不加盖人民法院印章,但应由翻译机构或翻译人员签名或盖章证明译文与原文一致。

第六条　最高人民法院统一管理全国各级人民法院的国际司法协助工作。高级人民法院应当确定一个部门统一管理本辖区各级人民法院的国际司法协助工作并指定专人负责。中级人民法院、基层人民法院和有权受理涉外案件的专门法院,应当指定专人管理国际司法协助工作;有条件的,可以同时确定一个部门管理国际司法协助工作。

第七条　人民法院应当建立独立的国际司法协助登记制度。

第八条　人民法院应当建立国际司法协助档案制度。办理民商事案件司法文书送达的送达回证、送达证明在各个转递环节应当以适当方式保存。办理民商事案件调查取证的材料应当作为档案保存。

第九条　经最高人民法院授权的高级人民法院,可以依据海牙送达公约、海牙取证公约直接对外发出本辖区各级人民法院提出的民商事案件司法文书送达和调查取证请求。

第十条　通过外交途径办理民商事案件司法文书送达和调查取证,不适用本规定。

第十一条　最高人民法院国际司法协助统一管理部门根据本规定制定实施细则。

第十二条　最高人民法院以前所作的司法解释及规范性文件,凡与本规定不一致的,按本规定办理。

最高人民法院
关于审理涉及公证活动相关民事案件的若干规定

（2014 年 4 月 28 日最高人民法院审判委员会第 1614 次会议通过，根据 2020 年 12 月 23 日最高人民法院审判委员会第 1823 次会议通过的《最高人民法院关于修改〈最高人民法院关于人民法院民事调解工作若干问题的规定〉等十九件民事诉讼类司法解释的决定》修正）

为正确审理涉及公证活动相关民事案件，维护当事人的合法权益，根据《中华人民共和国民法典》《中华人民共和国公证法》《中华人民共和国民事诉讼法》等法律的规定，结合审判实践，制定本规定。

第一条 当事人、公证事项的利害关系人依照公证法第四十三条规定向人民法院起诉请求民事赔偿的，应当以公证机构为被告，人民法院应作为侵权责任纠纷案件受理。

第二条 当事人、公证事项的利害关系人起诉请求变更、撤销公证书或者确认公证书无效的，人民法院不予受理，告知其依照公证法第三十九条规定可以向出具公证书的公证机构提出复查。

第三条 当事人、公证事项的利害关系人对公证书所公证的民事权利义务有争议的，可以依照公证法第四十条规定就该争议向人民法院提起民事诉讼。

当事人、公证事项的利害关系人对具有强制执行效力的公证债权文书的民事权利义务有争议直接向人民法院提起民事诉讼的，人民法院依法不予受理。但是，公证债权文书被人民法院裁定不予执行的除外。

第四条 当事人、公证事项的利害关系人提供证据证明公证机构及其公证员在公证活动中具有下列情形之一的，人民法院应当认定公证机构有过错：

（一）为不真实、不合法的事项出具公证书的；

（二）毁损、篡改公证书或者公证档案的；

（三）泄露在执业活动中知悉的商业秘密或者个人隐私的；

（四）违反公证程序、办证规则以及国务院司法行政部门制定的行业规范出具公证书的；

（五）公证机构在公证过程中未尽到充分的审查、核实义务，致使公证书错误或者不真实的；

（六）对存在错误的公证书，经当事人、公证事项的利害关系人申请仍不予纠正或者补正的；

（七）其他违反法律、法规、国务院司法行政部门强制性规定的情形。

第五条 当事人提供虚假证明材料申请公证致使公证书错误造成他人损失的，当事人应当承担赔偿责任。公证机构依法尽到审查、核实义务的，不承担赔偿责任；未依法尽到审查、核实义务的，应当承担与其过错相应的补充赔偿责任；明知公证证明的材料虚假或者与当事人恶意串通的，承担连带赔偿责任。

第六条 当事人、公证事项的利害关系人明知公证机构所出具的公证书不真实、不合法而仍然使用造成自己损失，请求公证机构承担赔偿责任的，人民法院不予支持。

第七条 本规定施行后，涉及公证活动的民事案件尚未终审的，适用本规定；本规定施行前已经终审，当事人申请再审或者按照审判监督程序决定再审的，不适用本规定。

最高人民法院
关于审理消费民事公益诉讼案件
适用法律若干问题的解释

(2016 年 2 月 1 日最高人民法院审判委员会第 1677 次会议通过,根据 2020 年 12 月 23 日最高人民法院审判委员会第 1823 次会议通过的《最高人民法院关于修改〈最高人民法院关于人民法院民事调解工作若干问题的规定〉等十九件民事诉讼类司法解释的决定》修正)

为正确审理消费民事公益诉讼案件,根据《中华人民共和国民事诉讼法》《中华人民共和国民法典》《中华人民共和国消费者权益保护法》等法律规定,结合审判实践,制定本解释。

第一条 中国消费者协会以及在省、自治区、直辖市设立的消费者协会,对经营者侵害众多不特定消费者合法权益或者具有危及消费者人身、财产安全危险等损害社会公共利益的行为提起消费民事公益诉讼的,适用本解释。

法律规定或者全国人大及其常委会授权的机关和社会组织提起的消费民事公益诉讼,适用本解释。

第二条 经营者提供的商品或者服务具有下列情形之一的,适用消费者权益保护法第四十七条规定:

(一)提供的商品或者服务存在缺陷,侵害众多不特定消费者合法权益的;

(二)提供的商品或者服务可能危及消费者人身、财产安全,未作出真实的说明和明确的警示,未标明正确使用商品或者接受服务的方法以及防止危害发生方法的;对提供的商品或者服务质量、性能、用途、有效期限等信息作虚假或引人误解宣传的;

(三)宾馆、商场、餐馆、银行、机场、车站、港口、影剧院、景区、体育场馆、娱乐场所等经营场所存在危及消费者人身、财产安全危险的;

（四）以格式条款、通知、声明、店堂告示等方式，作出排除或者限制消费者权利、减轻或者免除经营者责任、加重消费者责任等对消费者不公平、不合理规定的；

（五）其他侵害众多不特定消费者合法权益或者具有危及消费者人身、财产安全危险等损害社会公共利益的行为。

第三条　消费民事公益诉讼案件管辖适用《最高人民法院关于适用〈中华人民共和国民事诉讼法〉的解释》第二百八十五条的有关规定。

经最高人民法院批准，高级人民法院可以根据本辖区实际情况，在辖区内确定部分中级人民法院受理第一审消费民事公益诉讼案件。

第四条　提起消费民事公益诉讼应当提交下列材料：

（一）符合民事诉讼法第一百二十一条规定的起诉状，并按照被告人数提交副本；

（二）被告的行为侵害众多不特定消费者合法权益或者具有危及消费者人身、财产安全危险等损害社会公共利益的初步证据；

（三）消费者组织就涉诉事项已按照消费者权益保护法第三十七条第四项或者第五项的规定履行公益性职责的证明材料。

第五条　人民法院认为原告提出的诉讼请求不足以保护社会公共利益的，可以向其释明变更或者增加停止侵害等诉讼请求。

第六条　人民法院受理消费民事公益诉讼案件后，应当公告案件受理情况，并在立案之日起十日内书面告知相关行政主管部门。

第七条　人民法院受理消费民事公益诉讼案件后，依法可以提起诉讼的其他机关或者社会组织，可以在一审开庭前向人民法院申请参加诉讼。

人民法院准许参加诉讼的，列为共同原告；逾期申请的，不予准许。

第八条　有权提起消费民事公益诉讼的机关或者社会组织，可以依据民事诉讼法第八十一条规定申请保全证据。

第九条　人民法院受理消费民事公益诉讼案件后，因同一侵权行为受到损害的消费者申请参加诉讼的，人民法院应当告知其根据民事诉讼法第一百一十九条规定主张权利。

第十条　消费民事公益诉讼案件受理后，因同一侵权行为受到损害的消费者请求对其根据民事诉讼法第一百一十九条规定提起的诉讼予以中止，人民法院可以准许。

第十一条 消费民事公益诉讼案件审理过程中，被告提出反诉的，人民法院不予受理。

第十二条 原告在诉讼中承认对己方不利的事实，人民法院认为损害社会公共利益的，不予确认。

第十三条 原告在消费民事公益诉讼案件中，请求被告承担停止侵害、排除妨碍、消除危险、赔礼道歉等民事责任的，人民法院可予支持。

经营者利用格式条款或者通知、声明、店堂告示等，排除或者限制消费者权利、减轻或者免除经营者责任、加重消费者责任，原告认为对消费者不公平、不合理主张无效的，人民法院应依法予以支持。

第十四条 消费民事公益诉讼案件裁判生效后，人民法院应当在十日内书面告知相关行政主管部门，并可发出司法建议。

第十五条 消费民事公益诉讼案件的裁判发生法律效力后，其他依法具有原告资格的机关或者社会组织就同一侵权行为另行提起消费民事公益诉讼的，人民法院不予受理。

第十六条 已为消费民事公益诉讼生效裁判认定的事实，因同一侵权行为受到损害的消费者根据民事诉讼法第一百一十九条规定提起的诉讼，原告、被告均无需举证证明，但当事人对该事实有异议并有相反证据足以推翻的除外。

消费民事公益诉讼生效裁判认定经营者存在不法行为，因同一侵权行为受到损害的消费者根据民事诉讼法第一百一十九条规定提起的诉讼，原告主张适用的，人民法院可予支持，但被告有相反证据足以推翻的除外。被告主张直接适用对其有利认定的，人民法院不予支持，被告仍应承担相应举证证明责任。

第十七条 原告为停止侵害、排除妨碍、消除危险采取合理预防、处置措施而发生的费用，请求被告承担的，人民法院应依法予以支持。

第十八条 原告及其诉讼代理人对侵权行为进行调查、取证的合理费用、鉴定费用、合理的律师代理费用，人民法院可根据实际情况予以相应支持。

第十九条 本解释自 2016 年 5 月 1 日起施行。

本解释施行后人民法院新受理的一审案件，适用本解释。

本解释施行前人民法院已经受理、施行后尚未审结的一审、二审案件,以及本解释施行前已经终审、施行后当事人申请再审或者按照审判监督程序决定再审的案件,不适用本解释。

最高人民法院
关于适用简易程序审理民事案件的若干规定

（2003 年 7 月 4 日最高人民法院审判委员会第 1280 次会议通过，根据 2020 年 12 月 23 日最高人民法院审判委员会第 1823 次会议通过的《最高人民法院关于修改〈最高人民法院关于人民法院民事调解工作若干问题的规定〉等十九件民事诉讼类司法解释的决定》修正）

为保障和方便当事人依法行使诉讼权利，保证人民法院公正、及时审理民事案件，根据《中华人民共和国民事诉讼法》的有关规定，结合民事审判经验和实际情况，制定本规定。

一、适用范围

第一条 基层人民法院根据民事诉讼法第一百五十七条规定审理简单的民事案件，适用本规定，但有下列情形之一的案件除外：

（一）起诉时被告下落不明的；

（二）发回重审的；

（三）共同诉讼中一方或者双方当事人人数众多的；

（四）法律规定应当适用特别程序、审判监督程序、督促程序、公示催告程序和企业法人破产还债程序的；

（五）人民法院认为不宜适用简易程序进行审理的。

第二条 基层人民法院适用第一审普通程序审理的民事案件，当事人各方自愿选择适用简易程序，经人民法院审查同意的，可以适用简易程序进行审理。

人民法院不得违反当事人自愿原则，将普通程序转为简易程序。

第三条 当事人就适用简易程序提出异议，人民法院认为异议成立的，或者人民法院在审理过程中发现不宜适用简易程序的，应当将案件转入普通程序审理。

二、起诉与答辩

第四条 原告本人不能书写起诉状,委托他人代写起诉状确有困难的,可以口头起诉。

原告口头起诉的,人民法院应当将当事人的基本情况、联系方式、诉讼请求、事实及理由予以准确记录,将相关证据予以登记。人民法院应当将上述记录和登记的内容向原告当面宣读,原告认为无误后应当签名或者按指印。

第五条 当事人应当在起诉或者答辩时向人民法院提供自己准确的送达地址、收件人、电话号码等其他联系方式,并签名或者按指印确认。

送达地址应当写明受送达人住所地的邮政编码和详细地址;受送达人是有固定职业的自然人的,其从业的场所可以视为送达地址。

第六条 原告起诉后,人民法院可以采取捎口信、电话、传真、电子邮件等简便方式随时传唤双方当事人、证人。

第七条 双方当事人到庭后,被告同意口头答辩的,人民法院可以当即开庭审理;被告要求书面答辩的,人民法院应当将提交答辩状的期限和开庭的具体日期告知各方当事人,并向当事人说明逾期举证以及拒不到庭的法律后果,由各方当事人在笔录和开庭传票的送达回证上签名或者按指印。

第八条 人民法院按照原告提供的被告的送达地址或者其他联系方式无法通知被告应诉的,应当按以下情况分别处理:

(一)原告提供了被告准确的送达地址,但人民法院无法向被告直接送达或者留置送达应诉通知书的,应当将案件转入普通程序审理;

(二)原告不能提供被告准确的送达地址,人民法院经查证后仍不能确定被告送达地址的,可以被告不明确为由裁定驳回原告起诉。

第九条 被告到庭后拒绝提供自己的送达地址和联系方式的,人民法院应当告知其拒不提供送达地址的后果;经人民法院告知后被告仍然拒不提供的,按下列方式处理:

(一)被告是自然人的,以其户籍登记中的住所或者经常居所为送达地址;

(二)被告是法人或者非法人组织的,应当以其在登记机关登记、备案中的住所为送达地址。

人民法院应当将上述告知的内容记入笔录。

第十条 因当事人自己提供的送达地址不准确、送达地址变更未及时告知人民法院,或者当事人拒不提供自己的送达地址而导致诉讼文书未能被当事人实际接收的,按下列方式处理:

(一)邮寄送达的,以邮件回执上注明的退回之日视为送达之日;

(二)直接送达的,送达人当场在送达回证上记明情况之日视为送达之日。

上述内容,人民法院应当在原告起诉和被告答辩时以书面或者口头方式告知当事人。

第十一条 受送达的自然人以及他的同住成年家属拒绝签收诉讼文书的,或者法人、非法人组织负责收件的人拒绝签收诉讼文书的,送达人应当依据民事诉讼法第八十六条的规定邀请有关基层组织或者所在单位的代表到场见证,被邀请的人不愿到场见证的,送达人应当在送达回证上记明拒收事由、时间和地点以及被邀请人不愿到场见证的情形,将诉讼文书留在受送达人的住所或者从业场所,即视为送达。

受送达人的同住成年家属或者法人、非法人组织负责收件的人是同一案件中另一方当事人的,不适用前款规定。

三、审理前的准备

第十二条 适用简易程序审理的民事案件,当事人及其诉讼代理人申请证人出庭作证,应当在举证期限届满前提出。

第十三条 当事人一方或者双方就适用简易程序提出异议后,人民法院应当进行审查,并按下列情形分别处理:

(一)异议成立的,应当将案件转入普通程序审理,并将合议庭的组成人员及相关事项以书面形式通知双方当事人;

(二)异议不成立的,口头告知双方当事人,并将上述内容记入笔录。

转入普通程序审理的民事案件的审理期限自人民法院立案的次日起开始计算。

第十四条 下列民事案件,人民法院在开庭审理时应当先行调解:

(一)婚姻家庭纠纷和继承纠纷;

(二)劳务合同纠纷;

（三）交通事故和工伤事故引起的权利义务关系较为明确的损害赔偿纠纷；

（四）宅基地和相邻关系纠纷；

（五）合伙合同纠纷；

（六）诉讼标的额较小的纠纷。

但是根据案件的性质和当事人的实际情况不能调解或者显然没有调解必要的除外。

第十五条　调解达成协议并经审判人员审核后，双方当事人同意该调解协议经双方签名或者按指印生效的，该调解协议自双方签名或者按指印之日起发生法律效力。当事人要求摘录或者复制该调解协议的，应予准许。

调解协议符合前款规定，且不属于不需要制作调解书的，人民法院应当另行制作民事调解书。调解协议生效后一方拒不履行的，另一方可以持民事调解书申请强制执行。

第十六条　人民法院可以当庭告知当事人到人民法院领取民事调解书的具体日期，也可以在当事人达成调解协议的次日起十日内将民事调解书发送给当事人。

第十七条　当事人以民事调解书与调解协议的原意不一致为由提出异议，人民法院审查后认为异议成立的，应当根据调解协议裁定补正民事调解书的相关内容。

四、开庭审理

第十八条　以捎口信、电话、传真、电子邮件等形式发送的开庭通知，未经当事人确认或者没有其他证据足以证明当事人已经收到的，人民法院不得将其作为按撤诉处理和缺席判决的根据。

第十九条　开庭前已经书面或者口头告知当事人诉讼权利义务，或者当事人各方均委托律师代理诉讼的，审判人员除告知当事人申请回避的权利外，可以不再告知当事人其他的诉讼权利义务。

第二十条　对没有委托律师代理诉讼的当事人，审判人员应当对回避、自认、举证责任等相关内容向其作必要的解释或者说明，并在庭审过程中适当提示当事人正确行使诉讼权利、履行诉讼义务，指导当事人进行正常的诉讼活动。

第二十一条　开庭时,审判人员可以根据当事人的诉讼请求和答辩意见归纳出争议焦点,经当事人确认后,由当事人围绕争议焦点举证、质证和辩论。

当事人对案件事实无争议的,审判人员可以在听取当事人就适用法律方面的辩论意见后迳行判决、裁定。

第二十二条　当事人双方同时到基层人民法院请求解决简单的民事纠纷,但未协商举证期限,或者被告一方经简便方式传唤到庭的,当事人在开庭审理时要求当庭举证的,应予准许;当事人当庭举证有困难的,举证的期限由当事人协商决定,但最长不得超过十五日;协商不成的,由人民法院决定。

第二十三条　适用简易程序审理的民事案件,应当一次开庭审结,但人民法院认为确有必要再次开庭的除外。

第二十四条　书记员应当将适用简易程序审理民事案件的全部活动记入笔录。对于下列事项,应当详细记载:

(一)审判人员关于当事人诉讼权利义务的告知、争议焦点的概括、证据的认定和裁判的宣告等重大事项;

(二)当事人申请回避、自认、撤诉、和解等重大事项;

(三)当事人当庭陈述的与其诉讼权利直接相关的其他事项。

第二十五条　庭审结束时,审判人员可以根据案件的审理情况对争议焦点和当事人各方举证、质证和辩论的情况进行简要总结,并就是否同意调解征询当事人的意见。

第二十六条　审判人员在审理过程中发现案情复杂需要转为普通程序的,应当在审限届满前及时作出决定,并书面通知当事人。

五、宣判与送达

第二十七条　适用简易程序审理的民事案件,除人民法院认为不宜当庭宣判的以外,应当当庭宣判。

第二十八条　当庭宣判的案件,除当事人当庭要求邮寄送达的以外,人民法院应当告知当事人或者诉讼代理人领取裁判文书的期间和地点以及逾期不领取的法律后果。上述情况,应当记入笔录。

人民法院已经告知当事人领取裁判文书的期间和地点的,当事人在指定期间内领取裁判文书之日即为送达之日;当事人在指定期间内未领取的,指定领取裁判文书期间届满之日即为送达之日,当事人的上诉期从人民法院指定领取裁判文书期间届满之日的次日起开始计算。

第二十九条 当事人因交通不便或者其他原因要求邮寄送达裁判文书的,人民法院可以按照当事人自己提供的送达地址邮寄送达。

人民法院根据当事人自己提供的送达地址邮寄送达的,邮件回执上注明收到或者退回之日即为送达之日,当事人的上诉期从邮件回执上注明收到或者退回之日的次日起开始计算。

第三十条 原告经传票传唤,无正当理由拒不到庭或者未经法庭许可中途退庭的,可以按撤诉处理;被告经传票传唤,无正当理由拒不到庭或者未经法庭许可中途退庭的,人民法院可以根据原告的诉讼请求及双方已经提交给法庭的证据材料缺席判决。

按撤诉处理或者缺席判决的,人民法院可以按照当事人自己提供的送达地址将裁判文书送达给未到庭的当事人。

第三十一条 定期宣判的案件,定期宣判之日即为送达之日,当事人的上诉期自定期宣判的次日起开始计算。当事人在定期宣判的日期无正当理由未到庭的,不影响该裁判上诉期间的计算。

当事人确有正当理由不能到庭,并在定期宣判前已经告知人民法院的,人民法院可以按照当事人自己提供的送达地址将裁判文书送达给未到庭的当事人。

第三十二条 适用简易程序审理的民事案件,有下列情形之一的,人民法院在制作裁判文书时对认定事实或者判决理由部分可以适当简化:

(一)当事人达成调解协议并需要制作民事调解书的;

(二)一方当事人在诉讼过程中明确表示承认对方全部诉讼请求或者部分诉讼请求的;

(三)当事人对案件事实没有争议或者争议不大的;

(四)涉及自然人的隐私、个人信息,或者商业秘密的案件,当事人一方要求简化裁判文书中的相关内容,人民法院认为理由正当的;

(五)当事人双方一致同意简化裁判文书的。

六、其他

第三十三条 本院已经公布的司法解释与本规定不一致的,以本规定为准。

第三十四条 本规定自 2003 年 12 月 1 日起施行。2003 年 12 月 1 日以后受理的民事案件,适用本规定。

最高人民法院
关于人民法院受理申请承认外国法院离婚判决案件
有关问题的规定

(1999 年 12 月 1 日最高人民法院审判委员会第 1090 次会议
通过,根据 2020 年 12 月 23 日最高人民法院审判委员会第
1823 次会议通过的《最高人民法院关于修改〈最高人民法院
关于人民法院民事调解工作若干问题的规定〉等十九件民事
诉讼类司法解释的决定》修正)

1998 年 9 月 17 日,我院以法〔1998〕86 号通知印发了《关于人民法院受
理申请承认外国法院离婚判决案件几个问题的意见》,现根据新的情况,对人
民法院受理申请承认外国法院离婚判决案件的有关问题重新作如下规定:

一、中国公民向人民法院申请承认外国法院离婚判决,人民法院不应以其
未在国内缔结婚姻关系而拒绝受理;中国公民申请承认外国法院在其缺席情
况下作出的离婚判决,应同时向人民法院提交作出该判决的外国法院已合法
传唤其出庭的有关证明文件。

二、外国公民向人民法院申请承认外国法院离婚判决,如果其离婚的原配
偶是中国公民的,人民法院应予受理;如果其离婚的原配偶是外国公民的,人
民法院不予受理,但可告知其直接向婚姻登记机关申请结婚登记。

三、当事人向人民法院申请承认外国法院离婚调解书效力的,人民法院应
予受理,并根据《关于中国公民申请承认外国法院离婚判决程序问题的规定》
进行审查,作出承认或不予承认的裁定。

自本规定公布之日起,我院法〔1998〕86 号通知印发的《关于人民法院受
理申请承认外国法院离婚判决案件几个问题的意见》同时废止。

最高人民法院
关于中国公民申请承认外国法院离婚判决程序问题的规定

(1991 年 7 月 5 日最高人民法院审判委员会第 503 次会议通过,根据 2020 年 12 月 23 日最高人民法院审判委员会第 1823 次会议通过的《最高人民法院关于修改〈最高人民法院关于人民法院民事调解工作若干问题的规定〉等十九件民事诉讼类司法解释的决定》修正)

第一条 对与我国没有订立司法协助协议的外国法院作出的离婚判决,中国籍当事人可以根据本规定向人民法院申请承认该外国法院的离婚判决。

对与我国有司法协助协议的外国法院作出的离婚判决,按照协议的规定申请承认。

第二条 外国法院离婚判决中的夫妻财产分割、生活费负担、子女抚养方面判决的承认执行,不适用本规定。

第三条 向人民法院申请承认外国法院的离婚判决,申请人应提出书面申请书,并须附有外国法院离婚判决书正本及经证明无误的中文译本。否则,不予受理。

第四条 申请书应记明以下事项:

(一)申请人姓名、性别、年龄、工作单位和住址;

(二)判决由何国法院作出,判结结果、时间;

(三)受传唤及应诉的情况;

(四)申请理由及请求;

(五)其他需要说明的情况。

第五条 申请由申请人住所地中级人民法院受理。申请人住所地与经常居住地不一致的,由经常居住地中级人民法院受理。

申请人不在国内的,由申请人原国内住所地中级人民法院受理。

第六条　人民法院接到申请书,经审查,符合本规定的受理条件的,应当在 7 日内立案;不符合的,应当在 7 日内通知申请人不予受理,并说明理由。

第七条　人民法院审查承认外国法院离婚判决的申请,由三名审判员组成合议庭进行,作出的裁定不得上诉。

第八条　人民法院受理申请后,对于外国法院离婚判决书没有指明已生效或生效时间的,应责令申请人提交作出判决的法院出具的判决已生效的证明文件。

第九条　外国法院作出离婚判决的原告为申请人的,人民法院应责令其提交作出判决的外国法院已合法传唤被告出庭的有关证明文件。

第十条　按照第八条、第九条要求提供的证明文件,应经该外国公证部门公证和我国驻该国使、领馆认证,或者履行中华人民共和国与该所在国订立的有关条约中规定的证明手续。同时应由申请人提供经证明无误的中文译本。

第十一条　居住在我国境内的外国法院离婚判决的被告为申请人,提交第八条、第十条所要求的证明文件和公证、认证有困难的,如能提交外国法院的应诉通知或出庭传票的,可推定外国法院离婚判决书为真实和已经生效。

第十二条　经审查,外国法院的离婚判决具有下列情形之一的,不予承认:

(一)判决尚未发生法律效力;

(二)作出判决的外国法院对案件没有管辖权;

(三)判决是在被告缺席且未得到合法传唤情况下作出的;

(四)该当事人之间的离婚案件,我国法院正在审理或已作出判决,或者第三国法院对该当事人之间作出的离婚案件判决已为我国法院所承认;

(五)判决违反我国法律的基本原则或者危害我国国家主权、安全和社会公共利益。

第十三条　对外国法院的离婚判决的承认,以裁定方式作出。没有第十二条规定的情形的,裁定承认其法律效力;具有第十二条规定的情形之一的,裁定驳回申请人的申请。

第十四条　裁定书以"中华人民共和国××中级人民法院"名义作出,由合议庭成员署名,加盖人民法院印章。

第十五条　裁定书一经送达,即发生法律效力。

第十六条　申请承认外国法院的离婚判决,申请人应向人民法院交纳案件受理费人民币 100 元。

第十七条　申请承认外国法院的离婚判决,委托他人代理的,必须向人民法院提交由委托人签名或盖章的授权委托书。委托人在国外出具的委托书,必须经我国驻该国的使、领馆证明,或者履行中华人民共和国与该所在国订立的有关条约中规定的证明手续。

第十八条　人民法院受理离婚诉讼后,原告一方变更请求申请承认外国法院离婚判决,或者被告一方另提出承认外国法院离婚判决申请的,其申请均不受理。

第十九条　人民法院受理承认外国法院离婚判决的申请后,对方当事人向人民法院起诉离婚的,人民法院不予受理。

第二十条　当事人之间的婚姻虽经外国法院判决,但未向人民法院申请承认的,不妨碍当事人一方另行向人民法院提出离婚诉讼。

第二十一条　申请人的申请为人民法院受理后,申请人可以撤回申请,人民法院以裁定准予撤回。申请人撤回申请后,不得再提出申请,但可以另向人民法院起诉离婚。

第二十二条　申请人的申请被驳回后,不得再提出申请,但可以另行向人民法院起诉离婚。

最高人民法院关于修改
《最高人民法院关于人民法院扣押铁路运
输货物若干问题的规定》等十八件
执行类司法解释的决定

法释〔2020〕21 号

（2020 年 12 月 23 日最高人民法院审判委员会
第 1823 次会议通过，自 2021 年 1 月 1 日起施行）

根据审判、执行实践需要，经最高人民法院审判委员会第 1823 次会议决定，对《最高人民法院关于人民法院扣押铁路运输货物若干问题的规定》等十八件司法解释作如下修改：

一、修改《最高人民法院关于人民法院扣押铁路运输货物若干问题的规定》

将第三条修改为：

"人民法院扣押铁路运输货物，应当制作裁定书并附协助执行通知书。协助执行通知书中应当载明：扣押货物的发货站、到货站，托运人、收货人的名称，货物的品名、数量和货票号码。在货物发送前扣押的，人民法院应当将裁定书副本和协助执行通知书送达始发地的铁路运输企业由其协助执行；在货物发送后扣押的，应当将裁定书副本和协助执行通知书送达目的地或最近中转编组站的铁路运输企业由其协助执行。

人民法院一般不应在中途站、中转站扣押铁路运输货物。必要时，在不影响铁路正常运输秩序、不损害其他自然人、法人和非法人组织合法权益的情况下，可在最近中转编组站或有条件的车站扣押。

人民法院裁定扣押国际铁路联运货物，应当通知铁路运输企业、海关、边防、商检等有关部门协助执行。属于进口货物的，人民法院应当向我国进口国

（边）境站、到货站或有关部门送达裁定书副本和协助执行通知书；属于出口货物的，在货物发送前应当向发货站或有关部门送达，在货物发送后未出我国国（边）境前，应当向我国出境站或有关部门送达。"

二、修改《最高人民法院关于产业工会、基层工会是否具备社团法人资格和工会经费集中户可否冻结划拨问题的批复》

1. 将名称修改为：

"最高人民法院关于产业工会、基层工会是否具备社会团体法人资格和工会经费集中户可否冻结划拨问题的批复"。

2. 将引言修改为：

"山东等省高级人民法院就审判工作中如何认定产业工会、基层工会的社会团体法人资格和对工会财产、经费查封、扣押、冻结、划拨的问题，向我院请示。经研究，批复如下："

3. 将第一条修改为：

"根据《中华人民共和国工会法》（以下简称工会法）的规定，产业工会社会团体法人资格的取得是由工会法直接规定的，依法不需要办理法人登记。基层工会只要符合《中华人民共和国民法典》、工会法和《中国工会章程》规定的条件，报上一级工会批准成立，即具有社会团体法人资格。人民法院在审理案件中，应当严格按照法律规定的社会团体法人条件，审查基层工会社会团体法人的法律地位。产业工会、具有社会团体法人资格的基层工会与建立工会的营利法人是各自独立的法人主体。企业或企业工会对外发生的经济纠纷，各自承担民事责任。上级工会对基层工会是否具备法律规定的社会团体法人的条件审查不严或不实，应当承担与其过错相应的民事责任。"

三、修改《最高人民法院关于人民法院能否对信用证开证保证金采取冻结和扣划措施问题的规定》

将第一条修改为：

"人民法院在审理或执行案件时，依法可以对信用证开证保证金采取冻结措施，但不得扣划。如果当事人、开证银行认为人民法院冻结和扣划的某项资金属于信用证开证保证金的，应当依法提出异议并提供有关证据予以证明。人民法院审查后，可按以下原则处理：对于确系信用证开证保证金的，不得采取扣划措施;如果开证银行履行了对外支付义务,根据该银行的申请,人民法院应当立即解除对信用证开证保证金相应部分的冻结措施;如果申请开证人提供的开证保证金是外汇,当事人又举证证明信用证的受益人提供的单据与信用证条款相符时,人民法院应当立即解除冻结措施。"

四、修改《最高人民法院关于对被执行人存在银行的凭证式国库券可否采取执行措施问题的批复》

将正文第二段修改为:

"被执行人存在银行的凭证式国库券是由被执行人交银行管理的到期偿还本息的有价证券,在性质上与银行的定期储蓄存款相似,属于被执行人的财产。依照《中华人民共和国民事诉讼法》第二百四十二条规定的精神,人民法院有权冻结、划拨被执行人存在银行的凭证式国库券。有关银行应当按照人民法院的协助执行通知书将本息划归申请执行人。"

五、修改《最高人民法院关于人民法院执行工作若干问题的规定(试行)》

1. 将第 2 条修改为:

"执行机构负责执行下列生效法律文书:

(1)人民法院民事、行政判决、裁定、调解书,民事制裁决定、支付令,以及刑事附带民事判决、裁定、调解书,刑事裁判涉财产部分;

(2)依法应由人民法院执行的行政处罚决定、行政处理决定;

(3)我国仲裁机构作出的仲裁裁决和调解书,人民法院依据《中华人民共和国仲裁法》有关规定作出的财产保全和证据保全裁定;

(4)公证机关依法赋予强制执行效力的债权文书;

(5)经人民法院裁定承认其效力的外国法院作出的判决、裁定,以及国外仲裁机构作出的仲裁裁决;

(6)法律规定由人民法院执行的其他法律文书。"

2. 将第 3 条修改为:

"人民法院在审理民事、行政案件中作出的财产保全和先予执行裁定,一般应当移送执行机构实施。"

3. 删除第 6 条、第 10 条、第 28 条至第 32 条、第 38 条、第 39 条、第 41 条至第 43 条、第 45 条至第 47 条、第 55 条、第 70 条至第 84 条、第 86 条、第 87 条、第 89 条、第 90 条、第 92 条至第 99 条、第 102 条、第 111 条至第 124 条。

4.将第 8 条修改为：

"执行人员执行公务时,应向有关人员出示工作证件,并按规定着装。必要时应由司法警察参加。"

5.将第 18 条修改为：

"人民法院受理执行案件应当符合下列条件：

(1)申请或移送执行的法律文书已经生效；

(2)申请执行人是生效法律文书确定的权利人或其继承人、权利承受人；

(3)申请执行的法律文书有给付内容,且执行标的和被执行人明确；

(4)义务人在生效法律文书确定的期限内未履行义务；

(5)属于受申请执行的人民法院管辖。

人民法院对符合上述条件的申请,应当在七日内予以立案；不符合上述条件之一的,应当在七日内裁定不予受理。"

6.将第 20 条修改为：

"申请执行,应向人民法院提交下列文件和证件：

(1)申请执行书。申请执行书中应当写明申请执行的理由、事项、执行标的,以及申请执行人所了解的被执行人的财产状况。

申请执行人书写申请执行书确有困难的,可以口头提出申请。人民法院接待人员对口头申请应当制作笔录,由申请执行人签字或盖章。

外国一方当事人申请执行的,应当提交中文申请执行书。当事人所在国与我国缔结或共同参加的司法协助条约有特别规定的,按照条约规定办理。

(2)生效法律文书副本。

(3)申请执行人的身份证明。自然人申请的,应当出示居民身份证；法人申请的,应当提交法人营业执照副本和法定代表人身份证明；非法人组织申请的,应当提交营业执照副本和主要负责人身份证明。

(4)继承人或权利承受人申请执行的,应当提交继承或承受权利的证明文件。

(5)其他应当提交的文件或证件。"

7.将第 22 条修改为：

"申请执行人可以委托代理人代为申请执行。委托代理的,应当向人民法院提交经委托人签字或盖章的授权委托书,写明代理人的姓名或者名称、代理事项、权限和期限。

委托代理人代为放弃、变更民事权利，或代为进行执行和解，或代为收取执行款项的，应当有委托人的特别授权。"

8. 将第 23 条修改为：

"执行申请费的收取按照《诉讼费用交纳办法》办理。"

9. 将"四、执行前的准备和对被执行人财产状况的查明"修改为"四、执行前的准备"。

10. 将第 24 条修改为：

"人民法院应当在收到申请执行书或者移交执行书后十日内发出执行通知。

执行通知中除应责令被执行人履行法律文书确定的义务外，还应通知其承担民事诉讼法第二百五十三条规定的迟延履行利息或者迟延履行金。"

11. 将第 26 条修改为：

"被执行人未按执行通知书履行生效法律文书确定的义务的，应当及时采取执行措施。

人民法院采取执行措施，应当制作相应法律文书，送达被执行人。"

12. 将第 35 条修改为：

"作为被执行人的自然人，其收入转为储蓄存款的，应当责令其交出存单。拒不交出的，人民法院应当作出提取其存款的裁定，向金融机构发出协助执行通知书，由金融机构提取被执行人的存款交人民法院或存入人民法院指定的账户。"

13. 将第 54 条修改为：

"被执行人在其独资开办的法人企业中拥有的投资权益被冻结后，人民法院可以直接裁定予以转让，以转让所得清偿其对申请执行人的债务。

对被执行人在有限责任公司中被冻结的投资权益或股权，人民法院可以依据《中华人民共和国公司法》第七十一条、第七十二条、第七十三条的规定，征得全体股东过半数同意后，予以拍卖、变卖或以其他方式转让。不同意转让的股东，应当购买该转让的投资权益或股权，不购买的，视为同意转让，不影响执行。

人民法院也可允许并监督被执行人自行转让其投资权益或股权，将转让所得收益用于清偿对申请执行人的债务。"

14. 将第 57 条修改为:

"生效法律文书确定被执行人交付特定标的物的,应当执行原物。原物被隐匿或非法转移的,人民法院有权责令其交出。原物确已毁损或灭失的,经双方当事人同意,可以折价赔偿。

双方当事人对折价赔偿不能协商一致的,人民法院应当终结执行程序。申请执行人可以另行起诉。"

15. 将第 58 条修改为:

"有关组织或者个人持有法律文书指定交付的财物或票证,在接到人民法院协助执行通知书或通知书后,协同被执行人转移财物或票证的,人民法院有权责令其限期追回;逾期未追回的,应当裁定其承担赔偿责任。"

16. 将第 59 条修改为:

"被执行人的财产经拍卖、变卖或裁定以物抵债后,需从现占有人处交付给买受人或申请执行人的,适用民事诉讼法第二百四十九条、第二百五十条和本规定第 41 条、第 42 条的规定。"

17. 将"八、对案外人异议的处理""九、被执行主体的变更和追加"标题删除。

18. 将"十、执行担保和执行和解"修改为"八、执行担保"。

19. 将第 100 条修改为:

"被执行人或其他人有下列拒不履行生效法律文书或者妨害执行行为之一的,人民法院可以依照民事诉讼法第一百一十一条的规定处理:

(1)隐藏、转移、变卖、毁损向人民法院提供执行担保的财产的;

(2)案外人与被执行人恶意串通转移被执行人财产的;

(3)故意撕毁人民法院执行公告、封条的;

(4)伪造、隐藏、毁灭有关被执行人履行能力的重要证据,妨碍人民法院查明被执行人财产状况的;

(5)指使、贿买、胁迫他人对被执行人的财产状况和履行义务的能力问题作伪证的;

(6)妨碍人民法院依法搜查的;

(7)以暴力、威胁或其他方法妨碍或抗拒执行的;

（8）哄闹、冲击执行现场的；

（9）对人民法院执行人员或协助执行人员进行侮辱、诽谤、诬陷、围攻、威胁、殴打或者打击报复的；

（10）毁损、抢夺执行案件材料、执行公务车辆、其他执行器械、执行人员服装和执行公务证件的。"

20. 将第 105 条修改为：

"在执行中，被执行人被人民法院裁定宣告破产的，执行法院应当依照民事诉讼法第二百五十七条第六项的规定，裁定终结执行。"

21. 将第 108 条修改为：

"执行结案的方式为：

（1）执行完毕；

（2）终结本次执行程序；

（3）终结执行；

（4）销案；

（5）不予执行；

（6）驳回申请。"

22. 将第 109 条第 1 款修改为：

"在执行中或执行完毕后，据以执行的法律文书被人民法院或其他有关机关撤销或变更的，原执行机构应当依照民事诉讼法第二百三十三条的规定，依当事人申请或依职权，按照新的生效法律文书，作出执行回转的裁定，责令原申请执行人返还已取得的财产及其孳息。拒不返还的，强制执行。"

23. 将第 110 条修改为：

"执行回转时，已执行的标的物系特定物的，应当退还原物。不能退还原物的，经双方当事人同意，可以折价赔偿。

双方当事人对折价赔偿不能协商一致的，人民法院应当终结执行回转程序。申请执行人可以另行起诉。"

24. 将"十四、委托执行、协助执行和执行争议的协调"修改为"十二、执行争议的协调"。

25. 条文顺序作相应调整。

六、修改《最高人民法院关于人民法院民事执行中查封、扣押、冻结财产的规定》

1. 删除第三条、第四条、第二十九条。

2. 将第十六条修改为：

"被执行人将其财产出卖给第三人，第三人已经支付部分价款并实际占有该财产，但根据合同约定被执行人保留所有权的，人民法院可以查封、扣押、冻结；第三人要求继续履行合同的，向人民法院交付全部余款后，裁定解除查封、扣押、冻结。"

3. 将第十八条修改为：

"被执行人购买第三人的财产，已经支付部分价款并实际占有该财产，第三人依合同约定保留所有权的，人民法院可以查封、扣押、冻结。保留所有权已办理登记的，第三人的剩余价款从该财产变价款中优先支付；第三人主张取回该财产的，可以依据民事诉讼法第二百二十七条规定提出异议。"

4. 将第二十条第二款修改为：

"执行人员及保管人应当在笔录上签名，有民事诉讼法第二百四十五条规定的人员到场的，到场人员也应当在笔录上签名。"

5. 将第二十五条修改为：

"查封、扣押、冻结协助执行通知书在送达登记机关时，登记机关已经受理被执行人转让不动产、特定动产及其他财产的过户登记申请，尚未完成登记的，应当协助人民法院执行。人民法院不得对登记机关已经完成登记的被执行人已转让的财产实施查封、扣押、冻结措施。

查封、扣押、冻结协助执行通知书在送达登记机关时，其他人民法院已向该登记机关送达了过户登记协助执行通知书的，应当优先办理过户登记。"

6. 将第二十七条第二款修改为：

"人民法院虽然没有通知抵押权人，但有证据证明抵押权人知道或者应当知道查封、扣押事实的，受抵押担保的债权数额从其知道或者应当知道该事实时起不再增加。"

7. 将第三十一条第一款第三项修改为：

"（三）查封、扣押、冻结的财产流拍或者变卖不成，申请执行人和其他执行债权人又不同意接受抵债，且对该财产又无法采取其他执行措施的；"

8.条文顺序作相应调整。

七、修改《最高人民法院关于人民法院民事执行中拍卖、变卖财产的规定》

1.将第四条第一款修改为：

"对拟拍卖的财产，人民法院可以委托具有相应资质的评估机构进行价格评估。对于财产价值较低或者价格依照通常方法容易确定的，可以不进行评估。"

2.删除第五条、第六条、第七条。

3.将第八条修改为：

"拍卖应当确定保留价。

拍卖财产经过评估的，评估价即为第一次拍卖的保留价；未作评估的，保留价由人民法院参照市价确定，并应当征询有关当事人的意见。

如果出现流拍，再行拍卖时，可以酌情降低保留价，但每次降低的数额不得超过前次保留价的百分之二十。"

4.将第二十七条、第二十八条、第三十五条中引用的"第十九条"修改为"第十六条"。

5.将第二十九条修改为：

"不动产、动产或者其他财产权拍卖成交或者抵债后，该不动产、动产的所有权、其他财产权自拍卖成交或者抵债裁定送达买受人或者承受人时起转移。"

6.条文顺序作相应调整。

八、修改《最高人民法院关于适用〈中华人民共和国民事诉讼法〉执行程序若干问题的解释》

1.将引言修改为：

"为了依法及时有效地执行生效法律文书，维护当事人的合法权益，根据《中华人民共和国民事诉讼法》（以下简称民事诉讼法），结合人民法院执行工作实际，对执行程序中适用法律的若干问题作出如下解释："

2.将第五条第一款修改为：

"执行过程中，当事人、利害关系人认为执行法院的执行行为违反法律规定的，可以依照民事诉讼法第二百二十五条的规定提出异议。"

3.将第六条修改为：

"当事人、利害关系人依照民事诉讼法第二百二十五条规定申请复议的，应当采取书面形式。"

4.删除第八条、第十七条至第十九条、第二十一条至第二十四条、第三十一条至第三十五条。

5.将第九条修改为:

"当事人、利害关系人依照民事诉讼法第二百二十五条规定申请复议的,上一级人民法院应当自收到复议申请之日起三十日内审查完毕,并作出裁定。有特殊情况需要延长的,经本院院长批准,可以延长,延长的期限不得超过三十日。"

6.将第十一条修改为:

"依照民事诉讼法第二百二十六条的规定,有下列情形之一的,上一级人民法院可以根据申请执行人的申请,责令执行法院限期执行或者变更执行法院:

(一)债权人申请执行时被执行人有可供执行的财产,执行法院自收到申请执行书之日起超过六个月对该财产未执行完结的;

(二)执行过程中发现被执行人可供执行的财产,执行法院自发现财产之日起超过六个月对该财产未执行完结的;

(三)对法律文书确定的行为义务的执行,执行法院自收到申请执行书之日起超过六个月未依法采取相应执行措施的;

(四)其他有条件执行超过六个月未执行的。"

7.将第十二条修改为:

"上一级人民法院依照民事诉讼法第二百二十六条规定责令执行法院限期执行的,应当向其发出督促执行令,并将有关情况书面通知申请执行人。

上一级人民法院决定由本院执行或者指令本辖区其他人民法院执行的,应当作出裁定,送达当事人并通知有关人民法院。"

8.将第十四条修改为:

"民事诉讼法第二百二十六条规定的六个月期间,不应当计算执行中的公告期间、鉴定评估期间、管辖争议处理期间、执行争议协调期间、暂缓执行期间以及中止执行期间。"

9.将第十五条修改为:

"案外人对执行标的主张所有权或者有其他足以阻止执行标的的转让、交付的实体权利的,可以依照民事诉讼法第二百二十七条的规定,向执行法院提出异议。"

10. 将第二十条修改为:

"案外人执行异议之诉审理期间,人民法院不得对执行标的进行处分。申请执行人请求人民法院继续执行并提供相应担保的,人民法院可以准许。

案外人请求解除查封、扣押、冻结或者申请执行人请求继续执行有错误,给对方造成损失的,应当予以赔偿。"

11. 将第三十条修改为:

"执行员依照民事诉讼法第二百四十条规定立即采取强制执行措施的,可以同时或者自采取强制执行措施之日起三日内发送执行通知书。"

12. 将第三十六条修改为:

"依照民事诉讼法第二百五十五条规定对被执行人限制出境的,应当由申请执行人向执行法院提出书面申请;必要时,执行法院可以依职权决定。"

13. 将第三十九条修改为:

"依照民事诉讼法第二百五十五条的规定,执行法院可以依职权或者依申请执行人的申请,将被执行人不履行法律文书确定义务的信息,通过报纸、广播、电视、互联网等媒体公布。

媒体公布的有关费用,由被执行人负担;申请执行人申请在媒体公布的,应当垫付有关费用。"

14. 条文顺序作相应调整。

九、修改《最高人民法院关于委托执行若干问题的规定》

1. 将第一条修改为:

"执行法院经调查发现被执行人在本辖区内已无财产可供执行,且在其他省、自治区、直辖市内有可供执行财产的,可以将案件委托异地的同级人民法院执行。

执行法院确需赴异地执行案件的,应当经其所在辖区高级人民法院批准。"

2. 将第二条修改为:

"案件委托执行后,受托法院应当依法立案,委托法院应当在收到受托法院的立案通知书后作销案处理。

委托异地法院协助查询、冻结、查封、调查或者送达法律文书等有关事项的,受托法院不作为委托执行案件立案办理,但应当积极予以协助。"

3.将第四条修改为:

"委托执行案件应当由委托法院直接向受托法院办理委托手续,并层报各自所在的高级人民法院备案。

事项委托应当通过人民法院执行指挥中心综合管理平台办理委托事项的相关手续。"

4.删除第十二条第一款。

十、修改《最高人民法院关于人民法院办理执行异议和复议案件若干问题的规定》

1.将第五条修改为:

"有下列情形之一的,当事人以外的自然人、法人和非法人组织,可以作为利害关系人提出执行行为异议:

(一)认为人民法院的执行行为违法,妨碍其轮候查封、扣押、冻结的债权受偿的;

(二)认为人民法院的拍卖措施违法,妨碍其参与公平竞价的;

(三)认为人民法院的拍卖、变卖或者以物抵债措施违法,侵害其对执行标的的优先购买权的;

(四)认为人民法院要求协助执行的事项超出其协助范围或者违反法律规定的;

(五)认为其他合法权益受到人民法院违法执行行为侵害的。"

2.将第二十五条第一款第三项修改为:

"(三)银行存款和存管在金融机构的有价证券,按照金融机构和登记结算机构登记的账户名称判断;有价证券由具备合法经营资质的托管机构名义持有的,按照该机构登记的实际出资人账户名称判断;"

十一、修改《最高人民法院关于民事执行中变更、追加当事人若干问题的规定》

1.将第二条修改为:

"作为申请执行人的自然人死亡或被宣告死亡,该自然人的遗产管理人、继承人、受遗赠人或其他因该自然人死亡或被宣告死亡依法承受生效法律文书确定权利的主体,申请变更、追加其为申请执行人的,人民法院应予支持。

作为申请执行人的自然人被宣告失踪,该自然人的财产代管人申请变更、追加其为申请执行人的,人民法院应予支持。"

2. 将第三条修改为:

"作为申请执行人的自然人离婚时,生效法律文书确定的权利全部或部分分割给其配偶,该配偶申请变更、追加其为申请执行人的,人民法院应予支持。"

3. 将第四条至第七条、第十一条、第十二条、第十六条、第二十二条、第二十三条、第二十五条中的"其他组织"修改为"非法人组织"。

4. 将第十条修改为:

"作为被执行人的自然人死亡或被宣告死亡,申请执行人申请变更、追加该自然人的遗产管理人、继承人、受遗赠人或其他因该自然人死亡或被宣告死亡取得遗产的主体为被执行人,在遗产范围内承担责任的,人民法院应予支持。

作为被执行人的自然人被宣告失踪,申请执行人申请变更该自然人的财产代管人为被执行人,在代管的财产范围内承担责任的,人民法院应予支持。"

5. 将第十三条修改为:

"作为被执行人的个人独资企业,不能清偿生效法律文书确定的债务,申请执行人申请变更、追加其出资人为被执行人的,人民法院应予支持。个人独资企业出资人作为被执行人的,人民法院可以直接执行该个人独资企业的财产。

个体工商户的字号为被执行人的,人民法院可以直接执行该字号经营者的财产。"

6. 将第十七条修改为:

"作为被执行人的营利法人,财产不足以清偿生效法律文书确定的债务,申请执行人申请变更、追加未缴纳或未足额缴纳出资的股东、出资人或依公司法规定对该出资承担连带责任的发起人为被执行人,在尚未缴纳出资的范围内依法承担责任的,人民法院应予支持。"

7. 将第十八条修改为:

"作为被执行人的营利法人,财产不足以清偿生效法律文书确定的债务,申请执行人申请变更、追加抽逃出资的股东、出资人为被执行人,在抽逃出资的范围内承担责任的,人民法院应予支持。"

十二、修改《最高人民法院关于人民法院办理财产保全案件若干问题的规定》

将第六条修改为:

"申请保全人或第三人为财产保全提供财产担保的,应当向人民法院出具担保书。担保书应当载明担保人、担保方式、担保范围、担保财产及其价值、担保责任承担等内容,并附相关证据材料。

第三人为财产保全提供保证担保的,应当向人民法院提交保证书。保证书应当载明保证人、保证方式、保证范围、保证责任承担等内容,并附相关证据材料。

对财产保全担保,人民法院经审查,认为违反民法典、公司法等有关法律禁止性规定的,应当责令申请保全人在指定期限内提供其他担保;逾期未提供的,裁定驳回申请。"

十三、修改《最高人民法院关于民事执行中财产调查若干问题的规定》

将第十七条修改为:

"作为被执行人的法人或非法人组织不履行生效法律文书确定的义务,申请执行人认为其有拒绝报告、虚假报告财产情况,隐匿、转移财产等逃避债务情形或者其股东、出资人有出资不实、抽逃出资等情形的,可以书面申请人民法院委托审计机构对该被执行人进行审计。人民法院应当自收到书面申请之日起十日内决定是否准许。"

十四、修改《最高人民法院关于执行和解若干问题的规定》

1.将第七条修改为:

"执行和解协议履行过程中,符合民法典第五百七十条规定情形的,债务人可以依法向有关机构申请提存;执行和解协议约定给付金钱的,债务人也可以向执行法院申请提存。"

2.将第十一条修改为:

"申请执行人以被执行人一方不履行执行和解协议为由申请恢复执行,人民法院经审查,理由成立的,裁定恢复执行;有下列情形之一的,裁定不予恢复执行:

（一）执行和解协议履行完毕后申请恢复执行的；

（二）执行和解协议约定的履行期限尚未届至或者履行条件尚未成就的，但符合民法典第五百七十八条规定情形的除外；

（三）被执行人一方正在按照执行和解协议约定履行义务的；

（四）其他不符合恢复执行条件的情形。"

3. 将第十九条修改为：

"执行过程中，被执行人根据当事人自行达成但未提交人民法院的和解协议，或者一方当事人提交人民法院但其他当事人不予认可的和解协议，依照民事诉讼法第二百二十五条规定提出异议的，人民法院按照下列情形，分别处理：

（一）和解协议履行完毕的，裁定终结原生效法律文书的执行；

（二）和解协议约定的履行期限尚未届至或者履行条件尚未成就的，裁定中止执行，但符合民法典第五百七十八条规定情形的除外；

（三）被执行人一方正在按照和解协议约定履行义务的，裁定中止执行；

（四）被执行人不履行和解协议的，裁定驳回异议；

（五）和解协议不成立、未生效或者无效的，裁定驳回异议。"

十五、修改《最高人民法院关于执行担保若干问题的规定》

将第七条第一款修改为：

"被执行人或者他人提供财产担保，可以依照民法典规定办理登记等担保物权公示手续；已经办理公示手续的，申请执行人可以依法主张优先受偿权。"

十六、修改《最高人民法院关于法院冻结财产的户名与账号不符银行能否自行解冻的请示的答复》

将答复内容修改为：

"人民法院根据当事人申请，对财产采取冻结措施，是我国民事诉讼法赋予人民法院的职权，任何组织或者个人不得加以妨碍。人民法院在完成对财产冻结手续后，银行如发现被冻结的户名与账号不符时，应主动向法院提出存在的问题，由法院更正，而不能自行解冻；如因自行解冻不当造成损失，应视其过错程度承担相应的法律责任。"

十七、修改《最高人民法院关于对林业行政机关依法作出具体行政行为申请人民法院强制执行问题的复函》

将复函内容修改为：

"你部林函策字(1993)308号函收悉,经研究,同意你部所提意见,即:林业主管部门依法作出的具体行政行为,自然人、法人或者非法人组织在法定期限内既不起诉又不履行的,林业主管部门依据行政诉讼法第九十七条的规定可以申请人民法院强制执行,人民法院应予受理。"

十八、修改《最高人民法院关于审理拒不执行判决、裁定刑事案件适用法律若干问题的解释》

1. 将第三条修改为：

"申请执行人有证据证明同时具有下列情形,人民法院认为符合刑事诉讼法第二百一十条第三项规定的,以自诉案件立案审理:

(一)负有执行义务的人拒不执行判决、裁定,侵犯了申请执行人的人身、财产权利,应当依法追究刑事责任的;

(二)申请执行人曾经提出控告,而公安机关或者人民检察院对负有执行义务的人不予追究刑事责任的。"

2. 将第四条修改为：

"本解释第三条规定的自诉案件,依照刑事诉讼法第二百一十二条的规定,自诉人在宣告判决前,可以同被告人自行和解或者撤回自诉。"

本决定自2021年1月1日起施行。

根据本决定,《最高人民法院关于人民法院扣押铁路运输货物若干问题的规定》等十八件司法解释作相应修改后重新公布。

最高人民法院
关于人民法院扣押铁路运输货物若干问题的规定

（根据 2020 年 12 月 23 日最高人民法院审判委员会第 1823
次会议通过的《最高人民法院关于修改〈最高人民法院关于
人民法院扣押铁路运输货物若干问题的规定〉等十八件执行
类司法解释的决定》修正）

根据《中华人民共和国民事诉讼法》等有关法律的规定，现就人民法院扣押铁路运输货物问题作如下规定：

一、人民法院依法可以裁定扣押铁路运输货物。铁路运输企业依法应当予以协助。

二、当事人申请人民法院扣押铁路运输货物，应当提供担保，申请人不提供担保的，驳回申请。申请人的申请应当写明：要求扣押货物的发货站、到货站，托运人、收货人的名称，货物的品名、数量、货票号码等。

三、人民法院扣押铁路运输货物，应当制作裁定书并附协助执行通知书。协助执行通知书中应当载明：扣押货物的发货站、到货站，托运人、收货人的名称，货物的品名、数量和货票号码。在货物发送前扣押的，人民法院应当将裁定书副本和协助执行通知书送达始发地的铁路运输企业由其协助执行；在货物发送后扣押的，应当将裁定书副本和协助执行通知书送达目的地或最近中转编组站的铁路运输企业由其协助执行。

人民法院一般不应在中途站、中转站扣押铁路运输货物。必要时，在不影响铁路正常运输秩序、不损害其他自然人、法人和非法人组织合法权益的情况下，可在最近中转编组站或有条件的车站扣押。

人民法院裁定扣押国际铁路联运货物，应当通知铁路运输企业、海关、边防、商检等有关部门协助执行。属于进口货物的，人民法院应当向我国进口国（边）境站、到货站或有关部门送达裁定书副本和协助执行通知书；属于出口货物的,在货物发送前应当向发货站或有关部门送达,在货物发送后未出我国国(边)境前,应当向我国出境站或有关部门送达。

四、经人民法院裁定扣押的铁路运输货物,该铁路运输企业与托运人之间签订的铁路运输合同中涉及被扣押货物部分合同终止履行的,铁路运输企业不承担责任。因扣押货物造成的损失,由有关责任人承担。

因申请人申请扣押错误所造成的损失,由申请人承担赔偿责任。

五、铁路运输企业及有关部门因协助执行扣押货物而产生的装卸、保管、检验、监护等费用,由有关责任人承担,但应先由申请人垫付。申请人不是责任人的,可以再向责任人追偿。

六、扣押后的进出口货物,因尚未办结海关手续,人民法院在对此类货物作出最终处理决定前,应当先责令有关当事人补交关税并办理海关其他手续。

最高人民法院

关于产业工会、基层工会是否具备社会团体法人资格和工会经费集中户可否冻结划拨问题的批复

(根据 2020 年 12 月 23 日最高人民法院审判委员会第 1823 次会议通过的《最高人民法院关于修改〈最高人民法院关于人民法院扣押铁路运输货物若干问题的规定〉等十八件执行类司法解释的决定》修正)

各省、自治区、直辖市高级人民法院,解放军军事法院:

山东等省高级人民法院就审判工作中如何认定产业工会、基层工会的社会团体法人资格和对工会财产、经费查封、扣押、冻结、划拨的问题,向我院请示。经研究,批复如下:

一、根据《中华人民共和国工会法》(以下简称工会法)的规定,产业工会社会团体法人资格的取得是由工会法直接规定的,依法不需要办理法人登记。基层工会只要符合《中华人民共和国民法典》、工会法和《中国工会章程》规定的条件,报上一级工会批准成立,即具有社会团体法人资格。人民法院在审理案件中,应当严格按照法律规定的社会团体法人条件,审查基层工会社会团体法人的法律地位。产业工会、具有社会团体法人资格的基层工会与建立工会的营利法人是各自独立的法人主体。企业或企业工会对外发生的经济纠纷,各自承担民事责任。上级工会对基层工会是否具备法律规定的社会团体法人的条件审查不严或不实,应当承担与其过错相应的民事责任。

二、确定产业工会或者基层工会兴办企业的法人资格,原则上以工商登记为准;其上级工会依据有关规定进行审批是必经程序,人民法院不应以此为由冻结、划拨上级工会的经费并替欠债企业清偿债务。产业工会或基层工会投资兴办的具备法人资格的企业,如果投资不足或者抽逃资金的,应当补足投资或者在注册资金不实的范围内承担责任;如果投资全部到位,又无抽逃资金的

行为,当企业负债时,应当以企业所有的或者经营管理的财产承担有限责任。

三、根据工会法的规定,工会经费包括工会会员缴纳的会费,建立工会组织的企业事业单位、机关按每月全部职工工资总额的百分之二的比例向工会拨交的经费,以及工会所属的企业、事业单位上缴的收入和人民政府的补助等。工会经费要按比例逐月向地方各级总工会和全国总工会拨交。工会的经费一经拨交,所有权随之转移。在银行独立开列的"工会经费集中户",与企业经营资金无关,专门用于工会经费的集中与分配,不能在此账户开支费用或挪用、转移资金。因此,人民法院在审理案件中,不应将工会经费视为所在企业的财产,在企业欠债的情况下,不应冻结、划拨工会经费及"工会经费集中户"的款项。

此复。

最高人民法院
关于人民法院能否对信用证开证保证金
采取冻结和扣划措施问题的规定

(1996 年 6 月 20 日最高人民法院审判委员会第 822 次会议通过,根据 2020 年 12 月 23 日最高人民法院审判委员会第 1823 次会议通过的《最高人民法院关于修改〈最高人民法院关于人民法院扣押铁路运输货物若干问题的规定〉等十八件执行类司法解释的决定》修正)

信用证开证保证金属于有进出口经营权的企业向银行申请对国外(境外)方开立信用证而备付的具有担保支付性质的资金。为了严肃执法和保护当事人的合法权益,现就有关冻结、扣划信用证开证保证金的问题规定如下:

一、人民法院在审理或执行案件时,依法可以对信用证开证保证金采取冻结措施,但不得扣划。如果当事人、开证银行认为人民法院冻结和扣划的某项资金属于信用证开证保证金的,应当依法提出异议并提供有关证据予以证明。人民法院审查后,可按以下原则处理:对于确系信用证开证保证金的,不得采取扣划措施;如果开证银行履行了对外支付义务,根据该银行的申请,人民法院应当立即解除对信用证开证保证金相应部分的冻结措施;如果申请开证人提供的开证保证金是外汇,当事人又举证证明信用证的受益人提供的单据与信用证条款相符时,人民法院应当立即解除冻结措施。

二、如果银行因信用证无效、过期,或者因单证不符而拒付信用证款项并且免除了对外支付义务,以及在正常付出了信用证款项并从信用证开证保证金中扣除相应款额后尚有剩余,即在信用证开证保证金账户存款已丧失保证金功能的情况下,人民法院可以依法采取扣划措施。

三、人民法院对于为逃避债务而提供虚假证据证明属信用证开证保证金的单位和个人,应当依照民事诉讼法的有关规定严肃处理。

最高人民法院
关于对被执行人存在银行的凭证式国库券
可否采取执行措施问题的批复

(1998 年 2 月 5 日最高人民法院审判委员会第 958 次会议通过,根据 2020 年 12 月 23 日最高人民法院审判委员会第 1823 次会议通过的《最高人民法院关于修改〈最高人民法院关于人民法院扣押铁路运输货物若干问题的规定〉等十八件执行类司法解释的决定》修正)

北京市高级人民法院:

你院《关于对被执行人在银行的凭证式记名国库券可否采取冻结、扣划强制措施的请示》(京高法〔1997〕194 号)收悉。经研究,答复如下:

被执行人存在银行的凭证式国库券是由被执行人交银行管理的到期偿还本息的有价证券,在性质上与银行的定期储蓄存款相似,属于被执行人的财产。依照《中华人民共和国民事诉讼法》第二百四十二条规定的精神,人民法院有权冻结、划拨被执行人存在银行的凭证式国库券。有关银行应当按照人民法院的协助执行通知书将本息划归申请执行人。

最高人民法院
关于人民法院执行工作若干问题的规定(试行)

(1998 年 6 月 11 日最高人民法院审判委员会第 992 次会议通过,根据 2020 年 12 月 23 日最高人民法院审判委员会第 1823 次会议通过的《最高人民法院关于修改〈最高人民法院关于人民法院扣押铁路运输货物若干问题的规定〉等十八件执行类司法解释的决定》修正)

为了保证在执行程序中正确适用法律,及时有效地执行生效法律文书,维护当事人的合法权益,根据《中华人民共和国民事诉讼法》(以下简称民事诉讼法)等有关法律的规定,结合人民法院执行工作的实践经验,现对人民法院执行工作若干问题作如下规定。

一、执行机构及其职责

1.人民法院根据需要,依据有关法律的规定,设立执行机构,专门负责执行工作。

2.执行机构负责执行下列生效法律文书:

(1)人民法院民事、行政判决、裁定、调解书,民事制裁决定、支付令,以及刑事附带民事判决、裁定、调解书,刑事裁判涉财产部分;

(2)依法应由人民法院执行的行政处罚决定、行政处理决定;

(3)我国仲裁机构作出的仲裁裁决和调解书,人民法院依据《中华人民共和国仲裁法》有关规定作出的财产保全和证据保全裁定;

(4)公证机关依法赋予强制执行效力的债权文书;

(5)经人民法院裁定承认其效力的外国法院作出的判决、裁定,以及国外仲裁机构作出的仲裁裁决;

(6)法律规定由人民法院执行的其他法律文书。

3.人民法院在审理民事、行政案件中作出的财产保全和先予执行裁定,一般应当移送执行机构实施。

4.人民法庭审结的案件,由人民法庭负责执行。其中复杂、疑难或被执行人不在本法院辖区的案件,由执行机构负责执行。

5.执行程序中重大事项的办理,应由三名以上执行员讨论,并报经院长批准。

6.执行机构应配备必要的交通工具、通讯设备、音像设备和警械用具等,以保障及时有效地履行职责。

7.执行人员执行公务时,应向有关人员出示工作证件,并按规定着装。必要时应由司法警察参加。

8.上级人民法院执行机构负责本院对下级人民法院执行工作的监督、指导和协调。

二、执行管辖

9.在国内仲裁过程中,当事人申请财产保全,经仲裁机构提交人民法院的,由被申请人住所地或被申请保全的财产所在地的基层人民法院裁定并执行;申请证据保全的,由证据所在地的基层人民法院裁定并执行。

10.在涉外仲裁过程中,当事人申请财产保全,经仲裁机构提交人民法院的,由被申请人住所地或被申请保全的财产所在地的中级人民法院裁定并执行;申请证据保全的,由证据所在地的中级人民法院裁定并执行。

11.专利管理机关依法作出的处理决定和处罚决定,由被执行人住所地或财产所在地的省、自治区、直辖市有权受理专利纠纷案件的中级人民法院执行。

12.国务院各部门、各省、自治区、直辖市人民政府和海关依照法律、法规作出的处理决定和处罚决定,由被执行人住所地或财产所在地的中级人民法院执行。

13.两个以上人民法院都有管辖权的,当事人可以向其中一个人民法院申请执行;当事人向两个以上人民法院申请执行的,由最先立案的人民法院管辖。

14.人民法院之间因执行管辖权发生争议的,由双方协商解决;协商不成的,报请双方共同的上级人民法院指定管辖。

15.基层人民法院和中级人民法院管辖的执行案件,因特殊情况需要由上级人民法院执行的,可以报请上级人民法院执行。

三、执行的申请和移送

16.人民法院受理执行案件应当符合下列条件：

（1）申请或移送执行的法律文书已经生效；

（2）申请执行人是生效法律文书确定的权利人或其继承人、权利承受人；

（3）申请执行的法律文书有给付内容，且执行标的和被执行人明确；

（4）义务人在生效法律文书确定的期限内未履行义务；

（5）属于受申请执行的人民法院管辖。

人民法院对符合上述条件的申请，应当在七日内予以立案；不符合上述条件之一的，应当在七日内裁定不予受理。

17.生效法律文书的执行，一般应当由当事人依法提出申请。

发生法律效力的具有给付赡养费、扶养费、抚育费内容的法律文书、民事制裁决定书，以及刑事附带民事判决、裁定、调解书，由审判庭移送执行机构执行。

18.申请执行，应向人民法院提交下列文件和证件：

（1）申请执行书。申请执行书中应当写明申请执行的理由、事项、执行标的，以及申请执行人所了解的被执行人的财产状况。

申请执行人书写申请执行书确有困难的，可以口头提出申请。人民法院接待人员对口头申请应当制作笔录，由申请执行人签字或盖章。

外国一方当事人申请执行的，应当提交中文申请执行书。当事人所在国与我国缔结或共同参加的司法协助条约有特别规定的，按照条约规定办理。

（2）生效法律文书副本。

（3）申请执行人的身份证明。自然人申请的，应当出示居民身份证；法人申请的，应当提交法人营业执照副本和法定代表人身份证明；非法人组织申请的，应当提交营业执照副本和主要负责人身份证明。

（4）继承人或权利承受人申请执行的，应当提交继承或承受权利的证明文件。

（5）其他应当提交的文件或证件。

19.申请执行仲裁机构的仲裁裁决，应当向人民法院提交有仲裁条款的合同书或仲裁协议书。

申请执行国外仲裁机构的仲裁裁决的，应当提交经我国驻外使领馆认证或我国公证机关公证的仲裁裁决书中文本。

20.申请执行人可以委托代理人代为申请执行。委托代理的,应当向人民法院提交经委托人签字或盖章的授权委托书,写明代理人的姓名或者名称、代理事项、权限和期限。

委托代理人代为放弃、变更民事权利,或代为进行执行和解,或代为收取执行款项的,应当有委托人的特别授权。

21.执行申请费的收取按照《诉讼费用交纳办法》办理。

四、执行前的准备

22.人民法院应当在收到申请执行书或者移交执行书后十日内发出执行通知。

执行通知中除应责令被执行人履行法律文书确定的义务外,还应通知其承担民事诉讼法第二百五十三条规定的迟延履行利息或者迟延履行金。

23.执行通知书的送达,适用民事诉讼法关于送达的规定。

24.被执行人未按执行通知书履行生效法律文书确定的义务的,应当及时采取执行措施。

人民法院采取执行措施,应当制作相应法律文书,送达被执行人。

25.人民法院执行非诉讼生效法律文书,必要时可向制作生效法律文书的机构调取卷宗材料。

五、金钱给付的执行

26.金融机构擅自解冻被人民法院冻结的款项,致冻结款项被转移的,人民法院有权责令其限期追回已转移的款项。在限期内未能追回的,应当裁定该金融机构在转移的款项范围内以自己的财产向申请执行人承担责任。

27.被执行人为金融机构的,对其交存在人民银行的存款准备金和备付金不得冻结和扣划,但对其在本机构、其他金融机构的存款,及其在人民银行的其他存款可以冻结、划拨,并可对被执行人的其他财产采取执行措施,但不得查封其营业场所。

28.作为被执行人的自然人,其收入转为储蓄存款的,应当责令其交出存单。拒不交出的,人民法院应当作出提取其存款的裁定,向金融机构发出协助执行通知书,由金融机构提取被执行人的存款交人民法院或存入人民法院指定的账户。

29.被执行人在有关单位的收入尚未支取的,人民法院应当作出裁定,向该单位发出协助执行通知书,由其协助扣留或提取。

30.有关单位收到人民法院协助执行被执行人收入的通知后,擅自向被执行人或其他人支付的,人民法院有权责令其限期追回;逾期未追回的,应当裁定其在支付的数额内向申请执行人承担责任。

31.人民法院对被执行人所有的其他人享有抵押权、质押权或留置权的财产,可以采取查封、扣押措施。财产拍卖、变卖后所得价款,应当在抵押权人、质押权人或留置权人优先受偿后,其余额部分用于清偿申请执行人的债权。

32.被执行人或其他人擅自处分已被查封、扣押、冻结财产的,人民法院有权责令责任人限期追回财产或承担相应的赔偿责任。

33.被执行人申请对人民法院查封的财产自行变卖的,人民法院可以准许,但应当监督其按照合理价格在指定的期限内进行,并控制变卖的价款。

34.拍卖、变卖被执行人的财产成交后,必须即时钱物两清。

委托拍卖、组织变卖被执行人财产所发生的实际费用,从所得价款中优先扣除。所得价款超出执行标的数额和执行费用的部分,应当退还被执行人。

35.被执行人不履行生效法律文书确定的义务,人民法院有权裁定禁止被执行人转让其专利权、注册商标专用权、著作权(财产权部分)等知识产权。上述权利有登记主管部门的,应当同时向有关部门发出协助执行通知书,要求其不得办理财产权转移手续,必要时可以责令被执行人将产权或使用权证照交人民法院保存。

对前款财产权,可以采取拍卖、变卖等执行措施。

36.对被执行人从有关企业中应得的已到期的股息或红利等收益,人民法院有权裁定禁止被执行人提取和有关企业向被执行人支付,并要求有关企业直接向申请执行人支付。

对被执行人预期从有关企业中应得的股息或红利等收益,人民法院可以采取冻结措施,禁止到期后被执行人提取和有关企业向被执行人支付。到期后人民法院可从有关企业中提取,并出具提取收据。

37.对被执行人在其他股份有限公司中持有的股份凭证(股票),人民法院可以扣押,并强制被执行人按照公司法的有关规定转让,也可以直接采取拍卖、变卖的方式进行处分,或直接将股票抵偿给债权人,用于清偿被执行人的债务。

38.对被执行人在有限责任公司、其他法人企业中的投资权益或股权,人民法院可以采取冻结措施。

冻结投资权益或股权的,应当通知有关企业不得办理被冻结投资权益或股权的转移手续,不得向被执行人支付股息或红利。被冻结的投资权益或股权,被执行人不得自行转让。

39.被执行人在其独资开办的法人企业中拥有的投资权益被冻结后,人民法院可以直接裁定予以转让,以转让所得清偿其对申请执行人的债务。

对被执行人在有限责任公司中被冻结的投资权益或股权,人民法院可以依据《中华人民共和国公司法》第七十一条、第七十二条、第七十三条的规定,征得全体股东过半数同意后,予以拍卖、变卖或以其他方式转让。不同意转让的股东,应当购买该转让的投资权益或股权,不购买的,视为同意转让,不影响执行。

人民法院也可允许并监督被执行人自行转让其投资权益或股权,将转让所得收益用于清偿对申请执行人的债务。

40.有关企业收到人民法院发出的协助冻结通知后,擅自向被执行人支付股息或红利,或擅自为被执行人办理已冻结股权的转移手续,造成已转移的财产无法追回的,应当在所支付的股息或红利或转移的股权价值范围内向申请执行人承担责任。

六、交付财产和完成行为的执行

41.生效法律文书确定被执行人交付特定标的物的,应当执行原物。原物被隐匿或非法转移的,人民法院有权责令其交出。原物确已毁损或灭失的,经双方当事人同意,可以折价赔偿。

双方当事人对折价赔偿不能协商一致的,人民法院应当终结执行程序。申请执行人可以另行起诉。

42.有关组织或者个人持有法律文书指定交付的财物或票证,在接到人民法院协助执行通知书或通知书后,协同被执行人转移财物或票证的,人民法院有权责令其限期追回;逾期未追回的,应当裁定其承担赔偿责任。

43.被执行人的财产经拍卖、变卖或裁定以物抵债后,需从现占有人处交付给买受人或申请执行人的,适用民事诉讼法第二百四十九条、第二百五十条和本规定第 41 条、第 42 条的规定。

44.被执行人拒不履行生效法律文书中指定的行为的,人民法院可以强制其履行。

对于可以替代履行的行为,可以委托有关单位或他人完成,因完成上述行为发生的费用由被执行人承担。

对于只能由被执行人完成的行为,经教育,被执行人仍拒不履行的,人民法院应当按照妨害执行行为的有关规定处理。

七、被执行人到期债权的执行

45.被执行人不能清偿债务,但对本案以外的第三人享有到期债权的,人民法院可以依申请执行人或被执行人的申请,向第三人发出履行到期债务的通知(以下简称履行通知)。履行通知必须直接送达第三人。

履行通知应当包含下列内容:

(1)第三人直接向申请执行人履行其对被执行人所负的债务,不得向被执行人清偿;

(2)第三人应当在收到履行通知后的十五日内向申请执行人履行债务;

(3)第三人对履行到期债权有异议的,应当在收到履行通知后的十五日内向执行法院提出;

(4)第三人违背上述义务的法律后果。

46.第三人对履行通知的异议一般应当以书面形式提出,口头提出的,执行人员应记入笔录,并由第三人签字或盖章。

47.第三人在履行通知指定的期间内提出异议的,人民法院不得对第三人强制执行,对提出的异议不进行审查。

48.第三人提出自己无履行能力或其与申请执行人无直接法律关系,不属于本规定所指的异议。

第三人对债务部分承认、部分有异议的,可以对其承认的部分强制执行。

49.第三人在履行通知指定的期限内没有提出异议,而又不履行的,执行法院有权裁定对其强制执行。此裁定同时送达第三人和被执行人。

50.被执行人收到人民法院履行通知后,放弃其对第三人的债权或延缓第三人履行期限的行为无效,人民法院仍可在第三人无异议又不履行的情况下予以强制执行。

51.第三人收到人民法院要求其履行到期债务的通知后,擅自向被执行人履行,造成已向被执行人履行的财产不能追回的,除在已履行的财产范围内与被执行人承担连带清偿责任外,可以追究其妨害执行的责任。

52.在对第三人作出强制执行裁定后,第三人确无财产可供执行的,不得就第三人对他人享有的到期债权强制执行。

53.第三人按照人民法院履行通知向申请执行人履行了债务或已被强制执行后,人民法院应当出具有关证明。

八、执行担保

54.人民法院在审理案件期间,保证人为被执行人提供保证,人民法院据此未对被执行人的财产采取保全措施或解除保全措施的,案件审结后如果被执行人无财产可供执行或其财产不足清偿债务时,即使生效法律文书中未确定保证人承担责任,人民法院有权裁定执行保证人在保证责任范围内的财产。

九、多个债权人对一个债务人申请执行和参与分配

55.多份生效法律文书确定金钱给付内容的多个债权人分别对同一被执行人申请执行,各债权人对执行标的物均无担保物权的,按照执行法院采取执行措施的先后顺序受偿。

多个债权人的债权种类不同的,基于所有权和担保物权而享有的债权,优先于金钱债权受偿。有多个担保物权的,按照各担保物权成立的先后顺序清偿。

一份生效法律文书确定金钱给付内容的多个债权人对同一被执行人申请执行,执行的财产不足清偿全部债务的,各债权人对执行标的物均无担保物权的,按照各债权比例受偿。

56.对参与被执行人财产的具体分配,应当由首先查封、扣押或冻结的法院主持进行。

首先查封、扣押、冻结的法院所采取的执行措施如系为执行财产保全裁定,具体分配应当在该院案件审理终结后进行。

十、对妨害执行行为的强制措施的适用

57.被执行人或其他人有下列拒不履行生效法律文书或者妨害执行行为之一的,人民法院可以依照民事诉讼法第一百一十一条的规定处理:

(1)隐藏、转移、变卖、毁损向人民法院提供执行担保的财产的;

(2)案外人与被执行人恶意串通转移被执行人财产的;

（3）故意撕毁人民法院执行公告、封条的；

（4）伪造、隐藏、毁灭有关被执行人履行能力的重要证据，妨碍人民法院查明被执行人财产状况的；

（5）指使、贿买、胁迫他人对被执行人的财产状况和履行义务的能力问题作伪证的；

（6）妨碍人民法院依法搜查的；

（7）以暴力、威胁或其他方法妨碍或抗拒执行的；

（8）哄闹、冲击执行现场的；

（9）对人民法院执行人员或协助执行人员进行侮辱、诽谤、诬陷、围攻、威胁、殴打或者打击报复的；

（10）毁损、抢夺执行案件材料、执行公务车辆、其他执行器械、执行人员服装和执行公务证件的。

58.在执行过程中遇有被执行人或其他人拒不履行生效法律文书或者妨害执行情节严重，需要追究刑事责任的，应将有关材料移交有关机关处理。

十一、执行的中止、终结、结案和执行回转

59.按照审判监督程序提审或再审的案件，执行机构根据上级法院或本院作出的中止执行裁定书中止执行。

60.中止执行的情形消失后，执行法院可以根据当事人的申请或依职权恢复执行。

恢复执行应当书面通知当事人。

61.在执行中，被执行人被人民法院裁定宣告破产的，执行法院应当依照民事诉讼法第二百五十七条第六项的规定，裁定终结执行。

62.中止执行和终结执行的裁定书应当写明中止或终结执行的理由和法律依据。

63.人民法院执行生效法律文书，一般应当在立案之日起六个月内执行结案，但中止执行的期间应当扣除。确有特殊情况需要延长的，由本院院长批准。

64.执行结案的方式为：

（1）执行完毕；

（2）终结本次执行程序；

（3）终结执行；

（4）销案；

（5）不予执行；

（6）驳回申请。

65.在执行中或执行完毕后,据以执行的法律文书被人民法院或其他有关机关撤销或变更的,原执行机构应当依照民事诉讼法第二百三十三条的规定,依当事人申请或依职权,按照新的生效法律文书,作出执行回转的裁定,责令原申请执行人返还已取得的财产及其孳息。拒不返还的,强制执行。

执行回转应重新立案,适用执行程序的有关规定。

66.执行回转时,已执行的标的物系特定物的,应当退还原物。不能退还原物的,经双方当事人同意,可以折价赔偿。

双方当事人对折价赔偿不能协商一致的,人民法院应当终结执行回转程序。申请执行人可以另行起诉。

十二、执行争议的协调

67.两个或两个以上人民法院在执行相关案件中发生争议的,应当协商解决。协商不成的,逐级报请上级法院,直至报请共同的上级法院协调处理。

执行争议经高级人民法院协商不成的,由有关的高级人民法院书面报请最高人民法院协调处理。

68.执行中发现两地法院或人民法院与仲裁机构就同一法律关系作出不同裁判内容的法律文书的,各有关法院应当立即停止执行,报请共同的上级法院处理。

69.上级法院协调处理有关执行争议案件,认为必要时,可以决定将有关款项划到本院指定的账户。

70.上级法院协调下级法院之间的执行争议所作出的处理决定,有关法院必须执行。

十三、执行监督

71.上级人民法院依法监督下级人民法院的执行工作。最高人民法院依法监督地方各级人民法院和专门法院的执行工作。

72.上级法院发现下级法院在执行中作出的裁定、决定、通知或具体执行行为不当或有错误的,应当及时指令下级法院纠正,并可以通知有关法院暂缓执行。

下级法院收到上级法院的指令后必须立即纠正。如果认为上级法院的指令有错误,可以在收到该指令后五日内请求上级法院复议。

上级法院认为请求复议的理由不成立,而下级法院仍不纠正的,上级法院可直接作出裁定或决定予以纠正,送达有关法院及当事人,并可直接向有关单位发出协助执行通知书。

73.上级法院发现下级法院执行的非诉讼生效法律文书有不予执行事由,应当依法作出不予执行裁定而不制作的,可以责令下级法院在指定时限内作出裁定,必要时可直接裁定不予执行。

74.上级法院发现下级法院的执行案件(包括受委托执行的案件)在规定的期限内未能执行结案的,应当作出裁定、决定、通知而不制作的,或应当依法实施具体执行行为而不实施的,应当督促下级法院限期执行,及时作出有关裁定等法律文书,或采取相应措施。

对下级法院长期未能执结的案件,确有必要的,上级法院可以决定由本院执行或与下级法院共同执行,也可以指定本辖区其他法院执行。

75.上级法院在监督、指导、协调下级法院执行案件中,发现据以执行的生效法律文书确有错误的,应当书面通知下级法院暂缓执行,并按照审判监督程序处理。

76.上级法院在申诉案件复查期间,决定对生效法律文书暂缓执行的,有关审判庭应当将暂缓执行的通知抄送执行机构。

77.上级法院通知暂缓执行的,应同时指定暂缓执行的期限。暂缓执行的期限一般不得超过三个月。有特殊情况需要延长的,应报经院长批准,并及时通知下级法院。

暂缓执行的原因消除后,应当及时通知执行法院恢复执行。期满后上级法院未通知继续暂缓执行的,执行法院可以恢复执行。

78.下级法院不按照上级法院的裁定、决定或通知执行,造成严重后果的,按照有关规定追究有关主管人员和直接责任人员的责任。

十四、附则

79.本规定自公布之日起试行。

本院以前作出的司法解释与本规定有抵触的,以本规定为准。本规定未尽事宜,按照以前的规定办理。

最高人民法院
关于人民法院民事执行中查封、扣押、冻结财产的规定

（2004年10月26日最高人民法院审判委员会第1330次会议通过，根据2020年12月23日最高人民法院审判委员会第1823次会议通过的《最高人民法院关于修改〈最高人民法院关于人民法院扣押铁路运输货物若干问题的规定〉等十八件执行类司法解释的决定》修正）

为了进一步规范民事执行中的查封、扣押、冻结措施，维护当事人的合法权益，根据《中华人民共和国民事诉讼法》等法律的规定，结合人民法院民事执行工作的实践经验，制定本规定。

第一条 人民法院查封、扣押、冻结被执行人的动产、不动产及其他财产权，应当作出裁定，并送达被执行人和申请执行人。

采取查封、扣押、冻结措施需要有关单位或者个人协助的，人民法院应当制作协助执行通知书，连同裁定书副本一并送达协助执行人。查封、扣押、冻结裁定书和协助执行通知书送达时发生法律效力。

第二条 人民法院可以查封、扣押、冻结被执行人占有的动产、登记在被执行人名下的不动产、特定动产及其他财产权。

未登记的建筑物和土地使用权，依据土地使用权的审批文件和其他相关证据确定权属。

对于第三人占有的动产或者登记在第三人名下的不动产、特定动产及其他财产权，第三人书面确认该财产属于被执行人的，人民法院可以查封、扣押、冻结。

第三条 人民法院对被执行人下列的财产不得查封、扣押、冻结：

（一）被执行人及其所扶养家属生活所必需的衣服、家具、炊具、餐具及其他家庭生活必需的物品；

（二）被执行人及其所扶养家属所必需的生活费用。当地有最低生活保障标准的,必需的生活费用依照该标准确定;

（三）被执行人及其所扶养家属完成义务教育所必需的物品;

（四）未公开的发明或者未发表的著作;

（五）被执行人及其所扶养家属用于身体缺陷所必需的辅助工具、医疗物品;

（六）被执行人所得的勋章及其他荣誉表彰的物品;

（七）根据《中华人民共和国缔结条约程序法》,以中华人民共和国、中华人民共和国政府或者中华人民共和国政府部门名义同外国、国际组织缔结的条约、协定和其他具有条约、协定性质的文件中规定免于查封、扣押、冻结的财产;

（八）法律或者司法解释规定的其他不得查封、扣押、冻结的财产。

第四条 对被执行人及其所扶养家属生活所必需的居住房屋,人民法院可以查封,但不得拍卖、变卖或者抵债。

第五条 对于超过被执行人及其所扶养家属生活所必需的房屋和生活用品,人民法院根据申请执行人的申请,在保障被执行人及其所扶养家属最低生活标准所必需的居住房屋和普通生活必需品后,可予以执行。

第六条 查封、扣押动产的,人民法院可以直接控制该项财产。人民法院将查封、扣押的动产交付其他人控制的,应当在该动产上加贴封条或者采取其他足以公示查封、扣押的适当方式。

第七条 查封不动产的,人民法院应当张贴封条或者公告,并可以提取保存有关财产权证照。

查封、扣押、冻结已登记的不动产、特定动产及其他财产权,应当通知有关登记机关办理登记手续。未办理登记手续的,不得对抗其他已经办理了登记手续的查封、扣押、冻结行为。

第八条 查封尚未进行权属登记的建筑物时,人民法院应当通知其管理人或者该建筑物的实际占有人,并在显著位置张贴公告。

第九条 扣押尚未进行权属登记的机动车辆时,人民法院应当在扣押清单上记载该机动车辆的发动机编号。该车辆在扣押期间权利人要求办理权属登记手续的,人民法院应当准许并及时办理相应的扣押登记手续。

第十条　查封、扣押的财产不宜由人民法院保管的,人民法院可以指定被执行人负责保管;不宜由被执行人保管的,可以委托第三人或者申请执行人保管。

由人民法院指定被执行人保管的财产,如果继续使用对该财产的价值无重大影响,可以允许被执行人继续使用;由人民法院保管或者委托第三人、申请执行人保管的,保管人不得使用。

第十一条　查封、扣押、冻结担保物权人占有的担保财产,一般应当指定该担保物权人作为保管人;该财产由人民法院保管的,质权、留置权不因转移占有而消灭。

第十二条　对被执行人与其他人共有的财产,人民法院可以查封、扣押、冻结,并及时通知共有人。

共有人协议分割共有财产,并经债权人认可的,人民法院可以认定有效。查封、扣押、冻结的效力及于协议分割后被执行人享有份额内的财产;对其他共有人享有份额内的财产的查封、扣押、冻结,人民法院应当裁定予以解除。

共有人提起析产诉讼或者申请执行人代位提起析产诉讼的,人民法院应当准许。诉讼期间中止对该财产的执行。

第十三条　对第三人为被执行人的利益占有的被执行人的财产,人民法院可以查封、扣押、冻结;该财产被指定给第三人继续保管的,第三人不得将其交付给被执行人。

对第三人为自己的利益依法占有的被执行人的财产,人民法院可以查封、扣押、冻结,第三人可以继续占有和使用该财产,但不得将其交付给被执行人。

第三人无偿借用被执行人的财产的,不受前款规定的限制。

第十四条　被执行人将其财产出卖给第三人,第三人已经支付部分价款并实际占有该财产,但根据合同约定被执行人保留所有权的,人民法院可以查封、扣押、冻结;第三人要求继续履行合同的,向人民法院交付全部余款后,裁定解除查封、扣押、冻结。

第十五条　被执行人将其所有的需要办理过户登记的财产出卖给第三人,第三人已经支付部分或者全部价款并实际占有该财产,但尚未办理产权过户登记手续的,人民法院可以查封、扣押、冻结;第三人已经支付全部价款并实际占有,但未办理过户登记手续的,如果第三人对此没有过错,人民法院不得查封、扣押、冻结。

第十六条 被执行人购买第三人的财产,已经支付部分价款并实际占有该财产,第三人依合同约定保留所有权的,人民法院可以查封、扣押、冻结。保留所有权已办理登记的,第三人的剩余价款从该财产变价款中优先支付;第三人主张取回该财产的,可以依据民事诉讼法第二百二十七条规定提出异议。

第十七条 被执行人购买需要办理过户登记的第三人的财产,已经支付部分或者全部价款并实际占有该财产,虽未办理产权过户登记手续,但申请执行人已向第三人支付剩余价款或者第三人同意剩余价款从该财产变价款中优先支付的,人民法院可以查封、扣押、冻结。

第十八条 查封、扣押、冻结被执行人的财产时,执行人员应当制作笔录,载明下列内容:

(一)执行措施开始及完成的时间;

(二)财产的所在地、种类、数量;

(三)财产的保管人;

(四)其他应当记明的事项。

执行人员及保管人应当在笔录上签名,有民事诉讼法第二百四十五条规定的人员到场的,到场人员也应当在笔录上签名。

第十九条 查封、扣押、冻结被执行人的财产,以其价额足以清偿法律文书确定的债权额及执行费用为限,不得明显超标的额查封、扣押、冻结。

发现超标的额查封、扣押、冻结的,人民法院应当根据被执行人的申请或者依职权,及时解除对超标的额部分财产的查封、扣押、冻结,但该财产为不可分物且被执行人无其他可供执行的财产或者其他财产不足以清偿债务的除外。

第二十条 查封、扣押的效力及于查封、扣押物的从物和天然孳息。

第二十一条 查封地上建筑物的效力及于该地上建筑物使用范围内的土地使用权,查封土地使用权的效力及于地上建筑物,但土地使用权与地上建筑物的所有权分属被执行人与他人的除外。

地上建筑物和土地使用权的登记机关不是同一机关的,应当分别办理查封登记。

第二十二条 查封、扣押、冻结的财产灭失或者毁损的,查封、扣押、冻结的效力及于该财产的替代物、赔偿款。人民法院应当及时作出查封、扣押、冻结该替代物、赔偿款的裁定。

第二十三条 查封、扣押、冻结协助执行通知书在送达登记机关时，登记机关已经受理被执行人转让不动产、特定动产及其他财产的过户登记申请，尚未完成登记的，应当协助人民法院执行。人民法院不得对登记机关已经完成登记的被执行人已转让的财产实施查封、扣押、冻结措施。

查封、扣押、冻结协助执行通知书在送达登记机关时，其他人民法院已向该登记机关送达了过户登记协助执行通知书的，应当优先办理过户登记。

第二十四条 被执行人就已经查封、扣押、冻结的财产所作的移转、设定权利负担或者其他有碍执行的行为，不得对抗申请执行人。

第三人未经人民法院准许占有查封、扣押、冻结的财产或者实施其他有碍执行的行为的，人民法院可以依据申请执行人的申请或者依职权解除其占有或者排除其妨害。

人民法院的查封、扣押、冻结没有公示的，其效力不得对抗善意第三人。

第二十五条 人民法院查封、扣押被执行人设定最高额抵押权的抵押物的，应当通知抵押权人。抵押权人受抵押担保的债权数额自收到人民法院通知时起不再增加。

人民法院虽然没有通知抵押权人，但有证据证明抵押权人知道或者应当知道查封、扣押事实的，受抵押担保的债权数额从其知道或者应当知道该事实时起不再增加。

第二十六条 对已被人民法院查封、扣押、冻结的财产，其他人民法院可以进行轮候查封、扣押、冻结。查封、扣押、冻结解除的，登记在先的轮候查封、扣押、冻结即自动生效。

其他人民法院对已登记的财产进行轮候查封、扣押、冻结的，应当通知有关登记机关协助进行轮候登记，实施查封、扣押、冻结的人民法院应当允许其他人民法院查阅有关文书和记录。

其他人民法院对没有登记的财产进行轮候查封、扣押、冻结的，应当制作笔录，并经实施查封、扣押、冻结的人民法院执行人员及被执行人签字，或者书面通知实施查封、扣押、冻结的人民法院。

第二十七条 查封、扣押、冻结期限届满，人民法院未办理延期手续的，查封、扣押、冻结的效力消灭。

查封、扣押、冻结的财产已经被执行拍卖、变卖或者抵债的,查封、扣押、冻结的效力消灭。

第二十八条 有下列情形之一的,人民法院应当作出解除查封、扣押、冻结裁定,并送达申请执行人、被执行人或者案外人:

(一)查封、扣押、冻结案外人财产的;

(二)申请执行人撤回执行申请或者放弃债权的;

(三)查封、扣押、冻结的财产流拍或者变卖不成,申请执行人和其他执行债权人又不同意接受抵债,且对该财产又无法采取其他执行措施的;

(四)债务已经清偿的;

(五)被执行人提供担保且申请执行人同意解除查封、扣押、冻结的;

(六)人民法院认为应当解除查封、扣押、冻结的其他情形。

解除以登记方式实施的查封、扣押、冻结的,应当向登记机关发出协助执行通知书。

第二十九条 财产保全裁定和先予执行裁定的执行适用本规定。

第三十条 本规定自 2005 年 1 月 1 日起施行。施行前本院公布的司法解释与本规定不一致的,以本规定为准。

最高人民法院
关于人民法院民事执行中拍卖、变卖财产的规定

（2004 年 10 月 26 日最高人民法院审判委员会第 1330 次会议通过，根据 2020 年 12 月 23 日最高人民法院审判委员会第 1823 次会议通过的《最高人民法院关于修改〈最高人民法院关于人民法院扣押铁路运输货物若干问题的规定〉等十八件执行类司法解释的决定》修正）

为了进一步规范民事执行中的拍卖、变卖措施，维护当事人的合法权益，根据《中华人民共和国民事诉讼法》等法律的规定，结合人民法院民事执行工作的实践经验，制定本规定。

第一条 在执行程序中，被执行人的财产被查封、扣押、冻结后，人民法院应当及时进行拍卖、变卖或者采取其他执行措施。

第二条 人民法院对查封、扣押、冻结的财产进行变价处理时，应当首先采取拍卖的方式，但法律、司法解释另有规定的除外。

第三条 人民法院拍卖被执行人财产，应当委托具有相应资质的拍卖机构进行，并对拍卖机构的拍卖进行监督，但法律、司法解释另有规定的除外。

第四条 对拟拍卖的财产，人民法院可以委托具有相应资质的评估机构进行价格评估。对于财产价值较低或者价格依照通常方法容易确定的，可以不进行评估。

当事人双方及其他执行债权人申请不进行评估的，人民法院应当准许。

对被执行人的股权进行评估时，人民法院可以责令有关企业提供会计报表等资料；有关企业拒不提供的，可以强制提取。

第五条 拍卖应当确定保留价。

拍卖财产经过评估的，评估价即为第一次拍卖的保留价；未作评估的，保留价由人民法院参照市价确定，并应当征询有关当事人的意见。

如果出现流拍,再行拍卖时,可以酌情降低保留价,但每次降低的数额不得超过前次保留价的百分之二十。

第六条 保留价确定后,依据本次拍卖保留价计算,拍卖所得价款在清偿优先债权和强制执行费用后无剩余可能的,应当在实施拍卖前将有关情况通知申请执行人。申请执行人于收到通知后五日内申请继续拍卖的,人民法院应当准许,但应当重新确定保留价;重新确定的保留价应当大于该优先债权及强制执行费用的总额。

依照前款规定流拍的,拍卖费用由申请执行人负担。

第七条 执行人员应当对拍卖财产的权属状况、占有使用情况等进行必要的调查,制作拍卖财产现状的调查笔录或者收集其他有关资料。

第八条 拍卖应当先期公告。

拍卖动产的,应当在拍卖七日前公告;拍卖不动产或者其他财产权的,应当在拍卖十五日前公告。

第九条 拍卖公告的范围及媒体由当事人双方协商确定;协商不成的,由人民法院确定。拍卖财产具有专业属性的,应当同时在专业性报纸上进行公告。

当事人申请在其他新闻媒体上公告或者要求扩大公告范围的,应当准许,但该部分的公告费用由其自行承担。

第十条 拍卖不动产、其他财产权或者价值较高的动产的,竞买人应当于拍卖前向人民法院预交保证金。申请执行人参加竞买的,可以不预交保证金。保证金的数额由人民法院确定,但不得低于评估价或者市价的百分之五。

应当预交保证金而未交纳的,不得参加竞买。拍卖成交后,买受人预交的保证金充抵价款,其他竞买人预交的保证金应当在三日内退还;拍卖未成交的,保证金应当于三日内退还竞买人。

第十一条 人民法院应当在拍卖五日前以书面或者其他能够确认收悉的适当方式,通知当事人和已知的担保物权人、优先购买权人或者其他优先权人于拍卖日到场。

优先购买权人经通知未到场的,视为放弃优先购买权。

第十二条 法律、行政法规对买受人的资格或者条件有特殊规定的,竞买人应当具备规定的资格或者条件。

申请执行人、被执行人可以参加竞买。

第十三条 拍卖过程中,有最高应价时,优先购买权人可以表示以该最高价买受,如无更高应价,则拍归优先购买权人;如有更高应价,而优先购买权人不作表示的,则拍归该应价最高的竞买人。

顺序相同的多个优先购买权人同时表示买受的,以抽签方式决定买受人。

第十四条 拍卖多项财产时,其中部分财产卖得的价款足以清偿债务和支付被执行人应当负担的费用的,对剩余的财产应当停止拍卖,但被执行人同意全部拍卖的除外。

第十五条 拍卖的多项财产在使用上不可分,或者分别拍卖可能严重减损其价值的,应当合并拍卖。

第十六条 拍卖时无人竞买或者竞买人的最高应价低于保留价,到场的申请执行人或者其他执行债权人申请或者同意以该次拍卖所定的保留价接受拍卖财产的,应当将该财产交其抵债。

有两个以上执行债权人申请以拍卖财产抵债的,由法定受偿顺位在先的债权人优先承受;受偿顺位相同的,以抽签方式决定承受人。承受人应受清偿的债权额低于抵债财产的价额的,人民法院应当责令其在指定的期间内补交差额。

第十七条 在拍卖开始前,有下列情形之一的,人民法院应当撤回拍卖委托:

(一)据以执行的生效法律文书被撤销的;

(二)申请执行人及其他执行债权人撤回执行申请的;

(三)被执行人全部履行了法律文书确定的金钱债务的;

(四)当事人达成了执行和解协议,不需要拍卖财产的;

(五)案外人对拍卖财产提出确有理由的异议的;

(六)拍卖机构与竞买人恶意串通的;

(七)其他应当撤回拍卖委托的情形。

第十八条 人民法院委托拍卖后,遇有依法应当暂缓执行或者中止执行的情形的,应当决定暂缓执行或者裁定中止执行,并及时通知拍卖机构和当事人。拍卖机构收到通知后,应当立即停止拍卖,并通知竞买人。

暂缓执行期限届满或者中止执行的事由消失后,需要继续拍卖的,人民法院应当在十五日内通知拍卖机构恢复拍卖。

第十九条 被执行人在拍卖日之前向人民法院提交足额金钱清偿债务，要求停止拍卖的，人民法院应当准许，但被执行人应当负担因拍卖支出的必要费用。

第二十条 拍卖成交或者以流拍的财产抵债的，人民法院应当作出裁定，并于价款或者需要补交的差价全额交付后十日内，送达买受人或者承受人。

第二十一条 拍卖成交后，买受人应当在拍卖公告确定的期限或者人民法院指定的期限内将价款交付到人民法院或者汇入人民法院指定的账户。

第二十二条 拍卖成交或者以流拍的财产抵债后，买受人逾期未支付价款或者承受人逾期未补交差价而使拍卖、抵债的目的难以实现的，人民法院可以裁定重新拍卖。重新拍卖时，原买受人不得参加竞买。

重新拍卖的价款低于原拍卖价款造成的差价、费用损失及原拍卖中的佣金，由原买受人承担。人民法院可以直接从其预交的保证金中扣除。扣除后保证金有剩余的，应当退还原买受人；保证金数额不足的，可以责令原买受人补交；拒不补交的，强制执行。

第二十三条 拍卖时无人竞买或者竞买人的最高应价低于保留价，到场的申请执行人或者其他执行债权人不申请以该次拍卖所定的保留价抵债的，应当在六十日内再行拍卖。

第二十四条 对于第二次拍卖仍流拍的动产，人民法院可以依照本规定第十六条的规定将其作价交申请执行人或者其他执行债权人抵债。申请执行人或者其他执行债权人拒绝接受或者依法不能交付其抵债的，人民法院应当解除查封、扣押，并将该动产退还被执行人。

第二十五条 对于第二次拍卖仍流拍的不动产或者其他财产权，人民法院可以依照本规定第十六条的规定将其作价交申请执行人或者其他执行债权人抵债。申请执行人或者其他执行债权人拒绝接受或者依法不能交付其抵债的，应当在六十日内进行第三次拍卖。

第三次拍卖流拍且申请执行人或者其他执行债权人拒绝接受或者依法不能接受该不动产或者其他财产权抵债的，人民法院应当于第三次拍卖终结之日起七日内发出变卖公告。自公告之日起六十日内没有买受人愿意以第三次拍卖的保留价买受该财产，且申请执行人、其他执行债权人仍不表示接受该财产抵债的,应当解除查封、冻结,将该财产退还被执行人,但对该财产可以采取其他执行措施的除外。

第二十六条 不动产、动产或者其他财产权拍卖成交或者抵债后,该不动产、动产的所有权、其他财产权自拍卖成交或者抵债裁定送达买受人或者承受人时起转移。

第二十七条 人民法院裁定拍卖成交或者以流拍的财产抵债后,除有依法不能移交的情形外,应当于裁定送达后十五日内,将拍卖的财产移交买受人或者承受人。被执行人或者第三人占有拍卖财产应当移交而拒不移交的,强制执行。

第二十八条 拍卖财产上原有的担保物权及其他优先受偿权,因拍卖而消灭,拍卖所得价款,应当优先清偿担保物权人及其他优先受偿权人的债权,但当事人另有约定的除外。

拍卖财产上原有的租赁权及其他用益物权,不因拍卖而消灭,但该权利继续存在于拍卖财产上,对在先的担保物权或者其他优先受偿权的实现有影响的,人民法院应当依法将其除去后进行拍卖。

第二十九条 拍卖成交的,拍卖机构可以按照下列比例向买受人收取佣金:

拍卖成交价200万元以下的,收取佣金的比例不得超过5%;超过200万元至1000万元的部分,不得超过3%;超过1000万元至5000万元的部分,不得超过2%;超过5000万元至1亿元的部分,不得超过1%;超过1亿元的部分,不得超过0.5%。

采取公开招标方式确定拍卖机构的,按照中标方案确定的数额收取佣金。

拍卖未成交或者非因拍卖机构的原因撤回拍卖委托的,拍卖机构为本次拍卖已经支出的合理费用,应当由被执行人负担。

第三十条 在执行程序中拍卖上市公司国有股和社会法人股的,适用最高人民法院《关于冻结、拍卖上市公司国有股和社会法人股若干问题的规定》。

第三十一条 对查封、扣押、冻结的财产,当事人双方及有关权利人同意变卖的,可以变卖。

金银及其制品、当地市场有公开交易价格的动产、易腐烂变质的物品、季节性商品、保管困难或者保管费用过高的物品,人民法院可以决定变卖。

第三十二条 当事人双方及有关权利人对变卖财产的价格有约定的,按照其约定价格变卖;无约定价格但有市价的,变卖价格不得低于市价;无市价但价值较大、价格不易确定的,应当委托评估机构进行评估,并按照评估价格进行变卖。

按照评估价格变卖不成的,可以降低价格变卖,但最低的变卖价不得低于评估价的二分之一。

变卖的财产无人应买的,适用本规定第十六条的规定将该财产交申请执行人或者其他执行债权人抵债;申请执行人或者其他执行债权人拒绝接受或者依法不能交付其抵债的,人民法院应当解除查封、扣押,并将该财产退还被执行人。

第三十三条 本规定自 2005 年 1 月 1 日起施行。施行前本院公布的司法解释与本规定不一致的,以本规定为准。

最高人民法院
关于适用《中华人民共和国民事诉讼法》
执行程序若干问题的解释

(2008 年 9 月 8 日最高人民法院审判委员会第 1452 次会议通过,根据 2020 年 12 月 23 日最高人民法院审判委员会第 1823 次会议通过的《最高人民法院关于修改〈最高人民法院关于人民法院扣押铁路运输货物若干问题的规定〉等十八件执行类司法解释的决定》修正)

为了依法及时有效地执行生效法律文书,维护当事人的合法权益,根据《中华人民共和国民事诉讼法》(以下简称民事诉讼法),结合人民法院执行工作实际,对执行程序中适用法律的若干问题作出如下解释:

第一条 申请执行人向被执行的财产所在地人民法院申请执行的,应当提供该人民法院辖区有可供执行财产的证明材料。

第二条 对两个以上人民法院都有管辖权的执行案件,人民法院在立案前发现其他有管辖权的人民法院已经立案的,不得重复立案。

立案后发现其他有管辖权的人民法院已经立案的,应当撤销案件;已经采取执行措施的,应当将控制的财产交先立案的执行法院处理。

第三条 人民法院受理执行申请后,当事人对管辖权有异议的,应当自收到执行通知书之日起十日内提出。

人民法院对当事人提出的异议,应当审查。异议成立的,应当撤销执行案件,并告知当事人向有管辖权的人民法院申请执行;异议不成立的,裁定驳回。当事人对裁定不服的,可以向上一级人民法院申请复议。

管辖权异议审查和复议期间,不停止执行。

第四条 对人民法院采取财产保全措施的案件,申请执行人向采取保全措施的人民法院以外的其他有管辖权的人民法院申请执行的,采取保全措施的人民法院应当将保全的财产交执行法院处理。

第五条 执行过程中,当事人、利害关系人认为执行法院的执行行为违反法律规定的,可以依照民事诉讼法第二百二十五条的规定提出异议。

执行法院审查处理执行异议,应当自收到书面异议之日起十五日内作出裁定。

第六条 当事人、利害关系人依照民事诉讼法第二百二十五条规定申请复议的,应当采取书面形式。

第七条 当事人、利害关系人申请复议的书面材料,可以通过执行法院转交,也可以直接向执行法院的上一级人民法院提交。

执行法院收到复议申请后,应当在五日内将复议所需的案卷材料报送上一级人民法院;上一级人民法院收到复议申请后,应当通知执行法院在五日内报送复议所需的案卷材料。

第八条 当事人、利害关系人依照民事诉讼法第二百二十五条规定申请复议的,上一级人民法院应当自收到复议申请之日起三十日内审查完毕,并作出裁定。有特殊情况需要延长的,经本院院长批准,可以延长,延长的期限不得超过三十日。

第九条 执行异议审查和复议期间,不停止执行。

被执行人、利害关系人提供充分、有效的担保请求停止相应处分措施的,人民法院可以准许;申请执行人提供充分、有效的担保请求继续执行的,应当继续执行。

第十条 依照民事诉讼法第二百二十六条的规定,有下列情形之一的,上一级人民法院可以根据申请执行人的申请,责令执行法院限期执行或者变更执行法院:

(一)债权人申请执行时被执行人有可供执行的财产,执行法院自收到申请执行书之日起超过六个月对该财产未执行完结的;

(二)执行过程中发现被执行人可供执行的财产,执行法院自发现财产之日起超过六个月对该财产未执行完结的;

(三)对法律文书确定的行为义务的执行,执行法院自收到申请执行书之日起超过六个月未依法采取相应执行措施的;

(四)其他有条件执行超过六个月未执行的。

第十一条　上一级人民法院依照民事诉讼法第二百二十六条规定责令执行法院限期执行的,应当向其发出督促执行令,并将有关情况书面通知申请执行人。

上一级人民法院决定由本院执行或者指令本辖区其他人民法院执行的,应当作出裁定,送达当事人并通知有关人民法院。

第十二条　上一级人民法院责令执行法院限期执行,执行法院在指定期间内无正当理由仍未执行完结的,上一级人民法院应当裁定由本院执行或者指令本辖区其他人民法院执行。

第十三条　民事诉讼法第二百二十六条规定的六个月期间,不应当计算执行中的公告期间、鉴定评估期间、管辖争议处理期间、执行争议协调期间、暂缓执行期间以及中止执行期间。

第十四条　案外人对执行标的主张所有权或者有其他足以阻止执行标的转让、交付的实体权利的,可以依照民事诉讼法第二百二十七条的规定,向执行法院提出异议。

第十五条　案外人异议审查期间,人民法院不得对执行标的进行处分。

案外人向人民法院提供充分、有效的担保请求解除对异议标的的查封、扣押、冻结的,人民法院可以准许;申请执行人提供充分、有效的担保请求继续执行的,应当继续执行。

因案外人提供担保解除查封、扣押、冻结有错误,致使该标的无法执行的,人民法院可以直接执行担保财产;申请执行人提供担保请求继续执行有错误,给对方造成损失的,应当予以赔偿。

第十六条　案外人执行异议之诉审理期间,人民法院不得对执行标的进行处分。申请执行人请求人民法院继续执行并提供相应担保的,人民法院可以准许。

案外人请求解除查封、扣押、冻结或者申请执行人请求继续执行有错误,给对方造成损失的,应当予以赔偿。

第十七条　多个债权人对同一被执行人申请执行或者对执行财产申请参与分配的,执行法院应当制作财产分配方案,并送达各债权人和被执行人。债权人或者被执行人对分配方案有异议的,应当自收到分配方案之日起十五日内向执行法院提出书面异议。

第十八条　债权人或者被执行人对分配方案提出书面异议的,执行法院应当通知未提出异议的债权人或被执行人。

未提出异议的债权人、被执行人收到通知之日起十五日内未提出反对意见的,执行法院依异议人的意见对分配方案审查修正后进行分配;提出反对意见的,应当通知异议人。异议人可以自收到通知之日起十五日内,以提出反对意见的债权人、被执行人为被告,向执行法院提起诉讼;异议人逾期未提起诉讼的,执行法院依原分配方案进行分配。

诉讼期间进行分配的,执行法院应当将与争议债权数额相应的款项予以提存。

第十九条　在申请执行时效期间的最后六个月内,因不可抗力或者其他障碍不能行使请求权的,申请执行时效中止。从中止时效的原因消除之日起,申请执行时效期间继续计算。

第二十条　申请执行时效因申请执行、当事人双方达成和解协议、当事人一方提出履行要求或者同意履行义务而中断。从中断时起,申请执行时效期间重新计算。

第二十一条　生效法律文书规定债务人负有不作为义务的,申请执行时效期间从债务人违反不作为义务之日起计算。

第二十二条　执行员依照民事诉讼法第二百四十条规定立即采取强制执行措施的,可以同时或者自采取强制执行措施之日起三日内发送执行通知书。

第二十三条　依照民事诉讼法第二百五十五条规定对被执行人限制出境的,应当由申请执行人向执行法院提出书面申请;必要时,执行法院可以依职权决定。

第二十四条　被执行人为单位的,可以对其法定代表人、主要负责人或者影响债务履行的直接责任人员限制出境。

被执行人为无民事行为能力人或者限制民事行为能力人的,可以对其法定代理人限制出境。

第二十五条　在限制出境期间,被执行人履行法律文书确定的全部债务的,执行法院应当及时解除限制出境措施;被执行人提供充分、有效的担保或者申请执行人同意的,可以解除限制出境措施。

第二十六条　依照民事诉讼法第二百五十五条的规定,执行法院可以依职权或者依申请执行人的申请,将被执行人不履行法律文书确定义务的信息,通过报纸、广播、电视、互联网等媒体公布。

媒体公布的有关费用,由被执行人负担;申请执行人申请在媒体公布的,应当垫付有关费用。

第二十七条 本解释施行前本院公布的司法解释与本解释不一致的,以本解释为准。

最高人民法院
关于委托执行若干问题的规定

（2011 年 4 月 25 日最高人民法院审判委员会第 1521 次会议通过，根据 2020 年 12 月 23 日最高人民法院审判委员会第 1823 次会议通过的《最高人民法院关于修改〈最高人民法院关于人民法院扣押铁路运输货物若干问题的规定〉等十八件执行类司法解释的决定》修正）

为了规范委托执行工作，维护当事人的合法权益，根据《中华人民共和国民事诉讼法》的规定，结合司法实践，制定本规定。

第一条 执行法院经调查发现被执行人在本辖区内已无财产可供执行，且在其他省、自治区、直辖市内有可供执行财产的，可以将案件委托异地的同级人民法院执行。

执行法院确需赴异地执行案件的，应当经其所在辖区高级人民法院批准。

第二条 案件委托执行后，受托法院应当依法立案，委托法院应当在收到受托法院的立案通知书后作销案处理。

委托异地法院协助查询、冻结、查封、调查或者送达法律文书等有关事项的，受托法院不作为委托执行案件立案办理，但应当积极予以协助。

第三条 委托执行应当以执行标的物所在地或者执行行为实施地的同级人民法院为受托执行法院。有两处以上财产在异地的，可以委托主要财产所在地的人民法院执行。

被执行人是现役军人或者军事单位的，可以委托对其有管辖权的军事法院执行。

执行标的物是船舶的，可以委托有管辖权的海事法院执行。

第四条 委托执行案件应当由委托法院直接向受托法院办理委托手续，并层报各自所在的高级人民法院备案。

事项委托应当通过人民法院执行指挥中心综合管理平台办理委托事项的相关手续。

第五条 案件委托执行时,委托法院应当提供下列材料:

(一)委托执行函;

(二)申请执行书和委托执行案件审批表;

(三)据以执行的生效法律文书副本;

(四)有关案件情况的材料或者说明,包括本辖区无财产的调查材料、财产保全情况、被执行人财产状况、生效法律文书的履行情况等;

(五)申请执行人地址、联系电话;

(六)被执行人身份证件或者营业执照复印件、地址、联系电话;

(七)委托法院执行员和联系电话;

(八)其他必要的案件材料等。

第六条 委托执行时,委托法院应当将已经查封、扣押、冻结的被执行人的异地财产,一并移交受托法院处理,并在委托执行函中说明。

委托执行后,委托法院对被执行人财产已经采取查封、扣押、冻结等措施的,视为受托法院的查封、扣押、冻结措施。受托法院需要继续查封、扣押、冻结,持委托执行函和立案通知书办理相关手续。续封续冻时,仍为原委托法院的查封冻结顺序。

查封、扣押、冻结等措施的有效期限在移交受托法院时不足 1 个月的,委托法院应当先行续封或者续冻,再移交受托法院。

第七条 受托法院收到委托执行函后,应当在 7 日内予以立案,并及时将立案通知书通过委托法院送达申请执行人,同时将指定的承办人、联系电话等书面告知委托法院。

委托法院收到上述通知书后,应当在 7 日内书面通知申请执行人案件已经委托执行,并告知申请执行人可以直接与受托法院联系执行相关事宜。

第八条 受托法院如发现委托执行的手续、材料不全,可以要求委托法院补办。委托法院应当在 30 日内完成补办事项,在上述期限内未完成的,应当作出书面说明。委托法院既不补办又不说明原因的,视为撤回委托,受托法院可以将委托材料退回委托法院。

第九条 受托法院退回委托的,应当层报所在辖区高级人民法院审批。

高级人民法院同意退回后,受托法院应当在 15 日内将有关委托手续和案卷材料退回委托法院,并作出书面说明。

委托执行案件退回后,受托法院已立案的,应当作销案处理。委托法院在案件退回原因消除之后可以再行委托。确因委托不当被退回的,委托法院应当决定撤销委托并恢复案件执行,报所在的高级人民法院备案。

第十条　委托法院在案件委托执行后又发现有可供执行财产的,应当及时告知受托法院。受托法院发现被执行人在受托法院辖区外另有可供执行财产的,可以直接异地执行,一般不再行委托执行。根据情况确需再行委托的,应当按照委托执行案件的程序办理,并通知案件当事人。

第十一条　受托法院未能在 6 个月内将受托案件执结的,申请执行人有权请求受托法院的上一级人民法院提级执行或者指定执行,上一级人民法院应当立案审查,发现受托法院无正当理由不予执行的,应当限期执行或者作出裁定提级执行或者指定执行。

第十二条　异地执行时,可以根据案件具体情况,请求当地法院协助执行,当地法院应当积极配合,保证执行人员的人身安全和执行装备、执行标的物不受侵害。

第十三条　高级人民法院应当对辖区内委托执行和异地执行工作实行统一管理和协调,履行以下职责:

(一)统一管理跨省、自治区、直辖市辖区的委托和受托执行案件;

(二)指导、检查、监督本辖区内的受托案件的执行情况;

(三)协调本辖区内跨省、自治区、直辖市辖区的委托和受托执行争议案件;

(四)承办需异地执行的有关案件的审批事项;

(五)对下级法院报送的有关委托和受托执行案件中的相关问题提出指导性处理意见;

(六)办理其他涉及委托执行工作的事项。

第十四条　本规定所称的异地是指本省、自治区、直辖市以外的区域。各省、自治区、直辖市内的委托执行,由各高级人民法院参照本规定,结合实际情况,制定具体办法。

第十五条　本规定施行之后,其他有关委托执行的司法解释不再适用。

最高人民法院
关于人民法院办理执行异议和复议案件
若干问题的规定

(2014 年 12 月 29 日最高人民法院审判委员会第 1638 次会议通过,根据 2020 年 12 月 23 日最高人民法院审判委员会第 1823 次会议通过的《最高人民法院关于修改〈最高人民法院关于人民法院扣押铁路运输货物若干问题的规定〉等十八件执行类司法解释的决定》修正)

为了规范人民法院办理执行异议和复议案件,维护当事人、利害关系人和案外人的合法权益,根据民事诉讼法等法律规定,结合人民法院执行工作实际,制定本规定。

第一条 异议人提出执行异议或者复议申请人申请复议,应当向人民法院提交申请书。申请书应当载明具体的异议或者复议请求、事实、理由等内容,并附下列材料:

(一)异议人或者复议申请人的身份证明;

(二)相关证据材料;

(三)送达地址和联系方式。

第二条 执行异议符合民事诉讼法第二百二十五条或者第二百二十七条规定条件的,人民法院应当在三日内立案,并在立案后三日内通知异议人和相关当事人。不符合受理条件的,裁定不予受理;立案后发现不符合受理条件的,裁定驳回申请。

执行异议申请材料不齐备的,人民法院应当一次性告知异议人在三日内补足,逾期未补足的,不予受理。

异议人对不予受理或者驳回申请裁定不服的,可以自裁定送达之日起十日内向上一级人民法院申请复议。上一级人民法院审查后认为符合受理条件的,应当裁定撤销原裁定,指令执行法院立案或者对执行异议进行审查。

第三条　执行法院收到执行异议后三日内既不立案又不作出不予受理裁定,或者受理后无正当理由超过法定期限不作出异议裁定的,异议人可以向上一级人民法院提出异议。上一级人民法院审查后认为理由成立的,应当指令执行法院在三日内立案或者在十五日内作出异议裁定。

第四条　执行案件被指定执行、提级执行、委托执行后,当事人、利害关系人对原执行法院的执行行为提出异议的,由提出异议时负责该案件执行的人民法院审查处理;受指定或者受委托的人民法院是原执行法院的下级人民法院的,仍由原执行法院审查处理。

执行案件被指定执行、提级执行、委托执行后,案外人对原执行法院的执行标的提出异议的,参照前款规定处理。

第五条　有下列情形之一的,当事人以外的自然人、法人和非法人组织,可以作为利害关系人提出执行行为异议:

(一)认为人民法院的执行行为违法,妨碍其轮候查封、扣押、冻结的债权受偿的;

(二)认为人民法院的拍卖措施违法,妨碍其参与公平竞价的;

(三)认为人民法院的拍卖、变卖或者以物抵债措施违法,侵害其对执行标的的优先购买权的;

(四)认为人民法院要求协助执行的事项超出其协助范围或者违反法律规定的;

(五)认为其他合法权益受到人民法院违法执行行为侵害的。

第六条　当事人、利害关系人依照民事诉讼法第二百二十五条规定提出异议的,应当在执行程序终结之前提出,但对终结执行措施提出异议的除外。

案外人依照民事诉讼法第二百二十七条规定提出异议的,应当在异议指向的执行标的执行终结之前提出;执行标的由当事人受让的,应当在执行程序终结之前提出。

第七条　当事人、利害关系人认为执行过程中或者执行保全、先予执行裁定过程中的下列行为违法提出异议的,人民法院应当依照民事诉讼法第二百二十五条规定进行审查:

(一)查封、扣押、冻结、拍卖、变卖、以物抵债、暂缓执行、中止执行、终结执行等执行措施；

（二）执行的期间、顺序等应当遵守的法定程序；

（三）人民法院作出的侵害当事人、利害关系人合法权益的其他行为。

被执行人以债权消灭、丧失强制执行效力等执行依据生效之后的实体事由提出排除执行异议的，人民法院应当参照民事诉讼法第二百二十五条规定进行审查。

除本规定第十九条规定的情形外，被执行人以执行依据生效之前的实体事由提出排除执行异议的，人民法院应当告知其依法申请再审或者通过其他程序解决。

第八条 案外人基于实体权利既对执行标的提出排除执行异议又作为利害关系人提出执行行为异议的，人民法院应当依照民事诉讼法第二百二十七条规定进行审查。

案外人既基于实体权利对执行标的提出排除执行异议又作为利害关系人提出与实体权利无关的执行行为异议的，人民法院应当分别依照民事诉讼法第二百二十七条和第二百二十五条规定进行审查。

第九条 被限制出境的人认为对其限制出境错误的，可以自收到限制出境决定之日起十日内向上一级人民法院申请复议。上一级人民法院应当自收到复议申请之日起十五日内作出决定。复议期间，不停止原决定的执行。

第十条 当事人不服驳回不予执行公证债权文书申请的裁定的，可以自收到裁定之日起十日内向上一级人民法院申请复议。上一级人民法院应当自收到复议申请之日起三十日内审查，理由成立的，裁定撤销原裁定，不予执行该公证债权文书；理由不成立的，裁定驳回复议申请。复议期间，不停止执行。

第十一条 人民法院审查执行异议或者复议案件，应当依法组成合议庭。

指令重新审查的执行异议案件，应当另行组成合议庭。

办理执行实施案件的人员不得参与相关执行异议和复议案件的审查。

第十二条 人民法院对执行异议和复议案件实行书面审查。案情复杂、争议较大的，应当进行听证。

第十三条 执行异议、复议案件审查期间，异议人、复议申请人申请撤回异议、复议申请的，是否准许由人民法院裁定。

第十四条 异议人或者复议申请人经合法传唤，无正当理由拒不参加听证,或者未经法庭许可中途退出听证,致使人民法院无法查清相关事实的,由其自行承担不利后果。

第十五条　当事人、利害关系人对同一执行行为有多个异议事由,但未在异议审查过程中一并提出,撤回异议或者被裁定驳回异议后,再次就该执行行为提出异议的,人民法院不予受理。

案外人撤回异议或者被裁定驳回异议后,再次就同一执行标的提出异议的,人民法院不予受理。

第十六条　人民法院依照民事诉讼法第二百二十五条规定作出裁定时,应当告知相关权利人申请复议的权利和期限。

人民法院依照民事诉讼法第二百二十七条规定作出裁定时,应当告知相关权利人提起执行异议之诉的权利和期限。

人民法院作出其他裁定和决定时,法律、司法解释规定了相关权利人申请复议的权利和期限的,应当进行告知。

第十七条　人民法院对执行行为异议,应当按照下列情形,分别处理:

(一)异议不成立的,裁定驳回异议;

(二)异议成立的,裁定撤销相关执行行为;

(三)异议部分成立的,裁定变更相关执行行为;

(四)异议成立或者部分成立,但执行行为无撤销、变更内容的,裁定异议成立或者相应部分异议成立。

第十八条　执行过程中,第三人因书面承诺自愿代被执行人偿还债务而被追加为被执行人后,无正当理由反悔并提出异议的,人民法院不予支持。

第十九条　当事人互负到期债务,被执行人请求抵销,请求抵销的债务符合下列情形的,除依照法律规定或者按照债务性质不得抵销的以外,人民法院应予支持:

(一)已经生效法律文书确定或者经申请执行人认可;

(二)与被执行人所负债务的标的物种类、品质相同。

第二十条　金钱债权执行中,符合下列情形之一,被执行人以执行标的系本人及所扶养家属维持生活必需的居住房屋为由提出异议的,人民法院不予支持:

(一)对被执行人有扶养义务的人名下有其他能够维持生活必需的居住房屋的;

（二）执行依据生效后，被执行人为逃避债务转让其名下其他房屋的；

（三）申请执行人按照当地廉租住房保障面积标准为被执行人及所扶养家属提供居住房屋，或者同意参照当地房屋租赁市场平均租金标准从该房屋的变价款中扣除五至八年租金的。

执行依据确定被执行人交付居住的房屋，自执行通知送达之日起，已经给予三个月的宽限期，被执行人以该房屋系本人及所扶养家属维持生活的必需品为由提出异议的，人民法院不予支持。

第二十一条 当事人、利害关系人提出异议请求撤销拍卖，符合下列情形之一的，人民法院应予支持：

（一）竞买人之间、竞买人与拍卖机构之间恶意串通，损害当事人或者其他竞买人利益的；

（二）买受人不具备法律规定的竞买资格的；

（三）违法限制竞买人参加竞买或者对不同的竞买人规定不同竞买条件的；

（四）未按照法律、司法解释的规定对拍卖标的物进行公告的；

（五）其他严重违反拍卖程序且损害当事人或者竞买人利益的情形。

当事人、利害关系人请求撤销变卖的，参照前款规定处理。

第二十二条 公证债权文书对主债务和担保债务同时赋予强制执行效力的，人民法院应予执行；仅对主债务赋予强制执行效力未涉及担保债务的，对担保债务的执行申请不予受理；仅对担保债务赋予强制执行效力未涉及主债务的，对主债务的执行申请不予受理。

人民法院受理担保债务的执行申请后，被执行人仅以担保合同不属于赋予强制执行效力的公证债权文书范围为由申请不予执行的，不予支持。

第二十三条 上一级人民法院对不服异议裁定的复议申请审查后，应当按照下列情形，分别处理：

（一）异议裁定认定事实清楚，适用法律正确，结果应予维持的，裁定驳回复议申请，维持异议裁定；

（二）异议裁定认定事实错误，或者适用法律错误，结果应予纠正的，裁定撤销或者变更异议裁定；

（三）异议裁定认定基本事实不清、证据不足的，裁定撤销异议裁定，发回

作出裁定的人民法院重新审查,或者查清事实后作出相应裁定;

（四）异议裁定遗漏异议请求或者存在其他严重违反法定程序的情形,裁定撤销异议裁定,发回作出裁定的人民法院重新审查;

（五）异议裁定对应当适用民事诉讼法第二百二十七条规定审查处理的异议,错误适用民事诉讼法第二百二十五条规定审查处理的,裁定撤销异议裁定,发回作出裁定的人民法院重新作出裁定。

除依照本条第一款第三、四、五项发回重新审查或者重新作出裁定的情形外,裁定撤销或者变更异议裁定且执行行为可撤销、变更的,应当同时撤销或者变更该裁定维持的执行行为。

人民法院对发回重新审查的案件作出裁定后,当事人、利害关系人申请复议的,上一级人民法院复议后不得再次发回重新审查。

第二十四条 对案外人提出的排除执行异议,人民法院应当审查下列内容:

（一）案外人是否系权利人;

（二）该权利的合法性与真实性;

（三）该权利能否排除执行。

第二十五条 对案外人的异议,人民法院应当按照下列标准判断其是否系权利人:

（一）已登记的不动产,按照不动产登记簿判断;未登记的建筑物、构筑物及其附属设施,按照土地使用权登记簿、建设工程规划许可、施工许可等相关证据判断;

（二）已登记的机动车、船舶、航空器等特定动产,按照相关管理部门的登记判断;未登记的特定动产和其他动产,按照实际占有情况判断;

（三）银行存款和存管在金融机构的有价证券,按照金融机构和登记结算机构登记的账户名称判断;有价证券由具备合法经营资质的托管机构名义持有的,按照该机构登记的实际出资人账户名称判断;

（四）股权按照工商行政管理机关的登记和企业信用信息公示系统公示的信息判断;

（五）其他财产和权利,有登记的,按照登记机构的登记判断;无登记的,按照合同等证明财产权属或者权利人的证据判断。

案外人依据另案生效法律文书提出排除执行异议,该法律文书认定的执行标的权利人与依照前款规定得出的判断不一致的,依照本规定第二十六条规定处理。

第二十六条　金钱债权执行中,案外人依据执行标的被查封、扣押、冻结前作出的另案生效法律文书提出排除执行异议,人民法院应当按照下列情形,分别处理:

(一)该法律文书系就案外人与被执行人之间的权属纠纷以及租赁、借用、保管等不以转移财产权属为目的的合同纠纷,判决、裁决执行标的归属于案外人或者向其返还执行标的且其权利能够排除执行的,应予支持;

(二)该法律文书系就案外人与被执行人之间除前项所列合同之外的债权纠纷,判决、裁决执行标的归属于案外人或者向其交付、返还执行标的的,不予支持。

(三)该法律文书系案外人受让执行标的的拍卖、变卖成交裁定或者以物抵债裁定且其权利能够排除执行的,应予支持。

金钱债权执行中,案外人依据执行标的被查封、扣押、冻结后作出的另案生效法律文书提出排除执行异议的,人民法院不予支持。

非金钱债权执行中,案外人依据另案生效法律文书提出排除执行异议,该法律文书对执行标的的权属作出不同认定的,人民法院应当告知案外人依法申请再审或者通过其他程序解决。

申请执行人或者案外人不服人民法院依照本条第一、二款规定作出的裁定,可以依照民事诉讼法第二百二十七条规定提起执行异议之诉。

第二十七条　申请执行人对执行标的依法享有对抗案外人的担保物权等优先受偿权,人民法院对案外人提出的排除执行异议不予支持,但法律、司法解释另有规定的除外。

第二十八条　金钱债权执行中,买受人对登记在被执行人名下的不动产提出异议,符合下列情形且其权利能够排除执行的,人民法院应予支持:

(一)在人民法院查封之前已签订合法有效的书面买卖合同;

(二)在人民法院查封之前已合法占有该不动产;

(三)已支付全部价款,或者已按照合同约定支付部分价款且将剩余价款按照人民法院的要求交付执行;

（四）非因买受人自身原因未办理过户登记。

第二十九条 金钱债权执行中，买受人对登记在被执行的房地产开发企业名下的商品房提出异议，符合下列情形且其权利能够排除执行的，人民法院应予支持：

（一）在人民法院查封之前已签订合法有效的书面买卖合同；

（二）所购商品房系用于居住且买受人名下无其他用于居住的房屋；

（三）已支付的价款超过合同约定总价款的百分之五十。

第三十条 金钱债权执行中，对被查封的办理了受让物权预告登记的不动产，受让人提出停止处分异议的，人民法院应予支持；符合物权登记条件，受让人提出排除执行异议的，应予支持。

第三十一条 承租人请求在租赁期内阻止向受让人移交占有被执行的不动产，在人民法院查封之前已签订合法有效的书面租赁合同并占有使用该不动产的，人民法院应予支持。

承租人与被执行人恶意串通，以明显不合理的低价承租被执行的不动产或者伪造交付租金证据的，对其提出的阻止移交占有的请求，人民法院不予支持。

第三十二条 本规定施行后尚未审查终结的执行异议和复议案件，适用本规定。本规定施行前已经审查终结的执行异议和复议案件，人民法院依法提起执行监督程序的，不适用本规定。

最高人民法院
关于民事执行中变更、追加当事人
若干问题的规定

(2016 年 8 月 29 日最高人民法院审判委员会第 1691 次会议通过,根据 2020 年 12 月 23 日最高人民法院审判委员会第 1823 次会议通过的《最高人民法院关于修改〈最高人民法院关于人民法院扣押铁路运输货物若干问题的规定〉等十八件执行类司法解释的决定》修正)

为正确处理民事执行中变更、追加当事人问题,维护当事人、利害关系人的合法权益,根据《中华人民共和国民事诉讼法》等法律规定,结合执行实践,制定本规定。

第一条 执行过程中,申请执行人或其继承人、权利承受人可以向人民法院申请变更、追加当事人。申请符合法定条件的,人民法院应予支持。

第二条 作为申请执行人的自然人死亡或被宣告死亡,该自然人的遗产管理人、继承人、受遗赠人或其他因该自然人死亡或被宣告死亡依法承受生效法律文书确定权利的主体,申请变更、追加其为申请执行人的,人民法院应予支持。

作为申请执行人的自然人被宣告失踪,该自然人的财产代管人申请变更、追加其为申请执行人的,人民法院应予支持。

第三条 作为申请执行人的自然人离婚时,生效法律文书确定的权利全部或部分分割给其配偶,该配偶申请变更、追加其为申请执行人的,人民法院应予支持。

第四条 作为申请执行人的法人或非法人组织终止,因该法人或非法人组织终止依法承受生效法律文书确定权利的主体,申请变更、追加其为申请执行人的,人民法院应予支持。

第五条　作为申请执行人的法人或非法人组织因合并而终止,合并后存续或新设的法人、非法人组织申请变更其为申请执行人的,人民法院应予支持。

第六条　作为申请执行人的法人或非法人组织分立,依分立协议约定承受生效法律文书确定权利的新设法人或非法人组织,申请变更、追加其为申请执行人的,人民法院应予支持。

第七条　作为申请执行人的法人或非法人组织清算或破产时,生效法律文书确定的权利依法分配给第三人,该第三人申请变更、追加其为申请执行人的,人民法院应予支持。

第八条　作为申请执行人的机关法人被撤销,继续履行其职能的主体申请变更、追加其为申请执行人的,人民法院应予支持,但生效法律文书确定的权利依法应由其他主体承受的除外;没有继续履行其职能的主体,且生效法律文书确定权利的承受主体不明确,作出撤销决定的主体申请变更、追加其为申请执行人的,人民法院应予支持。

第九条　申请执行人将生效法律文书确定的债权依法转让给第三人,且书面认可第三人取得该债权,该第三人申请变更、追加其为申请执行人的,人民法院应予支持。

第十条　作为被执行人的自然人死亡或被宣告死亡,申请执行人申请变更、追加该自然人的遗产管理人、继承人、受遗赠人或其他因该自然人死亡或被宣告死亡取得遗产的主体为被执行人,在遗产范围内承担责任的,人民法院应予支持。

作为被执行人的自然人被宣告失踪,申请执行人申请变更该自然人的财产代管人为被执行人,在代管的财产范围内承担责任的,人民法院应予支持。

第十一条　作为被执行人的法人或非法人组织因合并而终止,申请执行人申请变更合并后存续或新设的法人、非法人组织为被执行人的,人民法院应予支持。

第十二条　作为被执行人的法人或非法人组织分立,申请执行人申请变更、追加分立后新设的法人或非法人组织为被执行人,对生效法律文书确定的债务承担连带责任的,人民法院应予支持。但被执行人在分立前与申请执行人就债务清偿达成的书面协议另有约定的除外。

第十三条　作为被执行人的个人独资企业,不能清偿生效法律文书确定的债务,申请执行人申请变更、追加其出资人为被执行人的,人民法院应予支持。个人独资企业出资人作为被执行人的,人民法院可以直接执行该个人独资企业的财产。

个体工商户的字号为被执行人的,人民法院可以直接执行该字号经营者的财产。

第十四条　作为被执行人的合伙企业,不能清偿生效法律文书确定的债务,申请执行人申请变更、追加普通合伙人为被执行人的,人民法院应予支持。

作为被执行人的有限合伙企业,财产不足以清偿生效法律文书确定的债务,申请执行人申请变更、追加未按期足额缴纳出资的有限合伙人为被执行人,在未足额缴纳出资的范围内承担责任的,人民法院应予支持。

第十五条　作为被执行人的法人分支机构,不能清偿生效法律文书确定的债务,申请执行人申请变更、追加该法人为被执行人的,人民法院应予支持。法人直接管理的责任财产仍不能清偿债务的,人民法院可以直接执行该法人其他分支机构的财产。

作为被执行人的法人,直接管理的责任财产不能清偿生效法律文书确定债务的,人民法院可以直接执行该法人分支机构的财产。

第十六条　个人独资企业、合伙企业、法人分支机构以外的非法人组织作为被执行人,不能清偿生效法律文书确定的债务,申请执行人申请变更、追加依法对该非法人组织的债务承担责任的主体为被执行人的,人民法院应予支持。

第十七条　作为被执行人的营利法人,财产不足以清偿生效法律文书确定的债务,申请执行人申请变更、追加未缴纳或未足额缴纳出资的股东、出资人或依公司法规定对该出资承担连带责任的发起人为被执行人,在尚未缴纳出资的范围内依法承担责任的,人民法院应予支持。

第十八条　作为被执行人的营利法人,财产不足以清偿生效法律文书确定的债务,申请执行人申请变更、追加抽逃出资的股东、出资人为被执行人,在抽逃出资的范围内承担责任的,人民法院应予支持。

第十九条　作为被执行人的公司,财产不足以清偿生效法律文书确定的债务,其股东未依法履行出资义务即转让股权,申请执行人申请变更、追加该原股东或依公司法规定对该出资承担连带责任的发起人为被执行人,在未依法出资的范围内承担责任的,人民法院应予支持。

第二十条　作为被执行人的一人有限责任公司,财产不足以清偿生效法律文书确定的债务,股东不能证明公司财产独立于自己的财产,申请执行人申请变更、追加该股东为被执行人,对公司债务承担连带责任的,人民法院应予支持。

第二十一条　作为被执行人的公司,未经清算即办理注销登记,导致公司无法进行清算,申请执行人申请变更、追加有限责任公司的股东、股份有限公司的董事和控股股东为被执行人,对公司债务承担连带清偿责任的,人民法院应予支持。

第二十二条　作为被执行人的法人或非法人组织,被注销或出现被吊销营业执照、被撤销、被责令关闭、歇业等解散事由后,其股东、出资人或主管部门无偿接受其财产,致使该被执行人无遗留财产或遗留财产不足以清偿债务,申请执行人申请变更、追加该股东、出资人或主管部门为被执行人,在接受的财产范围内承担责任的,人民法院应予支持。

第二十三条　作为被执行人的法人或非法人组织,未经依法清算即办理注销登记,在登记机关办理注销登记时,第三人书面承诺对被执行人的债务承担清偿责任,申请执行人申请变更、追加该第三人为被执行人,在承诺范围内承担清偿责任的,人民法院应予支持。

第二十四条　执行过程中,第三人向执行法院书面承诺自愿代被执行人履行生效法律文书确定的债务,申请执行人申请变更、追加该第三人为被执行人,在承诺范围内承担责任的,人民法院应予支持。

第二十五条　作为被执行人的法人或非法人组织,财产依行政命令被无偿调拨、划转给第三人,致使该被执行人财产不足以清偿生效法律文书确定的债务,申请执行人申请变更、追加该第三人为被执行人,在接受的财产范围内承担责任的,人民法院应予支持。

第二十六条　被申请人在应承担责任范围内已承担相应责任的,人民法院不得责令其重复承担责任。

第二十七条　执行当事人的姓名或名称发生变更的,人民法院可以直接将姓名或名称变更后的主体作为执行当事人,并在法律文书中注明变更前的姓名或名称。

第二十八条　申请人申请变更、追加执行当事人,应当向执行法院提交书面申请及相关证据材料。

除事实清楚、权利义务关系明确、争议不大的案件外,执行法院应当组成合议庭审查并公开听证。经审查,理由成立的,裁定变更、追加;理由不成立的,裁定驳回。

执行法院应当自收到书面申请之日起六十日内作出裁定。有特殊情况需要延长的,由本院院长批准。

第二十九条　执行法院审查变更、追加被执行人申请期间,申请人申请对被申请人的财产采取查封、扣押、冻结措施的,执行法院应当参照民事诉讼法第一百条的规定办理。

申请执行人在申请变更、追加第三人前,向执行法院申请查封、扣押、冻结该第三人财产的,执行法院应当参照民事诉讼法第一百零一条的规定办理。

第三十条　被申请人、申请人或其他执行当事人对执行法院作出的变更、追加裁定或驳回申请裁定不服的,可以自裁定书送达之日起十日内向上一级人民法院申请复议,但依据本规定第三十二条的规定应当提起诉讼的除外。

第三十一条　上一级人民法院对复议申请应当组成合议庭审查,并自收到申请之日起六十日内作出复议裁定。有特殊情况需要延长的,由本院院长批准。

被裁定变更、追加的被申请人申请复议的,复议期间,人民法院不得对其争议范围内的财产进行处分。申请人请求人民法院继续执行并提供相应担保的,人民法院可以准许。

第三十二条　被申请人或申请人对执行法院依据本规定第十四条第二款、第十七条至第二十一条规定作出的变更、追加裁定或驳回申请裁定不服的,可以自裁定书送达之日起十五日内,向执行法院提起执行异议之诉。

被申请人提起执行异议之诉的,以申请人为被告。申请人提起执行异议之诉的,以被申请人为被告。

第三十三条　被申请人提起的执行异议之诉,人民法院经审理,按照下列情形分别处理:

（一）理由成立的,判决不得变更、追加被申请人为被执行人或者判决变更责任范围;

（二）理由不成立的,判决驳回诉讼请求。

诉讼期间,人民法院不得对被申请人争议范围内的财产进行处分。申请人请求人民法院继续执行并提供相应担保的,人民法院可以准许。

第三十四条　申请人提起的执行异议之诉,人民法院经审理,按照下列情形分别处理:

（一）理由成立的,判决变更、追加被申请人为被执行人并承担相应责任或者判决变更责任范围;

（二）理由不成立的,判决驳回诉讼请求。

第三十五条　本规定自 2016 年 12 月 1 日起施行。

本规定施行后,本院以前公布的司法解释与本规定不一致的,以本规定为准。

最高人民法院
关于人民法院办理财产保全案件
若干问题的规定

（2016 年 10 月 17 日最高人民法院审判委员会第 1696 次会议通过，根据 2020 年 12 月 23 日最高人民法院审判委员会第 1823 次会议通过的《最高人民法院关于修改〈最高人民法院关于人民法院扣押铁路运输货物若干问题的规定〉等十八件执行类司法解释的决定》修正）

为依法保护当事人、利害关系人的合法权益，规范人民法院办理财产保全案件，根据《中华人民共和国民事诉讼法》等法律规定，结合审判、执行实践，制定本规定。

第一条 当事人、利害关系人申请财产保全，应当向人民法院提交申请书，并提供相关证据材料。

申请书应当载明下列事项：

（一）申请保全人与被保全人的身份、送达地址、联系方式；

（二）请求事项和所根据的事实与理由；

（三）请求保全数额或者争议标的；

（四）明确的被保全财产信息或者具体的被保全财产线索；

（五）为财产保全提供担保的财产信息或资信证明，或者不需要提供担保的理由；

（六）其他需要载明的事项。

法律文书生效后，进入执行程序前，债权人申请财产保全的，应当写明生效法律文书的制作机关、文号和主要内容，并附生效法律文书副本。

第二条 人民法院进行财产保全，由立案、审判机构作出裁定，一般应当移送执行机构实施。

第三条 仲裁过程中,当事人申请财产保全的,应当通过仲裁机构向人民法院提交申请书及仲裁案件受理通知书等相关材料。人民法院裁定采取保全措施或者裁定驳回申请的,应当将裁定书送达当事人,并通知仲裁机构。

第四条 人民法院接受财产保全申请后,应当在五日内作出裁定;需要提供担保的,应当在提供担保后五日内作出裁定;裁定采取保全措施的,应当在五日内开始执行。对情况紧急的,必须在四十八小时内作出裁定;裁定采取保全措施的,应当立即开始执行。

第五条 人民法院依照民事诉讼法第一百条规定责令申请保全人提供财产保全担保的,担保数额不超过请求保全数额的百分之三十;申请保全的财产系争议标的的,担保数额不超过争议标的的价值的百分之三十。

利害关系人申请诉前财产保全的,应当提供相当于请求保全数额的担保;情况特殊的,人民法院可以酌情处理。

财产保全期间,申请保全人提供的担保不足以赔偿可能给被保全人造成的损失的,人民法院可以责令其追加相应的担保;拒不追加的,可以裁定解除或者部分解除保全。

第六条 申请保全人或第三人为财产保全提供财产担保的,应当向人民法院出具担保书。担保书应当载明担保人、担保方式、担保范围、担保财产及其价值、担保责任承担等内容,并附相关证据材料。

第三人为财产保全提供保证担保的,应当向人民法院提交保证书。保证书应当载明保证人、保证方式、保证范围、保证责任承担等内容,并附相关证据材料。

对财产保全担保,人民法院经审查,认为违反民法典、公司法等有关法律禁止性规定的,应当责令申请保全人在指定期限内提供其他担保;逾期未提供的,裁定驳回申请。

第七条 保险人以其与申请保全人签订财产保全责任险合同的方式为财产保全提供担保的,应当向人民法院出具担保书。

担保书应当载明,因申请财产保全错误,由保险人赔偿被保全人因保全所遭受的损失等内容,并附相关证据材料。

第八条 金融监管部门批准设立的金融机构以独立保函形式为财产保全提供担保的,人民法院应当依法准许。

第九条　当事人在诉讼中申请财产保全,有下列情形之一的,人民法院可以不要求提供担保:

(一)追索赡养费、扶养费、抚育费、抚恤金、医疗费用、劳动报酬、工伤赔偿、交通事故人身损害赔偿的;

(二)婚姻家庭纠纷案件中遭遇家庭暴力且经济困难的;

(三)人民检察院提起的公益诉讼涉及损害赔偿的;

(四)因见义勇为遭受侵害请求损害赔偿的;

(五)案件事实清楚、权利义务关系明确,发生保全错误可能性较小的;

(六)申请保全人为商业银行、保险公司等由金融监管部门批准设立的具有独立偿付债务能力的金融机构及其分支机构的。

法律文书生效后,进入执行程序前,债权人申请财产保全的,人民法院可以不要求提供担保。

第十条　当事人、利害关系人申请财产保全,应当向人民法院提供明确的被保全财产信息。

当事人在诉讼中申请财产保全,确因客观原因不能提供明确的被保全财产信息,但提供了具体财产线索的,人民法院可以依法裁定采取财产保全措施。

第十一条　人民法院依照本规定第十条第二款规定作出保全裁定的,在该裁定执行过程中,申请保全人可以向已经建立网络执行查控系统的执行法院,书面申请通过该系统查询被保全人的财产。

申请保全人提出查询申请的,执行法院可以利用网络执行查控系统,对裁定保全的财产或者保全数额范围内的财产进行查询,并采取相应的查封、扣押、冻结措施。

人民法院利用网络执行查控系统未查询到可供保全财产的,应当书面告知申请保全人。

第十二条　人民法院对查询到的被保全人财产信息,应当依法保密。除依法保全的财产外,不得泄露被保全人其他财产信息,也不得在财产保全、强制执行以外使用相关信息。

第十三条　被保全人有多项财产可供保全的,在能够实现保全目的的情况下,人民法院应当选择对其生产经营活动影响较小的财产进行保全。

人民法院对厂房、机器设备等生产经营性财产进行保全时,指定被保全人保管的,应当允许其继续使用。

第十四条 被保全财产系机动车、航空器等特殊动产的,除被保全人下落不明的以外,人民法院应当责令被保全人书面报告该动产的权属和占有、使用等情况,并予以核实。

第十五条 人民法院应当依据财产保全裁定采取相应的查封、扣押、冻结措施。

可供保全的土地、房屋等不动产的整体价值明显高于保全裁定载明金额的,人民法院应当对该不动产的相应价值部分采取查封、扣押、冻结措施,但该不动产在使用上不可分或者分割会严重减损其价值的除外。

对银行账户内资金采取冻结措施的,人民法院应当明确具体的冻结数额。

第十六条 人民法院在财产保全中采取查封、扣押、冻结措施,需要有关单位协助办理登记手续的,有关单位应当在裁定书和协助执行通知书送达后立即办理。针对同一财产有多个裁定书和协助执行通知书的,应当按照送达的时间先后办理登记手续。

第十七条 利害关系人申请诉前财产保全,在人民法院采取保全措施后三十日内依法提起诉讼或者申请仲裁的,诉前财产保全措施自动转为诉讼或仲裁中的保全措施;进入执行程序后,保全措施自动转为执行中的查封、扣押、冻结措施。

依前款规定,自动转为诉讼、仲裁中的保全措施或者执行中的查封、扣押、冻结措施的,期限连续计算,人民法院无需重新制作裁定书。

第十八条 申请保全人申请续行财产保全的,应当在保全期限届满七日前向人民法院提出;逾期申请或者不申请的,自行承担不能续行保全的法律后果。

人民法院进行财产保全时,应当书面告知申请保全人明确的保全期限届满日以及前款有关申请续行保全的事项。

第十九条 再审审查期间,债务人申请保全生效法律文书确定给付的财产的,人民法院不予受理。

再审审理期间,原生效法律文书中止执行,当事人申请财产保全的,人民法院应当受理。

第二十条　财产保全期间,被保全人请求对被保全财产自行处分,人民法院经审查,认为不损害申请保全人和其他执行债权人合法权益的,可以准许,但应当监督被保全人按照合理价格在指定期限内处分,并控制相应价款。

被保全人请求对作为争议标的的被保全财产自行处分的,须经申请保全人同意。

人民法院准许被保全人自行处分被保全财产的,应当通知申请保全人;申请保全人不同意的,可以依照民事诉讼法第二百二十五条规定提出异议。

第二十一条　保全法院在首先采取查封、扣押、冻结措施后超过一年未对被保全财产进行处分的,除被保全财产系争议标的外,在先轮候查封、扣押、冻结的执行法院可以商请保全法院将被保全财产移送执行。但司法解释另有特别规定的,适用其规定。

保全法院与在先轮候查封、扣押、冻结的执行法院就移送被保全财产发生争议的,可以逐级报请共同的上级法院指定该财产的执行法院。

共同的上级法院应当根据被保全财产的种类及所在地、各债权数额与被保全财产价值之间的关系等案件具体情况指定执行法院,并督促其在指定期限内处分被保全财产。

第二十二条　财产纠纷案件,被保全人或第三人提供充分有效担保请求解除保全,人民法院应当裁定准许。被保全人请求对作为争议标的的财产解除保全的,须经申请保全人同意。

第二十三条　人民法院采取财产保全措施后,有下列情形之一的,申请保全人应当及时申请解除保全:

(一)采取诉前财产保全措施后三十日内不依法提起诉讼或者申请仲裁的;

(二)仲裁机构不予受理仲裁申请、准许撤回仲裁申请或者按撤回仲裁申请处理的;

(三)仲裁申请或者请求被仲裁裁决驳回的;

(四)其他人民法院对起诉不予受理、准许撤诉或者按撤诉处理的;

(五)起诉或者诉讼请求被其他人民法院生效裁判驳回的;

(六)申请保全人应当申请解除保全的其他情形。

人民法院收到解除保全申请后,应当在五日内裁定解除保全;对情况紧急的,必须在四十八小时内裁定解除保全。

申请保全人未及时申请人民法院解除保全,应当赔偿被保全人因财产保全所遭受的损失。

被保全人申请解除保全,人民法院经审查认为符合法律规定的,应当在本条第二款规定的期间内裁定解除保全。

第二十四条 财产保全裁定执行中,人民法院发现保全裁定的内容与被保全财产的实际情况不符的,应当予以撤销、变更或补正。

第二十五条 申请保全人、被保全人对保全裁定或者驳回申请裁定不服的,可以自裁定书送达之日起五日内向作出裁定的人民法院申请复议一次。人民法院应当自收到复议申请后十日内审查。

对保全裁定不服申请复议的,人民法院经审查,理由成立的,裁定撤销或变更;理由不成立的,裁定驳回。

对驳回申请裁定不服申请复议的,人民法院经审查,理由成立的,裁定撤销,并采取保全措施;理由不成立的,裁定驳回。

第二十六条 申请保全人、被保全人、利害关系人认为保全裁定实施过程中的执行行为违反法律规定提出书面异议的,人民法院应当依照民事诉讼法第二百二十五条规定审查处理。

第二十七条 人民法院对诉讼争议标的以外的财产进行保全,案外人对保全裁定或者保全裁定实施过程中的执行行为不服,基于实体权利对被保全财产提出书面异议的,人民法院应当依照民事诉讼法第二百二十七条规定审查处理并作出裁定。案外人、申请保全人对该裁定不服的,可以自裁定送达之日起十五日内向人民法院提起执行异议之诉。

人民法院裁定案外人异议成立后,申请保全人在法律规定的期间内未提起执行异议之诉的,人民法院应当自起诉期限届满之日起七日内对该被保全财产解除保全。

第二十八条 海事诉讼中,海事请求人申请海事请求保全,适用《中华人民共和国海事诉讼特别程序法》及相关司法解释。

第二十九条 本规定自 2016 年 12 月 1 日起施行。

本规定施行前公布的司法解释与本规定不一致的,以本规定为准。

最高人民法院
关于民事执行中财产调查若干问题的规定

（2017 年 1 月 25 日最高人民法院审判委员会第 1708 次会议通过，根据 2020 年 12 月 23 日最高人民法院审判委员会第 1823 次会议通过的《最高人民法院关于修改〈最高人民法院关于人民法院扣押铁路运输货物若干问题的规定〉等十八件执行类司法解释的决定》修正）

为规范民事执行财产调查，维护当事人及利害关系人的合法权益，根据《中华人民共和国民事诉讼法》等法律的规定，结合执行实践，制定本规定。

第一条 执行过程中，申请执行人应当提供被执行人的财产线索；被执行人应当如实报告财产；人民法院应当通过网络执行查控系统进行调查，根据案件需要应当通过其他方式进行调查的，同时采取其他调查方式。

第二条 申请执行人提供被执行人财产线索，应当填写财产调查表。财产线索明确、具体的，人民法院应当在七日内调查核实；情况紧急的，应当在三日内调查核实。财产线索确实的，人民法院应当及时采取相应的执行措施。

申请执行人确因客观原因无法自行查明财产的，可以申请人民法院调查。

第三条 人民法院依申请执行人的申请或依职权责令被执行人报告财产情况的，应当向其发出报告财产令。金钱债权执行中，报告财产令应当与执行通知同时发出。

人民法院根据案件需要再次责令被执行人报告财产情况的，应当重新向其发出报告财产令。

第四条 报告财产令应当载明下列事项：

（一）提交财产报告的期限；

（二）报告财产的范围、期间；

（三）补充报告财产的条件及期间；

（四）违反报告财产义务应承担的法律责任；

（五）人民法院认为有必要载明的其他事项。

报告财产令应附财产调查表，被执行人必须按照要求逐项填写。

第五条 被执行人应当在报告财产令载明的期限内向人民法院书面报告下列财产情况：

（一）收入、银行存款、现金、理财产品、有价证券；

（二）土地使用权、房屋等不动产；

（三）交通运输工具、机器设备、产品、原材料等动产；

（四）债权、股权、投资权益、基金份额、信托受益权、知识产权等财产性权利；

（五）其他应当报告的财产。

被执行人的财产已出租、已设立担保物权等权利负担，或者存在共有、权属争议等情形的，应当一并报告；被执行人的动产由第三人占有，被执行人的不动产、特定动产、其他财产权等登记在第三人名下的，也应当一并报告。

被执行人在报告财产令载明的期限内提交书面报告确有困难的，可以向人民法院书面申请延长期限；申请有正当理由的，人民法院可以适当延长。

第六条 被执行人自收到执行通知之日前一年至提交书面财产报告之日，其财产情况发生下列变动的，应当将变动情况一并报告：

（一）转让、出租财产的；

（二）在财产上设立担保物权等权利负担的；

（三）放弃债权或延长债权清偿期的；

（四）支出大额资金的；

（五）其他影响生效法律文书确定债权实现的财产变动。

第七条 被执行人报告财产后，其财产情况发生变动，影响申请执行人债权实现的，应当自财产变动之日起十日内向人民法院补充报告。

第八条 对被执行人报告的财产情况，人民法院应当及时调查核实，必要时可以组织当事人进行听证。

申请执行人申请查询被执行人报告的财产情况的，人民法院应当准许。申请执行人及其代理人对查询过程中知悉的信息应当保密。

第九条 被执行人拒绝报告、虚假报告或者无正当理由逾期报告财产情况的,人民法院可以根据情节轻重对被执行人或者其法定代理人予以罚款、拘留;构成犯罪的,依法追究刑事责任。

人民法院对有前款规定行为之一的单位,可以对其主要负责人或者直接责任人员予以罚款、拘留;构成犯罪的,依法追究刑事责任。

第十条 被执行人拒绝报告、虚假报告或者无正当理由逾期报告财产情况的,人民法院应当依照相关规定将其纳入失信被执行人名单。

第十一条 有下列情形之一的,财产报告程序终结:

(一)被执行人履行完毕生效法律文书确定义务的;

(二)人民法院裁定终结执行的;

(三)人民法院裁定不予执行的;

(四)人民法院认为财产报告程序应当终结的其他情形。

发出报告财产令后,人民法院裁定终结本次执行程序的,被执行人仍应依照本规定第七条的规定履行补充报告义务。

第十二条 被执行人未按执行通知履行生效法律文书确定的义务,人民法院有权通过网络执行查控系统、现场调查等方式向被执行人、有关单位或个人调查被执行人的身份信息和财产信息,有关单位和个人应当依法协助办理。

人民法院对调查所需资料可以复制、打印、抄录、拍照或以其他方式进行提取、留存。

申请执行人申请查询人民法院调查的财产信息的,人民法院可以根据案件需要决定是否准许。申请执行人及其代理人对查询过程中知悉的信息应当保密。

第十三条 人民法院通过网络执行查控系统进行调查,与现场调查具有同等法律效力。

人民法院调查过程中作出的电子法律文书与纸质法律文书具有同等法律效力;协助执行单位反馈的电子查询结果与纸质反馈结果具有同等法律效力。

第十四条 被执行人隐匿财产、会计账簿等资料拒不交出的,人民法院可以依法采取搜查措施。

人民法院依法搜查时,对被执行人可能隐匿财产或者资料的处所、箱柜等,经责令被执行人开启而拒不配合的,可以强制开启。

第十五条 为查明被执行人的财产情况和履行义务的能力,可以传唤被执行人或被执行人的法定代表人、负责人、实际控制人、直接责任人员到人民法院接受调查询问。

对必须接受调查询问的被执行人、被执行人的法定代表人、负责人或者实际控制人，经依法传唤无正当理由拒不到场的，人民法院可以拘传其到场；上述人员下落不明的，人民法院可以依照相关规定通知有关单位协助查找。

第十六条 人民法院对已经办理查封登记手续的被执行人机动车、船舶、航空器等特定动产未能实际扣押的，可以依照相关规定通知有关单位协助查找。

第十七条 作为被执行人的法人或非法人组织不履行生效法律文书确定的义务，申请执行人认为其有拒绝报告、虚假报告财产情况，隐匿、转移财产等逃避债务情形或者其股东、出资人有出资不实、抽逃出资等情形的，可以书面申请人民法院委托审计机构对该被执行人进行审计。人民法院应当自收到书面申请之日起十日内决定是否准许。

第十八条 人民法院决定审计的，应当随机确定具备资格的审计机构，并责令被执行人提交会计凭证、会计账簿、财务会计报告等与审计事项有关的资料。

被执行人隐匿审计资料的，人民法院可以依法采取搜查措施。

第十九条 被执行人拒不提供、转移、隐匿、伪造、篡改、毁弃审计资料，阻挠审计人员查看业务现场或者有其他妨碍审计调查行为的，人民法院可以根据情节轻重对被执行人或其主要负责人、直接责任人员予以罚款、拘留；构成犯罪的，依法追究刑事责任。

第二十条 审计费用由提出审计申请的申请执行人预交。被执行人存在拒绝报告或虚假报告财产情况，隐匿、转移财产或者其他逃避债务情形的，审计费用由被执行人承担；未发现被执行人存在上述情形的，审计费用由申请执行人承担。

第二十一条 被执行人不履行生效法律文书确定的义务，申请执行人可以向人民法院书面申请发布悬赏公告查找可供执行的财产。申请书应当载明下列事项：

（一）悬赏金的数额或计算方法；

（二）有关人员提供人民法院尚未掌握的财产线索，使该申请执行人的债

权得以全部或部分实现时,自愿支付悬赏金的承诺;

(三)悬赏公告的发布方式;

(四)其他需要载明的事项。

人民法院应当自收到书面申请之日起十日内决定是否准许。

第二十二条 人民法院决定悬赏查找财产的,应当制作悬赏公告。悬赏公告应当载明悬赏金的数额或计算方法、领取条件等内容。

悬赏公告应当在全国法院执行悬赏公告平台、法院微博或微信等媒体平台发布,也可以在执行法院公告栏或被执行人住所地、经常居住地等处张贴。申请执行人申请在其他媒体平台发布,并自愿承担发布费用的,人民法院应当准许。

第二十三条 悬赏公告发布后,有关人员向人民法院提供财产线索的,人民法院应当对有关人员的身份信息和财产线索进行登记;两人以上提供相同财产线索的,应当按照提供线索的先后顺序登记。

人民法院对有关人员的身份信息和财产线索应当保密,但为发放悬赏金需要告知申请执行人的除外。

第二十四条 有关人员提供人民法院尚未掌握的财产线索,使申请发布悬赏公告的申请执行人的债权得以全部或部分实现的,人民法院应当按照悬赏公告发放悬赏金。

悬赏金从前款规定的申请执行人应得的执行款中予以扣减。特定物交付执行或者存在其他无法扣减情形的,悬赏金由该申请执行人另行支付。

有关人员为申请执行人的代理人、有义务向人民法院提供财产线索的人员或者存在其他不应发放悬赏金情形的,不予发放。

第二十五条 执行人员不得调查与执行案件无关的信息,对调查过程中知悉的国家秘密、商业秘密和个人隐私应当保密。

第二十六条 本规定自 2017 年 5 月 1 日起施行。

本规定施行后,本院以前公布的司法解释与本规定不一致的,以本规定为准。

最高人民法院
关于执行和解若干问题的规定

（2017 年 11 月 6 日最高人民法院审判委员会第 1725 次会议
通过，根据 2020 年 12 月 23 日最高人民法院审判委员会第
1823 次会议通过的《最高人民法院关于修改〈最高人民法院
关于人民法院扣押铁路运输货物若干问题的规定〉等十八件
执行类司法解释的决定》修正）

为了进一步规范执行和解，维护当事人、利害关系人的合法权益，根据
《中华人民共和国民事诉讼法》等法律规定，结合执行实践，制定本规定。

第一条 当事人可以自愿协商达成和解协议，依法变更生效法律文书确
定的权利义务主体、履行标的、期限、地点和方式等内容。

和解协议一般采用书面形式。

第二条 和解协议达成后，有下列情形之一的，人民法院可以裁定中止
执行：

（一）各方当事人共同向人民法院提交书面和解协议的；

（二）一方当事人向人民法院提交书面和解协议，其他当事人予以认
可的；

（三）当事人达成口头和解协议，执行人员将和解协议内容记入笔录，由
各方当事人签名或者盖章的。

第三条 中止执行后，申请执行人申请解除查封、扣押、冻结的，人民法院
可以准许。

第四条 委托代理人代为执行和解，应当有委托人的特别授权。

第五条 当事人协商一致，可以变更执行和解协议，并向人民法院提交变
更后的协议，或者由执行人员将变更后的内容记入笔录，并由各方当事人签名
或者盖章。

第六条　当事人达成以物抵债执行和解协议的,人民法院不得依据该协议作出以物抵债裁定。

第七条　执行和解协议履行过程中,符合民法典第五百七十条规定情形的,债务人可以依法向有关机构申请提存;执行和解协议约定给付金钱的,债务人也可以向执行法院申请提存。

第八条　执行和解协议履行完毕的,人民法院作执行结案处理。

第九条　被执行人一方不履行执行和解协议的,申请执行人可以申请恢复执行原生效法律文书,也可以就履行执行和解协议向执行法院提起诉讼。

第十条　申请恢复执行原生效法律文书,适用民事诉讼法第二百三十九条申请执行期间的规定。

当事人不履行执行和解协议的,申请恢复执行期间自执行和解协议约定履行期间的最后一日起计算。

第十一条　申请执行人以被执行人一方不履行执行和解协议为由申请恢复执行,人民法院经审查,理由成立的,裁定恢复执行;有下列情形之一的,裁定不予恢复执行:

(一)执行和解协议履行完毕后申请恢复执行的;

(二)执行和解协议约定的履行期限尚未届至或者履行条件尚未成就的,但符合民法典第五百七十八条规定情形的除外;

(三)被执行人一方正在按照执行和解协议约定履行义务的;

(四)其他不符合恢复执行条件的情形。

第十二条　当事人、利害关系人认为恢复执行或者不予恢复执行违反法律规定的,可以依照民事诉讼法第二百二十五条规定提出异议。

第十三条　恢复执行后,对申请执行人就履行执行和解协议提起的诉讼,人民法院不予受理。

第十四条　申请执行人就履行执行和解协议提起诉讼,执行法院受理后,可以裁定终结原生效法律文书的执行。执行中的查封、扣押、冻结措施,自动转为诉讼中的保全措施。

第十五条　执行和解协议履行完毕,申请执行人因被执行人迟延履行、瑕疵履行遭受损害的,可以向执行法院另行提起诉讼。

第十六条　当事人、利害关系人认为执行和解协议无效或者应予撤销的,可以向执行法院提起诉讼。执行和解协议被确认无效或者撤销后,申请执行人可以据此申请恢复执行。

被执行人以执行和解协议无效或者应予撤销为由提起诉讼的,不影响申请执行人申请恢复执行。

第十七条 恢复执行后,执行和解协议已经履行部分应当依法扣除。当事人、利害关系人认为人民法院的扣除行为违反法律规定的,可以依照民事诉讼法第二百二十五条规定提出异议。

第十八条 执行和解协议中约定担保条款,且担保人向人民法院承诺在被执行人不履行执行和解协议时自愿接受直接强制执行的,恢复执行原生效法律文书后,人民法院可以依申请执行人申请及担保条款的约定,直接裁定执行担保财产或者保证人的财产。

第十九条 执行过程中,被执行人根据当事人自行达成但未提交人民法院的和解协议,或者一方当事人提交人民法院但其他当事人不予认可的和解协议,依照民事诉讼法第二百二十五条规定提出异议的,人民法院按照下列情形,分别处理:

(一)和解协议履行完毕的,裁定终结原生效法律文书的执行;

(二)和解协议约定的履行期限尚未届至或者履行条件尚未成就的,裁定中止执行,但符合民法典第五百七十八条规定情形的除外;

(三)被执行人一方正在按照和解协议约定履行义务的,裁定中止执行;

(四)被执行人不履行和解协议的,裁定驳回异议;

(五)和解协议不成立、未生效或者无效的,裁定驳回异议。

第二十条 本规定自 2018 年 3 月 1 日起施行。

本规定施行前本院公布的司法解释与本规定不一致的,以本规定为准。

最高人民法院
关于执行担保若干问题的规定

（2017 年 12 月 11 日最高人民法院审判委员会第 1729 次会议通过，根据 2020 年 12 月 23 日最高人民法院审判委员会第 1823 次会议通过的《最高人民法院关于修改〈最高人民法院关于人民法院扣押铁路运输货物若干问题的规定〉等十八件执行类司法解释的决定》修正）

为了进一步规范执行担保，维护当事人、利害关系人的合法权益，根据《中华人民共和国民事诉讼法》等法律规定，结合执行实践，制定本规定。

第一条 本规定所称执行担保，是指担保人依照民事诉讼法第二百三十一条规定，为担保被执行人履行生效法律文书确定的全部或者部分义务，向人民法院提供的担保。

第二条 执行担保可以由被执行人提供财产担保，也可以由他人提供财产担保或者保证。

第三条 被执行人或者他人提供执行担保的，应当向人民法院提交担保书，并将担保书副本送交申请执行人。

第四条 担保书中应当载明担保人的基本信息、暂缓执行期限、担保期间、被担保的债权种类及数额、担保范围、担保方式、被执行人于暂缓执行期限届满后仍不履行时担保人自愿接受直接强制执行的承诺等内容。

提供财产担保的，担保书中还应当载明担保财产的名称、数量、质量、状况、所在地、所有权或者使用权归属等内容。

第五条 公司为被执行人提供执行担保的，应当提交符合公司法第十六条规定的公司章程、董事会或者股东会、股东大会决议。

第六条 被执行人或者他人提供执行担保，申请执行人同意的，应当向人民法院出具书面同意意见，也可以由执行人员将其同意的内容记入笔录，并由申请执行人签名或者盖章。

第七条　被执行人或者他人提供财产担保,可以依照民法典规定办理登记等担保物权公示手续;已经办理公示手续的,申请执行人可以依法主张优先受偿权。

申请执行人申请人民法院查封、扣押、冻结担保财产的,人民法院应当准许,但担保书另有约定的除外。

第八条　人民法院决定暂缓执行的,可以暂缓全部执行措施的实施,但担保书另有约定的除外。

第九条　担保书内容与事实不符,且对申请执行人合法权益产生实质影响的,人民法院可以依申请执行人的申请恢复执行。

第十条　暂缓执行的期限应当与担保书约定一致,但最长不得超过一年。

第十一条　暂缓执行期限届满后被执行人仍不履行义务,或者暂缓执行期间担保人有转移、隐藏、变卖、毁损担保财产等行为的,人民法院可以依申请执行人的申请恢复执行,并直接裁定执行担保财产或者保证人的财产,不得将担保人变更、追加为被执行人。

执行担保财产或者保证人的财产,以担保人应当履行义务部分的财产为限。被执行人有便于执行的现金、银行存款的,应当优先执行该现金、银行存款。

第十二条　担保期间自暂缓执行期限届满之日起计算。

担保书中没有记载担保期间或者记载不明的,担保期间为一年。

第十三条　担保期间届满后,申请执行人申请执行担保财产或者保证人财产的,人民法院不予支持。他人提供财产担保的,人民法院可以依其申请解除对担保财产的查封、扣押、冻结。

第十四条　担保人承担担保责任后,提起诉讼向被执行人追偿的,人民法院应予受理。

第十五条　被执行人申请变更、解除全部或者部分执行措施,并担保履行生效法律文书确定义务的,参照适用本规定。

第十六条　本规定自 2018 年 3 月 1 日起施行。

本规定施行前成立的执行担保,不适用本规定。

本规定施行前本院公布的司法解释与本规定不一致的,以本规定为准。

最高人民法院
关于法院冻结财产的户名与账号不符
银行能否自行解冻的请示的答复

（根据 2020 年 12 月 23 日最高人民法院审判委员会第 1823 次会议通过的《最高人民法院关于修改〈最高人民法院关于人民法院扣押铁路运输货物若干问题的规定〉等十八件执行类司法解释的决定》修正）

江西省高级人民法院：

你院赣高法研〔1996〕6 号请示收悉，经研究，答复如下：

人民法院根据当事人申请，对财产采取冻结措施，是我国民事诉讼法赋予人民法院的职权，任何组织或者个人不得加以妨碍。人民法院在完成对财产冻结手续后，银行如发现被冻结的户名与账号不符时，应主动向法院提出存在的问题，由法院更正，而不能自行解冻；如因自行解冻不当造成损失，应视其过错程度承担相应的法律责任。

此复。

最高人民法院
关于对林业行政机关依法作出具体行政行为
申请人民法院强制执行问题的复函

(根据 2020 年 12 月 23 日最高人民法院审判委员会第 1823
次会议通过的《最高人民法院关于修改〈最高人民法院关于
人民法院扣押铁路运输货物若干问题的规定〉等十八件执行
类司法解释的决定》修正)

林业部:

你部林函策字(1993)308 号函收悉,经研究,同意你部所提意见,即:林业
主管部门依法作出的具体行政行为,自然人、法人或者非法人组织在法定期限
内既不起诉又不履行的,林业主管部门依据行政诉讼法第九十七条的规定可
以申请人民法院强制执行,人民法院应予受理。

最高人民法院
关于审理拒不执行判决、裁定刑事案件
适用法律若干问题的解释

(2015 年 7 月 6 日最高人民法院审判委员会第 1657 次会议通过,根据 2020 年 12 月 23 日最高人民法院审判委员会第 1823 次会议通过的《最高人民法院关于修改〈最高人民法院关于人民法院扣押铁路运输货物若干问题的规定〉等十八件执行类司法解释的决定》修正)

为依法惩治拒不执行判决、裁定犯罪,确保人民法院判决、裁定依法执行,切实维护当事人合法权益,根据《中华人民共和国刑法》《中华人民共和国刑事诉讼法》《中华人民共和国民事诉讼法》等法律规定,就审理拒不执行判决、裁定刑事案件适用法律若干问题,解释如下:

第一条 被执行人、协助执行义务人、担保人等负有执行义务的人对人民法院的判决、裁定有能力执行而拒不执行,情节严重的,应当依照刑法第三百一十三条的规定,以拒不执行判决、裁定罪处罚。

第二条 负有执行义务的人有能力执行而实施下列行为之一的,应当认定为全国人民代表大会常务委员会关于刑法第三百一十三条的解释中规定的"其他有能力执行而拒不执行,情节严重的情形":

(一)具有拒绝报告或者虚假报告财产情况、违反人民法院限制高消费及有关消费令等拒不执行行为,经采取罚款或者拘留等强制措施后仍拒不执行的;

(二)伪造、毁灭有关被执行人履行能力的重要证据,以暴力、威胁、贿买方法阻止他人作证或者指使、贿买、胁迫他人作伪证,妨碍人民法院查明被执行人财产情况,致使判决、裁定无法执行的;

(三)拒不交付法律文书指定交付的财物、票证或者拒不迁出房屋、退出

土地,致使判决、裁定无法执行的;

（四）与他人串通,通过虚假诉讼、虚假仲裁、虚假和解等方式妨害执行,致使判决、裁定无法执行的;

（五）以暴力、威胁方法阻碍执行人员进入执行现场或者聚众哄闹、冲击执行现场,致使执行工作无法进行的;

（六）对执行人员进行侮辱、围攻、扣押、殴打,致使执行工作无法进行的;

（七）毁损、抢夺执行案件材料、执行公务车辆和其他执行器械、执行人员服装以及执行公务证件,致使执行工作无法进行的;

（八）拒不执行法院判决、裁定,致使债权人遭受重大损失的。

第三条 申请执行人有证据证明同时具有下列情形,人民法院认为符合刑事诉讼法第二百一十条第三项规定的,以自诉案件立案审理:

（一）负有执行义务的人拒不执行判决、裁定,侵犯了申请执行人的人身、财产权利,应当依法追究刑事责任的;

（二）申请执行人曾经提出控告,而公安机关或者人民检察院对负有执行义务的人不予追究刑事责任的。

第四条 本解释第三条规定的自诉案件,依照刑事诉讼法第二百一十二条的规定,自诉人在宣告判决前,可以同被告人自行和解或者撤回自诉。

第五条 拒不执行判决、裁定刑事案件,一般由执行法院所在地人民法院管辖。

第六条 拒不执行判决、裁定的被告人在一审宣告判决前,履行全部或部分执行义务的,可以酌情从宽处罚。

第七条 拒不执行支付赡养费、扶养费、抚育费、抚恤金、医疗费用、劳动报酬等判决、裁定的,可以酌情从重处罚。

第八条 本解释自发布之日起施行。此前发布的司法解释和规范性文件与本解释不一致的,以本解释为准。

最高人民法院
关于适用《中华人民共和国民法典》
婚姻家庭编的解释(一)

法释〔2020〕22 号

(2020 年 12 月 25 日最高人民法院审判委员会
第 1825 次会议通过,自 2021 年 1 月 1 日起施行)

为正确审理婚姻家庭纠纷案件,根据《中华人民共和国民法典》《中华人民共和国民事诉讼法》等相关法律规定,结合审判实践,制定本解释。

一、一般规定

第一条 持续性、经常性的家庭暴力,可以认定为民法典第一千零四十二条、第一千零七十九条、第一千零九十一条所称的"虐待"。

第二条 民法典第一千零四十二条、第一千零七十九条、第一千零九十一条规定的"与他人同居"的情形,是指有配偶者与婚外异性,不以夫妻名义,持续、稳定地共同居住。

第三条 当事人提起诉讼仅请求解除同居关系的,人民法院不予受理;已经受理的,裁定驳回起诉。

当事人因同居期间财产分割或者子女抚养纠纷提起诉讼的,人民法院应当受理。

第四条 当事人仅以民法典第一千零四十三条为依据提起诉讼的,人民法院不予受理;已经受理的,裁定驳回起诉。

第五条 当事人请求返还按照习俗给付的彩礼的,如果查明属于以下情形,人民法院应当予以支持:

(一)双方未办理结婚登记手续;

（二）双方办理结婚登记手续但确未共同生活；

（三）婚前给付并导致给付人生活困难。

适用前款第二项、第三项的规定，应当以双方离婚为条件。

二、结婚

第六条　男女双方依据民法典第一千零四十九条规定补办结婚登记的，婚姻关系的效力从双方均符合民法典所规定的结婚的实质要件时起算。

第七条　未依据民法典第一千零四十九条　规定办理结婚登记而以夫妻名义共同生活的男女，提起诉讼要求离婚的，应当区别对待：

（一）1994年2月1日民政部《婚姻登记管理条例》公布实施以前，男女双方已经符合结婚实质要件的，按事实婚姻处理。

（二）1994年2月1日民政部《婚姻登记管理条例》公布实施以后，男女双方符合结婚实质要件的，人民法院应当告知其补办结婚登记。未补办结婚登记的，依据本解释第三条规定处理。

第八条　未依据民法典第一千零四十九条规定办理结婚登记而以夫妻名义共同生活的男女，一方死亡，另一方以配偶身份主张享有继承权的，依据本解释第七条的原则处理。

第九条　有权依据民法典第一千零五十一条规定向人民法院就已办理结婚登记的婚姻请求确认婚姻无效的主体，包括婚姻当事人及利害关系人。其中，利害关系人包括：

（一）以重婚为由的，为当事人的近亲属及基层组织；

（二）以未到法定婚龄为由的，为未到法定婚龄者的近亲属；

（三）以有禁止结婚的亲属关系为由的，为当事人的近亲属。

第十条　当事人依据民法典第一千零五十一条规定向人民法院请求确认婚姻无效，法定的无效婚姻情形在提起诉讼时已经消失的，人民法院不予支持。

第十一条　人民法院受理请求确认婚姻无效案件后，原告申请撤诉的，不予准许。

对婚姻效力的审理不适用调解，应当依法作出判决。

涉及财产分割和子女抚养的，可以调解。调解达成协议的，另行制作调解书；未达成调解协议的，应当一并作出判决。

651

第十二条　人民法院受理离婚案件后,经审理确属无效婚姻的,应当将婚姻无效的情形告知当事人,并依法作出确认婚姻无效的判决。

第十三条　人民法院就同一婚姻关系分别受理了离婚和请求确认婚姻无效案件的,对于离婚案件的审理,应当待请求确认婚姻无效案件作出判决后进行。

第十四条　夫妻一方或者双方死亡后,生存一方或者利害关系人依据民法典第一千零五十一条的规定请求确认婚姻无效的,人民法院应当受理。

第十五条　利害关系人依据民法典第一千零五十一条的规定,请求人民法院确认婚姻无效的,利害关系人为原告,婚姻关系当事人双方为被告。

夫妻一方死亡的,生存一方为被告。

第十六条　人民法院审理重婚导致的无效婚姻案件时,涉及财产处理的,应当准许合法婚姻当事人作为有独立请求权的第三人参加诉讼。

第十七条　当事人以民法典第一千零五十一条规定的三种无效婚姻以外的情形请求确认婚姻无效的,人民法院应当判决驳回当事人的诉讼请求。

当事人以结婚登记程序存在瑕疵为由提起民事诉讼,主张撤销结婚登记的,告知其可以依法申请行政复议或者提起行政诉讼。

第十八条　行为人以给另一方当事人或者其近亲属的生命、身体、健康、名誉、财产等方面造成损害为要挟,迫使另一方当事人违背真实意愿结婚的,可以认定为民法典第一千零五十二条所称的"胁迫"。

因受胁迫而请求撤销婚姻的,只能是受胁迫一方的婚姻关系当事人本人。

第十九条　民法典第一千零五十二条规定的"一年",不适用诉讼时效中止、中断或者延长的规定。

受胁迫或者被非法限制人身自由的当事人请求撤销婚姻的,不适用民法典第一百五十二条第二款的规定。

第二十条　民法典第一千零五十四条所规定的"自始没有法律约束力",是指无效婚姻或者可撤销婚姻在依法被确认无效或者被撤销时,才确定该婚姻自始不受法律保护。

第二十一条　人民法院根据当事人的请求,依法确认婚姻无效或者撤销婚姻的,应当收缴双方的结婚证书并将生效的判决书寄送当地婚姻登记管理机关。

第二十二条　被确认无效或者被撤销的婚姻,当事人同居期间所得的财产,除有证据证明为当事人一方所有的以外,按共同共有处理。

三、夫妻关系

第二十三条　夫以妻擅自中止妊娠侵犯其生育权为由请求损害赔偿的,人民法院不予支持;夫妻双方因是否生育发生纠纷,致使感情确已破裂,一方请求离婚的,人民法院经调解无效,应依照民法典第一千零七十九条第二十四条、民法典第一千零六十二条第一款第三项规定的"知识产权的收益",是指婚姻关系存续期间,实际取得或者已经明确可以取得的财产性收益。

第二十五条　婚姻关系存续期间,下列财产属于民法典第一千零六十二条规定的"其他应当归共同所有的财产":

(一)一方以个人财产投资取得的收益;

(二)男女双方实际取得或者应当取得的住房补贴、住房公积金;

(三)男女双方实际取得或者应当取得的基本养老金、破产安置补偿费。

第二十六条　夫妻一方个人财产在婚后产生的收益,除孳息和自然增值外,应认定为夫妻共同财产。

第二十七条　由一方婚前承租、婚后用共同财产购买的房屋,登记在一方名下的,应当认定为夫妻共同财产。

第二十八条　一方未经另一方同意出售夫妻共同所有的房屋,第三人善意购买、支付合理对价并已办理不动产登记,另一方主张追回该房屋的,人民法院不予支持。

夫妻一方擅自处分共同所有的房屋造成另一方损失,离婚时一方请求赔偿损失的,人民法院应予支持。

第二十九条　当事人结婚前,父母为双方购置房屋出资的,该出资应当认定为对自己子女个人的赠与,但父母明确表示赠与双方的除外。

当事人结婚后,父母为双方购置房屋出资的,依照约定处理;没有约定或者约定不明确的,按照民法典第一千零六十二条第一款第四项规定的原则处理。

第三十条　军人的伤亡保险金、伤残补助金、医药生活补助费属于个人财产。

第三十一条　民法典第一千零六十三条规定为夫妻一方的个人财产,不因婚姻关系的延续而转化为夫妻共同财产。但当事人另有约定的除外。

第三十二条 婚前或者婚姻关系存续期间,当事人约定将一方所有的房产赠与另一方或者共有,赠与方在赠与房产变更登记之前撤销赠与,另一方请求判令继续履行的,人民法院可以按照民法典第六百五十八条的规定处理。

第三十三条 债权人就一方婚前所负个人债务向债务人的配偶主张权利的,人民法院不予支持。但债权人能够证明所负债务用于婚后家庭共同生活的除外。

第三十四条 夫妻一方与第三人串通,虚构债务,第三人主张该债务为夫妻共同债务的,人民法院不予支持。

夫妻一方在从事赌博、吸毒等违法犯罪活动中所负债务,第三人主张该债务为夫妻共同债务的,人民法院不予支持。

第三十五条 当事人的离婚协议或者人民法院生效判决、裁定、调解书已经对夫妻财产分割问题作出处理的,债权人仍有权就夫妻共同债务向男女双方主张权利。

一方就夫妻共同债务承担清偿责任后,主张由另一方按照离婚协议或者人民法院的法律文书承担相应债务的,人民法院应予支持。

第三十六条 夫或者妻一方死亡的,生存一方应当对婚姻关系存续期间的夫妻共同债务承担清偿责任。

第三十七条 民法典第一千零六十五条第三款所称"相对人知道该约定的",夫妻一方对此负有举证责任。

第三十八条 婚姻关系存续期间,除民法典第一千零六十六条规定情形以外,夫妻一方请求分割共同财产的,人民法院不予支持。

四、父母子女关系

第三十九条 父或者母向人民法院起诉请求否认亲子关系,并已提供必要证据予以证明,另一方没有相反证据又拒绝做亲子鉴定的,人民法院可以认定否认亲子关系一方的主张成立。

父或者母以及成年子女起诉请求确认亲子关系,并提供必要证据予以证明,另一方没有相反证据又拒绝做亲子鉴定的,人民法院可以认定确认亲子关系一方的主张成立。

第四十条 婚姻关系存续期间,夫妻双方一致同意进行人工授精,所生子女应视为婚生子女,父母子女间的权利义务关系适用民法典的有关规定。

第四十一条　尚在校接受高中及其以下学历教育,或者丧失、部分丧失劳动能力等非因主观原因而无法维持正常生活的成年子女,可以认定为民法典第一千零六十七条规定的"不能独立生活的成年子女"。

第四十二条　民法典第一千零六十七条所称"抚养费",包括子女生活费、教育费、医疗费等费用。

第四十三条　婚姻关系存续期间,父母双方或者一方拒不履行抚养子女义务,未成年子女或者不能独立生活的成年子女请求支付抚养费的,人民法院应予支持。

第四十四条　离婚案件涉及未成年子女抚养的,对不满两周岁的子女,按照民法典第一千零八十四条第三款规定的原则处理。母亲有下列情形之一,父亲请求直接抚养的,人民法院应予支持:

(一)患有久治不愈的传染性疾病或者其他严重疾病,子女不宜与其共同生活;

(二)有抚养条件不尽抚养义务,而父亲要求子女随其生活;

(三)因其他原因,子女确不宜随母亲生活。

第四十五条　父母双方协议不满两周岁子女由父亲直接抚养,并对子女健康成长无不利影响的,人民法院应予支持。

第四十六条　对已满两周岁的未成年子女,父母均要求直接抚养,一方有下列情形之一的,可予优先考虑:

(一)已做绝育手术或者因其他原因丧失生育能力;

(二)子女随其生活时间较长,改变生活环境对子女健康成长明显不利;

(三)无其他子女,而另一方有其他子女;

(四)子女随其生活,对子女成长有利,而另一方患有久治不愈的传染性疾病或者其他严重疾病,或者有其他不利于子女身心健康的情形,不宜与子女共同生活。

第四十七条　父母抚养子女的条件基本相同,双方均要求直接抚养子女,但子女单独随祖父母或者外祖父母共同生活多年,且祖父母或者外祖父母要求并且有能力帮助子女照顾孙子女或者外孙子女的,可以作为父或者母直接抚养子女的优先条件予以考虑。

第四十八条　在有利于保护子女利益的前提下,父母双方协议轮流直接抚养子女的,人民法院应予支持。

第四十九条　抚养费的数额,可以根据子女的实际需要、父母双方的负担能力和当地的实际生活水平确定。

有固定收入的,抚养费一般可以按其月总收入的百分之二十至三十的比例给付。负担两个以上子女抚养费的,比例可以适当提高,但一般不得超过月总收入的百分之五十。

无固定收入的,抚养费的数额可以依据当年总收入或者同行业平均收入,参照上述比例确定。

有特殊情况的,可以适当提高或者降低上述比例。

第五十条　抚养费应当定期给付,有条件的可以一次性给付。

第五十一条　父母一方无经济收入或者下落不明的,可以用其财物折抵抚养费。

第五十二条　父母双方可以协议由一方直接抚养子女并由直接抚养方负担子女全部抚养费。但是,直接抚养方的抚养能力明显不能保障子女所需费用,影响子女健康成长的,人民法院不予支持。

第五十三条　抚养费的给付期限,一般至子女十八周岁为止。

十六周岁以上不满十八周岁,以其劳动收入为主要生活来源,并能维持当地一般生活水平的,父母可以停止给付抚养费。

第五十四条　生父与继母离婚或者生母与继父离婚时,对曾受其抚养教育的继子女,继父或者继母不同意继续抚养的,仍应由生父或者生母抚养。

第五十五条　离婚后,父母一方要求变更子女抚养关系的,或者子女要求增加抚养费的,应当另行提起诉讼。

第五十六条　具有下列情形之一,父母一方要求变更子女抚养关系的,人民法院应予支持:

(一)与子女共同生活的一方因患严重疾病或者因伤残无力继续抚养子女;

(二)与子女共同生活的一方不尽抚养义务或有虐待子女行为,或者其与子女共同生活对子女身心健康确有不利影响;

(三)已满八周岁的子女,愿随另一方生活,该方又有抚养能力;

（四）有其他正当理由需要变更。

第五十七条　父母双方协议变更子女抚养关系的，人民法院应予支持。

第五十八条　具有下列情形之一，子女要求有负担能力的父或者母增加抚养费的，人民法院应予支持：

（一）原定抚养费数额不足以维持当地实际生活水平；

（二）因子女患病、上学，实际需要已超过原定数额；

（三）有其他正当理由应当增加。

第五十九条　父母不得因子女变更姓氏而拒付子女抚养费。父或者母擅自将子女姓氏改为继母或继父姓氏而引起纠纷的，应当责令恢复原姓氏。

第六十条　在离婚诉讼期间，双方均拒绝抚养子女的，可以先行裁定暂由一方抚养。

第六十一条　对拒不履行或者妨害他人履行生效判决、裁定、调解书中有关子女抚养义务的当事人或者其他人，人民法院可依照民事诉讼法第一百一十一条的规定采取强制措施。

五、离婚

第六十二条　无民事行为能力人的配偶有民法典第三十六条第一款规定行为，其他有监护资格的人可以要求撤销其监护资格，并依法指定新的监护人；变更后的监护人代理无民事行为能力一方提起离婚诉讼的，人民法院应予受理。

第六十三条　人民法院审理离婚案件，符合民法典第一千零七十九条第三款规定"应当准予离婚"情形的，不应当因当事人有过错而判决不准离婚。

第六十四条　民法典第一千零八十一条所称的"军人一方有重大过错"，可以依据民法典第一千零七十九条第三款前三项规定及军人有其他重大过错导致夫妻感情破裂的情形予以判断。

第六十五条　人民法院作出的生效的离婚判决中未涉及探望权，当事人就探望权问题单独提起诉讼的，人民法院应予受理。

第六十六条　当事人在履行生效判决、裁定或者调解书的过程中，一方请求中止探望的，人民法院在征询双方当事人意见后，认为需要中止探望的，依法作出裁定；中止探望的情形消失后，人民法院应当根据当事人的请求书面通知其恢复探望。

第六十七条　未成年子女、直接抚养子女的父或者母以及其他对未成年子女负担抚养、教育、保护义务的法定监护人，有权向人民法院提出中止探望的请求。

第六十八条　对于拒不协助另一方行使探望权的有关个人或者组织，可以由人民法院依法采取拘留、罚款等强制措施，但是不能对子女的人身、探望行为进行强制执行。

第六十九条　当事人达成的以协议离婚或者到人民法院调解离婚为条件的财产以及债务处理协议，如果双方离婚未成，一方在离婚诉讼中反悔的，人民法院应当认定该财产以及债务处理协议没有生效，并根据实际情况依照民法典第一千零八十七条和第一千零八十九条的规定判决。

当事人依照民法典第一千零七十六条签订的离婚协议中关于财产以及债务处理的条款，对男女双方具有法律约束力。登记离婚后当事人因履行上述协议发生纠纷提起诉讼的，人民法院应当受理。

第七十条　夫妻双方协议离婚后就财产分割问题反悔，请求撤销财产分割协议的，人民法院应当受理。

人民法院审理后，未发现订立财产分割协议时存在欺诈、胁迫等情形的，应当依法驳回当事人的诉讼请求。

第七十一条　人民法院审理离婚案件，涉及分割发放到军人名下的复员费、自主择业费等一次性费用的，以夫妻婚姻关系存续年限乘以年平均值，所得数额为夫妻共同财产。

前款所称年平均值，是指将发放到军人名下的上述费用总额按具体年限均分得出的数额。其具体年限为人均寿命七十岁与军人入伍时实际年龄的差额。

第七十二条　夫妻双方分割共同财产中的股票、债券、投资基金份额等有价证券以及未上市股份有限公司股份时，协商不成或者按市价分配有困难的，人民法院可以根据数量按比例分配。

第七十三条　人民法院审理离婚案件，涉及分割夫妻共同财产中以一方名义在有限责任公司的出资额，另一方不是该公司股东的，按以下情形分别处理：

（一）夫妻双方协商一致将出资额部分或者全部转让给该股东的配偶，其他股东过半数同意，并且其他股东均明确表示放弃优先购买权的，该股东的配

偶可以成为该公司股东;

（二）夫妻双方就出资额转让份额和转让价格等事项协商一致后,其他股东半数以上不同意转让,但愿意以同等条件购买该出资额的,人民法院可以对转让出资所得财产进行分割。其他股东半数以上不同意转让,也不愿意以同等条件购买该出资额的,视为其同意转让,该股东的配偶可以成为该公司股东。

用于证明前款规定的股东同意的证据,可以是股东会议材料,也可以是当事人通过其他合法途径取得的股东的书面声明材料。

第七十四条 人民法院审理离婚案件,涉及分割夫妻共同财产中以一方名义在合伙企业中的出资,另一方不是该企业合伙人的,当夫妻双方协商一致,将其合伙企业中的财产份额全部或者部分转让给对方时,按以下情形分别处理:

（一）其他合伙人一致同意的,该配偶依法取得合伙人地位;

（二）其他合伙人不同意转让,在同等条件下行使优先购买权的,可以对转让所得的财产进行分割;

（三）其他合伙人不同意转让,也不行使优先购买权,但同意该合伙人退伙或者削减部分财产份额的,可以对结算后的财产进行分割;

（四）其他合伙人既不同意转让,也不行使优先购买权,又不同意该合伙人退伙或者削减部分财产份额的,视为全体合伙人同意转让,该配偶依法取得合伙人地位。

第七十五条 夫妻以一方名义投资设立个人独资企业的,人民法院分割夫妻在该个人独资企业中的共同财产时,应当按照以下情形分别处理:

（一）一方主张经营该企业的,对企业资产进行评估后,由取得企业资产所有权一方给予另一方相应的补偿;

（二）双方均主张经营该企业的,在双方竞价基础上,由取得企业资产所有权的一方给予另一方相应的补偿;

（三）双方均不愿意经营该企业的,按照《中华人民共和国个人独资企业法》等有关规定办理。

第七十六条 双方对夫妻共同财产中的房屋价值及归属无法达成协议时,人民法院按以下情形分别处理:

（一）双方均主张房屋所有权并且同意竞价取得的，应当准许；

（二）一方主张房屋所有权的，由评估机构按市场价格对房屋作出评估，取得房屋所有权的一方应当给予另一方相应的补偿；

（三）双方均不主张房屋所有权的，根据当事人的申请拍卖、变卖房屋，就所得价款进行分割。

第七十七条　离婚时双方对尚未取得所有权或者尚未取得完全所有权的房屋有争议且协商不成的，人民法院不宜判决房屋所有权的归属，应当根据实际情况判决由当事人使用。

当事人就前款规定的房屋取得完全所有权后，有争议的，可以另行向人民法院提起诉讼。

第七十八条　夫妻一方婚前签订不动产买卖合同，以个人财产支付首付款并在银行贷款，婚后用夫妻共同财产还贷，不动产登记于首付款支付方名下的，离婚时该不动产由双方协议处理。

依前款规定不能达成协议的，人民法院可以判决该不动产归登记一方，尚未归还的贷款为不动产登记一方的个人债务。双方婚后共同还贷支付的款项及其相对应财产增值部分，离婚时应根据民法典第一千零八十七条第一款规定的原则，由不动产登记一方对另一方进行补偿。

第七十九条　婚姻关系存续期间，双方用夫妻共同财产出资购买以一方父母名义参加房改的房屋，登记在一方父母名下，离婚时另一方主张按照夫妻共同财产对该房屋进行分割的，人民法院不予支持。购买该房屋时的出资，可以作为债权处理。

第八十条　离婚时夫妻一方尚未退休、不符合领取基本养老金条件，另一方请求按照夫妻共同财产分割基本养老金的，人民法院不予支持；婚后以夫妻共同财产缴纳基本养老保险费，离婚时一方主张将养老金账户中婚姻关系存续期间个人实际缴纳部分及利息作为夫妻共同财产分割的，人民法院应予支持。

第八十一条　婚姻关系存续期间，夫妻一方作为继承人依法可以继承的遗产，在继承人之间尚未实际分割，起诉离婚时另一方请求分割的，人民法院应当告知当事人在继承人之间实际分割遗产后另行起诉。

第八十二条　夫妻之间订立借款协议，以夫妻共同财产出借给一方从事个人经营活动或者用于其他个人事务的,应视为双方约定处分夫妻共同财产的行为,离婚时可以按照借款协议的约定处理。

第八十三条　离婚后,一方以尚有夫妻共同财产未处理为由向人民法院起诉请求分割的,经审查该财产确属离婚时未涉及的夫妻共同财产,人民法院应当依法予以分割。

第八十四条　当事人依据民法典第一千零九十二条的规定向人民法院提起诉讼,请求再次分割夫妻共同财产的诉讼时效期间为三年,从当事人发现之日起计算。

第八十五条　夫妻一方申请对配偶的个人财产或者夫妻共同财产采取保全措施的,人民法院可以在采取保全措施可能造成损失的范围内,根据实际情况,确定合理的财产担保数额。

第八十六条　民法典第一千零九十一条规定的"损害赔偿",包括物质损害赔偿和精神损害赔偿。涉及精神损害赔偿的,适用《最高人民法院关于确定民事侵权精神损害赔偿责任若干问题的解释》的有关规定。

第八十七条　承担民法典第一千零九十一条规定的损害赔偿责任的主体,为离婚诉讼当事人中无过错方的配偶。

人民法院判决不准离婚的案件,对于当事人基于民法典第一千零九十一条提出的损害赔偿请求,不予支持。

在婚姻关系存续期间,当事人不起诉离婚而单独依据民法典第一千零九十一条提起损害赔偿请求的,人民法院不予受理。

第八十八条　人民法院受理离婚案件时,应当将民法典第一千零九十一条等规定中当事人的有关权利义务,书面告知当事人。在适用民法典第一千零九十一条时,应当区分以下不同情况:

(一)符合民法典第一千零九十一条规定的无过错方作为原告基于该条规定向人民法院提起损害赔偿请求的,必须在离婚诉讼的同时提出。

(二)符合民法典第一千零九十一条规定的无过错方作为被告的离婚诉讼案件,如果被告不同意离婚也不基于该条规定提起损害赔偿请求的,可以就此单独提起诉讼。

(三)无过错方作为被告的离婚诉讼案件,一审时被告未基于民法典第一千零九十一条规定提出损害赔偿请求,二审期间提出的,人民法院应当进行调解;调解不成的,告知当事人另行起诉。双方当事人同意由第二审人民法院一并审理的,第二审人民法院可以一并裁判。

第八十九条 当事人在婚姻登记机关办理离婚登记手续后,以民法典第一千零九十一条规定为由向人民法院提出损害赔偿请求的,人民法院应当受理。但当事人在协议离婚时已经明确表示放弃该项请求的,人民法院不予支持。

第九十条 夫妻双方均有民法典第一千零九十一条规定的过错情形,一方或者双方向对方提出离婚损害赔偿请求的,人民法院不予支持。

六、附则

第九十一条 本解释自 2021 年 1 月 1 日起施行。

最高人民法院
关于适用《中华人民共和国民法典》
继承编的解释(一)

法释〔2020〕23 号

(2020 年 12 月 25 日最高人民法院审判委员会
第 1825 次会议通过,自 2021 年 1 月 1 日起施行)

为正确审理继承纠纷案件,根据《中华人民共和国民法典》等相关法律规定,结合审判实践,制定本解释。

一、一般规定

第一条 继承从被继承人生理死亡或者被宣告死亡时开始。

宣告死亡的,根据民法典第四十八条规定确定的死亡日期,为继承开始的时间。

第二条 承包人死亡时尚未取得承包收益的,可以将死者生前对承包所投入的资金和所付出的劳动及其增值和孳息,由发包单位或者接续承包合同的人合理折价、补偿。其价额作为遗产。

第三条 被继承人生前与他人订有遗赠扶养协议,同时又立有遗嘱的,继承开始后,如果遗赠扶养协议与遗嘱没有抵触,遗产分别按协议和遗嘱处理;如果有抵触,按协议处理,与协议抵触的遗嘱全部或者部分无效。

第四条 遗嘱继承人依遗嘱取得遗产后,仍有权依照民法典第一千一百三十条的规定取得遗嘱未处分的遗产。

第五条 在遗产继承中,继承人之间因是否丧失继承权发生纠纷,向人民法院提起诉讼的,由人民法院依据民法典第一千一百二十五条的规定,判决确认其是否丧失继承权。

第六条 继承人是否符合民法典第一千一百二十五条第一款第三项规定的"虐待被继承人情节严重"，可以从实施虐待行为的时间、手段、后果和社会影响等方面认定。

虐待被继承人情节严重的，不论是否追究刑事责任，均可确认其丧失继承权。

第七条 继承人故意杀害被继承人的，不论是既遂还是未遂，均应当确认其丧失继承权。

第八条 继承人有民法典第一千一百二十五条第一款第一项或者第二项所列之行为，而被继承人以遗嘱将遗产指定由该继承人继承的，可以确认遗嘱无效，并确认该继承人丧失继承权。

第九条 继承人伪造、篡改、隐匿或者销毁遗嘱，侵害了缺乏劳动能力又无生活来源的继承人的利益，并造成其生活困难的，应当认定为民法典第一千一百二十五条第一款第四项规定的"情节严重"。

二、法定继承

第十条 被收养人对养父母尽了赡养义务，同时又对生父母扶养较多的，除可以依照民法典第一千一百二十七条的规定继承养父母的遗产外，还可以依照民法典第一千一百三十一条的规定分得生父母适当的遗产。

第十一条 继子女继承了继父母遗产的，不影响其继承生父母的遗产。

继父母继承了继子女遗产的，不影响其继承生子女的遗产。

第十二条 养子女与生子女之间、养子女与养子女之间，系养兄弟姐妹，可以互为第二顺序继承人。

被收养人与其亲兄弟姐妹之间的权利义务关系，因收养关系的成立而消除，不能互为第二顺序继承人。

第十三条 继兄弟姐妹之间的继承权，因继兄弟姐妹之间的扶养关系而发生。没有扶养关系的，不能互为第二顺序继承人。

继兄弟姐妹之间相互继承了遗产的，不影响其继承亲兄弟姐妹的遗产。

第十四条 被继承人的孙子女、外孙子女、曾孙子女、外曾孙子女都可以代位继承，代位继承人不受辈数的限制。

第十五条 被继承人的养子女、已形成扶养关系的继子女的生子女可以代位继承；被继承人亲生子女的养子女可以代位继承；被继承人养子女的养子女可以代位继承;与被继承人已形成扶养关系的继子女的养子女也可以代位继承。

第十六条　代位继承人缺乏劳动能力又没有生活来源,或者对被继承人尽过主要赡养义务的,分配遗产时,可以多分。

第十七条　继承人丧失继承权的,其晚辈直系血亲不得代位继承。如该代位继承人缺乏劳动能力又没有生活来源,或者对被继承人尽赡养义务较多的,可以适当分给遗产。

第十八条　丧偶儿媳对公婆、丧偶女婿对岳父母,无论其是否再婚,依照民法典第一千一百二十九条规定作为第一顺序继承人时,不影响其子女代位继承。

第十九条　对被继承人生活提供了主要经济来源,或者在劳务等方面给予了主要扶助的,应当认定其尽了主要赡养义务或主要扶养义务。

第二十条　依照民法典第一千一百三十一条规定可以分给适当遗产的人,分给他们遗产时,按具体情况可以多于或者少于继承人。

第二十一条　依照民法典第一千一百三十一条规定可以分给适当遗产的人,在其依法取得被继承人遗产的权利受到侵犯时,本人有权以独立的诉讼主体资格向人民法院提起诉讼。

第二十二条　继承人有扶养能力和扶养条件,愿意尽扶养义务,但被继承人因有固定收入和劳动能力,明确表示不要求其扶养的,分配遗产时,一般不应因此而影响其继承份额。

第二十三条　有扶养能力和扶养条件的继承人虽然与被继承人共同生活,但对需要扶养的被继承人不尽扶养义务,分配遗产时,可以少分或者不分。

三、遗嘱继承和遗赠

第二十四条　继承人、受遗赠人的债权人、债务人,共同经营的合伙人,也应当视为与继承人、受遗赠人有利害关系,不能作为遗嘱的见证人。

第二十五条　遗嘱人未保留缺乏劳动能力又没有生活来源的继承人的遗产份额,遗产处理时,应当为该继承人留下必要的遗产,所剩余的部分,才可参照遗嘱确定的分配原则处理。

继承人是否缺乏劳动能力又没有生活来源,应当按遗嘱生效时该继承人的具体情况确定。

第二十六条　遗嘱人以遗嘱处分了国家、集体或者他人财产的,应当认定该部分遗嘱无效。

第二十七条　自然人在遗书中涉及死后个人财产处分的内容,确为死者的真实意思表示,有本人签名并注明了年、月、日,又无相反证据的,可以按自书遗嘱对待。

第二十八条　遗嘱人立遗嘱时必须具有完全民事行为能力。无民事行为能力人或者限制民事行为能力人所立的遗嘱,即使其本人后来具有完全民事行为能力,仍属无效遗嘱。遗嘱人立遗嘱时具有完全民事行为能力,后来成为无民事行为能力人或者限制民事行为能力人的,不影响遗嘱的效力。

第二十九条　附义务的遗嘱继承或者遗赠,如义务能够履行,而继承人、受遗赠人无正当理由不履行,经受益人或者其他继承人请求,人民法院可以取消其接受附义务部分遗产的权利,由提出请求的继承人或者受益人负责按遗嘱人的意愿履行义务,接受遗产。

四、遗产的处理

第三十条　人民法院在审理继承案件时,如果知道有继承人而无法通知的,分割遗产时,要保留其应继承的遗产,并确定该遗产的保管人或者保管单位。

第三十一条　应当为胎儿保留的遗产份额没有保留的,应从继承人所继承的遗产中扣回。

为胎儿保留的遗产份额,如胎儿出生后死亡的,由其继承人继承;如胎儿娩出时是死体的,由被继承人的继承人继承。

第三十二条　继承人因放弃继承权,致其不能履行法定义务的,放弃继承权的行为无效。

第三十三条　继承人放弃继承应当以书面形式向遗产管理人或者其他继承人表示。

第三十四条　在诉讼中,继承人向人民法院以口头方式表示放弃继承的,要制作笔录,由放弃继承的人签名。

第三十五条　继承人放弃继承的意思表示,应当在继承开始后、遗产分割前作出。遗产分割后表示放弃的不再是继承权,而是所有权。

第三十六条　遗产处理前或者在诉讼进行中,继承人对放弃继承反悔的,由人民法院根据其提出的具体理由,决定是否承认。遗产处理后,继承人对放弃继承反悔的,不予承认。

第三十七条　放弃继承的效力,追溯到继承开始的时间。

第三十八条　继承开始后,受遗赠人表示接受遗赠,并于遗产分割前死亡的,其接受遗赠的权利转移给他的继承人。

第三十九条　由国家或者集体组织供给生活费用的烈属和享受社会救济的自然人,其遗产仍应准许合法继承人继承。

第四十条　继承人以外的组织或者个人与自然人签订遗赠扶养协议后,无正当理由不履行,导致协议解除的,不能享有受遗赠的权利,其支付的供养费用一般不予补偿;遗赠人无正当理由不履行,导致协议解除的,则应当偿还继承人以外的组织或者个人已支付的供养费用。

第四十一条　遗产因无人继承又无人受遗赠归国家或者集体所有制组织所有时,按照民法典第一千一百三十一条规定可以分给适当遗产的人提出取得遗产的诉讼请求,人民法院应当视情况适当分给遗产。

第四十二条　人民法院在分割遗产中的房屋、生产资料和特定职业所需要的财产时,应当依据有利于发挥其使用效益和继承人的实际需要,兼顾各继承人的利益进行处理。

第四十三条　人民法院对故意隐匿、侵吞或者争抢遗产的继承人,可以酌情减少其应继承的遗产。

第四十四条　继承诉讼开始后,如继承人、受遗赠人中有既不愿参加诉讼,又不表示放弃实体权利的,应当追加为共同原告;继承人已书面表示放弃继承、受遗赠人在知道受遗赠后六十日内表示放弃受遗赠或者到期没有表示的,不再列为当事人。

五、附则

第四十五条　本解释自 2021 年 1 月 1 日起施行。

最高人民法院
关于适用《中华人民共和国民法典》
物权编的解释(一)

法释〔2020〕24 号

(2020 年 12 月 25 日最高人民法院审判委员会
第 1825 次会议通过,自 2021 年 1 月 1 日起施行)

为正确审理物权纠纷案件,根据《中华人民共和国民法典》等相关法律规定,结合审判实践,制定本解释。

第一条 因不动产物权的归属,以及作为不动产物权登记基础的买卖、赠与、抵押等产生争议,当事人提起民事诉讼的,应当依法受理。当事人已经在行政诉讼中申请一并解决上述民事争议,且人民法院一并审理的除外。

第二条 当事人有证据证明不动产登记簿的记载与真实权利状态不符、其为该不动产物权的真实权利人,请求确认其享有物权的,应予支持。

第三条 异议登记因民法典第二百二十条第二款规定的事由失效后,当事人提起民事诉讼,请求确认物权归属的,应当依法受理。异议登记失效不影响人民法院对案件的实体审理。

第四条 未经预告登记的权利人同意,转让不动产所有权等物权,或者设立建设用地使用权、居住权、地役权、抵押权等其他物权的,应当依照民法典第二百二十一条第一款的规定,认定其不发生物权效力。

第五条 预告登记的买卖不动产物权的协议被认定无效、被撤销,或者预告登记的权利人放弃债权的,应当认定为民法典第二百二十一条 第二款所称的"债权消灭"。

第六条　转让人转让船舶、航空器和机动车等所有权,受让人已经支付合理价款并取得占有,虽未经登记,但转让人的债权人主张其为民法典第二百二十五条所称的"善意第三人"的,不予支持,法律另有规定的除外。

第七条　人民法院、仲裁机构在分割共有不动产或者动产等案件中作出并依法生效的改变原有物权关系的判决书、裁决书、调解书,以及人民法院在执行程序中作出的拍卖成交裁定书、变卖成交裁定书、以物抵债裁定书,应当认定为民法典第二百二十九条所称导致物权设立、变更、转让或者消灭的人民法院、仲裁机构的法律文书。

第八条　依据民法典第二百二十九条至第二百三十一条规定享有物权,但尚未完成动产交付或者不动产登记的权利人,依据民法典第二百三十五条至第二百三十八条的规定,请求保护其物权的,应予支持。

第九条　共有份额的权利主体因继承、遗赠等原因发生变化时,其他按份共有人主张优先购买的,不予支持,但按份共有人之间另有约定的除外。

第十条　民法典第三百零五条所称的"同等条件",应当综合共有份额的转让价格、价款履行方式及期限等因素确定。

第十一条　优先购买权的行使期间,按份共有人之间有约定的,按照约定处理;没有约定或者约定不明的,按照下列情形确定:

(一)转让人向其他按份共有人发出的包含同等条件内容的通知中载明行使期间的,以该期间为准;

(二)通知中未载明行使期间,或者载明的期间短于通知送达之日起十五日的,为十五日;

(三)转让人未通知的,为其他按份共有人知道或者应当知道最终确定的同等条件之日起十五日;

(四)转让人未通知,且无法确定其他按份共有人知道或者应当知道最终确定的同等条件的,为共有份额权属转移之日起六个月。

第十二条　按份共有人向共有人之外的人转让其份额,其他按份共有人根据法律、司法解释规定,请求按照同等条件优先购买该共有份额的,应予支持。其他按份共有人的请求具有下列情形之一的,不予支持:

(一)未在本解释第十一条规定的期间内主张优先购买,或者虽主张优先购买,但提出减少转让价款、增加转让人负担等实质性变更要求;

（二）以其优先购买权受到侵害为由，仅请求撤销共有份额转让合同或者认定该合同无效。

第十三条　按份共有人之间转让共有份额，其他按份共有人主张依据民法典第三百零五条规定优先购买的，不予支持，但按份共有人之间另有约定的除外。

第十四条　受让人受让不动产或者动产时，不知道转让人无处分权，且无重大过失的，应当认定受让人为善意。

真实权利人主张受让人不构成善意的，应当承担举证证明责任。

第十五条　具有下列情形之一的，应当认定不动产受让人知道转让人无处分权：

（一）登记簿上存在有效的异议登记；

（二）预告登记有效期内，未经预告登记的权利人同意；

（三）登记簿上已经记载司法机关或者行政机关依法裁定、决定查封或者以其他形式限制不动产权利的有关事项；

（四）受让人知道登记簿上记载的权利主体错误；

（五）受让人知道他人已经依法享有不动产物权。

真实权利人有证据证明不动产受让人应当知道转让人无处分权的，应当认定受让人具有重大过失。

第十六条　受让人受让动产时，交易的对象、场所或者时机等不符合交易习惯的，应当认定受让人具有重大过失。

第十七条　民法典第三百一十一条第一款第一项所称的"受让人受让该不动产或者动产时"，是指依法完成不动产物权转移登记或者动产交付之时。

当事人以民法典第二百二十六条规定的方式交付动产的，转让动产民事法律行为生效时为动产交付之时；当事人以民法典第二百二十七条规定的方式交付动产的，转让人与受让人之间有关转让返还原物请求权的协议生效时为动产交付之时。

法律对不动产、动产物权的设立另有规定的，应当按照法律规定的时间认定权利人是否为善意。

第十八条　民法典第三百一十一条第一款第二项所称"合理的价格"，应当根据转让标的物的性质、数量以及付款方式等具体情况，参考转让时交易地市场价格以及交易习惯等因素综合认定。

第十九条 转让人将民法典第二百二十五条规定的船舶、航空器和机动车等交付给受让人的,应当认定符合民法典第三百一十一条第一款第三项规定的善意取得的条件。

第二十条 具有下列情形之一,受让人主张依据民法典第三百一十一条规定取得所有权的,不予支持:

(一)转让合同被认定无效;

(二)转让合同被撤销。

第二十一条 本解释自 2021 年 1 月 1 日起施行。

最高人民法院
关于审理建设工程施工合同纠纷案件
适用法律问题的解释（一）

法释〔2020〕25 号

（2020 年 12 月 25 日最高人民法院审判委员会
第 1825 次会议通过，自 2021 年 1 月 1 日起施行）

为正确审理建设工程施工合同纠纷案件，依法保护当事人合法权益，维护建筑市场秩序，促进建筑市场健康发展，根据《中华人民共和国民法典》《中华人民共和国建筑法》《中华人民共和国招标投标法》《中华人民共和国民事诉讼法》等相关法律规定，结合审判实践，制定本解释。

第一条 建设工程施工合同具有下列情形之一的，应当依据民法典第一百五十三条第一款的规定，认定无效：

（一）承包人未取得建筑业企业资质或者超越资质等级的；

（二）没有资质的实际施工人借用有资质的建筑施工企业名义的；

（三）建设工程必须进行招标而未招标或者中标无效的。

承包人因转包、违法分包建设工程与他人签订的建设工程施工合同，应当依据民法典第一百五十三条第一款及第七百九十一条第二款、第三款的规定，认定无效。

第二条 招标人和中标人另行签订的建设工程施工合同约定的工程范围、建设工期、工程质量、工程价款等实质性内容，与中标合同不一致，一方当事人请求按照中标合同确定权利义务的，人民法院应予支持。

招标人和中标人在中标合同之外就明显高于市场价格购买承建房产、无偿建设住房配套设施、让利、向建设单位捐赠财物等另行签订合同，变相降低工程价款,一方当事人以该合同背离中标合同实质性内容为由请求确认无效的,人民法院应予支持。

第三条　当事人以发包人未取得建设工程规划许可证等规划审批手续为由,请求确认建设工程施工合同无效的,人民法院应予支持,但发包人在起诉前取得建设工程规划许可证等规划审批手续的除外。

发包人能够办理审批手续而未办理,并以未办理审批手续为由请求确认建设工程施工合同无效的,人民法院不予支持。

第四条　承包人超越资质等级许可的业务范围签订建设工程施工合同,在建设工程竣工前取得相应资质等级,当事人请求按照无效合同处理的,人民法院不予支持。

第五条　具有劳务作业法定资质的承包人与总承包人、分包人签订的劳务分包合同,当事人请求确认无效的,人民法院依法不予支持。

第六条　建设工程施工合同无效,一方当事人请求对方赔偿损失的,应当就对方过错、损失大小、过错与损失之间的因果关系承担举证责任。

损失大小无法确定,一方当事人请求参照合同约定的质量标准、建设工期、工程价款支付时间等内容确定损失大小的,人民法院可以结合双方过错程度、过错与损失之间的因果关系等因素作出裁判。

第七条　缺乏资质的单位或者个人借用有资质的建筑施工企业名义签订建设工程施工合同,发包人请求出借方与借用方对建设工程质量不合格等因出借资质造成的损失承担连带赔偿责任的,人民法院应予支持。

第八条　当事人对建设工程开工日期有争议的,人民法院应当分别按照以下情形予以认定:

(一)开工日期为发包人或者监理人发出的开工通知载明的开工日期;开工通知发出后,尚不具备开工条件的,以开工条件具备的时间为开工日期;因承包人原因导致开工时间推迟的,以开工通知载明的时间为开工日期。

(二)承包人经发包人同意已经实际进场施工的,以实际进场施工时间为开工日期。

(三)发包人或者监理人未发出开工通知,亦无相关证据证明实际开工日期的,应当综合考虑开工报告、合同、施工许可证、竣工验收报告或者竣工验收备案表等载明的时间,并结合是否具备开工条件的事实,认定开工日期。

第九条　当事人对建设工程实际竣工日期有争议的,人民法院应当分别按照以下情形予以认定:

(一)建设工程经竣工验收合格的,以竣工验收合格之日为竣工日期;

(二)承包人已经提交竣工验收报告,发包人拖延验收的,以承包人提交验收报告之日为竣工日期;

(三)建设工程未经竣工验收,发包人擅自使用的,以转移占有建设工程之日为竣工日期。

第十条　当事人约定顺延工期应当经发包人或者监理人签证等方式确认,承包人虽未取得工期顺延的确认,但能够证明在合同约定的期限内向发包人或者监理人申请过工期顺延且顺延事由符合合同约定,承包人以此为由主张工期顺延的,人民法院应予支持。

当事人约定承包人未在约定期限内提出工期顺延申请视为工期不顺延的,按照约定处理,但发包人在约定期限后同意工期顺延或者承包人提出合理抗辩的除外。

第十一条　建设工程竣工前,当事人对工程质量发生争议,工程质量经鉴定合格的,鉴定期间为顺延工期期间。

第十二条　因承包人的原因造成建设工程质量不符合约定,承包人拒绝修理、返工或者改建,发包人请求减少支付工程价款的,人民法院应予支持。

第十三条　发包人具有下列情形之一,造成建设工程质量缺陷,应当承担过错责任:

(一)提供的设计有缺陷;

(二)提供或者指定购买的建筑材料、建筑构配件、设备不符合强制性标准;

(三)直接指定分包人分包专业工程。

承包人有过错的,也应当承担相应的过错责任。

第十四条　建设工程未经竣工验收,发包人擅自使用后,又以使用部分质量不符合约定为由主张权利的,人民法院不予支持;但是承包人应当在建设工程的合理使用寿命内对地基基础工程和主体结构质量承担民事责任。

第十五条　因建设工程质量发生争议的,发包人可以以总承包人、分包人和实际施工人为共同被告提起诉讼。

第十六条　发包人在承包人提起的建设工程施工合同纠纷案件中,以建设工程质量不符合合同约定或者法律规定为由,就承包人支付违约金或者赔偿修理、返工、改建的合理费用等损失提出反诉的,人民法院可以合并审理。

第十七条　有下列情形之一,承包人请求发包人返还工程质量保证金的,人民法院应予支持:

(一)当事人约定的工程质量保证金返还期限届满;

(二)当事人未约定工程质量保证金返还期限的,自建设工程通过竣工验收之日起满二年;

(三)因发包人原因建设工程未按约定期限进行竣工验收的,自承包人提交工程竣工验收报告九十日后当事人约定的工程质量保证金返还期限届满;当事人未约定工程质量保证金返还期限的,自承包人提交工程竣工验收报告九十日后起满二年。

发包人返还工程质量保证金后,不影响承包人根据合同约定或者法律规定履行工程保修义务。

第十八条　因保修人未及时履行保修义务,导致建筑物毁损或者造成人身损害、财产损失的,保修人应当承担赔偿责任。

保修人与建筑物所有人或者发包人对建筑物毁损均有过错的,各自承担相应的责任。

第十九条　当事人对建设工程的计价标准或者计价方法有约定的,按照约定结算工程价款。

因设计变更导致建设工程的工程量或者质量标准发生变化,当事人对该部分工程价款不能协商一致的,可以参照签订建设工程施工合同时当地建设行政主管部门发布的计价方法或者计价标准结算工程价款。

建设工程施工合同有效,但建设工程经竣工验收不合格的,依照民法典第五百七十七条规定处理。

第二十条　当事人对工程量有争议的,按照施工过程中形成的签证等书面文件确认。承包人能够证明发包人同意其施工,但未能提供签证文件证明工程量发生的,可以按照当事人提供的其他证据确认实际发生的工程量。

第二十一条　当事人约定,发包人收到竣工结算文件后,在约定期限内不予答复,视为认可竣工结算文件的,按照约定处理。承包人请求按照竣工结算文件结算工程价款的，人民法院应予支持。

第二十二条　当事人签订的建设工程施工合同与招标文件、投标文件、中标通知书载明的工程范围、建设工期、工程质量、工程价款不一致，一方当事人请求将招标文件、投标文件、中标通知书作为结算工程价款的依据的，人民法院应予支持。

第二十三条　发包人将依法不属于必须招标的建设工程进行招标后，与承包人另行订立的建设工程施工合同背离中标合同的实质性内容，当事人请求以中标合同作为结算建设工程价款依据的，人民法院应予支持，但发包人与承包人因客观情况发生了在招标投标时难以预见的变化而另行订立建设工程施工合同的除外。

第二十四条　当事人就同一建设工程订立的数份建设工程施工合同均无效，但建设工程质量合格，一方当事人请求参照实际履行的合同关于工程价款的约定折价补偿承包人的，人民法院应予支持。

实际履行的合同难以确定，当事人请求参照最后签订的合同关于工程价款的约定折价补偿承包人的，人民法院应予支持。

第二十五条　当事人对垫资和垫资利息有约定，承包人请求按照约定返还垫资及其利息的，人民法院应予支持，但是约定的利息计算标准高于垫资时的同类贷款利率或者同期贷款市场报价利率的部分除外。

当事人对垫资没有约定的，按照工程欠款处理。

当事人对垫资利息没有约定，承包人请求支付利息的，人民法院不予支持。

第二十六条　当事人对欠付工程价款利息计付标准有约定的，按照约定处理。没有约定的，按照同期同类贷款利率或者同期贷款市场报价利率计息。

第二十七条　利息从应付工程价款之日开始计付。当事人对付款时间没有约定或者约定不明的，下列时间视为应付款时间：

（一）建设工程已实际交付的，为交付之日；

（二）建设工程没有交付的，为提交竣工结算文件之日；

（三）建设工程未交付，工程价款也未结算的，为当事人起诉之日。

第二十八条　当事人约定按照固定价结算工程价款，一方当事人请求对建设工程造价进行鉴定的，人民法院不予支持。

第二十九条　当事人在诉讼前已经对建设工程价款结算达成协议,诉讼中一方当事人申请对工程造价进行鉴定的,人民法院不予准许。

第三十条　当事人在诉讼前共同委托有关机构、人员对建设工程造价出具咨询意见,诉讼中一方当事人不认可该咨询意见申请鉴定的,人民法院应予准许,但双方当事人明确表示受该咨询意见约束的除外。

第三十一条　当事人对部分案件事实有争议的,仅对有争议的事实进行鉴定,但争议事实范围不能确定,或者双方当事人请求对全部事实鉴定的除外。

第三十二条　当事人对工程造价、质量、修复费用等专门性问题有争议,人民法院认为需要鉴定的,应当向负有举证责任的当事人释明。当事人经释明未申请鉴定,虽申请鉴定但未支付鉴定费用或者拒不提供相关材料的,应当承担举证不能的法律后果。

一审诉讼中负有举证责任的当事人未申请鉴定,虽申请鉴定但未支付鉴定费用或者拒不提供相关材料,二审诉讼中申请鉴定,人民法院认为确有必要的,应当依照民事诉讼法第一百七十条第一款第三项的规定处理。

第三十三条　人民法院准许当事人的鉴定申请后,应当根据当事人申请及查明案件事实的需要,确定委托鉴定的事项、范围、鉴定期限等,并组织当事人对争议的鉴定材料进行质证。

第三十四条　人民法院应当组织当事人对鉴定意见进行质证。鉴定人将当事人有争议且未经质证的材料作为鉴定依据的,人民法院应当组织当事人就该部分材料进行质证。经质证认为不能作为鉴定依据的,根据该材料作出的鉴定意见不得作为认定案件事实的依据。

第三十五条　与发包人订立建设工程施工合同的承包人,依据民法典第八百零七条的规定请求其承建工程的价款就工程折价或者拍卖的价款优先受偿的,人民法院应予支持。

第三十六条　承包人根据民法典第八百零七条规定享有的建设工程价款优先受偿权优于抵押权和其他债权。

第三十七条　装饰装修工程具备折价或者拍卖条件,装饰装修工程的承包人请求工程价款就该装饰装修工程折价或者拍卖的价款优先受偿的,人民法院应予支持。

第三十八条　建设工程质量合格,承包人请求其承建工程的价款就工程折价或者拍卖的价款优先受偿的,人民法院应予支持。

第三十九条　未竣工的建设工程质量合格,承包人请求其承建工程的价款就其承建工程部分折价或者拍卖的价款优先受偿的,人民法院应予支持。

第四十条　承包人建设工程价款优先受偿的范围依照国务院有关行政主管部门关于建设工程价款范围的规定确定。

承包人就逾期支付建设工程价款的利息、违约金、损害赔偿金等主张优先受偿的,人民法院不予支持。

第四十一条　承包人应当在合理期限内行使建设工程价款优先受偿权,但最长不得超过十八个月,自发包人应当给付建设工程价款之日起算。

第四十二条　发包人与承包人约定放弃或者限制建设工程价款优先受偿权,损害建筑工人利益,发包人根据该约定主张承包人不享有建设工程价款优先受偿权的,人民法院不予支持。

第四十三条　实际施工人以转包人、违法分包人为被告起诉的,人民法院应当依法受理。

实际施工人以发包人为被告主张权利的,人民法院应当追加转包人或者违法分包人为本案第三人,在查明发包人欠付转包人或者违法分包人建设工程价款的数额后,判决发包人在欠付建设工程价款范围内对实际施工人承担责任。

第四十四条　实际施工人依据民法典第五百三十五条规定,以转包人或者违法分包人怠于向发包人行使到期债权或者与该债权有关的从权利,影响其到期债权实现,提起代位权诉讼的,人民法院应予支持。

第四十五条　本解释自 2021 年 1 月 1 日起施行。

最高人民法院
关于审理劳动争议案件适用
法律问题的解释(一)

法释〔2020〕26 号

(2020 年 12 月 25 日最高人民法院审判委员会
第 1825 次会议通过,自 2021 年 1 月 1 日起施行)

为正确审理劳动争议案件,根据《中华人民共和国民法典》《中华人民共和国劳动法》《中华人民共和国劳动合同法》《中华人民共和国劳动争议调解仲裁法》《中华人民共和国民事诉讼法》等相关法律规定,结合审判实践,制定本解释。

第一条 劳动者与用人单位之间发生的下列纠纷,属于劳动争议,当事人不服劳动争议仲裁机构作出的裁决,依法提起诉讼的,人民法院应予受理:

(一)劳动者与用人单位在履行劳动合同过程中发生的纠纷;

(二)劳动者与用人单位之间没有订立书面劳动合同,但已形成劳动关系后发生的纠纷;

(三)劳动者与用人单位因劳动关系是否已经解除或者终止,以及应否支付解除或者终止劳动关系经济补偿金发生的纠纷;

(四)劳动者与用人单位解除或者终止劳动关系后,请求用人单位返还其收取的劳动合同定金、保证金、抵押金、抵押物发生的纠纷,或者办理劳动者的人事档案、社会保险关系等移转手续发生的纠纷;

(五)劳动者以用人单位未为其办理社会保险手续,且社会保险经办机构不能补办导致其无法享受社会保险待遇为由,要求用人单位赔偿损失发生的纠纷;

（六）劳动者退休后，与尚未参加社会保险统筹的原用人单位因追索养老金、医疗费、工伤保险待遇和其他社会保险待遇而发生的纠纷；

（七）劳动者因为工伤、职业病，请求用人单位依法给予工伤保险待遇发生的纠纷；

（八）劳动者依据劳动合同法第八十五条规定，要求用人单位支付加付赔偿金发生的纠纷；

（九）因企业自主进行改制发生的纠纷。

第二条 下列纠纷不属于劳动争议：

（一）劳动者请求社会保险经办机构发放社会保险金的纠纷；

（二）劳动者与用人单位因住房制度改革产生的公有住房转让纠纷；

（三）劳动者对劳动能力鉴定委员会的伤残等级鉴定结论或者对职业病诊断鉴定委员会的职业病诊断鉴定结论的异议纠纷；

（四）家庭或者个人与家政服务人员之间的纠纷；

（五）个体工匠与帮工、学徒之间的纠纷；

（六）农村承包经营户与受雇人之间的纠纷。

第三条 劳动争议案件由用人单位所在地或者劳动合同履行地的基层人民法院管辖。

劳动合同履行地不明确的，由用人单位所在地的基层人民法院管辖。

法律另有规定的，依照其规定。

第四条 劳动者与用人单位均不服劳动争议仲裁机构的同一裁决，向同一人民法院起诉的，人民法院应当并案审理，双方当事人互为原告和被告，对双方的诉讼请求，人民法院应当一并作出裁决。在诉讼过程中，一方当事人撤诉的，人民法院应当根据另一方当事人的诉讼请求继续审理。双方当事人就同一仲裁裁决分别向有管辖权的人民法院起诉的，后受理的人民法院应当将案件移送给先受理的人民法院。

第五条 劳动争议仲裁机构以无管辖权为由对劳动争议案件不予受理，当事人提起诉讼的，人民法院按照以下情形分别处理：

（一）经审查认为该劳动争议仲裁机构对案件确无管辖权的，应当告知当事人向有管辖权的劳动争议仲裁机构申请仲裁；

（二）经审查认为该劳动争议仲裁机构有管辖权的，应当告知当事人申请仲裁,并将审查意见书面通知该劳动争议仲裁机构;劳动争议仲裁机构仍不受理,当事人就该劳动争议事项提起诉讼的,人民法院应予受理。

第六条 劳动争议仲裁机构以当事人申请仲裁的事项不属于劳动争议为由,作出不予受理的书面裁决、决定或者通知,当事人不服依法提起诉讼的,人民法院应当分别情况予以处理:

(一)属于劳动争议案件的,应当受理;

(二)虽不属于劳动争议案件,但属于人民法院主管的其他案件,应当依法受理。

第七条 劳动争议仲裁机构以申请仲裁的主体不适格为由,作出不予受理的书面裁决、决定或者通知,当事人不服依法提起诉讼,经审查确属主体不适格的,人民法院不予受理;已经受理的,裁定驳回起诉。

第八条 劳动争议仲裁机构为纠正原仲裁裁决错误重新作出裁决,当事人不服依法提起诉讼的,人民法院应当受理。

第九条 劳动争议仲裁机构仲裁的事项不属于人民法院受理的案件范围,当事人不服依法提起诉讼的,人民法院不予受理;已经受理的,裁定驳回起诉。

第十条 当事人不服劳动争议仲裁机构作出的预先支付劳动者劳动报酬、工伤医疗费、经济补偿或者赔偿金的裁决,依法提起诉讼的,人民法院不予受理。

用人单位不履行上述裁决中的给付义务,劳动者依法申请强制执行的,人民法院应予受理。

第十一条 劳动争议仲裁机构作出的调解书已经发生法律效力,一方当事人反悔提起诉讼的,人民法院不予受理;已经受理的,裁定驳回起诉。

第十二条 劳动争议仲裁机构逾期未作出受理决定或仲裁裁决,当事人直接提起诉讼的,人民法院应予受理,但申请仲裁的案件存在下列事由的除外:

(一)移送管辖的;

(二)正在送达或者送达延误的;

(三)等待另案诉讼结果、评残结论的;

(四)正在等待劳动争议仲裁机构开庭的;

（五）启动鉴定程序或者委托其他部门调查取证的；

（六）其他正当事由。

当事人以劳动争议仲裁机构逾期未作出仲裁裁决为由提起诉讼的，应当提交该仲裁机构出具的受理通知书或者其他已接受仲裁申请的凭证、证明。

第十三条　劳动者依据劳动合同法第三十条第二款和调解仲裁法第十六条规定向人民法院申请支付令，符合民事诉讼法第十七章督促程序规定的，人民法院应予受理。

依据劳动合同法第三十条第二款规定申请支付令被人民法院裁定终结督促程序后，劳动者就劳动争议事项直接提起诉讼的，人民法院应当告知其先向劳动争议仲裁机构申请仲裁。

依据调解仲裁法第十六条规定申请支付令被人民法院裁定终结督促程序后，劳动者依据调解协议直接提起诉讼的，人民法院应予受理。

第十四条　人民法院受理劳动争议案件后，当事人增加诉讼请求的，如该诉讼请求与讼争的劳动争议具有不可分性，应当合并审理；如属独立的劳动争议，应当告知当事人向劳动争议仲裁机构申请仲裁。

第十五条　劳动者以用人单位的工资欠条为证据直接提起诉讼，诉讼请求不涉及劳动关系其他争议的，视为拖欠劳动报酬争议，人民法院按照普通民事纠纷受理。

第十六条　劳动争议仲裁机构作出仲裁裁决后，当事人对裁决中的部分事项不服，依法提起诉讼的，劳动争议仲裁裁决不发生法律效力。

第十七条　劳动争议仲裁机构对多个劳动者的劳动争议作出仲裁裁决后，部分劳动者对仲裁裁决不服，依法提起诉讼的，仲裁裁决对提起诉讼的劳动者不发生法律效力；对未提起诉讼的部分劳动者，发生法律效力，如其申请执行的，人民法院应当受理。

第十八条　仲裁裁决的类型以仲裁裁决书确定为准。仲裁裁决书未载明该裁决为终局裁决或者非终局裁决，用人单位不服该仲裁裁决向基层人民法院提起诉讼的，应当按照以下情形分别处理：

（一）经审查认为该仲裁裁决为非终局裁决的，基层人民法院应予受理；

（二）经审查认为该仲裁裁决为终局裁决的，基层人民法院不予受理，但应告知用人单位可以自收到不予受理裁定书之日起三十日内向劳动争议仲裁机构所在地的中级人民法院申请撤销该仲裁裁决;已经受理的,裁定驳回起诉。

第十九条　仲裁裁决书未载明该裁决为终局裁决或者非终局裁决,劳动者依据调解仲裁法第四十七条第一项规定,追索劳动报酬、工伤医疗费、经济补偿或者赔偿金,如果仲裁裁决涉及数项,每项确定的数额均不超过当地月最低工资标准十二个月金额的,应当按照终局裁决处理。

第二十条　劳动争议仲裁机构作出的同一仲裁裁决同时包含终局裁决事项和非终局裁决事项,当事人不服该仲裁裁决向人民法院提起诉讼的,应当按照非终局裁决处理。

第二十一条　劳动者依据调解仲裁法第四十八条规定向基层人民法院提起诉讼,用人单位依据调解仲裁法第四十九条规定向劳动争议仲裁机构所在地的中级人民法院申请撤销仲裁裁决的,中级人民法院应当不予受理;已经受理的,应当裁定驳回申请。

被人民法院驳回起诉或者劳动者撤诉的,用人单位可以自收到裁定书之日起三十日内,向劳动争议仲裁机构所在地的中级人民法院申请撤销仲裁裁决。

第二十二条　用人单位依据调解仲裁法第四十九条规定向中级人民法院申请撤销仲裁裁决,中级人民法院作出的驳回申请或者撤销仲裁裁决的裁定为终审裁定。

第二十三条　中级人民法院审理用人单位申请撤销终局裁决的案件,应当组成合议庭开庭审理。经过阅卷、调查和询问当事人,对没有新的事实、证据或者理由,合议庭认为不需要开庭审理的,可以不开庭审理。

中级人民法院可以组织双方当事人调解。达成调解协议的,可以制作调解书。一方当事人逾期不履行调解协议的,另一方可以申请人民法院强制执行。

第二十四条　当事人申请人民法院执行劳动争议仲裁机构作出的发生法律效力的裁决书、调解书,被申请人提出证据证明劳动争议仲裁裁决书、调解书有下列情形之一,并经审查核实的,人民法院可以根据民事诉讼法第二百三十七条规定,裁定不予执行:

(一)裁决的事项不属于劳动争议仲裁范围,或者劳动争议仲裁机构无权仲裁的;

（二）适用法律、法规确有错误的；

（三）违反法定程序的；

（四）裁决所根据的证据是伪造的；

（五）对方当事人隐瞒了足以影响公正裁决的证据的；

（六）仲裁员在仲裁该案时有索贿受贿、徇私舞弊、枉法裁决行为的；

（七）人民法院认定执行该劳动争议仲裁裁决违背社会公共利益的。

人民法院在不予执行的裁定书中，应当告知当事人在收到裁定书之次日起三十日内，可以就该劳动争议事项向人民法院提起诉讼。

第二十五条 劳动争议仲裁机构作出终局裁决，劳动者向人民法院申请执行，用人单位向劳动争议仲裁机构所在地的中级人民法院申请撤销的，人民法院应当裁定中止执行。

用人单位撤回撤销终局裁决申请或者其申请被驳回的，人民法院应当裁定恢复执行。仲裁裁决被撤销的，人民法院应当裁定终结执行。

用人单位向人民法院申请撤销仲裁裁决被驳回后，又在执行程序中以相同理由提出不予执行抗辩的，人民法院不予支持。

第二十六条 用人单位与其它单位合并的，合并前发生的劳动争议，由合并后的单位为当事人；用人单位分立为若干单位的，其分立前发生的劳动争议，由分立后的实际用人单位为当事人。

用人单位分立为若干单位后，具体承受劳动权利义务的单位不明确的，分立后的单位均为当事人。

第二十七条 用人单位招用尚未解除劳动合同的劳动者，原用人单位与劳动者发生的劳动争议，可以列新的用人单位为第三人。

原用人单位以新的用人单位侵权为由提起诉讼的，可以列劳动者为第三人。

原用人单位以新的用人单位和劳动者共同侵权为由提起诉讼的，新的用人单位和劳动者列为共同被告。

第二十八条 劳动者在用人单位与其他平等主体之间的承包经营期间，与发包方和承包方双方或者一方发生劳动争议，依法提起诉讼的，应当将承包方和发包方作为当事人。

第二十九条 劳动者与未办理营业执照、营业执照被吊销或者营业期限届满仍继续经营的用人单位发生争议的,应当将用人单位或者其出资人列为当事人。

第三十条　未办理营业执照、营业执照被吊销或者营业期限届满仍继续经营的用人单位,以挂靠等方式借用他人营业执照经营的,应当将用人单位和营业执照出借方列为当事人。

第三十一条　当事人不服劳动争议仲裁机构作出的仲裁裁决,依法提起诉讼,人民法院审查认为仲裁裁决遗漏了必须共同参加仲裁的当事人的,应当依法追加遗漏的人为诉讼当事人。

被追加的当事人应当承担责任的,人民法院应当一并处理。

第三十二条　用人单位与其招用的已经依法享受养老保险待遇或者领取退休金的人员发生用工争议而提起诉讼的,人民法院应当按劳务关系处理。

企业停薪留职人员、未达到法定退休年龄的内退人员、下岗待岗人员以及企业经营性停产放长假人员,因与新的用人单位发生用工争议而提起诉讼的,人民法院应当按劳动关系处理。

第三十三条　外国人、无国籍人未依法取得就业证件即与中华人民共和国境内的用人单位签订劳动合同,当事人请求确认与用人单位存在劳动关系的,人民法院不予支持。

持有《外国专家证》并取得《外国人来华工作许可证》的外国人,与中华人民共和国境内的用人单位建立用工关系的,可以认定为劳动关系。

第三十四条　劳动合同期满后,劳动者仍在原用人单位工作,原用人单位未表示异议的,视为双方同意以原条件继续履行劳动合同。一方提出终止劳动关系的,人民法院应予支持。

根据劳动合同法第十四条规定,用人单位应当与劳动者签订无固定期限劳动合同而未签订的,人民法院可以视为双方之间存在无固定期限劳动合同关系,并以原劳动合同确定双方的权利义务关系。

第三十五条　劳动者与用人单位就解除或者终止劳动合同办理相关手续、支付工资报酬、加班费、经济补偿或者赔偿金等达成的协议,不违反法律、行政法规的强制性规定,且不存在欺诈、胁迫或者乘人之危情形的,应当认定有效。

前款协议存在重大误解或者显失公平情形,当事人请求撤销的,人民法院应予支持。

第三十六条　当事人在劳动合同或者保密协议中约定了竞业限制,但未约定解除或者终止劳动合同后给予劳动者经济补偿,劳动者履行了竞业限制义务,要求用人单位按照劳动者在劳动合同解除或者终止前十二个月平均工资的30%按月支付经济补偿的,人民法院应予支持。

前款规定的月平均工资的30%低于劳动合同履行地最低工资标准的,按照劳动合同履行地最低工资标准支付。

第三十七条　当事人在劳动合同或者保密协议中约定了竞业限制和经济补偿,当事人解除劳动合同时,除另有约定外,用人单位要求劳动者履行竞业限制义务,或者劳动者履行了竞业限制义务后要求用人单位支付经济补偿的,人民法院应予支持。

第三十八条　当事人在劳动合同或者保密协议中约定了竞业限制和经济补偿,劳动合同解除或者终止后,因用人单位的原因导致三个月未支付经济补偿,劳动者请求解除竞业限制约定的,人民法院应予支持。

第三十九条　在竞业限制期限内,用人单位请求解除竞业限制协议的,人民法院应予支持。

在解除竞业限制协议时,劳动者请求用人单位额外支付劳动者三个月的竞业限制经济补偿的,人民法院应予支持。

第四十条　劳动者违反竞业限制约定,向用人单位支付违约金后,用人单位要求劳动者按照约定继续履行竞业限制义务的,人民法院应予支持。

第四十一条　劳动合同被确认为无效,劳动者已付出劳动的,用人单位应当按照劳动合同法第二十八条、第四十六条、第四十七条的规定向劳动者支付劳动报酬和经济补偿。

由于用人单位原因订立无效劳动合同,给劳动者造成损害的,用人单位应当赔偿劳动者因合同无效所造成的经济损失。

第四十二条　劳动者主张加班费的,应当就加班事实的存在承担举证责任。但劳动者有证据证明用人单位掌握加班事实存在的证据,用人单位不提供的,由用人单位承担不利后果。

第四十三条　用人单位与劳动者协商一致变更劳动合同,虽未采用书面形式,但已经实际履行了口头变更的劳动合同超过一个月,变更后的劳动合同内容不违反法律、行政法规且不违背公序良俗，当事人以未采用书面形式为由主张劳动合同变更无效的，人民法院不予支持。

第四十四条 因用人单位作出的开除、除名、辞退、解除劳动合同、减少劳动报酬、计算劳动者工作年限等决定而发生的劳动争议，用人单位负举证责任。

第四十五条 用人单位有下列情形之一，迫使劳动者提出解除劳动合同的，用人单位应当支付劳动者的劳动报酬和经济补偿，并可支付赔偿金：

（一）以暴力、威胁或者非法限制人身自由的手段强迫劳动的；

（二）未按照劳动合同约定支付劳动报酬或者提供劳动条件的；

（三）克扣或者无故拖欠劳动者工资的；

（四）拒不支付劳动者延长工作时间工资报酬的；

（五）低于当地最低工资标准支付劳动者工资的。

第四十六条 劳动者非因本人原因从原用人单位被安排到新用人单位工作，原用人单位未支付经济补偿，劳动者依据劳动合同法第三十八条规定与新用人单位解除劳动合同，或者新用人单位向劳动者提出解除、终止劳动合同，在计算支付经济补偿或赔偿金的工作年限时，劳动者请求把在原用人单位的工作年限合并计算为新用人单位工作年限的，人民法院应予支持。

用人单位符合下列情形之一的，应当认定属于"劳动者非因本人原因从原用人单位被安排到新用人单位工作"：

（一）劳动者仍在原工作场所、工作岗位工作，劳动合同主体由原用人单位变更为新用人单位；

（二）用人单位以组织委派或任命形式对劳动者进行工作调动；

（三）因用人单位合并、分立等原因导致劳动者工作调动；

（四）用人单位及其关联企业与劳动者轮流订立劳动合同；

（五）其他合理情形。

第四十七条 建立了工会组织的用人单位解除劳动合同符合劳动合同法第三十九条、第四十条规定，但未按照劳动合同法第四十三条规定事先通知工会，劳动者以用人单位违法解除劳动合同为由请求用人单位支付赔偿金的，人民法院应予支持，但起诉前用人单位已经补正有关程序的除外。

第四十八条 劳动合同法施行后，因用人单位经营期限届满不再继续经营导致劳动合同不能继续履行,劳动者请求用人单位支付经济补偿的,人民法院应予支持。

第四十九条　在诉讼过程中,劳动者向人民法院申请采取财产保全措施,人民法院经审查认为申请人经济确有困难,或者有证据证明用人单位存在欠薪逃匿可能的,应当减轻或者免除劳动者提供担保的义务,及时采取保全措施。

人民法院作出的财产保全裁定中,应当告知当事人在劳动争议仲裁机构的裁决书或者在人民法院的裁判文书生效后三个月内申请强制执行。逾期不申请的,人民法院应当裁定解除保全措施。

第五十条　用人单位根据劳动合同法第四条规定,通过民主程序制定的规章制度,不违反国家法律、行政法规及政策规定,并已向劳动者公示的,可以作为确定双方权利义务的依据。

用人单位制定的内部规章制度与集体合同或者劳动合同约定的内容不一致,劳动者请求优先适用合同约定的,人民法院应予支持。

第五十一条　当事人在调解仲裁法第十条规定的调解组织主持下达成的具有劳动权利义务内容的调解协议,具有劳动合同的约束力,可以作为人民法院裁判的根据。

当事人在调解仲裁法第十条规定的调解组织主持下仅就劳动报酬争议达成调解协议,用人单位不履行调解协议确定的给付义务,劳动者直接提起诉讼的,人民法院可以按照普通民事纠纷受理。

第五十二条　当事人在人民调解委员会主持下仅就给付义务达成的调解协议,双方认为有必要的,可以共同向人民调解委员会所在地的基层人民法院申请司法确认。

第五十三条　用人单位对劳动者作出的开除、除名、辞退等处理,或者因其他原因解除劳动合同确有错误的,人民法院可以依法判决予以撤销。

对于追索劳动报酬、养老金、医疗费以及工伤保险待遇、经济补偿金、培训费及其他相关费用等案件,给付数额不当的,人民法院可以予以变更。

第五十四条　本解释自 2021 年 1 月 1 日起施行。

最高人民法院
关于适用《中华人民共和国民法典》
有关担保制度的解释

法释〔2020〕28 号

（2020 年 12 月 25 日最高人民法院审判委员会
第 1824 次会议通过，自 2021 年 1 月 1 日起施行）

为正确适用《中华人民共和国民法典》有关担保制度的规定，结合民事审判实践，制定本解释。

一、关于一般规定

第一条 因抵押、质押、留置、保证等担保发生的纠纷，适用本解释。所有权保留买卖、融资租赁、保理等涉及担保功能发生的纠纷，适用本解释的有关规定。

第二条 当事人在担保合同中约定担保合同的效力独立于主合同，或者约定担保人对主合同无效的法律后果承担担保责任，该有关担保独立性的约定无效。主合同有效的，有关担保独立性的约定无效不影响担保合同的效力；主合同无效的，人民法院应当认定担保合同无效，但是法律另有规定的除外。

因金融机构开立的独立保函发生的纠纷，适用《最高人民法院关于审理独立保函纠纷案件若干问题的规定》。

第三条 当事人对担保责任的承担约定专门的违约责任，或者约定的担保责任范围超出债务人应当承担的责任范围，担保人主张仅在债务人应当承担的责任范围内承担责任的，人民法院应予支持。

担保人承担的责任超出债务人应当承担的责任范围，担保人向债务人追偿，债务人主张仅在其应当承担的责任范围内承担责任的，人民法院应予支持;担保人请求债权人返还超出部分的,人民法院依法予以支持。

第四条　有下列情形之一,当事人将担保物权登记在他人名下,债务人不履行到期债务或者发生当事人约定的实现担保物权的情形,债权人或者其受托人主张就该财产优先受偿的,人民法院依法予以支持:

(一)为债券持有人提供的担保物权登记在债券受托管理人名下;

(二)为委托贷款人提供的担保物权登记在受托人名下;

(三)担保人知道债权人与他人之间存在委托关系的其他情形。

第五条　机关法人提供担保的,人民法院应当认定担保合同无效,但是经国务院批准为使用外国政府或者国际经济组织贷款进行转贷的除外。

居民委员会、村民委员会提供担保的,人民法院应当认定担保合同无效,但是依法代行村集体经济组织职能的村民委员会,依照村民委员会组织法规定的讨论决定程序对外提供担保的除外。

第六条　以公益为目的的非营利性学校、幼儿园、医疗机构、养老机构等提供担保的,人民法院应当认定担保合同无效,但是有下列情形之一的除外:

(一)在购入或者以融资租赁方式承租教育设施、医疗卫生设施、养老服务设施和其他公益设施时,出卖人、出租人为担保价款或者租金实现而在该公益设施上保留所有权;

(二)以教育设施、医疗卫生设施、养老服务设施和其他公益设施以外的不动产、动产或者财产权利设立担保物权。

登记为营利法人的学校、幼儿园、医疗机构、养老机构等提供担保,当事人以其不具有担保资格为由主张担保合同无效的,人民法院不予支持。

第七条　公司的法定代表人违反公司法关于公司对外担保决议程序的规定,超越权限代表公司与相对人订立担保合同,人民法院应当依照民法典第六十一条和第五百零四条等规定处理:

(一)相对人善意的,担保合同对公司发生效力;相对人请求公司承担担保责任的,人民法院应予支持。

(二)相对人非善意的,担保合同对公司不发生效力;相对人请求公司承担赔偿责任的,参照适用本解释第十七条的有关规定。

法定代表人超越权限提供担保造成公司损失,公司请求法定代表人承担赔偿责任的,人民法院应予支持。

第一款所称善意,是指相对人在订立担保合同时不知道且不应当知道法定代表人超越权限。相对人有证据证明已对公司决议进行了合理审查,人民法院应当认定其构成善意,但是公司有证据证明相对人知道或者应当知道决议系伪造、变造的除外。

第八条　有下列情形之一,公司以其未依照公司法关于公司对外担保的规定作出决议为由主张不承担担保责任的,人民法院不予支持:

(一)金融机构开立保函或者担保公司提供担保;

(二)公司为其全资子公司开展经营活动提供担保;

(三)担保合同系由单独或者共同持有公司三分之二以上对担保事项有表决权的股东签字同意。

上市公司对外提供担保,不适用前款第二项、第三项的规定。

第九条　相对人根据上市公司公开披露的关于担保事项已经董事会或者股东大会决议通过的信息,与上市公司订立担保合同,相对人主张担保合同对上市公司发生效力,并由上市公司承担担保责任的,人民法院应予支持。

相对人未根据上市公司公开披露的关于担保事项已经董事会或者股东大会决议通过的信息,与上市公司订立担保合同,上市公司主张担保合同对其不发生效力,且不承担担保责任或者赔偿责任的,人民法院应予支持。

相对人与上市公司已公开披露的控股子公司订立的担保合同,或者相对人与股票在国务院批准的其他全国性证券交易场所交易的公司订立的担保合同,适用前两款规定。

第十条　一人有限责任公司为其股东提供担保,公司以违反公司法关于公司对外担保决议程序的规定为由主张不承担担保责任的,人民法院不予支持。公司因承担担保责任导致无法清偿其他债务,提供担保时的股东不能证明公司财产独立于自己的财产,其他债权人请求该股东承担连带责任的,人民法院应予支持。

第十一条　公司的分支机构未经公司股东(大)会或者董事会决议以自己的名义对外提供担保,相对人请求公司或者其分支机构承担担保责任的,人民法院不予支持,但是相对人不知道且不应当知道分支机构对外提供担保未经公司决议程序的除外。

金融机构的分支机构在其营业执照记载的经营范围内开立保函,或者经有权从事担保业务的上级机构授权开立保函,金融机构或者其分支机构以违反公司法关于公司对外担保决议程序的规定为由主张不承担担保责任的,人民法院不予支持。金融机构的分支机构未经金融机构授权提供保函之外的担保,金融机构或者其分支机构主张不承担担保责任的,人民法院应予支持,但是相对人不知道且不应当知道分支机构对外提供担保未经金融机构授权的除外。

担保公司的分支机构未经担保公司授权对外提供担保,担保公司或者其分支机构主张不承担担保责任的,人民法院应予支持,但是相对人不知道且不应当知道分支机构对外提供担保未经担保公司授权的除外。

公司的分支机构对外提供担保,相对人非善意,请求公司承担赔偿责任的,参照本解释第十七条的有关规定处理。

第十二条 法定代表人依照民法典第五百五十二条的规定以公司名义加入债务的,人民法院在认定该行为的效力时,可以参照本解释关于公司为他人提供担保的有关规则处理。

第十三条 同一债务有两个以上第三人提供担保,担保人之间约定相互追偿及分担份额,承担了担保责任的担保人请求其他担保人按照约定分担份额的,人民法院应予支持;担保人之间约定承担连带共同担保,或者约定相互追偿但是未约定分担份额的,各担保人按照比例分担向债务人不能追偿的部分。

同一债务有两个以上第三人提供担保,担保人之间未对相互追偿作出约定且未约定承担连带共同担保,但是各担保人在同一份合同书上签字、盖章或者按指印,承担了担保责任的担保人请求其他担保人按照比例分担向债务人不能追偿部分的,人民法院应予支持。

除前两款规定的情形外,承担了担保责任的担保人请求其他担保人分担向债务人不能追偿部分的,人民法院不予支持。

第十四条 同一债务有两个以上第三人提供担保,担保人受让债权的,人民法院应当认定该行为系承担担保责任。受让债权的担保人作为债权人请求其他担保人承担担保责任的,人民法院不予支持;该担保人请求其他担保人分担相应份额的,依照本解释第十三条的规定处理。

第十五条 最高额担保中的最高债权额,是指包括主债权及其利息、违约金、损害赔偿金、保管担保财产的费用、实现债权或者实现担保物权的费用等在内的全部债权,但是当事人另有约定的除外。

登记的最高债权额与当事人约定的最高债权额不一致的,人民法院应当依据登记的最高债权额确定债权人优先受偿的范围。

第十六条 主合同当事人协议以新贷偿还旧贷,债权人请求旧贷的担保人承担担保责任的,人民法院不予支持;债权人请求新贷的担保人承担担保责任的,按照下列情形处理:

(一)新贷与旧贷的担保人相同的,人民法院应予支持;

(二)新贷与旧贷的担保人不同,或者旧贷无担保新贷有担保的,人民法院不予支持,但是债权人有证据证明新贷的担保人提供担保时对以新贷偿还旧贷的事实知道或者应当知道的除外。

主合同当事人协议以新贷偿还旧贷,旧贷的物的担保人在登记尚未注销的情形下同意继续为新贷提供担保,在订立新的贷款合同前又以该担保财产为其他债权人设立担保物权,其他债权人主张其担保物权顺位优先于新贷债权人的,人民法院不予支持。

第十七条 主合同有效而第三人提供的担保合同无效,人民法院应当区分不同情形确定担保人的赔偿责任:

(一)债权人与担保人均有过错的,担保人承担的赔偿责任不应超过债务人不能清偿部分的二分之一;

(二)担保人有过错而债权人无过错的,担保人对债务人不能清偿的部分承担赔偿责任;

(三)债权人有过错而担保人无过错的,担保人不承担赔偿责任。

主合同无效导致第三人提供的担保合同无效,担保人无过错的,不承担赔偿责任;担保人有过错的,其承担的赔偿责任不应超过债务人不能清偿部分的三分之一。

第十八条 承担了担保责任或者赔偿责任的担保人,在其承担责任的范围内向债务人追偿的,人民法院应予支持。

同一债权既有债务人自己提供的物的担保,又有第三人提供的担保,承担了担保责任或者赔偿责任的第三人,主张行使债权人对债务人享有的担保物权的,人民法院应予支持。

第十九条　担保合同无效，承担了赔偿责任的担保人按照反担保合同的约定，在其承担赔偿责任的范围内请求反担保人承担担保责任的，人民法院应予支持。

反担保合同无效的，依照本解释第十七条的有关规定处理。当事人仅以担保合同无效为由主张反担保合同无效的，人民法院不予支持。

第二十条　人民法院在审理第三人提供的物的担保纠纷案件时，可以适用民法典第六百九十五条第一款、第六百九十六条第一款、第六百九十七条第二款、第六百九十九条、第七百条、第七百零一条、第七百零二条等关于保证合同的规定。

第二十一条　主合同或者担保合同约定了仲裁条款的，人民法院对约定仲裁条款的合同当事人之间的纠纷无管辖权。

债权人一并起诉债务人和担保人的，应当根据主合同确定管辖法院。

债权人依法可以单独起诉担保人且仅起诉担保人的，应当根据担保合同确定管辖法院。

第二十二条　人民法院受理债务人破产案件后，债权人请求担保人承担担保责任，担保人主张担保债务自人民法院受理破产申请之日起停止计息的，人民法院对担保人的主张应予支持。

第二十三条　人民法院受理债务人破产案件，债权人在破产程序中申报债权后又向人民法院提起诉讼，请求担保人承担担保责任的，人民法院依法予以支持。

担保人清偿债权人的全部债权后，可以代替债权人在破产程序中受偿；在债权人的债权未获全部清偿前，担保人不得代替债权人在破产程序中受偿，但是有权就债权人通过破产分配和实现担保债权等方式获得清偿总额中超出债权的部分，在其承担担保责任的范围内请求债权人返还。

债权人在债务人破产程序中未获全部清偿，请求担保人继续承担担保责任的，人民法院应予支持；担保人承担担保责任后，向和解协议或者重整计划执行完毕后的债务人追偿的，人民法院不予支持。

第二十四条　债权人知道或者应当知道债务人破产，既未申报债权也未通知担保人，致使担保人不能预先行使追偿权的，担保人就该债权在破产程序中可能受偿的范围内免除担保责任，但是担保人因自身过错未行使追偿权的除外。

二、关于保证合同

第二十五条 当事人在保证合同中约定了保证人在债务人不能履行债务或者无力偿还债务时才承担保证责任等类似内容，具有债务人应当先承担责任的意思表示的，人民法院应当将其认定为一般保证。

当事人在保证合同中约定了保证人在债务人不履行债务或者未偿还债务时即承担保证责任、无条件承担保证责任等类似内容，不具有债务人应当先承担责任的意思表示的，人民法院应当将其认定为连带责任保证。

第二十六条 一般保证中，债权人以债务人为被告提起诉讼的，人民法院应予受理。债权人未就主合同纠纷提起诉讼或者申请仲裁，仅起诉一般保证人的，人民法院应当驳回起诉。

一般保证中，债权人一并起诉债务人和保证人的，人民法院可以受理，但是在作出判决时，除有民法典第六百八十七条第二款但书规定的情形外，应当在判决书主文中明确，保证人仅对债务人财产依法强制执行后仍不能履行的部分承担保证责任。

债权人未对债务人的财产申请保全，或者保全的债务人的财产足以清偿债务，债权人申请对一般保证人的财产进行保全的，人民法院不予准许。

第二十七条 一般保证的债权人取得对债务人赋予强制执行效力的公证债权文书后，在保证期间内向人民法院申请强制执行，保证人以债权人未在保证期间内对债务人提起诉讼或者申请仲裁为由主张不承担保证责任的，人民法院不予支持。

第二十八条 一般保证中，债权人依据生效法律文书对债务人的财产依法申请强制执行，保证债务诉讼时效的起算时间按照下列规则确定：

（一）人民法院作出终结本次执行程序裁定，或者依照民事诉讼法第二百五十七条第三项、第五项的规定作出终结执行裁定的，自裁定送达债权人之日起开始计算；

（二）人民法院自收到申请执行书之日起一年内未作出前项裁定的，自人民法院收到申请执行书满一年之日起开始计算，但是保证人有证据证明债务人仍有财产可供执行的除外。

一般保证的债权人在保证期间届满前对债务人提起诉讼或者申请仲裁，债权人举证证明存在民法典第六百八十七条第二款但书规定情形的，保证债务的诉讼时效自债权人知道或者应当知道该情形之日起开始计算。

第二十九条　同一债务有两个以上保证人，债权人以其已经在保证期间内依法向部分保证人行使权利为由，主张已经在保证期间内向其他保证人行使权利的，人民法院不予支持。

同一债务有两个以上保证人，保证人之间相互有追偿权，债权人未在保证期间内依法向部分保证人行使权利，导致其他保证人在承担保证责任后丧失追偿权，其他保证人主张在其不能追偿的范围内免除保证责任的，人民法院应予支持。

第三十条　最高额保证合同对保证期间的计算方式、起算时间等有约定的，按照其约定。

最高额保证合同对保证期间的计算方式、起算时间等没有约定或者约定不明，被担保债权的履行期限均已届满的，保证期间自债权确定之日起开始计算；被担保债权的履行期限尚未届满的，保证期间自最后到期债权的履行期限届满之日起开始计算。

前款所称债权确定之日，依照民法典第四百二十三条的规定认定。

第三十一条　一般保证的债权人在保证期间内对债务人提起诉讼或者申请仲裁后，又撤回起诉或者仲裁申请，债权人在保证期间届满前未再行提起诉讼或者申请仲裁，保证人主张不再承担保证责任的，人民法院应予支持。

连带责任保证的债权人在保证期间内对保证人提起诉讼或者申请仲裁后，又撤回起诉或者仲裁申请，起诉状副本或者仲裁申请书副本已经送达保证人的，人民法院应当认定债权人已经在保证期间内向保证人行使了权利。

第三十二条　保证合同约定保证人承担保证责任直至主债务本息还清时为止等类似内容的，视为约定不明，保证期间为主债务履行期限届满之日起六个月。

第三十三条　保证合同无效，债权人未在约定或者法定的保证期间内依法行使权利，保证人主张不承担赔偿责任的，人民法院应予支持。

第三十四条　人民法院在审理保证合同纠纷案件时，应当将保证期间是否届满、债权人是否在保证期间内依法行使权利等事实作为案件基本事实予以查明。

债权人在保证期间内未依法行使权利的，保证责任消灭。保证责任消灭后,债权人书面通知保证人要求承担保证责任,保证人在通知书上签字、盖章或者按指印,债权人请求保证人继续承担保证责任的,人民法院不予支持,但是债权人有证据证明成立了新的保证合同的除外。

第三十五条 保证人知道或者应当知道主债权诉讼时效期间届满仍然提供保证或者承担保证责任,又以诉讼时效期间届满为由拒绝承担保证责任或者请求返还财产的,人民法院不予支持;保证人承担保证责任后向债务人追偿的,人民法院不予支持,但是债务人放弃诉讼时效抗辩的除外。

第三十六条 第三人向债权人提供差额补足、流动性支持等类似承诺文件作为增信措施,具有提供担保的意思表示,债权人请求第三人承担保证责任的,人民法院应当依照保证的有关规定处理。

第三人向债权人提供的承诺文件,具有加入债务或者与债务人共同承担债务等意思表示的,人民法院应当认定为民法典第五百五十二条规定的债务加入。

前两款中第三人提供的承诺文件难以确定是保证还是债务加入的,人民法院应当将其认定为保证。

第三人向债权人提供的承诺文件不符合前三款规定的情形,债权人请求第三人承担保证责任或者连带责任的,人民法院不予支持,但是不影响其依据承诺文件请求第三人履行约定的义务或者承担相应的民事责任。

三、关于担保物权

（一）担保合同与担保物权的效力

第三十七条 当事人以所有权、使用权不明或者有争议的财产抵押,经审查构成无权处分的,人民法院应当依照民法典第三百一十一条的规定处理。

当事人以依法被查封或者扣押的财产抵押,抵押权人请求行使抵押权,经审查查封或者扣押措施已经解除的,人民法院应予支持。抵押人以抵押权设立时财产被查封或者扣押为由主张抵押合同无效的,人民法院不予支持。

以依法被监管的财产抵押的,适用前款规定。

第三十八条 主债权未受全部清偿,担保物权人主张就担保财产的全部行使担保物权的,人民法院应予支持,但是留置权人行使留置权的,应当依照民法典第四百五十条的规定处理。

担保财产被分割或者部分转让,担保物权人主张就分割或者转让后的担保财产行使担保物权的,人民法院应予支持,但是法律或者司法解释另有规定的除外。

第三十九条 主债权被分割或者部分转让,各债权人主张就其享有的债权份额行使担保物权的,人民法院应予支持,但是法律另有规定或者当事人另有约定的除外。

主债务被分割或者部分转移,债务人自己提供物的担保,债权人请求以该担保财产担保全部债务履行的,人民法院应予支持;第三人提供物的担保,主张对未经其书面同意转移的债务不再承担担保责任的,人民法院应予支持。

第四十条 从物产生于抵押权依法设立前,抵押权人主张抵押权的效力及于从物的,人民法院应予支持,但是当事人另有约定的除外。

从物产生于抵押权依法设立后,抵押权人主张抵押权的效力及于从物的,人民法院不予支持,但是在抵押权实现时可以一并处分。

第四十一条 抵押权依法设立后,抵押财产被添附,添附物归第三人所有,抵押权人主张抵押权效力及于补偿金的,人民法院应予支持。

抵押权依法设立后,抵押财产被添附,抵押人对添附物享有所有权,抵押权人主张抵押权的效力及于添附物的,人民法院应予支持,但是添附导致抵押财产价值增加的,抵押权的效力不及于增加的价值部分。

抵押权依法设立后,抵押人与第三人因添附成为添附物的共有人,抵押权人主张抵押权的效力及于抵押人对共有物享有的份额的,人民法院应予支持。

本条所称添附,包括附合、混合与加工。

第四十二条 抵押权依法设立后,抵押财产毁损、灭失或者被征收等,抵押权人请求按照原抵押权的顺位就保险金、赔偿金或者补偿金等优先受偿的,人民法院应予支持。

给付义务人已经向抵押人给付了保险金、赔偿金或者补偿金,抵押权人请求给付义务人向其给付保险金、赔偿金或者补偿金的,人民法院不予支持,但是给付义务人接到抵押权人要求向其给付的通知后仍然向抵押人给付的除外。

抵押权人请求给付义务人向其给付保险金、赔偿金或者补偿金的,人民法院可以通知抵押人作为第三人参加诉讼。

第四十三条 当事人约定禁止或者限制转让抵押财产但是未将约定登

记,抵押人违反约定转让抵押财产,抵押权人请求确认转让合同无效的,人民法院不予支持;抵押财产已经交付或者登记,抵押权人请求确认转让不发生物权效力的,人民法院不予支持,但是抵押权人有证据证明受让人知道的除外;抵押权人请求抵押人承担违约责任的,人民法院依法予以支持。

当事人约定禁止或者限制转让抵押财产且已经将约定登记,抵押人违反约定转让抵押财产,抵押权人请求确认转让合同无效的,人民法院不予支持;抵押财产已经交付或者登记,抵押权人主张转让不发生物权效力的,人民法院应予支持,但是因受让人代替债务人清偿债务导致抵押权消灭的除外。

第四十四条 主债权诉讼时效期间届满后,抵押权人主张行使抵押权的,人民法院不予支持;抵押人以主债权诉讼时效期间届满为由,主张不承担担保责任的,人民法院应予支持。主债权诉讼时效期间届满前,债权人仅对债务人提起诉讼,经人民法院判决或者调解后未在民事诉讼法规定的申请执行时效期间内对债务人申请强制执行,其向抵押人主张行使抵押权的,人民法院不予支持。

主债权诉讼时效期间届满后,财产被留置的债务人或者对留置财产享有所有权的第三人请求债权人返还留置财产的,人民法院不予支持;债务人或者第三人请求拍卖、变卖留置财产并以所得价款清偿债务的,人民法院应予支持。

主债权诉讼时效期间届满的法律后果,以登记作为公示方式的权利质权,参照适用第一款的规定;动产质权、以交付权利凭证作为公示方式的权利质权,参照适用第二款的规定。

第四十五条 当事人约定当债务人不履行到期债务或者发生当事人约定的实现担保物权的情形,担保物权人有权将担保财产自行拍卖、变卖并就所得的价款优先受偿的,该约定有效。因担保人的原因导致担保物权人无法自行对担保财产进行拍卖、变卖,担保物权人请求担保人承担因此增加的费用的,人民法院应予支持。

当事人依照民事诉讼法有关"实现担保物权案件"的规定,申请拍卖、变卖担保财产,被申请人以担保合同约定仲裁条款为由主张驳回申请的,人民法院经审查后,应当按照以下情形分别处理:

(一)当事人对担保物权无实质性争议且实现担保物权条件已经成就的,应当裁定准许拍卖、变卖担保财产;

（二）当事人对实现担保物权有部分实质性争议的，可以就无争议的部分裁定准许拍卖、变卖担保财产，并告知可以就有争议的部分申请仲裁；

（三）当事人对实现担保物权有实质性争议的，裁定驳回申请，并告知可以向仲裁机构申请仲裁。

债权人以诉讼方式行使担保物权的，应当以债务人和担保人作为共同被告。

（二）不动产抵押

第四十六条　不动产抵押合同生效后未办理抵押登记手续，债权人请求抵押人办理抵押登记手续的，人民法院应予支持。

抵押财产因不可归责于抵押人自身的原因灭失或者被征收等导致不能办理抵押登记，债权人请求抵押人在约定的担保范围内承担责任的，人民法院不予支持；但是抵押人已经获得保险金、赔偿金或者补偿金等，债权人请求抵押人在其所获金额范围内承担赔偿责任的，人民法院依法予以支持。

因抵押人转让抵押财产或者其他可归责于抵押人自身的原因导致不能办理抵押登记，债权人请求抵押人在约定的担保范围内承担责任的，人民法院依法予以支持，但是不得超过抵押权能够设立时抵押人应当承担的责任范围。

第四十七条　不动产登记簿就抵押财产、被担保的债权范围等所作的记载与抵押合同约定不一致的，人民法院应当根据登记簿的记载确定抵押财产、被担保的债权范围等事项。

第四十八条　当事人申请办理抵押登记手续时，因登记机构的过错致使其不能办理抵押登记，当事人请求登记机构承担赔偿责任的，人民法院依法予以支持。

第四十九条　以违法的建筑物抵押的，抵押合同无效，但是一审法庭辩论终结前已经办理合法手续的除外。抵押合同无效的法律后果，依照本解释第十七条的有关规定处理。

当事人以建设用地使用权依法设立抵押，抵押人以土地上存在违法的建筑物为由主张抵押合同无效的，人民法院不予支持。

第五十条　抵押人以划拨建设用地上的建筑物抵押，当事人以该建设用地使用权不能抵押或者未办理批准手续为由主张抵押合同无效或者不生效的，人民法院不予支持。抵押权依法实现时，拍卖、变卖建筑物所得的价款，应当优先用于补缴建设用地使用权出让金。

当事人以划拨方式取得的建设用地使用权抵押,抵押人以未办理批准手续为由主张抵押合同无效或者不生效的,人民法院不予支持。已经依法办理抵押登记,抵押权人主张行使抵押权的,人民法院应予支持。抵押权依法实现时所得的价款,参照前款有关规定处理。

第五十一条 当事人仅以建设用地使用权抵押,债权人主张抵押权的效力及于土地上已有的建筑物以及正在建造的建筑物已完成部分的,人民法院应予支持。债权人主张抵押权的效力及于正在建造的建筑物的续建部分以及新增建筑物的,人民法院不予支持。

当事人以正在建造的建筑物抵押,抵押权的效力范围限于已办理抵押登记的部分。当事人按照担保合同的约定,主张抵押权的效力及于续建部分、新增建筑物以及规划中尚未建造的建筑物的,人民法院不予支持。

抵押人将建设用地使用权、土地上的建筑物或者正在建造的建筑物分别抵押给不同债权人的,人民法院应当根据抵押登记的时间先后确定清偿顺序。

第五十二条 当事人办理抵押预告登记后,预告登记权利人请求就抵押财产优先受偿,经审查存在尚未办理建筑物所有权首次登记、预告登记的财产与办理建筑物所有权首次登记时的财产不一致、抵押预告登记已经失效等情形,导致不具备办理抵押登记条件的,人民法院不予支持;经审查已经办理建筑物所有权首次登记,且不存在预告登记失效等情形的,人民法院应予支持,并应当认定抵押权自预告登记之日起设立。

当事人办理了抵押预告登记,抵押人破产,经审查抵押财产属于破产财产,预告登记权利人主张就抵押财产优先受偿的,人民法院应当在受理破产申请时抵押财产的价值范围内予以支持,但是在人民法院受理破产申请前一年内,债务人对没有财产担保的债务设立抵押预告登记的除外。

(三)动产与权利担保

第五十三条 当事人在动产和权利担保合同中对担保财产进行概括描述,该描述能够合理识别担保财产的,人民法院应当认定担保成立。

第五十四条 动产抵押合同订立后未办理抵押登记,动产抵押权的效力按照下列情形分别处理:

（一）抵押人转让抵押财产，受让人占有抵押财产后，抵押权人向受让人请求行使抵押权的，人民法院不予支持，但是抵押权人能够举证证明受让人知道或者应当知道已经订立抵押合同的除外；

（二）抵押人将抵押财产出租给他人并移转占有，抵押权人行使抵押权的，租赁关系不受影响，但是抵押权人能够举证证明承租人知道或者应当知道已经订立抵押合同的除外；

（三）抵押人的其他债权人向人民法院申请保全或者执行抵押财产，人民法院已经作出财产保全裁定或者采取执行措施，抵押权人主张对抵押财产优先受偿的，人民法院不予支持；

（四）抵押人破产，抵押权人主张对抵押财产优先受偿的，人民法院不予支持。

第五十五条 债权人、出质人与监管人订立三方协议，出质人以通过一定数量、品种等概括描述能够确定范围的货物为债务的履行提供担保，当事人有证据证明监管人系受债权人的委托监管并实际控制该货物的，人民法院应当认定质权于监管人实际控制货物之日起设立。监管人违反约定向出质人或者其他人放货、因保管不善导致货物毁损灭失，债权人请求监管人承担违约责任的，人民法院依法予以支持。

在前款规定情形下，当事人有证据证明监管人系受出质人委托监管该货物，或者虽然受债权人委托但是未实际履行监管职责，导致货物仍由出质人实际控制的，人民法院应当认定质权未设立。债权人可以基于质押合同的约定请求出质人承担违约责任，但是不得超过质权有效设立时出质人应当承担的责任范围。监管人未履行监管职责，债权人请求监管人承担责任的，人民法院依法予以支持。

第五十六条 买受人在出卖人正常经营活动中通过支付合理对价取得已被设立担保物权的动产，担保物权人请求就该动产优先受偿的，人民法院不予支持，但是有下列情形之一的除外：

（一）购买商品的数量明显超过一般买受人；

（二）购买出卖人的生产设备；

（三）订立买卖合同的目的在于担保出卖人或者第三人履行债务；

（四）买受人与出卖人存在直接或者间接的控制关系；

（五）买受人应当查询抵押登记而未查询的其他情形。

前款所称出卖人正常经营活动，是指出卖人的经营活动属于其营业执照明确记载的经营范围，且出卖人持续销售同类商品。前款所称担保物权人，是指已经办理登记的抵押权人、所有权保留买卖的出卖人、融资租赁合同的出租人。

第五十七条　担保人在设立动产浮动抵押并办理抵押登记后又购入或者以融资租赁方式承租新的动产，下列权利人为担保价款债权或者租金的实现而订立担保合同，并在该动产交付后十日内办理登记，主张其权利优先于在先设立的浮动抵押权的，人民法院应予支持：

（一）在该动产上设立抵押权或者保留所有权的出卖人；

（二）为价款支付提供融资而在该动产上设立抵押权的债权人；

（三）以融资租赁方式出租该动产的出租人。

买受人取得动产但未付清价款或者承租人以融资租赁方式占有租赁物但是未付清全部租金，又以标的物为他人设立担保物权，前款所列权利人为担保价款债权或者租金的实现而订立担保合同，并在该动产交付后十日内办理登记，主张其权利优先于买受人为他人设立的担保物权的，人民法院应予支持。

同一动产上存在多个价款优先权的，人民法院应当按照登记的时间先后确定清偿顺序。

第五十八条　以汇票出质，当事人以背书记载"质押"字样并在汇票上签章，汇票已经交付质权人的，人民法院应当认定质权自汇票交付质权人时设立。

第五十九条　存货人或者仓单持有人在仓单上以背书记载"质押"字样，并经保管人签章，仓单已经交付质权人的，人民法院应当认定质权自仓单交付质权人时设立。没有权利凭证的仓单，依法可以办理出质登记的，仓单质权自办理出质登记时设立。

出质人既以仓单出质，又以仓储物设立担保，按照公示的先后确定清偿顺序；难以确定先后的，按照债权比例清偿。

保管人为同一货物签发多份仓单，出质人在多份仓单上设立多个质权，按照公示的先后确定清偿顺序；难以确定先后的，按照债权比例受偿。

存在第二款、第三款规定的情形，债权人举证证明其损失系由出质人与保管人的共同行为所致,请求出质人与保管人承担连带赔偿责任的,人民法院应予支持。

第六十条 在跟单信用证交易中,开证行与开证申请人之间约定以提单作为担保的,人民法院应当依照民法典关于质权的有关规定处理。

在跟单信用证交易中,开证行依据其与开证申请人之间的约定或者跟单信用证的惯例持有提单,开证申请人未按照约定付款赎单,开证行主张对提单项下货物优先受偿的,人民法院应予支持;开证行主张对提单项下货物享有所有权的,人民法院不予支持。

在跟单信用证交易中,开证行依据其与开证申请人之间的约定或者跟单信用证的惯例,通过转让提单或者提单项下货物取得价款,开证申请人请求返还超出债权部分的,人民法院应予支持。

前三款规定不影响合法持有提单的开证行以提单持有人身份主张运输合同项下的权利。

第六十一条 以现有的应收账款出质,应收账款债务人向质权人确认应收账款的真实性后,又以应收账款不存在或者已经消灭为由主张不承担责任的,人民法院不予支持。

以现有的应收账款出质,应收账款债务人未确认应收账款的真实性,质权人以应收账款债务人为被告,请求就应收账款优先受偿,能够举证证明办理出质登记时应收账款真实存在的,人民法院应予支持;质权人不能举证证明办理出质登记时应收账款真实存在,仅以已经办理出质登记为由,请求就应收账款优先受偿的,人民法院不予支持。

以现有的应收账款出质,应收账款债务人已经向应收账款债权人履行了债务,质权人请求应收账款债务人履行债务的,人民法院不予支持,但是应收账款债务人接到质权人要求向其履行的通知后,仍然向应收账款债权人履行的除外。

以基础设施和公用事业项目收益权、提供服务或者劳务产生的债权以及其他将有的应收账款出质,当事人为应收账款设立特定账户,发生法定或者约定的质权实现事由时,质权人请求就该特定账户内的款项优先受偿的,人民法院应予支持;特定账户内的款项不足以清偿债务或者未设立特定账户,质权人请求折价或者拍卖、变卖项目收益权等将有的应收账款,并以所得的价款优先受偿的,人民法院依法予以支持。

第六十二条　债务人不履行到期债务,债权人因同一法律关系留置合法占有的第三人的动产,并主张就该留置财产优先受偿的,人民法院应予支持。第三人以该留置财产并非债务人的财产为由请求返还的,人民法院不予支持。

企业之间留置的动产与债权并非同一法律关系,债务人以该债权不属于企业持续经营中发生的债权为由请求债权人返还留置财产的,人民法院应予支持。

企业之间留置的动产与债权并非同一法律关系,债权人留置第三人的财产,第三人请求债权人返还留置财产的,人民法院应予支持。

四、关于非典型担保

第六十三条　债权人与担保人订立担保合同,约定以法律、行政法规尚未规定可以担保的财产权利设立担保,当事人主张合同无效的,人民法院不予支持。当事人未在法定的登记机构依法进行登记,主张该担保具有物权效力的,人民法院不予支持。

第六十四条　在所有权保留买卖中,出卖人依法有权取回标的物,但是与买受人协商不成,当事人请求参照民事诉讼法"实现担保物权案件"的有关规定,拍卖、变卖标的物的,人民法院应予准许。

出卖人请求取回标的物,符合民法典第六百四十二条规定的,人民法院应予支持;买受人以抗辩或者反诉的方式主张拍卖、变卖标的物,并在扣除买受人未支付的价款以及必要费用后返还剩余款项的,人民法院应当一并处理。

第六十五条　在融资租赁合同中,承租人未按照约定支付租金,经催告后在合理期限内仍不支付,出租人请求承租人支付全部剩余租金,并以拍卖、变卖租赁物所得的价款受偿的,人民法院应予支持;当事人请求参照民事诉讼法"实现担保物权案件"的有关规定,以拍卖、变卖租赁物所得价款支付租金的,人民法院应予准许。

出租人请求解除融资租赁合同并收回租赁物,承租人以抗辩或者反诉的方式主张返还租赁物价值超过欠付租金以及其他费用的,人民法院应当一并处理。当事人对租赁物的价值有争议的,应当按照下列规则确定租赁物的价值:

(一)融资租赁合同有约定的,按照其约定;

(二)融资租赁合同未约定或者约定不明的,根据约定的租赁物折旧以及合同到期后租赁物的残值来确定；

（三）根据前两项规定的方法仍然难以确定，或者当事人认为根据前两项规定的方法确定的价值严重偏离租赁物实际价值的，根据当事人的申请委托有资质的机构评估。

第六十六条　同一应收账款同时存在保理、应收账款质押和债权转让，当事人主张参照民法典第七百六十八条的规定确定优先顺序的，人民法院应予支持。

在有追索权的保理中，保理人以应收账款债权人或者应收账款债务人为被告提起诉讼，人民法院应予受理；保理人一并起诉应收账款债权人和应收账款债务人的，人民法院可以受理。

应收账款债权人向保理人返还保理融资款本息或者回购应收账款债权后，请求应收账款债务人向其履行应收账款债务的，人民法院应予支持。

第六十七条　在所有权保留买卖、融资租赁等合同中，出卖人、出租人的所有权未经登记不得对抗的"善意第三人"的范围及其效力，参照本解释第五十四条的规定处理。

第六十八条　债务人或者第三人与债权人约定将财产形式上转移至债权人名下，债务人不履行到期债务，债权人有权对财产折价或者以拍卖、变卖该财产所得价款偿还债务的，人民法院应当认定该约定有效。当事人已经完成财产权利变动的公示，债务人不履行到期债务，债权人请求参照民法典关于担保物权的有关规定就该财产优先受偿的，人民法院应予支持。

债务人或者第三人与债权人约定将财产形式上转移至债权人名下，债务人不履行到期债务，财产归债权人所有的，人民法院应当认定该约定无效，但是不影响当事人有关提供担保的意思表示的效力。当事人已经完成财产权利变动的公示，债务人不履行到期债务，债权人请求对该财产享有所有权的，人民法院不予支持；债权人请求参照民法典关于担保物权的规定对财产折价或者以拍卖、变卖该财产所得的价款优先受偿的，人民法院应予支持；债务人履行债务后请求返还财产，或者请求对财产折价或者以拍卖、变卖所得的价款清偿债务的，人民法院应予支持。

债务人与债权人约定将财产转移至债权人名下，在一定期间后再由债务人或者其指定的第三人以交易本金加上溢价款回购，债务人到期不履行回购义务,财产归债权人所有的,人民法院应当参照第二款规定处理。回购对象自始不存在的,人民法院应当依照民法典第一百四十六条第二款的规定,按照其实际构成的法律关系处理。

第六十九条 股东以将其股权转移至债权人名下的方式为债务履行提供担保,公司或者公司的债权人以股东未履行或者未全面履行出资义务、抽逃出资等为由,请求作为名义股东的债权人与股东承担连带责任的,人民法院不予支持。

第七十条 债务人或者第三人为担保债务的履行,设立专门的保证金账户并由债权人实际控制,或者将其资金存入债权人设立的保证金账户,债权人主张就账户内的款项优先受偿的,人民法院应予支持。当事人以保证金账户内的款项浮动为由,主张实际控制该账户的债权人对账户内的款项不享有优先受偿权的,人民法院不予支持。

在银行账户下设立的保证金分户,参照前款规定处理。

当事人约定的保证金并非为担保债务的履行设立,或者不符合前两款规定的情形,债权人主张就保证金优先受偿的,人民法院不予支持,但是不影响当事人依照法律的规定或者按照当事人的约定主张权利。

五、附则

第七十一条 本解释自 2021 年 1 月 1 日起施行。

图书在版编目（CIP）数据

《民法典》配套司法解释．一．—北京：人民出版社，2021.2
ISBN 978－7－01－023151－8

Ⅰ.①民… Ⅱ. Ⅲ.①民法-法典-法律解释-中国 Ⅳ.①D923.05

中国版本图书馆 CIP 数据核字（2021）第 010504 号

《民法典》配套司法解释（一）
MINFADIAN PEITAO SIFA JIESHI(YI)

人民出版社 出版发行
（100706 北京市东城区隆福寺街 99 号）

中煤（北京）印务有限公司印刷 新华书店经销

2021 年 2 月第 1 版 2021 年 2 月北京第 1 次印刷
开本：710 毫米×1000 毫米 1/16 印张：45
字数：720 千字

ISBN 978－7－01－023151－8 定价：199.00 元

邮购地址 100706 北京市东城区隆福寺街 99 号
人民东方图书销售中心 电话 （010）65250042 65289539